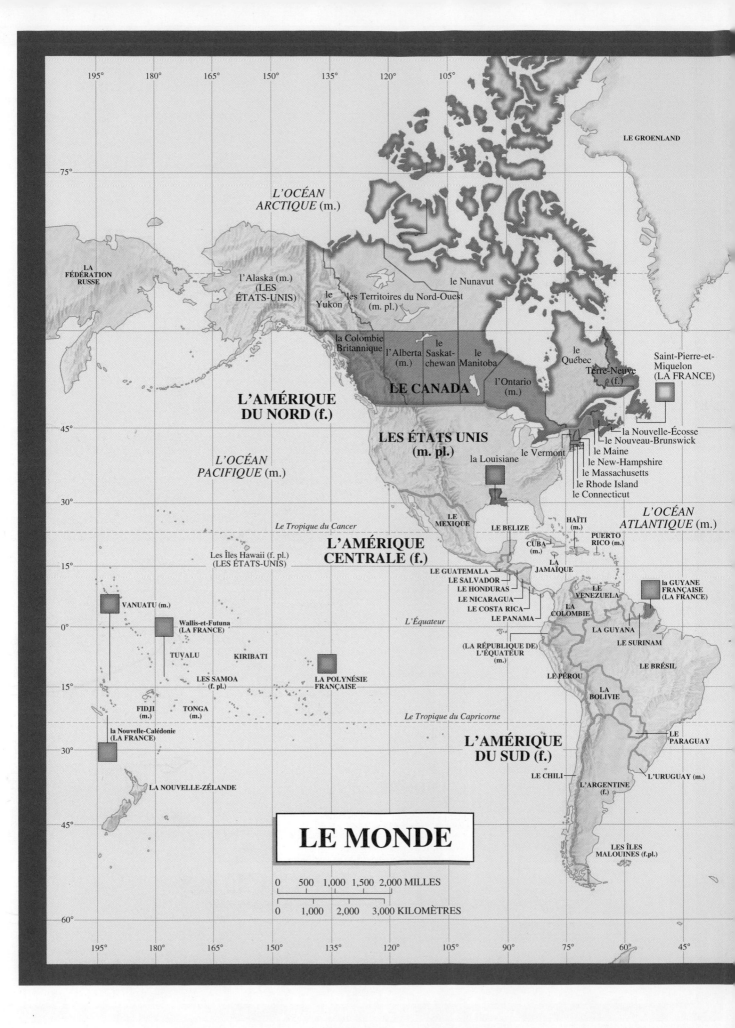

195° 180° 165° 150° 135° 120° 105°

LE GROENLAND

L'OCÉAN ARCTIQUE (m.)

75°

LA FÉDÉRATION RUSSE

l'Alaska (m.) (LES ÉTATS-UNIS)

le Nunavut

le Yukon
les Territoires du Nord-Ouest (m. pl.)

la Colombie Britannique
l'Alberta (m.)
le Saskat-chewan
le Manitoba
l'Ontario (m.)
le Québec
Terre-Neuve (f.)

Saint-Pierre-et-Miquelon (LA FRANCE)

LE CANADA

L'AMÉRIQUE DU NORD (f.)

45°

LES ÉTATS UNIS (m. pl.)

la Louisiane

la Nouvelle-Écosse
le Nouveau-Brunswick
le Maine
le Vermont
le New-Hampshire
le Massachusetts
le Rhode Island
le Connecticut

L'OCÉAN PACIFIQUE (m.)

30°

L'OCÉAN ATLANTIQUE (m.)

LE MEXIQUE

Le Tropique du Cancer

HAÏTI (m.)

L'AMÉRIQUE CENTRALE (f.)

LE BELIZE

CUBA (m.)

PUERTO RICO (m.)

Les Îles Hawaii (f. pl.) (LES ÉTATS-UNIS)

15°

LA JAMAÏQUE

LE GUATEMALA
LE SALVADOR
LE HONDURAS
LE NICARAGUA
LE COSTA RICA
LE PANAMA

la GUYANE FRANÇAISE (LA FRANCE)

VANUATU (m.)

LE VENEZUELA

LA COLOMBIE

Wallis-et-Futuna (LA FRANCE)

0°

L'Équateur

LA GUYANA

LE SURINAM

TUVALU

KIRIBATI

(LA RÉPUBLIQUE DE) L'ÉQUATEUR (m.)

LE BRÉSIL

15°

LES SAMOA (f. pl.)

LA POLYNÉSIE FRANÇAISE

LE PÉROU

LA BOLIVIE

FIDJI (m.)

TONGA (m.)

Le Tropique du Capricorne

LE PARAGUAY

la Nouvelle-Calédonie (LA FRANCE)

30°

L'AMÉRIQUE DU SUD (f.)

LE CHILI

L'ARGENTINE (f.)

L'URUGUAY (m.)

LA NOUVELLE-ZÉLANDE

45°

LE MONDE

LES ÎLES MALOUINES (f.pl.)

0   500   1,000   1,500   2,000 MILLES

0   1,000   2,000   3,000 KILOMÈTRES

60°

195° 180° 165° 150° 135° 120° 105° 90° 75° 60° 45°

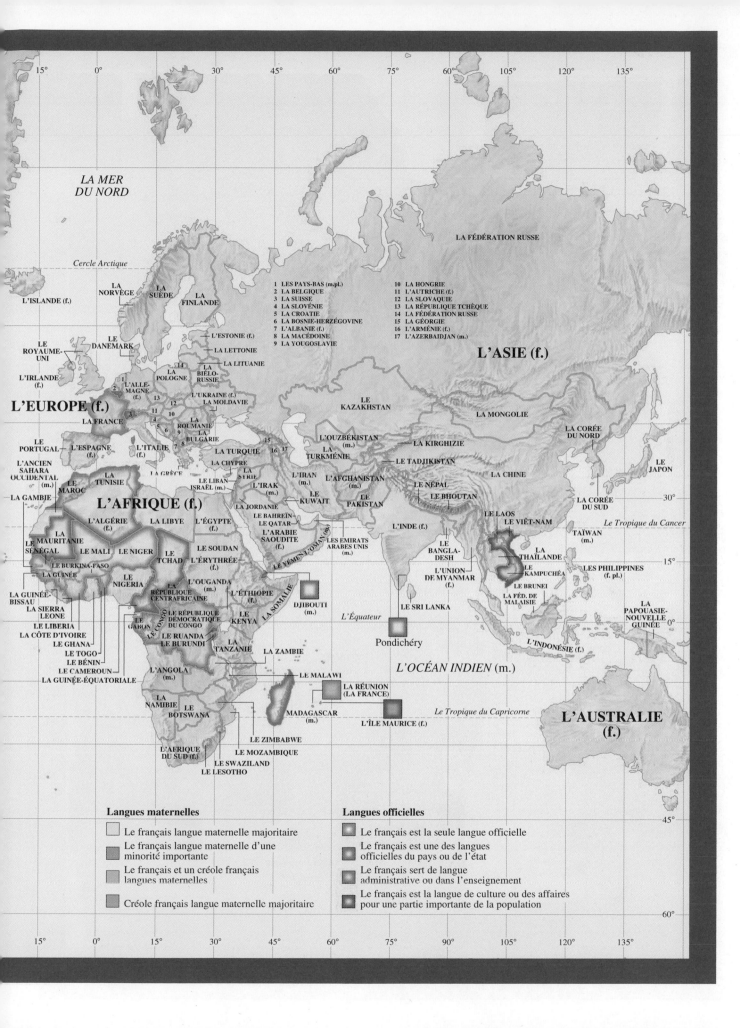

LA MER
DU NORD

LA FÉDÉRATION RUSSE

Cercle Arctique

LA
NORVÈGE
LA
SUÈDE
LA
FINLANDE

1 LES PAYS-BAS (m.pl.)
2 LA BELGIQUE
3 LA SUISSE
4 LA SLOVÉNIE
5 LA CROATIE
6 LA BOSNIE-HERZÉGOVINE
7 L'ALBANIE (f.)
8 LA MACÉDOINE
9 LA YOUGOSLAVIE

10 LA HONGRIE
11 L'AUTRICHE (f.)
12 LA SLOVAQUIE
13 LA RÉPUBLIQUE TCHÈQUE
14 LA FÉDÉRATION RUSSE
15 LA GÉORGIE
16 L'ARMÉNIE (f.)
17 L'AZERBAIDJAN (m.)

L'ASIE (f.)

L'ISLANDE (f.)

LE
ROYAUME-
UNI
LE
DANEMARK
L'ESTONIE (f.)
LA LETTONIE
LA LITUANIE
L'IRLANDE
(f.)
14
LA
POLOGNE
LA
BIÉLO-
RUSSIE
L'UKRAINE (f.)
LA MOLDAVIE

LE KAZAKHSTAN
LA MONGOLIE

L'EUROPE (f.)
1
2
L'ALLE-
MAGNE
(f.)
13
12
11
10
3
LA FRANCE
4
6
5
9
LA
ROUMANIE
LA
BULGARIE
LA CORÉE
DU NORD

LE
PORTUGAL
L'ESPAGNE
(f.)
L'ITALIE
(f.)
7
8
15
16 17
LA TURQUIE
L'OUZBÉKISTAN
(m.)
LA KIRGHIZIE
LE JAPON
L'ANCIEN
SAHARA
OCCIDENTAL
(m.)
LA TUNISIE
LA CHYPRE
LA
SYRIE
L'IRAN
(m.)
LA
TURKMÉNIE
LE TADJIKISTAN
LA CHINE
LE
MAROC
LA GRÈCE
LE LIBAN
ISRAËL (m.)
L'IRAK
(m.)
L'AFGHANISTAN
(m.)
LE NÉPAL
LA CORÉE
DU SUD
LA GAMBIE
L'AFRIQUE (f.)
LA JORDANIE
LE
KUWAIT
LE
PAKISTAN
LE BHOUTAN
Le Tropique du Cancer
L'ALGÉRIE
(f.)
LA LIBYE
L'ÉGYPTE
(f.)
LE BAHREÏN
LE QATAR
L'INDE (f.)
LE LAOS
LE VIÊT-NAM
TAÏWAN
(m.)
LA
MAURITANIE
LE
SÉNÉGAL
LE MALI
LE NIGER
LE
TCHAD
LE SOUDAN
L'ÉRYTHRÉE
(f.)
L'ARABIE
SAOUDITE
(f.)
LES EMIRATS
ARABES UNIS
(m.)
LE
BANGLA-
DESH
LA
THAÏLANDE
LES PHILIPPINES
(f. pl.)
LE YÉMEN L'OMAN (m.)
LE
KAMPUCHÉA
LA GUINÉE
LE BRUNEI
LA
BURKINA-FASO
LE
NIGERIA
L'OUGANDA
(m.)
L'UNION
DE MYANMAR
(f.)
LA GUINÉE-
BISSAU
L'ÉTHIOPIE
(f.)
LA FÉD. DE
MALAISIE
LA SIERRA
LEONE
LA
RÉPUBLIQUE
CENTRAFRICAINE
LE SRI LANKA
LE LIBERIA
LA PAPOUASIE-
NOUVELLE
GUINÉE
LA CÔTE D'IVOIRE
LA SOMALIE
DJIBOUTI
(m.)
LE GHANA
LE
GABON
LE
CONGO
LE RÉPUBLIQUE
DÉMOCRATIQUE
DU CONGO
LE
KENYA
L'Équateur
LE TOGO
LE RUANDA
LE BURUNDI
Pondichéry
LE BÉNIN
LA
TANZANIE
L'INDONÉSIE (f.)
LE CAMEROUN
LA GUINÉE-ÉQUATORIALE
LA ZAMBIE
L'OCÉAN INDIEN (m.)
L'ANGOLA
(m.)
LE MALAWI
LA RÉUNION
(LA FRANCE)
L'AUSTRALIE
(f.)
LA
NAMIBIE
LE
BOTSWANA
MADAGASCAR
(m.)
Le Tropique du Capricorne
L'ÎLE MAURICE (f.)
LE ZIMBABWE
L'AFRIQUE
DU SUD (f.)
LE MOZAMBIQUE
LE SWAZILAND
LE LESOTHO

Langues maternelles

Le français langue maternelle majoritaire

Le français langue maternelle d'une
minorité importante

Le français et un créole français
langues maternelles

Créole français langue maternelle majoritaire

Langues officielles

Le français est la seule langue officielle

Le français est une des langues
officielles du pays ou de l'état

Le français sert de langue
administrative ou dans l'enseignement

Le français est la langue de culture ou des affaires
pour une partie importante de la population

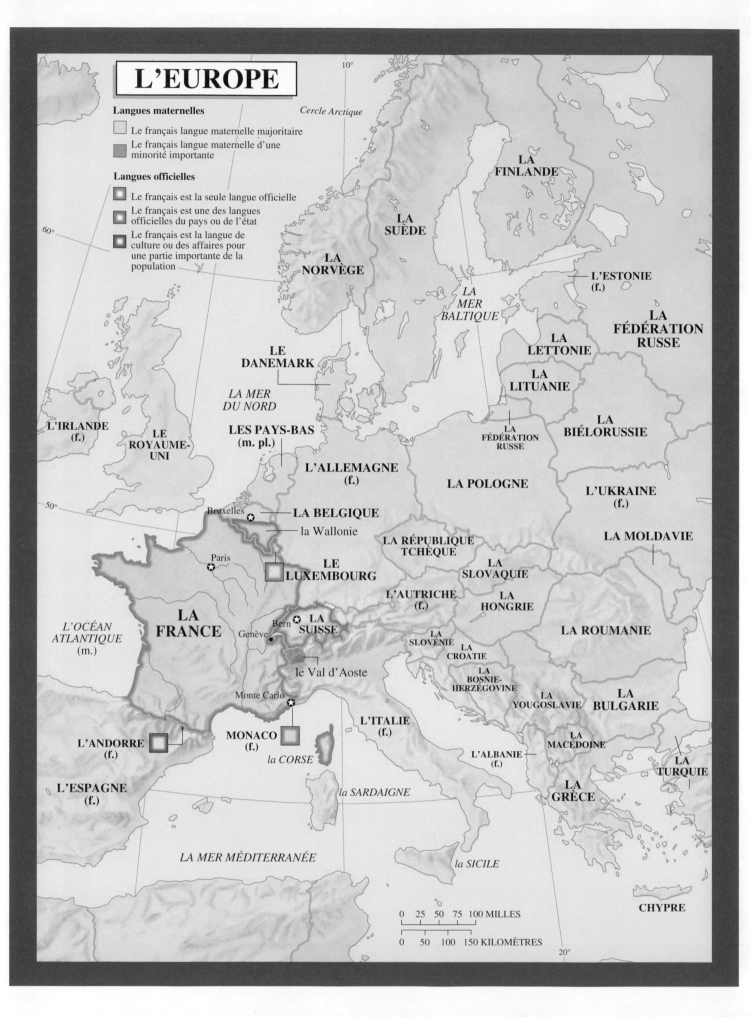

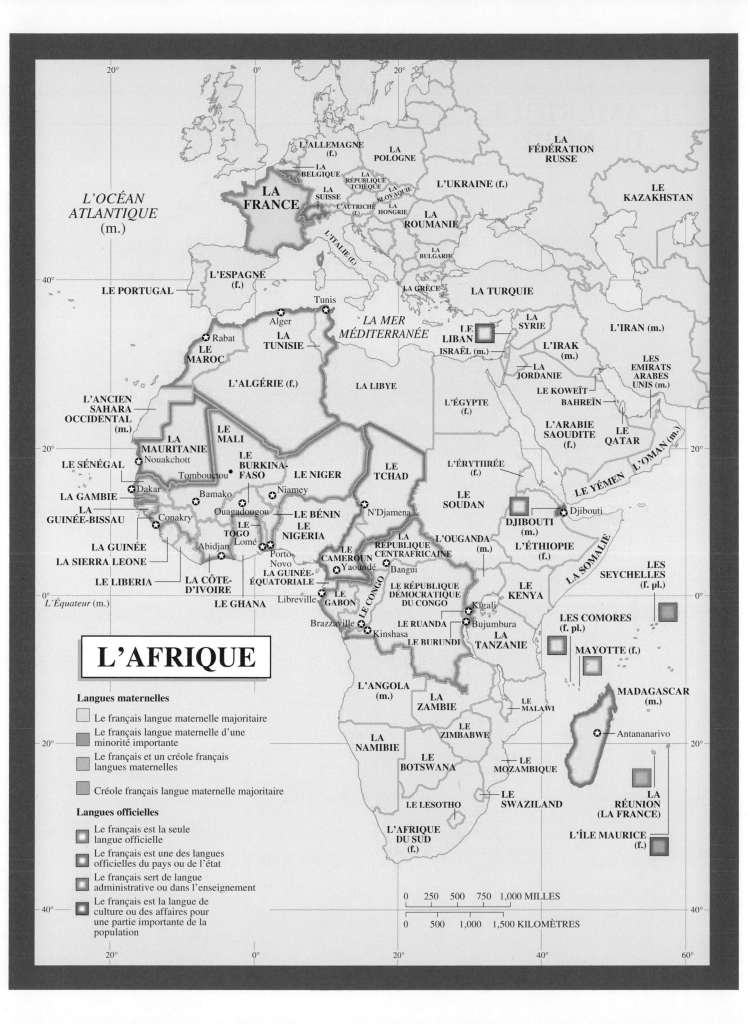

L'AFRIQUE

Langues maternelles

- Le français langue maternelle majoritaire
- Le français langue maternelle d'une minorité importante
- Le français et un créole français langues maternelles
- Créole français langue maternelle majoritaire

Langues officielles

- Le français est la seule langue officielle
- Le français est une des langues officielles du pays ou de l'état
- Le français sert de langue administrative ou dans l'enseignement
- Le français est la langue de culture ou des affaires pour une partie importante de la population

L'OCÉAN ATLANTIQUE (m.)

LA MER MÉDITERRANÉE

L'ALLEMAGNE (f.)
LA BELGIQUE
LA RÉPUBLIQUE TCHÈQUE
LA SUISSE
L'AUTRICHE (f.)
LA FRANCE
LA POLOGNE
LA SLOVAQUIE
LA HONGRIE
LA ROUMANIE
L'UKRAINE (f.)
LA FÉDÉRATION RUSSE
LE KAZAKHSTAN
L'ITALIE (f.)
LA BULGARIE
LA GRÈCE
LA TURQUIE
L'ESPAGNE (f.)
LE PORTUGAL
Tunis
Alger
Rabat
LE MAROC
LA TUNISIE
L'ALGÉRIE (f.)
LA LIBYE
L'ÉGYPTE (f.)
LE LIBAN
LA SYRIE
ISRAËL (m.)
L'IRAK (m.)
L'IRAN (m.)
LA JORDANIE
LE KOWEÏT
BAHREÏN
LES EMIRATS ARABES UNIS (m.)
L'ARABIE SAOUDITE (f.)
LE QATAR
L'OMAN (m.)
LE YÉMEN
L'ANCIEN SAHARA OCCIDENTAL (m.)
LA MAURITANIE
Nouakchott
LE MALI
LE BURKINA-FASO
Tombouctou
LE NIGER
LE TCHAD
L'ÉRYTHRÉE (f.)
LE SÉNÉGAL
Dakar
LA GAMBIE
LA GUINÉE-BISSAU
Bamako
Niamey
Ouagadougou
N'Djamena
LE SOUDAN
Djibouti
DJIBOUTI (m.)
Conakry
LE TOGO
LE BÉNIN
LE NIGERIA
LE CAMEROUN
LA RÉPUBLIQUE CENTRAFRICAINE
L'OUGANDA (m.)
L'ÉTHIOPIE (f.)
LA GUINÉE
LA SIERRA LEONE
Abidjan
Lomé
Porto-Novo
Yaoundé
Bangui
LA SOMALIE
LES SEYCHELLES (f. pl.)
LE LIBERIA
LA CÔTE-D'IVOIRE
LA GUINÉE-ÉQUATORIALE
Libreville
LE GABON
LE CONGO
LE RÉPUBLIQUE DÉMOCRATIQUE DU CONGO
Kigali
LE KENYA
LES COMORES (f. pl.)
LE GHANA
L'Équateur (m.)
Brazzaville
Kinshasa
LE RUANDA
LE BURUNDI
Bujumbura
LA TANZANIE
MAYOTTE (f.)
L'ANGOLA (m.)
LA ZAMBIE
LE MALAWI
MADAGASCAR (m.)
LA NAMIBIE
LE ZIMBABWE
Antananarivo
LE BOTSWANA
LE MOZAMBIQUE
LE LESOTHO
LE SWAZILAND
LA RÉUNION (LA FRANCE)
L'AFRIQUE DU SUD (f.)
L'ÎLE MAURICE (f.)

0 250 500 750 1,000 MILLES
0 500 1,000 1,500 KILOMÈTRES

L'AMÉRIQUE DU NORD

LE GROENLAND

L'OCÉAN ARCTIQUE (m.)

L'Alaska (m.)
(LES ÉTATS-UNIS)

le Yukon

les Territoires
du Nord-Ouest (m. pl.)

le Nunavut

60°

la Colombie
Britannique

l'Alberta
(m.)

la Saskat-
chewan

le
Manitoba

Terre-
Neuve (f.)

Saint-Pierre-
et-Miquelon
(LA FRANCE)

LE CANADA

l'Ontario (m.)

le Québec

Langues maternelles

Le français langue
maternelle majoritaire

Le français langue maternelle d'une
minorité importante

Le français et un créole français
langues maternelles

Créole français langue maternelle
majoritaire

Québec

Montréal

Ottawa

Île du Prince-Edouard

la Nouvelle-Écosse (f.)

le Nouveau-Brunswick

le Maine

40°

Langues officielles

Le français est la seule
langue officielle

Le français est une des langues
officielles du pays ou de l'état

Le français sert de langue
administrative ou dans l'enseignement

LES ÉTATS-UNIS
(m. pl.)

le Vermont

le New Hampshire

le Massachusetts

le Rhode Island

le Connecticut

40°

la Louisiane

*L'OCÉAN
ATLANTIQUE* (m.)

*GOLFE DU
MEXIQUE*

LE
MEXIQUE

LE BELIZE

20°

Les Îles Hawaii (f. pl.)
(LES ÉTATS-UNIS)

**L'AMÉRIQUE
CENTRALE (f.)**

CUBA
(m.)

LES CARAÏBES
(m. pl.)

20°

L'OCÉAN PACIFIQUE (m.)

LE GUATEMALA

LE SALVADOR

LE HONDURAS

LE NICARAGUA

LE COSTA RICA

LE PANAMA

LA
JAMAÏQUE

HAÏTI
(m.)

LA GUYANE
FRANÇAISE
(LA FRANCE)

LE
VENEZUELA

Cayenne

LA
COLOMBIE

LES CARAÏBES (m.pl.)

CUBA
(m.)

LA RÉPUBLIQUE
DOMINICAINE

L'Équateur (m.)

0°

0°

PUERTO
RICO (m.)

la Guadeloupe
(LA FRANCE)

(LA RÉPUBLIQUE DE)
L'ÉQUATEUR
(m.)

LA GUYANA

LE SURINAM

HAÏTI
(m.)

Port-au-
Prince

LA MER DES CARAÏBES

Pointe-à-
Pitre

LE
PÉROU

LE BRÉSIL

DOMINIQUE (f.)

15°

MILLES

0   300

la Martinique
(LA FRANCE)

15°

Fort-
de-
France

**L'AMÉRIQUE
DU SUD (f.)**

LA
BOLIVIE

0   450

KILOMÈTRES

SAINTE LUCIE (f.)

LE PARAGUAY

75°

65°

60°

LE
CHILI

20°

À 45°
LATITUDE

0   200 400 600 800 MILLES

L'ARGENTINE
(f.)

160°   140°   120°   100°   80°

0   400   800   1,200 KILOMÈTRES

L'URUGUAY (m.)

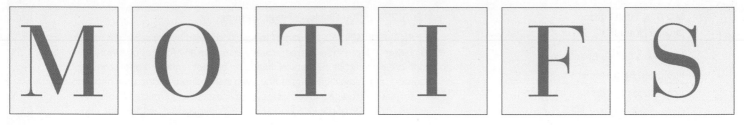

MOTIFS

An Introduction to French

FIFTH EDITION

Kimberly Jansma

University of California at Los Angeles

Margaret Ann Kassen

The Catholic University of America

HEINLE
CENGAGE Learning™

Australia • Brazil • Japan • Korea • Mexico • Singapore • Spain • United Kingdom • United States

HEINLE
CENGAGE Learning™

MOTIFS, Fifth Edition
Jansma | Kassen

Editor-in-Chief: PJ Boardman

Publisher: Beth Kramer

Acquisitions Editor: Nicole Morinon

Development Editor: Florence Kilgo

Senior Content Project Manager:
Esther Marshall

Assistant Editor: Kimberly Meurillon

Editorial Assistant: Catherine Mooney

Marketing Manager: Mary Jo Prinaris

Marketing Coordinator: Janine Enos

Senior Marketing Communications Manager:
Stacey Purviance

Media Editor: Morgen Murphy

Senior Print Buyer: Elizabeth Donaghey

Senior Art Director: Linda Jurras

Text Designer: Polo Barrera

Photo Researcher: Pre-Press PMG

Permissions Editor: Marlene H. Rodrigues

Cover Designer: Harold Burch

Production Service and Compositor:
Pre-Press PMG

Cover image: Gettyimages/Purestock

For product information and technology assistance, contact us at
Cengage Learning Academic Resource Center, 1-800-423-0563

For permission to use material from this text or product,
submit all requests online at **cengage.com/permissions**.
Further permissions questions can be e-mailed to
permissionrequest@cengage.com.

Library of Congress Control Number: 2009934081

Student Edition:

ISBN-13: 978-0-495-79749-4

ISBN-10: 0-495-79749-9

Heinle Cengage Learning
20 Channel Center Street
Boston, MA 02210
USA

Cengage Learning products are represented in Canada by
Nelson Education, Ltd.

For your course and learning solutions, visit **academic.cengage.com**.

Purchase any of our products at your local college store
or at our preferred online store **www.ichapters.com**.

Printed in Canada
2 3 4 5 6 7 13 12 11 10

Scope and Sequence

Motifs invites you, through a vibrant array of content, to explore the language and cultures of the French-speaking world. The book program is based on the premise that your primary motivation to learn French is to acquire the ability to communicate in the language. The lively, up-to-date language, content, technology integration, and presentation are designed to engage you in contexts in which you might reasonably expect to communicate. In this course, you will learn how to discuss your courses and school life, your family and living situation, your childhood memories, future plans, and other common topics of conversation in French. In addition, you will learn how to use French in face-to-face situations: ordering in a café, buying a plane ticket, renting an apartment, giving directions, or giving advice. *Motifs* provides the appropriate tools in the form of structures, vocabulary, communication strategies, and cultural background to make this possible. Cultural themes are explored throughout the text, in notes, interviews, activities, readings, web activities, and writing assignments. In the process of discovering the language and culture, you will be introduced to the French-speaking world in a way that challenges you to look at your own culture more objectively.

What to expect of your oral performance

Your oral performance will require individual improvisation, using the language you have at hand. It is unrealistic to expect your emerging language to be perfect. It will be marked by approximations, circumlocutions, gaps, and miming, and it will require creativity on your part. In class, what you and others say is important. Your role in the classroom is to exchange information with your classmates, asking them for clarification or repetition when needed, and responding to them with interest and goodwill. It is part of our human nature to be curious about one another. When you have something "real" you wish to express, you will find you have an eager audience.

Explanation of *Motif's* organization

Motifs is organized to make the most of your language learning experience both in and outside of class. It makes a distinction between class time used to communicate in French and individual study of vocabulary and grammar. The white pages of the textbook for use in class are devoted to the presentation of topics, cultural themes, and related activities. The green pages at the end of each **module** support your independent study at home. Here, the grammar is explained in English with examples in French, and is accompanied by exercises. An Answer Key is provided in the Appendix so that you can immediately check the accuracy of your responses and pinpoint the material you need to review. Your instructor will present grammar points or review them in class as needed. To be a good language learner, you need to learn how to actively attend to language patterns. Features such as the **Notez et analysez** shaded boxes help you with this by drawing your attention to the targeted structures and asking you to analyze the highlighted grammatical forms.

    Motifs has a number of components. To get the most out of the program, you will want to familiarize yourself with the layout of the textbook.

Overview

Motifs contains fourteen **modules** plus a review **module.** The first fourteen **modules** each contain standard white pages followed by tinted green pages. These white and green pages have different uses.

Using the white pages

The white pages in the first half of the chapter contain the material you will be working with in class:

- **Thèmes:** New vocabulary is presented through illustrations and photos. The activities are simple and guided to help reinforce new ideas and concepts.

- **Pratiques de conversation:** You will learn more practical language for routine situations in these sections. The **Expressions utiles** sections have been recorded and are available on your **Text Audio CDs.**
- **Perspectives culturelles:** These sections feature high-interest cultural information. The **Voix en direct** sections present native speakers responding to interview questions with authentic, and often colloquial, language. The interviews in these sections are available on your **Text Audio CDs.**
- **Écoutons ensemble!:** Recorded on your **Text Audio CDs,** these listening activities drawn from everyday life include short conversations, messages and questionnaires.
- **Situations à jouer:** These sections provide you with the opportunity to integrate the language you have acquired in role play scenarios with classmates.
- **À lire, à découvrir et à écrire:** This section includes reading, writing and viewing activities. **Expression écrite** includes both more formal step-by-step composition topics and a blog, where you can interact informally online. In **A vos marques, prêts, bloguez!**, you can share your views with classmates by posting a few sentences on topics related to textbook themes. The **Voix en direct (suite)** sections guide you to video clips found on the **DVD** and **iLrn™** that present informal interviews on chapter-related topics.

All of these components are accompanied by communicative activities, **Activités,** that incorporate the topic, grammar, and vocabulary of the **module.**

The white pages are written almost exclusively in French and are designed to help you understand, think, and express yourself in French right from the beginning. You will find English in three "boxes" that help you link the grammar structures you study to the class activities and make you a more active, effective language learner. The boxes are:

- **Structure** highlights
- **Notez et analysez**
- **Réfléchissez et considérez**

In much of your communication in class, you will be applying a new grammar structure. **Structure** highlights appear in shaded boxes beneath the relevant **Thème** or **Pratique de conversation.** These alert you to the targeted structures, explain their usefulness for the communicative task at hand, and direct you to the green-tinted pages where you will find a full grammar presentation. **Notez et analysez** comments direct your attention to new structures or vocabulary. They generally lead you to discover patterns based on "data" highlighted in bold and ask you to figure out the underlying rule that will apply to additional activities. In addition to learning grammar and vocabulary, you need to learn how to handle practical social situations. In **Réfléchissez et considérez,** you will brainstorm with your classmates to provide the expressions and cultural "rules" for handling typical social situations in English. Then you will look at French expressions and cultural models for the same context to identify differences and similarities.

Using the green pages

In addition to the practice you get listening to French and using it to communicate in class, you will need to study French as a system, much as you would study the material for any academic course. You will be able to do this by using the green pages at the end of the **modules.** These pages provide:

- clear, concise grammar explanations in English
- examples and translations
- exercises to apply the rules (with answers in the Appendix)
- a final exercise, **Tout ensemble!,** that challenges you to integrate all the vocabulary and structures of the chapter

By reading the grammar explanations carefully and checking your comprehension by writing out the exercises and correcting the answers, you will find you can learn a great deal of grammar on your own. Your instructor will review much of this material in class and will provide plenty of opportunities to apply the grammar rules in communicative situations.

Other Tools to Help You Learn French

In addition to the textbook, the *Motifs* program includes a **Student Activities Manual (SAM)** with written and listening activities integral to your learning. The **Activités écrites** in the **Workbook** section give you the opportunity to apply and practice the material presented in the textbook, including the vocabulary, structures, and cultural information. The audio **Laboratory Manual,** with its **Activités de compréhension et de prononciation,** includes listening comprehension activities and instruction in pronunciation.

Depending on the learning package your instructor has selected for your course, you will have one or more of the following options for working with *Motifs*:

- The digital version of the **Student Activities Manual (SAM)** provided by QUIA™. The e-SAM is an easy-to-use learning platform that provides you immediate corrective feedback on your work including model responses to open-ended questions. The program gives you multiple opportunities to work on each activity until you are ready to submit it to your instructor. The audioprogram is embedded in QUIA, making it easy to access the comprehension and pronunciation activities.
- The printed version of the **Student Activities Manual (SAM),** with the audio program on CDs.
- The **iLrn™: Heinle Learning Center,** an audio- and video-enhanced learning environment that includes:
- The online **Student Activities Manual** with audio (QUIA)
- Online companion video, including **Voix en direct (suite)** clips from the text with activities
- An **audio-enhanced e-book** with integrated activities
- An interactive **VoiceBoard** with **Situations à jouer!** role plays
- Interactive enrichment activities such as Heinle grammar podcasts, the Heinle playlist, flashcards, etc.)
- Pre- and Post-test diagnostics to check your understanding of the chapter material
- Access to online tutoring with a French teaching expert through **Personal Tutor™** where you interact with the tutor and other students using two-way audio, an interactive whiteboard for illustrating the problem, and instant messaging.
- The **Student Companion Website (www.cengage.com/french/motifs),** with the complete **Text audio** program, self-correcting quizzes for practice on each grammar structure, and web activities that encourage cultural exploration on the Internet for each chapter.
- **The Premium Website,** with all of the resources from the **Book Companion Website** PLUS password-protected content that includes the Text and SAM audio programs, the complete *Motifs* video program with accompanying exercises, Heinle playlists, grammar podcasts, as well as audio-enhanced flashcards.
- **Système-D** is a useful writing tool that can be used with the **Expression écrite** composition activities. It gives you quick access to vocabulary, verb forms, and expressions related to the topic at hand.

A Few Helpful Hints

Take risks

Successful language learners are willing to guess at meaning and to try expressing themselves even when they do not know every word or have perfect control of the grammar. They stretch and try to expand their repertoires, experimenting with new words and structures, and they realize that learning a language involves making mistakes.

Relax

Your classroom is your language-learning community, where you learn by interacting with other students as well as your instructor. Of course, your French will be rudimentary and direct. This very quality often allows you to open up and express yourself without being too concerned with subtleties or what others think. Take advantage of working in pairs and in small groups to experiment with the language.

Prepare

Success in class requires daily preparation and active study. Remember that language, like music, is meant to be performed. Language classes present new material every day, and catching up once you have fallen behind is difficult. Here are some suggestions to help you study.

Learning vocabulary. Learn words in sense groups: clothing, professions, leisure activities, and so on. To help you learn to recognize and pronounce the vocabulary, listen to it on the Text Audio program. For each **Thème** and **Pratique de conversation,** make sure you have mastered enough vocabulary to take part in a basic conversation on that topic. In addition to fundamental words, you should take a little extra time to acquire vocabulary that relates to your own interests. For example, everyone is expected to learn the basic words such as "doctor" that appear on the **Vocabulaire fondamental** list, but if you wish to be a computer programmer, or a member of your family is in marketing, you will want to learn these additional words from the **Vocabulaire supplémentaire** list as well.

To make vocabulary "stick", work/play with it immediately. Put new words into action. For example, when learning words for talking about a college campus, test yourself as you walk through campus; see how many buildings you can identify in French. Making flashcards is another technique for vocabulary study; be sure you quiz yourself going from both French to English and from English to French. Don't forget to include the masculine and feminine articles.

Learning grammar. Learning grammar requires attention to detail along with a recognition of patterns and the ability to manipulate them systematically. Basic memorization of forms, including verb conjugations and tenses, is essential. It is also important that you understand the function of grammar structures in communication.

For example, when you learn about adjectives and their endings, you need to keep in mind that your communicative goal is to describe people and things. The **Structure** boxes that introduce new grammar points in the white activity pages will help you make this connection. Always ask yourself what you can actually *do* in the language with what you are learning.

Developing your listening ability. When instructors use French in class, they are likely to make a number of adjustments to help you understand. These include slowing down, showing pictures, using gestures, and checking to make sure you understand. In *Motifs,* two features will help you adjust to French outside the classroom: **Écoutons ensemble!** and **Voix en direct.** The **Écoutons ensemble!** activities are in each **Pratique de conversation.** They expose you to the practical language used to accomplish such daily routines as inviting, making a reservation, or ordering a meal. In the **Voix en direct** part of the **Perspectives culturelles,** you will hear native speakers responding to questions relating to the cultural topics. These answers are unscripted so you should expect to hear hesitations, repetitions, fillers, and rephrasings that occur naturally in unplanned speech. Don't expect to understand every word; your goal should be to understand the topic being addressed, a couple of main points, some key vocabulary, and the speaker's general attitude. Use the fact that speakers often repeat themselves to help you get the gist.

In addition to the audio material in the textbook and on the Text audio CD, Motifs has an audio program designed to help you learn the fundamentals of French pronunciation and to provide you practice in listening comprehension. The activities are found in the *Motifs* **Student Activities Manual.**

Visual icons. A number of icons appear in *Motifs.*

The headphone icon indicates that the accompanying activity is available on your **Text Audio CD.** The track number is provided. This icon accompanies

- **Expressions utiles**
- **Écoutons ensemble!**

- **Voix en direct**
- **Vocabulaire**

 The pair icon and group icon indicate that the accompanying activity is designed for you to do with a partner or in a small group.

iLrn The **iLrn** icon appears in three different sections of the book.

- **Situations à jouer:** With the help of your instructor, you can complete these communicative exercises and additional activities on the **iLrn Voiceboard** for more listening and speaking practice.
- **Voix en direct (suite):** Use the video portion of **iLrn** to watch video clips of these native speakers, as well as complete exercises to test your comprehension of the video.
- **Structures** pages: Use the diagnostic and enrichment sections of **iLrn** to find more practice with grammar and vocabulary.

Acknowledgments

Many people have contributed their time and creativity to this fifth edition of *Motifs.* We would first like to thank the students and instructors at the University of California at Los Angeles and at the Catholic University of America for their insightful comments about the program. They have provided invaluable feedback. Special thanks to Marlène Hanssler Rodrigues for her revision of the **Student Activites Manual,** her attention to detail and patience with securing permissions, and her helpful comments on the text as well. We thank Rebecca Crisafulli for her contributions to realia and photos. We are especially grateful to the native speakers who agreed to be interviewed and recorded for all **Voix en direct** sections: Bienvenu Akpakla, Cyrielle Bourgeois, Vanessa DeFrance, Laurence Denié-Higney, Astride Dumesnil, Pierre-Louis Fort, Paul Heng, Leatitia Huet, Romain Kachaner, Élodie Karess, Marie Julie Kerharo, Célia Keren, Nicolas Konisky, Gwenaëlle Maciel, Jacques Nack Ngué, Pierre Paquot, Gaétan Pralong, Olivia Rodes, Julien Romanet, Delphin Ruché, Guillaume Saint-Jacques, Nathalie Ségéral, and Vanessa Vudo. We also extend our appreciation to the following colleagues at other institutions who reviewed the fifth edition manuscript and whose constructive suggestions have helped shape the project.

Gwendoline Aaron	*Southern Methodist University*
Myriam Alami	*Rutgers University*
Heather Allen	*University of Miami*
Diane Beckman	*North Carolina State University*
Bendi Benson Schrambach	*Whitworth University*
Paul Bessler	*Brock University*
Evelyne Bornier	*Southeastern Louisiana University*
Lucia Brown	*Mt. Hood Community College*
Joanne Burnett	*University of Southern Mississippi*
Marilyn Carter	*College of San Mateo and Foothill College*
Matthieu Chan Tsin	*Coastal Carolina University*
Rebecca Chism	*Kent State University*
Mary Clarkson	*Houston Community College*
Teresa Cortey	*Glendale College*
Beth Curran	*Temple University*
Rudy de Mattos	*Louisiana Tech University*
Dominick DeFilippis	*Wheeling Jesuit University*
Nicole Denner	*Stetson University*
Anthony Disalvo	*College of the Desert*
Annabelle Dolidon	*Portland State University*

Joan Easterly	*Pellissippi State Technical Community College*
Hilary Fisher	*University of Oregon*
Jonathan Fulk	*University of Minnesota, Twin Cities*
Michael Galant	*California State University, Dominguez Hills*
Eve Goodhue	*Simpson College*
Elizabeth M. Guthrie	*University of California, Irvine*
Jeanne Hageman	*North Dakota State University*
Liz Hall	*Ithaca College*
Armelle Hofer	*Oregon State University*
Charlotte Jackson	*Long Beach City College*
Frederique Knottnerus	*Oklahoma State University, Stillwater*
Sonja Kropp	*University of Nebraska, Kearney*
Bryan Lewshenia	*Orange Coast College*
Anne Lutkus	*University of Rochester*
J. Debbie Mann	*Southern Illinois University, Edwardsville*
Kathleen McKain	*Saint Martin's University*
Aileen Mootoo	*Southeastern Louisiana University*
Marie-Claire Morellec	*Hillsdale College*
Brigitte Moretti-Coski	*Ohio University, Athens*
Aparna Nayak-Guercio	*California State University, Long Beach*
Linda W. Nodjimbadem	*University of Texas, El Paso*
Eva Norling	*Bellevue College*
Marina Peters-Newell	*University of New Mexico*
Randi Polk	*Millikin University*
Charles L. Pooser	*Indiana University, Southeast*
Joe Price	*Texas Tech University*
Alicia Ramos	*Hunter College, City University of New York*
Rachel Ritterbusch	*Shepherd University*
Daniel Rivas	*Irvine Valley College*
Anna Sandstrom	*University of New Hampshire*
Scott Shinabargar	*Clark Atlanta University*
Louis Silvers	*Monroe Community College*
Lori Slaber	*Henry Ford Community College*
Christa E. Smith	*Wayland Baptist University*
Juliana Starr	*University of New Orleans*
Charlotte Trinquet	*University of Central Florida*
Shawncey Webb	*Taylor University*
Dierdre Wolownick	*American River College*

We would also like to express our appreciation to the many people at Heinle who helped nurture this project: Beth Kramer, Publisher, and MJ Prinaris, Marketing Manager. Special thanks go to Nicole Morinon and Florence Kilgo, our Editors, for their enthusiastic guidance and encouragement throughout the project, and to Esther Marshall, our Production Manager, whose careful attention and vision assembled the pieces artfully. Our thanks to all the freelancers involved with the production of this project, in particular, Sev Champeny, copyeditor and native reader, Harriet Dishman and Stacy Drew, project management, and the Pre-Press PMG and its wonderful staff, in particular Melissa Sacco, for her coordination and technical project management and Catherine Schnurr for the photo research. We extend thanks to our contributing ancillary authors; Heather McCoy, The Pennsylvania State University—iLrn Diagnostics, Cécile Hoene, Native reader for Companion Website Cultural and Tutorial Activities and to Lara Mangiafico—Testing Program and Self-Correcting Quizzes.

Finally, we want to express our appreciation to our families for their patience, confidence, and invaluable insights, which sustained us through the completion of this work. We dedicate the book to them.

Des étudiants en classe à l'université de Fontainebleau.
Un étudiant a une question pour le professeur...

Les camarades et la salle de classe

In this chapter, you will learn fundamentals to help you communicate in your classroom surroundings: how to introduce yourself and others, greet fellow students, identify objects in the classroom, identify people and describe them, count, and spell. In the **Perspectives culturelles** sections, you will also learn about greetings in the francophone world and why French and English have so many cognates, or words in common.

Pratique de conversation

Comment se présenter et se saluer

Structure 1.1

Addressing others *Tu et vous*

In French greetings, a distinction is made between formal and informal terms of address. See page 24 for guidelines on using the formal **vous** and the informal **tu.** In **Perspectives culturelles** you will read further on this topic.

CD1, Track 2

Expressions utiles

Pour se présenter

Contexte non familier, respectueux

To access the audio recordings, visit www.cengage.com/french/motifs

— Bonjour, madame. Je m'appelle Denis Beaufort. Et vous?
— Moi, je m'appelle Christine Chambert. Je suis de Marseille. Et vous?
— Je suis de Paris.

Contexte familier

— Salut! Je m'appelle Anne-Sophie. Et toi?
— Je m'appelle Stéphane. Je suis de Paris. Et toi?
— Moi, je suis de Montréal.

— Salut, Mélanie. Ça va?
— Oui, ça va.
— Je te présente mon ami, Nabil.
— Bonjour, Nabil.
— Bonjour.

 Activité 1 Comment vous appelez-vous?

Suivez le modèle avec deux camarades de classe. (*Circulate as if you were at a cocktail party. Remember to shake hands when you say **Bonjour.** Replace the words in bold with your personal information.*)

Modèle: — *Bonjour, monsieur/madame/mademoiselle. Je m'appelle* **Laurence.** *Et vous?*
— *Je m'appelle* **Camille.** *Je suis de* **Dallas.** *Et vous?*
— *Moi, je suis de* **Paris.**

 **Activité 2** **Comment t'appelles-tu?**

Suivez le modèle avec trois camarades de classe.

> **Modèle:** — *Je m'appelle **Jennifer**. Et toi?*
> — *Moi, je m'appelle **Jake**.*
> — *Je suis de **Chicago**. Et toi?*
> — *Moi aussi, je suis de **Chicago**. / Moi, je suis de **Portland**.*

Comment s'appelle-t-elle?
Elle s'appelle Audrey Tautou. C'est une actrice française célèbre. Elle est dans le film *Amélie*.

Comment s'appelle-t-il?
Il s'appelle Luc Besson. C'est un réalisateur *(director)* français. Ses films sont *Nikita* (1991), *Léon (The Professional)* (1995) et *Le Cinquième Élément (The Fifth Element)* (2000). Et vous, comment vous appelez-vous?

Activité 3 **Présentez vos camarades de classe.**

Maintenant, présentez vos camarades de classe aux autres étudiants.

> **Modèle:** *Il/Elle s'appelle _____. Il/Elle est de _____.*

 **Activité 4** **Testez-vous!**

Avec un(e) camarade, montrez du doigt *(point out)* des étudiants et demandez **Comment s'appelle-t-il/elle?**

> **Modèle:** — *Comment s'appelle-t-elle?*
> — *Elle s'appelle **Elizabeth**.*

 Expressions utiles

CD1, Track 3

Pour se saluer

Contexte non familier, respectueux

— Bonjour, madame. Comment allez-vous?
— Très bien, merci, et vous?

— Bonsoir, mademoiselle.
— Bonsoir, monsieur. À demain.

Expressions utiles (suite)

Contexte familier

— Bonjour, Nicole. Ça va?
— Pas mal. Et toi?
— Moi, ça va.
— Nicole, voici mon amie Sylvie. Sylvie, Nicole.
— Bonjour, Sylvie.
— Bonjour, Nicole.

— Salut, Paul. Ça va?
— Oui, ça va. Et toi?

— Comment ça va?
— Ça ne va pas du tout!

— Au revoir, Pauline. À bientôt!
— Allez, au revoir!

— Salut, Marc. À tout à l'heure!
— Ciao! À plus!

Écoutons ensemble! Réponses logiques pour se saluer

Listen to the following initial statements and questions and choose the logical response. Mark each exchange as **familier** or **non familier.** Then listen to the entire exchange to check your answers.

1. familier ____ non familier ____
   a. Très bien, merci. Et vous?
   b. Je m'appelle Henri.
   c. À bientôt.

2. familier ____ non familier ____
   a. Je suis de Washington.
   b. Oui, ça va.
   c. Au revoir.

3. familier ____ non familier ____
   a. Pas mal.
   b. Au revoir.
   c. Bonjour.

4. familier ____ non familier ____
   a. Très bien, merci. Et vous?
   b. Je m'appelle Anne.
   c. Bonsoir.

5. familier ____ non familier ____
   a. Merci, madame.
   b. Pas mal. Et toi?
   c. Bonsoir, mademoiselle.

6. familier ____ non familier ____
   a. Bonjour. Comment ça va?
   b. Au revoir.
   c. Bonsoir, monsieur.

7. familier ____ non familier ____
   a. Je m'appelle Christophe.
   b. Il est de New York.
   c. Je suis de Washington.

8. familier ____ non familier ____
   a. Bonjour, monsieur.
   b. Ça va?
   c. Salut.

 Activité 5 Jouez le dialogue.

Saluez trois étudiants de la classe.

Modèle: — *Bonjour / Salut, Jeanne. Ça va?*
— *Oui, ça va. (Ça ne va pas. / Ça va très bien. / Ça va très mal.)*

Greetings in French

Learning how to negotiate greetings and leave-takings is important for feeling comfortable in a foreign culture. These practices vary throughout the francophone world. They differ, for example, between France, Québec, and French-speaking Africa.

Bonjour!

In France, greetings are more codified than they are in many Anglo-Saxon countries. Therefore, getting this behavior "right" goes a long way to making a good impression.

First, whenever French people come into contact with others, whether friends or strangers (shopkeepers, waiters, or office personnel), they greet them upon their arrival and say good-bye before leaving. In "official" situations, **bonjour** or **au revoir** is accompanied by **monsieur, madame,** or **mademoiselle** without including the last name.

— Bonjour, madame.
— Au revoir, mademoiselle.

Une «poignet de main» (handshake) ou «la bise»?

Greetings are generally accompanied by a gesture, either a handshake or kisses on the cheeks (**une bise** or **un bisou**). Acquaintances and business associates shake hands each time they see one another. The handshake is a brief up and down movement, rather than a prolonged pumping up and down. Men greeting each other most often shake hands. When leaving a group of people after a social event, it's important to shake everyone's hand or **se faire un bisou.** French family members, friends, and acquaintances **se font la bise** when they greet and part. In addition, when one is introduced to the good friend of a friend or a family member, one often takes part in this ritual as well. For Americans, it is important to note that **la bise** does not usually include a hug; it is light physical contact.

Un sourire?

In large cities, such as Paris, the French generally maintain a more neutral facial expression in public spaces such as the street or the **métro,** which is in part a reflection of a need for privacy. A smile and eye contact may be interpreted as flirtation. In the south of France and in smaller towns, it is more common to smile and greet strangers.

Tu ou vous?

In France

One of the most complicated cultural practices in French involves deciding whether to use the formal or informal form of address. Since in English this distinction does not exist, learners will often choose the wrong form or randomly alternate between the **tu** and the **vous** forms. For the French, this can be confusing because the choice involves notions of hierarchy, intimacy, and respect. When in doubt, it is always preferable to err on the side of formality. Use **tu** with family members, friends, and among fellow students. Use **vous** with teachers, older people, and those within the general public with whom you interact. **Vous** is always used to address more than one person. When in doubt, wait for the other person to give you permission to use the **tu** form: **On peut se tutoyer?**

In Québec

French-speaking Canada, like its neighbor to the south, is often more informal than France. In France, people tend to use **vous** with people over fifty, waiters in restaurants or their boss. Canadians are inclined to use **tu** with these interlocutors. Canadians, however, still generally use **vous** with teachers as a form of respect.

Greetings in French-speaking Africa

In Sénégal, Côte d'Ivoire, and other French-speaking African countries, the informal **tu** is also more commonly used than in France. Greetings often involve a more lengthy ritual than the formulaic **Comment ça va?** When seeing an acquaintance or family member after an absence, one inquires about the health and well-being of all their family members: **Comment va ton père? Il se porte bien? Et ta mère, elle va bien?** *(How is your father? He's doing well? And your mother, is she well?)*

Avez-vous compris?

Look at the following scenarios and identify the behavior as **bien élevé** *(polite; literally, well-behaved)* or **mal élevé** *(impolite).* Explain your response.

1. You walk into a bakery and say: **Deux baguettes, s'il vous plaît.**
2. You say **bonjour** to greet your friend's best friend with your hands at your side.
3. Your good friend introduces you to his/her best friend and you kiss him/her lightly on both cheeks.
4. You wave good-bye to your friends at a social gathering and say: **Au revoir. À bientôt.**
5. You're in Québec and you **tutoies** your waiter.

Et vous?

1. With several students write down rules for formal and informal greetings in the United States or another country with which you're familiar. Share your rules with the class.
2. Which do you feel is more physical, a hug or a kiss on the cheek? Explain.
3. Explain why French people might be confused when someone switches between the use of **tu** and **vous** when addressing them.

Voix en direct
Tu ou *vous?* Quelques réflexions

On dit qu'entre étudiants ou entre jeunes personnes en général on se tutoie[1], même si[2] on ne se connaît pas[3]. Est-ce vrai[4]?

Paquot: Oui, entre étudiants... oui oui.

Romanet: Oui, entre [les] jeunes, oui, il n'y a pas de problème. On tutoie tout le monde[5] franchement[6].

Pierre Paquot
24 ans
Étudiant, Paris

[1]*use the informal greeting* [2]*even if* [3]*don't know each other*
[4]*Is it true* [5]*everyone* [6]*frankly*

Alors à quel âge est-ce qu'on commence à se vouvoyer[7]?

Paquot: Je ne sais pas s'il y a un âge. C'est plutôt[8] une différence d'âge. Vers vingt-cinq ou peut-être[9] trente ans... Enfin c'est difficile à dire[10].

Romanet: Je pense que c'est quand on change de milieu[11], on commence à travailler[12]. Quand on est étudiant, on est cool, on est à l'école[13], on se tutoie, on est à l'aise[14]. Il n'y a pas de différence d'âge. C'est quand on commence à travailler que c'est plus sérieux.

Julien Romanet
23 ans
Étudiant, Paris

[7]*use the formal greeting* [8]*rather* [9]*maybe* [10]*hard to say* [11]*environment* [12]*to work* [13]*school* [14]*at ease*

Est-ce que vous vouvoyez les parents de vos amis[15]?

Paquot: Oui, je les vouvoie en général.

Romanet: Oui, toujours, toujours. Je vouvoie toujours les parents de mes amis.

Konisky: Non, je les tutoie en général.

[15]*your friends*

Nicolas Konisky
24 ans
Étudiant, Paris

Réfléchissez aux réponses

1. Did all the speakers agree that college-age people should use **tu** with each other?

2. When or under what circumstances did they seem to think that this behavior changes?

3. Which of the speakers was less formal?

4. (In groups) Talk about some basic rules of politeness you were taught when growing up and see what differences and commonalities about these codes you find in your group. For example, did you address your friends' parents by their first name?

Identification des choses et des personnes

Structure 1.2

Identifying people and things *Qui est-ce?, Qu'est-ce que c'est?, Est-ce que... ?*

Structure 1.3

Naming people and things *Les articles indéfinis*

One of the first ways you will use French is to ask for help identifying the people and things around you. Identification questions appear on page 25. Naming people and things also requires the use of indefinite articles (see page 26).

La salle de classe

Notez et analysez

Look at the article that precedes each of the classroom objects. How many forms do you see? Try to explain why they vary.

Qu'est-ce que c'est?

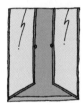

C'est **une** fenêtre.

Ce sont **des** chaises.

C'est **un** bureau.

— Est ce que c'est **un** crayon?
— Non, c'est **un** stylo.

Est-ce que c'est… ?

Suivez le modèle.

Modèle: — Est-ce que ce sont des cahiers?
— *Non, c'est un livre.*

1. Est-ce que c'est une porte?

2. Est-ce que ce sont des chaises?

3. Est-ce que c'est un bureau?

4. Est-ce que ce sont des cahiers?

5. Est-ce que c'est une craie?

6. Est-ce que c'est un tableau?

Qui est-ce?

The French media are filled with news about American celebrities, especially those in the field of entertainment. French-speaking celebrities are less likely to be household names in the United States. Let us introduce you to a few here. You will gradually meet more throughout the text.

C'est Tony Parker, un basketteur professionnel. Il joue pour la NBA.

C'est Rachida Dati, une politicienne française.

C'est Mathieu Kassovitz. Il est acteur, metteur en scène et mannequin.

C'est Carla Bruni-Sarkozy. Elle est chanteuse et première dame de France.

C'est Johnny Hallyday. Il est rocker, genre Elvis.

C'est Yannick Noah. Il est chanteur et ancien champion de tennis.

C'est Nicolas Sarkozy, le Président de la République française.

C'est Vanessa Paradis. Elle est chanteuse et actrice. C'est la partenaire de Johnny Depp.

C'est Zinédine Zidane. Il est joueur de foot.

C'est Audrey Tautou. Elle est actrice.

C'est Jean-Paul Gaultier. Il est designer/couturier.

Suivez le modèle.

Modèle: — C'est Tommy Hilfiger?
— *Non, c'est Jean-Paul Gaultier.*

1. C'est Reese Witherspoon?

2. C'est Zinédine Zidane?

3. C'est Will Smith?

4. C'est Audrey Tautou?

5. C'est Kobe Bryant?

6. C'est Elvis Presley?

7. C'est Mathieu Kassovitz?

Jodie Foster, l'actrice américaine, parle couramment *(fluently)* le français. Vous connaissez d'autres célébrités qui parlent français?

 Explorez en ligne

Jodie Foster studied at the French **lycée** in Los Angeles and speaks fluent French. Her sister is married to a Frenchman and lives in France. Jodie makes frequent trips to France and is often interviewed in the media. Go to a French search engine such as google.fr and find an interview in French with her. What do you think of her French? Write down the date and topic of the clip you watched and jot down a couple of words or expressions you recognize.

La description des personnes

Structure 1.4

Describing people *Les pronoms sujets avec* **être**

Structure 1.5

Describing *Les adjectifs (introduction)*

In the following **thème,** you'll learn how to describe people. For this you'll
need to learn the verb **être** *(to be)* and some descriptive adjectives. The verb
être is presented on page 27. See pages 28–29 for details on the formation of
adjectives in French.

Activité 8 À l'arrêt d'autobus

Décrivez chaque personne à l'arrêt d'autobus *(bus stop)*. Utilisez les adjectifs et les
noms dans l'image.

La description physique

Comment sont-ils?

M. Toussaint
grand
d'un certain âge
mince

vieille
femme

chien
moche

chat
mignon

Jean-Claude
jeune homme
beau
taille moyenne

Mme Vincent
vieille
petite
forte
cheveux gris

Annie
petite fille
blonde

Agnès
Mercereau
taille moyenne
jolie
brune

Patrick
brun
garçon

Activité 9 Écoutez votre professeur: Qui est sur l'image?

Qui est-ce que votre professeur décrit?

> **Modèle:** PROFESSEUR: C'est une vieille femme avec les cheveux gris. Elle est
> un peu forte et elle porte des lunettes *(wears glasses).*
> ÉTUDIANT(E): *C'est Mme Vincent.*

La description de la personnalité

Comment est-il?

François Leclerc

«Moi? euh... Je suis **sociable,** assez **optimiste** et très **patient.**»

Notez et analysez

Look at the adjectives in boldface used by François Leclerc and Nicole Brunot to describe themselves. Which one has a different spelling. Why?

Nicole Brunot

«Je suis **sociable** et **optimiste.** Mais je ne suis pas très **patiente.**»

 Activité 10 **Comment es-tu?**

Posez des questions à un(e) camarade de classe à propos de sa personnalité. Ensuite, changez de rôles.

> **Modèle:** optimiste
> — *Tu es optimiste?*
> — *Oui, je suis assez* (rather) *optimiste. Et toi?*
> — *Moi aussi* (Me too). / *Moi non* (Not me). *Je suis assez pessimiste.*
>
> timide
> — *Tu es timide?*
> — *Non, je ne suis pas très timide. Et toi?*
> — *Moi non plus* (Me neither). / *Moi, je suis timide.*

1. idéaliste
2. sympathique
3. timide
4. sociable
5. sérieux (sérieuse)
6. nerveux (nerveuse)
7. fatigué(e)
8. patient(e)

Activité 11 **Test! Qui est-ce?**

Lisez les descriptions et identifiez les personnages célèbres.

Angelina Jolie · Will Smith · Stephen Colbert
Gérard Depardieu · Ang Lee · Oprah Winfrey
Céline Dion · Kobe Bryant · Nicolas Sarkozy

1. C'est un humoriste américain sur *Comedy Central.* Il a les cheveux bruns et courts et il est assez grand et mince. Il porte des lunettes. Il est intelligent et amusant. C'est un journaliste satirique.

2. C'est une belle actrice américaine très célèbre. Elle est brune, assez grande et très mince. Elle a des enfants adoptés de différents pays et des enfants avec Brad Pitt. Elle est ambassadrice pour des causes humanitaires.

3. C'est une femme noire de Chicago. Elle a une émission à la télévision qui est très populaire, surtout chez les femmes. Elle a aussi un magazine avec sa photo sur la couverture. Elle est idéaliste, généreuse et très riche.

4. C'est un politicien français d'un certain âge aux cheveux bruns. Il est assez petit. Il est intelligent, actif et dynamique. Sa femme est une belle chanteuse célèbre.

5. C'est une chanteuse québécoise avec une voix très forte. Elle parle français et anglais. Elle est grande et mince et elle travaille beaucoup à Las Vegas.

Vocabulaire en mouvement

As an English speaker, you already have a more extensive French vocabulary than you may realize. Why? It all began in 1066 when William the Conqueror, a French Norman, crossed the Channel to invade England. With a French-speaking king on the English throne, French soon became the language of the aristocracy. French words were considered more refined than their plain Anglo-Saxon counterparts. *To combat* (**combattre**), for example, was more stylish than *to fight*, *to descend* (**descendre**) was more refined than *to go down*, and *egoism* (**égoïsme**) more sophisticated than *selfishness*.

A mass migration of words crossed the Channel in the other direction during the eighteenth century, before the Revolution, especially in the area of sports. Since this period, the French have enjoyed talking about **le golf, le tennis,** and **le match.**

The massive influx of English words, especially in the areas of business, technology, and popular culture, can be disturbing to the French. However, as culture changes, so does language. One recent example you will encounter in this textbook is the French expression for email. The officially accepted term is **un courriel,** but you will also find **mél** and **e-mail.** This cross-fertilization is to your advantage when learning French, especially when you can see the written word. To fully exploit this advantage, you'll need to learn to recognize these cognates, shared by French and English.

1> LE PLUS LU DES MAGAZINES DE FOOT
Planète Foot n'a pas attendu que les Français gagnent la Coupe du Monde et l'Euro pour couvrir l'actualité de toutes les stars du ballon. Depuis 13 ans, nous sommes sur tous les terrains pour vous permettre de découvrir chaque mois vos champions préférés.

À partir de **55€** * Aller simple
Voiture et passagers

"It is pas cher`!"
Choisissez économie et rapidité !
Avec **Eurotunnel,** rejoignez l'Angleterre au volant de votre voiture **en seulement 35 minutes !**
En réservant à l'avance et en période de faible affluence, **bénéficiez de tarifs exceptionnels** pour votre voiture, quel que soit le nombre de passagers.
N'attendez plus, en route vers l'Angleterre !

EURO TUNNEL

Réservez au 0810 63 03 04 ou via eurotunnel.com

* C'est pas cher. Billet Court Séjour Eco soumis à conditions, disponibilité limitée, sur certains départs, vendu uniquement en aller retour. Pour réserver, citez "Challenges" au 0810 63 03 04 (prix d'un appel local). Codes 239928v1.

Le choix naturel pour traverser la Manche en voiture

Le loft de Matali, Miss Design 2010

FASHION WEEK
Mannequins, couturiers et famous people, ça défile en live sur les podiums entre le 26 février et le 6 mars.

En direct **LIVE !** SUR INTERNET dès le 1er mars et pendant toute la durée du salon

 Et vous?

1. Think of some French words or expressions used in English. When might you use them? For what kinds of topics?

2. What groups of people in France would you expect to use the most English? Why?

Les vêtements et les couleurs

Les couleurs

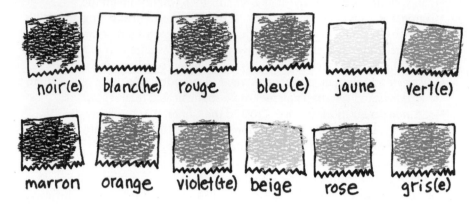

noir(e) blanc(he) rouge bleu(e) jaune vert(e)

marron orange violet(te) beige rose gris(e)

Les vêtements

— Qu'est-ce que vous portez?
— Moi, je porte...

un blouson

une casquette

des chaussures (f)

un sac

un jean

un parapluie

un manteau

des tennis (f) ou
des baskets (f)

des lunettes (f)
de soleil

un chapeau

un maillot de bain

une robe

un T-shirt

un short

une jupe

une cravate

un chemisier

un pull-over (pull, *fam*)

un pantalon kaki

une chemise

un sweat (pull, *fam*)

des sandales (*f*)

Activité 12 Écoutez votre professeur: Vrai ou faux?

Écoutez les descriptions par votre professeur des vêtements à la page précédente *(previous)* et ci-dessus *(above)*. Sont-elles vraies *(true)* ou fausses *(false)*?

Modèle: — Le manteau est rouge.
— *Vrai.*

 ## Activité 13 De quelle couleur est... ?

Avec un(e) camarade de classe, regardez les illustrations aux pages 16 et 17 et répondez aux questions en suivant *(following)* le modèle.

Modèle: — De quelle couleur est le blouson?
— *Il est marron.*

1. De quelle couleur sont les tennis? Elles sont...
2. De quelle couleur est la jupe? Elle est...
3. De quelle couleur est la chemise?
4. De quelle couleur est la robe?
5. De quelle couleur est le short?
6. De quelle couleur est le pull?

Comment communiquer en classe

The following phrases are important for managing activities in the classroom. By learning them, you can help maintain a French-speaking environment, even as a beginner. For example, any time you need a French translation for a word you can ask: **Comment dit-on ___ en français?** Your instructor will welcome a **J'ai une question** or a **Je ne comprends pas.**

🔊 Expressions utiles

CD1, Track 7

Le professeur dit:

Écoutez.

Listen

Asseyez-vous.

Sit down

Allez au tableau.

Go to the board.

Fermez la porte.

Close the door.

Ouvrez votre livre.

Open the book.

Regardez le tableau. Faites les devoirs: page 22, exercice 6.

Look at the board. Do the homework p. 22, ex. 6.

Commands

End in

(-ez) → *vous form*

Tu form
Nous form

Travaillez avec un(e) camarade de classe.

Work w/ a partner.

L'étudiant dit:

les

Rendez-moi vos devoirs, s'il vous plaît.

Turn in the homework, please.

Vous avez une question? Levez la main.

Do you have a question? Raise your hand.

Pardon? Je ne comprends pas.

Excuse me. I don't understand.

J'ai une question.

I have a question.

Comment dit-on *dog* en français? / Comment ça s'écrit? C-H-I-E-N.

How do you say ___?
How do you spell ___?

Quelle page?
What page?

Répétez, s'il vous plaît.
Repeat please.

Merci, monsieur.
Thank you sir.

CD1, Track 8

Écoutons ensemble! La communication en classe

Listen to the various people communicating in a classroom, and number the following situations in the order that you hear them.

_____ **a.** Mathias wants to know how to say **anthropologie** in English.

_____ **b.** The instructor wants the students to turn in their homework.

_____ **c.** Camille doesn't understand what her instructor is saying.

_____ **d.** The instructor thinks it's too noisy and asks someone to close the door.

_____ **e.** The students are supposed to work with a partner on an activity.

_____ **f.** Marie has a question.

_____ **g.** The students are supposed to open their books.

_____ **h.** The instructor wants the students to speak English.

L'alphabet

a	a	Alice	n	en	Nabil
b	bé	Bernard	o	o	Odile
c	cé	Célia	p	pé	Patrice
d	dé	David	q	ku	Quentin
e	e	Esther	r	erre	Roland
f	ef	François	s	esse	Sébastien
g	gé	Guy	t	té	Thérèse
h	hache	Hervé	u	u	Ugolin
i	i	Irène	v	vé	Véronique
j	ji	Jean	w	double vé	William
k	ka	Karim	x	iks	Xavier
l	elle	Lucien	y	i grec	Yasmina
m	em	Mathilde	z	zèd	Zacharie

aA bB cC dD
eE fF gG hH

Les accents

é = e accent aigu: bébé, clé, thé

è = e accent grave: mère, père, chère

ê = e accent circonflexe (â, ê, î, ô, û): forêt *(forest),* **flûte, hôpital** *(hospital)*

The **circonflexe** on an **e** or an **o** often represents a missing **s.**

ç = c cédille: garçon, ça va. The **cédille** indicates a soft **c** pronounced like an **s.**

ë, ï = e, i tréma: Noël, Loïc. The **tréma** indicates that the vowel combination should be pronounced as two separate syllables.

Activité 14 Un test d'orthographe *(spelling test)*

Écoutez votre professeur et écrivez le mot sur une feuille de papier. *(Write the numbers 1–8 on a piece of paper and write down the words your instructor spells by each number.)*

Activité 15 Écoutez votre professeur.
Devinez *(Guess)* ensemble.

Écoutez les phrases suivantes prononcées par votre professeur et trouvez l'équivalent en anglais. Suivez le modèle.

> **Modèle:** PROFESSEUR: Répétez, s'il vous plaît.
> ÉTUDIANT(E): *h (hache)*

1. Répétez, s'il vous plaît.
2. Lisez l'exercice à la page 4.
3. Écoutez.
4. Excusez-moi.
5. Faites les devoirs.
6. Posez la question à votre voisin(e).
7. En français, s'il vous plaît.
8. Travaillez avec un(e) camarade.
9. Comment dit-on *dog* en français?
10. Les devoirs sont à la page 2.

a. *Do the homework.*
b. *How do you say "dog" in French?*
c. *Excuse me.*
d. *Read the exercise on page 4.*
e. *Ask your neighbor the question.*
f. *In French, please.*
g. *Work with a partner.*
h. *Please repeat.*
i. *The homework is on page 2.*
j. *Listen.*

Les nombres de 0 à 60

0 zéro	9 neuf	18 dix-huit	27 vingt-scpt
1 un	10 dix	19 dix-neuf	28 vingt-huit
2 deux	11 onze	20 vingt	29 vingt-neuf
3 trois	12 douze	21 vingt et un	30 trente
4 quatre	13 treize	22 vingt-deux	31 trente et un
5 cinq *(SANk)*	14 quatorze	23 vingt-trois	32 trente-deux
6 six	15 quinze	24 vingt-quatre	40 quarante
7 sept	16 seize	25 vingt-cinq	50 cinquante
8 huit	17 dix-sept	26 vingt-six	60 soixante

Activité 16 Donne-moi tes coordonnées
(contact information), s'il te plaît.

Demandez les coordonnées de deux étudiants dans votre classe. Substituez votre nom et vos coordonnées.

> **Modèle:** — *Comment t'appelles-tu?*
> — *Je m'appelle Jeanne Rambouillet.*
> — *Rambouillet? Comment ça s'écrit?*
> — *C'est R-A-M-B-O-U-I-deux L-E-T, Rambouillet.*
> — *Et ton numéro de téléphone?*
> — *C'est le 310-643-0975.*
> — *Et ton adresse courriel?*
> — *C'est jeanne@yahoo.com (pronounced: **Jeanne à [arobase] yahoo point com**).*

Activité 17 **Comptez!**

Avec un(e) partenaire, comptez.

1. Comptez de 0 à 20.
2. Comptez jusqu'à 60 en multiples de 10.
3. Comptez jusqu'à 60 en multiples de 5.
4. Comptez jusqu'à 30 en multiples de 2.
5. Comptez jusqu'à 30 en multiples de 3.

Activité 18 **Écoutez votre professeur: Nombres en désordre.**

Identifiez la série de nombres prononcés.

liste A: 36, 38, 41, 43, 45, 18, 57, 12

liste B: 26, 38, 41, 52, 43, 18, 17, 12

liste C: 16, 28, 4, 52, 43, 13, 19, 2

liste D: 36, 28, 42, 62, 45, 8, 16, 22

liste E: 16, 8, 44, 50, 15, 13, 57, 2

Situations à jouer!

Qu'est-ce qu'on dit dans les situations suivantes?

1 Find out from a classmate how to say *optimistic* in French. Then ask him/her if he/she is optimistic.

2 Your friend's mother opens the door. Greet her and introduce yourself. She will respond politely.

3 Find out someone's name and where he/she is from by asking another classmate.

4 You want to write someone's name and phone number in your address book. Ask him/her to spell his/her last name to make sure you write it down correctly.

5 (Whole class or large group activity) The whole class stands up to circulate at a French embassy gala attended by guests invited from all over the world. Hold an imaginary wine glass in your left hand so that you're free to shake hands with the people you greet. Greet people; ask them how they are; find out where they are from. (You can make up a famous city.) Do at least two introductions. (**Voici Élise Johansson. Elle est de New York.**) To move on to the next guest, either conclude with **Enchanté(e)!**, or explain **J'ai un message important sur mon portable...** as you leave.

Voix en direct (suite)

Go to **iLrn** to view video clips of French people interviewed for **Voix en direct** introducing themselves. You will also see a little French girl playing school and "teaching" the alphabet.

Lecture

Anticipation

You are about to read the words of a contemporary French song, by the young French singer Zazie, consisting mostly of a list of French names. The names the singer has selected are important to the song's message, a hymn to tolerance. Before reading the lyrics, jot down a couple of French male and female names you know. *Tout le monde (Everyone)* was a hit **(un tube),** when it came out.

Chanson: *Tout le monde°*

Everyone

Words and music by Zazie 1998
«*Made in love*» (album)

1   Michel, Marie
     Djamel, Johnny
     Victor, Igor
     Mounia, Nastassia

5   Miguel, Farid
     Marcel, David
     Keïko, Solal
     Antonio, Pascual

     Tout le monde il est beau
10   Tout le monde il est beau

     François, Franco
     Francesca, Pablo
     Thaïs, Elvis
     Shantala, Nebilah

15   Salman, Loan
     Peter, Günter
     Martin, Kevin
     Tatiana, Zorba

     Tout le monde il est beau
20   Tout le monde il est beau

     Quitte à faire de la peine à Jean-Marie°

At the risk of causing pain to Jean-Marie (a far-right anti-immigrant politician)

     Prénom Zazie
     Du même pays
     Que Sigmund, que Sally
25   Qu'Alex, et Ali

     Tout le monde il est beau
     Tout le monde il est beau
     Tout le monde il est beau

     Assez grand pour tout l'monde

30   Nanananana...

Isabelle de Truchis de Varenne («Zazie»), chanteuse populaire française

Activité de lecture

Look over the song and answer the following questions.

1. What's the name of the singer? Does her name figure in the lyrics?
2. Look for traditional French names in the song. Do they correspond to names you included in your list?
3. Like the United States, which is known for its ethnic diversity, France is comprised of people from many nations and continents. Locate names in the song that correspond to the following regions of the world. You may want to use the map at the beginning of the book to help you locate them.

RÉGIONS

a. North Africa or the Middle East
b. Hispanic countries
c. Francophone Europe or Canada
d. Asia
e. Germany or Northern Europe
f. Mediterranean Europe (Italy or Greece)
g. Eastern Europe

Compréhension et intégration

What is the message of this simple song?

Maintenant à vous!

Can you think of a popular song that has these kinds of inclusive lyrics (lyrics that stress the intrinsic value of all people independent of their group identity)?

Explorez en ligne

Using a French search engine (google.fr or yahoo.fr), type in **prénoms** *(first names)*. Write down the current top five names for boys and girls in France. Spell them for the class and your instructor will pronounce them for you **à la française**.

Expression écrite

🌐 À vos marques, prêts, bloguez!

On the class blog, greet your classmates in French. Give your name and say where you are from. Briefly describe yourself and then say goodbye. Respond to two of your classmates' greetings with a quick **bonjour**.

Petit portrait

In this writing activity you will write a description of a famous person of your choice.

■ **Première étape:** Rewrite the following description changing Pierre-Louis to Marie-Louise. You'll need to change the gender of the underlined words.

Voici Pierre-Louis. C'est <u>un</u> jeune <u>homme</u> de Marseille. <u>Il</u> est assez <u>grand</u> et <u>beau</u> avec des cheveux blonds et courts. <u>Il</u> n'est pas très <u>intelligent</u>, mais <u>il</u> est <u>patient</u> et sympathique. C'est <u>un homme intéressant</u>.

■ **Deuxième étape:** Now describe a famous person, following the model above. Attach a picture or photograph to your description.

■ **Troisième étape:** Post your picture on the board as you and your classmates read the descriptions. Identify the person described.

SYSTÈME-D	
Phrases:	describing people
Grammar:	adjective agreement, adjective agreement (number)
Vocabulary:	hair colors, people, personality, colors, clothing

Addressing others *Tu et vous*

When you are speaking to an individual in French, you need to choose between the formal (**vous**) and informal (**tu**) forms of address. When speaking with someone whom you don't know very well, who is older than you, or who is in a higher position, **vous** is in order.

The informal **tu** is used as follows:

- between students of the same age group and young people in general
- between people who are on a first-name basis
- among family members
- with children
- with animals

In some French-speaking countries, such as Canada or French-speaking Africa, the more familiar **tu** form is more common when speaking to a single individual.

> Tu es nerveux, Paul?
> Tu es étudiant ici?

Vous is always used in addressing more than one person. **Vous** is also generally used as follows:

- with and between people who are not on a first-name basis
- among people who are meeting for the first time
- with those who are older than you
- with a boss or superior

In cases of doubt, it is always preferable to use **vous**. You will want to add **monsieur, madame,** or **mademoiselle** for politeness.

> Bonjour, mademoiselle. Comment allez-vous?
> Dominique et Christine, vous comprenez le professeur?
> Bonjour, monsieur. Comment allez-vous?
> Vous parlez très bien français, mademoiselle.

Exercice 1   Based on the context of the following situations, select the appropriate pronoun.

1. You are speaking with your friend's mother, Mme Arnaud.   **tu   vous**
2. You are speaking to your dog.   **tu   vous**
3. You are speaking to your instructor.   **tu   vous**
4. You are speaking with a school acquaintance.   **tu   vous**
5. Your grandmother is speaking to you.   **tu   vous**
6. You are speaking with a business acquaintance, Jean-Claude Cassin.   **tu   vous**
7. You are speaking to a group of friends.   **tu   vous**

Exercice 2   Create logical sentences by associating each item from the first column to the appropriate item in the second column.

1. Bonjour, monsieur.
2. Salut. Ça va?
3. Bonjour, madame. Comment allez-vous?
4. Bonjour! Je m'appelle Aïsha. Et toi?
5. Bonjour! Je suis Monique et je suis de Lyon. Et vous?

a. Très bien, merci. Et vous?
b. Je suis de Tahiti.
c. Je m'appelle René.
d. Ça va. Et toi?
e. Bonjour, mademoiselle.

Identifying people and things *Qui est-ce? Qu'est-ce que c'est? Est-ce que... ?*

To inquire about someone's identity, ask **Qui est-ce?**

—Qui est-ce?	—*Who is it?*
—C'est Paul.	—*It's Paul.*

If you want an object to be identified, ask **Qu'est-ce que c'est?**

— Qu'est-ce que c'est?	—*What is it?*
— C'est un livre.	—*It's a book.*

Any statement can be turned into a yes/no question by placing **est-ce que** in front of it and using rising intonation.

C'est Richard.	*It's Richard.*
Est-ce que c'est Richard?	*Is it Richard?*

C'est une table.	*It's a table.*
Est-ce que c'est une table?	*Is it a table?*

Que contracts to **qu'** when followed by a vowel sound.

Est-ce qu'il est étudiant?	*Is he a student?*

Exercice 3 Match the questions in column A with the appropriate answers in column B.

A	B
1. Qu'est-ce que c'est?	a. Je m'appelle Patrick.
2. Qui est-ce?	b. Non, c'est la classe d'espagnol.
3. Est-ce que c'est Paul?	c. Non, c'est David.
4. Je m'appelle Fred. Et vous?	d. Non, elle s'appelle Margot.
5. Est-ce qu'elle s'appelle Marguerite?	e. Oui, c'est un dictionnaire.
6. Est-ce que c'est la classe de français?	f. C'est un livre.
7. Est-ce que c'est un dictionnaire?	g. C'est Jacqueline.

Exercice 4 Write out an appropriate question for the following answers.

1. — _____?

   — Non, c'est un bureau.

2. — _____?

   — Non, il s'appelle Jean.

3. — _____?

   — C'est un cahier.

4. — _____?

   — C'est Jean-Jacques Rousseau.

5. — _____?

   — Oui, c'est une chaise.

Structure 1.3

Naming people and things *Les articles indéfinis*

The French indefinite articles **un, une,** and **des** are equivalent to *a, an,* and *some.*

Gender *(Genre)*

All French nouns are categorized by gender, as masculine or feminine, even when they refer to inanimate objects. The form of the article that precedes the noun indicates its gender. As one would expect, nouns that refer to males are masculine and, conversely, nouns that refer to females are feminine. However, the gender of inanimate nouns is unpredictable. For example, **parfum** *(perfume)* is masculine, **chemise** *(shirt)* is feminine, and **chemisier** *(blouse)* is masculine. We suggest that, when learning new words, you store them in your memory with the correct article as if it were one word.

	singular	plural
masculine	**un** livre	**des** livres
feminine	**une** fenêtre	**des** fenêtres

Number *(Nombre)*

French nouns are also categorized according to number, as singular or plural. The indefinite article **des** is used in front of plural nouns, regardless of gender. The most common way to make a noun plural is by adding an **s.** If the noun ends in -**eau,** add an **x** to form the plural. Since the final **s** is not often pronounced in French, the listener must pay attention to the article to know whether a noun is plural or singular.

singular	plural
un cahier	des cahier**s**
un professeur	des professeur**s**
une fenêtre	des fenêtre**s**
un tableau	des tableau**x**

Pronunciation guide

When **un** is followed by a vowel sound, the **n** is pronounced. If **des** is followed by a noun beginning with a vowel sound, the **s** is pronounced like a **z.** This linking is called **liaison.**

un‿étudiant   des‿étudiants
  n   z

Exercice 5   Make the following nouns plural.

   Modèle: une fenêtre
                des fenêtres

1. un professeur   _____
2. un étudiant   _____
3. un pupitre   _____
4. une porte   _____
5. un cahier   _____
6. un bureau   _____

Exercice 6 Fill in the blanks with the appropriate indefinite article: **un, une,** or **des.**

1. C'est _____ livre.
2. Ce sont _____ fenêtres.
3. C'est _____ jeune homme.
4. C'est _____ femme extraordinaire!

5. Ce sont _____ étudiants.
6. C'est _____ table.
7. C'est _____ bureau.
8. Ce sont _____ cahiers.

Structure 1.4

Describing people *Les pronoms sujets avec* **être**

Subject pronouns enable you to refer to people and things without repeating their names.

—Est-ce que Chantal est jolie?　—*Is Chantal pretty?*
—Oui, **elle** est très jolie.　—*Yes, she is very pretty.*

—C'est Jean-Yves.　—*It's Jean-Yves.*
—**Il** est de Montréal.　—*He's from Montréal.*

Subject pronouns	
singular	**plural**
je *I*	nous *we*
tu *you (informal)*	vous *you (plural or formal)*
il *he*	ils *they (masculine or mixed masculine and feminine)*
elle *she*	elles *they (feminine)*
on *one, people, we (familiar)*	

French verb endings change according to the subject. Although most of these changes follow regular patterns, a number of common verbs are irregular. **Être** *(to be)* is one of these irregular verbs.

être *(to be)*	
je suis	nous sommes
tu es	vous êtes
il/elle/on est	ils/elles sont

Note that **on** is used with the singular verb form even though its meaning may be both singular *(one)* and plural *(people* and *we).*

On est content(s).　　*We're happy.*

Exercice 7 Write the appropriate subject pronoun for the following situations.

1. You're talking to your best friend. _____
2. You're talking about your friend Anne. _____
3. You're discussing the students in your class. _____
4. You're talking about yourself and your family. _____
5. You're talking about the players on the women's basketball team. _____
6. You're addressing a group of people. _____

Exercice 8 Jérôme overhears a student talking to his friends. Fill in the blanks with the verb **être**.

Philippe et Pierre, vous _____ (1) dans la classe de français de Mme Arnaud, n'est-ce pas? Moi, je _____ (2) dans la classe de Mme Bertheau. Elle _____ (3) très sympathique. Nous _____ (4) vingt-huit dans cette classe. La classe _____ (5) grande et elle _____ (6) formidable aussi. Les étudiants _____ (7) sympathiques et intelligents. Pierre, est-ce que les étudiants _____ (8) sympathiques dans l'autre classe? Tu _____ (9) sûr (sure)?

Structure 1.5

Describing *Les adjectifs (introduction)*

Adjectives describe people, places, or things. In French, they agree in number and gender with the noun they modify.

	singular	plural
masculine	Il est petit.	Ils sont petit**s**.
feminine	Elle est petit**e**.	Elles sont petit**es**.

Making adjectives plural

Most French adjectives form their plural by adding an **s** to the singular form as just shown. However, if the singular form ends in a final **s, x,** or **z,** the plural form does not change.

singular	plural
Le pantalon est gris.	Les pantalons sont gris.

Making adjectives feminine

Most feminine adjectives are formed by adding an **e** to the masculine singular form. If the masculine form ends in an **e,** the masculine and feminine forms are identical.

masculine	feminine
Il est fort.	Elle est fort**e**.
Le short est jaune.	La robe est jaune.

Pronunciation guideline

You can often distinguish between feminine and masculine adjectives by listening for the final consonant. If it is pronounced, it generally means that the adjective ends in an **e** and the corresponding noun is feminine.

Il est grand.　　　　　　　Elle est granDe.
Le bureau est petit.　　　　La table est petiTe.
Le cahier est vert.　　　　 La robe est verTe.

Irregular adjectives

French has a number of irregular adjectives that differ from the pattern just described. Additional irregular adjectives are presented in **Module 3.**

masculine	feminine
blanc	blanche
vieux	vieille
beau	belle
gentil	gentille

Exercice 9 Marc's twin brother and sister are remarkably similar. Complete the following sentences describing them.

Modèle: Jean est petit; Jeanne est *petite* aussi.

1. Jean est blond; Jeanne est _____ aussi.
2. Jean est intelligent; Jeanne est _____ aussi.
3. Jeanne porte un vieux chemisier vert; Jean porte une _____ chemise _____.
4. Jeanne est très belle et Jean est très _____ aussi.
5. Jean est gentil; Jeanne est _____ aussi.

Exercice 10 Complete the following passage using the appropriate form of the adjectives in parentheses.

Ma mère est une (beau) _____ (1) femme (intelligent) _____ (2) avec des cheveux (blond) _____ (3) et (court) _____ (4) et des yeux (brun) _____ (5). Mon père est (fort) _____ (6) et il est très sympathique. Mon frère et moi, nous sommes (content) _____ (7) de nos parents.

Tout ensemble!

Éric sees his friends Paul and Anne at the cafeteria. Complete their conversation with the words from the list.

allez-vous	de	merci	sommes	une
bleue	est	qui est-ce	et toi	une question
ça va	grande	s'appelle	un	

ÉRIC: Salut, Paul et Anne. Comment _____ (1)?

PAUL: _____ (2) bien. _____ (3)?

ÉRIC: Bien, _____ (4). J'ai _____ (5) pour vous. Regardez la _____ (6) fille blonde là-bas. _____ (7)?

PAUL: La fille qui porte _____ (8) jupe _____ (9)?

ÉRIC: Non, elle porte _____ (10) jean.

ANNE: Ah oui! Elle _____ (11) Nathalie. Elle est _____ (12) New York.

ÉRIC: Ah bon? Elle _____ (13) étudiante?

PAUL: Oui, en lettres *(humanities)*. Nous _____ (14) dans la même classe de philosophie. Viens *(Come on),* je vais vous présenter.

Vocabulaire fondamental

CD1,
Tracks
9–16

Noms

La salle de classe	The classroom
une activité	an activity
un bureau	a desk
un cahier	a notebook
un(e) camarade de classe	a classmate
une chaise	a chair
une chose	a thing
une craie	a piece of chalk
un crayon	a pencil
les devoirs (m pl)	homework
un dictionnaire	a dictionary
un(e) étudiant(e)	a student
une fenêtre	a window
une lampe	a lamp
un livre	a book
un marqueur	a felt-tip marker
un mur	a wall
un ordinateur (un portable)	a computer (laptop)
une porte	a door
un professeur (prof, fam)	a teacher
une question	a question
un stylo	a pen
une table	a table
un tableau	a (black)board

Les personnes et leurs animaux	People and their animals
un(e) ami(e)	a friend
un chat	a cat
un chien	a dog
un(e) enfant	a child
une femme	a woman
une fille	a girl
un garçon	a boy
un homme	a man

Les vêtements	Clothing
une casquette	a baseball cap
un chapeau	a hat
des chaussures (f pl)	shoes
une chemise	a shirt
une jupe	a skirt
des lunettes (f pl)	glasses
un maillot de bain	a bathing suit
un manteau	a coat
un pantalon	(a pair of) pants
une robe	a dress
un sac (à dos)	a purse (backpack)
un sweat	a sweat shirt

Mots apparentés: des baskets (f pl), un jean, un pull-over (pull, fam), des sandales (f pl), un short, des tennis (f pl), un T-shirt

Verbes

Je m'appelle...	My name is . . .
Il s'appelle...	His name is . . .
être	to be
porter	to wear

Questions

Qui est-ce?	Who is it?
Qu'est-ce que c'est?	What is it?
Est-ce que c'est un stylo?	Is it a pen?

Adjectifs

La description physique	Physical description
beau (belle)	handsome (beautiful)
blond(e)	blond
brun(e)	brown, brunette
(les cheveux) blonds, bruns, roux, gris, courts, longs	blond, brown, red, gray, short, long (hair)
de taille moyenne	of average size
fort(e)	heavy, stocky; strong
grand(e)	big; tall
jeune	young
joli(e)	pretty
laid(e)	ugly
moche (fam)	ugly
petit(e)	little, small; short (person)
vieux (vieille)	old, elderly

La description de la personnalité	Personal characteristics
célèbre	famous
comique	funny
gentil(le)	nice
sympathique (sympa, fam)	nice

Mots apparentés: amusant(e), fatigué(e), idéaliste, intelligent(e), nerveux (nerveuse), optimiste, patient(e), riche, sérieux (sérieuse), sociable, timide

Les couleurs	Colors
blanc(he)	white
bleu(e)	blue
brun(e)	brown
gris(e)	gray
jaune	yellow
marron	brown
noir(e)	black
rose	pink
rouge	red
vert(e)	green
De quelle couleur est le/la...?	What color is . . . ?

Mots apparentés: beige, orange, violet(te)

Pronoms (Pronouns)

je	I
tu	you (singular, informal)
il	he
elle	she
on	one, people, we (fam)
nous	we
vous	you (plural or formal)
ils	they (m)
elles	they (f)

Mots divers

une adresse courriel	an email address
assez	somewhat, kind of
aussi	also, too
moi aussi	me too
moi non	not me
pas	not
s'il vous plaît, s'il te plaît (fam)	please
très	very

Les nombres
(See page 20 for numbers 0–60.)

zéro, un, deux, trois... soixante

Expressions utiles

Comment se présenter et se saluer	How to introduce oneself and greet people

(See pages 4–6 for additional expressions.)

À plus. (fam)	See you later.
À tout à l'heure.	See you in a bit.
Au revoir. À bientôt.	Good-bye, So long. See you soon.
Bonjour, madame.	Hello, ma'am.
Bonsoir, monsieur.	Good evening, sir.
Ça ne va pas du tout.	I'm not feeling well at all.
Ciao.	Bye. (fam)
Comment allez-vous?	How are you?
Comment ça va?	How are you? (fam)
Comment s'appelle-t-il/elle?	What's his/her name?
Je m'appelle Marie. Et vous?	My name is Mary. What's yours?
Je suis de Paris. Et vous?	I'm from Paris. And you?
Je te/vous présente mon ami, Jean.	This is my friend, Jean.
Merci.	Thank you.
Salut, ça va?	Hi, how are you?
Très bien.	Very good/well.

Comment communiquer en classe
(See pages 18–19 for additional expressions.)

Comment ça s'écrit?	How is it spelled?
J'ai une question.	I have a question.
Je ne comprends pas.	I don't understand.
Levez la main.	Raise your hand.
Ouvrez votre livre.	Open your book.

Vocabulaire supplémentaire

CD1, Tracks 17–20

Noms

Identification des choses

une brosse	a chalkboard eraser
un classeur	a binder
une feuille de papier	a sheet of paper
une horloge	a clock
une lumière	a light
un pupitre	a student desk

Les professions — *Professions*

un acteur (une actrice)	an actor
un basketteur	basketball player
un chanteur (une chanteuse)	a singer
un couturier (une couturière)	a fashion designer
un danseur (une danseuse)	a dancer
un écrivain	a writer
un joueur (une joueuse) de foot	a soccer player
un metteur en scène	a (film) director
un rocker	a rock musician

Les vêtements et les couleurs — *Clothing and colors*

un blouson	a jacket
un chemisier	a blouse
une cravate	a tie
des lunettes (f pl) de soleil	sunglasses
un parapluie	an umbrella

Verbes

faire la bise	to kiss on both cheeks
(se) présenter	to introduce oneself or another person
se saluer	to greet each other

Mots divers

tout le monde	everyone

Expressions utiles

Comment communiquer en classe

des coordonnées (f pl)	contact information
un(e) voisin(e)	a neighbor

Une vue de l'université Panthéon-Sorbonne
dans le cinquième arrondissement à Paris.
C'est une étudiante? Dans ses mains *(hands)*,
qu'est-ce que c'est?

La vie universitaire

This chapter introduces you to French student life: students' activities and interests, the university campus and courses, and the seasonal calendar. In the **Perspectives culturelles** sections, you'll learn about the famous Latin Quarter in Paris, a center of student life, and you'll read about what some French speakers like to do on the weekend.

Thème: Les distractions

Structure 2.1: Saying what you like to do
Aimer et les verbes réguliers en -er

Structure 2.2: Saying what you don't like to do
La négation ne... pas

Pratique de conversation: Comment exprimer ses préférences

Structure 2.3: Talking about specifics
Les articles définis

Perspectives culturelles: Les passe-temps culturels préférés des Français

Voix en direct: Qu'est-ce que vous aimez faire le week-end?

Thème: L'université et le campus

Structure 2.4: Listing what there is and isn't
Il y a / Il n'y a pas de

Perspectives culturelles: Le Quartier latin et la Sorbonne

Thème: Les matières

Thème: Le calendrier

Structure 2.5: Talking about age and things you have *Le verbe avoir*

À lire, à découvrir et à écrire

Lecture: Tony Parker parle: J'aime, J'aime pas

(iLrn) **Voix en direct (suite)**

Expression écrite
À vos marques, prêts, bloguez!
Portrait d'un(e) camarade

Thème

Les distractions

Structure 2.1

Saying what you like to do *Aimer et les verbes réguliers en* **-er**

Structure 2.2

Saying what you don't like to do *La négation* **ne... pas**

In the following activities, you will learn to talk about what you like to do and what you do not like to do. To accomplish this, you will need to learn to conjugate the verb **aimer** *(to like)* and to form negative sentences. You will also need a variety of verbs to state what you like to do. See pages 52–53 for the verb **aimer** and other **-er** verbs, and page 54 for negation and definite articles.

Les activités

J'aime danser.

J'aime / Je n'aime pas...

chanter *to sing*
danser *to dance*
écouter de la musique
étudier
jouer à des jeux vidéo
jouer au basket-ball (tennis, football)

manger au restaurant
parler au téléphone
regarder la télévision
surfer sur Internet
rester à la maison *to stay@home*
travailler
voyager

-er verbs

Notez et analysez

Generally, when you see a French word that looks like an English equivalent, you can count on it having a similar meaning; such words are known as cognates, or **mots apparentés.** Which of the **-er** activity verbs are cognates? Caution: **rester** is a **faux ami,** or "false friend." It means *to stay* rather than *to rest. To rest* is expressed as **se reposer** in French.

Activité 1 **Les activités des gens célèbres.**

Nommez une personne célèbre qui aime...

Modèle: parler français
Johnny Depp aime parler français.

Il aime parler français.

1. jouer au basket
2. joucr au golf
3. danser
4. chanter le rap
5. voyager
6. parler à la télévision
7. porter des vêtements élégants

Activité 2 **Tu aimes danser?**

Utilisez la liste d'activités à la page 34 pour poser quatre questions à des camarades de classe. Ensuite, comparez les réponses.

Modèles: — *Tu aimes danser?*
— *Oui, j'aime danser.*

— *Tu aimes étudier?*
— *Non, je n'aime pas étudier.*

Vous aimez danser le swing?

Activité 3 **Occupé(e)(s) *(Busy)*!**

Regardez l'imagc à la pagc 34. Écoutez votre professeur et indiquez si les actions décrites correspondent aux images.

	OUI	NON		OUI	NON
1.	☐	☐	**5.**	☐	☐
2.	☐	☐	**6.**	☐	☐
3.	☐	☐	**7.**	☐	☐
4.	☐	☐			

Pratique de conversation

Comment exprimer ses préférences

Structure 2.3

Talking about specifics *Les articles définis*

To talk about things you like and dislike, you will need to use definite articles. For an explanation of the definite articles, see pages 54–55.

Notez et analysez

What types of music do you like? Rap? Rock? Jazz? In the mini-conversation, notice how the definite article is used with the type of music, such as **le rock**. What article is used with **musique électronique**? How would you say "I like jazz" in French?

— Tu aimes le rock?
— Oui, j'aime beaucoup **le** rock.
— Et tu aimes **la** musique électronique?
— Oui, assez. Par exemple, Daft Punk, j'adore!

Daft Punk. Qui sont-ils?

 CD1, Track 21

Expressions utiles

Pour dire ce qu'on aime et ce qu'on n'aime pas

— Tu aimes voyager?

— Oui, j'adore! J'aime **beaucoup** voyager!
— Oui, j'aime **bien** voyager.
— Oui, **un peu.** J'aime **assez** voyager.
— Non, **pas beaucoup.**
— Non, pas **du tout!**

Pour dire ce qu'on préfère

— Est-ce que tu préfères les chats ou les chiens?
— Moi, je préfère les chiens. Ils sont plus fidèles.

 Activité 4 Réponses courtes

Donnez une réponse courte à un(e) camarade.

> **Modèle:** le tennis
> — *Tu aimes le tennis?*
> — *Oui, j'adore! / Oui, un peu. / Non, pas beaucoup. / Non, pas du tout!*

1. le cinéma
2. travailler
3. les maths
4. étudier
5. la télé-réalité
6. l'aventure
7. parler au téléphone
8. le camping
9. danser
10. le football
11. écouter de la musique
12. voyager
13. jouer au golf
14. les vacances
15. les jeux vidéo

Activité 5 **Préférences**

Suivez le modèle avec un(e) camarade.

> **Modèle:** danser le rock ou le slow
> — *Tu préfères danser le rock ou le slow?*
> — *Je préfère danser le rock.*
> — *Moi aussi. / Moi, je préfère le slow.*

1. le tennis ou le golf
2. étudier l'anglais ou les maths
3. les films d'action ou les histoires d'amour
4. le jazz ou le rap
5. les montagnes *(mountains)* ou la plage *(beach)*
6. les chats ou les chiens
7. le football français ou le football américain
8. regarder la télévision ou écouter de la musique

Sondage *(Poll):* Goûts et préférences

Philippe Dussert fait une enquête *(is doing a study)* sur les goûts *(tastes)* et les préférences des étudiants de son université. Voici le résumé de ses notes.

Portrait: Mounir Mustafa
12, rue des Gazelles
Aix-en-Provence
Tél. 04-42-60-35-10

Voici Mounir Mustafa.
C'est un jeune étudiant algérien de 20 ans. Il étudie les sciences économiques à l'université d'Aix. C'est un étudiant sérieux, mais il aime aussi s'amuser. Mounir aime un peu la musique classique, mais il préfère le rock et il danse très bien. Il aime les films d'action et il va souvent au cinéma. Mounir n'aime pas beaucoup la télévision, mais il regarde parfois le sport à la télé, surtout des matches de football. Pendant son temps libre, il aime aussi surfer sur Internet.

Activité 6 **Testez-vous!**

Consultez le résumé sur Mounir. Ensuite *(Then)*, indiquez si les phrases suivantes sont vraies ou fausses. Corrigez les phrases fausses.

1. Mounir Mustafa est français.
2. Mounir n'est pas un bon étudiant.
3. Il aime le rock, mais il préfère la musique classique.
4. Il danse bien.
5. Il va rarement au cinéma.
6. Il aime les drames psychologiques.
7. Il préfère regarder les matches de football à la télévision.

Portrait: Jeanne Dumas
14, avenue Pasteur
Aix-en-Provence
Tél. 04-42-38-21-40

Voici Jeanne Dumas.
C'est une jeune Française de 18 ans. Elle habite un petit studio avec une copine. Jeanne étudie l'anglais à l'université d'Aix (l'anglais est facile pour elle; sa mère est américaine). Elle aime un peu le rap, mais elle préfère le rock. Elle n'aime pas du tout la techno. Jeanne aime aller au cinéma et elle regarde aussi des DVD chez elle. Elle préfère les comédies. Jeanne regarde régulièrement la série *Grey's Anatomy* à la télévision avec sa colocataire *(apartment mate)*.

Activité 7 Testez-vous!

Consultez le résumé sur Jeanne. Ensuite, indiquez si les phrases sont vraies ou fausses. Corrigez les phrases fausses.

1. Jeanne a 18 ans.
2. Elle habite avec sa famille.
3. Elle étudie l'anglais.
4. Elle parle bien l'anglais.
5. Elle préfère la techno.
6. Elle n'aime pas les séries américaines.

CD1, Track 22

Écoutons ensemble! Sondage sur les goûts et les préférences

Listen to the following questionnaire given to a French student on her taste in entertainment, and fill out the form. Then interview a partner to fill out the form.

Many adverbs end in -ment

Goûts et préférences			
Nom de famille: _____		Prénom: _____	
		étudiante française	camarade
Vous aimez la musique:	un peu	[ ]	[ ]
	beaucoup	[ ]	[ ]
	pas beaucoup	[ ]	[ ]
Vous préférez:	le rock	[ ]	[ ]
	le jazz	[ ]	[ ]
	la musique classique	[ ]	[ ]
	le rap	[ ]	[ ]
	la techno	[ ]	[ ]
Vous aimez le cinéma:	un peu	[ ]	[ ]
	beaucoup	[ ]	[ ]
	pas beaucoup	[ ]	[ ]
Vous préférez:	les drames psychologiques	[ ]	[ ]
	les films d'aventure	[ ]	[ ]
	les comédies	[ ]	[ ]
	les films d'horreur	[ ]	[ ]
Vous aimez la télévision:	un peu	[ ]	[ ]
	beaucoup	[ ]	[ ]
	pas beaucoup	[ ]	[ ]
Vous préférez:	les jeux télévisés	[ ]	[ ]
	les informations	[ ]	[ ]
	les séries	[ ]	[ ]
	la télé-réalité	[ ]	[ ]
	le sport	[ ]	[ ]

Les passe-temps culturels préférés des Français

Pour les Français, les activités de loisir° sont très importantes. Les préférences dans les passe-temps° changent. Elles sont influencées par le sexe, l'âge et l'éducation de l'individu. La télévision est le loisir préféré par tous les Français. Écouter de la musique et surfer sur Internet sont plus importants chez° les jeunes. Lire des livres est une pratique préférée surtout par les Français plus âgés et par les individus plus aisés°. Les jeunes entre 18 et 24 ans aiment lire de moins en moins°. Chez les jeunes qui aiment lire, beaucoup citent les mangas° comme livres préférés.

leisure activities
pastimes, hobbies

among
well-off
less and less
Japanese-inspired comic books and graphic novels

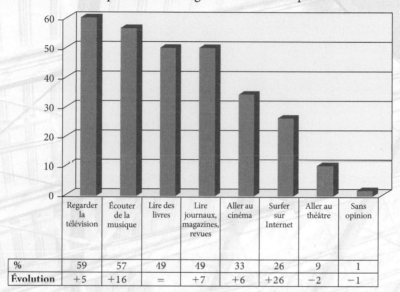

	Regarder la télévision	Écouter de la musique	Lire des livres	Lire journaux, magazines, revues	Aller au cinéma	Surfer sur Internet	Aller au théâtre	Sans opinion
%	59	57	49	49	33	26	9	1
Évolution	+5	+16	=	+7	+6	+26	−2	−1

Le jeu télévisé **Les Aventuriers de Koh-Lanta** est la version française de *Survivor*.

Avez-vous compris?

Indiquez si les activités suivantes sont plus populaires, moins populaires ou s'il n'y a pas de changement entre 2006 et avant *(before)*.

	PLUS IMPORTANT (+)	MOINS IMPORTANT (−)	PAS DE CHANGEMENT (=)
a. regarder la télévision	☐	☐	☐
b. écouter de la musique	☐	☐	☐
c. lire des livres	☐	☐	☐
d. aller au cinéma	☐	☐	☐
e. surfer sur Internet	☐	☐	☐
f. aller au théâtre	☐	☐	☐

Et vous?

1. Qu'est-ce que vous aimez faire qui n'est pas dans la liste? Est-ce qu'il y a une activité dans la liste que vous n'aimez pas faire?

2. En groupes de trois à cinq, classez les activités par ordre de préférence du groupe. Puis *(Then)*, annoncez vos résultats à la classe. (**Leader: Pour nous, surfer sur Internet est numéro un. Et pour vous?**)

3. Est-ce que vous et vos amis aimez les mangas?

Les mangas sont très populaires chez les jeunes Français.

Voix en direct

Qu'est-ce que vous aimez faire le week-end?

Voici les commentaires de quelques jeunes Français à propos de leurs activités préférées du week-end.

Qu'est-ce que vous aimez faire le week-end?
J'aime être avec mes amis tout le temps[1]. Je n'aime pas rester tout seul[2].

[1]*all the time* [2]*all alone*

Julien Romanet
23 ans
Étudiant, Paris

Alors, moi, j'aime écouter de la musique classique. Et j'aime bien lire[3] aussi.

[3]*to read*

Nicolas Konisky
24 ans
Étudiant, Paris

Justement, j'aime aller boire[4] un café sur la terrasse, regarder les gens passer[5], écrire[6], lire et écouter du rock n'roll et des blues.

[4]*to go drink* [5]*the people go by* [6]*to write*

Pierre Paquot
24 ans
Étudiant, Paris

Le week-end, j'aime beaucoup me promener[7]. Euh, j'aime aussi, euh, sortir[8] avec des amis, rendre visite à mes parents, souvent [si] c'est le dimanche[9] on va déjeuner chez eux[10], euhm... , aller au cinéma, un peu faire du shopping, et j'aime bien aussi ne rien faire[11].

[7]*to go for a walk* [8]*to go out* [9]*Sunday* [10]*to eat lunch with them*
[11]*do nothing*

Olivia Rodes
26 ans
Professeur d'anglais dans un institut privé, Cholet, France

Réfléchissez aux réponses

1. À qui ressemblez-vous le plus *(do you resemble the most)*: à Julien, à Nicolas, à Pierre ou à Olivia? Expliquez.

2. Est-ce que vous aimez être avec des amis tout le temps ou aimez-vous parfois *(sometimes)* être seul(e)?

3. Le dimanche, Olivia aime rendre visite à ses parents. Qu'est-ce que vous préférez faire *(to do)* le dimanche?

L'université et le campus

Structure 2.4

Listing what there is and isn't *Il y a / Il n'y a pas de*

To talk about what is and is not located on your campus, you will be using the expressions **il y a** *(there is / there are)* and **il n'y a pas de** *(there isn't / there aren't)*. See page 55.

Qu'est-ce qu'il y a sur le campus?

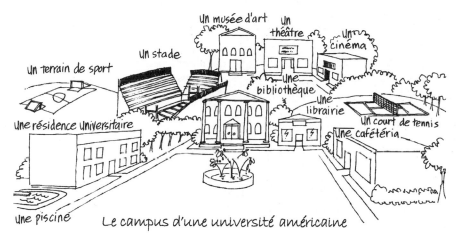

un musée d'art un théâtre un cinéma
un stade une bibliothèque une librairie
un terrain de sport un court de tennis
une résidence universitaire une cafétéria
une piscine

Le campus d'une université américaine

Voici une université typiquement américaine. Son campus est comme un parc. Il y a des résidences universitaires, des salles de classe, une excellente bibliothèque, des laboratoires, des salles informatiques, une librairie et des cafétérias. Pour les activités culturelles, il y a un musée d'art, un théâtre et des salles de cinéma. Il y a aussi des terrains de sport, des courts de tennis, une piscine, un stade et un nouveau complexe sportif. Le campus a un jardin botanique avec des fleurs et des arbres exotiques.

Notez et analysez

What follows **il y a**?
What follows **il n'y a pas**?

UNIVERSITÉ
DE PARIS

Voici une université typiquement française. En France, les universités en centre-ville n'ont pas de campus. Dans les bâtiments *(buildings)* de l'université, il y a des salles de classe, des amphithéâtres, des salles informatiques et des bureaux. Mais il n'y a pas de piscine, de terrain de sport ou de cafétéria. Beaucoup d'universités françaises sont au centre-ville où il n'y a pas beaucoup d'espace.

Pour les universités françaises qui n'ont pas d'installations sportives ou culturelles, il y a le C.R.O.U.S (Centre régional des œuvres universitaires et scolaires). Cette organisation à proximité des universités offre, entre autres *(among other things),* des complexes sportifs, des restaurants universitaires, des résidences universitaires et un centre pour trouver *(find)* des jobs.

 Activité 8 **Qu'est-ce qu'il y a sur le campus?**

Consultez la page 41 et suivez les modèles avec votre camarade.

Modèles: des courts de tennis à l'université américaine
— *Est-ce qu'il y a des courts de tennis sur le campus américain?*
— *Oui, il y a des courts de tennis.*

une piscine à l'université française
— *Est-ce qu'il y a une piscine à l'université française?*
— *Non, il n'y a pas de piscine.*

1. un restaurant universitaire à l'université française
2. des courts de tennis à l'université française
3. un stade à l'université américaine
4. des cafétérias au C.R.O.U.S.
5. des amphithéâtres à l'université française
6. une salle de cinéma à l'université française
7. une librairie à l'université américaine
8. un complex sportif au C.R.O.U.S.

Le campus de l'université Laval à Québec est situé à six kilomètres du centre-ville. Ici, il y a des parcs, des terrains de sport et des complexes sportifs.

Activité 9 Et votre campus?

Est-ce que votre université a un campus avec des installations sportives et culturelles? Regardez l'image à la page 41.
Qu'est-ce qu'il y a sur votre campus? (4 choses)
Qu'est-ce qu'il n'y a pas? (3 choses)

> **Modèle:** *Sur notre campus, il y a des cafétérias, des salles de classe et des terrains de sport...*
> *Il n'y a pas de musée, de...*

Activité 10 Écoutez votre professeur: Où êtes-vous?

Qu'est-ce que votre professeur décrit? Écoutez les descriptions et dites où vous êtes sur le campus. Ensuite, lisez les descriptions et corrigez vos réponses.

> **Modèle:** — Vous portez un short blanc et des tennis. Vous jouez avec une raquette et trois balles. C'est votre service. Où êtes-vous?
> — *Je suis au court de tennis.*

1. Vous êtes dans une grande salle silencieuse. Il y a beaucoup de livres sur les tables. Les étudiants regardent leurs notes et étudient.

2. Vous êtes dans une grande salle de classe avec 100 étudiants. Vous écoutez un professeur qui parle à un microphone.

3. Il y a beaucoup d'étudiants qui habitent avec vous dans ce bâtiment. Les chambres sont très petites et chaque personne habite avec un(e) camarade de chambre. Il y a aussi une cafétéria médiocre.

4. Vous êtes sur le campus dans un bâtiment où vous achetez *(buy)* des livres et des cahiers pour vos cours. Vous achetez aussi des stylos et des magazines.

5. Vous êtes assis(e) sur un banc avec beaucoup d'autres étudiants. Tout le monde regarde le match de football. Les spectateurs près de vous mangent des hot-dogs et du pop-corn.

Le Quartier latin et la Sorbonne

Le Quartier latin, où se trouve la Sorbonne (fondée en 1253), est célèbre pour ses rues° animées, ses cafés pleins d'étudiants et ses excellentes librairies°.

   L'animation et le rythme du boulevard Saint-Michel attirent° des visiteurs du monde entier. D'où vient° le nom du Quartier latin? On parlait latin à la Sorbonne jusqu'à° la Révolution en 1789. Aujourd'hui, la glorieuse Sorbonne accueille° quatre universités: Paris I, Paris III, Paris IV et Paris V. Ce sont quatre des treize facultés° de l'université de Paris. À la Sorbonne, on étudie les lettres° et les sciences humaines.

streets
bookstores
attract
Where does . . . come from
until
is the site of
colleges
humanities

Sur la place *(square)* de la Sorbonne, il y a des cafés où les étudiants se retrouvent après les cours.

Avez-vous compris?

Indiquez si les phrases suivantes sont vraies ou fausses. Corrigez les phrases fausses.

1. Il y a beaucoup d'étudiants au Quartier latin.
2. Saint-Michel est une université.
3. On parle latin au Quartier latin aujourd'hui.
4. Paris III et Paris IV font partie de *(are part of)* la Sorbonne.
5. On étudie le marketing à Paris I.

Et vous?

1. Comment est le quartier où se trouve votre université? Est-ce qu'il y a des cafés et des librairies?
2. Est-ce que votre université a plusieurs facultés?
3. Quelles sont les spécialisations les plus populaires *(the most popular)* à votre université?

Le boulevard Saint-Mich est connu pour ses nombreuses librairies.

Les matières

Les matières typiquement offertes dans une université française

LES LETTRES   LES SCIENCES   LES SCIENCES HUMAINES   LES FORMATIONS COMMERCIALES PROFESSIONNELLES

l'art
l'art dramatique
l'histoire
le journalisme
les langues
   l'anglais
   le français
   le japonais
   le latin
   l'espagnol
   l'allemand
   l'arabe
   l'italien
la littérature
la philosophie

la biologie
la chimie *— chemistry*
le génie civil
l'informatique *Computer Science*
la médecine
les mathématiques
les sciences naturelles
les sciences physiques

l'anthropologie
la psychologie
l'économie
les sciences politiques
la sociologie

le commerce *(business)*
la comptabilité *(accounting)*
le droit *(law)*
le management
le marketing
la finance

Expressions utiles

CD1, Track 24

Qu'est-ce que tu étudies?

Qu'est-ce que tu as comme cours ce semestre / trimestre?

J'ai français, mathématiques et sciences économiques.

Comment sont tes cours?

Mon cours de maths est / n'est pas (très) intéressant / ennuyeux°. *boring*
                            facile / difficile.
                            pratique.

En français, j'ai beaucoup   de travail.
                         de devoirs°.   *homework*
                         d'examens°.   *tests*

Tu es en quelle année°?   *year*

Je suis en première / deuxième / troisième / quatrième année.

Ma spécialisation, c'est la biologie°.   *My major is biology*

J'étudie la biologie.

A. Sur une feuille de papier, faites une liste des cours que vous suivez ce trimestre / semestre.

> **Modèle:** *la biologie*
> *le français*

B. Circulez dans la salle et trouvez un(e) étudiant(e) qui a le même *(the same)* cours que vous.

> **Modèle:** — *Tu étudies l'anglais?*
> — *Oui.*
> — *Signe ici, s'il te plaît.*

🔊
CD1, Track 25

Écoutons ensemble! On parle des cours.

A couple of students are talking about their classes, professors, and the university in general. Listen to their conversation and decide whether each statement is positive or negative.

	Positif	Négatif
1.	☐	☐
2.	☐	☐
3.	☐	☐
4.	☐	☐
5.	☐	☐
6.	☐	☐
7.	☐	☐

Activité **12** **Interaction**

Posez les questions suivantes à un(e) camarade de classe.

1. Quels cours est-ce que tu as ce trimestre / semestre?
2. Tu préfères quel(s) cour(s)? Pourquoi?
3. Et quelle est ta spécialisation?
4. Est-ce que tu as beaucoup de devoirs? Pour quels cours?
5. Tu as quels cours aujourd'hui? *J'ai français.*
   (today)
6. Dans quel(s) cours est-ce que tu as beaucoup d'examens?
7. Est-ce que les examens sont faciles, en général?

Oui sont faciles en general.

Le calendrier

Les jours de la semaine

octobre

lundi	mardi	mercredi	jeudi	vendredi	samedi	dimanche
1	2	3	4	5	6	7
8	9	10	11	12	13	14
15	16	17	18	19	20	21
22	23	24	25	26	27	28
29	30	31				

Activité 13 **Quels jours... ?**

A. Répondez aux questions suivantes.

1. Quel est votre jour préféré?
2. Quel(s) jour(s) est-ce que vous travaillez?
3. Quel(s) jour(s) est-ce que vous regardez la télévision le soir?
4. Quel(s) jour(s) est-ce que vous avez votre cours préféré?
5. Quel(s) jour(s) est-ce que vous avez français?
6. Quel(s) jour(s) est-ce que vous restez à la maison?
7. Quel(s) jour(s) est-ce que vous n'avez pas cours?

B. Maintenant, posez les mêmes questions à un(e) camarade. *(Use **tu** in your interview.)* Comparez vos réponses.

Les mois et les saisons

L'été, c'est les vacances. On passe les mois de juin, juillet et août à la plage ou à la montagne.

juin   **juillet**   **août**

L'automne, c'est la rentrée. En septembre, on recommence le travail et les études.

septembre   **octobre**   **novembre**

L'hiver, c'est le froid et la neige. Pendant les vacances d'hiver, on fait du ski.

décembre   **janvier**   **février**

Le printemps, c'est le beau temps. On fait des promenades dans le parc.

mars   **avril**   **mai**

CD1, Track 26

Expressions utiles

— Quel jour sommes-nous?
— Nous sommes lundi aujourd'hui.

— Quel jour est-ce?
— C'est lundi.

— Quelle est la date aujourd'hui?
— C'est le 20 septembre.

— En quelle année sommes-nous?
— Nous sommes en 2010 (deux mille dix).

— Quels jours est-ce que tu as cours?
— J'ai cours le mardi et le jeudi.

— C'est quand, ton anniversaire?
— C'est le 24 juillet.

http://www.jeunes-talents.org
Le festival jeunes talents est pour quel genre de musique? Qui joue dans ce festival? Est-ce que c'est un festival national? C'est en quelle saison?

Quelques fêtes de l'année

Jours fériés où l'on ne travaille pas

le jour de l'an	le 1er janvier
la fête du travail	le 1er mai
Pâques	mars / avril
la fête nationale (Canada)	le 1er juillet
la fête nationale (France)	le 14 juillet
la Toussaint	le 1er novembre
Noël	le 25 décembre

Activité **14** Dates importantes

Donnez les dates suivantes.

1. la Saint-Valentin
2. le jour de l'an
3. votre anniversaire
4. la fête nationale américaine
5. la fête nationale française
6. la rentrée scolaire

Activité **15** Interaction

Posez les questions suivantes à un(e) camarade.

1. Quels jours de la semaine est-ce que tu préfères?
2. Est-ce qu'il y a un jour que tu n'aimes pas? Lequel?
3. Quel est le prochain *(next)* jour férié?
4. Quelle fête de l'année est-ce que tu préfères? Est-ce que tu passes cette fête en famille ou avec des amis?
5. Ton anniversaire, c'est quand?

Structure 2.5

Talking about age and things you have *Le verbe* **avoir**

In the following activities, you will be using the verb **avoir** *(to have)* to say how old you are—in French one "has" years. For the conjugation of the verb **avoir,** see page 56.

Activité 16 Quel âge ont-ils?

A. Travaillez en groupes de quatre et donnez l'anniversaire et l'âge de ces personnes célèbres.

> **Modèle:** Marion Cotillard (30.9.75)
> *L'anniversaire de Marion Cotillard est le trente septembre.*
> *Elle a trente-cinq ans.*

1. Jon Stewart (28.11.62)
2. Audrey Tautou (8.9.78)
3. Mathieu Kassovitz (3.4.67)
4. Michelle Obama (17.1.64)
5. Luc Besson (18.3.59)
6. Tony Parker (17.5.82)

B. Maintenant, demandez l'âge ou l'anniversaire de quatre camarades de classe.

> **Modèles:** — *Quel âge as-tu?*
> — *J'ai dix-huit ans.*
>
> — *C'est quand, ton anniversaire?*
> — *Mon anniversaire, c'est le 22 septembre.*

Activité 17 À quel âge?

À quel âge est-ce qu'on commence à faire les activités suivantes?

> **Modèle:** On commence à parler...
> *Généralement, on commence à parler à l'âge de deux ans, mais ça dépend.*

1. On commence à voter...
2. On commence l'école primaire...
3. On commence les études universitaires...
4. On commence à travailler...
5. On commence à conduire *(to drive)*...

Situations à jouer!

1. You are at a party where you want to meet people. Circulate in the room and talk to as many people as possible, through the following steps:
   a. Go up to people; greet them and find out their names.
   b. Ask them if they like the music.
   c. Ask them what kind of music they prefer.
   d. Find out where they study and what the campus is like.
   e. Find out what courses they are taking and how they like them.
   f. Find out where they live.
   g. Say **merci** and go on to the next person.

2. Make a class calendar. Include major holidays, your classmates' birthdays, exam dates, and several special events on campus.

Lecture

Anticipation

Tony Parker, c'est français, ça? You might well be surprised to know that a pro basketball player from France plays for the San Antonio Spurs and helped lead them to two NBA championships (2003, 2005). TP, as he is known to his fans, was born in Belgium in 1982 and grew up in France, attending school in Paris at INSEP (**l'Institut National du Sport et de l'Éducation Physique**). On his website, TP lists his likes and dislikes in a form made popular by the film *Amélie:* **j'aime, j'aime pas.** What are some of the things you might expect to find on his list?

1 ## J'aime

la musique américaine et le rap
la télévision pour le sport, la musique et les films
la cuisine française et italienne
5 un bon vin français pour les grandes occasions
les fêtes entre amis
les jeux vidéo
ma famille
Michael Jordan, Tiger Woods, Will Smith,
10 Michael Jackson
le foot, le hockey, le base-ball
jouer au tennis, faire du roller ou du karting
voyager
les Bahamas, Bali, Tahiti, les Maldives
15 surfer sur Internet
les fringues° Nike et de Michael Jordan
participer à des dîners caritatifs pour *Make a Wish* afin d'aider les enfants qui ont besoin
rendre aux enfants à travers le monde ce que le basket-ball m'a apporté en
20 organisant des camps de basket-ball pour eux

Tony Parker, joueur de basket

clothes (slang)

J'aime pas

l'hypocrisie
la jalousie
le racisme
25 le chou-fleur°, les épinards° et les endives
le trafic à Paris

cauliflower / spinach

Compréhension et intégration

1. What types of music does Tony Parker prefer?
2. Who do you think might have been a role model for TP?
3. TP credits his mother, a nutritionist, with helping him learn to eat healthy foods. Where on his list can you see her influence?
4. What parts of his list seem particularly "French"? What parts seem very "American"?
5. Does anything on the list surprise you?

Maintenant à vous!

1. What likes and dislikes do you have in common with TP?
2. Now create your own **j'aime / j'aime pas** list in French. When you finish, form groups of five and mix up your lists. Take turns reading the list out loud while group members try to identify who the list belongs to.

Voix en direct (suite)

Go to **iLrn** to view video clips of French students introducing themselves and talking about their interests. You will also see a little girl describing her best friend.

Expression écrite

À vos marques, prêts, bloguez!

What kinds of music do you like? What CDs / groups do you like to listen to? And what about movies? What kinds of movies do you like to watch? What genres don't you like? What movie do you recommend to your classmates (**Je recommande...**)? Go to the class blog to discuss these questions in French. Then read the postings of your classmates and respond to two of them.

Portrait d'un(e) camarade

In this activity, you will write a descriptive portrait of a classmate.

■ **Première étape:** Interview a member of the class to find out the following information, which you will include in your portrait. Use **tu** in your interview.

1. Quel âge est-ce qu'il/elle a? C'est quand, son anniversaire?
2. D'où est-il/elle? *(Where is he/she from?)*
3. Où est-ce qu'il/elle habite maintenant?
4. En quelle année est-il/elle à l'université?
5. Où est-ce qu'il/elle passe beaucoup de temps sur le campus?
6. Qu'est-ce qu'il/elle aime faire *(to do)* le week-end?
7. Qu'est-ce qu'il/elle n'aime pas faire le week-end?

■ **Deuxième étape:** Follow the model to write your portrait.

Voici Jennifer. C'est une étudiante de dix-neuf ans aux cheveux bruns et courts. Elle est de Miami, mais, maintenant, elle étudie à Brandeis. Elle habite sur le campus dans une résidence universitaire. Jennifer est en première année à l'université. Elle étudie la biologie, la psychologie et les statistiques. Pour se reposer le week-end, elle aime aller au cinéma et écouter de la musique. Elle n'aime pas beaucoup regarder la télé. Jennifer est belle et intelligente.

Explorez en ligne

There are a lot of popular music sites available through French search engines. Using yahoo.fr, type **musique** to find yahoo's music site. How many hits are French? Name two. Listen to a clip from Daft Punk or another French band / singer that interests you. Write down the name of the artist(s) and the genre and, in English, what you think of the clip. How many stars do you give it? Now go to an equivalent American music site. How many songs appear on both lists? What three things did you learn from visiting the French site?

SYSTÈME-D	
Phrases:	describing people
Grammar:	infinitive, adjective agreement
Vocabulary:	leisure, studies, courses, university

Saying what you like to do *Aimer et les verbes réguliers en -er*

In English, the infinitive form of a verb usually includes *to*, as in *to like*. In French, it is identified by the ending of the verb. The largest group of French verbs has infinitives that end in **-er.** These regular **-er** verbs have the same conjugation pattern. To conjugate the verb **aimer,** remove the infinitive ending -er and add the endings shown in bold type in the chart.

aimer *(to like; to love)*	
j'aim**e**	nous aim**ons**
tu aim**es**	vous aim**ez**
il/elle/on aim**e**	ils/elles aim**ent**

The subject pronoun **je** contracts with the verb that follows if it begins with a vowel sound. Drop the **e** in **je** and add an apostrophe. This is called **élision.**

je chante   j'aime   j'écoute   j'habite (mute **h***)

Pronunciation note

- With the exception of the **nous** and **vous** forms, the **-er** verb endings are silent.

  ils parlent   tu danses   elles jouent

- The final **s** of **nous, vous, ils,** and **elles** links with verbs beginning with a vowel sound, producing a **z** sound. This pronunciation linking is an example of **liaison.**

  vous aimez   nous écoutons   ils adorent   elles insistent   ils habitent*
  /z/   /z/   /z/   /z/   /z/

Here are some common **-er** verbs:

adorer *to adore*	habiter *to live*	regarder *to watch; to look at*
chanter *to sing*	jouer *to play*	rester *to stay*
danser *to dance*	manger *to eat*	travailler *to work*
écouter *to listen (to)*	parler *to speak*	voyager *to travel*
fumer *to smoke*	préférer *to prefer*	

Stating likes, dislikes, and preferences

Verbs of preference (**aimer, adorer, détester, préférer**) can be followed by a noun (see also Structure 2.3) or an infinitive.

J'aime les films étrangers.   *I like foreign films.*
Nous aimons habiter sur le campus.   *We like to live on campus.*

Note the accents on the verb **préférer.**

préférer *(to prefer)*	
je préf**è**re	nous préf**é**rons
tu préf**è**res	vous préf**é**rez
il/elle/on préf**è**re	ils/elles préf**è**rent

Tu préfères les films d'amour.   *You prefer romantic films.*
Nous préférons regarder les comédies.   *We prefer comedies.*

*French distinguishes between mute **h**, where **élision** and **liaison** occur (e.g., **l'homme, l'hôtel, habiter**), and aspirated **h,** where there is no **élision** or **liaison** (e.g., **le héros, le hockey**). Most words beginning with **h** are of the first type. Note, however, that the **h** is never pronounced in French.

To express how much you like something, you can use one of the adverbs shown here. Adverbs generally follow the verb they modify.

beaucoup	very much, a lot
bien	well (**aimer bien** = to like)
assez (bien)	fairly well
un peu	a little
pas du tout	not at all

J'aime **beaucoup** la musique brésilienne.   *I like Brazilian music a lot.*
Marc aime **bien** danser.   *Marc likes to dance.*
Paul danse **assez bien.**   *Paul dances fairly well.*
Nous aimons **un peu** regarder la télé.   *We like watching television a little.*
Je n'aime **pas du tout** les films policiers.   *I don't like detective films at all.*

Because **aimer** means both *to like* and *to love,* **aimer bien** is used to clarify that *like* is intended.

— Tu aimes Chantal?   *— Do you like Chantal?*
— Oui, j'aime bien Chantal.   *— Yes, I like Chantal (just fine).*

Exercice 1 You overhear parts of conversations at a party. Complete the following sentences by conjugating the verbs in parentheses, if necessary.

1. Tu _____ (aimer) cette musique?

2. Tu _____ (préférer) danser ou écouter de la musique?

3. Ce groupe _____ (chanter) très bien.

4. Mes copains _____ (chercher) un bon film. Ils _____ (préférer) les drames psychologiques.

5. Vous _____ (regarder) beaucoup la télévision le week-end?

6. Nous _____ (habiter) près de l'université.

Exercice 2 Make complete sentences by conjugating the verb and selecting a logical ending from among the options given.

1. Vous (écouter) _____.   a. des jeans le samedi
2. Je (jouer) _____.   b. en Europe
3. Il (parler) _____.   c. à la cafétéria mardi
4. Tu (manger) _____.   d. au tennis le dimanche
5. Nous (porter)_____.   e. de la musique rock
6. Elles (voyager) _____.   f. français en classe

Exercice 3 Put the adverbs in parentheses in the correct place.

1. Pierre danse beaucoup. Il aime danser. (bien)

2. Je regarde les films avec Katharine Hepburn à la télé. J'aime les films classiques. (beaucoup)

3. Malina n'aime pas aller au concert avec ses copains. Elle n'aime pas la musique classique. (du tout)

4. J'aime la musique brésilienne, mais j'adore la musique africaine! (assez)

5. Marc aime le cinéma, surtout les comédies. (bien)

Exercice 4 Two of the three verb forms in each list have the same pronunciation. Which one sounds different?

1. danse	dansent	danser
2. joues	jouons	jouent
3. écoutez	écoute	écoutes
4. adore	adores	adorer

Structure 2.2

Saying what you don't like to do *La négation ne... pas*

To make a verb negative, frame it with the negative markers **ne** and **pas**.

> **ne** + verb + **pas**

Je **ne** chante **pas** dans un groupe.	*I don't sing in a group.*
Nous **ne** parlons **pas** italien.	*We don't speak Italian.*

Verbs that begin with a vowel, such as **aimer** and **étudier,** or a mute **h,** drop the **e** in **ne** and add an apostrophe.

Je **n'**aime **pas...**	*I don't like . . .*
Tu **n'**études **pas...**	*You don't study . . .*
Elle **n'**habite **pas...**	*She doesn't live . . .*

Casual Speech

In casual conversation, French speakers often drop the **ne.** You will often hear, for example, **j'aime pas...** This casual usage is illustrated in the reading for this module, where Tony Parker posts a list of his likes and dislikes on his web page titled **J'aime, J'aime pas.**

Exercice 5 Contradict the following statements by making the affirmative sentences negative and the negative sentences affirmative.

1. Vous regardez la télévision.
2. Joëlle et Martine n'aiment pas le cinéma.
3. Tu habites à Boston.
4. Nous ne fermons pas la porte.
5. Marc et moi, nous écoutons la radio.
6. Tu études l'anglais.
7. Je n'écoute pas le professeur.

Structure 2.3

Talking about specifics *Les articles définis*

The definite article (*the* in English) has the following forms in French:

	singular	plural
masculine	**le** professeur	**les** étudiants
feminine	**la** musique	**les** femmes

Note that **l'** is used with singular nouns (masculine and feminine) beginning with a vowel or a mute **h.**

l'étudiant(e)   **l'**amour   **l'**université   **l'**homme

Definite articles are used to refer to specific people or things.

Regardez **le** professeur.	*Look at the teacher.*
La porte est fermée.	*The door is closed.*

French also uses definite articles for making general statements; this is why they are used with preference verbs. Notice that, in the corresponding English sentences, no article is used.

Vous aimez **le** jazz?	*Do you like jazz?*
Je préfère **les** gens sérieux.	*I prefer serious people.*
L'amour est essentiel dans la vie!	*Love is essential in life!*

The definite article remains unchanged in negative sentences.

J'aime **le** jazz, mais je n'aime pas *I like jazz, but I don't like classical music.*
la musique classique.

Exercice 6 Add the appropriate definite article.

1. _____ musique
2. _____ étudiants
3. _____ chaise
4. _____ homme

5. _____ cinéma
6. _____ année
7. _____ danse
8. _____ crayon

9. _____ fenêtres
10. _____ film
11. _____ week-end
12. _____ tableau

Exercice 7 Use the correct definite article to complete the following interview with Léo Hardy, a young Brazilian performing in Paris.

INTERVIEWER: Vous aimez danser?

LÉO HARDY: Oui, j'adore danser! Je danse _____ (1) tango *(m)*, _____ (2) valse *(f)*, _____ (3) samba *(f)* et _____ (4) danses folkloriques.

INTERVIEWER: Et vous êtes sportif aussi?

LÉO HARDY: Oui! J'aime _____ (5) football *(m)*, _____ (6) tennis *(m)*, _____ (7) golf *(m)* et _____ (8) natation *(f, swimming)*, mais pas _____ (9) ski *(m)*.

INTERVIEWER: Pas _____ (10) ski? Pourquoi pas?

LÉO HARDY: _____ (11) Brésiliens n'aiment pas _____ (12) froid *(m, cold)*.

Structure 2.4

Listing what there is and isn't *Il y a / Il n'y a pas de*

Il y a *(There is / There are)* is used to state the existence of people and things. The negative expression **il n'y a pas** is followed by **de** or **d'**.

Il y a **un**	
Il y a **une**	Il n'y a pas **de/d'**
Il y a **des**	

Il y a **un** concert aujourd'hui?   Non, il n'y a pas **de** concert.
Is there a concert today?   *No, there isn't a concert.*

Il y a **des** devoirs ce soir?   Non, il n'y a pas **de** devoirs.
Is there homework tonight?   *No, there isn't any homework.*

Il y a **une** fête à la résidence?   Non, il n'y a pas **de** fête.
Is there a party in the dorm?   *No, there isn't a party.*

For nouns that begin with a vowel, such as **ordinateur,** or a mute **h,** drop the **e** in **de** and add an apostrophe.

Il y a **un** ordinateur sur son bureau?   Non, il n'y a pas **d'**ordinateur.
Is there a computer on his desk?   *No, there isn't a computer.*

Exercice 8 Complete this passage about an unusual classroom by adding the correct indefinite article: **un, une, des,** or **de.**

Dans la salle de classe, il y a _____ (1) tableau, mais il n'y a pas _____ (2) craie. Il y a _____ (3) bureau pour le professeur, mais il n'y a pas _____ (4) chaise. Il y a _____ (5) porte, mais il n'y a pas _____ (6) fenêtres. Il y a _____ (7) étudiants, mais il n'y a pas _____ (8) professeur.

Exercice 9 Complete the following exchanges with a definite article (**le, la, les**) or an indefinite article (**un[e], des,** or **de**).

1. — Tu aimes _____ (1) week-end?

   — Oui, j'adore _____ (2) week-end, mais je n'aime pas _____ (3) lundi.

2. — Vous êtes français et vous n'aimez pas _____ (4) pain *(m, bread)*? C'est incroyable!

   — C'est vrai. Et je n'aime pas _____ (5) vin non plus *(either).*

3. — Y a-t-il une piscine à la résidence universitaire?

   — Il n'y a pas _____ (6) piscine, mais il y a _____ (7) courts de tennis.

4. — Est-ce qu'il y a un animal dans votre chambre?

   — Oui, il y a _____ (8) chat. Moi, j'adore _____ (9) chats.

5. — Vous aimez _____ (10) sciences naturelles?

   — Oui, beaucoup, mais je n'aime pas _____ (11) anglais.

6. — Est-ce qu'il y a _____ (12) bon dictionnaire sur Internet?

   — Il y a _____ (13) dictionnaires sur Internet mais, je préfère utiliser _____ (14) dictionnaire Larousse à la bibliothèque.

Structure 2.5

Talking about age and things you have *Le verbe* **avoir**

The verb **avoir** *(to have)* is irregular.

avoir *(to have)*	
j'ai	nous avons
tu as	vous avez
il/elle/on a	ils/elles ont

Nous **avons** beaucoup de devoirs ce soir.   *We have a lot of homework tonight.*
Tu **as** un nouveau numéro de téléphone?   *Do you have a new phone number?*

In French, the verb **avoir** is used to express age.

Quel âge **as**-tu?   *How old are you?*
J'**ai** 19 ans.   *I'm 19 (years old).*

Avoir is often followed by an indefinite article (**un, une,** or **des**). In negative sentences, these articles become **de.**

Il a **des** CD, mais il **n'a pas de** cassettes.   He has CDs, but he doesn't have any cassettes.

Exercice 10 Use the correct form of the verb **avoir** to complete the following mini-dialogues.

1. — Quel âge avez-vous?

   — Moi, j(e) _____ (1) 18 ans et ma camarade de chambre _____ (2) 20 ans.

2. — Est-ce que vous _____ (3) une télé dans votre studio?

   — Oui, nous _____ (4) une petite télé.

3. — Tu _____ (5) un groupe préféré?

   — Oui, j(e) _____ (6) quelques groupes préférés.

4. — Est-ce que vos amis _____ (7) beaucoup de CD?

   — Jean-Claude _____ (8) beaucoup de CD, et Manuel et Hélène _____ (9) des DVD.

Exercice 11 Gérard is a volunteer with **Médecins sans frontières** (Doctors without Borders), helping out in a school that has no electricity. Form logical sentences to indicate what the following people have or do not have in this school.

1. Gérard / des livres
2. Le directeur (school principal) / une lampe
3. Le professeur d'anglais / un dictionnaire
4. Le professeur de maths / un ordinateur
5. Les étudiants / des iPods
6. Les enfants / des crayons
7. Vous / une télévision
8. Les profs / des vidéos

Tout ensemble!

Complete this description of Jean-Luc and his friends by selecting the correct words to go in the blanks from the list below. Be sure to conjugate the verbs correctly.

aimer	dimanche	préférer
s'amuser	être (trois fois)	résidence
avoir	jouer	rester
cours	maths	stade
danser	parler	travailler
de	piscine	une

Jean-Luc _____ (1) 18 ans. Cette année, il commence ses études à l'université de Lyon. Jean-Luc a cinq _____ (2): sciences naturelles, biologie, chimie, physique et _____ (3). Il _____ (4) les sciences naturelles — parfois, il n'y a pas beaucoup de devoirs! Comme (Since) Jean-Luc n(e) _____ (5) pas de la région de Lyon, il habite dans une _____ (6) universitaire près de la faculté des sciences. L'université _____ (7) excellente, mais elle n'a pas _____ (8) campus «à l'américaine». Il n'y a pas de _____ (9) pour nager (to swim) par exemple ou de _____ (10) pour les matches de foot et de basket. Jean-Luc et ses copains _____ (11) contents d'être indépendants. Ils _____ (12) la vie d'étudiant. Ils ne _____ (13) pas, mais ils étudient beaucoup. Jean-Luc adore _____ (14) avec ses copains et _____ (15) souvent à Lyon le week-end. Le samedi, ils _____ (16) avec leurs amis au café ou _____ (17) la salsa dans un club latin. C'est _____ (18) danse très populaire cette année. Le _____ (19), ils _____ (20) au basket.

Vocabulaire

CD1,
Tracks
27–32

Vocabulaire fondamental

Noms

Les distractions	Entertainment
le cinéma	the movies
un copain (une copine)	a friend
la danse	dance
une fête	a party; a holiday
un jeu vidéo	a video game
un match (de football)	a (soccer) game
les montagnes (f)	the mountains
la musique (classique)	(classical) music
la plage	the beach
la télévision (la télé, fam.)	television
les vacances	vacations

Mots apparentés: un CD, un concert, un film, le golf, l'Internet, le jazz, la radio, le rap, le rock, le tennis, une vidéo

Le campus	The campus
une bibliothèque	a library
la fac (fam)	university
le jardin	garden
une librairie	a bookstore
un musée	a museum
une piscine	a swimming pool
une résidence universitaire	a college dorm
un restaurant universitaire (un resto-U, fam)	a university restaurant / cafeteria

Mots apparentés: une cafétéria, un complexe sportif, un laboratoire, le latin (Latin), un parc, un théâtre, une université

Les matières	Subject matters
l'art dramatique (m)	drama
la chimie	chemistry
le commerce	business
la comptabilité	accounting
un cours	a course
le droit	law
l'économie	economics
un examen	a test, an exam
le génie civil	civil engineering
l'histoire (f)	history
l'informatique (f)	computer science
le journalisme	journalism, media studies
les langues (f pl)	languages
l'allemand (m)	German
l'anglais (m)	English
l'arabe (m)	Arabic
l'espagnol (m)	Spanish
le français	French
l'italien (m)	Italian
le japonais	Japanese
les sciences politiques (f pl)	political science
la spécialisation	major
le travail	work

Mots apparentés: l'anthropologie (f), l'art (m), la biologie, la finance, la littérature, le management, le marketing, les mathématiques (f pl; les maths, fam), la médecine, la philosophie, la physique, la psychologie, la science, le semestre, la sociologie, le trimestre

Le calendrier	The calendar
l'année (f)	year
aujourd'hui	today
une fête	a holiday
le jour	day
le mois	month
la semaine	week

Mots apparentés: la date, le week-end

Les jours de la semaine	Days of the week
lundi	Monday
mardi	Tuesday
mercredi	Wednesday
jeudi	Thursday
vendredi	Friday
samedi	Saturday
dimanche	Sunday

always masculine

Les saisons	Seasons
l'automne (m)	autumn
l'été (m)	summer
l'hiver (m)	winter
le printemps	spring

Les mois de l'année	Months of the year
janvier	January
février	February
mars	March
avril	April
mai	May
juin	June
juillet	July
août	August
septembre	September
octobre	October
novembre	November
décembre	December

Verbes

adorer	to adore
aimer	to like; to love
chanter	to sing
danser	to dance
écouter	to listen (to)
étudier	to study
jouer	to play
manger	to eat
parler	to speak
regarder	to watch
rester	to stay
surfer	to surf
travailler	to work
voyager	to travel

Adverbes

assez (bien)	*fairly well*
beaucoup	*a lot*
bien	*well*
un peu	*a little*

Mots divers

mais	*but*
un nom de famille	*a last name*
où	*where*
un prénom	*a first name*
voici	*here is*

Mots apparentés: une adresse, un numéro de téléphone

Adjectifs

bon(ne)	*good*
difficile	*difficult*
ennuyeux (ennuyeuse)	*boring*
excellent(e)	*excellent*
facile	*easy*

intéressant(e)	*interesting*
pratique	*practical, useful*

Expressions utiles

(See page 45 for additional expressions.)

Je suis en première (deuxième, troisième) année.	*I am a first (second, third) year student.*
Ma spécialisation, c'est la biologie.	*My major is biology.*
Qu'est-ce que tu étudies?	*What do you study?*

(See page 48 for additional expressions.)

l'âge *(m)*	*age*
l'anniversaire *(m)*	*birthday*
J'ai cours le mardi.	*I have classes on Tuesday.*
J'ai trois ans.	*I'm three years old.*
Quel âge avez-vous?	*How old are you?*
Quel jour sommes nous?	*What day is it?*

CD1, Tracks 33–34

Vocabulaire supplémentaire

Noms

Comment exprimer ses préférences

le goût	*taste*
les informations *(f pl)* (les infos, *fam*)	*the news*
les jeux télévisés *(m pl)*	*TV game shows*
une préférence	*a preference*
une série	*TV series*
un stade	*a stadium*
un studio	*a studio apartment*
la télé-réalité	*reality TV show*
le temps libre	*free time*

Mots apparentés: une aventure, le football (américain), le golf, la musique électronique, le sport, la techno

L'université et le campus

un amphithéâtre	*an amphitheater, a lecture hall*
un arbre	*a tree*
un banc	*a bench*
un bâtiment	*a building*
le beau temps	*good weather*
le centre-ville	*downtown*
l'espace *(m)*	*space*
une exposition	*an exhibit*
une fleur	*a flower*
une salle informatique	*a computer room*
un terrain de sport	*a sports field*

Mots apparentés: un court de tennis, médiocre, silencieux (silencieuse), typiquement

Le calendrier

les études	*studies, schoolwork*
le froid	*the cold*
la montagne	*the mountain(s)*
la neige	*the snow*
la plage	*the beach*
la rentrée	*back to school or work*
le travail	*work*
les vacances *(f pl)*	*vacation*

Mots divers

moins	*less*
parfois	*sometimes*
plus	*more*
quel(s), quelle(s)	*which, what*
rarement	*rarely*
régulièrement	*regularly*
souvent	*often*
surtout	*most of all*

Deux étudiantes dans leur appartement à
Paris: est-ce qu'elles étudient?

Chez l'étudiant

This chapter expands on the topic of students' lives at home and at school. You will learn how to talk about your family and how to describe your room and your personal belongings. In the **Perspectives culturelles** sections, you will read about attitudes towards families and about the recent popularity of **colocation,** living with roommates.

La famille

Structure 3.1

Expressing relationship *Les adjectifs possessifs*

Structure 3.2

Talking about where people are from *Le verbe* **venir**

Structure 3.3

Another way to express relationship and possession *La possession* **de** + *nom*

To talk about your family, you will need to use possessive adjectives and the preposition **de** + **nom** to express relationships. You will also use the verb **venir** *(to come)* to talk about where relatives are from. For an explanation of possessive adjectives, see page 82. For the verb **venir,** see page 83. See page 83 for **de** + **nom.**

Arbre généalogique

Activité 1 La famille Dubois

Regardez l'arbre généalogique de Pauline et répondez aux questions suivantes.

1. Combien d(e)... a-t-elle?
   a. frères   c. oncles   e. enfants
   b. cousins   d. cousines

2. Comment s'appelle(nt)...

    a. la femme de son oncle Serge?

    b. sa tante célibataire *(unmarried)*?

    c. le mari de sa tante Marianne?

    d. son cousin qui est fils unique *(only child)*?

    e. ses cousins jumeaux *(twin)*?

    f. ses sœurs?

3. Qui est/sont...

    a. Samuel et Sara?

    b. Gérard et Soline Dubois?

    c. Thierry et Sandrine?

    d. Amélie et Catherine?

    e. Jean-Pierre?

    f. Manuel et Geoffroy?

Notez et analysez

Take another look at **Activité 1, question 2 a.–f.** Find all the words that mean *her*. Can you explain why the forms of this word change?

Activité 2   Les membres de la famille

A. Quelle définition correspond à chaque membre de la famille?

1. le grand-père

2. la belle-mère

3. la tante

4. le mari

5. l'oncle

6. le neveu

    a. l'époux de la femme

    b. le frère de la mère ou du père

    c. le fils du frère ou de la sœur

    d. la mère de la femme ou du mari ou la nouvelle femme du père

    e. la sœur de la mère ou du père

    f. le père de la mère ou du père

Notez et analysez

Take another look at **Activité 2.** How would you say *the mother's sister* or *the father's brother* in French?

B. Trouvez quelqu'un dans la classe qui a...

    a. un neveu ou une nièce

    b. un frère ou une sœur

    c. un beau-père ou une belle-mère

Activité 3   C'est votre portable? Un professeur distrait *(absentminded)*

Donnez un objet de votre sac ou de votre sac à dos au professeur. Puis aidez votre professeur à rendre les objets aux étudiants.

Portraits de famille

Tam et ses amis sont étudiants à l'université, mais ils habitent avec leur famille. Ils ont des situations familiales différentes.

TAM: J'ai une assez grande famille. Mes parents viennent du Viêt-Nam et ils ont un petit restaurant vietnamien dans le Quartier latin. J'ai trois frères et une sœur. Nous travaillons tous ensemble dans le restaurant. Mon frère aîné est marié. Lui et sa femme habitent l'appartement d'à côté *(next door)*.

CAROLE: Mon père et ma mère sont divorcés. Moi, j'habite avec ma mère, mon beau-père et mon demi-frère, Serge. C'est le bébé de la famille. Il est gâté et difficile! Je passe souvent les vacances en Bretagne avec mon père. Il habite seul.

MOUSTAFA: Mes parents viennent d'Algérie, mais je suis de nationalité française. J'ai deux frères et une sœur. Mon frère aîné a 20 ans et mon frère cadet a 16 ans. Ma sœur, Feza, est institutrice. Elle est célibataire mais elle a un nouveau fiancé.

JEAN-CLAUDE: Je n'ai ni frère ni sœur; je suis fils unique. Ma mère est morte *(died)*. J'habite avec mon père et ma belle-mère, qui est super.

Activité 4 Vrai ou faux?

Indiquez si les phrases suivantes sont vraies ou fausses. Corrigez les phrases fausses.

1. La famille de Tam vient du Viêt-Nam.
2. Tam a une belle-sœur.
3. Carole est la demi-sœur de Serge.
4. Les parents de Moustafa viennent d'Afrique du Nord.
5. La belle-mère de Jean-Claude est sympathique.
6. Jean-Claude a une grande famille.

Activité 5 La parenté de gens célèbres

Quelles sont les relations entre les personnes suivantes? Posez les questions à un(e) autre étudiant(e) comme dans le modèle.

Modèle: Caroline Kennedy (sœur) / Ted Kennedy
— *Est-ce que Caroline Kennedy est la sœur de Ted Kennedy?*
— *Non, c'est sa nièce.*

1. Laura Bush (tante) / Jenna Bush Hager
2. la reine Elizabeth (belle-mère) / le prince William
3. Bart et Maggie Simpson (enfants) / Marge et Homer Simpson
4. Malia Obama (cousine) / Sasha Obama
5. Bill Gates (frère) / Melinda Gates
6. Chelsea Clinton (nièce) / Hillary Clinton

La famille française

Un nombre croissant de couples français décident de vivre ensemble sans se marier.

Comme la famille américaine, la famille française se transforme: la mère travaille, le père participe plus à l'éducation° de l'enfant et les grands-parents habitent moins souvent° avec leurs enfants. La famille nucléaire traditionnelle—homme, femme et leurs enfants—coexiste maintenant avec d'autres modèles familiaux. Le divorce (42 divorces sur 100 mariages) crée° un grand nombre de familles monoparentales°, et les remariages produisent des familles recomposées°. Un nombre croissant° de couples choisissent de vivre ensemble sans° se marier et il y a de plus en plus d'enfants nés° de ces unions libres. En 2006, 50,5% des bébés sont nés hors° mariage. Le pacte civil de solidarité (PACS), créé en 1999, offre un statut juridique° aux couples non-mariés (homme-femme ou de même sexe).

   Malgré° ces changements, pour les Français, la vie familiale, après la santé°, reste la chose la plus importante dans la vie. Les jeunes Français habitent souvent plus longtemps avec leur famille que les jeunes Américains. En effet, on choisit souvent une université dans une ville près de la résidence familiale. À l'âge de 24 ans, presque la moitié des étudiants habitent toujours chez les parents. Ce départ tardif° est en partie le résultat d'une économie précaire°. Les parents, pour leur part, accordent souvent plus d'indépendance ou de liberté à leurs enfants. Beaucoup de jeunes estiment° les relations avec leurs parents excellentes. Dans un monde incertain, le cocon° familial offre protection et stabilité et le foyer° est un lieu sûr° pour développer son identité personnelle.

upbringing
less often

creates
single-parent families
blended families
growing number
without
born
outside of
legal status

Despite
health

late departure
weak
regard

nest / home / safe place

(Adapté de *Francoscopie*, 2007)

▣ **Avez-vous compris?**

Indiquez si les phrases suivantes sont vraies ou fausses. Corrigez les phrases fausses.

1. Les mères françaises ne travaillent pas.
2. Il y a plus d'un (*more than one*) modèle familial en France de nos jours.
3. Dans la famille classique française, il y a un seul (*only one*) parent.
4. La famille recomposée est souvent le résultat d'un divorce et d'un deuxième mariage.
5. Les couples qui vivent en union libre sont mariés.
6. La famille joue un rôle central dans la vie des Français.
7. Les rapports entre les parents et les jeunes Français sont généralement mauvais.
8. Il est rare pour un jeune Français de 24 ans d'habiter chez ses parents.

Le père joue un rôle plus important dans l'éducation de ses enfants.

▣ **Et vous?**

1. Est-ce que, pour vous et vos amis, il est préférable de vivre à la maison quand on fait ses études universitaires?
2. Est-ce un tabou aux États-Unis d'avoir un bébé hors mariage? Expliquez.
3. Quelle institution aux États-Unis est comparable au PACS?

Les caractéristiques personnelles

Structure 3.4

Describing personalities *Les adjectifs (suite)*

This **thème** presents additional adjectives for describing personal characteristics. See pages 84–85 for information on adjective placement and agreement rules.

optimiste, réaliste	pessimiste
sociable	timide, réservé(e)
sympathique, gentil(le), agréable	désagréable, snob, égoïste, méchant(e)
compréhensif (compréhensive) *(understanding)*	strict(e), sévère
heureux (heureuse), content(e)	mécontent(e), triste
intelligent(e)	stupide, bête *(fam)*
calme, décontracté(e) *(relaxed)* stressé(e)	nerveux (nerveuse),
enthousiaste, passionné(e)	indifférent(e)
travailleur (travailleuse)	paresseux (paresseuse)
dynamique, actif (active), sportif (sportive)	sédentaire
raisonnable	déraisonnable
individualiste, indépendant(e)	conformiste
sage, bien élevé(e) *(well-behaved)*	gâté(e) *(spoiled)*, mal élevé(e)

Notez et analysez

In a glossary or vocabulary list of French terms, which adjective form is presented first, the masculine form or the feminine form? What feminine endings do you find in this list?

 Activité 6 Votre famille

Répondez aux questions sur la personnalité des membres de votre famille. Pour qualifier votre description, utilisez **un peu, assez** ou **très.**

> **Modèle:** pessimiste
> Étudiant(e) 1: *Qui dans ta famille est pessimiste?*
> Étudiant(e) 2: *Ma sœur est très pessimiste. / Personne n'est*
> (No one is) *pessimiste dans ma famille.*

1. calme	5. pessimiste	9. bien élevé(e)
2. raisonnable	6. égoïste	10. dynamique
3. gâté(e)	7. nerveux (nerveuse)	
4. sportif (sportive)	8. désagréable	

Activité 7 · C'est Brad Pitt, Angelina Jolie ou les deux?

Est-ce que l'adjectif prononcé par votre professeur décrit Brad Pitt, Angelina Jolie ou les deux?

> **Modèle:** Vous entendez *(hear)*: blond
> Vous dites *(say)*: C'est Brad Pitt.

1.   3.   5.

2.   4.

Activité 8 · Êtes-vous d'accord?

Un(e) ami(e) parle de votre famille. Vous êtes d'accord, mais vous atténuez *(tone down)* les remarques en suivant les modèles.

> **Modèles:** — Ta mère est pessimiste.
> — *Oui, elle n'est pas très optimiste.*
>
> — Ton oncle est gentil.
> — *Oui, il est assez sympathique.*
>
> — Ton cousin est nerveux.
> — *Oui, il n'est pas très calme.*

1. Comme tes grands-parents sont sympathiques!
2. Ta cousine est moche!
3. Je trouve tes frères réservés.
4. Ton chien est méchant.
5. Ta mère est très active.
6. Ton oncle est paresseux.

Astérix est un petit homme courageux. Son meilleur ami *(best friend),* Obélix, est un gros homme fidèle. Et Garfield, le chat, comment est-il?

Notez et analysez

Most descriptive adjectives follow the nouns they modify. Which adjectives in the caption describing Astérix and Obélix follow this pattern? Some adjectives precede the nouns they modify. A simple mnemonic device that may help you remember this group of adjectives is BAGS—Beauty, Age, Goodness, and Size. Find the categories that apply to the adjectives that precede the noun in the cartoon caption.

Activité 9 Identification

Identifiez les personnes et les choses suivantes.

1. C'est une belle femme célèbre.
2. C'est le joli jardin de Monet.
3. C'est un grand compositeur français.
4. C'est une jeune joueuse de tennis française.
5. C'est une bonne montre *(watch)* suisse.
6. C'est une vieille ville italienne.
7. C'est un bel acteur français.
8. C'est un petit homme important.

a. Napoléon
b. Amélie Mauresmo
c. Romain Duris
d. Catherine Deneuve
e. Rome
f. une Swatch
g. Giverny
h. Claude Debussy

Activité 10 Ma grand-mère

Ce portrait n'est pas très descriptif. Ajoutez des adjectifs: **beau (belle); joli(e); jeune; petit(e); grand(e); vieux (vieille); nouveau (nouvelle); sympathique; moderne; bon(ne).**

1. Ma grand-mère est une femme. (deux adjectifs)
2. Elle habite avec ses quatre chats dans une maison avec un jardin. (deux adjectifs)
3. Elle adore la musique. (un adjectif)
4. Elle a aussi beaucoup de CD de jazz. (un adjectif)

Activité 11 Devinez!

En groupes de deux ou trois, choisissez une personne célèbre et écrivez cinq ou six phrases qui la décrivent. Utilisez une bonne variété d'adjectifs. Ensuite, présentez votre description à la classe. Vos camarades vont deviner *(guess)* de qui vous parlez. Combien d'adjectifs utilisez-vous avant qu'on devine le nom de votre célébrité? Le groupe qui utilise le maximum d'adjectifs gagne!

Activité 12 Interaction

Répondez directement aux questions et développez votre réponse en ajoutant une ou deux remarques.

> **Modèle:** — Est-ce que tu viens d'une famille nombreuse?
> — *Non, je viens d'une famille moyenne. J'ai une sœur et un frère. Ma sœur a 15 ans et mon frère a 20 ans.*

1. Tu viens d'une famille nombreuse?
2. D'où viennent tes parents? Où habitent-ils maintenant? Comment sont-ils?
3. Est-ce que tu préfères les petites familles ou les grandes familles? Pourquoi?
4. Tu aimes les parents de tes amis? Comment sont-ils?
5. Est-ce que tes grands-parents sont vivants *(living)*? Quel âge ont-ils?

La chambre et les affaires personnelles

Structure 3.5

Describing where things are located *Les prépositions de lieu*

In the following descriptions of two students' rooms, you will learn how to use prepositions to describe how items are arranged in space. For a list of these prepositions, see page 86.

Chez Claudine

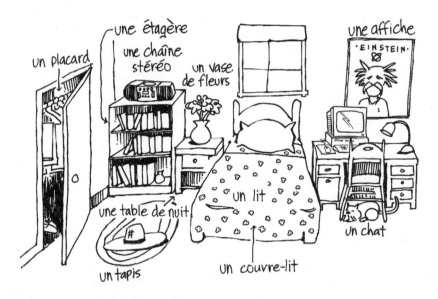

Regardez la chambre de Claudine. Il y a un lit **entre** la table de nuit et le bureau. **Sur** le lit, il y a un joli couvre-lit à fleurs. **Derrière** le lit, il y a une fenêtre. **Sur** la table de nuit, il y a des fleurs **dans** un vase. **Dans** son placard, il y a des vêtements. **Devant** son bureau, il y a une chaise. Son petit chat blanc est **sous** la chaise. Son ordinateur est **sur** son bureau et, **au-dessus du** bureau, il y a une affiche d'Einstein. Le chapeau préféré de Claudine se trouve **sur** le tapis **près du** lit. Il y a une chaîne stéréo **sur** l'étagère.

Activité 13 Vrai ou faux?

Indiquez si les phrases suivantes sont vraies ou fausses. Corrigez les phrases fausses.

1. Dans la chambre de Claudine, il y a...
   a. une chaise devant la fenêtre
   b. un lit entre la table de nuit et le bureau
   c. un chat sous la chaise
   d. une affiche au-dessus du lit
   e. un tapis entre le placard et le lit

Chez Christian

Regardez la chambre de Christian. Son miroir est **à côté de** la fenêtre. Il y a un gros chat noir **sur** le lit. **Au-dessus du** lit, il y a une affiche d'Einstein. **En face du** lit, il y a une télévision avec un lecteur DVD. Son petit frigo est **entre** le lit et le bureau. **Devant** le bureau, il y a une chaise. **Dans** un aquarium **sur** le bureau, il y a des poissons rouges. **Près de** l'aquarium, il y a des livres et une photo. Il y a une plante **dans** le lavabo.

2. Dans la chambre de Christian, il y a...
   a. un chat sur le tapis
   b. un lit entre le bureau et le petit frigo
   c. une affiche au-dessus du lit
   d. un vase de fleurs sur le bureau
   e. une plante dans le lavabo

Activité 14 **Les affaires personnelles et la personnalité**

Donnez vos impressions d'Anne en regardant sa chambre et ses affaires personnelles. Comment est Anne? Qu'est-ce qu'elle aime faire?

Activité 15 **Sondage *(Poll)* sur les affaires personnelles**

En groupes de trois ou quatre, trouvez quatre objets que tout le monde *(everyone)* possède et un objet qui n'appartient à personne *(no one has)*. Travaillez vite—le groupe qui finit le premier gagne!

> **Modèle:** un livre de Shakespeare
> — *Qui a un livre de Shakespeare?*
> — *Moi.*
> — *Moi aussi.*
> — *Et un livre de Dan Brown?*
> — *Personne (No one).*

un dictionnaire anglais-français
un lecteur DVD
une raquette de tennis
une montre
un sac à dos
un snowboard
un instrument de musique
un laptop avec wifi
un livre de Flaubert
des plantes
une calculatrice
des livres de Harry Potter
un ballon de foot
un CD de Dave Matthews

des posters
des rollers *(fam)*
un vélo
des CD de Beyoncé
un chapeau de cow-boy
un lecteur MP3
un journal intime *(diary)*
une télé
une chaîne hi-fi
un portable
un petit frigo *(fam)*
un radio-réveil
un scooter

une montre

un Blackberry

un lecteur MP3

une calculatrice

un vélo

un portable avec wifi
(prononcé *weefee*)

un ballon de foot

un radio-réveil

un iPod touch

Activité 16 **Interrogez le professeur.**

Vous avez huit questions pour identifier quatre choses que votre professeur ne possède pas. Utilisez **vous** dans vos questions.

> **Modèle:** Étudiant(e): *Vous n'avez pas de rollers, n'est-ce pas?*
> Professeur: *Mais si, j'ai des rollers!*

Des nombres à retenir (60 à 1 000 000)

Votre numéro de téléphone?   — C'est le 04 60 58 85 48.
Votre adresse?   — C'est 69, avenue des Lilas.

60 soixante	**70 soixante-dix**	**80 quatre-vingts**
61 soixante et un	71 soixante et onze	81 quatre-vingt-un
62 soixante-deux	72 soixante-douze	82 quatre-vingt-deux
63 soixante-trois	73 soixante-treize	83 quatre-vingt-trois
64 soixante-quatre	74 soixante-quatorze	84 quatre-vingt-quatre
65 soixante-cinq	75 soixante-quinze	85 quatre-vingt-cinq
66 soixante-six	76 soixante-seize	86 quatre-vingt-six
67 soixante-sept	77 soixante-dix-sept	87 quatre-vingt-sept
68 soixante-huit	78 soixante-dix-huit	88 quatre-vingt-huit
69 soixante-neuf	79 soixante-dix-neuf	89 quatre-vingt-neuf

90 quatre-vingt-dix	**100 cent**	**1 000 mille**
91 quatre-vingt-onze	101 cent un	1 001 mille un
92 quatre-vingt-douze	102 cent deux	1 002 mille deux
93 quatre-vingt-treize	103 cent trois	2 000 deux mille
94 quatre-vingt-quatorze	200 deux cents	2 001 deux mille un
95 quatre-vingt-quinze	201 deux cent un	2 002 deux mille deux
96 quatre-vingt-seize	202 deux cent deux	2 500 deux mille cinq cents
97 quatre-vingt-dix-sept		
98 quatre-vingt-dix-huit	1 000 000 un million	
99 quatre-vingt-dix-neuf		

Notez et analysez

For numbers from 70 to 99, keep these "formulas" in mind: 70 = 60 + 10 (**soixante-dix**); 80 = 4 × 20 (**quatre-vingts**); 81 = 4 × 20 + 1 (**quatre-vingt-un**); 90 = 4 × 20 + 10 (**quatre-vingt-dix**); 95 = 4 × 20 + 15 (**quatre-vingt-quinze**). Try using these formulas to calculate how to say the following numbers: **a.** 78 **b.** 85 **c.** 93. Check your answers against the numbers in the list above.

Activité 17 Comptez!

Suivez les directives.

1. Comptez de 70 jusqu'à 100.
2. Donnez les multiples de 10 de 60 jusqu'à 120.
3. Donnez les multiples de 5 de 50 jusqu'à 80.
4. Donnez les nombres impairs (*odd*) de 71 jusqu'à 101.
5. Lisez: 13, 15, 19, 25, 61, 71, 81, 91, 101, 14, 1 000, 186, 1 000 000.

Activité 18 Ça coûte...

Identifiez l'objet selon *(according to)* son prix.

Modèle: Ça coûte 16,75€ (16 euros 75).
C'est la calculatrice.

Ça coûte...

1. 876 €
2. 289.90 €
3. 10 150 €

4. 265 €
5. 197 €
6. 675 €

Soldes! *(Sale!)*

une calculatrice   un lecteur CD/DVD   un iPod touch

un portable   un vélo

une voiture   un snowboard

La vogue de la coloc

used to live	Traditionnellement les étudiants français qui n'habitaient pas chez leurs parents logeaient° seuls dans une chambre à la résidence universitaire ou en
Recently	ville. Récemment° inspirés par la série américaine *Friends* et le film *L'Auberge*
friendship	*espagnole,* les étudiants d'aujourd'hui préfèrent l'amitié° et la solidarité à la
choose	solitude. Un bon nombre de jeunes choisissent° la colocation.
share	Alicia Fortin, 20 ans, étudiante à Tours, explique: «C'est sympa de partager°
life / rent	une expérience de vie° avec quelqu'un. En plus, le loyer° est raisonnable. Avec
each / average	ma coloc Claire nous payons 315€ chacune°. C'est moins que le loyer moyen° de l'étudiant français» (388€).
Sometimes	Il y a évidemment des avantages, mais quels sont les risques? Parfois° les
house rules	colocataires ne respectent pas les règles de vie commune°. Il y a par exemple
living room / bathroom	les copains qui vont et viennent entre le salon° et la salle de bains°, les fêtes
	organisées quand vous avez des examens et des colocs qui refusent de ranger
	l'appart. Il y a aussi un risque financier: si un colocataire ne paie pas, le
	propriétaire peut demander aux autres de payer sa part. Donc il faut bien
you must choose carefully	choisir° ses colocataires.
	Et vous, vous êtes le colocataire idéal? Vous êtes aimable, respectueux,
	compréhensif, sociable? Vous vous adaptez aux autres? Vous avez sans conteste°
hands down	le profil idéal pour vous lancer° dans cette aventure!
launch	Où trouver un coloc? On peut consulter des sites Internet ou les petites
ads	annonces° au C.R.O.U.S. ou à la fac.

Adapté de L'Étudiant

ARMANDE17380　　**Dernière connexion :** Il y a 3 heures

✓ EN SAVOIR PLUS

Profil :	23, Hétéro, En extérieur
Loyer Max :	€300
Emménagement :	1 Jun. 2010
Commentaires :	

Bonjour, je recherche un logement totalement meublé en colocation pour la période de juin à fin août voir plus... en effet j'ai un emploi assuré durant cette période dans le 8e arrondissement... je cherche donc une chambre sympa pas trop loin avec des gens sympas; si possibilité, accès jardin ou autre en extérieur (je fume)...

Avez-vous compris?

A. Indiquez si les phrases suivantes sont vraies ou fausses. Corrigez les phrases fausses.

1. La série *Friends* et le film *L'Auberge espagnole* ont contribué à la vogue de la colocation.

2. Un des avantages de la colocation est la solitude.

3. Alicia est contente de vivre avec sa colocataire.

4. Alicia et Claire paient plus que l'étudiant français moyen pour leur logement.

5. Il n'y a pas de risques dans la colocation.

6. La question de ranger ou non l'appartement pose parfois des problèmes entre colocataires.

7. Les autres colocataires sont responsables financièrement si un colocataire ne paie pas son loyer.

8. Le colocataire idéal est sérieux et travailleur.

B. Regardez l'annonce pour répondre aux questions suivantes.

1. Armande a _____ ans.

2. Elle cherche un appart à _____ euros par mois.

3. Elle cherche un logement (meublé, non-meublé).

4. Elle cherche un logement pour quelle saison? Le/L' _____.

5. Accès à un jardin ou une fenêtre est important parce qu'elle _____.

Et vous?

1. Avez-vous un(e) colocataire? Est-il/elle sociable et respectueux (respectueuse)?
2. Pour vous, quel est l'avantage principal de la colocation?
3. Décrivez votre coloc idéal.

Voix en direct
La vie en colocation

Vivre en colocation. Qu'est-ce que ça veut dire[1] en France?

Vivre en colocation, en France, c'est partager[2] un appartement avec d'autres gens mais on ne partage pas les chambres en France, on partage juste l'appartement.

[1]What does it mean [2]to share

Manon Garcia
23 ans
Étudiante, Paris

Quelles sont les qualités d'un bon colocataire?

Euh, je pense qu'il..., il faut[3] être ordonné... euh qu'il, il faut nettoyer[4] nos affaires et tout ça; beaucoup plus que quand on vit seul[5]. Euh, qu'il faut respecter l'intimité[6] des autres et être assez ouvert, voilà.

[3]it's necessary [4]to clean [5]lives alone [6]privacy

Comment est-ce qu'on trouve un colocataire en France?

Euh, par Craig's list aussi. Maintenant on a Craig's list. Oui. Sinon[7], il y a... On peut mettre des petites annonces à l'université. Les gens, ils font beaucoup ça. Il y a différents sites sur Internet...

[7]Otherwise

Où habitent les étudiants qui n'habitent pas dans les résidences?

Beaucoup habitent chez leurs parents, comme moi, par exemple, j'habite chez mes parents parce que c'est, c'est plus pratique et c'est moins cher. Sinon, il faut trouver un studio ou être en colocation.

Hugo Pelc
24 ans
Étudiant, Paris

Réfléchissez aux réponses

1. Selon Manon, qu'est-ce que les colocataires en France ne partagent pas?
2. Quelles sont les qualités d'un bon colocataire selon Manon? Vous êtes d'accord avec elle?
3. Hugo pense que c'est une bonne idée pour les étudiants de vivre chez leurs parents. Pourquoi? Êtes-vous d'accord avec lui?
4. Quelles sont les deux autres options qu'il donne?

Comment louer une chambre ou un appartement

Réfléchissez et considérez

What features would you look for in an apartment? Before looking at the expressions presented here, with a partner, come up with four questions you would ask a prospective landlord. Then look to see if a French equivalent appears below.

CD1, Track 36

Expressions utiles

Est-ce que vous avez une chambre / un studio / un appartement à louer°?	*to rent*
Je cherche° un studio à louer.	*I'm looking for*
C'est combien, le loyer°?	*the rent*
Il y a des charges°?	*utility charges*
Est-ce qu'il y a une caution°?	*a deposit*
Vous avez la climatisation° (la clim, *fam*)?	*air conditioning*
Je peux° fumer?	*Can I . . .*
Je peux avoir un chat?	
Les animaux sont interdits°?	*prohibited*
Il y a un garage / un jardin / une piscine / une salle de musculation°?	*a workout room*
Je voudrais le prendre°.	*I'd like to take it.*
Je voudrais réfléchir un peu°.	*I'd like to think it over.*

Cette carte autorise les étudiants, les familles modestes et d'autres personnes gagnant *(earning)* peu d'argent, à recevoir un remboursement *(reimbursement)* de leur loyer par le gouvernement.

Activité 19 Qui parle?

Pour chaque phrase, indiquez qui parle: **a.** le propriétaire ou **b.** une personne qui cherche un appartement.

1. C'est un studio ou une chambre dans un appart? ___
2. Il y a des charges? ___
3. Les chats et les chiens sont interdits dans cet appartement. ___
4. Le loyer est très raisonnable! Je voudrais prendre le studio! ___
5. Vous fumez? Et vous avez des animaux? ___
6. Il y a des charges pour utiliser la salle de musculation? ___

Activité 20 **L'appartement idéal**

Pour vous, quelle est l'importance des caractéristiques suivantes? Dites si chaque aspect est essentiel, important ou pas important et expliquez pourquoi.

Modèle: *Pour moi, un studio meublé* (furnished) *est essentiel.*
Je n'ai pas de lit.

Un bel immeuble à 5 étages *(floors)*

1. un studio meublé
2. un studio près de la fac
3. un studio près du centre-ville *(downtown)*
4. un studio avec un garage
5. un studio dans un quartier calme
6. un studio clair *(light)* et lumineux *(bright)*
7. un loyer bon marché *(inexpensive)*
8. un studio dans un immeuble *(building)* avec d'autres étudiants
9. un studio où on accepte les animaux
10. un grand studio
11. un studio dans un immeuble avec un beau jardin et une piscine
12. d'autres qualités?

CD1, Track 37

Écoutons ensemble! Jennifer cherche une chambre à louer.

Jennifer parle à la propriétaire d'une chambre à louer. Écoutez leur conversation et complétez le tableau avec les informations appropriées.

Logement	__ appartement	__ studio	__ chambre
Description	__ calme	__ grand	__ près de la fac
Loyer par mois	__ 250 euros	__ 205 euros	__ 502 euros
Autres	__ des charges	__ une caution	__ un immeuble
Animaux acceptés	__ les chats	__ les chiens	__ les autres animaux

Activité 21 **Je cherche un studio.**

Écoutez et complétez le dialogue avec un(e) camarade de classe.

LOCATAIRE: Bonjour, madame. Vous _____ (1) un studio à _____ (2)?

PROPRIÉTAIRE: Oui, mademoiselle. Il y ___ (3) le studio numéro 25 en face du jardin.

LOCATAIRE: Est-ce qu'il est meublé?

PROPRIÉTAIRE: Oui, il y a un _____ (4), une _____ (5), des _____ (6) et un ___ (7).

LOCATAIRE: Très bien. Et vous êtes _____ (8) de la fac?

PROPRIÉTAIRE: Oui, ici nous sommes à trois kilomètres de la fac. J'ai beaucoup d'étudiants comme locataires.

LOCATAIRE: _____ (9)?

PROPRIÉTAIRE: 400 euros par mois plus les charges.

LOCATAIRE: Y _____ (10)?

PROPRIÉTAIRE: Oui, la caution est de 100 euros.

LOCATAIRE: Est-ce que _____ (11)?

PROPRIÉTAIRE: Non, les animaux sont strictement interdits.

LOCATAIRE: Je voudrais réfléchir un peu. Merci, madame.

Selon cette publicité, quelle sorte de logement est-ce que les étudiants cherchent? Quelles options offre Hestia? Comment est-ce qu'on contacte Hestia?

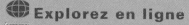
Situations à jouer!

1 As a landlord, you've had bad experiences with renters in the past. Interview a potential renter to decide whether or not you'll accept him/her as a tenant. Find out about what s/he studies, his/her likes and dislikes, whether s/he smokes, if s/he has pets, and so on.

2 You and several of your friends decide to look for a house to share. Discuss what you will require. Go visit the house and ask the landlord your questions in order to decide whether to rent the house or not.

Quelles affaires de cette jeune fille reflètent ce qu'elle fait ou comment elle est?

3 In groups of four or five: On a piece of paper, list four of your belongings that reflect something about you. Pass the paper to another person. S/He will write down an impression of you based on your belongings. S/He will then conceal his/her comments by folding back the paper accordion style, and s/he will pass the paper to another person. Continue until each group member has put comments on each paper. Finally, each member of the group will receive a set of comments from the other members.

Lecture

Anticipation

Degas, whose painting *La famille Bellelli* is reproduced here, is just one of the famous artists whose works are found in the **musée d'Orsay,** the former Parisian train station that now contains one of the world's finest collections of mid- to late-nineteenth-century art.

The description of Degas's painting below is excerpted from an official museum guide. By looking for cognates and guessing at meaning based on what you would expect to find in this kind of text, try to understand the gist of the reading.

Which of the following topics do you expect the guidebook to mention?

a. subject matter	**d.** color
b. composition and/or style	**e.** identity of painter's spouse
c. price	

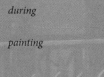 **Activité de lecture**

Scan the text to find the French equivalents of the following words.

a. was started	**e.** portraits	**i.** refined
b. a sojourn	**f.** interior	**j.** painting
c. baroness	**g.** enriched	**k.** family drama
d. monumental	**h.** sober	

La famille Bellelli

during

painting

is taking place
taste

La famille Bellelli a été commencé par Degas lors° d'un séjour à Florence chez sa tante, la baronne Bellelli. Ce tableau° monumental de portraits dans un intérieur, à la composition simple mais enrichie à l'aide de perspectives ouvertes par une porte ou un miroir, aux couleurs sobres mais raffinées (jeu des blancs et des noirs), est aussi la peinture d'un drame familial qui se joue° entre Laure Bellelli et son mari, et dans lequel on reconnaît le goût° de Degas pour l'étude psychologique.

Extrait du Guide du musée d'Orsay

Compréhension et intégration

1. Look again at the topics proposed in the **Anticipation** section. Were your predictions accurate? Explain.
2. Answer the following questions.
   a. Where was Degas when he began this painting?
   b. With whom was he staying?
   c. Is the painting small or large?
   d. What two possible sources of light in the room are suggested?
   e. What adjectives describe the quality of the color in the painting?
   f. What two colors predominate?
   g. Is Degas interested in capturing the interaction between family members?

Maintenant à vous!

1. Qui regarde qui dans le tableau?
2. Comment est l'atmosphère? Choisissez parmi les adjectifs suivants: **animée** *(lively)*, **calme, tranquille, joyeuse, décontractée, tendue** *(tense)*.
3. Quelles sont les qualités universelles de cette famille? Quels aspects de la famille trouvez-vous démodés *(out-of-date)*?

Voix en direct (suite)

Go to **iLrn** to view video clips of young people talking about their living situations. You will also see a French person talking about the two most important things / objects that students need.

Expression écrite

Moi et ma chambre

What do our rooms say about us? Imagine that someone had to get to know you, relying exclusively on a photograph of your room in its "normal" state. What would they learn about you: your personality, interests, likes and dislikes? In this composition you will write about your room and how it reflects your personality. Or, if it doesn't, explain why not—perhaps you don't have the money or time to arrange it as you would like.

■ **Première étape:** Make a list of all the items in your room, their design and color. Use as much detail as possible. For example, if you have CDs, give their titles or the artists' names. Include information about your room arrangement and whether it is usually neat **(rangée)** or messy **(désordonnée).** If you live with a roommate, mention some of the things that they have and whether or not you have or like the same things.

■ **Deuxième étape:** Write down what you think your room says (or hides) about you. Here you will use adjectives to describe your personality and you will talk about your likes and dislikes.

■ **Troisième étape:** Now you are ready to write. Begin your essay with a general introduction about your room and your living situation; i.e., do you live in a dorm, at home, in an apartment? Follow the model below.

Voici ma chambre. Elle est petite pour deux personnes, moi et ma camarade de chambre, Martha. Nous habitons dans la résidence universitaire, Dykstra. Dans ma chambre, le côté droit *(right side)* est à Martha et le côté gauche *(left side)* est à moi. Martha est très organisée et ses affaires sont rangées. Elle aime George Clooney et elle a un grand poster de *O Brother, Where Art Thou?* sur le mur à côté de son lit. Moi, je ne range *(straighten)* pas beaucoup parce que je suis très occupée. Mon lit est à côté de la fenêtre. J'ai un couvre-lit vert. J'aime le vert. Sur mon lit, il y a des vêtements. Il y a des vêtements par terre sur le tapis aussi. Mon placard est trop *(too)* petit pour tous mes vêtements. À côté de mon lit, il y a une étagère avec beaucoup de livres. J'adore lire! J'ai des livres de Hemingway, de Faulkner et de Fitzgerald. J'étudie la littérature américaine. J'ai aussi un gros livre de chimie parce que j'ai un cours de chimie très difficile!

🌐 À vos marques, prêts, bloguez!

Describe your ideal roommate. Write four sentences in French on the class blog, and then respond to one other student's posting.

SYSTÈME-D

Phrases:	describing
Grammar:	adjective agreement, adjective position, possessive adjectives: **mon, ma, mes;** prepositions
Vocabulary:	room/furniture, favorite activities/ leisure, personality

Expressing relationship *Les adjectifs possessifs*

Possessive adjectives are used to express relationship and possession. In French, they agree with the noun they modify, not with the possessor. The following chart summarizes the various possessive adjectives forms.

Subject	Possessive adjectives			
	masculine	feminine	plural	English equivalent
je	mon	ma	mes	*my*
tu	ton	ta	tes	*your*
il/elle/on	son	sa	ses	*his/her/its*
nous	notre		nos	*our*
vous	votre		vos	*your*
ils/elles	leur		leurs	*their*

Regardez M. Leclerc. Il est avec **sa** femme et **ses** enfants.
Look at Mr. Leclerc. He is with his wife and his children.

Ma tante Simone et **mon** oncle Renaud arrivent avec **leur** fille.
My aunt Simone and my uncle Renaud are arriving with their daughter.

Mes parents parlent rarement de **leurs** problèmes.
My parents rarely talk about their problems.

The masculine form (**mon, ton, son**) is used before singular feminine nouns beginning with a vowel or a mute **h.**

Mon oncle et **son** amie Susanne habitent à New York.
My uncle and his friend Susanne live in New York.

Exercice 1   Chantal is discussing her family reunions with a friend. Choose the correct form of the possessive adjective.

1. Je danse avec (mon, ma, mes) cousins.

2. Charles et (son, sa, ses) sœur regardent souvent la télé.

3. (Mon, Ma, Mes) frère et moi, nous travaillons dans la cuisine *(kitchen)*.

4. (Ton, Ta, Tes) mère prend souvent des photos.

5. (Mon, Ma, Mes) tante et (mon, ma, mes) oncle arrivent avec (leur, leurs) chien.

6. Nous chantons (notre, nos) chansons *(songs)* préférées autour du piano.

Exercice 2   Monique and Guy have struck up a conversation at the cafeteria. Complete their conversation with the correct possessive adjective (**mon, ma, mes, ton, ta, tes,** etc.).

GUY: Est-ce que tu habites à la résidence universitaire ou avec _____ (1) famille?

MONIQUE: J'habite à la résidence universitaire, mais je rentre chez _____ (2) parents le week-end. J'aime parler avec _____ (3) mère et _____ (4) père et surtout jouer avec _____ (5) petit frère, Manuel.

GUY: Est-ce que _____ (6) grands-parents habitent chez toi?

MONIQUE: Non. _____ (7) grands-parents habitent à la campagne. _____ (8) maison est très vieille et charmante. Et toi, est-ce que tu habites chez _____ (9) parents?

GUY: Non, j'habite avec _____ (10) amis François et Jean-Luc.

Structure 3.2

Talking about where people are from *Le verbe* **venir**

Venir is an irregular verb.

venir *(to come)*	
je viens	nous venons
tu viens	vous venez
il/elle/on vient	il/elles viennent

The verb **venir** can be used when talking about one's place of origin.

Je suis canadienne. Je **viens** de Toronto.
I'm Canadian. I come from Toronto.

Est-ce que vous **venez** des États-Unis?
Do you come from the United States?

Exercice 3 Ousmane is talking about his friends who live in the international residence hall. Complete his sentences with the verb **venir.**

1. Nous _venons_ tous de pays *(countries)* différents.
2. Moi, par exemple, je suis sénégalais. Je _viens_ de Dakar.
3. Mes copains Miguel et Hector _viennent_ de Barcelone; ils ont un léger accent espagnol.
4. Kim, tu _viens_ de Corée, n'est-ce pas?
5. Jean-Marc et Bernard, vous _venez_ de Montréal, non?
6. Et il y a Tsien. Il _vient_ de Chine.

[handwritten annotations: "m f / S) tout toute / Pl) tous toutes / tous = all, every / pays = pais (country) / light (slight) / copains - friend / Don't you? / Korea / China / And there is ___."]

Structure 3.3

Another way to express relationship and possession
La possession **de** *+ nom*

The preposition **de** (or **d'**) *(of)* used with nouns expresses possession and relationship. This structure is used in place of the possessive *'s* in English.

Voici la mère **de** Charles.	*Here is Charles's mother.*
J'adore la maison **d'**Anne.	*I love Anne's house.*
Quel est le numéro de l'appartement **de** ton frère?	*What is your brother's apartment number?*

The preposition **de** contracts with the definite articles **le** and **les.**

de + le = du	C'est le chien **du** petit garçon.
de + les = des	Je n'ai pas l'adresse **des** parents de Serge.
de + l' = unchanged	Nous écoutons les CD **de l'**oncle d'Antoine.
de + la = unchanged	Les clés **de la** voiture sont dans son sac.

Exercice 4 Henriette and Claudine are talking about the people they observe in the park. Complete their conversation with **du, de la, de l', de, des,** or **d'.**

1. Les enfants _____ tante de Sophie s'amusent sur leurs scooters.
2. Regarde le gros chien _____ petits enfants. Il est adorable!
3. J'aime beaucoup le chapeau _____ jeune homme qui écoute son iPod!
4. Regarde la robe _____ femme africaine. Elle est élégante, non?
5. Et la guitare _____ homme qui joue pour ses amis... elle est magnifique!
6. La couleur _____ vélo est très jolie, hein?

Structure 3.4

Describing personalities *Les adjectifs (suite)*

As you saw in **Module 1,** most feminine adjectives are formed by adding an **e** to the masculine ending.

> Ton père est assez strict. Ta mère est-elle stric**te** aussi?

Several other common regular endings are shown in the following chart.

masculine ending	feminine ending	examples
-é	-ée	gâté (gâtée); stressé (stressée)
-if	-ive	sportif (sportive), actif (active)
-eux	-euse	nerveux (nerveuse); sérieux (sérieuse)
-eur	-euse	travailleur (travailleuse)
-on	-onne	bon (bonne); mignon (mignonne)
-os	-osse	gros (grosse)

Placement of adjectives in a sentence

As a general rule, adjectives in French follow the nouns they modify.

> Elle a les cheveux **blonds** et les yeux **bleus.**
> Est-ce que tu aimes les gens **actifs**?

However, a small number of adjectives precede the noun. The mnemonic device BAGS (beauty, age, goodness, size) may help you remember them.

B	A	G	S
beau (belle)	vieux (vieille)	bon (bonne)	petit(e)
joli(e)	jeune	mauvais(e)	grand(e)
	nouveau (nouvelle)		gros (grosse)
			long (longue)

La petite fille arrive avec son **gros** chat **noir.**	*The litte girl is coming with her big, black cat.*

Adjectives with three forms

The adjectives **beau, vieux,** and **nouveau** have a special form used when they precede a masculine singular noun beginning with a vowel or a mute **h.**

un **beau** garçon	un **bel** homme	une **belle** femme
un **vieux** livre	un **vieil** ami	une **vieille** maison
un **nouveau** film	un **nouvel** acteur	une **nouvelle** voiture

Exercice 5 Armand is in a bad mood. Complete his description of his family with the correct form of the adjective in parentheses.

Je m'appelle Armand et je suis _____ (1) (pessimiste). Ma mère est _____ (2) (ennuyeux) et peu _____ (3) (compréhensif). Mes parents ne sont pas assez _____ (4) (enthousiaste). J'ai deux sœurs, Nadine et Claire. Elles sont _____ (5) (paresseux), _____ (6) (gâté) et _____ (7) (méchant). Toute ma famille est _____ (8) (désagréable) sauf *(except)* nos deux chattes *(female cats)*. Elles sont _____ (9) (mignon).

Exercice 6 Armand's sister tends to be more optimistic. Complete her family description with the correct form of the adjective in parentheses.

Je m'appelle Nadine et je suis _____ (1) (optimiste). Ma mère est très _____ (2) (actif) et mon père est _____ (3) (compréhensif). J'ai un frère, Armand, qui n'est pas _____ (4) (optimiste) comme moi. Ma sœur Claire est _____ (5) (travailleur) et _____ (6) (intelligent). Elle est très _____ (7) (bien élevé). Toute la famille est _____ (8) (gentil). Il y a deux petites exceptions: nos chattes. Elles sont trop _____ (9) (indépendant) et _____ (10) (indifférent).

Exercice 7 Expand on the following sentences by inserting the adjectives in parentheses. Be careful with both adjective agreement and placement.

Modèle: Annette est une fille (jeune, sérieux).
Annette est une jeune fille sérieuse.

1. C'est une chambre (lumineux, petit).
2. Je préfère la robe (blanc, joli).
3. Voilà un étudiant (jeune, individualiste).
4. J'aime les films (vieux, américain).
5. Le sénateur est un homme (vieux, ennuyeux).
6. Marc est un homme (beau, riche et charmant).
7. Le Havre est un port (vieux, important).
8. Paris est une ville (grand, magnifique).
9. J'écoute de la musique (beau, doux).

Exercice 8 Describe Jean-Claude's room using the words in parentheses.

La chambre de Jean-Claude est un désastre! Il y a une _____ (1) (photo / vieux) par terre, et une _____ (2) (plante / petit) dans le lavabo. Sur une chaise, il y a des _____ (3) (tennis / sale [*dirty*]) et beaucoup de _____ (4) (cassettes / vieux). Près de la photo d'une _____ (5) (fille / joli, blond) sur la table de nuit, il y a une _____ (6) (chemise / bleu) et un _____ (7) (sandwich / gros). La chambre exhale une _____ (8) (odeur / mauvais). Ce n'est pas une _____ (9) (chambre / agréable).

Structure 3.5

Describing where things are located *Les prépositions de lieu*

Prepositions are used to describe the location of people and things. The following is a list of common prepositions.

dans	*in*	loin de	*far from*
devant	*in front of*	près de	*near*
sur	*on*	en face de	*facing*
sous	*under*	au-dessus de	*above*
entre	*between*	au-dessous de	*below*
derrière	*behind*	à côté de	*next to*

Prepositions that end in **de** contract with **le** and **les,** as shown in the following examples.

La table est à côté **du** mur.   *The table is next to the wall.*
La porte est près **des** fenêtres.   *The door is near the windows.*

Exercice 9 Complete the description of Christian's room (refer to page 70) by selecting the correct preposition.

à côté de   au-dessus du   entre   sur   devant

1. Le chat de Christian est _____ le lit.
2. Les livres sont _____ l'aquarium.
3. La chaise est _____ le bureau.
4. Le petit frigo est _____ le lit et le bureau.
5. L'affiche d'Einstein est _____ lit.

Exercice 10 Lucas is a foreign student at an American university. Use the picture on page 41 to help him describe the campus to his friends in France. Use the appropriate prepositions plus the articles as needed.

1. La librairie est _____ bibliothèque.
2. _____ la bibliothèque, il y a une fontaine.
3. Le musée d'art est _____ bibliothèque.
4. La résidence est _____ cafétéria.
5. Les courts de tennis sont _____ terrain de sport.
6. Le théâtre est _____ le musée et le cinéma.

Exercice 11 Here is a description of a mixed-up room. Replace the preposition in italics to create a more typical room arrangement. Remember to make all necessary changes.

1. La télé est *dans* le lit.
2. Il y a un couvre-lit *au-dessous du* lit.
3. La table de nuit est *loin du* lit.
4. Il y a des livres *sous* l'étagère.
5. Le tapis est *derrière* le lit.
6. Il y a un miroir *dans* le lavabo.

Tout ensemble!

Complete the following paragraph with the words from the list.

belle	~~leurs~~	~~ses~~
bons	~~loue~~	~~son~~
~~de~~	~~meublé~~	~~travailleuse~~
~~de la~~	nouveau	~~vient~~
~~française~~	~~petit~~	~~viennent~~
~~grand~~	~~récents~~	
~~jeune~~	~~sa~~	

Jean-Marc est étudiant à l'université de Lyon. Il _____ (1) de Beaune, une ville pas loin _____ (2) Lyon. Il _____ (3) un studio près _____ (4) faculté des sciences. C'est un _____ (5) studio _____ (6) avec l'essentiel: un lit, un sofa, un bureau, une chaise. Sur le mur de _____ (7) studio, Jean-Marc a une _____ (8) affiche de son footballeur préféré, Zidane, ancien _____ (9) champion de l'équipe _____ (10). Il a aussi un _____ (11) lecteur de CD et beaucoup de _____ (12) CD _____ (13). Quand _____ (14) amis _____ (15) le voir *(to see him)*, ils aiment apporter _____ (16) CD préférés et ils écoutent de la musique ensemble. Le week-end, Jean-Marc va voir _____ (17) famille et passe aussi beaucoup de temps avec sa petite amie, Djamila, une _____ (18) fille _____ (19).

Vocabulaire

Vocabulaire fondamental

Noms

La famille — *Family*

un bébé	*a baby*
un(e) chat(te)	*a cat*
une femme	*a wife*
un fils	*a son*
un frère	*a brother*
un mari	*a husband*
une mère	*a mother*
un oncle	*an uncle*
un père	*a father*
une sœur	*a sister*
une tante	*an aunt*

Mots apparentés: un(e) cousin(e), une grand-mère, un grand-père, des grands-parents

La chambre — *Bedroom*

un couvre-lit	*a bedspread*
une étagère	*a bookshelf*
une fleur	*a flower*
un lit	*a bed*
des meubles *(m pl)*	*furniture*
un miroir	*a mirror*
un petit frigo *(fam)*	*a small refrigerator*
un placard	*a closet*
une plante	*a plant*
une table de nuit	*a nightstand*
un tapis	*a rug*
un vase	*a vase*

Les affaires personnelles — *Personal possessions*

une affiche	*a poster*
un ballon (de foot)	*a ball (soccer); a balloon*
une bicyclette, un vélo	*a bicycle*
une calculatrice	*a calculator*
une chose	*a thing*
un lecteur MP3	*MP3 player*
une montre	*a watch*
un sac à dos	*a backpack*
une voiture	*a car*

Mots apparentés: une chaîne stéréo, un disque compact (CD), un instrument de musique, un iPod, un laptop, une photo, un poster, un téléphone (portable), une télévision (une télé, *fam*)

Le logement — *Housing*

un appartement	*an apartment unit*
une caution	*a deposit*
les charges *(f pl)*	*utility charges*
un(e) colocataire (un[e] coloc, *fam*)	*apartment/house mate*
le loyer	*rent*
une maison	*a house*
un(e) propriétaire	*a landlord/landlady*
un studio	*a studio apartment*

Verbes

You are responsible only for the infinitive form of the verbs marked with an asterisk.

chercher	*to look for*
coûter	*to cost*
louer	*to rent*
passer	*to pass (spend) time*
*payer	*to pay*
*prendre	*to take*
*réfléchir	*to think*
venir	*to come*
*voir	*to see*

Adjectifs

agréable	*likeable*
bête *(fam)*	*stupid*
bon marché	*inexpensive*
célibataire	*unmarried*
cher (chère)	*dear; expensive*
clair(e)	*bright*
désagréable	*unpleasant*
désordonné(e)	*messy*
difficile	*difficult*
gâté(e)	*spoiled*
gros(se)	*large*
heureux (heureuse)	*happy*
marié(e)	*married*
mauvais(e)	*bad*
nouveau (nouvelle)	*new*
ordonné(e)	*neat, tidy*
paresseux (paresseuse)	*lazy*
réaliste	*realistic*
réservé(e)	*reserved*
sportif (sportive)	*athletic*
travailleur (travailleuse)	*hardworking*
triste	*sad*

Mots apparentés: actif (active), calme, content(e), divorcé(e), important(e), indifférent(e), long(ue), marié(e), pessimiste, strict(e), stupide

Adjectifs possessifs

ma, mon, mes	*my*
leur, leurs	*their*
notre, nos	*our*
sa, son, ses	*his/her*
ta, ton, tes	*your*
votre, vos	*your*

Prépositions

à côté de	*next to*
au-dessous de	*underneath, below*
au-dessus de	*above*
chez	*at the home (place) of*
dans	*in*
derrière	*behind*
devant	*in front of*

en face de	*facing*
entre	*between*
loin de	*far from*
près de	*near*
sous	*under*
sur	*on*

Expressions utiles

Comment louer une chambre ou un appartement — *How to rent a room or an apartment*

(See other expressions on page 76.)

C'est combien, le loyer?	*How much is the rent?*
Est-ce que vous avez une chambre à louer?	*Do you have a room to rent?*

Je peux avoir un chien?	*Can I have a dog?*
Je voudrais réfléchir un peu.	*I'd like to think it over.*
Non, les animaux sont interdits.	*No, animals are not allowed.*
Vous avez la climatisation (la clim, *fam*)?	*Do you have air conditioning?*

CD1, Tracks 45–46

Vocabulaire supplémentaire

Noms

La famille — *Family*

un beau-frère, un beau-père, une belle-mère, une belle-sœur	*a brother/father/mother/sister-in-law, also a step-father/mother*
le bonheur	*happiness*
un demi-frère, une demi-sœur	*a half-brother/sister*
une famille (moyenne, nombreuse, recomposée)	*an average-sized/large/blended family*
un(e) fiancé(e)	*a fiancée, someone engaged to be married*
un fils, une fille unique	*an only brother/sister*
un frère (une sœur) aîné(e)	*an older brother/sister*
un petit-fils; des petits-enfants	*a grandson; grandchildren*

La chambre — *Bedroom*

l'aménagement *(m)*	*layout, amenities of room*
en ordre/en désordre	*neat/messy*
un lavabo	*a sink*

Le logement — *Housing*

un jardin	*a garden*
une piscine	*a swimming pool*
une salle de musculation	*a workout room*

Les objets personnels — *Personal possessions*

un journal intime	*diary*
un lecteur de CD/DVD	*a CD/DVD player*

un radio-réveil	*a radio alarm clock*
un répondeur	*an answering machine*
un réveil	*an alarm clock*

Mots apparentés: un aquarium, un dictionnaire (un dico, *fam*), une guitare, une raquette de tennis, des rollerblades *(m pl)* (rollers *[fam] [m pl]*), un scooter, des skis *(m pl)*, un snowboard

Adjectifs

aîné(e)	*older*
bien/mal élevé(e)	*well/bad-mannered*
cadet (cadette)	*younger*
compréhensif (compréhensive)	*understanding*
décontracté(e)	*relaxed*
déraisonnable	*unreasonable*
doux (douce)	*sweet; soft; slow*
jumeau (jumelle)	*twin*
lumineux (lumineuse)	*sunny, bright*
méchant(e)	*mean*
meublé(e)	*furnished*
mort(e)	*dead*
ouvert(e)	*open*
raisonnable	*reasonable*
sage	*well-behaved*
vivant(e)	*living; lively*

Mots apparentés: conformiste, courageux (euse), enthousiaste, essentiel(le), fidèle, indépendant(e), individualiste, sédentaire, sévère, snob, stressé(e), super *(fam),* tranquille

L'Arche de la Défense à Paris. Est-ce que cette architecture contemporaine correspond à votre image de Paris?

Travail et loisirs

In this chapter, you will learn to talk about your work and leisure activities and how to tell time. You will also get a glimpse of how French-speaking young people view work and sports and will read about Québec's world-famous circus, **le Cirque du Soleil.**

Les métiers

Le secteur juridique

L'avocat défend son client devant **la juge** au tribunal.

Le secteur médical

Le médecin examine son **patient**. **L'infirmière** prend des notes.

Le secteur marketing

Louise Armand est contente d'avoir un poste de **cadre**. Cette **directrice de marketing** parle avec sa **secrétaire**.

Le secteur mécanique auto

La voiture de cette **femme d'affaires** est en panne. Elle parle avec son **mécanicien**.

Le secteur enseignement

Une femme au foyer présente ses enfants à **l'institutrice**.

Le secteur commercial

La vendeuse aide sa **cliente**.

Le secteur des services publics

Des pompiers et **des agents de police** arrivent sur la scène de l'accident.

Le secteur agricole

Des ouvriers agricoles parlent avec **un agriculteur** sur son tracteur.

Le secteur construction

Un ingénieur dirige **des ouvriers du bâtiment**.

La recherche d'un emploi

Cet homme cherche du travail. Il est **au chômage**.

Structure 4.1

Talking about jobs and nationalities *Il/Elle est* ou *C'est* + *métier /
nationalité*

When talking about professions, you will need to know the masculine
and feminine forms of job titles. You will also have to choose between the
structures **il/elle est** and **c'est** to state someone's profession and nationality.
See pages 111–112 for more information.

 Activité 1 **Classez les métiers par catégorie.**

Avec un(e) camarade, trouvez les métiers où...

1. on a besoin d'un diplôme universitaire.
2. on emploie beaucoup de jeunes.
3. on gagne beaucoup d'argent.
4. on emploie traditionnellement beaucoup de femmes.
5. on voyage beaucoup.
6. on aide les autres.

 Activité 2 **Quel métier?**

Avec un(e) autre étudiant(e), associez chaque activité à un métier.

Modèles: Il travaille avec ses mains *(hands)*.
C'est un ouvrier.

Elle travaille avec ses mains.
C'est une ouvrière.

ACTIVITÉ	MÉTIER
1. Il répare les voitures.	un agent de police
2. Il tape à l'ordinateur et il s'occupe du bureau.	un ouvrier (une ouvrière) agricole
3. Il dirige *(manages)* la construction des bâtiments.	un chanteur (une chanteuse)
4. Elle chante dans un groupe.	un(e) mécanicien(ne)
5. Il cultive la terre *(earth)*.	un(e) artiste
6. Elle défend ses clients devant le juge.	un homme (une femme) au foyer
7. Elle reste à la maison pour s'occuper des enfants.	un(e) avocat(e)
8. Elle arrête *(arrests)* les criminels et protège les citoyens.	un(e) instituteur (institutrice)
9. Il enseigne *(teaches)* l'art aux petits de 5 ans.	un(e) secrétaire
10. Elle adore dessiner.	un ingénieur

Voici Anne Lauvergeon. **Elle est ingénieur** de formation *(by training)*. Maintenant **elle est PDG** d'Areva, un groupe de trois entreprises nucléaires et technologiques qui emploie 58 000 personnes. Dans la liste de Forbes, Lauvergeon est classée au neuvième rang *(ninth place)* des femmes les plus puissantes *(powerful)* du monde.

Voici Zinédine Zidane et Thierry Henry. **Ce sont des footballeurs** français.

Alain Mabanckou? **C'est un écrivain d'expression française. Il est congolais.** Mabanckou a obtenu le Prix Renaudot pour son livre *Mémoires de porc-épic* en 2006. Maintenant **il est professeur** à UCLA.

Activité 3 Faisons connaissance!

Les personnes suivantes sont célèbres dans le monde francophone. Décrivez-les en employant **Il/Elle est, C'est** ou **Ce sont.**

> **Modèle:** Lance Armstrong? un cycliste américain célèbre
> — *Qui est Lance Armstrong?*
> — *C'est un cycliste américain célèbre.*

1. Zinédine Zidane et Thierry Henry? des champions de football
2. Juliette Binoche? actrice
3. Céline Dion? chanteuse
4. Jean-Michel Jarre? un compositeur de musique électronique
5. Marion Cotillard? une jeune actrice française
6. Alain Mabanckou? écrivain et professeur de français

Activité 4 Jouons à *Jeopardy!*

Devinez les questions associées aux réponses suivantes.

> **Modèle:** un vieil acteur
> — *C'est un vieil acteur.*
> — *Qui est Clint Eastwood?*

C'est/Ce sont...

1. un juge célèbre
2. des hommes politiques conservateurs
3. des chanteuses populaires
4. un vieil acteur
5. un chef d'entreprise riche
6. une athlète célèbre
7. des femmes politiques
8. des journalistes célèbres
9. un artiste français
10. un musicien européen

Les lieux de travail

Structure 4.2

Telling where people go to work *Le verbe **aller** et la préposition **à***

In the working world, people are in constant movement. In this **thème,** you will learn the verb **aller** *(to go)* followed by the preposition **à** to talk about the active, everyday world of work. See page 113 for an explanation.

Activité 5 Où vont-ils?

Où est-ce que les personnes suivantes vont pour travailler? Regardez le plan de la ville et répondez en suivant le modèle.

> **Modèle:** le cuisinier
> *Il va au restaurant Gaulois.*

1. le médecin
2. l'agriculteur
3. le mécanicien
4. l'agent de police
5. le professeur

6. le serveur
7. l'employé(e) de banque
8. la vendeuse
9. le pilote
10. la pharmacienne

Activité 6 **Où... ?**

Demandez à un(e) autre étudiant(e) où il/elle va d'habitude dans les situations indiquées.

> **Modèle:** le samedi soir
> — *Où est-ce que tu vas le samedi soir?*
> — *D'habitude, je vais au cinéma.*

1. après le cours de français
2. pour travailler
3. le dimanche matin *Sunday morning*
4. pour étudier
5. pour déjeuner *lunch*
6. le vendredi soir *evenings*

Activité 7 **C'est quel métier?**

Votre professeur va vous dire où quelqu'un travaille. C'est à vous de deviner *(figure out)* le métier de la personne. Utilisez la forme masculine du métier si vous entendez **il.**

> **Modèle:** Vous entendez: Elle travaille à la boutique Naf-Naf.
> Vous écrivez: *C'est une vendeuse.*

1. _____
2. _____
3. _____
4. _____
5. _____
6. _____
7. _____
8. _____

🌐 **Explorez en ligne**

Go to *L'Étudiant,* http://www.letudiant.fr/, the webpage for *L'Étudiant* magazine for high school and college students, and click on **Guide des métiers.** Look at the thumbnails and short introductions to the stories about jobs. Select one that catches your attention. What is it about? Write down the French heading, 3 to 4 words that you understand, and something about the job or person profiled. Be prepared to share your discoveries from this site with the class.

Beaucoup de jeunes aiment faire les vendanges *(to harvest grapes)* pour gagner un peu d'argent de poche.

Comment dire l'heure et parler de son emploi du temps

Structure 4.3

Talking about daily activities *Les verbes pronominaux (introduction)*

In this **Pratique de conversation,** you will use a variety of time expressions and talk about daily activities. See page 114 for an explanation of some common daily routine verbs.

CD1, Track 47

Expressions utiles

Pour demander l'heure

(Excusez-moi,) quelle heure est-il, s'il vous plaît?

— Il est quelle heure?
— Il est midi vingt.
— Déjà? C'est l'heure de manger.

— Tu as l'heure?
— Oui, il est deux heures et demie.
— J'ai cours dans une demi-heure, à trois heures.

Pour parler de l'heure et de l'emploi du temps

La banque ouvre / ferme dans cinq minutes°.	*in five minutes*
La classe finit° à 2h00.	*finishes*
Je vais arriver vers° midi.	*about*
Tu es à l'heure / en retard°.	*on time / late*
C'est l'heure (de manger).°	*It's time (to eat).*
Qu'est-ce que tu fais le matin°?	*in the morning*
l'après-midi°?	*in the afternoon*
le soir°?	*in the evening*
Je me lève tôt / tard° le matin.	*I get up early / late*
Tu te couches avant / après° minuit?	*You go to bed before / after*
Tu as le temps° de faire la cuisine ce soir?	*Do you have time . . . ?*
Non. J'ai un emploi du temps chargé°.	*busy schedule*
Je suis très occupé(e)°.	*busy*

— Tu travailles à plein temps?
— Non. Je travaille à temps partiel, vingt heures par semaine.

— À quelle heure est-ce que tu te lèves?
— Je me lève à huit heures.

CD1, Track 48

Expressions utiles (suite)
Pour dire l'heure non officielle

Il est dix heures du matin.

Il est dix heures et quart.

Il est dix heures vingt-cinq.

Il est dix heures et demie.

Il est trois heures de l'après-midi.

Il est quatre heures moins le quart.

Il est quatre heures moins dix.

Il est neuf heures du soir.

Il est midi / minuit.

Il est midi / minuit et demi.

 CD1, Track 49

Réfléchissez et considérez

In French, time is often stated according to the 24-hour clock. What American institution uses this system? What are the advantages of using the 24-hour clock? Give the 24-hour equivalent of the following: **1. huit heures du matin, 2. midi, 3. trois heures de l'après-midi, 4. onze heures du soir.**

Pour dire l'heure officielle basée sur 24 heures

— À quelle heure est-ce que la banque ferme?
— La banque ferme à 18h30 (dix-huit heures trente).
— À quelle heure arrive le train?
— Le train arrive à 10h55 (dix heures cinquante-cinq).

— À quelle heure commence le film?
— À vingt heures dix.
— Zut! Nous sommes en retard!

Écoutons ensemble! L'heure

Écoutez chaque mini-dialogue et écrivez l'heure que vous entendez.

1. _____   3. _____   5. _____

2. _____   4. _____   6. _____

 CD1, Track 49

CD1, Track 50

Activité 8 **Réponses logiques**

Vous entendez chacune des questions de la colonne A. Comment y répondre?
Choisissez la réponse logique dans la colonne B. Ensuite, écoutez l'enregistrement
audio pour vérifier vos réponses.

A

_____ 1. Tu as cours à quelle heure?

_____ 2. Où est Michel?

_____ 3. Il est midi et demi?

_____ 4. Tu es libre maintenant?

_____ 5. Tu as l'heure?

_____ 6. Excusez-moi, monsieur.
Quelle heure est-il?

_____ 7. À quelle heure ouvre le
musée?

_____ 8. Tu as le temps d'aller au café?

B

a. Oui, c'est l'heure de déjeuner.

b. Il est deux heures dix.

c. Non, je suis très occupée.

d. Non, je n'ai pas de montre.

e. Il est fermé aujourd'hui. C'est
un jour férié.

f. Je ne sais pas. Il est en retard.

g. Non, j'ai cours dans un quart
d'heure.

h. À onze heures.

Découvrez le Sénat

Le palais du Luxembourg,
construit à partir de 1610, est le
siège du Sénat, une des deux
chambres du Parlement.

L'hémicycle *(chamber)* du Sénat

Le jardin du Luxembourg, le jardin
du Sénat

Le musée du Luxembourg
accueille des expositions variées.

Musée du Luxembourg: horaires de l'exposition

lundi, vendredi, samedi de 11h à 22h (nocturnes)

mardi, mercredi, jeudi de 11h à 19h

dimanche de 9h à 19h

le musée est ouvert tous les jours, jours fériés inclus

fermeture à 21h tous les dimanches du mois de mars

Activité 9 **Heures d'ouverture**

Vous voulez voir une exposition au musée du Luxembourg. Vérifiez l'horaire
ci-dessus pour répondre aux questions. Donnez d'abord l'heure officielle puis
l'heure non officielle.

1. À quelle heure est-ce que le musée ouvre du lundi au samedi?

2. À quelle heure est-ce qu'il ferme le soir?

3. Quelle est l'horaire le dimanche?

4. Est-ce que le musée est ouvert ou fermé les jours fériés?

Une journée avec un sénateur

Suivons le sénateur Dubois pendant tout un mardi.

6h00

Le sénateur Dubois **se lève** tôt dans sa maison de l'ouest de la France où il est maire d'une ville. En général, il **se dépêche** pour prendre le TGV.

8h30

Il arrive à son bureau du Sénat et étudie les rendez-vous *(appointments)* de la journée avec son assistant parlementaire. Aujourd'hui, il a un emploi du temps chargé *(full)*.

9h00

Il étudie un projet de loi *(a bill)* avec d'autres sénateurs.

12h30

Il retourne dans son bureau et il **se prépare** pour un discours *(speech)*. Il n'a pas beaucoup de temps, alors il déjeune dans son bureau: un sandwich.

13h30

Avant la séance *(session)* publique, le sénateur Dubois répond aux questions d'un journaliste.

15h00

Dans l'hémicycle, il fait son discours *(makes a speech)*.

16h30

Le sénateur et un collègue **se retrouvent** dans un petit salon du palais du Luxembourg pour parler des prochaines élections.

Notez et analysez

Note the verbs in bold. These verbs are called pronominal verbs as they are accompanied by a reflexive pronoun. In the examples, what pronoun is used with **il**? Some other reflexive pronouns are **me** and **te**. What subjects do these pronouns go with?

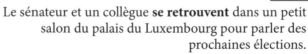

20h30

Avant de rentrer à son appartement à Paris, il passe par un restaurant et achète une pizza à emporter *(take out)*.

21h30

Il **se relaxe** devant la télé pendant deux heures. Finalement, il **se couche** après une longue journée.

Activité 10 Quelle heure est-il?

Quelle heure est-il quand le sénateur Dubois fait les activités suivantes? Donnez d'abord l'heure officielle et ensuite l'heure non officielle.

1. Il parle des prochaines élections avec un autre sénateur.
2. Il mange un sandwich.
3. Il se dépêche pour prendre le TGV.
4. Il fait un discours.
5. Il regarde son emploi du temps avec son assistant.
6. Il a un rendez-vous avec un journaliste.
7. Il achète une pizza à emporter.
8. Il se relaxe devant la télé.

Activité 11 Comparons!

Comparez l'horaire du sénateur avec votre horaire.

> **Modèle:** *Le sénateur se lève tôt le matin. Moi, je me lève tôt aussi.*
> *ou*
> *Moi, je ne me lève pas tôt le matin. Je me lève tard, vers 10h00.*

1. Le sénateur se lève tôt le matin. Moi, je...
2. Il se dépêche pour prendre le train. Moi, je...
3. Monsieur Dubois arrive à son bureau avant 9h00. Moi, j'arrive au campus...
4. Il a un emploi du temps chargé. Moi, j'ai un emploi du temps...
5. Le sénateur étudie un projet de loi. Moi, j'étudie...
6. Il déjeune dans son bureau. Moi, je déjeune...
7. Il parle avec un ami sénateur l'après-midi. Je parle avec...
8. Au dîner, il mange de la pizza. Moi, je mange...
9. Le soir, il se relaxe devant la télé. Le soir, je...
10. Il se couche vers minuit. Moi, je...

 Activité 12 Et votre journée?

À tour de rôle, posez des questions sur la journée typique d'un(e) camarade de classe.

> **Modèle:** se lever avant ou après 8h00
> — *Est-ce que tu te lèves avant ou après 8 heures?*
> — *Je me lève après 8h00.*
> — *Moi aussi. / Moi, je me lève avant 8h00.*

1. s'habiller avant ou après le petit déjeuner *(breakfast)*
2. se dépêcher pour aller aux cours ou au travail
3. déjeuner sur le campus
4. étudier après les cours
5. se relaxer devant la télé ou l'ordi le soir
6. se coucher avant ou après minuit

Le travail moins traditionnel

Introduction

En France, la conception du travail, surtout chez les jeunes, est en évolution. Un bon salaire° est important, mais on accorde une importance prioritaire aux relations humaines dans le travail et on recherche le développement personnel.

salary

Beaucoup de jeunes envisagent° le travail comme une aventure personnelle. Ils sont ouverts à toutes les nouvelles formes de travail et aux dernières technologies. Ils sont aussi généralement plus mobiles et considèrent tout changement de travail, d'entreprise ou de région comme une possibilité d'enrichissement professionnel.

see

Profils

Voici deux portraits de jeunes qui illustrent cette tendance. Pour eux, profession et passion vont ensemble.

À 30 ans, Alain Ginot fait partie de la nouvelle génération des producteurs de cinéma. Il a rencontré° son associé, Marc Mouger, à l'université. Les deux étudiants sont en première année de fac quand ils créent° Fidélité Productions et produisent° leur premier film. Pendant trois ans, parallèlement à leurs études, les associés produisent des courts métrages°. Aujourd'hui, Alain reçoit° près de vingt propositirs par semaine.

met
create
produce
short films / receives

Alain, un producteur nouvelle génération

À 22 ans, Sara Marceau est un «trekker» de choc. Cette accompagnatrice de randonnées touristiques° passe six mois de l'année à Madère ou à Chypre et six mois dans le Sahara. Son agence de voyage° est spécialisée dans les randonnées à pied°. Chef d'expédition, elle organise le trek—d'une ou deux semaines—de A à Z. «Je guide les touristes, je les rassure°.» Une grande responsabilité mais parfaitement adaptée à Sara qui adore les voyages.

excursion guide
travel agency
walking excursions
reassure them

Adapté de «Ils ont fait de leur passion leur métier» dans *L'Étudiant,* juillet et août 1999

 **Avez-vous compris?**

A. Indiquez si les phrases suivantes sont vraies ou fausses. Corrigez les phrases fausses.

1. Pour les jeunes, un bon salaire est une priorité.
2. Beaucoup de jeunes utilisent les nouvelles technologies dans leur travail.
3. Les jeunes n'aiment pas changer de région pour leur travail.

B. Attribuez les phrases suivantes à la personne appropriée: Alain Ginot ou Sara Marceau.

1. Cette personne préfère travailler en plein air *(fresh air)*.
2. Cette personne travaille avec des clients qui cherchent l'aventure.
3. Cette personne a commencé à travailler dans le cinéma pendant ses études universitaires.
4. Cette personne a créé sa propre *(own)* entreprise avec un ami de l'université.

Sara, «trekker» dans le désert

 **Et vous?**

1. Quand vous cherchez un emploi, qu'est-ce qui compte le plus *(what matters most)* pour vous: un bon salaire, le développement personnel, les relations humaines, la flexibilité des horaires ou autre chose?
2. Est-ce que vous considérez le travail comme une aventure personnelle?
3. Que comptez-vous faire après vos études, rentrer chez vous ou explorer une autre région?

Les activités variées

Structure 4.4

Talking about activities *Les verbes* **faire** *et* **jouer** *pour parler des activités*

In this **thème,** you will use the verbs **faire** and **jouer** to talk about a number of sports and leisure activities. For additional information about these expressions, see page 116.

Les activités de loisir

faire du vélo / faire une promenade à vélo

faire du jogging

jouer au football

faire du tennis / jouer au tennis

faire du roller

jouer du piano

faire du yoga

Les autres activités

faire le ménage

faire la cuisine

faire les devoirs

faire la grasse matinée

faire les courses

faire du travail bénévole

faire un voyage

faire du shopping

Qu'est-ce que vous faites après les cours ou après le travail? Et le week-end?

Activité 13 Qu'est-ce que vous faites?

Utilisez une expression avec **faire** pour répondre aux questions suivantes.

1. Vous voyagez ce week-end?
2. Vous jouez au tennis?
3. Vous préparez quelque chose à manger (*something to eat*)?
4. Vous aimez rester au lit tard le dimanche?
5. Vous jouez du piano?
6. Vous aimez les activités sportives?
7. Vous skiez?

Activité 14 Associations

Éliminez le mot qui ne va pas avec les autres et identifiez l'activité que vous associez à chaque liste.

1. la piscine   l'été   la plage   une balle   un maillot de bain
2. le printemps   l'argent   un sac   une liste   le supermarché
3. un match   une équipe   un ballon   un stade   l'église

Activité 15 La vie active des célébrités

Que font les personnes suivantes? Formez des phrases avec le verbe **faire.**

> **Modèle:** Tony Parker
> *Tony Parker fait du basket.*

1. Audrey Tautou
2. le rappeur MC Solaar
3. les Cowboys de Dallas
4. Zinédine Zidane
5. Emeril Lagasse
6. les astronautes
7. le prof de français
8. mes amis et moi

Activité 16 Signez ici!

Qui, dans la classe, fait les activités suivantes? Préparez une feuille de papier avec les nombres de 1 à 8. Circulez dans la classe en posant les questions appropriées jusqu'à ce que vous ayez trouvé une réponse affirmative à chaque question. La personne qui répond «oui» doit marquer son nom sur votre papier.

> **Modèle:** jouer du piano
> — *Est-ce que tu joues du piano?*
> — *Oui, je joue du piano.* (Cette personne marque son nom.)
> — *Non, je ne joue pas de piano.* (Cette personne ne marque pas son nom.)

1. jouer de la guitare
2. faire du ski sur des pistes (*slopes*) difficiles
3. jouer dans une équipe (*team*) de sport à l'université
4. faire un stage (*an internship*)
5. faire du yoga
6. faire du travail bénévole
7. faire souvent des voyages
8. faire son lit tous les jours

Activité 17 Interaction

Posez les questions suivantes à un(e) camarade de classe.

1. Quel sport est-ce que tu pratiques? Est-ce que tu préfères les sports d'équipe ou les sports individuels?
2. Est-ce que tu fais du travail bénévole? Quand? Où?
3. Chez toi, qui fait le ménage? Qui fait les courses?
4. Est-ce que tu aimes faire la cuisine?
5. Jusqu'à quelle heure est-ce que tu restes au lit quand tu fais la grasse matinée?
6. Est-ce que ton emploi du temps est très chargé cette semaine? Pourquoi?

Le sport

Le sport est important en France. Deux Français sur trois pratiquent un sport. L'éducation physique fait partie de l'enseignement obligatoire° en France (à l'école primaire, au collège et au lycée). Le sport scolaire est relativement peu important° en France, notamment comparé aux États-Unis. Les Français pratiquent surtout des activités sportives dans des associations sportives municipales ou privées. Ces associations, communément appelées des «clubs», organisent l'entraînement° et les compétitions et sont ouvertes aux jeunes et aux adultes. Pour devenir° membre, il faut acheter° une license mais ça ne coûte pas cher du tout°. Le nombre de membres a considérablement augmenté et on compte aujourd'hui près de dix millions de licenciés°. Le football, le tennis et le judo sont les sports qui regroupent le plus° de licenciés. Le basket-ball, le handball, la pétanque°, l'équitation°, le badminton et le golf regroupent aussi de plus en plus de° membres.

is required in school

is of less importance

training

become / buy
not expensive at all

members
the most / a game similar to bocce ball / horseback riding / more and more

Le parapente dans les Alpes

Beaucoup de Français ne font pas forcément partie° d'associations mais pratiquent quand même des activités sportives. Les sports d'aventures et les sports extrêmes font de plus en plus d'adeptes° depuis quelques années. Le vélo tout terrain°, la randonnée°, l'escalade°, le parapente° et le canoë-kayak en sont quelques exemples.

do not necessarily join

followers
all terrain / hiking / rock climbing / paragliding

Comme les Américains, les Français aiment regarder le sport à la télévision. Le football, le rugby et le basket-ball sont les sports les plus regardés à la télé. Des événements° sportifs populaires sont la Coupe du Monde (de football), la Coupe d'Europe (de football), la Coupe du Monde (de rugby) et les jeux Olympiques.

events

On va à la gym pour rester en forme.

▮▮ Avez-vous compris?

Dites si les phrases suivantes sont vraies ou fausses. Corrigez les phrases fausses.

1. Deux Français sur trois pratiquent un sport.
2. Le sport d'équipe est une activité très importante au lycée en France comme aux États-Unis.
3. Seuls les jeunes peuvent faire partie d'une association sportive.
4. De moins en moins (*Fewer and fewer*) de Français font partie d'un club.
5. Ces associations sportives sont gratuites (*free*).
6. Les sports d'aventure sont de plus en plus populaires.
7. Le basket-ball est un des sports les plus regardés à la télévision.
8. Le judo est un sport qui n'est pas très populaire.

Voix en direct
Est-ce que vous faites du sport?

Vanessa, est-ce que vous faites du sport?
Oui, je fais… J'en faisais beaucoup plus[1] avant d'arriver en France. Mais sinon, j'essaie un maximum[2], euh, quand je peux faire un peu de tennis ou quand je peux courir[3] un peu surtout. Le mieux[4] en France, c'est de courir parce qu'on a plein de[5] parcs, et euh, surtout à Paris, c'est très accessible.

Vanessa DeFrance
25 ans
Étudiante récemment arrivée à Paris du Sénégal

Vous préférez les sports individuels ou les sports d'équipe?
Euh… J'aime les deux. J'aime bien les deux. J'aime beaucoup le volley, je faisais beaucoup de beach volley à Dakar, et euh… voilà, j'aime bien les deux, c'est deux approches différentes du sport.

[1]I used to do a lot more [2]I try hard [3]run [4]The best [5]a lot of

Pierre-Louis, est-ce que vous pratiquez un sport?
Maintenant, le sport que je pratique, c'est la… la course à pied[6]. Dans les rues de Paris, euh, deux fois par semaine, euh, dans les rues ou quand c'est possible dans les parcs. Donc, au jardin du Luxembourg, puisque j'habite pas très très loin, ou au jardin des Plantes aussi. Ou encore au parc Montsouris, voilà, puisque c'est des… c'est des endroits qui sont accessibles… facilement.

Pierre-Louis Fort
35 ans
Professeur à l'université de Créteil

[6]running

Et vous, Delphin, est-ce que vous faites du sport?
Moi, je fais beaucoup de sport. J'aime beaucoup, beaucoup le sport. Ah, je fais, je joue au rugby, et c'est un sport qui est pas très populaire aux États-Unis, mais je joue au rugby depuis très longtemps[7]. C'est beaucoup plus populaire en France, surtout dans le sud-ouest[8] vers les Pyrénées.

Delphin Ruché
27 ans
Ornithologue français en séjour à Los Angeles

Quelles sont les différences entre le rugby et le football américain?
J'ai essayé de comprendre[9] les règles[10] du football, mais je comprends pas, là. C'est un jeu[11] qui est très, très différent. Très différent.

[7]for a very long time [8]southwest [9]I tried to understand [10]the rules [11]game

Réfléchissez aux réponses

1. Selon Vanessa et Pierre-Louis, quel sport est facile à pratiquer si on habite à Paris? Pourquoi? Donnez un synonyme de «courir».

2. Jouez-vous au rugby comme Delphin? Dans quelle partie de la France est-ce que le rugby est populaire? Selon Delphin, est-ce que le football américain ressemble au rugby?

3. Selon Vanessa, le beach volley est populaire au Sénégal. Quels sports sont populaires là où vous habitez?

Les projets

Structure 4.5

Making plans *Le futur proche*

In this **thème,** you will learn the **futur proche** to talk about your plans. See page 118 for an explanation.

Luc est un musicien qui joue du saxophone dans un groupe de jazz. Ce vendredi, il va donner un concert et sa femme est en voyage d'affaires; donc *(therefore)* il va s'occuper *(to take care of)* aussi des enfants. Quel emploi du temps chargé! Qu'est-ce qu'il va faire?

vendredi 4 octobre		
6h00	jogging	
7h30	petit déjeuner	
8h00	emmener les enfants à l'école	
11h00	faire les courses	
13h00	aller voir Rémy—directeur de production	
14h30	salle de sports	
16h00	aller chercher les enfants à l'école—les déposer chez la baby-sitter	
16h30	partir pour la salle de concert—vérifier l'acoustique	
17h30	répéter *(rehearse)*	
20h00	Concert!	

Activité 18 Les projets de Luc

Étudiez l'agenda de Luc et indiquez si les phrases suivantes sont vraies ou fausses. Corrigez les phrases fausses.

1. Il va faire une promenade dans le parc vendredi matin.
2. À huit heures, il va emmener *(to take)* ses enfants à l'école.
3. Ses enfants vont à l'école jusqu'à *(until)* trois heures de l'après-midi.
4. Il va déjeuner avec le directeur de production de son label à une heure.
5. Il va faire la sieste *(to take a nap)* avant le concert.
6. La baby-sitter va garder les enfants pendant qu'il donne son concert.

Activité 19 Organisez-vous!

A. Sur une feuille de papier, faites une liste de ce que vous allez faire aujourd'hui. Écrivez au moins sept phrases.

> **Modèle:** *Je vais aller au cours de maths.*

B. Ensuite, circulez dans la classe pour trouver quelqu'un qui va faire les mêmes choses.

> **Modèle:** — *Est-ce que tu vas aller au cours de maths?*
> — *Oui, je vais aller au cours de maths cet après-midi.*
> — *Signe ici, s'il te plaît.*

Situations à jouer!

1. You are in a bank and need to cash a traveler's check in a hurry. Ask the teller for the time and find out when the bank closes.

2. Talk to several classmates to compare what you like to do during your free time. With whom do you have the most in common?

3. Talk to several classmates to find out what profession they would like to practice after college and why they find it interesting.

> **Modèle:** — *J'aimerais être (I would like to be)* _____ *parce que je voudrais (gagner beaucoup d'argent, aider les gens, voyager, avoir beaucoup de vacances / des horaires flexibles / un travail intéressant).*

Lecture

Anticipation

Complete the following activities before reading the article below, which is adapted from the **Cirque du Soleil** official website.

1. Match the words in column A with the corresponding ones in column B by using your knowledge of French-English cognates.

A	B
1. un jongleur	a. a vacationer
2. le début	b. street theater
3. un vacancier	c. a performance
4. une centaine	d. the beginning
5. le théâtre de rue	e. a gesture
6. un spectacle	f. a juggler
7. une formation	g. training
8. un geste	h. a hundred

2. Cross out the word that you do NOT associate with the **Cirque du Soleil.**

   a. la créativité
   b. l'aventure
   c. l'imagination
   d. des gymnastes
   e. des musiciens
   f. des animaux

Baie-Saint-Paul, la petite ville québécoise où le Cirque du Soleil est né *(born).*

Le Cirque du Soleil: le grand spectacle

It all began

Tout a commencé° à Baie-Saint-Paul, une petite municipalité située près de la ville de Québec au début des années 80. Des personnages colorés marchent sur des échasses°, jonglent, dansent, crachent le feu° et joue de la musique. C'est une troupe de théâtre de rue°, qui intrigue et impressionne les résidents de Baie-Saint-Paul et amuse les vacanciers°. En 1984, la troupe, rebaptisée Cirque du Soleil, donne des spectacles dans toute la province pendant un an°, puis elle commence un voyage autour du monde° qui ne s'est jamais arrêté°.

stilts / eat fire
street theater
vacationers

for a year
around the world / that never stopped

about a hundred

Aujourd'hui, le Cirque du Soleil fait sensation dans une centaine° de villes autour du monde de Tokyo à Dubai. Avec des artistes représentant 40 nationalités et plus de 25 langues différentes, ce n'est pas toujours facile de se comprendre°! Alors, au Cirque, le langage des gestes est roi°. Quand on montre son œil du doigt, par exemple, cela veut dire «Regarde-moi»; quand un autre lève les bras en l'air, «Saute plus haut°».

understand each other
king

Jump higher

Regarde-moi.

Soixante-quinze pour cent° des membres de la troupe viennent de sports de compétition: la gymnastique artistique, le tumbling et le trampoline. Alors le défi° est de transformer ces athlètes en artistes. Ils doivent tous passer six mois de formation° dans un studio à Montréal. C'est là où ils apprennent° à danser, chanter et jouer d'un instrument de musique.

percent

challenge
training
learn

La mission du Cirque est de provoquer les sens° et l'émotion et de montrer le pouvoir° de la créativité et de l'imagination. Le résultat est un chef-d'œuvre° théâtral. Le Cirque du Soleil offre les plus beaux spectacles du monde. Mais, pour les artistes, c'est beaucoup plus que cela. «Nous travaillons et jouons ensemble, explique un membre de la troupe. Nous mangeons ensemble en parlant du spectacle. Et la nuit, nous en rêvons°. Le Cirque du Soleil est notre vie!»

the senses / power

masterpiece

dream about it

Saute plus haut.

Adapté du site Web officiel du Cirque du Soleil 26/8/08 et *Dans les coulisses du Cirque du Soleil* par Line Abrahamian

Une photo d'un numéro *(act)* de Corteo, le onzième spectacle du Cirque du Soleil

Compréhension et intégration

1. Où *(Where)* est-ce que le Cirque du Soleil est né *(was born)*?

2. Pourquoi la communication est-elle parfois difficile pour les membres du Cirque?

3. Quand les membres ne parlent pas la même langue, que font-ils pour communiquer?

4. Quel est le défi *(challenge)* des directeurs du Cirque?

5. Où vont les athlètes du Cirque pour apprendre à être de vrais artistes?

Maintenant à vous!

1. Le Cirque du Soleil n'a pas d'animaux comme dans les cirques traditionnels. Pour vous, cette différence est-elle positive ou négative? Expliquez.

2. Vous êtes journaliste et vous interviewez Guy Laliberté, le directeur du Cirque. Écrivez quatre questions de type oui/non à lui poser.

Explorez en ligne

1. Go to the **Cirque du Soleil** website and identify two interesting facts to share, in English, with your classmates.

2. Watch a clip of the **Cirque du Soleil** of your choice on YouTube. Which show is it from? Does this clip reflect the **Cirque**'s vision? Explain in English.

Voix en direct (suite)

Go to **iLrn** to view video clips of French speakers talking about their work and their views about work.

Expression écrite

Le métier pour moi

You read about how some French speakers view work. What is your ideal job? Are you looking for adventure? Challenges? A good salary? What are you going to have to do to prepare yourself for this job? In this activity, you are going to write about your ideal job and how you will prepare for it.

■ **Première étape:** Think about the following questions and jot down your responses in French.

1. What are you looking for in a job?
2. What is your ideal job?
3. What do you need to study or do to prepare for this job?
4. Why do you think you are well suited for this job?

> **Modèle:** *Métier: diplomate*
> 1. *J'aime*
>   - *l'aventure, la politique, les challenges*
>   - *parler une autre langue, découvrir d'autres cultures, rencontrer des gens intéressants, faire des voyages*
> 2. *J'aimerais (I would like) être diplomate.*
> 3. *Je vais*
>   - *étudier une ou deux autres langues (le français et peut-être le chinois)*
>   - *prendre plus de cours de sciences politiques et d'histoire*
>   - *faire un stage aux Nations Unies*
>   - *beaucoup étudier et passer le «Foreign Service Exam»*
> 4. *C'est un bon métier pour moi parce que*
>   - *je suis sérieux (sérieuse), travailleur (travailleuse) et patient(e)*
>   - *j'aime beaucoup travailler en équipe*
>   - *j'aime les autres cultures*
>   - *j'aimerais représenter mon pays (country)*

■ **Deuxième étape:** Now write your description. Use the **futur proche** to discuss your plans.

> **Modèle:** *Le 5 octobre 20___*
> *J'aime l'aventure et les voyages. J'aime aussi apprendre de nouvelles langues, découvrir de nouvelles cultures et rencontrer des gens intéressants. Je suis fort(e) en sciences politiques et j'aime les challenges. J'aimerais être diplomate. Pour faire ce travail, je vais étudier une ou deux langues (le français, bien sûr, et peut-être le chinois). Je vais prendre plus de cours de sciences politiques et d'histoire. Cet été, je vais faire un stage aux Nations Unies. À la fin de mes études, je vais passer le «Foreign Service Exam». Alors je vais beaucoup étudier! Être diplomate est un bon métier pour moi parce que je suis sérieux (sérieuse), travailleur (travailleuse) et patient(e). J'aime travailler en équipe surtout avec des gens de différentes cultures. J'aimerais aussi représenter mon pays.*

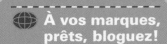

À vos marques, prêts, bloguez!

Do you do volunteer work or have a paying job? If so, what do you do? Is your work interesting? Why or why not? Do you plan to work this summer? What are going to do? Answer these questions in French in a blog entry of four or five sentences and respond to the posting of one other student.

SYSTÈME-D

Phrases:	expressing hopes and aspirations
Grammar:	future with **aller: futur immédiat;** verb + infinitive
Vocabulary:	dreams and aspirations; professions, studies, courses; trades, occupation

Structure 4.1

Use the  **iLrn™** platform for more grammar and vocabulary practice.

Talking about jobs and nationalities *Il/Elle est ou C'est +*
métier / nationalité

Masculine and feminine job and nationality forms

Most professions in French have a masculine and a feminine form. In many cases, they follow the same patterns as adjectives and adjectives of nationality.

ending		profession / nationality		
masculine	**feminine**	**masculine**	**feminine**	
—	-e	un avocat	une avocate	*a lawyer*
		français	française	*French*
-ien	-ienne	un musicien	une musicienne	*a musician*
		italien	italienne	*Italian*
-ier	-ière	un infirmier	une infirmière	*a nurse*
-eur	-euse	un serveur	une serveuse	*a waiter/waitress*
-eur	-rice	un acteur	une actrice	*an actor/actress*

For some professions and nationalities where the masculine form ends in **e**, the article or pronoun indicates the gender.

un secrétaire/une secrétaire	*a secretary*
un architecte/une architecte	*an architect*
Il est suisse. / Elle est suisse.	*He is Swiss. / She is Swiss.*

The word **homme** or **femme** is included in some titles.

un homme d'affaires/une femme d'affaires	*a businessman/woman*

In spite of the growing range of work options available to French women, the French language does not always immediately reflect such changes in society. The following traditionally masculine professions only have a masculine form.

Il/Elle est professeur.	*He/She is a professor.*
Il/Elle est médecin.	*He/She is a doctor.*
Il/Elle est cadre.	*He/She is an executive.*

Masculine adjectives always modify the masculine form of these professions.

Mme Vonier est un bon professeur.	*Mrs. Vonier is a good professor.*
Mlle Dulac est un excellent médecin.	*Miss Dulac is an excellent doctor.*
Mme Vivier est un cadre compétent.	*Mrs. Vivier is a competent executive.*

Some nationalities you will encounter in this textbook are:

algérien(ne)	*Algerian*	**congolais(e)**	*Congolese*
allemand(e)	*German*	**espagnol(e)**	*Spanish*
anglais(e)	*English*	**mexicain(e)**	*Mexican*
belge	*Belgian*	**russe**	*Russian*
canadien(ne)	*Canadian*	**sénégalais(e)**	*Senegalese*
chinois(e)	*Chinese*	**suisse**	*Swiss*

Structures utiles

Selecting *Il/Elle est* or *C'est*

There are two ways to state a person's profession or nationality in French.

1. Like adjectives, without an article: subject + **être** + job or nationality. Notice that adjectives of nationality are written in lower case.

Marc est très travailleur.	*Marc is very hardworking.*
Il est avocat.	*He is a lawyer.*
Il est canadien.	*He is Canadian.*
Mes sœurs sont intelligentes.	*My sisters are intelligent.*
Elles sont médecins.	*They are doctors.*
Elles sont canadiennes.	*They are Canadian.*

2. As nouns with **c'est** or **ce sont** and the appropriate indefinite article (**un, une, des**). Note that nouns of nationality are capitalized.

C'est un architecte.	*He is an architect.*
C'est une avocate.	*She is a lawyer.*
Ce sont des étudiants.	*They are students.*
C'est une Belge.	*She's Belgian.*

Whenever you modify the profession or nationality with an adjective or a phrase, you must use **c'est** or **ce sont**.

Il est médecin.	*He is a doctor.*
C'est un bon médecin.	*He is a good doctor.*
Ils sont suisses.	*They are Swiss.*
Ce sont des Suisses de Genève.	*They're Swiss from Geneva.*

Exercice 1 Complete each sentence with the appropriate job title and/or nationality for the female described. Choose from the list, changing the masculine form to the feminine as needed.

artiste / canadien / cuisinier / employé / homme d'affaires /
instituteur / italien / musicien / serveur / vendeur

1. Francine joue du piano dans un orchestre à Lyon. Elle est _____.

2. Geneviève travaille dans une banque. C'est une _____ de banque.

3. Christine travaille dans un restaurant où elle prépare des repas et fait de bonnes sauces. Elle est _____.

4. Massa travaille dans une boutique de vêtements. Elle est _____.

5. Céline Dion est une chanteuse célèbre. Elle est _____.

6. Simone travaille au Café du Parc. C'est une _____.

7. Colette est directrice du marketing dans une grande entreprise. Elle est _____.

8. Sofia vient de Florence mais elle a son studio à Nice. C'est une _____.

Exercice 2 Mme Pham is explaining to her granddaughter where different family members and friends work, what they do, and where they're from. Complete her descriptions using **Il/Elle est** and **Ils/Elles sont** or **C'est** and **Ce sont**.

1. Ton oncle Nguyen travaille à l'université de Montréal. _____ un bon professeur.

2. Ta tante travaille dans une boutique de prêt-à-porter. _____ vendeuse.

3. M. et Mme Tranh travaillent en ville. _____ cadres.

4. Le père de ton cousin Anh est très gentil. _____ un dentiste sympathique.

5. La mère d'Anh adore dessiner des maisons modernes. _____ architecte.

6. Tes parents travaillent au restaurant Apsara. _____ de bons cuisiniers.

7. Ta cousine est mariée à Paul. _____ français.

Structure 4.2

Telling where people go to work *Le verbe* **aller** *et la préposition* **à**

The verb **aller** *(to go)* is irregular.

aller *(to go)*	
je vais	nous allons
tu vas	vous allez
il/elle/on va	ils/elles vont

Je vais en cours.   *I'm going to class.*
Ils vont à Paris.   *They are going to Paris.*

Aller is also used to talk about how someone is feeling.

Comment allez-vous?   *How are you?*
Ça va bien.   *I'm fine.*

The preposition **à** *(to, at,* or *in)* is frequently used after verbs such as **aller** and **être.** When **à** is followed by the definite article **le** or **les,** a contraction is formed as shown in the chart.

à + le → **au**	Mon père travaille **au** commissariat de police.
à + la → **à la**	Vous allez **à la** banque?
à + l' → **à l'**	L'institutrice est **à l'**école.
à + les → **aux**	Nous travaillons **aux** champs.

Exercice 3 Élisabeth is telling her mother about her afternoon plans. Complete her description with **au, à la, à l',** or **aux.**

D'abord, j'emmène *(take)* les enfants _____ (1) école. Puis, je vais _____ (2) hôpital pour faire du travail bénévole. Avant midi, je passe _____ (3) banque pour déposer un chèque *(make a deposit)* et puis je retrouve des amis _____ (4) gym *(f).* Après notre cours de yoga, nous allons déjeuner _____ (5) café ensemble. Jean-Claude et Pierre ne déjeunent pas avec nous parce qu'ils travaillent _____ (6) champs cet après-midi. Finalement, je vais _____ (7) supermarché et je passe chercher les enfants _____ (8) école à cinq heures.

Exercice 4 Where are the following people likely to go? Complete each sentence logically, using the apppropriate form of **aller** and the preposition **à** as in the model.

    Modèle: Vous aimez dîner en ville. Vous...
                   Vous allez au restaurant.

1. Vous aimez skier. Vous...   les courts de tennis

2. Kevin et Christine aiment le tennis. Ils...   la montagne

3. Nous aimons étudier. Nous...   le café

4. Mon père aime écouter un bon sermon. Il...   la librairie

5. Ma sœur cherche des aspirines. Elle...   le restaurant

6. Tu aimes acheter des livres. Tu...   la pharmacie

7. J'aime retrouver mes amis. Je...   la bibliothèque
                                      l'église

Structure 4.3

Talking about daily activities *Les verbes pronominaux* (introduction)

Some daily activities like getting up, getting dressed or going to bed are expressed in French with pronominal verbs. These verbs are conjugated like others but are accompanied by a reflexive pronoun. Often the action of the verb is reflected back on the subject; in other words, the action is done *to oneself*. Although in English "self" is usually not stated, the reflexive pronouns are required in French.

Elle **se** lève.	*She gets (herself) up.*
Je **m'**habille.	*I am getting dressed (dressing myself).*
Nous **nous** dépêchons.	*We are hurrying (ourselves).*

Note that the pronouns **me, te,** and **se** become **m', t',** and **s'** before a vowel sound. As you can see in the chart below, the infinitive form includes the pronoun **se** and the reflexive pronoun varies according to the subject.

se coucher *(to go to bed [put oneself to bed])*	
je **me** couche	nous **nous** couchons
tu **te** couches	vous **vous** couchez
il/elle **se** couche	ils/elles **se** couchent

Common pronominal verbs

You have already seen an example of a pronominal verb in **Module 1, je m'appelle,** and you will learn more in later chapters (**Modules 10** and **13**). Here are a few common pronominal verbs related to daily activities:

se dépêcher	*to hurry up*
s'habiller	*to get dressed*
se lever	*to get up*
se préparer	*to prepare oneself*
se relaxer	*to relax*
se retrouver	*to meet up with*

While **se lever** has regular **-er** verb endings, an **accent grave** is added in the **je, tu, il/elle,** and **ils/elles** forms.

se lever *(to get up)*	
je me l**è**ve	nous nous levons
tu te l**è**ves	vous vous levez
il/elle se l**è**ve	ils/elles se l**è**vent

Forming the negative

When forming the negative, **ne (n')** precedes the reflexive pronoun; **pas** follows the conjugated verb.

Il **ne** se lève **pas** avant midi.   *He doesn't get up before noon.*
Nous **ne** nous couchons **pas** avant minuit.   *We do not go to bed before midnight.*

Exercice 5   It's always hectic at the Belangers' in the morning. Justin explains why. Complete his description with the appropriate reflexive pronoun.

Moi, je _____ (1) lève à sept heures et mon frère Guillaume, il _____ (2) lève à sept heures dix. Nous _____ (3) dépêchons pour arriver dans la salle de bains avant nos sœurs. Elles passent beaucoup de temps devant le miroir: elles _____ (4) habillent, elles _____ (5) regardent... Mon frère et moi, nous _____ (6) habillons vite. Nos parents _____ (7) préparent et puis ils vont dans la cuisine *(kitchen)* pour préparer le petit déjeuner *(breakfast)*. Après un bol de céréales et un café au lait, nous quittons la maison. Et toi? Est-ce que tu _____ (8) relaxes le matin ou est-ce que tu _____ (9) dépêches pour arriver à l'école à l'heure?

Exercice 6   Jean-Marc describes his schedule and that of his roommates. Use the words from the word bank to complete his description.

me dépêche	m'habille	me lève
nous relaxons	se couche	se lève

J'habite avec deux colocataires. Nos emplois du temps sont très variés. Par exemple, moi, je _____ (1) à 7h00 du matin; mon travail commence à 8h00 alors je _____ (2) et _____ (3) pour aller au bureau. Paul n'a pas cours avant 10h00 alors il reste au lit. Il _____ (4) vers 9h00. Hamadu travaille la nuit alors il rentre à 6h00 du matin et il _____ (5). Le week-end c'est le moment où nous _____ (6) ensemble.

Exercice 7   Emma and her roommates have exactly the same schedules. Complete her description logically selecting and conjugating verbs from the list.

se coucher	se dépêcher	s'habiller
se lever	se relaxer	se retrouver

Le matin, mon coloc et moi, nous _____ (1) tôt le matin. Je _____ (2) généralement en jean. Nous _____ (3) pour aller à nos cours qui commencent à 9h00. L'après-midi, nous étudions et puis nous et nos amis, nous _____ (4) au café. Après le dîner, j'étudie et ensuite nous _____ (5) devant la télé aussi. Je _____ (6) généralement vers 1h00 du matin.

Structure 4.4

Talking about activities *Les verbes faire et jouer pour parler des activités*

The verb *faire*

The irregular verb **faire** (*to do* or *to make*) is one of the most commonly used verbs in French.

faire *(to do, to make)*	
je fais	nous faisons
tu fais	vous faites
il/elle/on fait	ils/elles font

A number of expressions for talking about work and leisure activities use **faire**.

Je fais les courses le vendredi.	*I go shopping on Fridays.*
Mme Lu fait un voyage à Tokyo.	*Mrs. Lu is taking a trip to Tokyo.*
Nous faisons du ski à Noël.	*We go skiing at Christmas.*
Mon père aime faire la cuisine.	*My father likes to cook.*

Note that the question **Qu'est-ce que tu fais?** can be answered with a variety of verbs.

— Qu'est-ce que tu fais cet après-midi?	— *What are you doing this afternoon?*
— J'étudie. Plus tard, je fais du vélo. Ensuite, je vais faire la sieste.	— *I'm studying. Later on, I'm going for a bike ride. Then I'm going to take a nap.*

The verb *jouer*

Another way to talk about sports activities and games you play is with the regular **-er** verb **jouer** (*to play*). Use the following structure:

> **jouer** + **à** + definite article + sport

Je joue au tennis.	*I play tennis.*
Vous jouez aux cartes.	*You play cards.*

In most cases, either a **faire** expression or **jouer à** can be used. Compare the following:

Zinédine Zidane fait du football.	
Zinédine Zidane joue au football.	*Zinédine Zidane plays soccer.*

To talk about playing a musical instrument, use either a **faire** expression or the following construction:

> **jouer** + **de** + definite article + instrument

Il fait de la guitare.	
Il joue de la guitare.	*He plays the guitar.*

Exercice 8 Antoine is not paying attention as he is asking these questions about his roommates. Complete his questions by selecting the correct option among the ones he is stumbling on.

1. Hélène et Jasmina font... _____ ce matin?
   a. le vélo
   b. un vélo
   c. du vélo

2. Tu fais... _____ ce soir?
   a. de la cuisine
   b. la cuisine
   c. une cuisine

3. Hélène joue... _____ avec son équipe samedi?
   a. au foot
   b. du foot
   c. le foot

4. Et Jacques et Mohammed, ils font... _____ dimanche?
   a. le ski
   b. au ski
   c. du ski

5. Tu joues... _____ avec ton prof dimanche?
   a. un piano
   b. le piano
   c. du piano

Exercice 9 What are the residents of the **cité universitaire** doing today? Use the elements provided to write sentences describing their activities. Make any necessary changes.

1. Vous / faire / la grasse matinée / ce matin.
2. Évelyne / faire / ménage / quand / sa camarade de chambre / être / bureau.
3. Philippe et moi / faire / randonnée / à la campagne.
4. Les frères Thibaut / jouer / football.
5. Tu / jouer / basket-ball.
6. Je / faire / guitare / après mes cours.
7. Anne et toi / jouer / piano / ensemble.

Exercice 10 Mme Breton wants to know what everyone in the family is doing. Using the model as a guide, write five questions she might ask with the verb **faire** and five answers using the vocabulary provided.

> **Modèle:** —*Jacques et Renée, qu'est-ce qu'ils font?*
> —*Ils font une randonnée.*

Jacques et Renée	faire	une promenade
Martine	jouer	de la natation
Jean-Claude et moi		le ménage
Philippe		une randonnée
Tante Hélène		au football
les gosses (kids) (fam)		du ski
Papa		aux cartes
		leurs devoirs

Structure 4.5

Making plans *Le futur proche*

Aller + infinitif is used to express a future action. This construction is known as the **futur proche.**

Nous allons faire du ski.	*We're going to go skiing.*
Tu vas faire un stage cet été.	*You are going to do an internship this summer.*

To form the negative of the **futur proche,** put **ne... pas** around the conjugated form of **aller.**

Il ne va pas travailler.	*He is not going to work.*
Vous n'allez pas jouer au football.	*You are not going to play soccer.*

The following time expressions are often used with the future.

ce soir	*this evening*
la semaine prochaine	*next week*
demain	*tomorrow*
demain matin	*tomorrow morning*

Exercice 11 What are the following people going to do this weekend, given their particular circumstances? Complete the sentences with the **futur proche,** using the information in parentheses.

1. Paul et Charlotte ont rendez-vous ce week-end. Ils _____ (aller) au cinéma.

2. Nous invitons des amis à dîner. Nous _____ (faire) la cuisine.

3. Maurice a un examen lundi. Il _____ (ne pas sortir) avec ses amis.

4. Tu détestes le football. Tu _____ (ne pas aller) au match.

5. Vous allez en boîte samedi soir. Vous _____ (danser).

6. Le film commence à 22h00. Je _____ (ne pas être) en retard.

Exercice 12 Pauline describes what she is going to do on her day off from school. Use the **futur proche** of the verbs in the list to tell what is going to happen.

ne pas aller	écouter	faire (trois fois)	jouer
préparer	rester	retrouver	travailler

Demain, c'est un jour de congé *(holiday)*. Je _____ (1) à l'université. Je _____ (2) au lit jusqu'à 10 heures du matin. À 11 heures, je _____ (3) mes amis chez Michelle et nous _____ (4) du vélo. On _____ (5) des petits snacks à manger . À midi, nous _____ (6) un pique-nique et nous _____ (7) de la musique. Si nous avons le temps, nous _____ (8) au tennis dans le parc. Et vous, qu'est-ce que vous _____ (9)? Comment?! Vous _____ (10) à la bibliothèque?

Tout ensemble!

Use the words from the list to complete the following passage about Sébastien.

à l'	du	métier
ans	est	se lève
au tennis	faire	se relaxer
banque	fait un stage	sportif
bénévole	informatique	travail
c'est	institutrice	va
cadre	langues	voyager
de la	médecin	

Voici Sébastien Sportiche. _____ (1) un étudiant en finance à l'École de commerce. Il a vingt-deux _____ (2).

En juin, il _____ (3) finir ses études et après *(after)*, il va chercher du _____ (4) aux États-Unis.

Sébastien vient d'une famille bourgeoise. Son père est _____ (5). Il travaille _____ (6) hôpital Saint-Charles. Sa mère travaille comme _____ (7) chez L'Oréal.

Sébastien ne sait pas *(doesn't know)* exactement quel _____ (8) il va faire. Avec son diplôme, il peut *(can)* travailler dans une _____ (9), mais il trouve ça ennuyeux et il recherche l'aventure. Il a beaucoup de talents. Il _____ (10) musicien—il joue _____ (11) piano et _____ (12) guitare *(f)*. Il est aussi très _____ (13). Il aime _____ (14) du vélo le week-end avec ses copains et il a toujours sa raquette pour jouer _____ (15). Une fois par semaine, il _____ (16) tôt pour faire du travail _____ (17) dans une école primaire. Il aide des enfants d'immigrés à faire leurs devoirs. Pour _____ (18), il fait la cuisine. Sébastien adore les ordinateurs et il est doué *(gifted)* en _____ (19). Il parle aussi plusieurs _____ (20). Aux États-Unis, il va _____ (21) à Yellowstone et à Yosemite avant de s'installer *(settle)* à San Francisco où il va habiter chez des amis. Sa copine, Anne, est _____ (22) dans une école bilingue français/anglais et son copain Henri _____ (23) chez Gap pour ses études de marketing.

Vocabulaire

Vocabulaire fondamental

Noms

Les métiers	Professions
un(e) acteur (actrice)	an actor (actress)
un agent de police	a policeman/woman
un(e) avocat(e)	a lawyer
un cadre	an executive
un(e) chanteur (chanteuse)	a singer
un homme (une femme) au foyer	a homemaker
un homme (une femme) d'affaires	a businessman/woman
un(e) infirmier (infirmière)	a nurse
un(e) instituteur (institutrice)	an elementary school teacher
un(e) juge	a judge
un(e) mécanicien(ne)	a mechanic
un médecin	a doctor
un(e) musicien(ne)	a musician
un(e) ouvrier (ouvrière)	a worker
un(e) secrétaire	a secretary
un(e) serveur (serveuse)	a waiter (waitress)
un(e) vendeur (vendeuse)	a salesperson

Mots apparentés: un(e) artiste, un(e) assistant(e), un(e) client(e), un(e) employé(e), un(e) journaliste, un(e) patient(e), un(e) politicien(ne)

Nationalités	Nationalities
algérien(ne)	Algerian
allemand(e)	German
anglais(e)	English
belge	Belgian
congolais(e)	Congolese
espagnol(e)	Spanish
européen(ne)	European
sénégalais(e)	Senegalese

Mots apparentés: américain(e), canadien(ne), chinois(e), italien(ne), mexicain(e), russe, suisse

Les lieux de travail	Workplaces
un aéroport	an airport
un bureau	an office
un bureau de poste, une poste	a post office
une école	a school
une église	a church
une entreprise	a company
un lycée	a high school
une usine	a factory
une ville	a city, town

Mots apparentés: une banque, une boutique, un hôpital, une pharmacie, un restaurant

Les sports et les instruments de musique	Sports and musical instruments
une équipe	a team
le football (foot)	soccer
le football américain	football
la guitare	guitar
la natation	swimming
une randonnée	a hike

Mots apparentés: le badminton, le basket-ball (basket, *fam*), le golf, le handball, le jogging, le judo, le piano, le roller, le rugby, le ski, le tennis, le volley-ball (volley, *fam*)

Verbes

aider	to help
aller	to go
aller voir	to go see, visit a person
commencer*	to begin
se coucher	to go to bed
se dépêcher	to hurry
faire	to do; to make
faire du français	to study French
faire du travail bénévole	to do charity, volunteer work
faire du vélo	to go bikeriding
faire la cuisine	to cook
faire le ménage	to do housework
faire les courses	to go (grocery) shopping
faire les devoirs	to do homework
faire une promenade	to take a walk
faire une randonnée	to take a hike, an excursion
faire un stage	to do an internship
faire un voyage	to take a trip
finir*	to finish, end
gagner	to earn
s'habiller	to get dressed
jouer à	to play (a sport)
jouer de	to play (a musical instrument)
jouer au tennis / au volley	to play tennis / volleyball
jouer aux cartes	to play cards
jouer de la guitare / du piano	to play the guitar / piano
se lever	to get up
pratiquer un sport	to practice (play) a sport
se préparer	to get prepared
se relaxer	to relax
réparer	to repair
se retrouver	to meet up with
skier	to ski

*only 3rd person form

Mots apparentés: faire du jogging, du piano, du shopping, du ski, du sport, du violon, du yoga

Adjectifs

chargé(e)	busy
fermé(e)	closed
occupé(e)	busy
ouvert(e)	open
prochain(e)	next

Mots divers

au chômage	unemployed
l'argent (*m*)	money
demain	tomorrow

populaire	popular
un salaire	a salary
la semaine prochaine	next week

Expressions utiles

Comment dire l'heure et parler de son emploi du temps
(See other expressions on pages 97–98.)

à plein temps	full time
après	after
l'après-midi *(m)*	afternoon, in the afternoon
À quelle heure commence... ?	What time does . . . begin?
à temps partiel	part-time
avant	before
déjà	already
un emploi du temps	a schedule
en retard	late

l'heure	time
une heure	an hour
maintenant	now
le matin	morning, in the morning
une minute	minute
Quelle heure est-il?	What time is it?
Il est dix heures du matin.	It's ten o'clock in the morning.
Il est dix heures et quart.	It's ten-fifteen.
Il est dix heures et demie.	It's ten-thirty.
Il est onze heures moins le quart.	It's a quarter to eleven.
le soir	evening, in the evening
tard	(too) late
tôt	(too) early

CD1, Tracks 57–59

Vocabulaire supplémentaire

Noms

Les métiers	**Professions**
un(e) agriculteur (agricultrice)	an agriculturalist, a farmer
un chef d'entreprise	a company president
un(e) cuisinier (cuisinière)	a cook
un(e) directeur (directrice)	a director
un écrivain	a writer
un footballeur	a soccer player
un(e) informaticien(ne)	a computer specialist
un ingénieur	an engineer
un maire	a mayor
un(e) pharmacien(ne)	a pharmacist
un PDG (Président Directeur Général)	a CEO
un poste	a position (job)
la recherche d'un emploi	job hunting
les secteurs *(m)*	fields of work
le secteur agricole	agricultural
— commercial	sales
— enseignement	education
— des services publics	local services
— juridique	legal

Mots apparentés: un(e) architecte, un(e) athlète, un(e) baby-sitter, un(e) champion(ne), un compositeur, un(e) pilote, le secteur construction / marketing / mécanique auto / médical, un sénateur

Les lieux de travail	**Work places**
un champ	a field
un commissariat	a police station
une ferme	a farm
une mairie	a town hall

Comment dire l'heure et parler de son emploi du temps

un bureau	an office
les élections *(f pl)*	the election
l'hémicycle *(m)*	the Senate chamber in France
une journée	a day
un musée	a museum

un palais	a palace
une pizza à emporter	a take-out pizza
un projet de loi	a bill
un sandwich	a sandwich
une séance	a session
un sénateur	a senator

Les sports	**Sports**
une association sportive	a sports club
le canoë-kayak	canoeing-kayaking
un club	a sports club
l'entraînement *(m)*	training

Verbes

cultiver	to cultivate; to grow
défendre	to defend
déjeuner	to eat lunch
déposer	to leave, drop off
dessiner	to draw, design
emmener	to take (a person)
employer	to employ
enseigner	to teach
explorer	to explore
faire la grasse matinée	to sleep in
faire la sieste	to take a nap
faire un discours	to make a speech
s'occuper de	to take care of
organiser	to organize
rentrer	to return (home)
répéter	to rehearse
retourner	to return
taper (à l'ordinateur)	to type (on a computer)
vérifier	to verify, check

Mots divers

un accident	an accident
une aventure	an adventure
conservateur (conservatrice)	conservative
le développement personnel	personal development
un prix	a prize
un tribunal	a court (law)
une voiture en panne	a broken-down car

Voici un café célèbre dans le Marais à Paris.
Comment s'appelle-t-il?

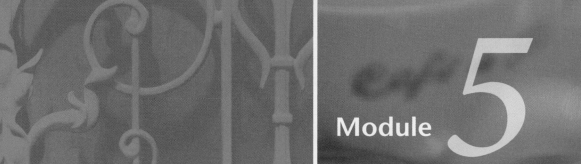

On sort?

The focus of this chapter is going out with friends: phoning, extending invitations, and ordering at a café. You will also learn to talk about the weather, ask questions, and practice some strategies for starting a conversation with someone you do not know. Notes on French cinema and cafés will provide you with some background on these two important aspects of French culture.

Pratique de conversation: Comment parler au téléphone

Structure 5.1: Talking about what you want to do, what you can do, and what you have to do *Les verbes* **vouloir, pouvoir** *et* **devoir**

Pratique de conversation: Comment inviter

Structure 5.2: Talking about going out with friends *Les verbes comme* **sortir**

Perspectives culturelles: Le cinéma français

Thème: Rendez-vous au café

Structure 5.3: Using pronouns for emphasis *Les pronoms accentués*

Structure 5.4: Talking about eating and drinking *Prendre,* **boire** *et les verbes réguliers en* **-re**

Perspectives culturelles: Le café

Voix en direct: Vous allez au café combien de fois par semaine?

Thème: La météo

Pratique de conversation: Comment faire connaissance

Structure 5.5: Asking questions *L'interrogatif*

À lire, à découvrir et à écrire

Lecture: Vous êtes invités à la soirée de l'année!

iLrn Voix en direct (suite)

Expression écrite
À vos marques, prêts, bloguez!
Une invitation par courriel

Comment parler au téléphone

Structure 5.1

Talking about what you want to do, what you can do, and what you have to do *Les verbes* **vouloir,** *pouvoir* et *devoir*

You *want* to go out this weekend but you *aren't able to* because you *have to* work. You can use the verbs **vouloir** *(to want)*, **pouvoir** *(can, to be able to)*, and **devoir** *(to have to)* to talk about your work and leisure plans. To see the present tense forms of these verbs, refer to page 144.

Réfléchissez et considérez

Look at the telephone conversation between Philippe and Marie-Josée and find the common expressions used to:

answer the phone
ask to speak with someone
find out who's calling

identify yourself
politely ask to leave a message
respond to that request

PHILIPPE:	Allô?
MARIE-JOSÉE:	Allô, bonjour. Je **peux** parler à Marc, s'il vous plaît?
PHILIPPE:	C'est de la part de qui?
MARIE-JOSÉE:	De Marie-Josée.
PHILIPPE:	Marc n'est pas là pour le moment...
MARIE-JOSÉE:	Est-ce que je **peux** laisser un message?
PHILIPPE:	Ne quittez pas. Je vais chercher un crayon.

 Activité 1 Au téléphone

Dans cette activité, vous allez jouer deux rôles. D'abord, un(e) étudiant(e) vous téléphone et demande à parler à une personne qui n'est pas là. Ensuite, vous téléphonez à un(e) autre étudiant(e) et vous demandez à parler à quelqu'un. Suivez les modèles.

Modèles:	ÉTUDIANT(E) 1:	*Allô?*
	ÉTUDIANT(E) 2:	*Allô, je peux parler à Henri, s'il vous plaît?*
	ÉTUDIANT(E) 1:	*C'est de la part de qui?*
	ÉTUDIANT(E) 2:	*De Lise.*
	ÉTUDIANT(E) 1:	*Henri n'est pas là pour le moment...*
	ÉTUDIANT(E) 2:	*Est-ce que je peux laisser un message?*
	ÉTUDIANT(E) 3:	*Allô?*
	ÉTUDIANT(E) 1:	*Allô, est-ce que je peux parler à Jennifer, s'il vous plaît?*
	ÉTUDIANT(E) 3:	*C'est de la part de qui?*
	ÉTUDIANT(E) 1:	*De Steve.*
	ÉTUDIANT(E) 3:	*Jennifer n'est pas là pour le moment...*
	ÉTUDIANT(E) 1:	*D'accord. Je vais rappeler plus tard (call back later). Merci. Au revoir.*

En France, comme aux États-Unis, le téléphone portable est devenu un phénomène de société. En France, l'usage du mobile est passé de *(has gone from)* 4% de la population en 1995 à plus de 89% en 2008. On utilise un portable pour téléphoner, envoyer des SMS, prendre et regarder des photos, écouter de la musique, regarder des vidéos et des programmes de télé, jouer, lire et écrire des courriels, surfer sur Internet et avoir accès à la navigation GPS.

Et moi? J'utilise mon portable pour…

_____ téléphoner

_____ prendre et regarder des photos

_____ regarder des vidéos et des programmes de télé

_____ lire et écrire des courriels

_____ avoir accès à la navigation GPS

_____ envoyer des SMS

_____ écouter de la musique

_____ jouer

_____ surfer sur Internet

CD1, Track 60

Écoutons ensemble! Une invitation par téléphone

Listen for the following information in the telephone conversation you're about to hear between Marie-Josée and Henri.

How does Marie-Josée ask Henri if he wants to go with her to the concert?
Does he want to?
Can he go?
Why not?
How do they end the conversation?

HENRI:	Allô?
MARIE-JOSÉE:	Allô, Henri? C'est Marie-Josée.
HENRI:	Salut, Marie-Josée. Ça va?
MARIE-JOSÉE:	Oui, ça va. Dis, Henri, j'ai des billets pour un concert de jazz. Tu **veux** m'accompagner?
HENRI:	Oui, je **veux** bien. C'est quand?
MARIE-JOSÉE:	Demain à 19h00.
HENRI:	Ah, dommage. Je ne **peux** pas. Je suis occupé demain soir. Je **dois** travailler.
MARIE-JOSÉE:	C'est pas grave. Un autre jour alors.
HENRI:	D'accord. Merci quand même *(anyway)*.
MARIE-JOSÉE:	Allez, à plus.

Note de vocabulaire

This casual conversation includes a couple of examples of **le français familier**. Here, **ce n'est pas grave** is shortened to **c'est pas grave** and **à plus tard** becomes **à plus**.

Notez et analysez

Look at the boldfaced verbs in the conversation. What is the infinitive form of each?

Activité 2 À la résidence universitaire on est bien occupé!

Regardez l'image. Tous les résidents sont occupés. Avec un(e) camarade, posez des questions et répondez pour dire ce qu'ils font en suivant le modèle.

Modèle: ÉTUDIANT(E) 1:   *Bernard, qu'est-ce qu'il fait?*
ÉTUDIANT(E) 2:   *Bernard, il fait ses devoirs.*

1. Suzanne	**4.** Maria	**7.** Diane
2. Étienne	**5.** Didier	**8.** Chang
3. Mohammed	**6.** Marthe	

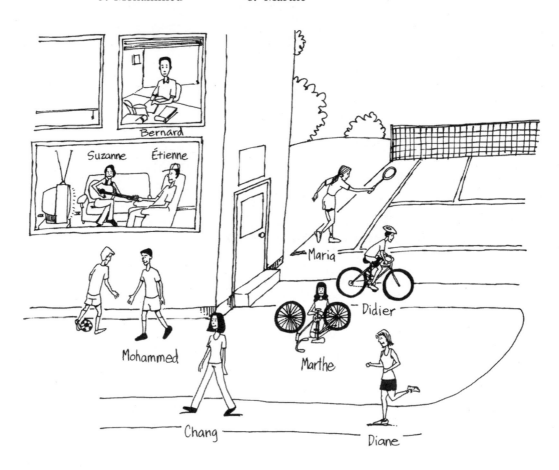

Activité 3 Est-ce que Jacques est là?

Vous appelez la résidence universitaire pour demander à vos copains s'ils peuvent sortir. Utilisez l'image pour créer quelques mini-dialogues.

Modèle: ÉTUDIANT(E) 1:   *Allô... ici _____. Je peux parler à _____?*
ÉTUDIANT(E) 2:   *Non, il/elle...*
ÉTUDIANT(E) 1:   *Bon, alors est-ce que je peux parler à _____?*
ÉTUDIANT(E) 2:   *À _____? Non, il/elle...*
ÉTUDIANT(E) 1:   *Eh bien, tu es là, toi. Qu'est-ce que tu fais?*
ÉTUDIANT(E) 2:   *Moi, je...*
ÉTUDIANT(E) 1:   *Tu veux _____?*
ÉTUDIANT(E) 2:   *...*

Notez et analysez

What is the polite English form for *I like* or *I want*? This "polite conditional" is commonly used in French as well. Look at the photos and their captions. Then give the polite forms for the following sentences:

1. What do you want to do this weekend?
2. I want to play tennis.
3. I like to play tennis.

Qu'est-ce que tu **voudrais** faire ce week-end? J'**aimerais** faire du snowboard. Mes amis et moi, nous **voudrions** aussi jouer au tennis mais nous ne pouvons pas. Nous devons faire nos devoirs.

Activité 4 Votre agenda

Quels sont vos projets pour demain?

A. Sur une feuille de papier, notez vos projets pour demain en vous inspirant du modèle à droite.

 B. Maintenant, vous allez poser des questions à votre partenaire pour trouver une heure de libre *(free)* pour pouvoir travailler sur un projet de français ensemble.

Quelques questions utiles:

1. Tu peux travailler sur le projet à _____ h?
2. Ton premier cours, il est à quelle heure?
3. Est-ce que tu aimerais travailler pendant le déjeuner?
4. Est-ce que tu dois travailler? Si oui, de quelle heure à quelle heure?
5. Tu dois aller en cours l'après-midi?
6. Ton dernier cours, il est à quelle heure?
7. Est-ce que tu dois faire quelque chose demain soir?
8. Est-ce que tu aimerais travailler le matin, l'après-midi ou le soir?

C. Finalement, résumez votre discussion pour la classe en ajoutant d'autres informations.

Modèle: *Moi, je dois travailler l'après-midi. Et Holly, elle doit aller en cours toute la matinée. Alors, nous allons travailler sur notre projet à _____ h, après le dîner.*

8	
9	cours d'anglais
10	cours de maths
11	
12	
13	déjeuner avec Alice — cafétéria
14	travaux pratiques
15	travaux pratiques
16	médecin
17	
18	
19	
20	étudier avec Martine

Comment inviter

Structure 5.2

Talking about going out with friends *Les verbes comme* **sortir**

To talk about dating and going out with friends, you will need to use the verb **sortir** *(to go out, to leave).* You will find the verb **sortir** as well as other verbs with the same conjugation pattern on page 145.

Réfléchissez et considérez

A. To extend an invitation appropriately requires some social skills. What initial inquiry might you make? If you're being invited and you're not sure whether you can accept, what might you say to be polite? What reason might you give to refuse an invitation without hurting someone's feelings? How would you accept with enthusiasm?

B. Look at the mini-dialogues below and decide how to express the following in French:

1. Do you want to go out tonight?
2. Is Ryan going out with Elizabeth?
3. Let's get out of here!

C. What other verb do you see that means *to leave*?

— Tiens, tu es libre ce soir? Tu veux **sortir**?

— Est-ce que Juliette **sort** avec quelqu'un?
— Oui, je crois qu'elle **sort** avec Julien.

— Tu vois? L'atmosphère dans ce club est mortelle *(dull, fam)*! Tu veux **partir**?
— Oui, **sortons** d'ici!

CD1, Track 61

Expressions utiles

Pour inviter quelqu'un à faire quelque chose

Tu veux sortir ce soir?
Tu es libre° / occupé(e) ce soir?   *free*
Tu aimerais faire quelque chose°?   *something*
Tu aimes...
    danser?
    les films français?
Tu aimerais (voudrais)...
    aller en boîte°?   *to a club*
    voir le nouveau film de Luc Besson?
Ça te dit d'aller prendre un café?°   *How about going for a cup of coffee?*
Qu'est-ce que tu vas faire ce week-end?
Je t'invite.°   *It's my treat.*

Pour accepter

D'accord.°   *OK.*
Oui, j'aimerais (je veux) bien.°   *Sure, I'd like to.*
C'est une bonne / excellente idée.
Oui, à quelle heure?
Oui, cool!

Pour hésiter

Euh... je ne sais pas.
Je dois réfléchir.
Peut-être°, mais je dois regarder mon agenda.   *Maybe*
Euh... pourquoi?

Pour refuser

Non, c'est pas possible samedi *(fam)*.
Tu sais, ça (ne) m'intéresse pas trop.°   *You know, that doesn't interest me much.*
Désolé(e). Je suis occupé(e).°   *I'm sorry. I'm busy.*
Non, malheureusement°, je ne peux pas.   *unfortunately*
Je dois...
    travailler.
    étudier.
Je vais partir° pour le week-end.   *to go away, leave*

Les jeunes de nationalités différentes se rencontrent souvent le soir dans des tavernes.

CD1, Track 62

▆ Écoutons ensemble! Le dîner de Véro

Véronique fait un dîner chez elle samedi soir. Écoutez les messages sur son répondeur et pour chaque invité(e), indiquez s'il/si elle peut venir, ne peut pas venir ou n'est pas encore sûr(e).

L'invité(e)	Oui	Non	Pas sûr(e)
1. Jean	_____	_____	_____
2. Yvonne	_____	_____	_____
3. Henri	_____	_____	_____
4. Rachid	_____	_____	_____
5. Rose	_____	_____	_____
6. Karima	_____	_____	_____

Activité 5 Une invitation au cinéma

Henri et Pauline essaient de trouver un moment libre pour aller au cinéma. Complétez leur conversation en vous référant aux expressions utiles à la page 129.

On fait la queue devant le cinéma.

HENRI:	Tiens, Pauline. Qu'est-ce que tu _____ ce week-end?
PAULINE:	Oh là là, je vais travailler. Je dois beaucoup étudier.
HENRI:	Est-ce que tu es _____ samedi soir?
PAULINE:	Euh, je ne sais pas. Je dois _____ mon agenda.
HENRI:	Il y a un très bon film au cinéma, un film avec Emmanuelle Béart.
PAULINE:	Ah oui? J'aime bien ses films. Voyons. _____ est le film?
HENRI:	À 20h00.
PAULINE:	Bon, d'accord, _____ bien y aller.

Activité 6 Invitations

Invitez un(e) autre étudiant(e) à faire les activités suivantes. Il/Elle accepte, hésite ou refuse.

1. faire du vélo cet après-midi
2. aller dans un restaurant élégant en ville ce soir
3. voir un film français demain soir
4. aller à une exposition d'art
5. aller au café ensemble à midi
6. aller écouter de la musique à _____ (votre choix)

Activité 7 Interactions

Posez les questions suivantes à un(e) autre étudiant(e).

1. Tu sors souvent avec tes amis? Où *(Where)* est-ce que vous allez d'habitude?
2. Quel *(Which)* film est-ce que tu veux voir en ce moment? À quel concert est-ce que tu aimerais aller?
3. Quand tu sors avec ton/ta petit(e) ami(e), qui paie *(pays)*?
4. Tu vas où d'habitude après un film ou un concert?
5. Est-ce que tu vas bientôt partir en voyage? Où vas-tu aller?

Le cinéma français

Quand on pense au cinéma, on pense généralement à Hollywood. Mais en fait, la France est le lieu de naissance° du septième art°. C'est dans un café de Paris, en 1895, que les frères Lumière ont présenté leur invention, le cinématographe, et les premiers courts métrages°.

François Truffaut et Isabelle Adjani

Depuis°, Hollywood a pris la relève° comme centre de production cinématographique. Mais en France, le cinéma reste important. Tandis que les Américains ont leurs Oscars, chaque année en mai, le Festival International du Film de Cannes attire° l'attention du monde entier sur les meilleurs films de l'année. D'après Kenneth Turan, critique de film pour le *Los Angeles Times,* Paris est la meilleure ville du monde pour les cinéphiles°. Chaque jour à Paris, plus de films passent à l'écran° qu'à Londres, New York ou même Los Angeles! Beaucoup de Français préfèrent voir un film étranger sous-titré°—c'est une expérience plus pure, plus proche de l'original. Pourtant, généralement, les blockbusters sont doublés°.

Malgré la grande tradition intellectuelle du cinéma français, beaucoup de Français vont au cinéma tout simplement pour se divertir°. La preuve°? Les films comiques, les films d'aventure et les films avec des effets spéciaux—souvent des blockbusters américains—ont un grand succès au box office.

birthplace / film is seen as the seventh art in France

short films
Since then
has taken over

attracts

film lovers
are shown in movie theaters

subtitled
dubbed

to escape / proof

Kenneth Turan, *Los Angeles Times* Travel Section, Sunday January 30, 2005

▮▮ Avez-vous compris?

Choisissez la meilleure réponse.

1. On a montré les premiers films...
   a. dans un café à Paris.   **b.** à Hollywood.   **c.** à un festival de cinéma.

2. En France, le grand festival du film a lieu *(takes place)*...
   a. en avril.   **b.** à Paris.   **c.** à Cannes.

3. La ville où on passe régulièrement le plus grand nombre de films, c'est...
   a. Los Angeles.   **b.** Londres.   **c.** Paris.

4. En France, les blockbusters américains sont généralement...
   a. doublés.   **b.** sous-titrés.   **c.** appréciés par les puristes.

▮▮ Et vous?

Vous préférez les blockbusters ou les films indépendants ou étrangers? Préférez-vous les films doublés ou sous-titrés? Expliquez.

 Explorez en ligne

Go to http://www.allocine.fr/, click on **Cinéma** and then on **Box-office** to see the top 5 films in France this week. Compare this list with the top films in the US (see **Box-office USA**). Click on the film titles to get more information. What genres are they? Write down (in English) two things you found out about French cinema by looking at these pages. Write down as well two sentences you could understand.

Rendez-vous au café

Structure 5.3

Using pronouns to give emphasis *Les pronoms accentués*

Structure 5.4

Talking about eating and drinking *Prendre, boire et les verbes réguliers en* **-re**

You will frequently use stress pronouns, **des pronoms accentués,** when ordering food and drinks. To order, you need the verb **prendre** *(to take, to have something to eat or drink),* an irregular verb. Several **-re** verbs, such as **boire** *(to drink)* and **attendre** *(to wait),* are also useful during conversations at the café. To learn more about stress pronouns, see pages 146–147. **Prendre, boire,** and regular **-re** verbs are explained on pages 147–148.

—Moi, je prends / je vais prendre... — Et toi?

Activité 8 **Catégories**

Classez les boissons ci-dessus par catégorie.

1. des boissons chaudes
2. des boissons fraîches
3. des boissons pour enfants
4. des boissons alcoolisées
5. des boissons sucrées

Activité 9 **Préférences**

Demandez à votre camarade de classe ce qu'il/elle prend le matin, à midi, l'après-midi et le soir. Comparez vos réponses avec celles des autres étudiants de la classe. Quelles boissons sont les plus cotées *(popular)?*

> **Modèle:** *Moi, le matin, je prends un thé. Et toi?*

1. le matin   2. à midi   3. l'après-midi   4. le soir

Activité 10 **Quelque chose à boire**

Avec un(e) camarade de classe, dites ce que vous prenez dans les situations suivantes.

> **Modèle:** un après-midi gris de novembre
> — *Je prends un thé au lait. Et toi?*
> — *Moi, je prends une infusion.*

1. à la terrasse d'un café en juillet
2. en février au café d'une station de ski *(ski resort)*
3. à six heures du matin à la gare *(train station)*
4. au cinéma
5. après un film un samedi soir
6. chez des amis

Commandons!

Expressions utiles

CD1, Track 63

Pour le client

S'il vous plaît!	*Waiter . . . please. (to call the waiter)*
Moi, je vais prendre...	*I'll have . . .*
C'est tout.	*That's all.*

Pour le serveur (la serveuse)

Messieurs-dames.	*Ladies and gentlemen.*
	(how waiter addresses group)
Un instant, s'il vous plaît.	*Just a moment, please.*
Vous voulez autre chose?	*Would you like something else?*
Est-ce que je peux vous encaisser?	*Can I cash you out?*

Activité 11 **Je vous invite!**

Vous avez invité un groupe d'amis au café. Tout le monde a fait son choix, alors vous passez la commande pour eux.

> **Modèle:** Fabien veut un jus d'orange.
> Commande: *Pour lui, un jus d'orange.*

1. Marie veut une eau minérale.
2. Suzanne et Mélanie prennent des Cocas light.
3. David et Jennifer veulent un café crème.
4. Toi et moi, nous voulons des sandwiches au fromage.
5. Je prends aussi une infusion.

Activité 12 Commandons!

Vous êtes au Café-tabac de la Sorbonne avec deux amis. Vous regardez la carte et discutez de ce que vous voulez commander. Une personne appelle le serveur (la serveuse) et passe la commande pour le groupe, comme dans le modèle.

Modèle:
ÉTUDIANT(E) 1: *Moi, je prends un thé citron.*
ÉTUDIANT(E) 2: *Un café pour moi.*
ÉTUDIANT(E) 3: *Monsieur, s'il vous plaît...*
SERVEUR: *Oui, monsieur / mademoiselle. Un instant, s'il vous plaît... (après une pause) Oui, messieurs-dames. Vous désirez?*
ÉTUDIANT(E) 3: *Un thé citron pour elle (lui), un café pour lui (elle) et un vin chaud pour moi.*
SERVEUR: *Alors, un thé citron, un café et un vin chaud.*
ÉTUDIANT(E) 1: *Et un sandwich au jambon pour moi.*
SERVEUR: *C'est tout?*
ÉTUDIANT(E) 2: *Oui, c'est tout, merci.*

Maintenant, préparez-vous à présenter votre scène devant la classe.

SANDWICHES

THON *(Tuna fish)*	4,57 €
CLUB *(Jambon, Emmental, tomate,*	4,57 €
mayonnaise) [Ham, cheese, tomato and mayonnaise]	
CRUDITÉS *(Salade, carottes râpées,*	3,96 €
tomate, œuf dur, mayonnaise)	
[Lettuce, carrots, tomato, hard boiled egg, mayonnaise]	
POULET *(Chicken sandwich)*	4,57 €
Mixte *(Jambon, Emmental)*	3,66 €
(Ham and cheese sandwich)	
Pâté *(Meat plate)*	2,74 €
Rillettes *(Minced potted pork)*	2,74 €
Jambon de Paris *(Parisian ham)*	2,74 €
Saucisson sec *(Cured sausage)*	2,74 €
Saucisson à l'ail *(Cured garlic sausage)*	2,74 €
Camembert *(Camembert cheese)*	2,74 €
Emmental *(Emmental cheese)*	2,74 €
Suppl. cornichons *(Extra for pickles)*	0,30 €
Suppl. ketchup *(Extra for ketchup)*	0,46 €
Suppl. mayonnaise	0,76 €
(Extra for mayonnaise)	

NOS BIÈRES

PRESSION

	Demi 25 cl	Sérieux 50 cl
HEINEKEN	3,35 €	6,71 €
ABBAYE DE LEFFE	3,35 €	6,71 €
CARLSBERG	3,35 €	6,71 €
KRONENBOURG 1664	3,35 €	6,71 €
PLATZEN	3,05 €	6,10 €
HŒGAARDEN *(Bière blanche)*	3,35 €	6,71 €
PICON BIÈRE	4,27 €	
TANGO - MONACO	3,35 €	

EN BOUTEILLES

KRONENBOURG 1664 *(33 cl)*	3,96 €
HEINEKEN *(33 cl)*	4,27 €
CARLSBERG *(33 cl)*	4,27 €

BOISSONS CHAUDES

Café express	1,98 €
Café décaféiné	1,98 €
Café noisette	2,06 €
Café double express	3,96 €
Café au lait *(grande tasse)*	3,35 €
Café au lait *(petite tasse)*	2,74 €
Décaféiné au lait	3,51 €
Chocolat *(grande tasse)*	3,35 €
Chocolat *(petite tasse)*	2,74 €
Chocolat ou Café Viennois	4,12 €
Cappucino	4,12 €
Lait chaud *(grande tasse)*	3,35 €
Lait chaud *(petite tasse)*	2,74 €
Thé de Ceylan	3,05 €
Thé Yunnan Impérial *(Chine)*	3,35 €
Thé citron ou lait	3,35 €
Thés verts *(Menthe, Jasmin)*	3,35 €
Thés noirs parfumés	3,35 €
(Vanille, Bergamote, Noix de coco, Mûre, Fruits de la passion)	
Infusions *(Verveine, Tilleul,*	3,35 €
Menthe, Verveine-menthe, Tilleul-menthe)	

Activité 13 Les derniers potains *(latest gossip)*

Vous bavardez avec vos copains au café. Identifiez une personne que vous connaissez qui...

1. perd souvent ses clés
2. rend toujours ses devoirs à temps
3. ne répond pas aux courriels
4. sort souvent en boîte
5. vend sa voiture ou son ordi *(fam,* ordinateur)
6. apprend le chinois

Le café

Le café fait partie de la vie française depuis le 17ème siècle°. Au café, les gens découvraient° de nouvelles idées et discutaient de nouveaux concepts en politique, en art et en philosophie. Au 20ème siècle, le nombre de cafés diminue. On passe plus de temps devant la télévision et on a moins de temps pour la vie de café. Alors, est-ce que le café va disparaître? Très douteux! Écoutez des jeunes qui parlent du rôle du café dans la vie française aujourd'hui.

century / discovered

CD1, Track 64

Voix en direct
Vous allez au café combien de fois par semaine?

Est-ce que vous allez souvent au café?
Oui, je dirais que j'y vais tous les jours[1] en semaine. C'est-à-dire que le week-end, j'irai pas...

Vous y allez avec des copains ou seul?
Toujours[2], oui. Toujours avec des copains. Ce qu'on essaie de faire, c'est trouver un café avec une bonne terrasse, en fait.

Est-ce que vous commandez souvent la même chose?
Ouais. Toujours la même chose. Un café, un espresso avec un jus d'orange pressé.

[1]*every day* [2]*Always, All the time*

Nicolas Konisky
24 ans
Étudiant, Paris

Et vous, Julien, vous allez souvent au café?
J'y vais beaucoup! Minimum une fois par jour, parfois deux fois, parfois trois. Ça dépend de la journée. Le matin, on y va pour un petit café et un croissant. On y reste peut-être dix minutes. À midi, on peut rester une demi-heure pour prendre un sandwich. L'après-midi, on peut rester quatre heures en terrasse d'un café avec des amis. On discute avec des amis, on discute des gens qui passent. 90% du temps, je commande un café.

Julien Romanet
23 ans
Étudiant, Paris

Vanessa, vous allez souvent au café?
Alors, euh, le plus souvent possible. C'est très parisien. Pendant les vacances[3], tous les jours si je pouvais. Quand j'étais[4] au lycée[5], quand j'avais[6] beaucoup plus de temps, on [y] allait tous les jours, même deux fois par jour.

Il vous arrive d'y aller seule[7]?
Ouais, pour étudier, seule. Et puis, bon, on n'est jamais seul dans un café, donc on regarde toujours les gens autour, on contemple, on écoute de la musique, on regarde les gens qui passent quand on est assis à une terrasse. On n'est jamais seul.

[3]*vacation* [4]*was* [5]*high school* [6]*had* [7]*alone*

Vanessa Vudo
20 ans
Étudiante, Paris

Réfléchissez aux réponses

1. Trouvez des similarités et des différences dans les réponses.
2. Est-ce que les habitudes des Américains au café sont semblables *(similar)* aux habitudes de ces Français?
3. Est-ce que vous allez souvent au café? Qu'est-ce que vous commandez?

La météo

Quel temps fait-il?

Il fait beau.

Il fait mauvais.

Il fait chaud! Il fait 32°.

Il fait doux. Il fait 20°.

Il fait froid. Il fait 5°.

Il y a du soleil.

Il y a du vent.

Il y a des nuages.

Il pleut.

Il fait lourd.

Il y a des orages.

Il y a des éclaircies.

Il neige.

Il y a du brouillard.

Activité 14 Quel temps fait-il?

Demandez à un(e) camarade de classe quel temps il fait dans la ville indiquée.

> **Modèle:** Paris
> — *Quel temps fait-il à Paris?*
> — *Il fait froid et il pleut.*

1. Dijon
2. Biarritz
3. Grenoble
4. Lille
5. Perpignan
6. Nantes

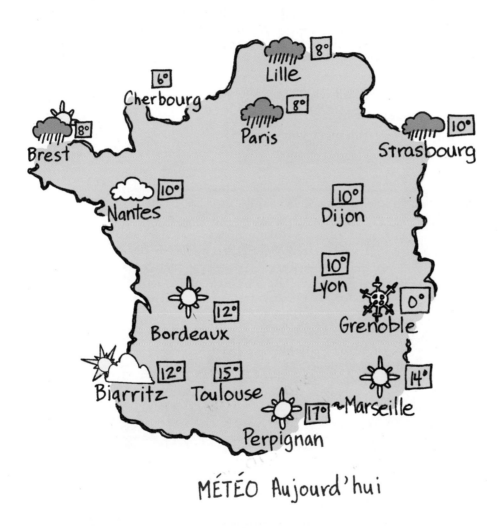

MÉTÉO Aujourd'hui

Activité 15 La météo: Vrai ou faux?

Vous écoutez le météorologue mais malheureusement il fait quelques erreurs!
Indiquez si chaque phrase est vraie ou fausse et corrigez ses erreurs.

1. _____
2. _____
3. _____
4. _____
5. _____
6. _____
7. _____
8. _____

Activité 16 **Faites votre valise (Pack your suitcase)!**

Vous allez faire un voyage! Quel temps fait-il là où vous allez? Nommez trois vêtements que vous allez mettre (put) dans votre valise (suitcase).

Modèle: à Chicago en mai
À Chicago en mai, il fait frais et il pleut. Je vais mettre un imperméable, un parapluie et un pull dans ma valise.

un chapeau de paille (*straw*)
un short
un pull
un jean
un maillot de bain (*bathing suit*)
un blouson (*jacket*)

des lunettes de soleil
un manteau
un tee-shirt
des tongs
un parapluie

1. dans les Alpes en janvier
2. aux Antilles en mars
3. à La Nouvelle-Orléans en juin
4. à Merzouga, au Maroc, en août

Les dunes de Merzouga, Maroc

Activité 17 **C'est logique?**

Écrivez une phrase logique et une phrase qui n'est pas logique pour décrire les vêtements que vous portez selon le temps. Ensuite, en groupes de quatre, lisez vos phrases. Les autres membres du groupe doivent décider si ce que vous dites est logique ou pas logique.

Modèles: — *Quand il fait froid, je porte un pantalon.*
— *C'est logique.*

— *Quand il pleut, je fais une promenade en short.*
— *Ce n'est pas (C'est pas [fam]) logique.*

Comment faire connaissance

Structure 5.5

Asking questions *L'interrogatif*

What are some strategies for starting a conversation with someone in French? In addition to commenting about the weather or introducing yourself, you could ask a few simple questions. To help you ask questions, interrogative expressions are presented on pages 150–151.

Réfléchissez et considérez

Before learning phrases that might be useful for making a new acquaintance, consider the advice you'd give someone for meeting other young people at a party. With a partner, come up with several suggestions. Then look over the responses given by a couple of young French people and see how your answers compare.

Comment faire connaissance entre jeunes à une soirée *(party)*?
Voici ce que dit un jeune Français.

On peut demander: «**Comment** tu es venu(e) *(came)* ici? **Qu'est-ce que** tu fais dans la vie?» Patati patata *(Blah blah blah)*. Les cours, c'est bien pour commencer: «**Qu'est-ce que** tu étudies?» Mais, rapidement! Puis, on passe à autre chose *(Then you move to another topic)*: «**Qu'est-ce que** tu fais ici?» Puis, il y a la musique, le cinéma. Le football est bien si on parle avec un garçon; ça passe bien *(that works well)* en général.

Notez et analysez

Look at each question in the conversation bubbles and identify the type of question form used: **(1)** intonation, **(2)** est-ce que, **(3)** n'est-ce pas or hein, **(4)** inversion.

CD1, Track 65

Expressions utiles

Pour commencer la conversation

Pardon, est-ce que cette chaise est libre / prise°?	*free / taken*
Vous attendez (Tu attends) quelqu'un°?	*someone*
Je vous (t')en prie.°	*[signaling to chair] Go ahead and take*
Oui, oui, allez-y!°	*it. / Go ahead.*
Quel beau / mauvais temps, non?°	*What good / bad weather, isn't it?*
Qu'est-ce qu'il fait froid / chaud!°	*My, it's cold / hot!*
Quelle neige!°	*What snow!*
Je vous (te) connais?°	*Do I know you?*
On se connaît?°	*Do we know each other?*
Vous êtes (Tu es) dans mon cours de philo?	

Pour continuer la conversation

Vous êtes (Tu es) étudiant(e)?
Vous venez (Tu viens) d'où?
Qu'est-ce que vous étudiez (tu étudies)?
Qu'est-ce que vous faites (tu fais)?
Moi, je m'appelle... Moi, je suis...

Activité 18 Conversations au café

Voici deux couples qui font connaissance. Complétez leurs mini-dialogues en utilisant les expressions utiles que vous venez d'apprendre.

1.
Un homme: _____, mademoiselle. Est-ce que _____ est libre?

Une jeune femme: Oui, oui, monsieur. Allez-_____!

Un homme: _____ mauvais temps!

Une jeune femme: Oui, il pleut des cordes *(it's pouring)*!

Un homme: Vous êtes _____?

Une jeune femme: Oui, j'étudie sciences po...

2. Étudiant(e) 1: Pardon, tu es dans _____ d'anglais?

Étudiant(e) 2: Euh, je pense que oui.

Étudiant(e) 1: Tu _____ quelqu'un? Cette chaise est prise?

Étudiant(e) 2: Non, non. Je _____ prie.

Étudiant(e) 1: Moi, je _____ Françoise...

CD1, Track 66

Écoutons ensemble! Au café

Vous entendez des questions dans un café. Écoutez et choisissez la réponse logique à chacune.

_____ 1.   a. Oui, je t'en prie.

_____ 2.   b. Ils habitent à San Francisco.

_____ 3.   c. Les sciences politiques.

_____ 4.   d. Un chocolat chaud pour moi.

_____ 5.   e. Oui, j'adore la neige, moi.

_____ 6.   f. Je suis de Philadelphie.

_____ 7.   g. Oui, je suis dans ton cours de maths.

Activité 19 Quelle persistance!

Votre copain (copine) fait tout *(everything)* pour obtenir des réponses! Formez des questions à tour de rôle, comme dans le modèle, en utilisant les quatre types de question. Finalement, la dernière personne invente une réponse.

Ordre des questions: (1) intonation; (2) **hein? / non? / n'est-ce pas?** (3) **est-ce que;** (4) inversion

> **Modèle:** On va au cinéma.
> — *(1) On va au cinéma? (2) On va au cinéma, non?*
> *(3) Est-ce qu'on va au cinéma? (4) Va-t-on au cinéma?*
> — *Non, on ne va pas au cinéma. Nous avons trop de travail.*

1. On va à la gym ce soir.
2. Tu vas jouer au foot.
3. Vous voulez louer un DVD ce week-end.
4. Nous allons jouer à la Wii.
5. Manu a une nouvelle copine.

Activité 20 Comment faire de nouvelles connaissances?

Voici quelques suggestions pour faire connaissance avec de nouveaux étudiants.

A. Choisissez les quatre suggestions qui vous semblent les plus utiles, puis ajoutez une autre suggestion.

1. aller à la gym
2. assister à *(attend)* des matches de sport
3. passer son temps dans des magasins de CD ou des librairies
4. aller dans un cybercafé
5. passer son temps dans un bar
6. utiliser un espace «rencontres» sur Internet
7. Votre suggestion: _____

B. Ensuite, avec un(e) autre étudiant(e), identifiez deux suggestions que vous avez en commun et une qui est différente.

Situations à jouer!

1 You try to call a friend but s/he is not home. Leave a message with his/her roommate.

2 You and a friend want to get together to study for the next French test. One of you phones the other to set up a date and time for your study session. Check your schedule to make sure there are no conflicts.

3 You really want to go out with a particular person, but the first time you asked him/her out, the person was busy. Try again, making several suggestions until you finally arrange something.

4 You go to a café after class where you think you see someone who is in your biology lab sitting alone at a table. Go up to that person and strike up a conversation. Then, using the menu on page 134, order something.

5 You are conducting a survey of student study habits. Prepare five questions to find out when, where, how many hours, etc. students study. Then ask your questions to a classmate.

Lecture

Anticipation

Quand on échange des courriels, surtout entre amis, l'idée c'est de dire le plus possible avec le minimum de mots ou de lettres. Alors on utilise des abréviations et des symboles. Avec un(e) partenaire, dressez une liste de cinq abréviations que vous utilisez dans les courriels. Écrivez vos suggestions au tableau.

Activité de lecture

Les jeunes Français eux aussi utilisent des symboles et des abréviations dans leurs courriels et chats. Voici des exemples. Associez les éléments des deux colonnes.

_____ 1. l'invit   a. Allez, à bientôt! *(Good-bye, see you soon!)*

_____ 2. le WE   b. disponible *(available)*

_____ 3. gde   c. À plus tard.

_____ 4. dispo   d. petit

_____ 5. À+   e. grande

_____ 6. p'tit   f. l'invitation

_____ 7. Aléhabiento!   g. le week-end

Vous êtes invités à la soirée de l'année!

Mes chers amis!
Je fais 25 ans cette année!!!

gift / for   Mon plus beau cadeau° serait de tous vous voir lors de° cette occasion à LA soirée de l'année (enfin ma soirée!).

barge   Le SAMEDI 26 MARS sur la péniche° LA BALEINE BLANCHE (www.baleine-blanche.com), métro Quai de la Gare, 75013 Paris

OPEN BAR de 22h à 5h. Entrée 20 HEURES

live entertainment
really, it's too great   On commence avec une petite animation°, un cours de salsa par deux des plus grands professeurs de la capitale. Hé, si franchement c'est pas top ça°! Voyez plutôt Herminio et Carole sur http://salsanuestra.free.fr.

free
right away   Le programme: de 22h à 23h, cours, suivi d'heures de practice avec la musica salsa. Et bien sûr, c'est gratuit° pour vous! Alors soyez à l'heure! Vous pouvez dès maintenant° me confirmer par e-mail ou par tél (06.76.53.47.98) et ainsi pré-réserver!

Your devoted Lebanese friend   Aléhabiento! Votre dévoué Libanais°

RSVP (Les réponses)

ready
remaining places

Bonsoir,
Je suis toujours prête° pour une bonne péniche. Réserve-moi une place.
Cordialement, Dina

Hi / too bad
What a shame!
With pleasure!

Coucou° Manu,
Dommage!° Ce long week-end de Pâques, je vais en Normandie.
Bises. Cath

Hé, mon vieux,
Tu peux compter sur moi pour le 26. S'il reste des places disponibles°, j'aimerais bien inviter un couple d'amis, peut-être 2, mais si ce n'est pas possible, tant pis°! À plus, Jean-Luc

Avec plaisir mec!!!!° Merci pour l'invit.
bantos

to miss   Je vais voir si je peux changer mon horaire pour ne pas louper° cette gde fête, je te réponds le plus rapidement possible!!! Nathalie

Compréhension et intégration

A. Remplissez le tableau avec les informations trouvées dans l'invitation.

> C'est une fête _____
>
> Manu va avoir _____
>
> Date: _____ Heures: _____
>
> Lieu: _____
>
> Activités: _____

B. Répondez aux questions sur les RSVP.

1. Combien de réponses y a-t-il?

2. Qui va venir? Qui ne peut pas venir? Qui n'est pas sûr(e)?

Maintenant à vous!

1. Manu mélange l'anglais et l'espagnol avec le français. Est-ce que vous jouez parfois avec les langues que vous parlez? Donnez un exemple.

2. Est-ce que vous aimeriez aller à cette fête? Pourquoi ou pourquoi pas?

3. Imaginez que vous êtes à cette soirée. Décrivez tout ce que vous faites: quand vous arrivez, avec qui vous y allez, qui vous rencontrez...

Voix en direct (suite)

Go to **iLrn** to view video clips of young people talking about going out on a student budget.

Expression écrite

Une invitation par courriel

In this activity, you will write an e-mail to your friends inviting them to a party.

■ **Première étape:** Write down what you are celebrating and where you plan to have the party.

■ **Deuxième étape:** Jot down the weather that can be expected and three or four activities you would like to suggest to your guests.

■ **Troisième étape:** Write a sentence or two in which you make your invitation. Review **Comment inviter** (pages 128–129) for suggestions.

■ **Quatrième étape:** What other details would be helpful to the person you are inviting to the party (who else you are inviting, what to wear, what to bring, etc.). Is your invitation appealing?

■ **Cinquième étape:** Now put together the information in an e-mail using lively language. Then, with three or four of your classmates, share your invitations and respond to each invitation you receive.

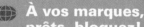

À vos marques, prêts, bloguez!

Cafés have become a part of American culture. In the class blog, in French, write about your café habits or those of a friend.

SYSTÈME-D

Phrases:	inviting; describing weather; writing a letter (informal)
Grammar:	interrogative; prepositions with times and dates; **faire** expressions
Vocabulary:	leisure; sports; clothing; time expressions

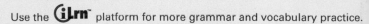
Talking about what you want to do, what you can do, and what you have to do *Les verbes vouloir, pouvoir et devoir*

The verbs **vouloir** *(to want)*, **pouvoir** *(can, to be able to)*, and **devoir** *(must, to have to)* are irregular verbs. They are presented together because they have similar, although not identical, structures and are frequently used in the same context.

vouloir *(to want)*	
je veux	nous voulons
tu veux	vous voulez
il/elle/on veut	ils/elles veulent

pouvoir *(can, to be able to)*	
je peux	nous pouvons
tu peux	vous pouvez
il/elle/on peut	ils/elles peuvent

devoir *(must, to have to)*	
je dois	nous devons
tu dois	vous devez
il/elle/on doit	ils/elles doivent

Tu veux aller au concert?	*You want to go to the concert?*
Ma sœur ne peut pas y aller.	*My sister can't go.*
Je dois travailler.	*I have to work.*

The verb **devoir** can also mean *to owe.*

Je dois dix euros à mon père.	*I owe my father ten euros.*

Making polite requests

Conditional forms of the verbs **vouloir** and **aimer** are frequently used to soften these verbs, making them sound more polite. This usage is known as the polite conditional, **le conditionnel de politesse.** Compare the following sentences.

Tu veux sortir ce soir?	*Do you want to go out tonight?*
Tu voudrais sortir ce soir?	*Would you like to go out tonight?*
J'aimerais sortir ce soir.	*I would like to go out tonight.*

You will study the conditional further in **Module 14.** For now, you will use the singular forms, **je, tu,** and **il,** shown below in bold. The other forms are presented here primarily for recognition.

> **vouloir: je voudrais, tu voudrais, il/elle/on voudrait,** nous voudrions, vous voudriez, ils/elles voudraient
>
> **aimer: j'aimerais, tu aimerais, il/elle/on aimerait,** nous aimerions, vous aimeriez, ils/elles aimeraient

Exercice 1 Jean-Marie wants to do something with his friends, but everyone is busy. Complete the conversation with the correct forms of the verbs given in parentheses.

JEAN-MARIE: Dis, Christine, tu (vouloir) _____ (1) aller au cinéma ce soir?

CHRISTINE: Je (vouloir) _____ (2) bien, mais je ne (pouvoir) _____ (3) pas. Je (devoir) _____ (4) travailler.

JEAN-MARIE: Marc, toi et Jean-Claude, vous (vouloir) _____ (5) y aller?

MARC: Non, nous ne (pouvoir) _____ (6) pas. Nous n'avons pas assez de fric *(money, fam)*.

JEAN-MARIE: Mais dites donc... Vous êtes impossibles! Et ta sœur Martine, qu'est-ce qu'elle (faire) _____ (7)? Peut-être qu'elle (pouvoir) _____ (8) y aller avec moi?

MARC: Impossible. Elle (devoir) _____ (9) garder la petite Pauline.

JEAN-MARIE: Mais je ne (vouloir) _____ (10) pas y aller tout seul!

Exercice 2 You hear the following remarks at the café. Write the verbs in parentheses in the polite conditional form.

1. J'(aimer) _____ passer le week-end chez vous.
2. Tu (vouloir) _____ voir un film?
3. Marc (aimer) _____ trouver un nouveau job.
4. Qu'est-ce que tu (vouloir) _____ faire ce soir?
5. Serge (aimer) _____ finir son livre.
6. Tu (vouloir) _____ aller en boîte samedi?

Structure 5.2

Talking about going out with friends *Les verbes comme* **sortir**

The verb **sortir** means *to leave, to exit an enclosed place, or to go out with friends.*

sortir *(to leave; to exit; to go out)*	
je sors	nous sortons
tu sors	vous sortez
il/elle/on sort	ils/elles sortent

Notice that the verb **sortir** has two stems, one for the singular forms **(sor-)** and one for the plural forms **(sort-).**

Tu sors avec Michel et Nicole?   *You're going out with Mike and Nicole?*
Nous sortons du café à 9h00.   *We leave the café at 9 o'clock.*

The following verbs are conjugated like **sortir.** Note the different singular and plural stems.

	singulier	**pluriel**
partir *to leave, depart*	je **par**s	nous **part**ons
servir *to serve*	je **ser**s	nous **serv**ons
dormir *to sleep*	je **dor**s	nous **dorm**ons

Le train part pour Londres.   *The train is leaving for London.*
Les enfants dorment jusqu'à 10h00.   *The children sleep till 10:00.*

Exercice **3**   Fill in the blanks with the appropriate forms of the verbs in parentheses.

1. À quelle heure est-ce que vous _____ (partir)?

2. C'est vrai qu'elle _____ (sortir) avec Pierre ce week-end?

3. Tu viens chez nous pour le dîner ce soir? Nous _____ (servir) une fondue suisse.

4. Ne faites pas trop de bruit, les enfants _____ (dormir) toujours.

5. Je _____ (partir) en vacances la semaine prochaine.

6. Tu _____ (sortir) à sept heures ce soir, n'est-ce pas?

Exercice **4**   What are the following people doing this weekend? Fill in the blanks with the correct forms of **dormir, partir, servir,** or **sortir,** according to the context.

1. Nous _____ tard ce week-end. Nous aimons faire la grasse matinée.

2. Vous _____ avec Pierre ce soir? Vous allez au cinéma?

3. Elle _____ pour son bureau à neuf heures samedi matin.

4. Mes copains _____ de la boîte à minuit parce que leur résidence ferme à 1h00.

5. Tu _____ une salade et des sandwiches à tes amis.

6. Faustine et moi, nous _____ du magasin avec beaucoup de sacs.

Structure 5.3

Using pronouns to give emphasis *Les pronoms accentués*

French has a special set of pronouns called **pronoms accentués,** or stress pronouns. The chart that follows summarizes the subject pronouns and their corresponding stress pronouns.

pronom sujet	pronom accentué	pronom sujet	pronom accentué
je	**moi**	nous	**nous**
tu	**toi**	vous	**vous**
il	**lui**	ils	**eux**
elle	**elle**	elles	**elles**

Usage

The primary function of stress pronouns is to highlight or to show emphasis. Since subject pronouns in French cannot be stressed, the stress pronoun is frequently added to the subject pronoun in conversation for emphasis. Sometimes it is added at the end of the sentence.

| Moi, j'aime le jus d'orange.
J'aime le jus d'orange, moi. | } | *I like orange juice.* |

Lui, il aime le café. — *He likes coffee.*

— Qui est-ce?   — *Who is it?*
— C'est moi.   — *It's me.*

Stress pronouns appear in many common expressions without a verb.

J'aime le thé. Et toi?   *I like tea. And you?*
Moi aussi.   *Me too.*
Et lui?   *And him?*

They frequently appear after prepositions.

Pour nous, deux chocolats chauds.   *For us, two hot chocolates.*
Tu vas chez toi?   *Are you going home?*
Elle vient avec eux?   *Is she coming with them?*

They can also be used with **à** to show possession.

Ce livre est à toi?   *Is this book yours?*

Exercice 5   Choose the person that corresponds to the italicized stress pronoun.

1. Philippe sort avec *elle.* (Marie-Josée / Henri)
2. Je vais dîner chez *eux.* (Luc et Jean / Émilie et Hélène)
3. Nous partons en vacances avec *elles.* (Marie-Josée et Henri / Hélène et Monique)
4. Elle travaille chez *lui.* (Max / Monique et Sophie)
5. Ils vont faire un voyage avec *nous* (Mohammed et moi / Jacques et Djamila)

Exercice 6   Max meets his friends at a café. Complete their conversation with the appropriate stress pronouns. Read each group of sentences carefully to determine which pronouns are needed.

CLAIRE: Michel, _____ (1), il aime le chocolat chaud. _____ (2), nous préférons l'eau minérale. Et _____ (3), qu'est-ce que tu préfères?

MAX: J'aime le jus de fruits, alors pour _____ (4), un jus d'orange. Et pour _____ (5), Monique et Serge? Qu'est-ce que vous voulez?

MONIQUE: _____ (6), j'aime bien le thé au lait. Et _____ (7), Serge?

SERGE: Je ne veux rien. Ah! Voilà mes frères. Je dois partir avec _____ (8). Au revoir.

MICHEL: Où sont Nicole et Sandrine? Regarde, ce sont _____ (9) à la terrasse. Mais, qui est avec _____ (10)?

MAX: Je pense que c'est Amadou. Il est très sympa. Je vais chez _____ (11) pour mes leçons de piano. Sa mère est prof de musique.

MICHEL: Et il va à l'université, _____ (12) aussi?

MAX: Oui. Et nous sommes en cours de philo ensemble, _____ (13) et _____ (14).

Structure 5.4

Talking about eating and drinking *Prendre, boire et les verbes réguliers en -re*

The verb *prendre*

The verb **prendre** *(to take)* is irregular. It is used figuratively to mean *to have something to eat or drink.*

prendre *(to take)*	
je prends	nous prenons
tu prends	vous prenez
il/elle/on prend	ils/elles prennent

Elles ne prennent pas l'autobus.   *They're not taking the bus.*
Nous prenons deux chocolats chauds.   *We'll have two hot chocolates.*

Two other verbs that are formed like **prendre** are **apprendre** (*to learn*) and **comprendre** (*to understand*).

Je ne comprends pas.	*I don't understand.*
Nous apprenons le français.	*We are learning French.*

The verb *boire*

The verb **boire** (*to drink*) is also irregular.

boire *(to drink)*	
je bois	nous buvons
tu bois	vous buvez
il/elle/on boit	ils/elles boivent

Après mon cours de yoga, je bois de l'eau.	*After my yoga class, I drink water.*

Note that **boire** is often replaced by the verb **prendre,** which is used both for eating and drinking. One might ask: **Vous voulez quelque chose à boire** (*something to drink*)? When placing an order, however, it is more common to say: **Moi, je prends un coca.**

Regular *-re* verbs

To conjugate regular **-re** verbs, drop the **-re** ending of the infinitive and add the endings shown in the chart.

attendre *(to wait for)*	
j'attend**s**	nous attend**ons**
tu attend**s**	vous attend**ez**
il/elle/on attend	ils/elles attend**ent**

Ils attendent leurs amis au café.	*They are waiting for their friends at the café.*
Je n'attends pas le bus.	*I'm not waiting for the bus.*

Note that the verb **attendre** means *to wait **for,*** so it is never followed by a preposition. The preposition is included in the meaning of the verb.

Other common regular **-re** verbs are the following:

entendre	*to hear*
perdre	*to lose*
rendre	*to return (something)*
répondre	*to answer*
vendre	*to sell*

Tu vends ton vélo?	*Are you selling your bike?*
Vous répondez vite à vos courriels.	*You answer your e-mails quickly.*

Exercice 7 Paul and his friends are at the café. Complete their dialogue with the appropriate forms of the verb **prendre**.

PAUL: Qu'est-ce que vous _____ (1)?

GUY: Je _____ (2) euh... je ne sais pas. Marie, qu'est-ce que tu _____ (3)?

MARIE: Un café.

GUY: Moi, je préfère quelque chose de sucré. Alors, je voudrais un Orangina.

PAUL: Alors, Marie et moi, nous _____ (4) un café. Guy _____ (5) un Orangina.

Exercice 8 It's 11 o'clock and everyone is busy. Fill in the blanks to describe what people are doing.

1. J'(attendre) _____ ma camarade de chambre au café.

2. L'instituteur (perdre) _____ patience avec les élèves.

3. Nous (boire) _____ du thé avec nos croissants.

4. Tu (répondre) _____ au téléphone.

5. Les professeurs (rendre) _____ les devoirs aux étudiants.

6. Toi et moi, nous (attendre) _____ notre bus.

7. Christine (vendre) _____ un livre à un client à la librairie universitaire.

8. Vous (apprendre) _____ le français.

Exercice 9 Françoise is just leaving the café and sees her friend Lucienne at another table. Complete their conversation by choosing the logical verb for each sentence from the list provided and writing in the appropriate form.

entendre	**comprendre**
attendre (2 fois)	**prendre (2 fois)**
être	

FRANÇOISE: Salut, Lucienne. Ça va?

LUCIENNE: Oui, ça va.

FRANÇOISE: Tu _____ (1) quelqu'un?

LUCIENNE: J(e) _____ (2) mon ami Denis. Et toi?

FRANÇOISE: J'étudie. Écoute... qu'est-ce que c'est? Est-ce que tu _____ (3) de la musique?

LUCIENNE: Oui, ça doit être Denis. Il a toujours son iPod.

DENIS: Salut, vous deux. Vous _____ (4) quelque chose? Moi, je _____ (5) une bière.

FRANÇOISE: Bonjour, Denis. Je vous laisse. Je vais à la bibliothèque pour étudier ma leçon de chimie. Le cours _____ (6) très difficile et mes amis et moi, nous ne _____ (7) rien *(nothing)*.

LUCIENNE: Bon courage, Françoise. Au revoir et étudie bien.

Structure 5.5

Asking questions *L'interrogatif*

Yes/no questions

You are already familiar with two basic ways to ask questions in French.

- By using rising intonation:

    Tu parles français?   *You speak French?*

- By adding **est-ce que (qu')** to a sentence:

    Est-ce que tu parles français?   *Do you speak French?*

There are two other common ways of asking yes/no questions.

- By adding the tag question **n'est-ce pas** or **non** at the end of the sentence and using rising intonation. In informal conversation, **hein** is often used.

    Tu parles français, n'est-ce pas?   *You speak French, don't you?*

    C'est pas mal, hein?   *It's not bad, huh?*

- By using inversion, in which the normal position of the subject and the verb is reversed.

    Tu parles français. → Parles-tu français?   *Do you speak French?*

Inversion is considered somewhat formal, but it is usually used in such frequently asked questions as **Quelle heure est-il?** *(What time is it?)* and **Quel temps fait-il?** *(What's the weather like?).* Follow these guidelines for forming inversion questions:

1. When you invert the subject and verb, connect them with a hyphen.

    Allez-vous au cinéma?   *Are you going to the movies?*

2. When inverting **il, elle,** or **on** with a verb that does not end in **d** or **t,** add -t- between the verb and the subject.

    Joue-t-elle de la guitare?   *Does she play the guitar?*
    Va-t-on au café?   *Are we going to the café?*

    BUT:

    Prend-il un café?   *Is he having coffee?*
    Est-ce votre portable?   *Is it your cell phone?*

3. When nouns are used in inversion questions, state the noun and then invert the verb with the corresponding subject pronoun.

    Ton ami fait-il le ménage?   *Does your friend do housework?*
    Véronique va-t-elle en classe?   *Is Véronique going to class?*

4. Inversion is generally not used when the subject is **je.** Use **est-ce que** instead.

    Est-ce que je vais chez Paul ou pas?   *Am I going to Paul's or not?*

Information questions

The following question words are used to request information.

combien	*how much*	C'est combien?	*How much is it?*
combien de/d' + noun	*how much/ many*	Combien de croissants voulez-vous?	*How many croissants do you want?*
comment	*how*	Comment ça va?	*How are you?*
	what	Comment est ton frère?	*What is your brother like?*
		Comment?	*What? Huh?*
où	*where*	Où est le Café de Flore?	*Where is the Café de Flore?*
d'où	*from where*	D'où êtes-vous?	*Where are you from?*
pourquoi	*why*	Pourquoi étudies-tu l'anglais?	*Why do you study English?*
quand	*when*	Quand est-ce que tu rentres chez toi?	*When are you going home?*
que (qu')	*what*	Qu'est-ce que tu prends?	*What are you having to drink?*
quel(le)(s)	*which, what*	Quel film voulez-vous voir?	*What film do you want to see?*
qui	*who*	Qui est-ce?	*Who is it?*

Note:

1. The question **pourquoi** is usually answered with **parce que.**

— Pourquoi étudies-tu l'anglais? — *Why are you studying English?*
— Parce que j'aime Shakespeare. — *Because I like Shakespeare.*

2. **Quel** (*which* or *what*) is an adjective that must agree with the noun it modifies. Its four forms are **quel, quelle, quels, quelles.**

Quel jus préfères-tu? *What/Which juice do you prefer?*
Quelle heure est-il? *What time is it?*
Quels films veux-tu voir? *What movies do you want to see?*
Quelles places sont libres? *Which seats are free?*

Quel and its forms are also used to make exclamations.

Quel beau temps! *What beautiful weather!*
Quelle belle robe! *What a beautiful dress!*

Usage

Form information questions by using one of the following question patterns:

- **intonation,** common in casual speech

Où tu habites? *Where do you live?*
Tu habites où? *You live where?*

- **est-ce que,** used in formal or informal speech and writing

Qui est-ce que tu attends? *Who are you waiting for?*
Qu'est-ce que tu prends? *What'll you have?*

- **inversion,** generally used in formal speech and in writing

Pourquoi vas-tu au café? *Why are you going to the café?*
Où va-t-elle? *Where is she going?*

Exercice 10 The following questions are included in a survey about finding a perfect partner. Reformulate the questions in a more informal way that you could use when talking with your friends.

1. Aimes-tu danser? (n'est-ce pas)

2. Es-tu nerveux (nerveuse) quand tu es avec mes parents? (est-ce que)

3. Tes parents sont-ils compréhensifs? (intonation)

4. Aimes-tu lire, passer du temps sur ton ordinateur ou regarder la télévision le soir? (est-ce que)

5. Joue-t-il bien? (hein)

6. Est-il important d'être romantique et affectueux (affectueuse)? (n'est-ce pas)

Exercice 11 You work for the school paper and plan to interview a new professor from France. As you prepare your notes for this formal interview, reformulate your questions with inversion.

1. Vous êtes d'où?

2. Vous enseignez les sciences politiques?

3. C'est votre première visite aux États-Unis?

4. Votre famille est ici avec vous?

5. Vous avez des enfants?

6. Votre mari est professeur aussi?

7. Il parle anglais?

8. Vous pensez rester aux États-Unis?

Exercice 12 The following exchanges might be heard in a café as people chat. Based on the information provided in the answers, complete the questions with the appropriate question word(s).

1. — _____ sont tes parents?

   — Mes parents sont attentifs et relax.

2. — _____ habite ta sœur?

   — Elle habite à Atlanta.

3. — _____ est-ce?

   — C'est ma tante.

4. — _____ tu prends un café?

   — Parce que j'ai un examen dans une heure.

5. — _____ tu étudies?

   — J'étudie la biologie.

6. — Ton copain, _____ s'appelle-t-il?

   — Il s'appelle Marc.

7. — _____ es-tu?

   — Je suis de Minneapolis.

8. — _____ chiens as-tu?

   — J'ai deux chiens.

9. — _____ cours as-tu aujourd'hui?

   — J'ai un cours d'histoire et un cours de maths.

10. — _____ bel homme! Il est marié?

    — Oui, hélas, il est marié.

Tout ensemble!

Two friends, Kathy and Isabelle, meet at the café. Complete their conversation by selecting the appropriate words from the list.

à quelle	pourquoi	sortent
dois	prenez	toi
est-ce que	qu'est-ce que	voudrais
moi	quelle	voulez
où	devons	
pour	sors	

LE GARÇON: Mesdames, qu'est-ce que vous _____ (1)?

ISABELLE: Je _____ (2) un verre de vin rouge, s'il vous plaît.

KATHY: Et _____ (3) moi, un crème. Tiens, voilà ta sœur et son petit ami. Eux, ils _____ (4) ensemble très souvent, n'est-ce pas? _____ (5) vont-ils ce soir?

ISABELLE: Au cinéma. Ils vont voir le nouveau film d'Emmanuelle Béart. C'est mon actrice préférée. Quelle actrice _____ (6) tu préfères?

KATHY: J'aime Audrey Tautou, _____ (7).

ISABELLE: Ah oui? _____ (8)?

KATHY: Mmm, parce qu'elle est belle et puis, elle a du talent.

LE GARÇON: Voilà, mesdames. Un verre de vin rouge et un crème. Vous _____ (9) autre chose?

ISABELLE: Non, c'est tout, merci. Kathy, il est déjà neuf heures. _____ (10) heure est-ce que tu dois partir?

KATHY: Je _____ (11) rentrer chez moi vers dix heures. _____ (12) tu fais ce week-end?

ISABELLE: Ce week-end? Dimanche, nous _____ (13) aller voir ma grand-mère. Et _____ (14)?

KATHY: Je travaille. Mais je _____ (15) samedi soir avec des amis. Tu veux venir avec nous?

ISABELLE: Cool! _____ (16) bonne idée!

Vocabulaire

Vocabulaire fondamental

Noms

Les boissons (f) — *Drinks*

une bière	*a beer*
un café / un expresso	*a coffee, an espresso*
un (café) crème	*a coffee with steamed milk*
un chocolat chaud	*a hot chocolate*
un Coca (light)	*a (diet) Coke*
un demi	*a glass of draft beer*
une eau minérale	*a mineral water*
un jus d'orange	*an orange juice*
un thé au lait	*a hot tea with milk*
un thé citron	*a hot tea with lemon*
un thé nature	*a hot tea (plain)*
un (verre de vin) rouge	*a (glass of) red wine*

La météo — *The weather*

Il fait 30° (trente degrés).	*It's thirty degrees.*
Il fait beau.	*It's nice weather.*
Il fait chaud.	*It's hot.*
Il fait froid.	*It's cold.*
Il fait mauvais.	*It's bad weather.*
Il neige.	*It's snowing.*
Il pleut.	*It's raining.*
Il y a des nuages.	*It's cloudy.*
Il y a du soleil.	*It's sunny.*
Il y a du vent.	*It's windy.*
la neige	*snow*
le soleil	*sun*
le vent	*wind*

Adjectifs

chaud(e)	*hot*
frais (fraîche)	*cool*
froid(e)	*cold*
impossible	*impossible*
pris(e)	*taken, not available*
seul(e)	*alone*

Verbes

aller en boîte	*to go to a club*
aller voir	*to go see*
apprendre	*to learn*
attendre	*to wait for*
boire	*to drink*
commander	*to order (at a café, restaurant)*
comprendre	*to understand*
désirer	*to want*
devoir	*must, to have to; to owe*
discuter (de)	*to discuss*
dormir	*to sleep*
entendre	*to hear*
faire la connaissance (de)	*to meet, to make someone's acquaintance*
inviter	*to invite*
laisser un message	*to leave a message*
partir (en vacances)	*to leave, to depart (on vacation)*
perdre	*to lose*
pouvoir	*can, to be able to*
prendre	*to take; to have food*
rappeler	*to call back*
rendre	*to return (something)*
répondre	*to answer*
servir	*to serve*
sortir	*to leave, to exit; to go out*
vendre	*to sell*
vouloir	*to want*

Mots interrogatifs

combien (de)	*how much (how many)*
comment	*how (what, huh)*
(d')où	*(from) where*
pourquoi	*why*
quand	*when*
que	*what*
quel(le)	*which, what*

Pronoms accentués

moi	*me*
toi	*you*
elle(s)	*her (them)*
lui	*him*
nous	*us*
vous	*you*
eux	*them*

Mots divers

avec	*with*
une boîte (de nuit)	*a club*
un café	*a coffee shop*
une carte	*a menu*
un courriel	*an e-mail message*
d'habitude	*usually*
ensemble	*together*
une idée	*an idea*
parce que	*because*
une place	*a seat*
pour	*for*
quelque chose (à boire)	*something (to drink)*
quelqu'un	*someone*
un rendez-vous	*an appointment; a date*
un sandwich jambon beurre	*a ham sandwich with butter*
toujours	*all the time, always*

Mots apparentés: un croissant, un instant, un message, un moment, un portable, un sandwich

Expressions utiles

(See pages 124–125 for additional expressions.)

allô	*hello (when answering the phone)*
C'est de la part de qui?	*Who is calling?*
(C'est) Dommage.	*(That's) Too bad.*
D'accord.	*Okay.*
Je peux laisser un message?	*May I leave a message?*
Je peux parler à ___, s'il te (vous) plaît?	*May I speak with ___, please?*
Je vais rappeler plus tard.	*I will call back later.*

(See page 129 for additional expressions.)

Désolé(e). Je suis occupé(e).	*Sorry. I'm busy.*
Malheureusement, je ne peux pas.	*Unfortunately, I can't.*
Oui, je veux bien.	*Sure, I'd like to. Yes, please.*

peut-être	*maybe*
Qu'est ce que tu vas faire ce week-end?	*What are you going to do this weekend?*
Tu aimerais faire quelque chose?	*Would you like to do something?*
Tu veux sortir ce soir?	*Do you want to go out tonight?*

(See page 140 for additional expressions.)

D'où êtes-vous?	*Where are you from?*
Je vous (te) connais?	*Do I know you?*
Pardon, est-ce que cette place est libre?	*Excuse me, is this seat free?*
Quel beau temps, n'est-ce pas?	*What nice weather, isn't it?*
Vous attendez (Tu attends) quelqu'un?	*Are you waiting for someone?*

CD1, Tracks 74–78

Vocabulaire supplémentaire

Noms

Rendez-vous au café

un citron pressé	*a fresh-squeezed lemonade*
une infusion	*an herbal tea*
un jus de pomme	*an apple juice*
une limonade	*a lemon-lime soda*
un Orangina	*an orange soda (brand name)*
une terrasse	*an outdoor seating area of a café*

Adjectifs

alcoolisé(e)	*containing alcohol*
sucré(e)	*sweetened*

Verbes

appeler	*to call*
continuer	*to continue*
rappeler	*to call back*

Expressions utiles

Il fait doux.	*It's mild.*
Il fait lourd.	*It's humid.*
Il y a des éclaircies.	*It's partly cloudy.*
Il y a des orages.	*It's stormy.*
Il y a du brouillard.	*It's foggy.*
Ça te dit d'aller prendre un café?	*How about going for a coffee?*
Je t'invite.	*It's my treat.*

Mots divers

un billet	*a ticket*
C'est pas grave. *(fam)*	*It's not important.*
Ne quittez pas.	*Please hold (on phone).*
quand même	*anyway*
une soirée	*an evening (party)*

Un kiosque à Nice, sur la Côte d'Azur. Quel journal lisez-vous?

Qu'est-ce qui s'est passé?

In this chapter, you will learn how to talk about past events: what you did over the weekend, where you went on your last vacation. You will also learn how to recount a brief anecdote and be an active listener. **Perspectives culturelles** will help you understand why the French are well known for their vacations and how to follow the French press. You will also learn how to talk about the lives of several historical figures in the French-speaking world.

Hier

Talking about what happened *Le passé composé avec **avoir***

The **thème Hier** focuses on what you did yesterday and highlights the **passé composé,** a verb tense used to tell what happened and to recount past events. See pages 181–182 for a discussion of this tense. Time expressions that explain when an event took place appear on page 182.

Qu'est-ce que vous avez fait hier?

Angèle a étudié pour un examen.

M. et Mme Montaud ont joué aux cartes.

Serge a regardé une série à la télévision.

Mme Ladoucette a fait une promenade dans le parc avec son chien.

Véronique a pris des photos du coucher de soleil.

Stéphane a attendu le bus sous la pluie.

Notez et analysez

In the picture captions, you can see that the **passé composé** form has two parts, first the auxiliary, or helping verb, and then a form of the base verb called the past participle. Identify the auxiliary verb. What forms of that verb do you see? Locate the past participles and give their infinitives.

Hier après-midi, Jérôme a joué avec un petit bateau dans le bassin du jardin du Luxembourg. Et vous, qu'est-ce que vous avez fait hier?

Activité 1 Les activités d'hier

Indiquez si vous avez fait les activités suivantes hier.

	Oui	Non
1. J'ai fait du sport.	_____	_____
2. J'ai regardé les infos (news) en ligne.	_____	_____
3. J'ai pris des photos.	_____	_____
4. J'ai regardé mes courriels.	_____	_____
5. J'ai surfé sur Internet.	_____	_____
6. J'ai perdu mon téléphone portable.	_____	_____
7. J'ai mangé à la cafétéria.	_____	_____
8. J'ai travaillé.	_____	_____

Activité 2 Hier soir

Qu'est-ce que les étudiants de la classe ont fait *hier soir*? Posez les questions suivantes à un(e) camarade.

1. Tu as regardé la télé? Qu'est-ce que tu as regardé?
2. Tu as parlé au téléphone? Avec qui?
3. Est-ce que tu as travaillé? Quand? Où?
4. Est-ce que tu as dîné au restaurant? Où? Avec qui?
5. Tu as retrouvé des amis? Qui? Où?
6. Est-ce que tu as étudié? Pour quel cours?

CD2, Track 2

Expressions utiles
Quelques expressions de temps

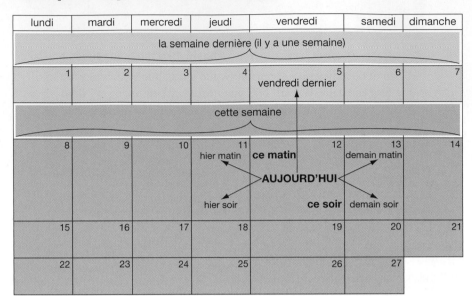

lundi	mardi	mercredi	jeudi	vendredi	samedi	dimanche
la semaine dernière (il y a une semaine)						
1	2	3	4	5 vendredi dernier	6	7
cette semaine						
8	9	10	11 hier matin **ce matin**	12 demain matin	13	14
			AUJOURD'HUI			
		hier soir	**ce soir**	demain soir		
15	16	17	18	19	20	21
22	23	24	25	26	27	

Notez et analysez

Find the expressions on the time line for *last week* and *last Friday*. How would you say *last year*? **L'année…** *Last month*? **Le mois… Il y a une semaine** means *a week ago*. How would you say *two days ago*?

 Activité **3** La dernière fois…

Avec un(e) partenaire, dites quand vous avez fait les activités suivantes pour la dernière fois *(last time)*. Utilisez une expression de temps au passé dans votre réponse.

Modèle: parler anglais en classe
— *Quelle est la dernière fois que tu as parlé anglais en classe?*
— *J'ai parlé anglais en classe ce matin. Et toi?*

Quelle est la dernière fois que tu as…

1. téléphoné à tes parents
2. fait un voyage
3. été en retard pour un rendez-vous
4. cherché un(e) ami(e) sur Facebook
5. perdu tes clés *(keys)*
6. dormi en classe
7. lu un bon livre

 Activité **4** Vous êtes curieux (curieuse)!

A. Qu'est-ce que votre professeur a fait hier? Vous avez un maximum de six questions pour trouver trois de ses activités. Il/Elle va répondre **oui** ou **non**.

Modèle: *Est-ce que vous avez regardé la télévision?*

B. Faites la même activité avec un(e) camarade de classe. Utilisez **tu** avec votre camarade.

Modèle: *Est-ce que tu as regardé la télévision?*

Comment raconter et écouter une histoire (introduction)

Nicole, raconte ce qui s'est passé.

Eh ben, c'est comme ça...

Réfléchissez et considérez

When we speak with others, especially when telling a story, we like to know people are listening. Active listeners give feedback.

1. First, how do you ask someone to tell you what happened? When you're listening to the answer, how do you express surprise? How do you indicate your interest and encourage the speaker to continue?

2. When you're telling a story, what words do you use to order the events?

3. Look at the list of **Expressions utiles** and find the French equivalents for the English expressions you've identified.

CD2, Track 3

Expressions utiles

Si vous écoutez une histoire...

Pour commencer

Qu'est-ce qui s'est passé?	
Qu'est-ce qui est arrivé?	*What happened?*

Pour réagir

Ah oui?	*Really?*
Et alors?	*And then (what)?*
Ah bon?	*Yes? (Go on . . .)*
Vraiment?	*Really?*
Pas possible!	*Unbelieveable!*
Dis donc!	*Wow!*
Oh là là!	*Oh, my goodness! / Unbelievable!*
Formidable! Super!	*Great!*
Zut alors! / Mince!	*Oh no!*

Si vous racontez une histoire...

Pour commencer

Voilà, c'est comme ça...	*So it happened like this . . .*
Alors...	*So . . .*

Pour continuer

D'abord...	*First . . .*
Et puis...	*And then . . .*
Alors... / Ensuite...	*Then . . .*
Euh...	*Uh, um . . .*
Après...	*Then . . .*
Enfin...	*Finally . . .*

CD2, Track 4

Écoutons ensemble! Au restau-U

Vous êtes dans le restaurant universitaire où vous entendez des conversations.

A. Lisez d'abord les commentaires dans la colonne de gauche. Puis, trouvez la réponse appropriée à chacun dans la colonne de droite. Ensuite, écoutez les conversations et vérifiez vos réponses.

1. Tu sais, Marc a eu un accident de moto sur l'autoroute!
2. Dis, Claire, je pense que je vais avoir une promotion!
3. J'ai vu la cousine de Mohammed. Elle dit qu'il est parti pour Paris.
4. Hervé m'a invitée à aller en vacances avec sa famille!
5. Sylvie, tu es toute rouge! Pourquoi?
6. Cet après-midi, nous allons nous balader à vélo.
7. J'ai perdu mon livre de français.

a. Vraiment? Félicitations!
b. Ah oui? Qu'est-ce qu'il va faire à Paris?
c. Eh ben, voilà ce qui s'est passé. Je t'explique...
d. Zut alors. Qu'est-ce que tu vas faire?
e. Ah oui? Qu'est-ce que vous allez faire après?
f. Dis donc! Tu vas y aller?
g. Oh là là! C'est grave? Il est à l'hôpital?

B. Maintenant, lisez les mini-dialogues avec un(e) partenaire. Puis, inventez votre propre dialogue et jouez-le pour vos camarades.

 Activité 5 **Une conversation entre amis**

Faites des mini-échanges avec votre partenaire à tour de rôle en suivant le modèle.

> **Modèle:** — *J'ai perdu mon agenda.*
> — *Vraiment? Qu'est-ce que tu vas faire?*

1. J'ai deux examens demain!
2. Mon coloc a pris mes lunettes de soleil.
3. J'ai oublié de rendre mon devoir de chimie.
4. Mon ex-copain m'a envoyé *(sent me)* un message sur Facebook.
5. Mes parents arrivent demain.
6. J'ai perdu mon portable.

 Activité 6 **Un voyage récent**

Quelle ville avez-vous visitée récemment? Suivez le modèle pour décrire brièvement votre visite. Votre partenaire réagit en utilisant les expressions de la liste à la page 161.

> **Modèle:** — *J'ai voyagé à Madrid.*
> — *Ah oui?*
> — *J'ai vu la Puerta del Sol et j'ai visité le Prado.*
> — *Vraiment? / Dis donc!*

Activité 7 Routines logiques?

Arrangez les activités dans l'ordre chronologique et ajoutez **d'abord, puis, ensuite, alors** et **enfin**. Lisez votre réponse à la classe; un(e) étudiant(e) doit réagir avec des expressions comme **Vraiment?** ou **Ah oui?**

1. **Une soirée entre amis.** Le week-end dernier, j'ai invité des amis chez moi pour une soirée. D'abord, j'ai...
   3 **a.** préparé le dîner.
   b. fait les présentations.
   1 **c.** téléphoné à mes amis pour les inviter.
   2 **d.** fait les courses.

2. **Un examen.** Vendredi dernier, Manuel avait un examen d'histoire. D'abord, il a...
   a. retrouvé un groupe d'amis pour étudier ensemble.
   b. passé l'examen pendant deux heures.
   c. révisé les notes de classe.
   d. beaucoup dormi après l'examen.

3. **Un match de tennis.** Samedi dernier, tu as joué au tennis. D'abord, tu as...
   a. réservé un court au stade municipal.
   b. pris une douche *(shower)* avant de rentrer.
   c. joué deux sets de tennis.
   d. retrouvé ton partenaire au stade.

4. **Une soirée au cinéma.** Le week-end dernier, nous avons vu un film avec des amis. D'abord, nous avons...
   a. vu le film.
   b. pris le métro pour aller au cinéma Rex.
   c. dîné dans un restaurant qui reste ouvert jusqu'à minuit.
   d. cherché un bon film dans *Pariscope*.

5. **Pour louer un appartement.** D'abord, Marianne a...
   a. surfé sur Internet pour trouver un studio pas cher.
   b. décidé de le louer.
   c. téléphoné à la propriétaire pour prendre rendez-vous.
   d. vu le studio.

6. **La fin de la journée.** D'abord, j'ai...
   a. fait mes devoirs.
   b. décidé d'aller au lit.
   c. commencé à regarder un mauvais film.
   d. regardé les infos à la télé.

Parlons de nos vacances

Structure 6.2

Narrating in the past *Le passé composé avec* **être**

You have just learned to form the **passé composé** with the auxiliary verb **avoir.** French also has a small number of verbs conjugated with **être** in the **passé composé.** Many of them involve movement. You will use these verbs to talk about your travels: where you went, when you arrived, when you returned, and so forth. For a complete discussion of the **passé composé** with **être,** see page 183.

Notez et analysez

The **Auberge Vandertramps** is a mnemonic device to help you remember key verbs that are conjugated with **être** in the **passé composé.** Try looking for the verbs that correspond to each letter in the name VANDERTRAMPS. What verb begins with a "V?" The "A" is for what verbs? Which two verbs do NOT involve movement?

Activité 8 · Notre premier jour à l'auberge

Lisez la description et indiquez si c'est vrai ou faux.

	Vrai	Faux
1. Le taxi est arrivé devant l'auberge.	_____	_____
2. L'homme d'affaires est monté dans le taxi.	_____	_____
3. Une jeune fille est entrée dans l'auberge.	_____	_____
4. Un petit chat est tombé de l'arbre.	_____	_____
5. Un petit oiseau est mort.	_____	_____
6. Une vieille femme est allée chercher un taxi.	_____	_____
7. Une femme est retournée à l'auberge à vélo.	_____	_____
8. Une femme est sortie de l'auberge avec un sac à dos.	_____	_____

Activité 9 · Votre dernier voyage

Avec votre partenaire, parlez de votre dernier voyage. Où est-ce que vous êtes allé(e)? Quand est-ce que vous êtes parti(e)? Qu'est-ce que vous avez fait? Quand est-ce que vous êtes rentré(e) chez vous? Après, racontez à la classe ce que votre partenaire a fait.

> **Modèle:**
>
> ÉTUDIANT(E) 1: *Je suis allé(e) dans le Colorado. Je suis parti(e) le 15 juillet. J'ai fait du camping à la montagne. Je suis rentré(e) chez moi le 30 juillet.*
>
> ÉTUDIANT(E) 2: *Mon/Ma partenaire est allé(e) dans le Colorado. Il/Elle est parti(e) le 15 juillet. Il/Elle a fait du camping à la montagne. Il/Elle est rentré(e) chez lui/elle le 30 juillet.*

Activité 10 · L'inquisition d'un parent possessif

Un parent possessif veut tout savoir sur le voyage que son fils (sa fille) a fait le week-end dernier. Avec un(e) camarade, jouez le rôle du parent et du fils (de la fille). **Suggestion:** Prenez une minute pour regarder les questions et pensez aux réponses avant de commencer.

> **Modèle:** — *Tu es parti(e) avec qui?*
> — *Je suis parti(e) avec des copains.*

1. Tu es parti(e) avec qui?
2. À quelle heure est-ce que vous êtes parti(e)s?
3. Où est-ce que vous êtes allé(e)s?
4. À quelle heure est-ce que vous êtes arrivé(e)s?
5. Qu'est-ce que vous avez fait?
6. Quand est-ce que vous êtes revenu(e)s?

Activité 11 · Interaction

Posez les questions suivantes à un(e) camarade. Ensuite, donnez sa réponse la plus intéressante à la classe.

1. Où est-ce que tu as passé tes meilleures *(best)* vacances?
2. Comment est-ce que tu as voyagé? (En voiture? En avion? En train?)
3. Tu es allé(e) en vacances avec qui?
4. Pendant combien de temps tu es resté(e) à...?
5. Qu'est-ce que tu as vu d'intéressant?
6. Qu'est-ce que tu as fait pendant la journée? le soir?
7. Tu aimerais y retourner l'année prochaine?

Activité **12** Un voyage mal commencé

CD2, Track 5   Regardez les images et écoutez l'histoire. Ensuite, recomposez l'histoire vous-même.

1.

2.

3.

4.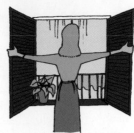

5.

6.

7.

8.

9.

10.

Expressions utiles: aller chercher l'équipement de camping, amener le chat, fermer les volets, ranger les bagages dans le coffre, accrocher la caravane, sortir de la maison, chercher les clés, trouver, partir, rester derrière.

Activité **13**   Des vacances ratées ou réussies?

Est-ce que vos dernières vacances ont été merveilleuses, médiocres ou désastreuses? Avec un(e) partenaire, dites pourquoi, en utilisant les éléments des deux colonnes. Commencez avec le modèle.

Modèle: — *Tu as passé de bonnes vacances?*
— *Oui et non.*
— *Comment? Qu'est-ce qui s'est passé?*
— *Bon, voilà, je commence...*

DES VACANCES RATÉES

1. J'ai perdu mon argent / passeport.
2. Il a plu.
3. Les hôtels ont coûté trop cher.
4. Ma voiture est tombée en panne *(broke down)*.
5. J'ai raté *(missed)* mon avion.
6. Je suis tombé(e) malade *(sick)*.

DES VACANCES RÉUSSIES

1. J'ai trouvé de bons restaurants.
2. Mes parents ont payé le voyage.
3. Je suis sorti(e) dans des clubs super!
4. Il a fait beau.
5. J'ai rencontré des gens sympas.
6. J'ai trouvé une plage *(beach)* exotique.

Les congés payés

paid vacation

Les Français aujourd'hui sont les champions du monde du congé payé avec 39 jours de congés annuels. Ce chiffre les place avant les Allemands avec 27 jours et les Britanniques avec 24 jours. Les non-Européens arrivent bien derrière. Les Canadiens ont 19 jours et aux États-Unis, où 14 jours de vacances est typique, les congés payés ne sont pas garantis par la loi°.

Les travailleurs français ont gagné le droit° aux congés payés pour la première fois en 1936 et, depuis°, «les vacances pour tous» est devenue° une valeur sociale importante. Avant cette victoire pour les travailleurs, le tourisme était réservé aux gens aisés°.

Les Français prennent d'habitude la plupart de leurs vacances—trois semaines—pendant les grandes vacances°, surtout au mois d'août. Les jours des «grands départs», les autoroutes sont bondées°: des voitures roulent en direction de la plage laissant° la capitale presque déserte. Dans ce pays, on prend les vacances au sérieux. C'est une période d'évasion des soucis° du travail. Seul 18 pour cent des Français consultent leurs messageries électroniques° pendant leurs congés.

(Etude internationale Expedia-Harris 2006; *www.tourmag.com/Les-Francais-champions-du-monde-des-jours-de-conges_a13442.html - 61k*)

Dates importantes dans l'histoire des congés payés en France

1936 deux semaines

1956 trois semaines

1969 quatre semaines

1982 cinq semaines

law

right

since then
has become
well-off

summer vacation
crowded
leaving

worries
e-mail

Avez-vous compris?

Dites si les phrases suivantes sont vraies ou fausses. Corrigez les réponses fausses.

	Vrai	Faux
1. Les Américains ont droit à deux semaines de vacances par an.	_____	_____
2. Les vacances des Français sont plus longues que les vacances des Québécois.	_____	_____
3. Juin est le mois des grands départs pour les vacances en France.	_____	_____
4. La mer est une destination favorite des vacanciers français.	_____	_____
5. En Grande-Bretagne comme en Allemagne, les congés payés sont un droit.	_____	_____
6. Le concept de «working vacation» est populaire chez les Français.	_____	_____

Les informations et les grands événements *(events)*

Structure 6.3

Using verbs like *choisir* *Les verbes comme choisir*

Structure 6.4

Avoiding repetition *Les pronoms d'objet direct: le, la, les*

In this **thème,** in addition to learning how to read the French press, you will use regular **-ir** verbs like **choisir** *(to choose)* and pronouns that help you avoid repetition. See page 184 for **-ir** verbs and page 185 for direct object pronouns.

Forum de discussion: La presse jeune		
Est-il préférable d'être informé(e) des actualités *(news)* ou d'ignorer les nouvelles *(news)* (souvent négatives) et de vivre comme un imbécile heureux?	**Répondre à ce sujet**	**Créer un sujet**
Je **choisis** de garder les yeux ouverts. Je lis au moins deux journaux *(newspapers)* par jour. Je **les** regarde en ligne. **Répondre**	*Khalid* **Membre**	
Moi, je suis passionné par les nouvelles. Quand je trouve un article intéressant je **l'**envoie à mes copains ou je **l'**affiche sur Facebook. **Répondre**	*Manu* **Membre**	
Le journal télévisé? Chez moi, nous **le** regardons pendant le dîner. Puis ma sœur et moi, nous allons dans notre chambre et nous **finissons** nos devoirs. La télé en général? Je **la** regarde assez peu. **Répondre**	*Sylvie* **Membre**	

Notez et analysez

Look over this discussion forum where young people posted their opinions about the importance of keeping up with the news. The participants in the forum use pronouns to avoid repeating items they've already mentioned.

1. What word replaces **deux journaux** in Khalid's comment?
2. When Manu uses the pronoun **l' (le),** what is he referring to?
3. Look at Sylvie's posting and figure out how you would say: *The radio? I don't listen to it a lot.*

Activité 14 Dans un forum de discussion

Voici des questions posées dans un forum de discussion. Donnez une réponse en remplaçant les mots soulignés par un pronom.

1. Est-ce que tu lis <u>le journal</u> tous les jours?

2. Tu regardes <u>les actualités</u> en ligne?

3. Est-ce que tu envoies *(send)* <u>les articles qui t'intéressent</u> à tes copains?

4. Tu écoutes <u>les nouvelles</u> à la radio?

5. Tu aimes <u>les blogs</u>?

Activité 15 On écoute une conversation au téléphone

Élodie écoute sa mère qui parle au téléphone avec sa tante. De quoi parle sa tante?

A. D'abord, avec votre partenaire, identifiez l'élément dont elles parlent.

1. Oui, je les aime bien. (les actualités sur TV5 / la série *Grey's Anatomy*)

2. Non, nous ne la regardons pas beaucoup. (les actualités sur TV5 / la série *Grey's Anatomy*)

3. Oui, tu peux l'emprunter *(borrow)* demain. (mon DVD de *Lost* / tes clés)

4. Oui, je l'ai déjà regardé. (*Lost* / les actualités)

5. Je vais les voir ce week-end. (notre mère / nos parents)

B. Jouez le dialogue en posant les questions que sa tante a propablement posées à sa mère.

Le monde entier a accès aux programmes de télévision en français grâce à TV5. La chaîne *(channel)* offre aussi des leçons de français en ligne.

Activité 16 Le sommaire du *Point*

Parcourez *(Scan)* le sommaire, à la page 170, avec un(e) partenaire pour répondre aux questions suivantes.

1. On trouve une photo de qui sur la couverture du magazine (page 60 dans le sommaire)?

2. Qui écrit l'éditorial principal?

3. Sous la rubrique *(section)* «Monde», on parle d'une rébellion dans quel pays?

4. Sous quelle rubrique est-ce qu'on trouve un article sur:
   a. l'homme qui a gagné le prix Nobel?
   b. l'aide de John McCain?
   c. le parti socialiste (PS)?
   d. la crise *(economic crisis)* et le sport?

5. Quel problème, qui semble toucher la France et le monde en général, est identifié dans ce numéro *(edition)* du *Point* publié en octobre 2008?

SOMMAIRE 1883

60
PRIX NOBEL
LE CHERCHEUR DE TROP

18
SARKOZY
ET LA CRISE

66 HINE
L'ORFÈVRE DU COGNAC

70
LITTÉRATURE
LE SACRE DE
J. M. G. LE CLÉZIO,
PRIX NOBEL
EN BASKETS

74 FIAC
LE TOP 10
DES ARTISTES
LES PLUS CHERS
DE LA PLANÈTE

Le Point is published weekly by Société d'exploitation de l'hebdomadaire *Le Point*-Sebdo - 74, avenue du Maine, 75682 Paris Cedex 14, France. The US subscription price is $200. Airfreight and mailing in the USA by: IMX, C/O USA Agent, Cargo Bldg. 141, Suite 115-117, J.F.K. Int'l Airport, Jamaica, NY 11430. Periodical postage pending at Jamaica Post Office 11431. US POSTMASTER: send address change to: IMX, C/O USA Agent, Cargo Bldg. 141, Suite 115-117, J.F.K. Int'l Airport, Jamaica, NY 11430. Copyright *Le Point* 2008.
PRINTED IN FRANCE

Lisez les informations et ensuite, posez des questions à vos camarades de classe sur les événements récents.

Modèle: — *Qu'est-ce qui s'est passé en 2003?*
— *Les États-Unis ont commencé la guerre contre l'Irak.*

2001 Des terroristes ont attaqué les deux tours du World Trade Center à New York et le Pentagone à Washington DC.

2002 L'euro est devenu la seule monnaie utilisée dans l'Union européenne.

2003 Les États-Unis et la Grande-Bretagne ont lancé l'opération Liberté en Irak contre le régime de Saddam Hussein.

2004 Deux joueuses de tennis francophones, une Belge, Justine Henin-Hardenne, et une française Amélie Mauresmo, ont gagné des médailles olympiques à Athènes. Un séisme a provoqué un tsunami en Indonésie. Des centaines de milliers de gens sont morts.

2005 Les banlieues pauvres près de Paris ont explosé en émeutes *(riots)*. L'Américain Lance Armstrong a gagné le Tour de France une septième fois.

2006 Saddam Hussein a été condamné à mort. Un jeune rat est devenu la star du film d'animation *Ratatouille*.

2007 Nicolas Sarkozy a été élu président de la République française par une large majorité des Français.

2008 La Chine a accueilli *(welcomed)* les athlètes du monde entier pour la grande célébration des jeux Olympiques. L'Europe a salué l'élection de Barack Obama au poste de président des États-Unis.

2009 La crise des subprimes a provoqué un krach financier. Barack Obama est devenu président des États-Unis. Michael Jackson est mort.

Avez-vous une bonne mémoire? Répondez aux questions suivantes.

> **Modèle:** — *Quand est-ce que Sarkozy est devenu président de la France?*
> — *Sarkozy est devenu président de la France en 2007.*

1. Quand est-ce que l'euro a remplacé officiellement le franc?

2. En quelle année est-ce qu'il y a eu un tsunami en Indonésie?

3. Quand est-ce que *Ratatouille* a eu du succès au box-office?

4. Quel pays a été l'hôte des jeux Olympiques en 2008?

5. Qui a gagné le Tour de France en 2005?

6. Quand est-ce que les États-Unis ont lancé l'opération Liberté en Irak?

7. En quelle année est-ce que la crise des subprimes a déclenché *(triggered)* le krach financier?

 Activité **19** Les années 2000

Choisissez un des titres d'article dans le sommaire du *Point* (page 170). Expliquez à un(e) camarade de classe pourquoi cet article vous intéresse. À son tour, votre camarade choisit un titre et vous donne les raisons de son choix *(choice).*

> **Modèle:** — *Je choisis l'article sur Nicolas Sarkozy.*
> — *Pourquoi?*
> — *Parce que je pense que Nicolas Sarkozy est un homme intéressant et important.*

🌐 **Explorez en ligne**

Work in groups of three or four to find out about the French press. Are the major French and Canadian newspapers putting the same stories on their front page **(à la Une)** as the major American newspapers? Choose one of the following newspapers: **Le Monde, Le Figaro, Libération, France-Soir, Le Devoir, Cyberpress.ca.** Using French and Canadian search engines (yahoo.fr or google.fr; google.ca), access a newspaper, look at the top stories, and, in English, write down a brief summary of two of the stories. In addition, write down three French words or expressions you learned. Go to the *New York Times* online for the same day and write down any stories that appear both in the American and the Francophone press. Could you understand the stories in the Francophone newspapers? Did the *New York Times* and the Francophone press post the same stories? Did you learn anything new?

Les infos se transforment

Vous voulez suivre les actualités publiées par la presse française et francophone? Avec un moteur de recherche français tel que *google* ou *yahoo,* les quotidiens traditionnels publiés en France et dans le monde francophone sont immédiatement à votre disposition°. La version en ligne des journaux publiés chaque jour, tel que *Le Monde, Le Figaro* ou *Libération,* est enrichie par des photos, vidéoclips, éditoriaux, blogs et forums de discussion. Si vous préférez le journal télévisé, allez sur TV5, parmi d'autres chaînes de télévision. Ou bien, vous pouvez écouter les infos à la radio. Aujourd'hui, en France comme aux États-Unis, l'Internet est la première source d'informations pour les 15–25 ans.

Beaucoup de Français aiment toujours *(still)* acheter leurs journaux et magazines dans les kiosques malgré *(despite)* la popularité des informations en ligne.

available

Pour les gens qui préfèrent feuilleter° un journal ou un magazine, on peut trouver des revues de loisirs (sport, automobile, bricolage°, télévision, cinéma), des magazines féminins, tels que *Marie-Claire* et *Elle,* et des publications d'actualité générale° comme *Le Point* et *L'Express,* comparables à *Time* ou *Newsweek.* Et puis il faut mentionner la presse «people» qui suit la vie privée des stars. En dépit° de son succès grandissant, peu de gens admettent° lire ces magazines.

leaf through
do-it-yourself projects

general news

Despite
admit

■■ Avez-vous compris?

Répondez aux questions suivantes.

1. Comment s'appelle un journal qui est publié tous les jours?
2. Comment dit-on *TV news* en français?
3. Quel groupe de Français regarde les nouvelles principalement en ligne?
4. Quels magazines français sont comparables à *Time* ou *Newsweek*?

■■ Et vous?

1. Quels sont les journaux les plus lus aux États-Unis? Quel journal est-ce que vous aimez lire?
2. Comment est-ce que vous vous informez: en lisant un journal, en regardant les infos à la télé ou en lisant les infos en ligne?
3. Est-ce que vous lisez parfois les magazines «people»? Sous quel format?

CD2, Track 6

Voix en direct
Comment est-ce que vous vous informez?

Mademoiselle, les jeunes comme vous, comment est-ce que vous vous informez?
Beaucoup de jeunes lisent *Le Monde, Libération*... Chaque journal est engagé[1] plus à droite[2], plus à gauche[3]. ... Parfois les gens vont lire plus le journal que les parents achètent, hein. Mais, euh, bon, certains... ils préfèrent lire *Le Métro* ou les *20 minutes*. Ce sont les magazines gratuits[4] qu'on... distribue dans le métro, donc c'est pas très engagé, on va dire...

Vanessa Vudo
20 ans
Étudiante, Paris

[1]*represents a political position* [2]*on the right* [3]*on the left* [4]*free*

Monsieur, qu'est-ce que vous faites pour rester au courant[5]?
J'ai, ben, plusieurs[6] sources d'information. J'écoute la radio... Toutes les dix minutes, il y a un nouveau bulletin. J'aime bien lire le journal aussi, le matin. Quand je prends le métro ou le bus pour aller travailler, j'aime bien lire le journal. Donc, à ce moment-là, j'achète soit[7] *Libération* soit *Le Monde*. Mais si je suis en train de travailler chez moi[8], sur mon ordinateur, je regarde sur, euh, ben, par exemple, «Google actualités[9]» ou la page d'accueil[10] de mon fournisseur d'accès Internet[11] et j'aime bien aussi regarder les informations à la télévision, pour avoir des images[12]...

Pierre-Louis Fort
35 ans
Professeur à l'université de Créteil, France

[5]*up-to-date* [6]*several* [7]*either . . . or* [8]*if I'm working at home* [9]*news* [10]*homepage* [11]*Internet provider* [12]*pictures*

Pour ceux qui n'ont pas beaucoup de temps pour lire les infos, il y a deux quotidiens parisiens gratuits qui sont distribués dans le métro.

Réfléchissez aux réponses

1. Est-ce que vous vous intéressez aux informations? Quels journaux ou magazines est-ce que vous aimez lire?

2. Est-ce que vous aimez lire le même journal que vos parents? Les mêmes magazines? Pourquoi ou pourquoi pas?

3. Quels journaux Vanessa et Pierre-Louis mentionnent-ils? Est-ce que le journal que vous lisez est «engagé», c'est-à-dire, est-ce qu'il présente une perspective politique de droite ou de gauche?

4. Quand est-ce que vous écoutez les infos à la radio? Quand est-ce que vous regardez les infos sur Internet? Est-ce que vous aimez regarder les infos à la télé? Pourquoi ou pourquoi pas?

Personnages historiques

Structure 6.5

Using verbs like *venir* and telling what just happened *Les verbes comme **venir** et **venir de** + infinitif*

This **thème** presents a set of irregular **-ir** verbs conjugated like **venir.** You will also be working with **venir de** followed by the infinitive to talk about what has just taken place. See page 186 for further information.

Notez et analysez

All of the boldfaced verbs in the biography of Napoleon below are conjugated like **venir.** Identify the infinitives of these verbs.

Napoléon Bonaparte, empereur français

Napoléon Bonaparte

Né en 1769, Napoléon Bonaparte **vient** d'une famille corse°. Après une éducation militaire en France, il **devient** soldat°. En 1796, il **obtient** le commandement de l'armée d'Italie où il remporte des victoires. Le Gouvernement l'envoie au Moyen-Orient° où il occupe une partie de l'Égypte et bat° les Turcs en Syrie.

> *from the island of Corsica*
> *soldier*
>
> *Middle East*
> *defeats*

Après ses campagnes militaires, il **revient** en France où les modérés dans le Gouvernement° l'aident dans un coup d'état. Napoléon **devient** premier consul et **obtient** de plus en plus de pouvoir° grâce à la constitution autoritaire qu'il impose.

> *political moderates*
>
> *power*

Il gagne beaucoup de territoires pour la France en conquérant des pays voisins et amasse un empire européen. Napoléon **tient à°** la gloire et il se proclame empereur des Français en 1804. Mais, Napoléon ne réussit pas à **maintenir°** son Grand Empire.

> *seeks*
> *to maintain*

Après plusieurs défaites° militaires qui finissent par l'invasion de la France, Napoléon doit abdiquer et il part en exil sur l'île d'Elbe. En 1815, il **revient** en France, où il reste pendant cent jours. Mais son armée est battue° à Waterloo et il doit abdiquer une seconde fois. Les Anglais l'envoient en exil à l'île de Sainte-Hélène, où il meurt quelques années plus tard en 1821.

> *defeats*
>
> *beaten*

Activité 20 Un test sur Napoléon

Répondez aux questions suivantes.

1. D'où vient Napoléon?
2. Qu'est-ce qu'il obtient en 1796?
3. Comment devient-il premier consul?
4. Est-ce un homme de paix ou de guerre?
5. Reste-t-il sur l'île d'Elbe après son premier exil?
6. Quel est le lieu célèbre où son armée a été vaincue *(defeated)*?

Vous allez faire un bref portrait d'un des personnages historiques suivants.
Dites où il/elle est né(e) et en quelle année, où il/elle a grandi, sa profession,
sa contribution historique et l'année de sa mort.

Modèle: *Napoléon est né en 1769. Il vient de Corse. Il a grandi en France.*
Il est devenu soldat. Il a amassé un grand empire en Europe et s'est
proclamé empereur. Il est mort en 1821.

1.

Nom: Léopold Sédar Senghor
Lieu et date de naissance: 1906, Joal, Sénégal
Jeunesse: Sénégal
Profession: écrivain, homme politique, premier président du Sénégal
Contribution: À 22 ans, il a obtenu une bourse *(scholarship)* pour faire des
études en France. Il est devenu professeur, puis homme de lettres et écrivain.
Il a lutté pour la dignité africaine. À l'indépendance de son pays, il est
devenu le premier président du Sénégal.
Mort: 2001

2.

Nom: Marie Curie
Date et lieu de naissance: 1867, Varsovie, Pologne
Jeunesse: Pologne
Profession: savante, chercheuse
Contribution: Avec son mari, Pierre Curie, elle a découvert le radium.
Mort: 1934, par exposition au radium

3.

Nom: Charles de Gaulle
Date et lieu de naissance: 1890, Lille, France
Jeunesse: Lille
Profession: général et président
Contribution: Général et homme d'État français, il a refusé l'armistice pendant
la Seconde Guerre mondiale. De Londres, il a lancé un appel à la résistance et a
été à la tête de la France Libre *(Free France)*. En 1944, il est devenu président de
la République française. Il a démissionné *(left office)* en 1969.
Mort: 1970

4.

Nom: Jean-Paul Sartre
Date et lieu de naissance: 1905, Paris, France
Jeunesse: Paris
Profession: écrivain, philosophe
Contribution: Il a développé un courant philosophique appelé
«existentialisme». Ses livres *Huis clos* et *La Nausée* ont beaucoup
influencé la pensée intellectuelle de son époque.
Mort: 1980

Activité 22 **Histoire personnelle**

Répondez aux questions suivantes et ensuite, utilisez les mêmes *(same)* questions pour interviewer votre camarade.

1. D'où viennent tes ancêtres?
2. Pourquoi est-ce qu'ils sont venus aux États-Unis?
3. Où est-ce que tes grands-parents sont nés?
4. Ils ont eu combien d'enfants?
5. Où est-ce que tes parents ont grandi?
6. Est-ce que quelqu'un dans ta famille est devenu célèbre? Pourquoi?

Activité 23 **Qu'est-ce qu'on vient de faire?**

A. Lisez les descriptions suivantes et imaginez ce que ces personnages viennent de faire.

> **Modèle:** Jean-Marc est couvert de sueur *(perspiration)*.
> *Il vient de courir dix kilomètres.*

1. Étienne rentre de la bibliothèque.
2. Les Dupuis défont *(unpack)* leurs valises.
3. Nous quittons le cinéma.
4. Tu attends tes boissons au café.
5. Maurice raccroche *(hangs up)* le téléphone.

 B. Maintenant, écrivez cinq questions sur ce qui vient de se passer sur votre campus ou dans le monde actuel. En groupes de quatre, posez les questions à vos camarades de classe. Qui est la personne la plus branchée *(up-to-date)*?

> **Modèles:** *Quel groupe vient de donner un concert en ville?*
> *Quels acteurs viennent de se marier (divorcer)?*

 Situations à jouer!

1 **«20 questions».** Form two teams and choose two to three names of famous people to assign to members of the opposing team. A name is pinned on someone of the opposing team who must go to the front of the class and can ask up to twenty questions to figure out his/her identity.

> **Modèle:** — *Est-ce que je suis mort(e)?*
> — *Non.*

2 **L'année passée.** Make a list of five events that have taken place over the last year on your campus or in your town / state. Write what happened on one side of the card and put the date on the other side. Mix up the cards and see if your partner can put the events in the proper order without looking at the dates. Check by turning the cards over.

Lecture

Anticipation

1. En France comme aux États-Unis, les années 60 ont été une période de rébellion des jeunes contre l'autorité. À Paris, les étudiants ont manifesté *(protested)* contre le Gouvernement. Quelle université américaine est-ce que vous associez aux manifestations américaines des années 60?
2. D'après le titre de la lecture, est-ce que Jacques Brel est considéré comme un chanteur conformiste ou anticonformiste?
3. La bourgeoisie est une classe sociale de gens relativement aisés *(well-off)* qui ne font pas de travail manuel. Certaines valeurs sociales *(social values)* sont traditionnellement associées à la bourgeoisie. Quels adjectifs est-ce que vous associez à la bourgeoisie: riche, pauvre, conservatrice, traditionnelle, ouverte, fermée, conformiste, anticonformiste, capitaliste, socialiste, hypocrite, scandaleuse?
4. On dit qu'avec sa chanson *(song)* «Les bourgeois», Jacques Brel est devenu le porte-parole *(spokesperson)* de sa génération. Quel chanteur a été le porte-parole des années 60 aux États-Unis? Quel chanteur est le porte-parole de votre génération?

Jacques Brel: *Chanteur en rébellion*

1   Jacques Brel, auteur et compositeur, est né en 1929 en Belgique.

      Il a quitté l'usine° familiale pour aller chanter avec sa guitare dans les cabarets
5   de Paris. Ses chansons les plus célèbres, souvent composées sur le rythme d'une valse, sont «Quand on n'a que l'amour», «Ne me quitte pas», reprise par Nina Simone, «Le port d'Amsterdam» et «Les
10   amants».

      Il parle de la solitude, de la vie quotidienne, de l'amour, de la mort et de la bêtise° des gens. Mais il a surtout décrit et critiqué la classe bourgeoise française et
15   ce qu'elle a représenté dans les années 60: la peur° du changement et de tout risque, l'étroitesse° d'esprit, le conformisme et le désir de maintenir le pouvoir° par l'argent.

      Il a fait beaucoup de portraits satiriques. Avec sa chanson «Les
20   bourgeois», qui dit que la liberté est le contraire de la sécurité, il est devenu le porte-parole de la rébellion de beaucoup de jeunes contre l'autorité et les contraintes de toutes sortes. Contre la guerre°, il a chanté la force et la violence de l'amour, de la jeunesse, de l'espoir.

      En 1966, fatigué de son succès, il a arrêté de faire des concerts° pour vivre ses
25   passions: Il a appris à piloter et il a navigué autour du monde. En 1972, l'Amérique l'a invité à fêter° sa carrière. Il a écrit ses dernières chansons sur le thème de la mort et a fini sa vie à Tahiti en 1978, atteint d'un cancer, à l'âge de 49 ans.

factory

stupidity

fear
narrowness
power

war

touring

to celebrate

Activités de lecture

1. La chronologie des événements est souvent importante dans une biographie. Parcourez *(Scan)* le texte pour repérer *(find)* toutes les dates et leur importance.
2. Parcourez le texte pour trouver les chansons les plus célèbres de Jacques Brel.

Expansion de vocabulaire

1. Utilisez le contexte et les mots apparentés pour trouver l'équivalent anglais des mots en italique.

   a. Ses chansons célèbres, souvent composées sur le rythme d'une *valse,* sont...
   b. La classe bourgeoise a représenté la peur du changement et de tout *risque*...
   c. Il a critiqué le désir de la classe bourgeoise de *maintenir* le pouvoir par l'argent.
   d. «Les bourgeois» disaient que la liberté était le *contraire* de la sécurité.
   e. Une rébellion contre l'autorité et les *contraintes* de toutes sortes...

2. Dans ce texte, il y a beaucoup de mots, comme **autorité,** qui se terminent en **-ité** ou **-été.** Ces mots représentent souvent une idée abstraite.

   a. Trouvez tous les mots qui se terminent en **-té** et notez leur genre.
   b. Traduisez les mots suivants en français: *society, fraternity, quality, maturity, identity, complexity.*

Compréhension et intégration

1. Où est-ce que Jacques Brel est né?
2. Quelle était sa nationalité?
3. Quel a été son premier acte de rébellion?
4. De quoi parlait-il dans ses chansons?
5. Quel groupe est-ce qu'il a critiqué et pourquoi?
6. Qu'est-ce qu'il a fait en 1966?
7. Comment et où est-ce qu'il est mort?

Maintenant à vous!

1. Écoutez une chanson de Jacques Brel. Quel aspect de la société est-ce qu'il critique dans cette chanson?
2. Choisissez un(e) étudiant(e) pour jouer le rôle d'un(e) musicien(ne) célèbre. La classe va l'interviewer pour savoir: où il/elle est né(e), où il/elle a grandi, où il/elle est allé(e) au lycée, quand il/elle a commencé à faire de la musique ou à chanter, ce qu'il/elle pense de l'amour, de la vie, de la société, de la musique, etc.
3. D'après ce texte, quel(le) chanteur (chanteuse) contemporain(e) ressemble le plus à Jacques Brel? Faites une liste de chanteurs qui ressemblent à Brel et une autre liste de chanteurs qui ne lui ressemblent pas. Trouvez des adjectifs pour décrire chaque chanteur. Ensuite, en groupes de trois ou quatre, échangez vos idées et présentez vos listes à la classe.

OUI	ADJECTIFS	NON	ADJECTIFS
Bob Dylan	anticonformiste	Britney Spears	superficielle

Voix en direct (suite)

Go to  to view video clips of young French speakers talking about what they like to do when they are on vacation.

Expression écrite

🌐 **À vos marques, prêts, bloguez!**

Sélectionnez un des événements des années 2000 à nos jours (consultez la liste de la page 171 si nécessaire). Dans votre billet, expliquez en français ce qui s'est passé et pourquoi vous avez choisi cet événement. Lisez et répondez à au moins deux billets de vos camarades de classe.

Mes vacances

We all look forward to vacations. Sometimes everything goes as planned and other times we have to deal with surprises, some good, some bad. In this essay, you are going to recount a memorable vacation.

■ **Première étape:** Think about the vacation you wish to write about. Was it with family? with friends? alone? Where did you go? What made this vacation memorable?

■ **Deuxième étape:** Use the following questions to guide your writing. They are phrased to help you use the **passé composé,** and avoid needing to use another past tense that you will learn in **Module 9 (l'imparfait).** For vocabulary suggestions, see **Activités 9, 10,** and **11** (page 165).

- When did you leave?
- How did you travel?
- Where did you go?
- Who traveled with you?
- What did you see?
- What did you like the most?

- Did you spend a lot of money?
- Did anything go wrong?
- Did you lose anything?
- When did you return?
- Would you like to return there?

■ **Troisième étape:** Now, write your story. Be sure to use linking words such as **d'abord, ensuite, puis, finalement.** Include an introduction and a conclusion.

■ **Quatrième étape:** Before preparing the final draft for your instructor, exchange papers with a classmate for peer editing. Use this guide to help you give feedback.

A. Checklist
   ☐ Story is clear
   ☐ Includes requested information
   ☐ Uses linking words effectively
   ☐ Uses **passé composé** correctly

B. Feedback
   - Underline your favorite sentence.
   - Add one suggestion for improvement.

Structure 6.1   Use the **iLrn**™ platform for more grammar and vocabulary practice.

Talking about what happened *Le passé composé avec* **avoir**

The **passé composé** *(compound past)* is used to talk about past events. Its English equivalent will depend on the context.

J'ai vu un bon film.

{
I saw a good movie.
I have seen a good movie.
I did see a good movie.

Formation

The **passé composé** has two parts: a helping or auxiliary verb, **l'auxiliaire,** and a past participle, **le participe passé.** The verb **avoir** is the most common auxiliary. Here is the verb **voyager** conjugated in the **passé composé**.

j'ai voyagé	nous avons voyagé
tu as voyagé	vous avez voyagé
il/elle/on a voyagé	ils/elles ont voyagé

The past participle is formed by adding an ending to the verb stem. Regular verbs take the following endings:

regular past participles		
-er verbs take **-é:** parler	→	parlé
-ir verbs take **-i:** finir	→	fini
choisir	→	choisi
-re verbs take **-u:** perdre	→	perdu
répondre	→	répondu

Many verbs have irregular past participles that you'll need to memorize.

irregular past participles			
infinitive	past participle	infinitive	past participle
avoir	eu	lire	lu
boire	bu	pleuvoir	plu
devoir	dû	prendre	pris
être	été	recevoir	reçu
faire	fait	voir	vu

Usage

• For negative sentences, place the **ne... pas** around the auxiliary verb; then add the past participle.

Je **n'**ai **pas** trouvé la clé.

- To form a question, use intonation, **est-ce que,** or inversion. In the case of inversion questions, invert the pronoun and the auxiliary.

Tu as trouvé la clé?
Est-ce que tu as trouvé la clé? } *Did you find the key?*
As-tu trouvé la clé?

Common expressions used with the *passé composé*

The following expressions of past time generally appear at the beginning or end of a sentence.

hier matin / après-midi / soir	*yesterday morning / afternoon / evening*
ce matin / cet après-midi / ce soir	*this morning / this afternoon / this evening*
le week-end dernier / le mois dernier	*last weekend / last month*
la semaine dernière	*last week*
il y a + *time expressions*	
il y a un an	*a year ago*
il y a deux jours	*two days ago*
il y a longtemps	*a long time ago*
pendant deux heures	*for two hours*

La semaine dernière, j'ai vu un vieil ami.　　*Last week I saw an old friend.*
J'ai commencé mes études à la fac il y a un an.　*I started my university studies a year ago.*
J'ai attendu le train pendant une heure.　　*I waited for the train for an hour.*

Exercice 1　Écrivez le participe passé des verbes suivants.

1. parler
2. voyager
3. faire
4. voir
5. jouer
6. avoir
7. prendre
8. dormir
9. recevoir
10. choisir
11. finir
12. être

Exercice 2　Complétez les phrases suivantes avec le participe passé du verbe approprié: **prendre, perdre, finir, téléphoner, trouver, parler, recevoir, voir, faire, répondre.**

1. Tu as _____ le dernier film de Johnny Depp?
2. J'ai _____ mes clés; tu as _____ des clés?
3. Est-ce que vous avez _____ vos devoirs?
4. Hélène a _____ la lettre, mais elle n'y a pas encore _____.
5. J'ai _____ à ma famille et nous avons _____ pendant une heure.

Exercice 3　Racontez le voyage en Amérique d'Arnaud et de son copain Renaud en mettant les verbes en italique au passé composé.

1. Arnaud et Renaud *saluent* leurs copains à l'aéroport.
2. Ils *voyagent* pendant huit heures.
3. Dans l'avion, Renaud *regarde* deux films, mais Arnaud *écoute* de la musique, puis il *dort.*
4. Arnaud *appelle* un taxi pour aller à l'hôtel.
5. Renaud *prend* beaucoup de mauvaises photos en route pour l'hôtel.
6. Après un peu de repos, ils *boivent* une bière au restaurant de l'hôtel et *regardent* les gens.

Exercice 4 Lola parle avec une nouvelle copine. Choisissez l'expression appropriée pour compléter sa conversation: **ce matin, ce soir, hier soir, il y a, l'été dernier.**

Je suis étudiante en anglais. J'ai commencé à étudier cette langue _____ cinq ans. _____, j'ai fait un séjour linguistique en Angleterre. Maintenant, j'ai pas mal de travail en cours de littérature. Heureusement, j'ai lu deux chapitres de *Great Expectations* _____ parce que _____ nous avons eu un quiz sur ce roman. _____, je n'ai pas de devoirs. Nous pouvons peut-être sortir.

Structure 6.2

Narrating in the past *Le passé composé avec* **être**

A small group of verbs is conjugated in the **passé composé** with the auxiliary **être** instead of **avoir.** Here is a list of the most common verbs conjugated with **être.** (Most of these verbs are included in the mnemonic device you saw on page 164: VANDERTRAMPS.) Irregular past participles are indicated in parentheses.

aller *to go*	passer *to pass (by)*
arriver *to arrive*	rentrer *to go back; to go home*
descendre *to go down; to get off*	rester *to stay*
devenir *(p.p.* devenu) *to become*	retourner *to return (somewhere)*
entrer *to enter*	revenir *(p.p.* revenu) *to come back*
monter *to go up; to get in / on (a vehicle)*	sortir *to go out; to leave*
mourir *(p.p.* mort) *to die*	tomber *to fall*
naître *(p.p.* né) *to be born*	tomber en panne *to break down*
partir *to leave*	venir *(p.p.* venu) *to come*

The past participle of verbs conjugated with **être** agrees in gender and number with the subject.

feminine singular: add **-e**   masculine plural: add **-s**   feminine plural: add **-es**

Mon père est resté à la maison.	*My father stayed home.*
La voiture est tombée en panne.	*The car broke down.*
Éric et Claudine sont sortis ensemble.	*Éric and Claudine went out together.*
Ma sœur et sa copine sont parties à l'heure.	*My sister and her friend left on time.*

When **on** has the plural meaning *we,* the past participle often ends in **-s.**

On est arrivés en taxi.   *We arrived by taxi.*

Exercice 5 Nicolas écrit une composition sur la visite d'un château avec des copains le week-end dernier. Mettez les verbes entre parenthèses au passé composé avec **être.** Attention à l'accord du participe passé.

Dimanche, on (aller) _____ (1) visiter un château. D'abord, nous (arriver) _____ (2) dans un parc magnifique. Puis, nous (entrer) _____ (3) dans le hall du château. Des guides (venir) _____ (4) nous chercher pour la visite. On (monter) _____ (5) dans la tour *(tower)* par un escalier étroit *(a narrow staircase).* Céline (rester) _____ (6) au premier étage à admirer les tapisseries. Son frère, Jean-Guillaume, (tomber) _____ (7) dans l'escalier. Ensuite, Céline (descendre) _____ (8) aux oubliettes *(dungeon).* Beaucoup de prisonniers y (mourir) _____ (9)! Céline avait peur *(was afraid)* et elle (remonter) _____ (10) très vite! Nous (ressortir, *to go back out*) _____ (11) par une grande porte. À la fin de la visite, nous (remonter) _____ (12) dans l'autocar et je (repartir) _____ (13) chez moi.

Structures utiles

Exercice 6 Complétez cette description d'une randonnée en montagne au passé composé.

Rappel! Choisissez l'auxiliaire approprié (*être* ou *avoir*).

La semaine dernière, nous (aller) _____ (1) en montagne. On (prendre) _____ (2) les sacs à dos et on (emprunter *[to borrow]*) _____ (3) la tente aux voisins. Nous (quitter) _____ (4) la ville très tôt le matin. En route, nous (passer) _____ (5) devant un magasin. Jean (sortir) _____ (6) de la voiture pour acheter des boissons. Nous (rouler *[to drive]*) _____ (7) toute la journée. Enfin, quand nous (arriver) _____ (8) au camping, Jean et moi, nous (installer) _____ (9) la tente tout de suite et on (dormir) _____ (10). Nous (partir) _____ (11) en randonnée le matin.

Structure 6.3

Using verbs like *choisir* *Les verbes comme* **choisir**

You have already learned a type of irregular **-ir** verb (**dormir, sortir...**).
Choisir *(to choose)* follows a slightly different pattern.

choisir *(to choose)*	
je choisis	nous choisissons
tu choisis	vous choisissez
il/elle/on choisit	ils/elles choisissent

passé composé: j'ai **choisi**

Nous choisissons de partir tout de suite.   *We choose to leave right away.*

Other regular **-ir** verbs of this type include **finir** *(to finish)*, **réfléchir** *(to think)*, **obéir** *(to obey)*, **agir** *(to act)*, **réagir** *(to react)*, and **réussir** *(to succeed; to pass [a class, test]).*

Mon chien ne m'obéit pas.	*My dog doesn't obey me.*
Nous réussissons à tous nos cours.	*We are successful in all our classes.*
Tu finis tes devoirs à temps.	*You finish your homework on time.*

A number of regular **-ir** verbs conjugated like **choisir** are derived from adjectives, as in the examples shown here.

ADJECTIVE	VERB	MEANING
grand(e)	grandir	*to grow (up)*
rouge	rougir	*to redden; to blush*
maigre	maigrir	*to lose weight*
gros(se)	grossir	*to gain weight*

Tu ne manges pas assez; tu maigris!	*You aren't eating enough; you're losing weight!*
Est-ce que vous rougissez de gêne?	*Do you blush from embarrassment?*

Exercice 7 Complétez les phrases suivantes avec la forme correcte des verbes entre parenthèses.

1. Est-ce que vous (maigrir) _____ ou bien est-ce que vous (grossir) _____ quand vous êtes stressé(e)?
2. Je suis impulsive. Je ne (réfléchir) _____ pas assez avant d'agir.
3. Vous (choisir) _____ de rester ici, n'est-ce pas?
4. Nous (finir) _____ nos devoirs et puis nous sortons.
5. Les enfants (grandir) _____ trop vite!
6. Nous, les roux, nous (rougir) _____ au soleil.
7. Est-ce que tu (obéir) _____ toujours à tes parents?
8. Ma sœur (réussir) _____ toujours à ses examens.

Exercice 8 Monique, à table chez elle, se plaint de *(is complaining about)* M. Éluard, son professeur d'anglais. Complétez le passage avec les verbes de la liste.

agir	**réussir**	**choisir**
rougir	**finir**	**obéir**

Je ne comprends pas pourquoi M. Éluard _____ (1) (passé composé) d'être professeur. Il n(e) _____ (2) pas à maintenir l'ordre en classe parce qu'il n(e) _____ (3) pas avec autorité. Ses étudiants n(e) _____ (4) pas à ses ordres. Ils n(e) _____ (5) jamais *(never)* leurs devoirs et ils n(e) _____ (6) pas à leurs examens. Le pauvre professeur est timide et il _____ (7) quand il parle à la classe.

Structure 6.4

Avoiding repetition *Les pronoms d'objet direct **le, la, les***

Direct objects follow the verb without an intervening preposition. They can be replaced with pronouns to avoid repeating the noun.

> Je regarde la télévision. → Je **la** regarde.
> sujet   verbe   objet direct

The third person forms of these pronouns are: **le, la, l', les.**

Some common verbs that take direct objects are: **aimer, connaître, chercher, écouter, faire, lire, prendre, regarder,** and **voir.**

Placement of direct object pronouns

The pronoun precedes the conjugated verb.

> Les informations? Je **les** regarde à la télévision.
> Ce film? Je **l'**ai vu la semaine dernière.

When there is a conjugated verb followed by an infinitive such as in the **futur proche,** the pronoun is placed immediately before the infinitive.

> Les courses? Je vais **les** faire demain.
> Tu veux écouter ce CD? Oui, je veux **l'**écouter.

Exercice 9 Parlez de vos habitudes quotidiennes *(daily)*. Répondez aux questions suivantes en remplaçant l'élément souligné par un pronom.

1. Tu aimes <u>les films</u> étrangers?
2. Tu regardes <u>la télé</u> avec tes amis?
3. Tu écoutes <u>la musique</u> à la radio ou avec ton iPod?
4. Tu vas voir <u>ta mère</u> ce week-end?
5. Tu as acheté <u>tes livres</u> en ligne?
6. Tu cherches <u>ta clé</u>?

Structure 6.5

Using verbs like *venir* and telling what just happened
Les verbes comme **venir** *et* **venir de** + *infinitif*

You learned the verb **venir** in **Module 3.** Here are some other useful verbs conjugated like **venir.** Derivations of **venir** are conjugated with **être** in the **passé composé.** Derivations of **tenir** are conjugated with **avoir.**

venir *(to come)*	
je viens	nous venons
tu viens	vous venez
il/elle/on vient	ils/elles viennent

passé composé: je suis **venu(e)**

être *auxiliary*	avoir *auxiliary*	
devenir *(to become)*	tenir *(to hold; to keep)*	maintenir *(to maintain)*
revenir *(to come back)*	tenir à *(to want to)*	obtenir *(to obtain)*

Après huit ans d'études universitaires, Paul **est devenu** professeur de chimie.	*After eight years of university studies, Paul became a chemistry professor.*
Elle **est revenue** en train?	*Did she come back by train?*
Les enfants **tiennent** la main de leur mère.	*The children are holding their mother's hand.*

Tiens and **tenez** can be used idiomatically in conversation to attract the listener's attention.

— **Tiens,** Jacques est à l'heure!	*— Well (Hey), Jacques is on time!*
— Tu n'as pas de nouvelles de Claude? **Tiens,** je te donne son adresse e-mail.	*— You don't have any news from Claude? Here, I'll give you his e-mail address.*

Expressing what just happened with *venir de + infinitif*

In French, the **passé récent,** which indicates that an action has just happened, is formed by using the present tense of **venir** followed by **de** and the infinitive.

— Avez-vous faim?	*— Are you hungry?*
— Non, je **viens de** manger.	*— No, I just ate.*
Nous sommes fatigués. Nous **venons de** courir cinq kilomètres.	*We're tired. We just ran five kilometers.*

Exercice 10   Regardez les images à la page 158. Dites ce que les gens suivants viennent de faire.

> **Modèle:** Angèle
> *Angèle vient d'étudier pour un examen.*

1. M. et Mme Montaud
2. Serge
3. Mme Ladoucette
4. Véronique
5. Stéphane

Exercice 11   Complétez ce profil de Marjan. Choisissez les verbes appropriés et mettez-les au **présent** ou au **passé composé** selon le contexte.

devenir   obtenir   revenir   tenir   venir

Marjan _____ (1) de finir ses études universitaires à Aix-en-Provence. Il y a un mois, elle _____ (2) son diplôme universitaire. Maintenant, elle cherche un bon poste au Gouvernement. Elle n'a rien trouvé à Aix, donc Marjan _____ (3) habiter chez ses parents. Elle _____ (4) à trouver du travail rapidement. Elle _____ (5) anxieuse à l'idée de ne pas pouvoir être indépendante.

Tout ensemble!

Marie-Josée parle de son premier jour à son poste de juge. Complétez son histoire avec les mots de la liste et mettez les verbes au passé composé.

apprendre	devenir	partir
arriver	entrer	rentrer
avoir	être	tomber
commencer	il y a	venir de (d') (présent)
dernière	ne pas pouvoir	

J(e) _____ (1) être nommée *(named)* à mon poste de juge _____ (2) un mois. J'ai commencé ce nouveau travail la semaine _____ (3)—et ma première journée a été inoubliable *(unforgettable)* pour beaucoup de raisons. D'abord, mon radio-réveil n'a pas sonné et je _____ (4) de chez moi vingt minutes en retard. En sortant de mon appartement, j(e) _____ (5) dans l'escalier! Ensuite, en route, je pensais à mes nouvelles responsabilités sans faire trop attention à ma vitesse *(speed)*— et voilà, un agent de police m'a arrêtée *(stopped me)*! Il _____ (6) gentil avec moi et j(e) _____ (7) de la chance: pas de contravention *(ticket)*. Puis, quand je _____ (8) à mon bureau, j(e) _____ (9) trouver la clé.

Finalement, à dix heures, je _____ (10) dans la salle du tribunal *(courtroom)*. Tout le monde *(Everyone)* _____ (11) silencieux. J'ai donné l'impression d'être calme, mais à l'intérieur, j'étais très nerveuse. Une fois que le procès *(trial)* _____ (12), j'ai oublié *(forgot)* mes difficultés. Après ça, tout s'est bien passé. J(e) _____ (13) une bonne leçon: ce qui commence mal peut bien finir. Quand je _____ (14) chez moi le soir, j'étais fatiguée mais contente.

Vocabulaire

Vocabulaire fondamental

CD2, Tracks 7–11

Noms

les actualités (les actus, *fam*) (*f pl*)	the news
un arbre	a tree
une auberge	an inn
un avion	an airplane
les congés payés (*m pl*)	paid vacation
une couverture	a cover
le droit	the right
un événement	an event
un forum de discussion	a discussion forum
une histoire	a story
les informations (les infos, *fam*) (*f pl*) (en ligne)	the (online) news
le journal (télévisé)	the newspaper (TV news)
un oiseau	a bird
une photo (en couleurs)	a (color) photo
la presse (écrite / en ligne)	the (print / online [media]) press
une rubrique	a (news) category; column
un taxi	a taxi
les vacances (*f pl*)	vacation
une valise	a suitcase

Mots apparentés: un article, un blog, un éditorial, un kiosque, un magazine, un site Internet, un vidéoclip

Verbes

choisir	to choose
contribuer	to contribute
envoyer	to send
grandir	to grow; to grow up
grossir	to gain weight
s'informer	to be informed
maigrir	to lose weight
obéir (à)	obey
raconter	to tell
réagir (à)	to react (to)
réfléchir (à)	to think about
réussir (à)	to succeed
vivre (*p.p.* vécu)	to live

Verbes conjugués avec l'auxiliaire *être*

devenir (*p.p.* devenu)	to become
entrer (dans)	to enter
monter	to go up
mourir (*p.p.* mort[e])	to die
naître (*p.p.* né[e])	to be born
passer	to pass (by)
rentrer	to return (home)
réserver	to reserve
retourner	to return
revenir (*p.p.* revenu)	to come back
tomber	to fall

Pronoms

le, la, les	him/it; her/it; them

Expressions utiles

hier	yesterday
ce matin / soir	this morning / evening
hier (soir / après-midi / matin)	yesterday (evening / afternoon / morning)
il y a (deux semaines / un mois / longtemps)	(two weeks / a year / a long time) ago
la (première / deuxième / dernière) fois	the (first / second / last) time

Comment raconter et écouter une histoire — *How to tell and listen to a story*

(See additional expressions on page 161.)

alors / ensuite	so / then
après	then
d'abord	first
Dis donc!	Wow!
enfin	finally
euh	uh, um
Formidable! Super!	Great!
puis	then
Qu'est-ce qui est arrivé?	What happened?
Qu'est-ce qui se passe?	What's happening? / What's going on?
Vraiment?	Really
Zut alors! / Mince!	Oh no!

Mots divers

une élection	an election
élu(e)	elected
mal	badly
même	same
peu	little

Vocabulaire supplémentaire

Noms

un ancêtre	*ancestor*
une autoroute	*a highway*
la banlieue	*suburb*
un bruit	*a sound*
une caravane	*a trailer, caravan*
un château	*a castle*
un(e) chercheur (chercheuse)	*a scientist*
un coffre	*a car trunk*
le coucher de soleil	*the sunset*
la crise	*the (economic) crisis*
l'équipement de camping *(m)*	*camping equipment*
une guerre	*a war*
les jeux Olympiques *(m pl)*	*the Olympic games*
une médaille d'or (d'argent)	*a gold (silver) medal*
la paix	*peace*
les provisions *(f pl)*	*food*
un quotidien	*a daily (publication)*
un rendez-vous	*an appointment; a date*
un(e) voisin(e)	*a neighbor*

Verbes

accrocher	*to hook; to hitch on*
agir	*to act*
amener	*to bring*
causer	*to cause*
conduire	*to drive*
courir *(p.p. couru)*	*to run*
découvrir *(p.p. découvert)*	*to discover*
s'informer	*to keep up with the news*
lire *(p.p. lu)*	*to read*
obtenir *(p.p. obtenu)*	*to obtain*
ranger	*to put; to arrange*
recevoir *(p.p. reçu)*	*to receive*
réviser	*to review*
tenir *(p.p. tenu)*	*to hold*
tenir à	*to want*
tomber en panne	*to break down*

Regardez ces beaux produits au marché! Quels légumes aimeriez-vous acheter?

On mange bien

Food plays an important role in French culture. In this chapter you will learn about French meals, specialty food shops, purchasing food, and how to order in a restaurant. You will also learn about popular dishes associated with various countries in the francophone world.

Thème

Manger pour vivre

Structure 7.1

Writing verbs with minor spelling changes *Les verbes avec changements orthographiques*

Structure 7.2

Talking about indefinite quantities *(some)* *Le partitif*

To express your eating habits and food preferences in French, you'll need to use **-er** verbs such as **manger** and **acheter,** which have a slight spelling change in their conjugations. You will also need to use the partitive article to discuss what you eat and drink. Verbs that require spelling changes are presented on page 213. See page 215 for an explanation of partitive articles.

Les groupes alimentaires

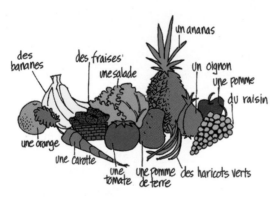

Les fruits et les légumes

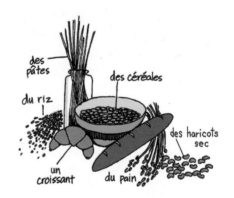

Les céréales et les légumes secs

Les produits laitiers

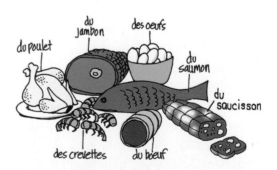

La viande, le poisson et les œufs

On parle des repas

JEAN-PIERRE:	Moi, au petit déjeuner, je mange souvent **du** pain avec **du** beurre et **de la** confiture—une tartine—et avec ça, je prends un café crème.
ANNE:	Moi, je mange **des** céréales le matin. Puis, pour le déjeuner, je vais au resto-U. On commence par une salade et puis on prend **de la** viande avec **du** riz ou **des** pommes de terre comme plat principal. Parfois, ils nous servent **du** yaourt ou **de la** glace comme dessert.
JEAN-PIERRE:	Moi, je ne mange pas **de** viande. Qu'est-ce qu'il y a pour les végétariens au resto-U?
ANNE:	Alors là! Pas grand-chose *(Not much)*!

Activité 1 Goûts personnels

A. Pour chaque catégorie, indiquez les aliments:
   a) que vous aimez beaucoup,
   b) que vous aimez assez et
   c) que vous n'aimez pas du tout.

> **Modèle:** les fruits et les légumes
> *J'aime beaucoup les pommes mais je n'aime pas du tout
> les bananes. J'aime assez les fraises.*

1. les fruits et les légumes
2. les céréales et les légumes secs
3. les produits laitiers
4. la viande, le poisson et les œufs

B. Maintenant, pour chaque catégorie, dites:
   a) ce que vous mangez souvent,
   b) ce que vous mangez rarement et
   c) ce que vous ne mangez pas.

> **Modèle:** les fruits et les légumes
> *Je mange souvent des oranges mais je mange rarement
> des ananas. Je ne mange pas de bananes.*

1. les fruits et les légumes
2. les céréales et les légumes secs
3. les produits laitiers
4. la viande, le poisson et les œufs

Qu'est-ce qu'on achète pour préparer les choses suivantes?

Modèle: un sandwich
*Pour préparer un sandwich, on
achète du pain, du fromage, de
la salade et de la moutarde.*

un sandwich

une salade mixte

une omelette

une salade de fruits

une soupe

une tarte aux fraises

Activité 3 **Les régimes *(Diets)***

Pour chaque personne, décrivez une chose qu'elle peut manger ou boire et une autre chose qu'elle ne peut pas manger ou boire.

Modèle: une personne qui est allergique au lait
Elle ne peut pas manger de glace ou boire de milkshake.
Elle peut boire du lait de soja.

1. un(e) végétarien(ne)
2. une personne au régime
3. une personne qui ne mange pas certaines choses pour des raisons religieuses
4. une personne qui est allergique aux fruits de mer *(shellfish)*
5. un(e) végétalien(ne) *(vegan)*
6. une personne qui fait le régime Atkins

Les Français à table

Un petit déjeuner typique

La cuisine est une passion chez les Français et les repas organisent le rythme de la vie. Pendant la semaine, ils sont assez simples. Le matin, on prend le **petit déjeuner,** un repas léger° *light* composé de pain, de confiture et de café au lait. Les enfants aiment de plus en plus manger des céréales. Entre midi et deux heures, c'est l'heure du **déjeuner.** On mange souvent une entrée, un plat principal (bifteck ou poulet-frites) avec un petit dessert ou du fromage et un café. On prend le déjeuner à la maison, au restaurant ou à la cafétéria du lieu de travail. Les enfants déjeunent souvent à la cantine de l'école.

Le déjeuner à la cafétéria du travail

En France, le dîner, pris vers huit heures du soir, est l'occasion de se retrouver en famille. On mange à table et non sur un plateau devant la télévision. Les repas de fêtes familiales ou amicales sont plus élaborés! Le dimanche, le jour où presque° tous les magasins sont fermés, ce n'est *almost* pas rare pour toute la famille (oncles, tantes, cousins) de se retrouver chez les grands-parents. On passe la journée à préparer quelque chose de plus copieux. Bien sûr, il faut arroser° les plats variés avec du vin. On profite *wash down* de° ce moment agréable de détente° pour discuter de la bonne cuisine, *takes advantage of / relaxation* du bon vin, des événements de l'actualité° et des nouvelles° de la famille. *news events / news* Contrairement° aux Américains, les Français ne mangent pas entre les *Unlike* repas. On grignote° très peu. Mais on peut prendre le thé (du thé, un café *snacks* ou un chocolat chaud) ou pour les enfants, le goûter, vers quatre heures de l'après midi.

▮▮ Avez-vous compris?

Indiquez si les phrases suivantes sont vraies ou fausses. Corrigez les phrases fausses.

1. Les Français mangent des œufs le matin.
2. Si on travaille ou si on va à l'école, on ne prend pas le déjeuner à la maison.
3. Un déjeuner typiquement français est composé d'un sandwich, d'une salade et d'un fruit.
4. En général, tous les membres de la famille prennent le dîner ensemble.
5. Pour beaucoup de familles, le repas du dimanche est une tradition importante.

Le repas de famille est un moment de convivialité.

Et vous?

1. Pensez à votre famille ou aux familles de vos amis. Est-ce que tous les membres de votre famille se retrouvent pour dîner ensemble? Qu'est-ce qui peut perturber *(interfere with)* un dîner: un match de sport, un coup de téléphone, les devoirs, du travail, les amis, une émission de télé?
2. Le week-end, vous mangez souvent avec toute votre famille: grands-parents, cousins, tantes et oncles?
3. Combien de temps passez-vous à table typiquement?
4. Est-ce que vous grignotez entre les repas?

CD2, Track 14

Voix en direct
Est-ce que vous mangez avec votre famille?

Quand vous habitiez[1] chez vos parents, Pierre, est-ce qu'il y avait[2] un moment pendant la journée où toute la famille se rassemblait[3]?
Chez moi, c'est simple; c'était[4] le repas du soir, le dîner, euh, qui était le seul moment de la journée où je voyais[5] mes parents. On passait[6] une heure et demie tous ensemble à table, sans[7] la télé, sans musique, sans perturbation extérieure et on discutait tous ensemble de 9 heures à 10 heures et demie. Oui, c'était comme ça tous les soirs. C'était le moment familial le plus important, euh, enfin… [Sans ça,… il n'y a pas] de cohésion familiale.

Pierre Paquot
Étudiant, 24 ans
Paris, France

[1]*lived* [2]*was* [3]*got together* [4]*was* [5]*saw* [6]*spent* [7]*without*

Et pour vous, Julien?
Pour moi, c'était essentiellement le soir, pour le dîner. Je passais toute la journée en cours. On dînait ensemble entre 8 heures et 9 heures, tous les soirs.

Est-ce que vous regardiez la télé?
Non, non. Parfois, ça arrivait[8]. S'il y avait un événement très important à la télé. C'est rare, quand même, c'est rare.

Julien Romanet
Étudiant, 24 ans
Paris, France

Est-ce que le repas du soir est un moment agréable?
Ouais, c'est un moment super agréable. C'est le plaisir d'être avec les gens qu'on aime et on discute de la journée, de ce qui va bien, de ce qui ne va pas bien, des projets, de ce qu'on va faire. C'est une heure de break.

[8]*happened*

Chez vous, est-ce que toute votre famille se rassemblait pour manger ensemble?
Euh, moi, c'était plutôt le matin, parce que mes parents rentraient[9] tard du travail le soir. Donc, je devais[10] dormir. Et c'était plutôt le matin… où, je passais du temps au petit déj[11] avec mon père et ma mère pour discuter, quoi, un peu, avant de partir à l'école.

Nicolas Konisky
Étudiant, 26 ans
Paris, d'origine libanaise

[9]*got home* [10]*had to* [11]*petit déjeuner (fam)*

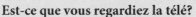

Vanessa, est-ce que vous preniez le repas du soir avec votre famille?

Euh, eh bien, non, parce que c'est très spécial chez moi. Personne n'avait les mêmes horaires. Donc, euh, non. C'est très, très rare qu'on se voie[12] tous en même temps, à part[13] le dimanche, peut-être. Souvent dans les familles françaises, c'est à 19 heures ou à 20 heures, on mange. C'est l'heure de dîner. Tout le monde va être là. Mais moi, chez moi, c'était pas comme ça, et donc, chacun dînait un peu... je suis fille unique, hein. Donc chacun dînait un peu à l'heure qu'il voulait, qu'il pouvait, et donc voilà. On ne se voyait pas tous en même temps.

Vanessa Vudo
Étudiante, 20 ans
Paris, d'origine
vietnamienne

[12]*see each other* [13]*except*

Réfléchissez aux réponses

1. Selon Pierre et Julien, pourquoi est-ce que le dîner est un moment important dans le rythme de la journée?
2. Pourquoi est-ce que Vanessa et Nicolas ne prennent pas le dîner avec leur famille? Est-ce qu'ils essaient *(try)* d'expliquer pourquoi? Est-ce que cela *(this)* indique qu'ils trouvent leur situation différente de la norme?
3. Comparez les repas dans votre famille avec les repas chez Julien, Pierre, Nicolas et Vanessa.

Activité 4 Interaction

Posez les questions suivantes à un(e) camarade de classe.

1. Le matin, est-ce que tu prends le petit déjeuner? Tu préfères quel jus de fruit: le jus d'orange, le jus de pomme, le jus d'ananas... ?
2. Où est-ce que tu déjeunes d'habitude? Qu'est-ce que tu manges au déjeuner?
3. À quelle heure est-ce que tu dînes?
4. Tu aimes grignoter *(to snack)*? Qu'est-ce que tu manges quand tu as faim entre les repas?
5. Où est-ce que tu as dîné hier soir? À quelle heure? Qu'est-ce que tu as mangé?

Activité 5 Sondage sur les goûts alimentaires de vos camarades de classe. Faites signer!

Trouvez quelqu'un qui...

1. déteste le broccoli.
2. ne mange pas de chocolat.
3. a horreur de *(can't stand)* la mayonnaise.
4. aime le sushi.
5. ne boit pas de café.
6. mange des légumes frais tous les jours.
7. aime les escargots.
8. sait préparer les crêpes.
9. n'a pas faim.

Où faire les courses?

Faire les courses tous les jours chez les commerçants du quartier fait partie du rythme de la vie française. On va acheter du pain à **la boulangerie**, des légumes frais à **l'épicerie**, de la viande chez **le boucher** et du porc à **la charcuterie**.

Ces petits commerces offrent plusieurs avantages: des produits frais locaux, un service personnalisé et aussi l'occasion de parler avec les voisins.

Les consommateurs français ont aussi d'autres possibilités. Il y a **le marché en plein air**, un véritable spectacle qui a lieu une ou deux fois par semaine sur une place° ou dans une rue spécifique. Là, les agriculteurs de la région vendent leurs produits: miel°, confiture maison, fromage, charcuterie, fruits et légumes, fleurs, olives, viande et poissons frais... Ces marchés, très pittoresques, offrent l'occasion d'admirer et de profiter de l'abondance et de la qualité des produits français.

Comme aux États-Unis, les Français font aussi leurs achats au supermarché. Grâce à la quantité de produits vendus en grandes surfaces°, les prix sont généralement meilleurs° que dans les petits commerces. La variété de produits permet aux clients de gagner du temps°; il n'est pas nécessaire d'aller d'un petit magasin à un autre pour trouver ce qu'on cherche. Mais les Français restent attachés aux petits commerces et aux aliments du terroir° qui font le charme des petits magasins.

town square
honey

supermarkets
better
to save time

local products

L'étiquette chez les petits commerçants: Quand on entre dans un petit commerce, on dit «Bonjour, monsieur/madame». Quand on part, on dit «Merci, monsieur/madame, au revoir».

Avez-vous compris?

Quelle(s) option(s) pour faire les courses associez-vous aux descriptions suivantes? Complétez les phrases en choisissant entre **à la boulangerie, à la boucherie, à l'épicerie, à la charcuterie, au marché** et **au supermarché.**

1. On trouve des produits régionaux...
2. On peut faire les courses tous les jours...
3. On fait les courses à l'extérieur...
4. On trouve du pain frais trois à quatre fois par jour...
5. Le service est impersonnel, mais les prix sont bons...
6. On trouve des saucissons...

Et vous?

1. Vous préférez acheter vos provisions *(food)* dans un supermarché ou dans des petits commerces? Pourquoi?
2. Est-ce qu'il y a un marché où l'on vend des produits gourmets et internationaux près de chez vous?
3. Qu'est-ce qui détermine votre choix de commerce: la qualité des produits, la variété des produits, les prix?

Les courses: un éloge aux petits commerçants

Structure 7.3

Talking about food measured in specific quantities and avoiding repetition *Les expressions de quantité et le pronom* **en**

Food is bought, sold, and prepared in measured amounts or specific containers: a liter, a can, a teaspoonful, and so on. In this **thème,** you will learn these expressions. In addition you will learn how to use the pronoun **en.**

J'en voudrais un kilo.   *I would like a kilo of them.*

For further explanation, see pages 216–217.

CD2, Track 15

Expressions utiles

cinq cents grammes / une livre	*a pound*	une boîte	*a can / a carton*
une bouteille		un verre	*a glass / a cup*
une douzaine		un morceau	*a piece*
un kilo		un pot	*a jar / a container*
un litre		une tranche	*a slice*

Activité 6 Les petits commerçants

Où est-ce qu'on va pour acheter ces produits?

Modèle: *On achète du fromage à l'épicerie ou à la fromagerie.*

du fromage

Petits commerces:

le marché en plein air   la boucherie / la charcuterie
l'épicerie   la poissonnerie
la boulangerie / la pâtisserie   la crémerie / la fromagerie

1. une baguette

2. une douzaine de moules *(f)*

3. une tranche de pâté de campagne

4. une livre d'asperges *(f)*

5. un pot de confiture

6. des tartelettes *(f)* au citron

7. des côtelettes *(f)* de porc

8. un pot de glace

9. une barquette de fraises

Qu'est-ce que vous allez mettre dans votre caddie (*shopping cart*)?

> **Modèle:** *Je vais acheter une tranche de jambon.*

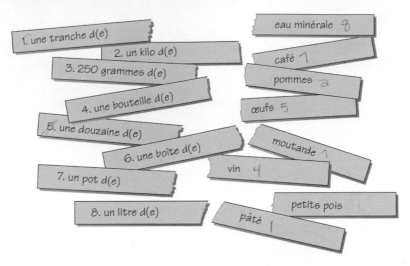

1. une tranche d(e)
2. un kilo d(e)
3. 250 grammes d(e)
4. une bouteille d(e)
5. une douzaine d(e)
6. une boîte d(e)
7. un pot d(e)
8. un litre d(e)

eau minérale 8
café 7
pommes 2
œufs 5
moutarde 1
vin 4
petits pois
pâté 1

Notez et analysez

Look at the drawings to accompany **Activité 8.** What produce do you think the pronoun **en** replaces in the third and fourth bubbles?

CD2, Track 16

Activité **8** **Faisons les courses!**

A. Vous êtes à l'épicerie et vous entendez la conversation à la page 200. Écoutez la conversation et remplissez les blancs.

Image 1: Bonjour, madame. Vous _____?
Image 2: Je voudrais des _____.
Image 3: Combien _____ voulez-vous?
Image 4: J'en voudrais _____ cents grammes.
Image 5: Voilà. Ça _____ 1,50€. Et avec _____?
Image 6: C'est _____, merci.

B. Maintenant, c'est votre tour! Avec un(e) camarade de classe, jouez la scène entre l'épicier et le/la client(e) qui veut acheter les produits indiqués.

> **Modèle:** pommes, cinq cents grammes (1,50€)
> — *Bonjour, mademoiselle. Vous désirez?*
> — *Je voudrais des pommes, s'il vous plaît.*
> — *Combien en voulez-vous?*
> — *J'en voudrais cinq cents grammes.*
> — *Voilà. Ça fait un euro cinquante.*

1. spaghettis, un paquet (0,70€)
2. confiture de fraises, un pot (1,47€)
3. Orangina, une bouteille (1,39€)
4. camembert, 250 g (2,21€)
5. tomates, une livre (2,50€)
6. beurre, 250 g (1,59€)

Activité 9 Au marché en plein air

Vous achetez des provisions avec un(e) ami(e) au marché en plein air. Votre ami(e) remarque la qualité des produits. Il/Elle vous demande combien vous voulez en acheter. Répondez selon les indications en utilisant le pronom **en**.

> **Modèle:** Ces tomates sont bien rouges! (un kilo)
> — *Ces tomates sont bien rouges! Combien en veux-tu?*
> — *J'en veux un kilo.*

1. Quelles belles cerises! (cinq cents grammes)
2. Ces carottes ont l'air *(seem)* délicieuses. (un kilo)
3. Regarde les fraises! (deux barquettes)
4. J'adore la confiture maison. (un pot)
5. Voici du fromage fait à la ferme. (250 grammes)

Activité 10 Vos habitudes alimentaires

Quelles sont vos habitudes alimentaires? Posez des questions à un(e) camarade de classe en utilisant les éléments suivants. Faites une liste des habitudes alimentaires que vous avez en commun.

> **Modèle:** verres de lait par jour
> — *Combien de verres de lait est-ce que tu bois par jour?*
> — *J'en bois deux. / Je n'en bois pas.*

1. tasses de café le matin
2. pizzas / hamburgers / tacos par semaine
3. verres d'eau par jour
4. boules *(scoops)* de glace chaque semaine
5. tranches de pain par jour
6. bols *(bowls)* de céréales par semaine

Coupe glacée aux fruits rouges

Le parfait dessert d'été

Savez-vous manger pour vivre? Répondez aux questions suivantes.

1. On doit consommer au moins _____ portions de fruits et de légumes par jour.
   - **a.** deux
   - **b.** trois
   - **c.** cinq
   - **d.** sept

2. Les légumes à feuilles vert foncé _____ le risque de certains cancers.
   - **a.** diminuent
   - **b.** augmentent
   - **c.** n'affectent pas
   - **d.** éliminent

3. Une alimentation équilibrée doit être _____ en matières grasses et en calories mais _____ en fibres.
   - **a.** pauvre, pauvre
   - **b.** pauvre, riche
   - **c.** riche, pauvre
   - **d.** riche, riche

4. N'oubliez pas de boire _____ chaque jour.
   - **a.** un litre d'eau
   - **b.** un litre de lait
   - **c.** deux verres de vin
   - **d.** deux tasses de café

5. Un adulte a besoin de _____ calories par jour.
   - **a.** 1 000 à 1 500
   - **b.** 1 500 à 2 000
   - **c.** 2 000 à 2 500
   - **d.** 2 500 à 3 000

 Explorez en ligne

To help French people improve the quality of their lives, the Government of France has set up a website with information about nutrition and health: www.mangerbouger.fr. In French, write three suggestions that you find on the site and share the advice with the class.

Une galette est une sorte de crêpe, mais elle est salée et on la mange en plat principal.

Les plats des pays francophones

Referring to people and things that have already been mentioned and talking about placement *Les pronoms d'objet direct* **me***,* **te***,* **nous** *et* **vous** *et le verbe* **mettre**

In **Module 6** you learned how to use the third person direct object pronouns: **le, la, les.** Here you will review these pronouns and add **me, te, nous,** and **vous.** You will also learn how to use **mettre** in the context of setting a table and talking about seating arrangements. For more information about direct object pronouns and the verb **mettre** see pages 219–220.

En Suisse, la fondue est un plat traditionnel. On **la** prépare avec de l'emmental ou du gruyère, du vin blanc et un peu de kirsch *(cherry liqueur).*

En Algérie, en Tunisie et au Maroc, le couscous est un plat typique. On doit **le** servir dans un grand plat au centre de la table.

Voici des accras de morue *(codfish fritters),* une sorte de beignets antillais. On **les** trouve dans les restaurants martiniquais.

Notez et analysez

First, read the photo captions to learn about these traditional dishes from the francophone world. Then study them again, paying attention to the pronouns in bold. For each pronoun, find its antecedent—the noun that it replaces.

Activité 12 Voulez-vous goûter *(taste)* **ce plat?**

Vous êtes à un festival francophone. Quels plats voulez-vous goûter? Travaillez avec un(e) partenaire.

> **Modèle:** la fondue suisse
> ÉTUDIANT(E) 1: *On va la goûter, la fondue suisse?*
> ÉTUDIANT(E) 2: *Pas moi. Je ne veux pas la goûter.*
> ÉTUDIANT(E) 1: *Moi, j'aimerais la goûter. / Moi non plus. Je ne veux pas la goûter.*

1. la fondue suisse
2. la choucroute alsacienne *(sauerkraut)*
3. le jambalaya acadien *(cajun)*
4. le couscous algérien
5. les accras de morue
6. la tarte canadienne au sirop d'érable *(maple syrup)*
7. la salade niçoise

Activité 13 **Un nouveau colocataire: interview**

Vous voulez vous installer dans un appartement avec d'autres étudiants. Répondez à leurs questions en remplaçant les mots soulignés par un pronom.

Modèle: Tu gardes *(keep)* <u>la cuisine</u> propre *(clean)*?
*Oui, je **la** garde très propre.*

1. <u>L'appartement</u>, tu le trouves bien?
2. Tu préfères <u>la chambre avec le balcon</u>?
3. Tu veux prendre <u>la chambre</u>?
4. Tu peux payer <u>le loyer</u> au début du mois?
5. Tu aimes <u>les plats exotiques</u>?
6. Tu veux <u>nous</u> retrouver au restaurant Marrakech pour dîner demain soir?

> Où est-ce que tu **me** mets?

> Évelyne, je **te** mets là; à côté de Marc.

> Et **nous**? Tu **nous** mets à côté de Marc?

> Euh... voyons voir... Nous **vous** mettons à côté de Daniel. Il va **vous** amuser avec ses histoires.

CD2, Track 17

■■■ Écoutons ensemble! Où placer ses amis à table?

Claudine prépare un dîner marocain entre amis. Ses invités veulent savoir où ils doivent se placer à table. Écoutez le dialogue et choisissez le pronom approprié pour remplir *(fill in)* les blancs.

MAURICE: Où est-ce que tu _____ (le / te / <u>me</u>) mets?

HÔTESSE: Maurice, je _____ (me / <u>te</u> / le) mets à côté d'Érika. Tu _____ (le / <u>la</u> / les) connais bien. Érika, tu sais que Maurice est très drôle. Tu vas aimer _____ (le / <u>l'</u> / les) écouter.

RENÉE: Et moi?

HÔTESSE: Toi, Renée, tu peux _____ (m' / <u>t'</u> / l') aider un peu dans la cuisine. Alors, j'aimerais _____ (me / vous / <u>te</u>) mettre à côté de moi tout près de la cuisine.

RENÉE: Bon, ça va. Et Charles, tu _____ (le / la / <u>les</u>) mets où?

HÔTESSE: Charles et Momo, je _____ (le / <u>les</u> / la) mets en face de Maurice.

IAN ET CHANTAL: Et nous?

HÔTESSE: Je _____ (te / <u>vous</u> / les) mets à côté de mon mari. Vous pouvez _____ (m'/ l' / <u>les</u>) aider à passer les plats.

L'art de la table

Structure 7.5

Giving commands *L'impératif*

When giving directions, commands or making suggestions, the imperative can be used. The formation of the imperative (**l'impératif**) is explained on pages 221–222.

Activité 14 Comment mettre la table à la française

Votre ami américain explique comment mettre la table mais il fait des erreurs. Corrigez ses instructions.

Nouveau vocabulaire:

à gauche (de) *to the left (of)*
à droite (de) *to the right (of)*

1. D'abord, couvrez la table avec la serviette.
2. Ensuite, placez une assiette par personne sur la table.
3. Placez les fourchettes au-dessus de l'assiette.
4. Mettez le couteau à côté de la petite cuillère.
5. Mettez la cuillère à soupe à droite du couteau.
6. N'oubliez pas les verres; ils vont à gauche, au-dessus de la fourchette.
7. Placez la serviette au milieu de l'assiette.
8. Finalement, mettez de l'eau dans l'assiette.

Activité 15 **Les bonnes manières**

Lesquelles de ces bonnes manières sont françaises, lesquelles sont américaines et lesquelles sont partagées par les deux cultures? Classez-les.

BONNES MANIÈRES	FRANÇAISES	AMÉRICAINES	TOUTES LES DEUX
1. Quand on vous invite à la maison, apportez un petit cadeau (fleurs, bonbons...) pour l'hôtesse.			✓
2. Ne posez pas les coudes *(elbows)* sur la table.			✓
3. Tenez la fourchette dans la main gauche.	✓		
4. Ne demandez pas de ketchup.	✓		
5. Ne parlez pas la bouche pleine *(full)*.			✓
6. Ne buvez pas de Coca avec le repas.	✓		
7. Posez les mains sur la table, pas sur les genoux *(lap)*.	✓	✓	
8. Ne commencez pas à manger avant l'hôtesse.			✓
9. Tenez-vous droit. *(Sit up straight.)*			✓

Activité 16 **Un nouveau régime**

Votre petit(e) ami(e) veut commencer un nouveau régime. Regardez les suggestions suivantes et utilisez l'impératif pour lui expliquer ce qu'il/elle doit et ne doit pas faire.

1. faire les courses dans un magasin bio
2. être sédentaire
3. boire huit verres d'eau par jour
4. manger dans les fast-foods
5. boire de la bière
6. manger beaucoup de légumes frais
7. grignoter entre les repas
8. avoir de la patience. Ça va marcher!

Comment se débrouiller au restaurant

CD2, Track 18

Expressions utiles

Pour réserver ou demander une table

(au téléphone) Je voudrais réserver une table pour six à 20h00 ce soir.
(au restaurant) Une table pour six, s'il vous plaît.

Pour appeler le serveur ou la serveuse

S'il vous plaît...

Pour prendre la commande, le serveur dit...

Que désirez (voulez)-vous comme...	*What would you like for a (an)/the . . .*
hors-d'œuvre?	*appetizer?*
entrée?	*small first course?*
plat principal?	*main course?*
dessert?	
boisson?	*drink?*
Vous êtes prêt(e) à commander?	*Are you ready to order?*
Votre steak, vous le voulez à quelle cuisson, saignant, à point ou bien cuit?	*How do you want your steak cooked, rare, medium, or well-done?*

Pour commander

Qu'est-ce que vous nous conseillez?	*What do you recommend?*
Moi, je vais prendre le menu à 15 euros.	
Pour commencer, je vais prendre...	
Ensuite, je voudrais...	
C'est tout.	*That's all.*

Pour parler de son appétit

J'ai (très) faim.	*I'm (very) hungry.*
J'ai soif.	*I'm thirsty.*
J'ai bien mangé. Je n'ai plus faim.	*That was good. I'm full.*

Ces brasseries offrent aux clients un choix de menus. Expliquez ces choix.

Pour parler de la cuisine

C'est...
    chaud / froid.
    délicieux / sans goût.   *delicious / bland.*
    parfait.
    piquant / salé / sucré.   *spicy / salty / sweet.*
    tendre / dur.   *tender / tough.*

Pour régler l'addition

L'addition, s'il vous plaît.   *The check, please.*
Le service est compris?   *Is the tip included?*
Vous acceptez les cartes bancaires?
On laisse un petit pourboire?   *Should we leave a tip?*

CD2, Track 19

Écoutons ensemble! Rendez-vous au restaurant

Marie-Claire et son copain Charles ont rendez-vous au restaurant. D'abord, écoutez la scène jouée en regardant les images. Puis mettez-vous en groupes de trois (deux clients et un serveur) et inventez votre propre dialogue.

Activité 17 Aux Anciens Canadiens

Regardez le menu de ce restaurant canadien et identifiez les plats offerts. Quels plats ou ingrédients vous semblent typiquement canadiens? Quels plats sont typiquement français?

Notre table d'hôte - Menu Complet

Entrée
Potage
Plat principal
Dessert
Café ou thé

Nos Entrées

	Table d'hôte	À la carte
Salade verte, crème fraîche et ciboulette	suppl. 1.00	7.25
Marmite de fèves au lard[4]	Inclus	6.75
Escargots à l'ail façon « Jean Michel »	suppl. 4.00	10.25
Fromage de chèvre grillé en salade parfumé au basilic	suppl. 6.25	13.00

Nos Plats Principaux

Volailles	Table d'hôte	À la carte
Suprême de poulet en feuilleté	42.50	29.50
Médaillons de dindon[1], grillés, sauce au parfum de noisettes[2]	41.50	28.50

Spécialités Québécoises et Gibiers		
Tourtière[3] du Lac St-Jean et son mijoté de bison	43.50	30.50
Caribou à la crème et au vin de bleuets	58.50	45.50

Viandes et poissons		
Filet d'agneau grillé, sauce à la menthe et au sherry	47.50	34.50
Mignon de boeuf, sauce bordelaise	50.50	37.50
Assiette de fruits de mer et sa fricassée de légumes	63.50	50.50
Filet de saumon frais, sauce bisque de crevettes	42.50	29.50

Plat végétarien		
Jardinière de légumes frais	39.50	26.50

Nos Potages

	Table d'hôte	À la carte
Potage du chef en soupière	Inclus	6.25
Soupe aux pois Grand-mère	suppl. 1.50	7.25
Soupe à l'oignon gratinée	suppl. 4.50	10.25

Nos Desserts

	Table d'hôte	À la carte
Tarte au sirop d'érable[5] et crème fraîche	Inclus	9.25
Tarte au fudge, coulis[6] de framboises	Inclus	9.25
Gâteau au chocolat et noisettes, coulis de fraises	Inclus	9.25
Glace maison à la vanille et coulis de fruits frais	Inclus	9.25
Assiette de fromages	suppl. 4.50	13.75

[1]*turkey*
[2]*hazelnuts*
[3]*meat pie*
[4]*pot of baked beans*
[5]*maple syrup*
[6]*purée*

Le Kismet

AUTHENTIQUE
- Tandoorie et Cari
- Restaurant authentique des Indes
- Licence complète
- Musique relaxante des Indes
- Gastronomie dans une ambiance intime
- Escompte pour groupes

780, rue St-Jean, Québec
Réservation : (418) 523-0798

Quelle est la spécialité du Kismet? C'est de la cuisine de quel pays? Dans quel pays se trouve le restaurant? Qu'est-ce qui indique qu'on y sert de l'alcool?

A. Les personnes suivantes sont au restaurant Aux Anciens Canadiens. Étudiez la carte à la page 209, puis choisissez des plats appropriés pour chaque personne.

1. une femme qui est végétarienne
2. un homme qui a très faim
3. une touriste qui aime goûter les spécialités régionales
4. un enfant qui aime les plats sucrés
5. un homme / une femme qui ne veut pas grossir
6. vous-même

B. Maintenant, avec un(e) camarade de classe, jouez le rôle de ces personnes au restaurant.

Situations à jouer!

 1 **Une soirée entre amis.** It is time to seat guests around the dining room table. In groups of 5 or 6, using a table in the classroom, one student will play the role of host/hostess and let his/her guests know where to sit. Once everyone is seated, have a short conversation.

Modèle: HÔTE/HÔTESSE: *Evan, je te mets là, à côté de Kate.*
IAN: *Où est-ce que tu me mets?*
HÔTE/HÔTESSE: *Je te mets au bout de la table. Tu peux m'aider à servir les plats.*

 2 **Au restaurant.** Block out a dialogue and discuss vocabulary you will need with your group before you try acting it out. Be prepared to perform for the class.

Step 1: You're on a diet **(au régime)** and your dinner companion tries to tempt you with suggestions from the menu that are fattening.

Step 2: You can't make up your mind about what to order. Ask the waiter for a suggestion and then order.

Step 3: The waiter mixes up the orders. Once you have tasted your meal, comment on the food to your dinner companion.

Step 4: The bill arrives. Find out if you can pay with a credit card and if the service was included or if you need to leave a tip.

Lecture

Anticipation

The following poem was written by Jacques Prévert, a famous French surrealist poet and screenwriter. Here, Prévert reveals his genius for treating universal subjects in simple, everyday language. Before you read this poem, imagine how the final breakup of a relationship might be revealed over a morning cup of coffee, without a word being spoken. Then, as you listen to the poem, visualize each gesture as if you were to stage it.

Jacques Prévert

Déjeuner du matin

CD2, Track 20

par Jacques Prévert

<pre>
 1   Il a mis le café
     Dans la tasse
     Il a mis le lait
     Dans la tasse de café
 5   Il a mis le sucre
     Dans le café au lait
     Avec la petite cuiller
     Il a tourné
     Il a bu le café au lait
10   Et il a reposé° la tasse   set down
     Sans me parler
     Il a allumé
     Une cigarette
     Il a fait des ronds°   smoke rings
     Avec la fumée
15   Il a mis les cendres°   ashes
     Dans le cendrier°   ashtray
     Sans me parler
     Sans me regarder
     Il s'est levé°   stood up
20   Il a mis
     Son chapeau sur sa tête
     Il a mis
     Son manteau de pluie
     Parce qu'il pleuvait°   was raining
     Et il est parti
25   Sous la pluie
     Sans une parole
     Sans me regarder
     Et moi j'ai pris
     Ma tête dans ma main
     Et j'ai pleuré°.   cried
</pre>

Activité de lecture

Deux étudiants (un homme et une femme) jouent les deux rôles du poème pendant que le professeur (ou la classe) le lit à haute voix.

Compréhension et intégration

1. Qui sont les deux personnages du poème?
2. Qui quitte qui? Comment le savez-vous?
3. Pourquoi la voix *(voice)* du narrateur est-elle si triste?
4. Quelle est la première indication que l'homme va partir?
5. Expliquez le rapport entre le temps et le ton *(tone)* du poème.

Maintenant à vous!

1. Lisez le poème plusieurs fois.
2. Avec un(e) partenaire, imaginez la raison de la rupture *(breakup)*. Partagez votre explication avec vos camarades de classe.

Voix en direct (suite)

Go to to view video clips of French people talking about family meals and their eating habits.

Expression écrite

🌐 À vos marques, prêts, bloguez!

Allez sur notre blog et écrivez, en français, un billet sur votre restaurant favori. Il sert quelle sorte de cuisine (mexicaine, chinoise, italienne, américaine)? Qu'est-ce que vous aimez commander dans ce restaurant? Êtes-vous végétarien(ne)? Est-ce qu'il y a un plat que vous n'aimez pas? Après, lisez les billets de deux autres camarades de classe et répondez à ces billets.

Un scénario: une scène au restaurant

You are going to write a script for a restaurant scene with three characters: two dining companions and a waiter.

■ **Première étape:** Look over the four steps of the restaurant scene in the **Situation à jouer!** on page 210. This is your basic outline. Supplement Step 3 with a conversation about a topic of interest to you. Make a list of expressions you might need.

■ **Deuxième étape:** Write out the dialogue. Make sure to include several object pronouns (**le, la, les...**) and **en.**

SYSTÈME-D

Phrases: asking the price, expressing indecision, refusing or declining, requesting or ordering, stating a preference

Grammar: adjective position, adjective agreement, formal forms, indefinite articles, partitive articles, **prendre, manger**

Vocabulary: bread, cheese, drinks, food, numbers, seafood, seasonings, table setting, taste (dishes), vegetables

---

Use the **iLrn** platform for more grammar and vocabulary practice.

Writing verbs with minor spelling changes *Les verbes avec changements orthographiques*

Some -**er** verbs in French have regular endings but require slight spelling changes in the present tense to reflect their pronunciation.

The verbs **préférer** *(to prefer),* **espérer** *(to hope for),* and **répéter** *(to repeat)* follow this pattern:

è → é when followed by a pronounced ending		
je préfère	BUT	nous préférons
ils préfèrent	BUT	vous préférez

Verbs such as **acheter** have a slightly different change:

è → mute e when followed by a pronounced ending		
ils achètent	BUT	nous achetons
tu achètes	BUT	vous achetez

For the verb **appeler** and most verbs ending in **e** + consonant + **er,** the final consonant doubles when preceded by a pronounced **e.**

nous appelons	BUT	j'appelle
vous appelez	BUT	tu appelles

Verbs ending in -**ger,** such as **manger** and **nager,** have the following change:

g → ge before -ons to maintain the soft g sound	
je mange	BUT	nous mangeons

Verbs ending in -**cer,** such as **commencer,** have the following change:

c → ç before -ons to maintain the soft c sound	
je commence	BUT	nous commençons

Note: The **nous** and **vous** forms of these verbs always have the same stem as the infinitive.

The **passé composé** of these verbs with spelling changes is formed regularly:

appeler → j'ai appelé	acheter → j'ai acheté
espérer → j'ai espéré	manger → j'ai mangé
répéter → j'ai répété	commencer → j'ai commencé

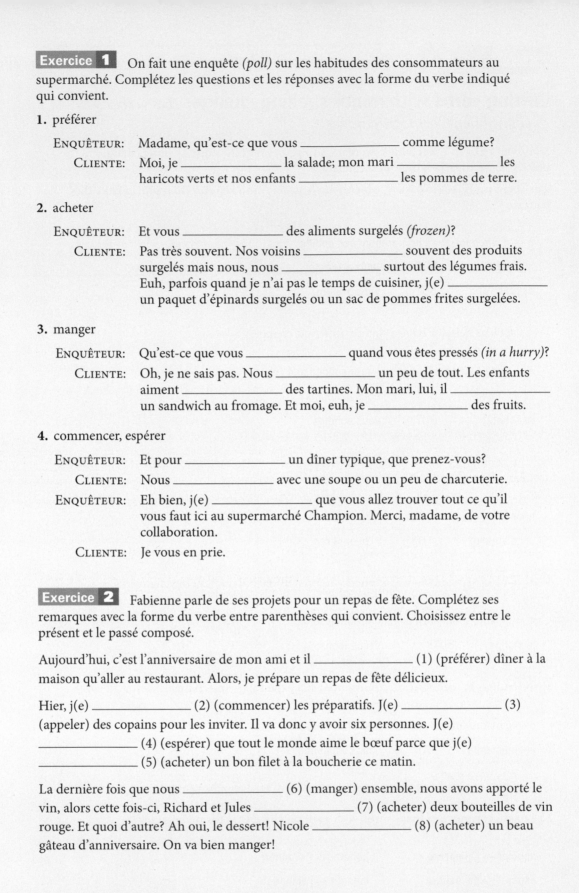

Exercice 1 On fait une enquête *(poll)* sur les habitudes des consommateurs au supermarché. Complétez les questions et les réponses avec la forme du verbe indiqué qui convient.

1. préférer

ENQUÊTEUR: Madame, qu'est-ce que vous _____ comme légume?

CLIENTE: Moi, je _____ la salade; mon mari _____ les haricots verts et nos enfants _____ les pommes de terre.

2. acheter

ENQUÊTEUR: Et vous _____ des aliments surgelés *(frozen)*?

CLIENTE: Pas très souvent. Nos voisins _____ souvent des produits surgelés mais nous, nous _____ surtout des légumes frais. Euh, parfois quand je n'ai pas le temps de cuisiner, j(e) _____ un paquet d'épinards surgelés ou un sac de pommes frites surgelées.

3. manger

ENQUÊTEUR: Qu'est-ce que vous _____ quand vous êtes pressés *(in a hurry)*?

CLIENTE: Oh, je ne sais pas. Nous _____ un peu de tout. Les enfants aiment _____ des tartines. Mon mari, lui, il _____ un sandwich au fromage. Et moi, euh, je _____ des fruits.

4. commencer, espérer

ENQUÊTEUR: Et pour _____ un dîner typique, que prenez-vous?

CLIENTE: Nous _____ avec une soupe ou un peu de charcuterie.

ENQUÊTEUR: Eh bien, j(e) _____ que vous allez trouver tout ce qu'il vous faut ici au supermarché Champion. Merci, madame, de votre collaboration.

CLIENTE: Je vous en prie.

Exercice 2 Fabienne parle de ses projets pour un repas de fête. Complétez ses remarques avec la forme du verbe entre parenthèses qui convient. Choisissez entre le présent et le passé composé.

Aujourd'hui, c'est l'anniversaire de mon ami et il _____ (1) (préférer) dîner à la maison qu'aller au restaurant. Alors, je prépare un repas de fête délicieux.

Hier, j(e) _____ (2) (commencer) les préparatifs. J(e) _____ (3) (appeler) des copains pour les inviter. Il va donc y avoir six personnes. J(e) _____ (4) (espérer) que tout le monde aime le bœuf parce que j(e) _____ (5) (acheter) un bon filet à la boucherie ce matin.

La dernière fois que nous _____ (6) (manger) ensemble, nous avons apporté le vin, alors cette fois-ci, Richard et Jules _____ (7) (acheter) deux bouteilles de vin rouge. Et quoi d'autre? Ah oui, le dessert! Nicole _____ (8) (acheter) un beau gâteau d'anniversaire. On va bien manger!

Talking about indefinite quantities (*some*) *Le partitif*

By their nature, some nouns cannot be counted. For example, we can count grains of rice but we can't count rice. We can count a glass of water, but we can't count water. In French, the partitive article is used to refer to *some* or a *part* of such noncount nouns.

de la viande	*some meat*
de l'eau	*some water*
du temps	*some time*
des légumes	*some vegetables*

The partitive is also used with abstract nouns.

Il a du courage.	*He is brave (has some courage).*

Although the English equivalent for the partitive (*some* or *any*) can be omitted, the partitive article is necessary in French. Here are the forms of the partitive article.

de + le → **du**	Vous prenez du vin.	*You're having some wine.*
de + la → **de la**	Il y a de la soupe à l'oignon.	*There is (some) onion soup.*
de + l' → **de l'**	Je bois de l'eau minérale.	*I drink mineral water.*
de + les → **des**	Je mange des céréales.	*I eat cereal.*

In negative sentences, the partitive article becomes **de** (or **d'** before a vowel sound).

Il n'y a pas **de** tarte.	*There isn't any pie.*
Elle ne mange pas **d'**ail.	*She doesn't eat garlic.*

Choosing between the *article défini, indéfini* and *partitif*

The following guidelines will help you choose the appropriate article.

1. Verbs that frequently require the partitive article are **prendre, manger, boire, avoir,** and **acheter.**

Vous prenez **du** café?	*Are you having coffee?*
Mon père ne boit pas **de** café.	*My father doesn't drink (any) coffee.*
Est-ce qu'il y a **de la** confiture?	*Is there any jam?*

2. When they precede some nouns, the indefinite article or the partitive change their meaning slightly.

Je voudrais **une** salade.	*I'd like a salad.*
Je voudrais **de la** salade.	*I'd like some salad.*
Je voudrais **un** café.	*I'd like a (cup of) coffee.*
Je voudrais **du** café.	*I'd like coffee.*

3. Preference verbs such as **aimer, préférer, adorer,** and **détester** take the definite article **(le, la, les).**

J'adore **la** viande mais je n'aime pas **le** poisson.	*I love meat but I don't like fish.*

4. Use the definite article when referring to a specific item visible by all at the table, previously mentioned in the conversation, or when ordering a particular dish on a menu.

Passez-moi **le** sel, s'il vous plaît.	*Pass me the salt, please.*
Je voudrais **le** saumon.	*I'd like the salmon.*

Exercice 3 Anaïs explique ses habitudes culinaires. Complétez les phrases avec l'article partitif ou indéfini approprié.

1. Je suis toujours pressée *(in a hurry)* le matin, donc je mange peu pour le petit déjeuner. Je prends _____ pain grillé avec _____ beurre et _____ confiture. Avec ça, je prends _____ chocolat chaud ou _____ café au lait; je ne bois pas _____ jus de fruits.

2. Normalement, à midi, je retrouve mes amis au resto-U et nous déjeunons ensemble. Parfois, je mange _____ soupe avec _____ poulet et _____ haricots verts. Généralement, je prends _____ eau minérale avec mes repas.

3. Le soir, je n'ai pas très faim et je n'ai pas _____ talent pour la cuisine. J'aime préparer _____ salade. Ma salade préférée est la salade composée. On utilise _____ salade, _____ tomates, _____ olives, _____ champignons, _____ jambon et _____ fromage. Et pour moi, pas _____ «French dressing» à l'américaine. Je prends _____ vinaigrette *(f)*.

Exercice 4 Émilie décrit sa routine du matin. Complétez le paragraphe avec la forme de l'article défini, indéfini ou partitif qui convient.

Alors, voici ma routine du matin pendant la semaine. D'abord, à 8h00, si j'ai _____ (1) énergie, je fais du jogging. Vers 8h30, je fais ma toilette et je prépare le petit déjeuner. D'abord, je prends _____ (2) jus de fruit; je préfère _____ (3) jus d'orange. Ensuite, je me prépare _____ (4) café. Je ne prends pas _____ (5) sucre dans mon café, mais j'aime ajouter _____ (6) lait. Puis je mange _____ (7) tartines de pain—je n'aime pas _____ (8) baguettes—avec _____ (9) beurre et _____ (10) confiture d'abricots. S'il n'est pas trop tard, je prépare _____ (11) salade pour midi. À 9h00, je pars pour mon bureau en métro, car je n'ai pas _____ (12) voiture. C'est une matinée bien remplie!

Structure 7.3

Talking about food measured in specific quantities and avoiding repetition *Les expressions de quantité et le pronom* **en**

Quantity expressions have the following structure:

Quantité + *de* + nom		
Elle achète... beaucoup	de	beurre.
une bouteille	d'	eau minérale.
un morceau	de	chocolat.

Note that **d(e)** is used alone rather than with an article.

Il y a trop **d'**huile dans la salade.   *There is too much oil in the salad.*
Elle a peu **de** patience.   *She has little patience.*

In the metric system, liquids are usually measured in **litres** (*liters*) and solids in **grammes** (*grams*) or **kilos** (*kilograms*). If you want to talk about one pound of an item, you use **500 grammes** or **une livre.** Sometimes the packaging determines the quantity. In France milk comes in bottles (**bouteilles**) or cartons (**boîtes, packs**), and jam and mustard come in jars (**pots**).

un demi-litre d'huile	*a half liter of oil*
un kilo de pommes de terre	*a kilo of potatoes*

Exercice 5   Anne veut préparer un gâteau. Elle examine ce qu'elle a dans sa cuisine. Complétez ses pensées en choisissant la réponse parmi les options données entre parenthèses.

Bon, dans le réfrigérateur il y a _____ (1) (un kilo de, assez de, un sac de) lait. Mais je n'ai pas _____ (2) (d', des, les) œufs. Que faire alors? Peut-être que je peux emprunter *(to borrow)* _____ (3) (d', des, un) œufs à la voisine. Et, dans le placard... il y a _____ (4) (de, de la, un litre de) farine *(flour)* et _____ (5) (des, un litre de, du) sucre. Il y a encore _____ (6) (la, de la, de) vanille *(f)* dans la bouteille. Selon la recette, il faut aussi _____ (7) (de, le, 100 g de) chocolat. Où est mon chocolat? Zut! Pas de chocolat! Je dois donc aller au supermarché. Je vais acheter _____ (8) (une douzaine d', une boîte d', un pot d') œufs et _____ (9) (de, du, un) chocolat. Je vais me dépêcher *(to hurry)*. Je n'ai pas beaucoup _____ (10) (du, des, de) temps!

Exercice 6   C'est mercredi, le jour du marché. Composez des phrases avec les éléments donnés pour indiquer ce que chaque personne achète. Ensuite, devinez le plat qu'on va préparer avec ces ingrédients.

1. M. Laurent: paquet / beurre; douzaine / œufs; et 200 g / fromage
2. Paulette: litre / huile d'olive; bouteille / vinaigre; 500 g / tomates; et salade
3. Jacques: trois tranches / pâté; un morceau / fromage; baguette; et bouteille / vin
4. Mme Pelletier: un peu / ail; 250 g / beurre; et douzaine / escargots
5. Nathalie: 1 melon; 1 ananas; 3 bananes; et barquette / fraises

The pronoun *en*

In French, the pronoun **en** is used to replace noncount nouns, i.e., nouns preceded by the partitive (**du, de la, de l', des**) or an indefinite article (**un, une, des**).

— Y a-t-il **des fraises**?	*— Are there any strawberries?*
— Oui, il y **en** a.	*— Yes, there are (some).*
— Tu veux **un Coca**?	*— Do you want a Coke?*
— Non, je n'**en** veux pas.	*— No, I don't want one (any).*

Notice that in the following sentences **en** replaces the noun but the quantity still needs to be stated.

— Combien de baguettes voulez-vous?	*— How many baguettes do you want?*
— J'**en** veux **deux.**	*— I want two (of them).*
— Achètes-tu beaucoup de bananes?	*— Do you buy a lot of bananas?*
— Non, je n'**en** achète pas **beaucoup.**	*— No, I don't buy a lot (of them).*

The order of *en* in a sentence

En precedes the conjugated verb and the expressions **voilà** and **voici**. This means that **en** precedes the auxiliary **avoir** or **être** in the **passé composé**.

Il y **en** a cinq.	*There are five (of them).*
J'**en** ai beaucoup mangé.	*I ate a lot (of it).* **(passé composé)**
En voilà une!	*There's one!*

In sentences with a conjugated verb followed by an infinitive, **en** precedes the infinitive. This means that **en** precedes the infinitive in the **futur proche**.

Je vais **en** prendre.	*I'll have some.* **(futur proche)**
Nous voulons **en** acheter.	*We want to buy some.*

Exercice 7 Trouvez la question illogique pour les réponses suivantes.

1. J'en veux un kilo.
    a. Tu veux du beurre?
    b. Tu veux du jambon?
    c. Tu veux des carottes?
    d. Tu veux un Coca?

2. Nous en avons deux.
    a. Vous avez combien de voitures?
    b. Vous avez des enfants?
    c. Vous avez combien de riz?
    d. Vous avez une maison?

3. J'en ai acheté une boîte.
    a. Tu as trouvé du thon *(tuna)*?
    b. Tu as acheté des raviolis?
    c. Tu as acheté du vin?
    d. Tu as pris de la sauce tomate?

4. J'en ai trois.
    a. Tu as combien de cours maintenant?
    b. Tu as une camarade de chambre?
    c. Tu as beaucoup de cours ce trimestre?
    d. Tu as du lait?

5. Oui, elle en a beaucoup.
    a. Marthe a beaucoup de travail?
    b. Marthe a des amis?
    c. Marthe a un mari?
    d. Marthe a des problèmes?

Exercice 8 Voici des morceaux d'une conversation à table. Répondez selon les indications. Employez le pronom **en** pour éviter la répétition.

1. Voulez-vous des pommes de terre gratinées? (oui)
2. Vous allez prendre du pâté? (non)
3. Prennent-ils du vin? (oui)
4. Vous prenez de la salade verte? (non)
5. Moi, je prends des escargots. Et toi? (oui)
6. Mangez-vous souvent du pain? (oui)

Structure 7.4

Referring to people and things that have already been mentioned and talking about placement *Les pronoms d'objet direct me, te, nous et vous et le verbe mettre*

You have learned to use the direct object pronouns **le, la,** and **les** to avoid repeating an object. The table below shows you the complete list of these pronouns:

singular	plural
me, m' (before vowel)	nous
te, t' (before vowel)	vous
le, la, l' (before vowel)	les

Les haricots verts? Elle **les** aime.
Je **t'**invite à prendre un verre.

*Green beans? She likes **them.***
I'm inviting you to have a drink.

Placement of direct object pronouns

The pronoun precedes the conjugated verb.

Ces pommes? Je **les** mets dans mon sac.
Khalid et Léa, je **vous** ai vus hier.

These apples? I'm putting them in my bag.
Khalid and Lea, I saw you yesterday.

When a conjugated verb is followed by an infinitive, such as in the **futur proche,** the pronoun is placed immediately before the infinitive:

Le pourboire? Je vais **le** laisser
  sur la table.
Elle veut **nous** voir ce soir?

The tip? I'm going to leave
  it on the table.
Does she want to see us this evening?

Choosing between the direct object pronoun and *en*

If you want to use a pronoun to replace a noun, choose **en** if the noun is preceded by **un, une, du, de la, de l'** or **des.**

— Y a-t-il **des** oranges dans le frigo?
— Oui, il y **en** a.

— Are there any oranges in the fridge?
— Yes, there are (some).

Use **le, la, les** if the noun is preceded by a definite article.

— Tu aimes **la** glace au chocolat?
— Oui, je **l'**aime beaucoup.

— Do you like chocolate ice cream?
— Yes, I like it a lot.

Mettre

The verb **mettre** is followed by a direct object.

mettre *(to put, place, or put on)*	
je mets	nous mettons
tu mets	vous mettez
il/elle/on met	ils/elles mettent

passé composé: j'ai **mis**

The verbs **remettre** *(to put on again),* **permettre** *(to permit),* and **se mettre à** *(to begin)* have similar conjugations.

Usage

The following sentences illustrate the various uses of **mettre**.

— Qui met la table?	— *Who is setting the table?*
— Moi, je la mets.	— *I'm setting it.*
Qu'est-ce que tu vas mettre aujourd'hui?	*What are you putting on (wearing) today?*
Vous me mettez à côté de Jean-Pierre?	*You're putting me next to Jean-Pierre?*
Vous permettez? (expression idiomatique)	*May I?*
Je me mets à servir le dessert.	*I'm starting to serve the dessert.*

Exercice 9 On a invité de la famille à dîner. Complétez la conversation avec la forme appropriée de **mettre, permettre** ou **se mettre**.

1. Vous _____ la table? On va manger dans une heure!

2. Je _____ la table maintenant. Où est-ce qu'on _____ Mémé et Pépé?

3. Nous les _____ à côté de Tante Irène.

4. La petite Nathalie a faim. Elle _____ à manger avant l'hôtesse. Ce n'est pas très poli!

5. Ton père et moi, nous ne te _____ pas de manger de la glace avant le dîner.

Exercice 10 Dans les phrases suivantes, les pronoms en italique peuvent représenter un ou plusieurs noms. Trouvez l'élément (ou les éléments) que le pronom **peut** représenter.

1. Je *les* aime beaucoup.
   a. les bonbons
   b. du sucre
   c. la confiture
   d. mes cousins

2. Ma mère va *la* préparer ce soir.
   a. le bœuf bourguignon
   b. la fondue suisse
   c. la salade niçoise
   d. le steak au poivre

3. On ne *l'*a pas vu depuis une semaine.
   a. mon oncle
   b. mon oncle et ma tante
   c. le livre de recettes
   d. le CD de Ricky Martin

4. Stéphanie *m'*a invité au cinéma.
   a. toi et moi
   b. moi
   c. moi et mes amis
   d. nous

5. Cédric *en* boit beaucoup.
   a. le vin
   b. de la bière
   c. l'autobus
   d. du lait

6. Tu vas *le* mettre sur la table.
   a. la pomme
   b. le verre
   c. le plat
   d. les tartelettes

7. J'*en* ai acheté.
   a. des crevettes
   b. du pain
   c. la viande
   d. de la glace

8. Vous *nous* avez invités au restaurant.
   a. moi
   b. toi et ton copain
   c. elle et moi
   d. Marc et moi

Exercice 11 François aide sa mère à préparer le dîner. Complétez ce que sa mère lui dit avec le pronom d'objet direct qui convient.

1. Voici les tomates. Pourrais-tu _____ ajouter à la salade?

2. Je viens d'acheter cette baguette. Maintenant nous devons _____ couper en tranches.

3. N'oublie pas la charcuterie. Tu devrais _____ apporter à table.

4. Voici les fourchettes. On _____ met à gauche des assiettes.

5. Et le sel? Où est-ce que je _____ ai laissé?

6. Ah, le téléphone sonne. Qui _____ appelle?

7. Va te reposer un peu. Je _____ appelle quand les autres arrivent.

Exercice 12 Julie et Daniel sont jeunes mariés *(newlyweds)*. Julie pose beaucoup de questions à Daniel. Répondez à ses questions en employant un pronom d'objet direct ou **en** pour éviter la répétition des mots en italique.

1. Je trouve tes parents très gentils. Comment est-ce qu'ils *me* trouvent?

2. Est-ce que je peux voir *les photos de toi petit garçon*?

3. Tu voudrais *une tasse de café*?

4. Est-ce que nous allons inviter *tes parents* à dîner bientôt?

5. J'utilise les recettes de ma mère quand je fais la cuisine. Aimes-tu *ses recettes*?

6. Nous mangeons toujours *de la dinde* à Noël. Et ta famille?

Structure 7.5

Giving commands *L'impératif*

The imperative verb form is used to give commands and directions and to make suggestions. The three forms of the imperative, **tu, nous,** and **vous,** are similar to the present tense, but the subject pronoun is omitted.

Présent	Impératif	
tu achètes	Achète du pain.	*Buy some bread.*
nous achetons	Achetons du fromage.	*Let's buy some cheese.*
vous achetez	Achetez des crevettes.	*Buy some shrimp.*

For the **tu** command form of **-er** verbs, including **aller,** drop the **s** from the **tu** form of the present tense verb.

Mange tes légumes.   *Eat your vegetables.*
Va à la boulangerie.   *Go to the bakery.*

With **-ir** and **-re** verbs, the **s** remains.

Finis ton dîner.   *Finish your dinner.*
Prends du sucre.   *Have some sugar.*

Avoir and **être** have irregular imperative forms.

avoir	aie, ayons, ayez
	Ayez de la patience.	*Have patience.*
être	sois, soyons, soyez
	Sois sage.	*Be good.*

In negative commands, the **ne** precedes the verb and the **pas** follows it.

Ne bois pas de café après 16h00.   *Don't drink coffee after 4 o'clock.*
N'allons pas au restaurant.   *Let's not go to the restaurant.*

The imperative form can sound harsh. A common way to avoid the imperative is by using **on** + verb.

On prend un café?   *Shall we get a cup of coffee?*

Exercice 13   La famille Gilbert est à table et Mme Gilbert donne des ordres à tout le monde. Complétez ce qu'elle dit avec la forme du verbe qui convient.

aider	boire	passer
aller	être	prendre
attendre	ne pas manger	

1. _____ votre père. Il arrive dans un instant.

2. _____-moi le sel, s'il te plaît.

3. Jeannot, _____ avec les doigts.

4. Chéri, _____ encore des haricots.

5. _____ chercher du pain dans la cuisine, Alexia.

6. _____ patiente avec ton petit frère.

7. Les enfants, _____-moi avec les assiettes.

8. _____ ton eau minérale.

Exercice 14   C'est l'anniversaire de votre amie Carole. Faites des projets avec vos amis en acceptant ou en refusant leurs suggestions selon l'indication entre parenthèses.

    Modèle: On fête l'anniversaire de Carole? (oui)
                Oui, fêtons l'anniversaire de Carole.

1. On invite Jérôme? (oui)

2. On fait un pique-nique? (non)

3. On va dîner dans un restaurant? (oui)

4. On rentre chez nous après? (oui)

5. On achète un gros gâteau au chocolat? (oui)

6. On achète aussi de la glace? (non)

7. On prend du champagne? (oui)

Tout ensemble!

Thomas et sa femme, Janine, font les courses ensemble à Casino. Complétez leur conversation en conjuguant les verbes entre parenthèses ou en utilisant les mots de la liste.

belles	la	des
côtelettes	pain	en
de	boucherie	te
de la	d'	
du	de l'	

THOMAS: Tu as la liste d'achats que nous avons préparée?

JANINE: _____ (1) voilà. _____ (2) (commencer) par les légumes et les fruits.

THOMAS: Voici de _____ (3) salades. Tu _____ (4) veux?

JANINE: Absolument! Si nous allons suivre notre régime *(diet),* nous devons manger beaucoup _____ (5) salades. Nous allons en acheter deux.

THOMAS: Avec ça, prenons _____ (6) tomates.

JANINE: Thomas, _____ (7) (choisir) trois belles tomates bien rouges.

THOMAS: Qu'est-ce qu'on va manger demain pour le déjeuner?

JANINE: Euh... peut-être des _____ (8) de porc avec _____ (9) riz.

THOMAS: Pas de pommes de terre?

JANINE: Si, si tu _____ (10) (préférer)... Et achète 500 grammes _____ (11) asperges et _____ (12) eau en bouteille.

THOMAS: Et au dessert?

JANINE: Thomas, n'oublie pas que nous sommes au régime. _____ (13) (prendre) des fruits. Ces pommes ont l'air délicieuses.

THOMAS: Nous _____ (14) (manger) trop de pommes. _____ (15) (acheter) plutôt des poires.

JANINE: D'accord. Tu les _____ (16) (mettre) dans le caddie *(shopping cart)*?

THOMAS: Est-ce que nous avons fini?

JANINE: Non, il nous faut *(we need)* aussi _____ (17) viande, du lait et du _____ (18). _____ (19) (aller) chercher le pain et le lait pendant que je vais à la _____ (20).

THOMAS: _____ (21) (ne pas acheter) de bœuf—c'est trop gras.

JANINE: Bien. J(e) _____ (22) (espérer) trouver des côtelettes bien maigres...

THOMAS: Je _____ (23) retrouve à la boucherie alors.

Vocabulaire

Vocabulaire fondamental

Noms

La nourriture	**Food**
des asperges (f pl)	asparagus
une baguette	a loaf of French bread
le beurre	butter
le bœuf	beef
des céréales (f pl)	cereals; grains
la charcuterie	deli; cold cuts
la confiture	jam
des fraises (f pl)	strawberries
le fromage	cheese
la glace	ice cream
des haricots (verts) (secs) (m pl)	(green) (dry) beans
le jambon	ham
le lait	milk
un légume	a vegetable
la moutarde	mustard
un œuf	an egg
le pain	bread
le pâté (de campagne)	(country style) meat spread
les pâtes (f pl)	pasta
le poisson	fish
le poivre	pepper
une pomme	an apple
une pomme de terre	a potato
des pommes frites (f pl) (frites, fam)	French fries
le porc	pork
le poulet	chicken
du raisin	grapes
le riz	rice
la salade	salad; lettuce
un saucisson	a dry sausage
le sel	salt
une tarte(lette)	a tart(let), a pie
la viande	meat
le yaourt	yogurt

Mots apparentés: une banane, une carotte, le dessert, le fast-food, un fruit, la mayonnaise, une orange, une soupe, une tomate

Les repas	**Meals**
la cuisine	food; cooking
une entrée	hot or cold dish served before the main course
les hors-d'œuvre (m pl)	appetizers
le menu (à prix fixe)	menu (fixed price)
le petit déjeuner	breakfast
un plat (principal)	a (main) course, dish
un pourboire	a tip
le service	service
le service (non) compris	tip (not) included
un(e) végétarien(ne)	a vegetarian

Les petits commerces	**Shops**
une boucherie	a butcher shop
une boulangerie-pâtisserie	a bread and pastry shop
une charcuterie	a delicatessen
une épicerie	a neighborhood grocery store
un marché (en plein air)	a(n) (open-air) market
une pâtisserie	a pastry shop
un supermarché	a supermarket

Les ustensiles de cuisine	**Kitchen utensils**
une assiette	a plate
un bol	a bowl
un couteau	a knife
une cuillère (à soupe)	a (soup) spoon
une fourchette	a fork
une serviette	a napkin
une tasse	a cup
un verre	a glass

Les quantités	**Quantities**
assez (de)	enough (of)
beaucoup (de)	a lot (of)
une boîte (de)	a box, can (of)
une bouteille (de)	a bottle (of)
cinq cents grammes	500 grams, ½ kilo, approx. 1 lb.
une douzaine (de)	a dozen (of)
un gramme (de)	a gram (of)
un kilo (de)	a kilogram (of)
un (demi-)litre (de)	a (half) liter (of)
une livre	a pound
un morceau (de)	a piece (of)
un paquet (de)	a packet (of)
(un) peu (de)	(a) little (of)
un pot (de)	a jar (of)
un sac (de)	a sack, bag (of)
une tranche (de)	a slice (of)
trop (de)	too many, too much (of)
un verre (de)	a glass, cup (of)

Verbes

acheter	to buy
appeler	to call
s'appeler	to be named
avoir faim	to be hungry
avoir soif	to be thirsty
commander	to order
espérer	to hope (for)
être au régime	to be on a diet
mettre (la table)	to put; to set (the table)
oublier	to forget
réserver	to reserve
se mettre (à)	to begin

Adjectifs

à point	*medium*
bien cuit(e)	*well-done*
biologique (bio, *fam*)	*organic*
délicieux (délicieuse)	*delicious*
dur(e)	*tough*
frais (fraîche)	*fresh*
saignant(e)	*rare*
sucré(e)	*sweetened*
tendre	*tender*

Mots divers

une carte bancaire	*a credit card*
un ingrédient	*an ingredient*
par jour / semaine	*per day / week*
un pays francophone	*a country where French is spoken*
une recette	*a recipe*
un régime	*a diet*

Expressions utiles

Comment se débrouiller au restaurant	*How to get along at a restaurant*

(See pages 207–208 for additional expressions.)

C'est délicieux / tendre.	*It's delicious / tender.*
J'ai faim / soif.	*I'm hungry / thirsty.*
Le service est compris?	*Is the tip included?*
Pour commencer, je vais prendre...	*To start with, I'll have . . .*
Que désirez-vous comme plat principal?	*What do you want for your main course?*
Une table pour six, s'il vous plaît.	*A table for six, please.*
Votre steak, vous le voulez à quelle cuisson, saignant, à point ou bien cuit?	*How do you want your steak cooked, rare, medium, or well-done?*

CD2, Tracks 26–28

Vocabulaire supplémentaire

Noms

La nourriture	*Food*
l'ail *(m)*	*garlic*
l'alimentation *(f)*	*food*
un ananas	*a pineapple*
une barquette de fraises	*a basket of strawberries*
une cerise	*a cherry*
un champignon	*a mushroom*
une côtelette	*a meat cutlet*
une crémerie	*a shop selling dairy products*
une crêpe	*a crepe (thin pancake)*
les crevettes *(f pl)*	*shrimp*
une fromagerie	*a cheese shop*
les fruits de mer *(m pl)*	*seafood*
un gâteau	*a cake*
un goût	*a taste*
un goûter	*an afternoon snack*
l'huile *(f)* (d'olive)	*(olive) oil*
une nappe	*a tablecloth*
un oignon	*an onion*
les petits pois *(m pl)*	*peas*
une poissonnerie	*a fish shop*
un produit laitier	*a dairy product*
le saumon	*salmon*
une tartine	*bread with butter*
le thon	*tuna*
la vinaigrette	*salad dressing made with oil and vinegar*

Verbes

ajouter	*to add*
conseiller	*to recommend, to advise*
couper	*to cut*
se débrouiller	*to manage, to make do*
éviter	*to avoid*
goûter	*to taste*
grignoter	*to snack*
mélanger	*to mix*
promettre	*to promise*

Adjectifs

allergique	*allergic*
culinaire	*culinary*
fondu(e)	*melted*
garni(e)	*garnished*
gratiné(e)	*with melted cheese*
grillé(e)	*grilled*
léger (légère)	*light*
végétalien(ne)	*vegan*

Une excursion scolaire au palais de Fontainebleau. Vous souvenez-vous d'une excursion scolaire de votre enfance?

Souvenirs

In this chapter, you will read and talk about childhood memories and recall important events from the past. You will make the acquaintance of several characters familiar to French young people: cartoon characters Titeuf, Tintin and Astérix, and Alceste, from the classic stories of *Le Petit Nicolas.*

Souvenirs d'enfance

 CD2, Track 29

Quand j'étais petit(e)...

Voici Marie Leclerc. Comment était sa vie quand elle était petite?

Ma mère **restait** à la maison avec nous, les enfants.

Nous **habitions** une petite maison à la campagne.

Je **dormais** dans une chambre avec ma sœur.

Mes parents n'**avaient** pas de télévision. Ils **écoutaient** la radio.

Nous **avions** une vieille Renault.

Les hommes **jouaient** aux boules sur la place.

Après l'école, je **jouais** à la poupée ou je **chassais** les papillons avec mon frère.

L'été, nous **allions** à la mer.

Notez et analysez

The boldfaced verbs in the picture captions on page 228 and above are in the imperfect tense. Look at the endings for the following forms: **je, il/elle, ils/elles.** Circle them. Now listen to the recorded description and focus on the pronunciation of these endings. What conclusion do you draw? Is the ending of the **nous** form in the imperfect tense the same as its present tense ending?

Activité 1 La première année au lycée...

A. Cochez toutes les options qui décrivent votre vie pendant votre première année au lycée.

____ J'avais un chien / chat.

____ Je jouais dans une équipe de sport.

____ J'allais voir les matches de football américain.

____ Je rendais souvent visite à mes grands-parents.

____ Je mangeais souvent de la pizza.

____ J'avais des leçons de gymnastique.

____ J'étais très studieux (studieuse).

____ J'allais au centre commercial avec mes amis le week-end.

____ En été, j'allais à la mer avec mes parents.

____ J'avais mon propre téléphone portable.

____ Je jouais à la Wii.

____ Je regardais *One Tree Hill (Les Frères Scott)* à la télé.

____ J'achetais de la musique en ligne pour mon iPod.

 B. Maintenant, avec un(e) autre camarade de classe, comparez vos listes et dites ce que vous avez en commun.

Modèle: *Nous deux, nous avions un chien.*
OU: *Moi, j'avais un chien et Patrick avait un chat.*

Activité 2 Interaction. Quand tu étais petit(e)...

Posez les questions suivantes à un(e) camarade de classe.

1. Où est-ce que tu habitais?
2. Est-ce que tu avais un ordinateur? À quels jeux est-ce que tu jouais?
3. Qu'est-ce que tu faisais après l'école? Avec qui?
4. Est-ce que tu allais en vacances avec ta famille? Où?
5. Qu'est-ce que tu n'aimais pas manger?
6. Est-ce que tu avais beaucoup de copains dans ton quartier *(neighborhood)*?

Comment fêtait-on les anniversaires chez vous?

 Activité 3 Fêtes traditionnelles

Demandez à un(e) camarade de classe comment on célébrait les fêtes suivantes dans sa famille quand il/elle était petit(e). Suivez le modèle. Utilisez la liste d'expressions utiles pour développer vos réponses.

Expressions utiles:	
acheter un cadeau *(gift)*	préparer un grand repas de fête
aller à la mer / chez mes grands-parents	inviter des amis
aller voir les feux d'artifice *(fireworks)*	manger du gâteau / des bonbons...
allumer une bougie *(to light a candle)*	porter des déguisements *(costumes)*
décorer la maison	faire un voyage / un pique-nique
donner une carte de vœux *(card)*	rester à la maison

Fêtes:		
la fête des mères	Hanoukka	le 4 juillet
un anniversaire	le Ramadan	Halloween
Noël		

Modèle: ÉTUDIANT(E) 1: *Dans ta famille, est-ce qu'on célébrait la fête des mères?*

ÉTUDIANT(E) 2: *Oui, on célébrait la fête des mères.*

ÉTUDIANT(E) 1: *Comment?*

ÉTUDIANT(E) 2: *On invitait ma mère au restaurant. On lui donnait une carte de vœux et un cadeau.*

Les enfants et l'école

L'information scolaire, photographie de Robert Doisneau, 1956

Selon les valeurs° républicaines françaises, former les citoyens° est la responsabilité de l'école. Tous les enfants doivent bénéficier de l'égalité des chances°. C'est pourquoi en France, l'enseignement° public et privé est centralisé. C'est le Ministère de l'Éducation nationale qui établit° et dirige° les programmes d'études.

values

citizens

equal opportunity

education

establishes
directs

Tout commence avec l'école maternelle. Elle accueille actuellement° la quasi-totalité des enfants de 3 à 6 ans. C'est à la maternelle que l'enfant apprend à vivre en communauté, à agir° suivant certaines règles° établies et à respecter les autres. À l'école primaire (de 6 à 10 ans), les enfants continuent à développer leurs aptitudes et leurs connaissances°. Le programme comprend des cours de langue française, langue étrangère ou régionale, mathématiques, sciences, arts et éducation physique et civique. Ainsi, les années passées à l'école primaire sont très importantes. Une certaine nostalgie pour cette étape de la vie est souvent traitée° dans les films. C'est le cas d'*Au Revoir les enfants* et d'*Être et avoir*.

serves today

to act / rules

knowledge

treated

Cependant°, la réalité n'est pas toujours en accord avec cette image idéalisée. On trouve des inégalités, surtout dans les milieux° défavorisés en raison de leur environnement social, économique et culturel. Ces dernières années, le Gouvernement a établi des zones d'éducation prioritaire (ZEP) dans ces secteurs difficiles pour consacrer plus de ressources pour réduire les inégalités et améliorer la réussite scolaire° des élèves.

However
areas

academic success

Avez-vous compris?

Dites si les phrases suivantes sont vraies ou fausses.

1. Selon les principes de la République française, l'école doit offrir les mêmes chances à tous les jeunes en France.

2. Presque cinquante pour cent (50%) des enfants vont à l'école maternelle.

3. L'enseignement privé est dirigé par le Ministère de l'Éducation nationale.

4. À l'école maternelle, on apprend à suivre les règles pour vivre en harmonie avec les autres.

5. Les enfants de 6 à 12 ans vont à l'école primaire.

6. On étudie une langue étrangère ou une langue régionale à l'école primaire.

7. Les ZEP ont été établies pour donner plus de soutien *(support)* aux écoles dans les quartiers riches.

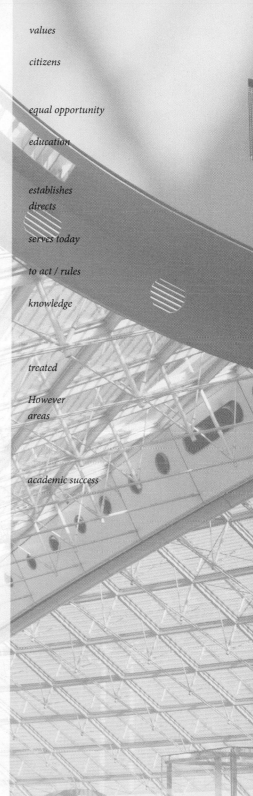

Voix en direct
Vous vous souvenez de votre école primaire?

Pourriez-vous nous décrire votre école primaire?
Quand j'**étais** jeune, il y **avait** une école pour les filles et une autre école pour les garçons. Il n'y **avait** pas d'école mixte.

Mon école **était** dans un vieux bâtiment[1] autour d'une cour[2]; il n'y **avait** pas de pelouse[3], pas de terrain de sport. À l'intérieur, il y **avait** des pupitres en rang[4]. Sur le mur, il y **avait** une carte de la France. La première leçon du matin **était** l'instruction civique, ce qu'on **appelait** «la leçon de morale». L'instituteur **écrivait** un proverbe au tableau que nous **copiions** dans nos cahiers. En France, les élèves **copiaient** beaucoup dans leurs cahiers.

Régine Montaut
56 ans
Institutrice à
Montpellier

Et comment était la discipline?
La discipline **était** sévère. Il **fallait** lever le doigt[5] pour parler. Et comme punition, il y **avait** le châtiment corporel[6]. La maîtresse **tirait** les oreilles[7], elle **tapait** sur les doigts[8] avec une règle, on **allait** au coin[9]; et souvent elle **envoyait** les élèves chez la directrice.

[1]building [2]courtyard [3]grass [4]in a row [5]raise your finger [6]corporal punishment [7]pulled our ears [8]snapped our fingers [9]we had to stand in the corner

Vous vous souvenez de votre école primaire?
Oui, bien sûr, et j'en garde un excellent souvenir. C'**était** à Nantes. Et je me rappelle de mes classes, des camarades de classe, des instituteurs et des institutrices qui **étaient** formidables. J'ai un bon souvenir de toutes mes classes de primaire, en fait. Dans l'ensemble, c'**était** sympa, l'école primaire.

Gwenaëlle Maciel
30 ans
Professeur d'anglais
dans un collège de
la région de Paris

Est-ce que l'école primaire d'aujourd'hui est différente d'il y a vingt ans?
Oui, je pense. C'était assez différent dans le relationnel[10] avec les enfants. Je pense qu'aujourd'hui le comportement[11] des enfants est plus spontané et... l'ambiance[12] moins rigide qu'elle ne l'était à l'époque où moi j'étais enfant en primaire. Et peut-être le contenu[13] de l'enseignement est plus ludique[14], moins rigoureux[15]; mais en dehors de ça, non, je ne constate pas[16] d'énormes différences.

[10]interaction [11]behavior [12]atmosphere [13]content [14]playful [15]rigorous [16]do not note

Réfléchissez aux réponses

1. Comment était votre première école? Décrivez la salle de classe. Il y avait un terrain de sport? Est-ce que les filles et les garçons jouaient ensemble?

2. Comment étaient les rapports entre les instituteurs et les élèves—plutôt positifs ou plutôt négatifs? Les instituteurs étaient stricts ou relaxes?

3. Est-ce que la discipline était sévère? Est-ce que vous vous souvenez d'une punition que quelqu'un a eue?

Avez-vous compris?

Selon les souvenirs de Régine (R) et de Gwenaëlle (G), indiquez si les phrases suivantes sont vraies ou fausses. Corrigez les phrases fausses.

R: 1. Quand Régine était jeune, elle étudiait dans une école mixte.
2. Pendant la récréation, les enfants jouaient sur le terrain de sport.
3. Les instituteurs étaient très gentils avec les élèves.
4. L'humiliation était une forme de punition.

G: 5. Gwenaëlle se souvient surtout de ses difficultés à l'école primaire.
6. Aujourd'hui, les instituteurs sont plus autoritaires qu'avant.
7. Les leçons sont plus difficiles aujourd'hui.
8. L'enseignement est moins strict aujourd'hui.

L'album de photos

Linking ideas *Les pronoms relatifs* **qui,** **que** *et* **où**

The following activities introduce relative pronouns, **les pronoms relatifs,** which are used for joining clauses to form complex sentences. To read more about relative pronouns, see page 249.

C'est moi avec mon ballon de foot **qui** était presque mon meilleur ami.

Et voilà notre vieille 2CV («deux-chevaux») Citroën **que** nous avons achetée d'occasion *(used).*

C'est l'endroit **où** mes grands-parents aimaient danser.

Notez et analysez

Look at the caption for each photo. What words are the relative pronouns **qui, que,** and **où** replacing? The words they replace are called their antecedents, **antécédents.**

Activité 4 Le hit-parade de votre enfance

Posez des questions à un(e) camarade en suivant le modèle. Ensuite, mettez-vous en groupes de six pour trouver les souvenirs que vous avez en commun. Présentez-les à la classe.

> **Modèle:** un chanteur que tu écoutais?
> — *Est-ce qu'il y avait un chanteur que tu écoutais?*
> — *Oui, Céline Dion.*

1. un lieu où tu aimais aller?
2. un film qui était populaire?
3. une chanson qui passait toujours à la radio?
4. une émission de télévision que tu regardais?
5. une activité que tu n'aimais pas faire?
6. une marque *(brand)* de vêtements que tout le monde portait?

Activité 5 L'album de photos

Marc montre son album de photos à un ami qui lui pose des questions. Complétez avec **qui, que** ou **où.**

UN AMI: Qui est ce petit garçon en short?

MARC: C'est Serge, le voisin _____ chassait les papillons *(butterflies)* avec moi.

UN AMI: Et le jeune homme à côté de lui?

MARC: C'est un garçon _____ sortait avec ma sœur. L'homme _____ tu vois à côté de lui, c'est mon grand-père.

UN AMI: Où est-ce qu'on a pris cette photo?

MARC: Sur la place du village _____ les hommes âgés jouaient aux boules et les vieilles femmes bavardaient.

UN AMI: Et le vieux bâtiment? Qu'est-ce que c'est?

MARC: C'est la mairie _____ il y avait une salle de cinéma. J'adorais tous les films _____ sortaient au village. L'autre bâtiment est l'église.

— Est-ce que **tu te souviens** de ton premier jour à l'école?
— Oui, **je me souviens** très bien de ce jour-là. J'avais quatre ans...

Notez et analysez

Notice the reflexive pronoun after the subject and before the verb. In the **tu** form, the pronoun is **te.** What is the pronoun used with the **je** form? What is the infinitive form of this verb? You were introduced to pronominal verbs in **Module 4** (**se lever,** for example) and you will learn more about them in **Module 10.**

CD2, Track 31

Activité 6 Est-ce que tu te souviens de... ?
(Do you remember . . . ?)

A. D'abord, utilisez les éléments suivants pour former six à huit questions que vous voulez poser à vos camarades de classe. Ensuite, écoutez et vérifiez la forme de vos questions.

> **Modèle:** *Est-ce que tu te souviens d'une activité qui était interdite?*

une activité		était interdite *(forbidden)*
un président		tu admirais
un pays		tu voulais aller
un(e) musicien(ne)	qui	tes parents écoutaient
un film	que	tout le monde critiquait / adorait
un lieu	où	tu ne pouvais pas aller
un(e) acteur (actrice)		a influencé ta vie
une chose		tes parents répétaient
une personne		était toujours très gentille envers *(towards)* toi

B. Maintenant mettez-vous en groupes de quatre et posez vos questions aux autres membres du groupe. Qu'est-ce que vous avez en commun? Expliquez à la classe deux des réponses les plus fréquentes.

> **Modèle:** *— Est-ce que tu te souviens d'une activité qui était interdite?*
> *— Oui, je ne pouvais pas sortir pendant la semaine.*

Activité 7 Vos souvenirs

Travaillez en petits groupes pour apprendre autant de détails que possible sur les souvenirs de vos camarades.

> **Modèle:** *Parle-moi un peu de tes copains.*
> *Est-ce que tu te souviens de ton premier meilleur copain? Comment s'appelait-il?*
> *Est-ce qu'il habitait près de chez toi? Comment est-ce qu'il était?*
> *Qu'est-ce que vous faisiez ensemble?*

1. copains
2. anniversaires
3. vacances
4. animaux domestiques
5. passe-temps

Un enfant avec ses animaux domestiques

Thème

Communiquer en famille

Structure 8.3

Reading, speaking, and writing to others *Les verbes* **lire***, ***dire** *et* **écrire** *avec les pronoms d'objet indirect*

Because they involve transferring information from one source to another, communication verbs are commonly used with an indirect object. Here, you will learn to use some common verbs associated with communication, **lire, dire** and **écrire,** and indirect object pronouns (**me, te, lui, nous, vous,** and **leur**). For the verbs, see page 250. For a full explanation of the use of indirect object pronouns, see page 251.

Notez et analysez

In the picture captions, the boldfaced words are pronouns. What words do these pronouns replace? Look at the pronouns **me** and **m'** in the last caption. Which one represents an indirect object? a direct object? The pronouns **me, te, nous,** and **vous** replace both direct and indirect objects.

Jules écrit à ses parents. Il **leur** écrit pour **leur** demander de l'argent.

Jacquot est déçu *(disappointed)* car son père **lui** a dit de ne pas sortir.

Mon père **nous** lisait des BD (bandes dessinées) d'Astérix et de Tintin.

Est-ce que ta grand-mère **t'**a donné ce joli vélo tout neuf *(brand-new)*?

Est-ce que Charles va **me** téléphoner? Il **m'**a dit qu'il allait **m'**inviter au cinéma...

 Activité 8 Associations rapides

Avec un(e) partenaire, répondez aussi vite que possible.

> **Modèle:** envoyer des messages sur Facebook
> — *Qui t'envoie des messages sur Facebook?*
> — *Mes copains m'envoient des messages sur Facebook.*

1. parler de ses problèmes
2. inviter à sortir
3. écouter
4. téléphoner souvent
5. écrire des textos
6. donner de l'argent

Activité 9 Un père inquiet

Le jeune Nicolas, qui part en colonie de vacances *(summer camp)*, doit rassurer son père que tout va bien se passer. Dans chaque réponse, utilisez un pronom d'objet direct ou indirect pour remplacer les mots en italiques.

Modèle: — Tu vas *me* téléphoner demain?
— Oui, je vais *te* téléphoner en arrivant *(upon arrival)*.

1. Tu vas *nous* écrire souvent?
2. Tu vas prendre *tes vitamines* le matin?
3. Tu vas obéir *aux moniteurs (counselors)*?
4. Tu vas suivre *(follow) tous les règlements (rules)*?
5. Tu as *ton billet de train* et *ta carte d'identité*?
6. Est-ce que tu as dit au revoir *à tante Irène*?
7. Tu as donné mon numéro de téléphone *au directeur*?

Activité 10 À qui est-ce que vous écrivez?

Quand est-ce que vous écrivez aux personnes suivantes? Et quand est-ce qu'elles vous écrivent? En groupes de deux, posez les questions et répondez comme dans le modèle. Utilisez le pronom d'objet indirect approprié dans votre réponse.

Modèle: ta tante et ton oncle
— *Quand est-ce que tu écris à ta tante et à ton oncle?*
— *Je leur écris une carte de vœux à Noël.*
— *Quand est-ce qu'ils t'écrivent?*
— *Ils m'écrivent pour mon anniversaire.*

1. ta grand-mère
2. ton (ta) meilleur(e) ami(e)
3. tes amis
4. ta mère
5. ton père
6. tes frères ou tes sœurs
7. tes cousins
8. ta tante ou ton oncle

Activité 11 Interview avec Jean-Luc Moncourtois, metteur en scène

Avec un(e) camarade, associez les questions et les réponses pour reconstruire l'interview.

1. Vous aimiez beaucoup regarder des films quand vous étiez jeune?
2. Et vous alliez souvent au cinéma?
3. Vos parents comprenaient votre passion pour le cinéma?
4. Donc, vous ne leur parliez pas de votre fascination?
5. Est-ce que vous aviez une idole?
6. Êtes-vous content de votre nouveau film?
7. Qu'est-ce que vous dites aux jeunes qui veulent faire du cinéma?
8. Vous pouvez nous parler de votre nouvelle copine Brigitte?
9. Pourquoi avez-vous choisi de quitter Hollywood et de revenir en France?
10. Merci, M. Moncourtois, de nous avoir accordé cette interview.

a. Je leur dis de ne jamais abandonner.
b. Non, ils ne me comprenaient pas. Ils étaient trop occupés par leurs propres affaires.
c. Oui, c'était Belmondo. Je l'adorais.
d. Non. Je ne veux pas vous parler de ma vie privée.
e. J'y allais tous les samedis.
f. Oui, j'adorais ça! C'était une affaire de cœur. J'étais un vrai fana!
g. Comment répondre? C'est mon meilleur travail jusqu'ici, mais je ne suis jamais satisfait. Je suis perfectionniste.
h. Non, je ne pouvais pas leur en parler. De toute façon, on se parlait peu chez moi.
i. Je vous en prie. C'était un plaisir.
j. Ce retour, j'y ai réfléchi pendant des années. Après tout, je suis un metteur en scène français!

Comment comparer (introduction)

Structure 8.4

Making comparisons *Le comparatif (introduction)*

When we think about the past, we frequently compare our present situation with "the good old days" or **le bon vieux temps.** We make lots of other comparisons as well—age, abilities, qualities, and so on. For a full explanation of the comparative, see pages 252–253.

CD2, Track 32

Expressions utiles

Pour comparer

Quand j'étais jeune, j'étais **moins grand que** mon frère Frédéric, mais j'étais **plus sportif que** lui.

Nous étions **moins riches que** nos voisins, les Lefèvre. Ils avaient une **meilleure voiture que** notre vieille Citroën.

The grades on this report card are based on 20 possible points.

Septembre–Octobre 2006   Nom: Jean-Pierre

	DEVOIRS			LEÇONS			OBSERVATIONS DU PROFESSEUR
Philosophie							
Français (grammaire et orthographe)	4	7		8	2	4	Ne travaille pas régulièrement à la maison. M. Tremblay
Français (composition et dissertation)							Faible participation M. Tremblay
Récitation							Mauvais travail–Doit améliorer la participation en classe Mlle Blanchard
Cinéma							
Anglais (littérature)	8	9		7	9	6	
Thème Anglais							
Version Anglaise							
Histoire							
Algèbre	8	5					Un travail plus intensif doit pouvoir améliorer les résultats M. Legrand
Géométrie	5	7		6	5	7	
Économie			6		6		Doit travailler plus M. Sequin

Voici un de mes anciens bulletins scolaires *(report cards).* Hélas, mes notes étaient souvent **pires que** les notes de mon frère. En fait, elles étaient lamentables!

Pour demander une comparaison

Est-ce que tu es très différent(e) de ta sœur?
Est-ce que tu ressembles plutôt à ta mère ou à ton père?
Est-ce que tu es comme ton (ta) meilleur(e) ami(e)?
Est-ce que ta mère est plus compréhensive que ton père?
Est-ce que tu es aussi sérieux (sérieuse) que ton frère?

Ces petits garçons jouent au bord d'un lac. Qu'est-ce que vous aimiez faire avec votre meilleur(e) ami(e) d'enfance?

CD2, Track 33

Écoutons ensemble! Alceste se compare à Jérôme

Écoutez Alceste qui se compare à son cousin Jérôme. Pour chaque chose indiquée, cochez *(check)* la colonne appropriée, d'après la description d'Alceste.

		+ PLUS	– MOINS	= AUSSI
1.	maison (près de l'école)	✓		
2a.	voiture (vieille)	✓		
2b.	voiture (grande)			✓
3a.	maths (fort)	✓		
3b.	langues (fort)		✓	
4.	parents (ouverts)			✓

Activité 12 Comparaisons

Quand vous étiez petit(e), comment s'appelait votre meilleur(e) ami(e)? Comparez-vous avec lui ou elle en utilisant **plus, moins, aussi, meilleur(e)** et **pire.**

1. âge: jeune / âgé(e)
2. côté personnalité: sociable / timide, sympathique / désagréable, idéaliste / réaliste / pessimiste
3. côté physique: grand(e) / petit(e), mince / gros(se)
4. à l'école: studieux (studieuse), sérieux (sérieuse), meilleur(e), fort(e) en maths (langues, sciences...)
5. autres: sportif (sportive), actif (active), passionné(e) par la politique (le shopping, le cinéma, les jeux vidéo...)

Activité 13 Comparez les époques.

Que pensez-vous des phrases suivantes? Selon vous, sont-elles vraies ou fausses? Corrigez celles qui sont fausses.

✓ 1. La France des années 50 était plus homogène ethniquement que la France d'aujourd'hui.

✓ 2. L'environnement est en plus grand danger maintenant que pendant les années 50.

✓ 3. On trouve de meilleurs ordinateurs aujourd'hui qu'il y a dix ans.

✓ 4. Les jeunes filles de notre époque sont généralement aussi indépendantes que leurs mères.

F 5. La génération de nos parents était moins conservatrice que notre génération.

6. La violence dans les écoles américaines est pire qu'avant.

✓ 7. Un Français avec son béret et sa baguette est une image plus stéréotypée que correcte.

F 8. Aujourd'hui, les films animés sont moins bons qu'il y a dix ans.

Les BD

character
survey

at the top
cartoonist

thanks to
work

lock of hair
share

in spite of everything / if
animated cartoons

Quel est le personnage° de BD (bande dessinée) que vous préférez? Voici la question posée dans un sondage° récent de Ifop (2005). Pour les adultes comme pour les jeunes Français, deux classiques arrivent en tête°: *Tintin* et *Astérix*. Tintin, créé par le dessinateur° belge Hergé (1907–1983), est un jeune reporter qui voyage partout dans le monde avec son chien Milou. Ses vingt-quatre aventures ont été publiées en 40 langues différentes. Une adaptation filmée de Spielberg doit même sortir en 2011.

Tintin

Astérix

Astérix, un Gaulois de petite taille avec une moustache et un gros nez, protège son village des invasions romaines grâce à° une potion magique. Avec l'aide de son grand ami Obélix, ils triomphent de leurs adversaires. Cette œuvre° de René Goscinny et Albert Uderzo, publiée en 70 langues, est surtout connue pour son humour et la qualité des dessins.

Chez les jeunes de 15–24 ans, une autre BD est très appréciée: *Titeuf*. Créé par le dessinateur suisse Zep, Titeuf représente sa génération. Avec sa mèche° blonde toujours en l'air et ses rollers, lui et ses copains partagent° les difficultés de la vie adolescente avec humour. Titeuf et sa bande d'amis font passer le message: il faut être heureux malgré tout°; on peut s'adapter au monde si° on a des amis.

Titeuf

On a aussi adapté ces BD en dessins animés° à la télé et au cinéma, ce qui augmente la popularité de cet art qui n'est pas uniquement pour les jeunes. En effet, les BD, c'est un loisir transgénérationnel.

Avez-vous compris?

Répondez aux questions suivantes.

1. Associez ces descriptions à Tintin, Àstérix ou Titeuf.

   _____ a. un garçon et son chien
   _____ b. un guerrier *(warrior)* gaulois
   _____ c. une bande de jeunes amis
   _____ d. des voyages dans des pays différents
   _____ e. Hergé
   _____ f. Zep
   _____ g. 70 langues
   _____ h. un jeune garçon aux cheveux blonds
   _____ i. une histoire qui se passe pendant l'Empire romain

2. Quelle est la morale de Titeuf?

Et vous?

1. Est-ce que vous connaissez une bande dessinée ou un dessin animé qui ressemble à *Titeuf*? Comparez Titeuf au héros de cette BD.

2. Quelles bandes dessinées lisiez-vous quand vous étiez plus jeune? Laquelle est-ce que vous préfériez? Quel(le) était le message (la morale) de cette BD?

3. Quelle BD est-ce que vous préférez maintenant? Pourquoi l'aimez-vous?

4. Est-ce que vous considérez les bandes dessinées comme un loisir transgénérationnel?

🌐 **Explorez en ligne**

Get acquainted with France's favorite cartoon *Tintin*. Go to http://www.tintin.com, click on **Tout Tintin** and then on **Les Personnages** to meet the various characters in the *Tintin* series. Choose a character and describe him/her in French. Look around the site and find another interesting fact to share with your classmates.

Souvenirs d'une époque

Structure 8.5

Narrating in the past *Le passé composé et l'imparfait (introduction)*

In the following activities, you will begin to use the **imparfait** and the **passé composé** together. Remember to use the **imparfait** for description and background information and the **passé composé** to talk about specific events. For further comparison of these two tenses, see pages 253–254.

Activité 14 À chaque génération ses goûts!

Comparez ce qui était à la mode quand vos parents étaient jeunes avec vos préférences à vous.

LA MUSIQUE

1. Quand mes parents étaient au lycée, ils écoutaient _____.
   a. Santana
   b. les Beatles
   c. Bruce Springsteen
   d. Stevie Wonder
   e. Bob Dylan

2. Moi, au lycée, j'écoutais _____.

LA MODE

3. Quand ma mère était au lycée, les _____ étaient très à la mode pour les filles.
   a. mini-jupes
   b. vêtements hippies
   c. pantalons à patte d'éléphant (bell-bottoms)
   d. polos
   e. tennis Adidas

4. Quand mon père avait dix-huit ans, les _____ étaient à la mode pour les garçons.
   a. barbes
   b. moustaches
   c. cheveux longs
   d. cheveux courts
   e. boucles d'oreille (earrings)

5. Moi, quand j'étais au lycée, les _____ étaient très à la mode.

LA TÉLÉ

6. Quand mes parents étaient à l'école primaire, ils regardaient _____ à la télévision.
   a. *Bewitched*
   b. *Sesame Street*
   c. *Mister Rogers' Neighborhood*
   d. *Leave It to Beaver*
   e. *Saved by the Bell*

7. Quand j'étais à l'école primaire, je regardais _____ à la télévision.

LES CÉLÉBRITÉS

8. Quand ma mère avait dix-huit ans, _____ était le mythe (legend) le plus connu.
   a. Marilyn Monroe
   b. Madonna
   c. Jane Fonda
   d. Tina Turner
   e. Angelina Jolie

9. Quand j'avais 18 ans, _____ était le mythe le plus connu.

Quand j'étais au collège, mes meilleurs amis **avaient** un portable mais moi, non. Quelle bonne surprise quand mes parents m'**ont offert** un portable pour mon douzième anniversaire!

Notez et analysez

Which verbs in the photo caption above describe what was going on? Which verb tells what happened?

Un couple des années 60

Activité 15 Quel âge avais-tu quand... ?

Posez la question à un(e) autre étudiant(e). Vous pouvez répondre en donnant votre âge ou en disant que vous étiez à l'école primaire, au collège *(middle school)* ou au lycée. Suivez le modèle.

> **Modèle:** — *Quel âge est-ce que tu avais quand Heath Ledger est mort?*
> — *J'avais quatorze ans. / J'étais au lycée.*

1. des terroristes ont attaqué le World Trade Center à New York
2. tu as conduit pour la première fois
3. Barack Obama est devenu président des États-Unis
4. tu as commencé tes études universitaires
5. le film *Shrek* est sorti
6. l'ouragan Katrina a ravagé La Nouvelle-Orléans
7. le troisième millénaire a commencé
8. Michael Phelps a gagné 8 médailles d'or aux jeux Olympiques de Pékin

Activité 16 L'arrivée à la fac

Lisez le passage suivant et faites une liste des verbes qui décrivent *(describe)* et de ceux qui racontent *(say what happened)*.

— Vous souvenez-vous de votre premier jour à la fac ici aux États-Unis?

— Oui, **c'était** le mois de septembre et il **faisait** très chaud. Je **portais** une robe d'été. J'**avais** peur *(I was afraid)* parce que mon anglais n'**était** pas très bon et je **me sentais** très seule. Quand je **suis arrivée** dans ma chambre, j'**ai vu** une blonde assise sur le lit qui **remplissait** *(was filling in)* une fiche *(a form)*. Elle m'**a dit** «bonjour» avec un bel accent texan. Nous **sommes parties** ensemble à la cafétéria où j'**ai rencontré** ses amis.

Décrire (liste)	Raconter ce qui s'est passé (liste)
C'était	

Activité 17 Une anecdote

Créez une anecdote en répondant aux questions. Vous pouvez ainsi collaborer à une composition avec la classe.

VOTRE DERNIÈRE SORTIE AU CINÉMA

1. C'était quel jour de la semaine?
2. Quel temps faisait-il?
3. Est-ce que vous étiez seul(e)?
4. Où était le cinéma?
5. Comment est-ce que vous y êtes allé(e)(s)?
6. Vous êtes arrivé(e)(s) à l'heure, en avance ou en retard?
7. Combien est-ce que vous avez payé votre billet?
8. Vous avez acheté du pop-corn ou une boisson?
9. Comment était le film?
10. Qu'est-ce que vous avez fait après le film?

Activité 18 Une photo sur Facebook

Voici la dernière photo que Katie a affichée *(posted)* sur Facebook. Décrivez la photo en répondant aux questions suivantes.

1. Est-ce qu'il faisait jour ou nuit?
2. Quel temps faisait-il ce jour-là?
3. Où est-ce qu'elle était quand la photo a été prise?
4. Qu'est-ce qu'elle portait?
5. Est-ce qu'elle était heureuse? Imaginez pourquoi ou pourquoi pas.
6. Imaginez ce qu'elle a fait après...

Oui, je sais toujours faire des roues *(cartwheels)*.

Situations à jouer!

1 Bring an old photograph to class and describe an earlier period of your life. Who / What is in the picture? What year was it? How old were you? Where were you living? What were you wearing? What were you (or the people in the picture) like? Compare the people in the picture to each other or to yourself. If it is a picture of you, compare yourself at the time the picture was taken to how you are today.

2 You run into an old friend whom you haven't seen since high school. Find out about each other's lives: **Ah, bonjour, Robert. Ça fait longtemps qu'on ne s'est pas vus! Qu'est-ce que tu fais maintenant? Tu travailles? Quand est-ce que tu as fini tes études?,** etc. Feel free to embellish your experiences.

3 Write down three childhood memories, two true and one imagined, on a sheet of paper. Try to be as creative as you can so your classmates will not know which statements are true and which is false. After you read your sentences out loud, the class will vote on each statement. Keep a tally to determine how many students mistakenly believe the false statement. The student who tricks the most students wins.

Modèle: *J'avais une collection de papillons.*
J'ai dansé le rôle de Clara dans le ballet Casse-Noisette *(The Nutcracker).*
J'avais neuf chiens et trois chats.

Lecture

Anticipation

1. Un élève qui se comporte *(behaves)* mal à l'école est parfois renvoyé *(suspended)* de l'école pendant quelques jours. Imaginez les raisons possibles pour renvoyer un élève de l'école.

2. Dans ce texte, les enfants appellent le surveillant, la personne responsable de la discipline, «le Bouillon». Quand vous étiez jeune, aviez-vous un nom spécial pour les adultes que vous n'aimiez pas? Expliquez.

Alceste a été renvoyé

Jean-Jacques Sempé et René Goscinny

1 Il est arrivé une chose terrible à l'école: Alceste a été renvoyé!

Ça s'est passé pendant la deuxième récré du matin. Nous étions tous là à jouer à la balle au chasseur, vous savez comment on y joue: celui qui a la balle, c'est le chasseur; alors, avec la balle il essaie de taper° sur un copain
5 et puis le copain pleure° et devient chasseur à son tour. C'est très chouette°. Les seuls qui ne jouaient pas, c'étaient Geoffroy, qui est absent; Agnan, qui repasse toujours ses leçons pendant la récré; et Alceste, qui mangeait sa dernière tartine à la confiture du matin. Alceste garde toujours sa plus grande tartine pour la deuxième récré, qui est un peu plus longue que les autres. Le
10 chasseur, c'était Eudes, et ça n'arrive pas souvent: comme il est très fort, on essaie toujours de ne pas l'attraper avec la balle, parce que quand c'est lui qui chasse, il fait drôlement mal°. Et là, Eudes a visé° Clotaire, qui s'est jeté par terre avec les mains sur la tête; la balle est passée au-dessus de lui, et bing! elle est venue taper dans le dos d'Alceste qui a lâché° sa tartine, qui est tombée
15 du côté de la confiture. Alceste, ça ne lui a pas plu°; il est devenu tout rouge et il s'est mis à pousser des cris; alors, le Bouillon—c'est notre surveillant—il est venu en courant pour voir ce qui s'est passé, ce qu'il n'a pas vu, c'est la tartine, et il a marché dessus, il a glissé et il y est presque° tombé. Il a été étonné°, le Bouillon, il avait tout plein de confiture sur sa chaussure. Alceste,
20 ça a été terrible, il a agité les bras et il a crié:

> — Nom d'un chien, zut! Pouvez pas faire attention où vous mettez les pieds? C'est vrai, quoi, sans blague°!

tries to hit
cries / cool

it really hurts / aimed at

let go of
he didn't like it

almost
surprised

no kidding

Il était drôlement en colère, Alceste; il faut dire qu'il ne faut jamais faire le guignol° avec sa nourriture, surtout quand c'est la tartine de la deuxième récré. Le Bouillon, il n'était pas content non plus.

to play around

— Regardez-moi bien dans les yeux, il a dit à Alceste: qu'est-ce que vous avez dit?
— J'ai dit que nom d'un chien, zut, vous n'avez pas le droit de marcher sur mes tartines! a crié Alceste.

Alors, le Bouillon a pris Alceste par le bras et il l'a emmené avec lui. Ça faisait chouic°, chouic, quand il marchait, le Bouillon, à cause de la confiture qu'il avait au pied....

squish

Et puis le directeur a dit à Alceste de prendre ses affaires. Alceste y est allé en pleurant°, et puis il est parti, avec le directeur et le Bouillon.

crying

Nous, on a tous été très tristes. La maîtresse aussi.

Adapté de Sempé et Goscinny: «Alceste a été renvoyé», *Les récrés du petit Nicolas*.
© Éditions Denoël.

Expansion de vocabulaire

1. **La balle au chasseur** ressemble au jeu de...
   a. *hide and seek.*
   b. *freeze tag.*
   c. *dodge ball.*
   d. *keep away.*

2. En anglais, le mot **chasseur** se dit...
   a. *it.*
   b. *out.*
   c. *referee.*
   d. *hunter.*

3. L'occupation favorite d'Alceste, c'est...
   a. manger.
   b. jouer avec ses copains.
   c. repasser ses devoirs.
   d. aller à l'école.

4. Quelle action ne se fait pas avec une balle?
   a. jouer
   b. pleurer
   c. attraper
   d. lâcher

5. On ne vise pas avec...
   a. un revolver.
   b. une balle.
   c. un ballon.
   d. une télévision.

6. Agnan doit toujours **repasser** ses leçons pendant la récré parce qu(e)...
   a. il ne prépare pas assez ses leçons.
   b. il n'aime pas jouer avec ses amis.
   c. il est trop sérieux.
   d. son instituteur ne l'aime pas.

7. Alceste était **drôlement** en colère. Un synonyme de **drôlement** est...
   a. un peu.
   b. souvent.
   c. très.
   d. jamais.

8. Ce que le Bouillon n'a pas vu, c'est la tartine. Il a marché dessus, il a **glissé** et il y est presque tombé. On peut **glisser** sur...
   a. une banane.
   b. une balle.
   c. une voiture.
   d. du chewing gum.

Compréhension et intégration

1. Geoffroy, Agnan et Alceste ne jouaient pas pendant la récréation. Que faisaient-ils?

2. Pourquoi est-ce qu'on a peur quand Eudes est chasseur?

3. Pour quelle raison est-ce qu'Alceste a laissé tomber sa tartine?

4. Qui a marché sur la tartine d'Alceste?

5. Qu'a dit Alceste au surveillant?

6. Quelles sont les indications qui montrent que c'est un enfant qui raconte l'histoire? Parlez du langage, du point de vue, etc.

Maintenant à vous!

Racontez une anecdote au sujet d'un enfant qui a eu des ennuis *(got into trouble)* à l'école. Inspirez-vous de votre propre expérience.

Voix en direct (suite)

Go to **iLrn** to view video clips of two French speakers recounting a childhood memory.

Expression écrite

L'arrivée au campus

In this assignment, you will write about your arrival as a new student on campus.

■ **Première étape:** Using the **imparfait,** answer the following questions, elaborating whenever possible.

1. What time of year was it?

2. What was the weather like?

3. Whom were you with?

4. What were you wearing?

5. What were your first impressions of the campus?

6. Were you nervous, calm, excited (**enthousiasmé[e]**), or worried (**inquiet/inquiète**)?

■ **Deuxième étape:** Answer the following questions in detail using the **passé composé.**

1. What is the first thing you did upon your arrival? Whom did you meet?

2. What happened after your arrival? (What did you see? Where did you go? What did you do?)

3. How did you feel at the end of the day (**à la fin de la journée**)?

■ **Troisième étape:** Now using the material above, develop your composition. You may want to share your work in groups of three by reading it out loud and asking for feedback.

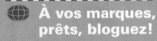

À vos marques, prêts, bloguez!

Lorsque vous étiez en «fourth» ou «fifth grade», qu'est-ce que vous faisiez après l'école tous les jours? Décrivez, en français, un après-midi de semaine typique pour vous. Utilisez l'imparfait. Répondez à un(e) autre étudiant(e) et dites si vous faisiez la même chose.

SYSTÈME-D

Phrases:	describing the past, expressing time relationships, sequencing events, talking about past events
Grammar:	imperfect, compound past tense, adverbs of time, verbs with auxiliary **avoir** or **être**
Vocabulary:	clothing, days of the week, people, studies / courses, seasons, time of day, time expressions, university

Talking about how things used to be *L'imparfait*

In **Module 6** you studied the **passé composé,** a verb tense used for discussing what happened in the past. The **imparfait** is another past tense, but it serves a different function.

Using the *imparfait*

The **imparfait** is used in the following situations:

- to describe how things were in the past:

  J'habitais en ville avec ma mère et mon père. Mes parents **étaient** très indulgents envers moi, leur fille unique.

  I lived in town with my mother and father. My parents were very indulgent toward me, their only daughter.

- to describe what people used to do:

  Quand je **rentrais** de l'école, je **prenais** mon goûter devant la télé et puis je **faisais** mes devoirs.

  When I returned from school, I would have my snack in front of the TV and then I would do my homework.

- to describe feelings and attitudes:

  J'étais triste parce que je **savais** que ma meilleure amie **allait** déménager.

  I felt sad because I knew that my best friend was going to move.

Forming the *imparfait*

To form the **imparfait,** remove the **-ons** ending from the **nous** form of the present tense and add the following endings to this stem:

-ais	-ions
-ais	-iez
-ait	-aient

parler	
je parlais	nous parlions
tu parlais	vous parliez
il/elle/on parlait	ils/elles parlaient

finir	
je finissais	nous finissions
tu finissais	vous finissiez
il/elle/on finissait	ils/elles finissaient

vendre	
je vendais	nous vendions
tu vendais	vous vendiez
il/elle/on vendait	ils/elles vendaient

Structures utiles

The verb **être** has an irregular stem in the imperfect.

être	
j'étais	nous étions
tu étais	vous étiez
il/elle/on était	ils/elles étaient

Quand j'avais quinze ans, je voulais
conduire, mais j'étais trop jeune.

*When I was fifteen, I wanted to drive,
but I was too young.*

To form the **imparfait** of verbs whose infinitives end in **-cer,** you must add a cedilla (**cédille**) to the **c** before an **a.**

commencer	
je commen**ç**ais	nous commencions
tu commen**ç**ais	vous commenciez
il/elle/on commen**ç**ait	ils/elles commen**ç**aient

For infinitives ending in **-ger,** you add an **e** before an **a.**

manger	
je mang**e**ais	nous mangions
tu mang**e**ais	vous mangiez
il/elle/on mang**e**ait	ils/elles mang**e**aient

The verb **devoir** *(must, to have to)* changes its meaning slightly in the **imparfait.** It means *was supposed to.*

Il **devait** arriver avant minuit.
Est-ce que nous **devions** lui téléphoner?

He was supposed to arrive before midnight.
Were we supposed to phone her/him?

The expression **il faut** becomes **il fallait** in the imperfect.

Il fallait marcher jusqu'à l'école.

It was necessary to walk to school.

Note de prononciation

Except for the **nous** and **vous** forms, all the imperfect endings sound alike.

Exercice 1 Aurélie raconte les souvenirs qu'elle a de sa grand-mère. Mettez les verbes entre parenthèses à l'imparfait.

Quand j'étais jeune, je passais les week-ends chez ma grand-mère qui (habiter) _____ (1) une petite maison entourée de fleurs. La maison (être) _____ (2) blanche avec des volets bleus. Mamie y (vivre) _____ (3) seule avec ses chats et ses oiseaux. Elle avait une passion pour son jardin. Quand elle y (travailler) _____ (4), elle (porter) _____ (5) toujours un grand chapeau de paille *(straw)*. Je (rester) _____ (6) toujours à côté d'elle et j'(enlever *[to pull]*) _____ (7) les mauvaises herbes *(weeds)*.

Mes parents (arriver) _____ (8) le dimanche. Ils l'(aider) _____ (9) à préparer le repas du dimanche pendant que nous, les enfants, nous (jouer) _____ (10) dehors. Et puis on (manger) _____ (11) tous ensemble autour d'une grande table. Nous (devoir) _____ (12) partir de bonne heure *(early)* pour nous préparer pour l'école.

Structure 8.2

Linking ideas *Les pronoms relatifs* **qui,** *que et* **où**

Relative pronouns enable you to create complex sentences and avoid repetition by combining two sentences, or clauses. The noun referred to by a relative pronoun is called its antecedent (**antécédent**).

Qui

Qui is used to replace the subject of a sentence—a person, thing, or idea. The English equivalent of **qui** is *who, which,* or *that.* Note that **qui** is immediately followed by a verb.

| subj. | | verb |

J'ai un chien. Le chien adore jouer. → J'ai un chien **qui** adore jouer.

| subj. | | verb |

J'ai une voiture. Elle roule très vite. → J'ai une voiture **qui** roule très vite.

Que (Qu')

Que (Qu') refers to the direct object of a sentence—a person, thing, or idea. The English equivalent of **que** is *who, whom, which,* or *that.* Note that **que** is immediately followed by a subject and a verb.

| dir. obj. | | subj. | + | verb |

La maison était dans ce village. Elle aimait la maison. → La maison **qu'**elle aimait était dans ce village.

| dir. obj. | | subj. | + | verb |

L'étudiant est ici. Tu connais cet étudiant. → L'étudiant **que** tu connais est ici.

Où

Où refers to places or expressions of time. Its English equivalent is *where, that,* or *when.* Although it can sometimes be omitted in English, it is obligatory in French.

Voilà le café **où** j'ai rencontré Serge.　　*There's the café where I met Serge.*
C'était l'année **où** il a commencé l'école.　　*It was the year (that) he started school.*

Exercice 2　Complétez ces phrases concernant la France avec **qui, que** ou **où**.

1. 2008 est l'année _____ Le Clézio a reçu le Prix Nobel de littérature.
2. Édith Piaf était une chanteuse française _____ a séduit le monde entier.
3. Le cinématographe est un appareil _____ a été inventé en France.
4. La 4CV était la voiture _____ on préférait pendant les années 60.
5. Le café Les Deux Magots est un lieu _____ les jeunes intellectuels se rencontraient.
6. La tour Eiffel est un monument _____ on vend beaucoup de souvenirs touristiques.
7. St. Tropez était l'endroit _____ Brigitte Bardot passait ses vacances.
8. C'étaient les Bleus _____ ont gagné le championnat du monde en 1998.
9. La dernière fois _____ la France a reçu les jeux Olympiques d'hiver, c'était en 1992.

Structure 8.3

Reading, speaking, and writing to others *Les verbes **lire**, **dire** et **écrire** avec les pronoms d'objet indirect*

The verbs *lire*, *dire*, and *écrire*

These verbs have similar conjugations.

lire *(to read)*	
je lis	nous lisons
tu lis	vous lisez
il/elle/on lit	ils/elles lisent

passé composé: j'**ai lu**   imparfait: je **lisais**

dire *(to say; to tell)*	
je dis	nous disons
tu dis	vous **dites**
il/elle/on dit	ils/elles disent

passé composé: j'**ai dit**   imparfait: je **disais**

écrire *(to write)*	
j'écris	nous écrivons
tu écris	vous écrivez
il/elle/on écrit	ils/elles écrivent

passé composé: j'**ai écrit**   imparfait: j'**écrivais**

Vous **lisez** le journal le matin.
Qu'est-ce que vous **avez dit**?
Comment **dit**-on «I'm sorry» en français?
Elle **écrit** régulièrement à son petit ami.

You read the paper in the morning.
What did you say?
How do you say "I'm sorry" in French?
She writes regularly to her boyfriend.

The verb **décrire** *(to describe)* is conjugated like its base verb **écrire**, and **relire** *(to reread)* follows the pattern of **lire**.

Exercice 3 Grâce à la technologie, Marc est toujours en contact avec les membres de sa famille. Complétez les phrases en utilisant le présent des verbes **dire, lire** ou **écrire**.

1. Ma cousine Fatima _____ qu'elle va venir nous voir à Paris.
2. Nous _____ une lettre à notre grand-père une fois par mois. Il faut l'envoyer par la poste. Grand-père n'utilise pas d'ordinateur.
3. Tante Marie-Anne explique qu'elle vient d(e) _____ le nouveau roman de Le Clézio.
4. Et Oncle Patrice, qu'est-ce qu'il _____? Un autre récit historique!
5. Pour son anniversaire, j(e) _____ un poème pour Sophie.
6. Nous _____ immédiatement tous les courriels que nous recevons.
7. Mes parents m(e) _____ au moins une fois par semaine.
8. _____-vous des textos à vos parents?
9. Tu _____ que tu as une nouvelle adresse de courriel?

Indirect object pronouns

In **Module 7,** you learned how to use direct object pronouns.

— Tu aimes **cette musique?**	— *You like this music?*
— Oui, je **l'**aime beaucoup!	— *Yes, I like it a lot!*

Communication verbs like **dire** and **écrire** generally include the notion of transferring information from one source to another. They are, therefore, commonly used with an indirect object, or an object preceded by a preposition.

Nous écrivons **au professeur.**	*We're writing **to the professor.***

Indirect objects can be replaced by indirect object pronouns to avoid repeating the noun.

— Tu vas parler **à ton prof de sciences po**?	— *Are you going to talk to your poli-sci professor?*
— Oui, je vais **lui** parler demain après-midi.	— *Yes, I'm going to talk to him (her) tomorrow afternoon.*
— Je veux savoir si ton train arrive à l'heure.	— *I want to know if your train is arriving on time.*
— Je **te** téléphone tout de suite.	— *I'll call you right away.*

Indirect object pronouns are presented in the following chart along with direct object pronouns for comparison. Note that only the third person pronouns (in boldface) are different.

direct object pronouns		indirect object pronouns	
singular	**plural**	**singular**	**plural**
me (m')	nous	me (m')	nous
te (t')	vous	te (t')	vous
le, la (l')	**les**	**lui**	**leur**

Verbs involving any kind of transfer from one person to another take indirect objects.

Verbs involving communication		Verbs involving other kinds of transfer	
parler à	*to talk to*	donner à	*to give to*
dire à	*to say to*	emprunter à	*to borrow from*
écrire à	*to write to*	envoyer à	*to send to*
expliquer à	*to explain to*	montrer à	*to show to*
poser (une question) à	*to ask (a question)*	offrir à	*to offer to*
téléphoner à	*to phone*	payer à	*to pay*
demander à	*to ask*	prêter à	*to lend to*
		rendre (quelque chose) à	*to return (something) to*

Word order with pronouns

Direct and indirect object pronouns precede the main verb of a sentence.

Elle **vous** donne son opinion.	*She's giving you her opinion.*

In the **passé composé,** they precede the auxiliary verb **avoir** or **être.**

Le journaliste **t'**a posé des questions?	*Did the journalist ask you questions?*
Il **nous** a parlé de ses ambitions.	*He spoke to us about his ambitions.*

In the **futur proche** or any other two-verb sentence, the pronoun precedes the infinitive.

Je vais **te** téléphoner ce soir.	*I'm going to phone you this evening.*
J'aimerais **lui** raconter l'histoire.	*I'd like to tell him the story.*

Exercice 4 Indiquez si les pronoms en caractères gras *(in bold)* représentent des pronoms d'objet direct ou indirect en écrivant **D** ou **I.**

1. Vous **m'**irritez avec vos histoires! _____
2. Tu **nous** as déjà posé cette question. _____
3. Elle **m'**a répondu tout de suite. _____
4. Est-ce que tu **me** comprends? _____
5. Quand je **te** dis non, c'est non! _____
6. J'arrive. Je ne **t'**ai pas oublié. _____
7. Je devais **lui** dire la vérité. _____
8. Est-ce que la fumée *(smoke)* **vous** ennuie? _____
9. Je **le** voyais souvent au travail. _____
10. Peux-tu **nous** prêter vingt euros? _____

Exercice 5 Camille quitte la Martinique pour aller en France. Ses meilleures amies lui parlent à l'aéroport. Associez les questions et les réponses.

_____ 1. Est-ce que tu vas nous écrire?

_____ 2. Tu vas nous donner ton adresse de courriel?

_____ 3. Quand est-ce qu'on peut te téléphoner?

_____ 4. Est-ce que nous t'ennuyons avec toutes ces questions?

_____ 5. Nous pouvons te rendre visite à Noël?

   a. J'aimerais vous voir à Noël, mais je serai chez des amis en Espagne.
   b. Non, avec vous, c'est toujours l'interrogatoire. J'ai l'habitude.
   c. Je vous l'ai déjà donnée.
   d. Oui, je vous écrirai toutes les semaines. C'est promis.
   e. Vous pouvez me téléphoner chez ma tante ce week-end.

Exercice 6 Bénédicte essaie d'avoir de très bonnes relations avec les différents membres de sa famille. Répondez logiquement aux questions en employant le pronom d'objet indirect **lui** ou **leur.**

1. Est-ce qu'elle offre un cadeau d'anniversaire à son père?
2. Est-ce qu'elle prête ses vêtements à ses sœurs?
3. Est-ce qu'elle téléphone régulièrement à sa grand-mère?
4. Est-ce qu'elle dit à sa mère de nettoyer *(to clean)* sa chambre?
5. Est-ce qu'elle a emprunté de l'argent à son cousin?
6. Est-ce qu'elle va envoyer une carte de Noël à sa tante et à son oncle?
7. Est-ce qu'elle va demander des conseils *(advice)* à son frère?
8. Est-ce qu'elle a expliqué à ses parents pourquoi elle a eu une mauvaise note en chimie?

Structure 8.4

Making comparisons *Le comparatif (introduction)*

The following structures are used in descriptions that compare people and things.

+	plus (adjectif) que
−	moins (adjectif) que
=	aussi (adjectif) que

Ma classe de sciences économiques est **plus grande que** ma classe d'italien.

My economics class is bigger than my Italian class.

J'étais toujours **moins prudent que** mon frère.

I was always less careful than my brother.

Est-ce que ta mère était **aussi stricte que** ton père?

Was your mother as strict as your father?

The irregular adjective **bon** has three comparative forms:

+	meilleur(e)(s) que	*better than*
−	moins bon(ne)(s) que / pire que	*worse than*
=	aussi bon(ne)(s) que	*as good as*

Je suis **meilleur** en lettres **qu'**en sciences.

I'm better in the humanities than in science.

Ce film n'était pas **aussi bon que** le dernier.

That film wasn't as good as the last one.

Est-ce que tu es **pire que** Pierre en anglais?

Are you worse than Peter in English?

Exercice 7 Comparez les éléments suivants en utilisant les adjectifs entre parenthèses. Attention à la forme de l'adjectif.

1. Mon frère aîné / mon frère cadet (+ fort)
2. Brad Pitt / en France / aux États-Unis (= populaire)
3. le rap français / le rap américain (– violent)
4. les robes des couturiers comme Christian Lacroix / les robes de prêt-à-porter (+ cher)
5. le casino de Monte Carlo / les casinos de Las Vegas (+ classique)
6. une Porsche / une Ferrari (= rapide)

Exercice 8 Comparez les éléments suivants en utilisant la forme appropriée de **bon** ou de **mauvais**.

1. le pain au supermarché / le pain à la boulangerie (– bon)
2. la bière allemande / la bière américaine (+ bon)
3. l'hiver à Paris / l'hiver à Nice (– bon)
4. les pâtisseries françaises / les beignets *(donuts)* au supermarché (+ bon)
5. le vin anglais / le vin français (– bon)
6. la circulation *(traffic)* à Paris / la circulation hors de la ville (– bon)
7. le chocolat belge / le chocolat suisse (= bon)

Structure 8.5

Narrating in the past *Le passé composé et l'imparfait (introduction)*

As you have seen, the **passé composé** and the **imparfait** are both used for talking about the past, but they serve different functions. The **imparfait** sets the scene by describing what things and people were like, as in a stage setting before the action has begun. The **passé composé** moves the story forward; it recounts events. The guidelines here will help you decide which tense to use.

Passé composé

In general, you will use the **passé composé** to

- tell what happened:

  Hier, j'**ai eu** un accident de voiture.
  Les États-Unis **ont déclaré** leur indépendance en 1776.

- narrate a sequence of events:

  Ce matin, j'**ai préparé** le petit déjeuner pour la famille. Nous **avons mangé** ensemble, puis nous **sommes partis** pour l'école.

Imparfait

In general, you will use the **imparfait** to describe

- feelings and thoughts:

  J'**étais** triste parce que mon meilleur copain n'était pas à l'école.
  Paul **avait** froid *(was cold)* parce qu'il ne portait pas de chapeau.

- what was going on or what used to happen

  Les jeunes filles ne **portaient** pas de pantalons à l'école.

- age:

  Jean-Luc **avait** seize ans quand il a appris à conduire.

- weather:

  Il **faisait** beau quand nous sommes sortis pour faire une promenade.

- time:

  Il **était** déjà six heures quand le train est arrivé.

Exercice 9 Read the following passage, paying careful attention to the verb tenses used. Then retell the story in English in response to the prompts provided. Identify the French verb tense associated with each prompt.

C'était une nuit d'hiver à Grenoble; il faisait très froid et la neige tombait à gros flocons *(flakes)*. Dans la maison, j'écoutais du Beethoven et j'écrivais une lettre à Maurice, mon copain qui étudiait à Cambridge. Soudain, j'ai entendu du bruit. C'était comme si quelque chose tapait contre le mur de la maison. J'ai ouvert la porte mais il n'y avait rien. J'ai recommencé ma lettre. Quelques minutes plus tard, boum! Une boule de neige a explosé contre la fenêtre. J'ai regardé à travers les rideaux *(curtains)* et là, dans le jardin, j'ai aperçu un homme. J'allais téléphoner à la police mais, quand il s'est tourné vers moi, j'ai reconnu le visage de Maurice! Il était de retour.

1. What kind of night was it?
2. What was going on inside the house?
3. What happened to break up the activity that was taking place?
4. How did the narrator respond?
5. What happened next?
6. What did the narrator do? What did she see?
7. What was she thinking of doing when she saw the man?
8. Then what happened?

Exercice 10

A. Read the following sentences in English, and identify which tense you would use to write these same sentences in French. Use **PC** for **passé composé,** and **I** for **imparfait.**

1. It was September first. _____
2. The weather was warm and sunny. _____
3. I was walking to the library to work on some homework. _____
4. I was thinking about what I needed to do at the library. _____
5. Suddenly, I heard someone. _____
6. I turned to see who it was. _____
7. It was my friend Michel. _____
8. Michel invited me to go have some pizza with him. _____
9. I thought about the work I needed to do, and I knew I couldn't go out. _____
10. I told Michel that I would go to the library now, and maybe we could get pizza later. _____

B. Now, write the sentences above in French.

2. _____

5. _____

7. _____

8. _____

Tout ensemble!

Mathieu a trouvé un vieil album dans son grenier *(attic)* avec des photos d'un été qu'il a passé dans une colonie de vacances dans le sud de la France. Il écrit à son copain Jeff pour lui raconter ses souvenirs. Conjuguez les verbes entre parenthèses à l'imparfait ou au passé composé et utilisez les éléments suivants:

qui	plus	me
que (deux fois)	moins (deux fois)	te
où	aussi	

Cher Jeff,

Hier, je regardais un ancien album de photos ____où____ (1) j'ai trouvé chez mes parents. Il y avait une photo de toi au lac à Menton _____ (2) nous _____ (3) (aller) à pied avec toute la colonie. Tu _____ (4) (être) si fier, car tu _____ (5) (pouvoir) faire de la planche à voile *(to windsurf)* sans tomber dans l'eau. Moi, je _____ (6) (vouloir) être _____ (7) fort que toi, mais j'_____ (8) (être) tout maigre et maladroit *(clumsy)*!

Tu te souviens de Georges? C'_____ (9) (être) le garçon _____ (10) _____ (11) (manger) toujours des bonbons _____ (12) sa mère lui _____ (13) (envoyer). Il a un bon poste chez France Télécom maintenant, et heureusement, il est _____ (14) gros!

J(e) _____ (15) (trouver) une photo de Marie-Laure aussi, notre idole, tu t'en souviens? Nous l'_____ (16) (espionner, *to spy on*) dans sa cabane. Maintenant, elle est étudiante à la fac de Bordeaux, et elle _____ (17) téléphone de temps en temps. Elle est _____ (18) belle qu'avant, mais elle est _____ (19) gentille!

Et toi, tu vas bien? Est-ce que Pierre _____ (20) _____ (21) (écrire [*présent*])? Donne-moi de tes nouvelles!

Amitiés,
Mathieu

Vocabulaire

CD2,
Tracks
34–38

Vocabulaire fondamental

Noms

Le monde de l'école — *School*

un album (de photos)	*a (photo) album*
un ballon (de foot)	*a (soccer) ball*
un bâtiment	*a building*
une carte	*a map*
un(e) directeur (directrice)	*a principal*
la discipline	*discipline*
une école maternelle	*a kindergarten*
une école primaire	*an elementary school*
un(e) élève *(m, f)*	*a pupil (pre-university)*
l'enfance *(f)*	*childhood*
un lycée	*a high school*
la récréation (la récré, *fam*)	*recess*
un souvenir	*a memory*

Verbes

chasser	*to chase*
comparer	*to compare*
copier	*to copy*
critiquer	*to criticize*
dire	*to say; to tell*
donner	*to give*
écrire	*to write*
emprunter	*to borrow*
être à la mode	*to be in fashion*
expliquer	*to explain*
irriter	*to irritate*
lire	*to read*
partager	*to share*
poser (une question)	*to ask (a question)*
prêter	*to loan; to lend*
ressembler	*to resemble*
se souvenir de	*to remember (conjugated like* venir*)*

Expressions utiles

Comment comparer — *How to make comparisons*

(See page 238 for additional expressions.)

aussi... que	*as ... as*
comme	*like, as*
meilleur(e) (que)	*better (than)*
moins... que	*less ... than*
pire (que)	*worse (than)*
plus... que	*more ... than*
plutôt	*rather*
Quelles sont les différences entre... ?	*What are the differences between ... ?*

Adjectifs

différent(e)	*different*
élégant(e)	*elegant*
privé(e)	*private*

Mots divers

une adresse (courriel)	*an (e-mail) address*
à l'époque	*at that time*
une bande dessinée (une BD, *fam*)	*a cartoon*
une chanson	*a song*
un dessin animé	*an animated cartoon*
envers	*toward*
une époque	*an era*
un lieu	*a place*
un quartier	*a neighborhood*
vite	*fast*

CD2,
Tracks
39–41

Vocabulaire supplémentaire

Noms

un bulletin scolaire	*a report card*
le châtiment corporel	*corporal punishment*
le collège	*middle school*
une cour	*a courtyard*
un mythe	*a legend*
un papillon	*a butterfly*
une pelouse	*a lawn*
une punition	*a punishment*
un quartier	*a neighborhood*
une règle	*a ruler; a rule*
un(e) surveillant(e)	*a person in charge of discipline*

Adjectifs

inquiet (inquiète)	*worried*
satisfait(e)	*satisfied*
seul(e)	*alone*
suivant(e)	*following*

Mots apparentés: homogène, lamentable, perfectionniste, turbulent(e)

Verbes

avoir peur	*to be afraid*
se comporter	*to behave*
conduire (*p.p.* conduit)	*to drive*
décrire	*to describe*
ennuyer	*to bother*
envoyer	*to send*
influencer	*to influence*
jouer à la poupée	*to play with dolls*
jouer aux boules	*to play* **boules**
offrir	*to offer*
protéger	*to protect*

Un port de pêche près de Dakar

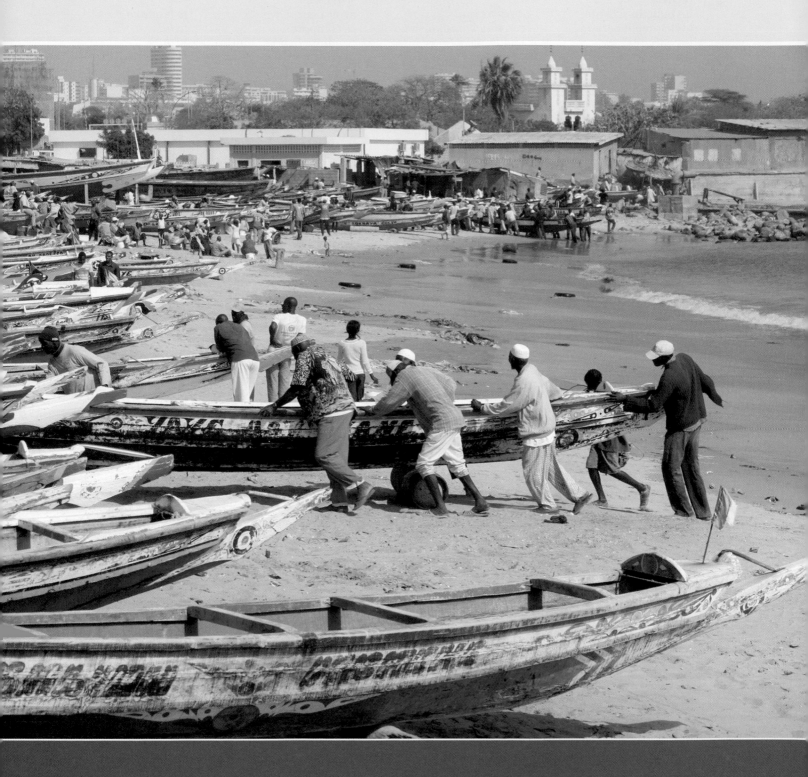

À la découverte du monde francophone

In this module you will explore the rich geographic and cultural diversity of the French-speaking world. You will learn how to talk about geography, to explore travel destinations, and to make travel plans. You will also be introduced to French world music and its variety of voices.

Thème: La géographie du monde francophone

Structure 9.1: Using prepositions with geographical names *Les prépositions et la géographie*

Structure 9.2: Avoiding the repetition of place names *Le pronom y*

Perspectives culturelles: La Francophonie: Une source des musiques du monde

Voix en direct: Écoutez parler quelques artistes du monde francophone

Pratique de conversation: Comment comparer (suite)

Structure 9.3: Comparing quantities and performance and singling out exceptional features *Le comparatif (suite) et le superlatif*

Thème: Les moyens de transport

Structure 9.4: Making recommendations *Il faut, il vaut mieux + infinitif*

Perspectives culturelles: Un aperçu du monde francophone

Thème: Activités de vacances

Structure 9.5: Talking about what you know or what you know how to do as opposed to your familiarity with places and people *Savoir et connaître*

Pratique de conversation: Comment organiser un voyage

À lire, à découvrir et à écrire

Lecture: *Le pays va mal,* chanson de Tiken Jah Fakoly

iLrn Voix en direct (suite)

Expression écrite
À vos marques, prêts, bloguez!
Une présentation pour la classe d'un pays francophone

La géographie du monde francophone

Structure 9.1

Using prepositions with geographical names *Les prépositions et la géographie*

In this **thème,** you will be talking about cities, countries, and continents. You will need to learn how to use articles and prepositions with these geographical names. Explanations and examples are found on pages 278–279.

Structure 9.2

Avoiding the repetition of place names *Le pronom* **y**

As you refer to locations in this **thème,** you will use the pronoun **y** to avoid repeating place names. For a more detailed explanation of this pronoun and its uses, see pages 280–281.

Le Canada a deux langues officielles: l'anglais et le français. **Au** Québec, la région francophone **du** Canada, on parle surtout français. **À** Montréal, une ville importante **du** Québec, il y a des universités anglophones et francophones.

La Guadeloupe n'est pas un pays. C'est un département d'outre-mer *(overseas territory)* de **la** France. **En** Guadeloupe, on entend du français mélangé *(mixed)* avec du créole.

Le Sénégal est un pays francophone. Mais **à** Dakar, sa capitale, comme partout **au** Sénégal, on entend aussi parler wolof, une langue africaine.

Activité 1 Devinez!

Identifiez les pays suivants. Consultez les cartes au début du livre.

1. C'est un petit pays francophone au nord de la France.
2. C'est un pays à l'ouest de l'Algérie.
3. C'est une région francophone au nord du Vermont.
4. C'est un grand pays francophone au sud de la République centrafricaine.
5. C'est une petite île dans l'océan Indien à l'est de Madagascar.

Activité 2 Villes et pays

Dans quels pays se trouvent les villes suivantes?

Pays: la Belgique, le Canada, le Luxembourg, le Sénégal, le Burkina Faso, le Maroc, la Suisse, les États-Unis

> **Modèle:** Alger
> *Alger se trouve en Algérie.*

1. Dakar *au Sénégal*
2. Montréal *au Canada*
3. Luxembourg *au Luxembourg*
4. Casablanca *au Maroc*
5. Bruxelles *en Belgique*
6. La Nouvelle-Orléans *aux États Unis*
7. Ouagadougou *au Burkina Faso*
8. Genève *en Suisse*

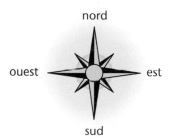

nord
ouest — est
sud

Voici Féza. Elle est venue à Montréal **du** Maroc pour faire un stage *(internship).* Féza vient **de** Rabat, une ville au bord de la Méditerranée. Son amie Mouna est maghrébine aussi, mais elle vient **d'**Algérie, et son ami Djamel vient **de** Tunisie.

Activité 3 Projets de voyage

Après un stage à Montréal, les étudiants suivants rentrent chez eux. Vous êtes l'agent de voyages chargé des réservations. Avec un(e) camarade de classe, trouvez la destination de chaque étudiant.

Villes: Alger, Montréal, Rome, Abidjan, Dakar, Conakry, Madrid

Pays: le Canada, l'Algérie, la Côte d'Ivoire, l'Italie, la Guinée, le Sénégal, l'Espagne

> **Modèle:** Ousmane est sénégalais.
> *Il vient du Sénégal? Alors, il va à Dakar au Sénégal.*

1. Fatima est algérienne.
2. Franco et Silvia sont italiens.
3. Lupinde est ivoirien.
4. Tierno est guinéen.
5. Jean-Paul et Claire sont québécois.
6. Guadalupe est espagnole.

Carte de la République Démocratique du Congo (la RDC)

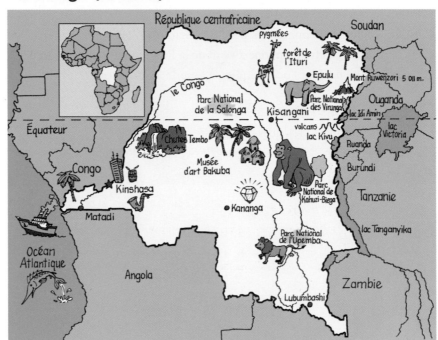

Notez et analysez

Look at the caption under the map of **la RDC** and find the pronoun **y** in bold. What words does this pronoun replace? Where does **y** occur in relation to the verb?

La RDC est un immense pays francophone au centre de l'Afrique. On **y** trouve des forêts vierges, des vastes savanes, des volcans et bien sûr le Congo, un des plus grands fleuves du monde. On **y** parle français parce que c'était une colonie belge appelée le Congo Belge. On **y** parle aussi plusieurs langues africaines.

Activité 4 Est-ce qu'il y a… ?

Dites ce qu'il y a et ce qu'il n'y a pas en RDC en vous basant sur la carte.

> **Modèles:** — *Est-ce qu'il y a de grandes autoroutes?*
> — *Non, il n'y en a pas.*
> — *Est-ce qu'il y a des fleuves?*
> — *Oui, il y en a.*

1. des éléphants
2. des kangourous
3. des lions
4. des gorilles
5. de grandes plages touristiques
6. des diamants
7. des forêts
8. des déserts

Dites ce qu'on trouve dans les lieux suivants en vous référant à la carte de la RDC. Utilisez le pronom **y**.

> **Modèle:** Quelle ville est-ce qu'on trouve dans le sud-est de ce pays?
> *On y trouve la ville de Lubumbashi.*

Mots utiles: Lubumbashi, le lac Kivu, des animaux en liberté, les chutes Tembo, Matadi, des pygmées, des gorilles, des bâtiments modernes et de la musique afro-pop, des diamants, le Mont Ruwenzori

1. Qu'est-ce qu'on trouve dans le Parc National de l'Upemba?
2. Qu'est-ce qu'on trouve à Kananga?
3. Quel peuple est-ce qu'on trouve dans la forêt de l'Ituri?
4. Quelles chutes est-ce qu'on trouve sur le fleuve qui s'appelle le Congo?
5. Quelle sorte d'animal est-ce qu'on trouve dans le Parc National de Kahuzi-Biega?

Activité 6 **Je te propose d'aller...**

Votre partenaire va vous proposer un voyage. Répondez de façon logique en suivant le modèle. Faites l'activité à tour de rôle.

> **Modèle:** Tahiti (faire de la plongée sous-marine *[scuba diving]* / faire du ski / lire sur la plage)
>
> — *Je te propose d'aller à Tahiti. On peut y faire du ski.*
> — *Mais c'est absurde!*
>
> — *Je te propose d'aller à Tahiti. Nous pouvons y faire de la plongée sous-marine.*
> — *D'accord, peut-être.*

1. le Québec (faire de la plongée sous-marine / aller à un match de hockey / faire du shopping)
2. la Tunisie (manger du couscous / admirer les Alpes / visiter les ruines romaines)
3. la Guadeloupe (nager / visiter le Louvre / aller au marché en plein air)
4. la Suisse (faire du ski / faire une randonnée en montagne / dormir sur la plage)
5. la Belgique (acheter du bon chocolat / visiter le Parlement européen / faire du ski)
6. le Sénégal (faire de l'alpinisme / acheter des épices *[spices]* au marché / visiter l'île de Gorée, l'ancien point de débarquement des esclaves *[slaves]*)

Au Sénégal, des femmes vont au marché pour vendre leurs produits agricoles.

La Francophonie: une source des musiques du monde

cultural mixing / transcends
spirit

cultural exchange / mixing

corners

La création artistique s'inspire du métissage culturel°. Elle dépasse° les frontières nationales et les genres catégoriques. On peut mieux comprendre l'esprit° des pays francophones à travers leur contribution aux musiques du monde. Le brassage culturel° se voit dans le mélange° de paroles en français et de paroles en langues régionales. L'inspiration rythmique, mélodique et instrumentale de ces chanteurs vient de tous les coins° du monde. Laissons quelques artistes parler pour eux-mêmes.

🔊
CD2, Track 42

Voix en direct
Écoutez parler quelques artistes du monde francophone

Artiste: Tiken* Jah Fakoly
Chanson: «Le pays va mal»
Pays: Côte d'Ivoire
Genre: Reggae

Tiken Jah Fakoly

«Le reggae, c'est comme le battement de cœur[1]. On le sent[2] avant de l'entendre... Mon message est plutôt international, j'informe les gens, j'éveille[3] les consciences, j'éduque; j'explique ici pourquoi l'Afrique va mal.»

[1]*heartbeat* [2]*feels* [3]*awaken*

*«Tiken» est une déformation d'un mot malinké qui signifie «petit garçon» et «Jah», c'est le mot reggae pour «Dieu». Tiken se prononce «chicken».

Artiste: Jean-François Pauzé (paroles, guitare) du groupe Les Cowboys fringuants
Chanson / Album: Les Cowboys fringuants
Pays: Québec, Canada
Genre: Rock alternatif québécois

Jean-François Pauzé

«Le social, la politique et l'histoire sont des sujets importants auxquels les gens devraient s'intéresser davantage[4]. C'est la raison pour laquelle nos chansons tournent toujours autour de ces thèmes.»

[4]*more*

Artiste: Faudel* Belloua
Chanson / Album: Samra
Pays: France (d'origine algérienne)
Genre: Raï métissé[5] avec d'autres influences: funk, reggae, hip-hop. Le mot «raï» signifie point de vue, avis, façon de voir.

Faudel Belloua

«Aujourd'hui, il y a forcément[6] un quart d'heure de raï dans les boîtes[7], c'est nouveau, une victoire… Car, moi, j'en aurais à raconter des histoires de boîtes[8].»

*Faudel veut dire «bienvenue[9]» en arabe.

[5]mixed [6]bound to be [7]clubs [8]I could tell you stories about nightclubs [9]welcome

Groupe: Kassav'
Album: Magestik Zouk
Pays: France, Guadeloupe
Genre: Zouk

Jocelyne Béroard et Jacob Desvarieux

Artiste: Jocelyne Béroard

«Ah… le zouk est une musique antillaise, caribéenne. Étant donné que[10] *the world is a village*, chacun peut se l'approprier[11].»

Artiste: Jacob Desvarieux

«Les jeunes d'aujourd'hui revendiquent[12] musicalement leurs origines. Ils cherchent des références qui sont autres que la musique américaine.»

[10]Given that [11]make it their own [12]are claiming

The choice of musical genres played in nightclubs reflects social attitudes. French youth of North African heritage often complain that their cultural heritage is ignored or marginalized. Faudel is a breakthrough artist, in that a wide spectrum of French youth listen to his music.

Réfléchissez aux réponses

1. Est-ce que vous écoutez des musiques du monde *(world music)*? Pouvez-vous citer quelques artistes de ce genre? Est-ce que les paroles sont toujours en anglais?

2. D'après ses origines, Faudel chante en français et en quelle autre langue?

3. Est-ce qu'on a toujours passé du raï dans les boîtes en France? Est-ce qu'il y a un genre de musique aux États-Unis qui n'a pas été accepté au début?

4. Est-ce que Tiken Jah parle seulement de l'amour et des sentiments dans ses chansons?

5. Pourquoi est-ce que les musiciens américains ont parfois plus de succès dans les pays francophones que les chanteurs locaux? Est-ce un problème?

Explorez en ligne

Using a French search engine such as google.fr or yahoo.fr, type in the name of one of the singers or musical groups presented here and report, in English, three interesting discoveries to the class. Then go to YouTube or DailyMotion and find a song by one of these singers. What group did you find? What was the name of the song you heard? Compare this music to a genre or group you're familiar with.

Pratique de conversation

Comment comparer (suite)

Structure 9.3

Comparing quantities and performance and singling out exceptional features *Le comparatif (suite) et le superlatif*

In **Module 8,** you learned how to compare the qualities of people, places, and things. Here you will learn how to compare quantities and performance and to use the superlative for singling out the best, the biggest, the least populated, and so forth. See pages 282–283 for further discussion of the superlative.

◀)) CD2, Track 43

Expressions utiles

Notez et analysez

Look over the **Expressions utiles** and comments about music. Then, with a partner decide how you would say:

1. Coldplay has as many hits as Madonna.
2. You can't compare the music of Britney Spears and Bjork. It's not at all alike!
3. Faudel sings the best!
4. 98 Degrees sells fewer albums than the Backstreet Boys.

«À la radio française, on ne passe pas **autant de** chansons en français que de chansons en anglais.»

On ne peut pas comparer la musique populaire américaine avec les musiques du monde. **Ça n'a rien à voir!** (It's completely different thing!)

Céline Dion? C'est peut-être la chanteuse francophone **la plus connue** du monde! Elle aime chanter en français, mais ses albums en français rapportent **moins** d'argent que ses albums en anglais.

Tu aimes quel chanteur **le mieux**? Quel est **le meilleur** groupe, à ton avis?

L'Amérique produit **le plus grand** nombre de tubes (hits) du monde.

NRJ (prononcé "énergie") est une station de radio populaire chez les jeunes.

Les fanas de musiques du monde aiment **mieux** la musique plus authentique, moins commerciale.

◀)) CD2, Track 44

▨▨ Écoutons ensemble! Testez-vous!

Devinez le genre de ces extraits musicaux.

1. <u> c </u>
2. <u> d </u>
3. <u> e </u>
4. <u> b </u>
5. <u> a </u>

a. raï
b. rock québécois alternatif
c. reggae
d. zouk
e. variété française (traditionnelle)

Activité 7 — Est-ce que le pop est semblable au rock alternatif?

Des fanas de rock alternatif se rencontrent à un concert international au Québec. Créez leur conversation en associant les questions avec les réponses appropriées.

1. Tu sais, je trouve Britney Spears et Jessica Simpson très similaires, on dirait «Made in the USA».
2. Est-ce que Céline Dion vend beaucoup d'albums en France?
3. Est-ce que le rock alternatif québécois est populaire au Canada?
4. Est-ce que Tiken Jah Fakoly a autant de fanas que Faudel en France?
5. La chanson raï «Aïsha» chantée par Khaled est très connue, non?
6. Est-ce que le pop est semblable au rock alternatif?

a. Oui, c'est la chanson raï la plus connue en France.
b. Non, il est moins connu que Faudel en France.
c. Oui, tu as raison. Elles sont très semblables.
d. Oui, beaucoup. Mais pas autant qu'aux États-Unis.
e. Oui, mais on n'en passe pas beaucoup à la radio.
f. Non, pas du tout. Ça n'a rien à voir.

Activité 8 — Pratiques culturelles

Parlez des pratiques culturelles en choisissant l'élément de comparaison approprié.

1. J'écoute _____ souvent des artistes américains que des artistes étrangers. (moins / plus / aussi)
2. Les artistes américains vendent _____ CD que les artistes du monde francophone. (plus de / moins de / autant de)
3. Dans la musique française, les paroles *(words)* sont souvent l'élément _____ important. (le plus / le moins / le pire)
4. Céline Dion chante _____ en français qu'en anglais. (aussi bien / moins bien / mieux)
5. En général, les Africains parlent _____ langues que les Européens. (plus de / moins de / autant de)
6. Le français est la langue européenne _____ importante en Afrique de l'Ouest. (la plus / la moins / aussi)

CD2, Track 45

Écoutons ensemble! Comparez des villes francophones!

Voici des informations sur trois villes francophones: Dakar, Bruxelles et Québec. Dites si les comparaisons que vous entendez sont vraies ou fausses.

Villes	Nombre d'habitants	Langues principales	Moyens de transport	Température moyenne
Dakar	2 476 500	français, wolof	taxi, autobus, avion	25°
Bruxelles	981 200	français, néerlandais ou flamand	métro, tramway, autobus, avion, taxi	11,2°
Québec	670 000	français, anglais	autobus, taxi	4°

1. __F__   2. __✓__   3. __✓__   4. __✓__   5. __✓__   6. __F__

Les moyens de transport

Structure 9.4

Making recommendations *Il faut, il vaut mieux* + *infinitif*

The structure **il faut** + *infinitif* is used to say what one must do. **Il vaut mieux** + *infinitif* is used for giving advice about what one should do or what is preferable. For more information on these impersonal expressions, see page 285.

Notez et analysez

Read the description about modes of transportation and find:

1. the most frequent preposition used with various modes of transportation
2. the preposition used with going *on foot* and *by bicycle*

Pour aller de Paris à Marseille, **il vaut mieux** voyager **en TGV** (train à grande vitesse). Vous y arriverez en moins de trois heures. En Europe, les transports en commun *(public transportation)* sont excellents.

 La Suisse est réputée pour la ponctualité de ses trains. **Il faut arriver** à la gare à l'heure si vous ne voulez pas manquer votre train.

 Le bateau est beaucoup moins rapide que l'avion, mais la vie en mer est agréable. Si vous avez de l'argent et du temps, faites une croisière **en bateau** sur la Méditerranée.

 L'été, à Paris, les cyclistes ont la priorité dans certaines rues le dimanche. Alors, on peut y faire un tour **à vélo** ou **à pied.**

 Beaucoup d'Européens qui visitent les États-Unis font un tour du pays **en autocar** Greyhound. Mais dans certaines villes, comme à Los Angeles, **il faut avoir** une voiture. Les autres moyens de transport ne sont pas très pratiques.

Comment voyager?

Complétez les phrases suivantes en utilisant les termes pour les moyens de transport appropriés et **il (ne) faut (pas)** ou **il vaut mieux** + *infinitif* en fonction de la situation.

> **Modèle:** Quand on voyage *en train, il vaut mieux* réserver son billet à l'avance pour avoir une place.

1. Pour pouvoir voyager _____, _____ d'abord payer son billet au conducteur *(driver)*.

2. Quand on est dans une grande ville comme Paris ou New York, _____ voyager _____: c'est plus rapide et plus pratique.

3. Si vous n'êtes pas pressé(e) et si vous n'avez pas le mal de mer *(seasickness)*, _____ voyager _____ pour aller de Douvres, en Angleterre, à Calais, en France: c'est plus agréable et plus relaxant.

4. Si vous devez aller à l'aéroport et si vous n'avez pas de voiture, _____ y aller _____ ou _____.

5. _____, _____ utiliser son téléphone portable parce qu'il peut interférer avec la tour de contrôle *(tower)*.

6. Quand on habite près de l'université, _____ prendre sa voiture parce que le parking coûte en général très cher. À la place, _____ se déplacer *(to get around)* _____ ou _____.

Activité 10 **Les moyens de transport et vous**

D'abord, trouvez une réponse logique, puis discutez de votre réponse avec un(e) partenaire.

1. Quel moyen de transport est le plus pratique pour…
   a. une famille nombreuse en France? *métro*
   b. un(e) touriste qui visite Venise? *gondole*
   c. un représentant de ventes régional *(regional sales representative)*? *une voiture*
   d. un(e) étudiant(e) avec peu d'argent? *autobus*
   e. un(e) sportif (sportive) qui aime être en plein air? *à vélo*

2. Dans la ville où vous étudiez,…
   a. est-ce que la plupart *(the majority)* des étudiants ont une voiture? *oui*
   b. est-ce qu'il y a de bons transports en commun? *non*
   c. est-ce que faire du vélo est dangereux ou pas? *pas*
   d. est-ce qu'il est facile d'aller faire ses courses à pied? *oui*
   e. est-ce que l'accès aux transports comme le train et l'avion est facile? *non*

Des piétons,
des autos,
des bus,
des taxis,
des motos,
des vélos,
des rollers,
des camions,

des RER,
des métros,
des trains,
des poussettes...
et vous
et vous...
et vous!

Un aperçu du monde francophone

Le français se parle sur tous les continents du monde. On compte plus de 169 millions de francophones.

En **Europe,** hors de° la France, on trouve des francophones essentiellement en Belgique (45% de la population), en Suisse (20% de la population), à Monaco et au Luxembourg, où le français reste la langue dominante au travail, dans les relations professionnelles et à l'école secondaire.

En **Amérique du Nord,** 82% de la population du Québec, au Canada, parle français. En Amérique du Sud et aux Antilles°, on trouve des départements d'outre-mer° français—la Martinique, la Guadeloupe et la Guyane—où les habitants sont citoyens de la République française. Dans ces départements, le français est la langue officielle, la seule langue de l'instruction et celle du Gouvernement, même s'il° se mélange dans la vie quotidienne avec le créole.

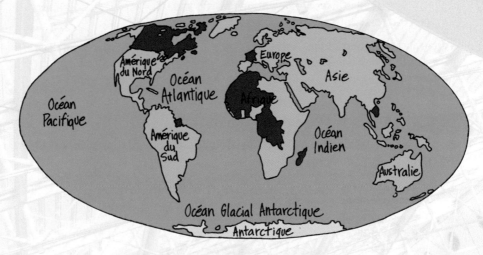

L'héritage linguistique de l'**Afrique subsaharienne** est le résultat° du colonialisme français et belge en Afrique de l'Ouest et en Afrique Centrale. Le français y demeure la langue officielle. Pourtant, dans la vie de tous les jours, les langues africaines rivalisent avec la langue de Molière. Les îles de l'Océan indien, au large du continent africain—La Réunion et Madagascar—sont aussi francophones. Depuis l'indépendance algérienne en 1962, l'arabe est la langue officielle au **Maghreb** (la Tunisie, l'Algérie et le Maroc). Pourtant, le français y est toujours très présent. Le Liban demeure le cœur de la Francophonie au **Moyen-Orient.**

Enfin, en **Asie,** c'est dans la péninsule indochinoise que les francophones sont les plus nombreux.

---

outside of
Monaco est une petite principauté entre la France et l'Italie—le chef d'État est un prince.

the West Indies
overseas

even if

result

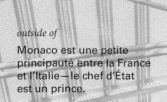

Étudiez les cartes au début du livre ainsi que la section **Perspectives culturelles** pour répondre aux questions suivantes.

1. Quels sont les pays francophones de l'Europe?
2. Quel est le plus grand pays francophone de l'Afrique? (Regardez la carte.)
3. Dans quels pays africains est-ce qu'on parle le français et l'arabe?
4. Les habitants de la Martinique et de la Guadeloupe sont de quelle nationalité?
5. Où se trouve la Martinique? La Réunion?

■■ **Et vous?**

1. Pour vous, est-ce que le français est plus intéressant à étudier du fait (because) qu'il est parlé sur tous les continents du monde?
2. Étant (As an) américain(e), est-ce que vous ressentez (feel) une fraternité avec les habitants des autres pays anglophones: l'Angleterre, le Canada, l'Australie... ?
3. Dans quelle mesure (To what extent) une langue en commun unifie les gens?
4. Donnez un exemple d'un pays où les habitants sont divisés parce qu'ils ne partagent (share) pas la même langue.

Pays membres de l'Union européenne en 2010

Activités de vacances

Structure 9.5

Talking about what you know or what you know how to do as opposed to your familiarity with places and people *Savoir et connaître*

In French you need to distinguish between the verb **savoir**—to know information and to know how to do something—and the verb **connaître**—to know or to be acquainted with places or people. These two verbs are presented on page 285.

Notez et analysez

In the remarks about travel, find an example of the verb **savoir** to express (a) knowing how to do something or (b) knowing a fact. Find the verb **connaître** used for (a) knowing a person and (b) being familiar with a place.

ANNE: Les vacances de mes rêves? C'est simple—faire le tour du monde pour ma lune de miel *(honeymoon)*. En bateau, peut-être, ou en avion... Je veux me dépayser *(have a change of scenery)*. **Je sais** que ce n'est pas très pratique mais c'est un rêve, non?

BOURAMA: Les vacances de luxe, ce n'est pas mon style. Moi, je préfère l'aventure. J'aimerais aller à la montagne faire des randonnées, du rafting et du canoë avec mes copains. **Nous ne savons pas** faire de ski, alors nous y allons en été.

BÉATRICE: Moi, je rêve de passer mes vacances en famille à la plage. **Je connais** l'endroit idéal: Èze. C'est un petit village où on n'a pas besoin de voiture; on peut aller partout à pied, à vélo ou en moto.

JULIEN: Euh... **Je ne sais pas.** L'été prochain, je vais prendre le train jusqu'à Barcelone avec mon meilleur ami. **Nous connaissons** un étudiant qui y habite et nous pouvons loger chez lui. Ce n'est pas cher et puis, en plus, on peut faire la connaissance de jeunes Espagnols.

Activité 11 Compréhension

Complétez ce tableau avec les informations qui manquent, en vous référant aux remarques sur les voyages.

Nom	Destination	Transport	Compagnon(s)	Objectif
Anne	tour du monde			découvrir le monde
Bourama	à la montagne		des copains	
Béatrice		à pied		s'amuser
Julien		le train		

Activité 12 Une introduction au monde francophone

Posez ces questions à un(e) camarade de classe en utilisant **tu sais** ou **tu connais**.

Modèle: ... Ouagadougou?
— *Tu connais Ouagadougou?*
— *Non, je ne connais pas.*

1. ... quelle est la capitale du Canada?
2. ... un bon restaurant marocain?
3. ... La Nouvelle-Orléans?
4. ... s'il y a un métro à Montréal?
5. ... si Kinshasa est la capitale de la RDC?
6. ... qui est le président de la République française?

Activité 13 Chacun ses goûts

Trouvez un compagnon (une compagne) de voyages compatible avec vous. Qui, dans votre groupe, partage le mieux vos goûts en ce qui concerne les voyages? Où voulez-vous aller? Qu'est-ce que vous voulez y faire? Vous connaissez des lieux de vacances particulièrement intéressants ou agréables?

Rapportez vos résultats à la classe.

Expressions:

Moi, je préfère...
J'aimerais apprendre à...
J'aime plutôt...
J'aimerais visiter / connaître...
Je ne sais pas faire...
Moi, j'ai envie de...
Cette destination a l'air intéressante parce que...

Les sports de plein air: l'équitation, le tir à l'arc (*archery*), le tennis, le golf, le vélo, l'escalade

Les sports nautiques: la plongée sous-marine, la plongée libre (*snorkeling*), la planche à voile, le surf, la voile, le ski nautique, la natation

La détente et la relaxation: le yoga, l'aérobic, le massage, la thalasso (*spa treatments*), les balades (*walks*) en ville ou sur la plage

Les activités humanitaires: préserver l'environnement (la forêt, la jungle, les fermes écologiques); s'occuper des animaux (de tortues marines [*sea turtles*], de singes [*monkeys*], d'oiseaux [*birds*]); donner des cours à des enfants; participer à la construction de bâtiments

Activité 14 Interaction

Posez les questions suivantes à votre partenaire. Quand il/elle répond, posez au moins une autre question pour obtenir plus de détails.

1. D'habitude, tu passes tes vacances en famille ou avec des amis?

2. Est-ce que tu préfères les vacances d'été ou les vacances d'hiver? Pourquoi?

3. Qu'est-ce que tu aimes faire quand tu es en vacances?

4. Est-ce que tu connais un endroit idéal pour passer les vacances? Où?

5. Quelles sont les vacances de tes rêves? À ton avis, est-ce qu'il vaut mieux aller dans un endroit que tu connais déjà ou découvrir un nouvel endroit?

Comment organiser un voyage

🔊
CD2, Track 46

Expression utiles

Pour le voyageur

Je voudrais	aller à Grenoble.
	faire des réservations pour Dakar.
	réserver une place sur un vol° pour Tahiti.
	acheter un billet Québec–Paris.
	partir le 10 décembre et revenir le 30.
	voyager en classe économique / affaires.

flight

Est-ce qu'il y a un autre vol (train) plus tard (tôt)?
Je peux enregistrer combien de bagages?
Il y a quelque chose de moins cher?

Pour l'agent de voyages

Est-ce que je peux vous renseigner°?   *help you*
Quand voulez-vous partir?

Voulez-vous	un (billet) aller-retour°?
	un (billet) aller simple°?

round-trip ticket
one-way ticket

Voulez-vous faire une réservation?

🔊
CD2, Track 47

Écoutons ensemble! À l'agence de voyages

Vous travaillez comme agent de voyages. Prenez des notes sur ce que vos clients demandent.

Client(e)	Destination	Moyen de transport	Jour / date	Heure	Autres détails
#1					
#2					

Activité 15 Chez l'agent de voyages

Complétez le dialogue en utilisant les expressions de la liste.

un aller-retour	bonjour	quelle	s'il vous plaît
un aller simple	partir	réserver	le vol
renseigner	plus tard	revenir	

AGENT: _____ (1), monsieur. Est-ce que je peux vous _____ (2)?

CLIENT: Euh, oui, madame. Je voudrais _____ (3) une place sur _____ (4) Paris–Dakar.

AGENT: Quand désirez-vous _____ (5)?

CLIENT: Le 15 novembre.

AGENT: Il y a un vol direct Air France Paris–Dakar qui part d'Orly-Sud à 13h30.

CLIENT: Il y a un autre vol _____ (6)?

AGENT: Non, monsieur. Désirez-vous _____ (7) ou un aller-retour?

CLIENT: _____ (8). Je voudrais _____ (9) le 29 novembre.

AGENT: À _____ (10) heure voulez-vous revenir?

CLIENT: Le matin, _____ (11).

AGENT: Le vol de 10h10? Bien. Et voilà, la réservation est faite.

 Activité 16 **Au Grand Hôtel des Mascareignes: Jeu de rôles**

Grand Hôtel des Mascareignes

Services : salon, salle de bridge, coiffeur, 1 bar près de la piscine, et 2 restaurants : le Souimanga, snack au bord de la piscine et les Longanes, restaurant gastronomique. Galerie marchande à proximité.

Repas : petit déjeuner proposé sous forme de buffet. Dîner servi à table au restaurant. Animation chaque soir : jazz et variétés.

Loisirs gratuits : très grande piscine (la plus grande de l'île), ping-pong, billard, jeux de société, tennis éclairé, plage de sable à proximité.

Loisirs payants : casino et night-club, pêche au gros, à proximité.

Enfants : bassin pour enfants, aire de jeux, baby-sitting sur demande.

Cartes de crédits acceptées : American Express - Visa - Diners - Mastercard.

Notre avis : fleuron de l'hôtellerie réunionnaise, son emplacement, le confort luxueux et la décoration de ses chambres, satisferont les plus exigeants.

RENSEIGNEMENTS PRATIQUES

Langue : La langue officielle est le français.

Heure : heure française + 3 en hiver et + 2 en été.

Climat : Tropical tempéré par les vents venant de l'Océan et l'altitude qui déterminent une multitude de microclimats. Il y a deux saisons : de mai à novembre, la saison fraîche est synonyme de beau temps pour les Réunionais. Saison chaude et humide de décembre à avril.

Formalités : Pour les Français, carte nationale d'identité en cours de validité. Les ressortissants étrangers sont invités à se renseigner pour connaître les dispositions particulières propres à leur entrée dans le pays.

Change : Monnaie locale : l'euro.
Les chèques de voyages sont acceptés partout, de même que certaines cartes de crédit. La carte de paiement de dépannage des chèques postaux permet d'effectuer des retraits dans tous les bureaux de poste.

Un agent de voyages propose à un(e) client(e) des vacances à La Réunion, au Grand Hôtel des Mascareignes. Le/La client(e) est très difficile. Il/Elle veut tout savoir sur l'île et sur l'hôtel avant de prendre sa décision. En utilisant les renseignements donnés ci-dessus, jouez la scène avec un(e) autre étudiant(e).

Modèle: AGENT: *Bonjour, monsieur (madame, mademoiselle). Est-ce que je peux vous renseigner?*

CLIENT(E): *Je voudrais passer mes vacances dans une île tropicale.*

AGENT: *La Réunion est une île exceptionnelle. Et je recommande le Grand Hôtel des Mascareignes, pas très loin de la capitale, St-Denis.*

CLIENT(E): *Est-ce qu'on y parle français? Est-ce qu'il faut un passeport? Quel temps fait-il en août?...*

Situations à jouer!

1 **Jeu des capitales.** Divide into teams and quiz each other on capitals of francophone countries.

ÉQUIPE A: Quelle est la capitale du Maroc?

ÉQUIPE B: La capitale du Maroc, c'est Rabat.

D'autres pays et régions francophones: la Belgique, la Côte d'Ivoire, la Martinique, la Suisse, le Canada

2 With a partner, act out the following scenes.

a. You and a friend have decided to plan a vacation together. Discuss what you would like to do on vacation and settle on a destination. Decide how and when you will travel.

b. You need reservations for a flight to the destination of your choice. The travel agent finds a seat available for the day and time you requested, but the ticket costs too much. Adjust your plans to get a less expensive ticket.

À lire, à découvrir et à écrire

Lecture

Anticipation

In the following song, written by the popular singer / songwriter from the Ivory Coast Tiken Jah Fakoly, Tiken Jah speaks about the problems facing his country. Before reading the song's lyrics, think about the kinds of social problems that are most likely to be mentioned and check them off.

- poverty _____
- religious intolerance _____
- polygamy _____
- AIDS (**le SIDA**) _____
- violence and war _____

- materialism _____
- fear of outsiders _____
- corruption _____
- social division _____

Tiken Jah Fakoly

Activité de lecture

As you read the lyrics, look for the themes you predicted. Find the equivalent French expressions.

Le pays va mal

1 [Refrain]
Le pays va mal
Mon pays va mal
Mon pays va mal
5 De mal en mal°
Mon pays va mal

Avant on ne parlait pas de
    nordistes ni de sudistes
Mais aujourd'hui tout est gâté°
10 L'armée est divisée
Les étudiants sont divisés
La société est divisée
Même nos mères au marché sont
    divisées
15 [Refrain]

Avant on ne parlait pas de
    chrétiens ni de musulmans
Mais aujourd'hui ils ont tout gâté
L'armée est divisée
20 Les étudiants sont divisés
La société est divisée
Même nos mères au marché sont
    divisées

Nous manquons° de remèdes°
25 Contre l'injustice, le tribalisme, la
    xénophobie
Après l'ivoirité°
Ils ont créé les ou les é o les é
[Refrain]

30 Djamana gnagamou'na[1]
Obafé kan'gnan djamana
    gnagamou he
Djamana gnagami'na lou ho
Obafé kan'gnan djamana gnagamou
Magô mi ba'fé kagnan djamana
35   gnagamou
Allah ma'ho kili tchi'la
Djamana gnagamou'la lou ho
Djamana gnagamou'la
[Refrain]

From bad to bad (line 5)

ruined (line 9)

We lack / solutions (line 24)

Ivory Coast identity, recently used to exclude others (line 26)

[1]Le pays est dans la
   confusion
Ils veulent foutre le
   bordel° chez nous   *cause chaos*
Que tous ceux° qui   *those*
   veulent la perte
   de notre patrie
Soient châtiés par
   Dieu°   *Be punished by God*
La confusion règne°   *reigns*
C'est le sauve-qui-
   peut° général   *every man for himself*

Compréhension et intégration

1. Tiken Jah parle principalement de quel problème social?
2. Quels deux groupes religieux ne peuvent pas vivre ensemble?
3. Est-ce qu'il pense trouver une solution?
4. Quels mots indiquent que les conditions dans son pays se dégradent?
5. Xénophobie veut dire *xenophobia*. Cela veut dire qu'on a peur de qui?
6. Pourquoi les dernières paroles de la chanson sont-elles dans la langue maternelle du chanteur?

Maintenant à vous!

1. Pensez à un autre chanteur «engagé» qui parle des problèmes dans son pays ou dans le monde. Qui est-ce? Qu'est-ce qu'il dit?
2. Est-ce que vous pensez que c'est le rôle des artistes d'exposer l'injustice et de dire la vérité?

Voix en direct (suite)

Go to **iLrn** to view a person from West Africa speaking about his linguistic and cultural identity.

Expression écrite

🌐 À vos marques, prêts, bloguez!

À la page 272, vous avez lu les commentaires d'Anne, de Bourama, de Béatrice et de Julien sur les vacances de leurs rêves. Relisez leurs remarques pour trouver des idées, puis écrivez un billet, en français, sur vos vacances idéales. Où aimeriez-vous aller? En quelle saison? Qu'est-ce que vous aimeriez voir et faire?

Présentation pour la classe d'un pays francophone

In groups of two or three, prepare an oral presentation on a francophone country of your choice. Research your topic using search engines such as google.fr and yahoo.fr and create a written product such as a poster or a travel brochure to accompany your presentation.

■ **Première étape:** Write down three facts about the country that you did not know before reading about it.

■ **Deuxième étape:** Write out three reasons why you would like to visit this country.

■ **Troisième étape:** What activities would you like to take part in? Write down three that sound interesting to you. Find out what is culturally interesting about the country and include this information.

■ **Quatrième étape:** Describe what the weather is like during various touristic seasons.

■ **Cinquième étape:** You now need to promote your choice to the class. Using your preparatory research, produce a brochure, a poster, or a PowerPoint presentation recommending this country to your classmates.

SYSTÈME-D	
Phrases:	describing weather, planning a vacation, making travel reservations
Grammar:	prepositions à and en with places, prepositions of location, direct object, talking about the near future
Vocabulary:	countries, geography, leisure, sports, time expressions, traveling

Structure 9.1   Use the (iLrn) platform for more grammar and vocabulary practice.

Using prepositions with geographical names
Les prépositions et la géographie

Talking about cities

The names of most cities are considered proper nouns and do not require definite articles.

J'adore Genève.	*I love Geneva.*
Où se trouve Bruxelles?	*Where is Brussels?*

A few cities have the definite article as a part of their name. Note that the articles are capitalized.

La Nouvelle-Orléans, Le Havre

If you wish to describe a city, it is preferable to use **la ville de…** with feminine adjectives.

La ville de Genève est très belle.   *Geneva is very pretty.*

Determining the gender of states, countries, and continents

Names of states, countries, and continents are, with a few exceptions, feminine if they end in -**e** and masculine if they end otherwise. Use the article **le (l')** with masculine names, **la (l')** with feminine names, and **les** for plural.

masculin	féminin	pluriel
le Canada	la Californie	les Antilles *(f)*
le Sénégal	la France	les États-Unis *(m)*
l'Irak	l'Europe	les Pays-Bas *(m)*

La France est le centre du monde francophone.	*France is the center of the French-speaking world.*
Le Canada et les États-Unis sont en Amérique du Nord.	*Canada and the United States are in North America.*

Note the following exceptions: **le Mexique, le Maine.**

Expressing movement *to* or *from* cities, countries, and states

When you wish to express movement *to, at,* or *in a place,* or *from a place,* the choice of the preposition varies as shown in the following chart.

	Cities	Countries, States, and Regions		
		Feminine or masculine beginning with a vowel	Masculine beginning with a consonant	Plural
to / at / in	**à** Paris	**en** Californie	**au** Sénégal	**aux** États-Unis
	à Londres	**en** Oregon	**au** Canada	
	à Bruxelles	**en** France		
		en Israël		
		en Amérique du Sud		
		en Provence		

from	de Los Angeles	de Californie	du Portugal	des Pays-Bas
	de Madrid	d'Oregon	du Chili	
	de Montréal	de France	du Kansas	
		d'Israël		
		d'Amérique du Sud		
		de Provence		

- **to, at, in**

  Nous arrivons à Montréal.   *We're arriving in (at) Montreal.*
  Nous allons en Allemagne à Noël.   *We are going to Germany at Christmas (time).*

  Marc voyage aux Pays-Bas.   *Marc is traveling to the Netherlands.*

- **from**

  Il arrive d'Athènes.   *He is arriving from Athens.*
  Nous partons du Canada.   *We are leaving Canada.*
  Ses parents sont des Antilles.   *Her/His parents are from the Antilles.*

The pattern for states is less fixed. Feminine names follow the preceding pattern (**en, de**). However, for masculine names, **dans le** is generally preferred in place of **au.**

Il travaille **dans le** Maryland.   *He works in Maryland.*
Nous habitons **en** Californie.   *We live in California.*

Using cardinal directions: north, south, east, and west

In locating places on a map, it is often useful to refer to the compass directions.

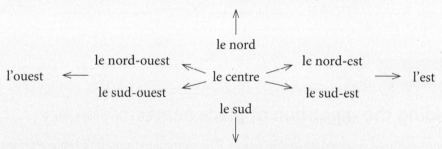

Il habite dans le nord.   *He lives in the North.*
Le sud de la France a un climat doux.   *Southern France has a mild climate.*
Lubumbashi est au sud-est **de** Kinshasa.   *Lubumbashi is southeast of Kinshasa.*
Andorre est au sud **de la** France.   *Andorra is south of France.*
Le Laos est à l'ouest **du** Viêt Nam.   *Laos is west of Vietnam.*
Le Canada est au nord **des** États-Unis.   *Canada is north of the United States.*

Exercice 1   Vous donnez une petite leçon de géographie à votre classe de français. Complétez les phrases avec les informations appropriées.

1. _____ est la capitale du Canada.

2. _____ se trouvent au sud du Canada.

3. La province francophone qui se trouve dans l'est du Canada s'appelle _____.

4. _____ est une île à l'est du Canada qui appartient à la France.

5. _____ est la province qui se trouve entre le Saskatchewan et l'Ontario.

6. L'Alaska se trouve _____ Canada.

7. _____ est un état américain près du Nouveau-Brunswick, à l'est.

Exercice 2 Vous travaillez comme réceptionniste dans une agence internationale qui donne des renseignements aux jeunes qui désirent étudier à l'étranger. Expliquez d'où les étudiants viennent et où ils voudraient faire leurs études. Complétez les phrases suivantes avec les prépositions et les articles qui conviennent.

1. Maïmouna vient _____ Côte d'Ivoire. Elle veut faire ses études _____ France.

2. Heinrich vient _____ Allemagne. Il veut faire ses études _____ Genève.

3. José vient _____ Brésil. Il veut faire ses études _____ Mexique.

4. Mishiku vient _____ Japon. Elle veut faire ses études _____ États-Unis.

5. Ilke vient _____ Amsterdam. Elle veut faire ses études _____ Bruxelles.

6. Paolo vient _____ Italie. Il veut faire ses études _____ Canada.

Exercice 3 Vous êtes avec un groupe d'étudiants internationaux qui parlent de leurs situations. Complétez les phrases avec les prépositions et les articles qui conviennent.

1. Je m'appelle Tran. Je suis vietnamien. J'habite _____ Chicago avec mes parents depuis dix ans. Mes grands-parents sont toujours _____ Viêt Nam. Ils habitent dans un petit village au nord _____ Hô Chi Minh-Ville. Nous, nous aimons beaucoup _____ États-Unis mais je voudrais aller voir mes grands-parents.

2. Je suis Abadou et je viens _____ Sénégal. Je fais mes études ici _____ Caroline du Nord mais je compte retourner _____ Dakar pour travailler. Avant de partir, j'aimerais aller _____ Canada parce que là, comme _____ Sénégal, le français est une langue officielle.

3. Je m'appelle Sophie et je suis _____ Luxembourg, la capitale _____ Luxembourg, un petit pays juste au nord-est _____ France, entre _____ France et _____ Belgique. _____ Luxembourg, on parle français.

Structure 9.2

Avoiding the repetition of place names *Le pronom* **y**

Pronouns are used to avoid repeating nouns. The pronoun **y** is used to replace phrases that begin with a variety of prepositions such as **à, chez, dans, sur,** and **en** (but *not* **de**). When the prepositional phrase names a location, **y** is roughly the equivalent of the English *there.*

— Mousassa est en Afrique? — *Is Mousassa in Africa?*
— Oui, il **y** est. — *Yes, he is **there.***

— Ton ami arrive **à l'aéroport Orly-Ouest**? — *Is your friend arriving at Orly-West?*
— Oui, il **y** arrive. — *Yes, he is arriving **there.***

— Tu vas **chez tes parents** pour Noël? — *Are you going to your parents' house for Christmas?*
— Non, je n'**y** vais pas. — *No, I'm not going (**there**).*

Y can also replace prepositional phrases if these do not include a person.

— Est-ce que Pascal pense **à son voyage**?
— Oui, il **y** pense.

— *Is Pascal thinking about his trip?*
— *Yes, he is thinking about it.*

— L'agent de voyages répond
à la question?
— Oui, il **y** répond.

— *Is the travel agent answering
the question?*
— *Yes, he's answering it.*

BUT

— Est-ce que tu penses **à ta mère**?
— Oui, je pense **à elle**.

— *Are you thinking about your mother?*
— *Yes, I'm thinking about her (a person).*

Placing *y* in sentences

Place the pronoun **y** in sentences according to these guidelines:

1. In *simple tenses*, **y** goes before the conjugated verb.

J'**y** vais.	*I'm going (there).*
Tu n'**y** vas pas.	*You are not going there.*

2. In the **futur proche** and two-verb sentences, **y** goes between the conjugated verb and the infinitive.

Nous allons **y** aller.	*We are going to go there.*
Je voudrais **y** aller.	*I would like to go there.*

3. In the **passé composé, y** goes before the auxiliary.

Nous **y** sommes allés.	*We went there.*
Elle **y** a répondu.	*She answered it.*

4. One of the most frequent uses of **y** is in the combination: **il y en a,** where **y** precedes the pronoun **en.**

— Est-ce qu'**il y a** des touristes ici?
—Oui, **il y en a.**

— *Are there tourists here?*
— *Yes there are.*

Exercice 4 Choisissez, pour chaque phrase, un antécédent logique du pronom **y.** Il y a plusieurs réponses possibles.

> **Modèle:** J'y vais.   réponses possibles: *y = a, b, d*

Phrases:

1. Elle y est.
2. Vous n'y habitez pas.
3. Tu vas y réfléchir.
4. Nous y allons à pied.

Antécédents Possibles:

a. dans le train
b. en Louisiane
c. à la situation économique
d. chez Nambé
e. à la possibilité de voyager en train

Exercice 5 Répondez logiquement aux questions.

> **Modèle:** Y a-t-il des déserts au Maroc?
> *Oui, il y en a.*

1. Est-ce qu'il y a des plages à Tahiti?
2. Y a-t-il des montagnes en France?
3. Il y a des ports au Sénégal?
4. Est-ce qu'il y a quatre saisons au Canada?
5. Y a-t-il quatre saisons en RDC?
6. Est-ce qu'il y a des forêts tropicales au Luxembourg?

Exercice 6 Cette conversation n'est pas très naturelle parce qu'il y a beaucoup de répétitions. Récrivez les phrases numérotées en utilisant le pronom **y** pour éviter la répétition des mots en italique.

HAKIM: Je vais au parc. (1) Tu veux aller *au parc* avec moi?

SERGE: (2) Euh, je ne peux pas aller *au parc* parce que je dois aller à l'université.

HAKIM: À l'université? (3) Pourquoi est-ce que tu vas *à l'université* aujourd'hui? C'est samedi après-midi.

SERGE: (4) Eh bien, normalement je ne vais pas *à l'université* le samedi après-midi, mais j'ai un examen important lundi. Je préfère étudier à la bibliothèque.

HAKIM: (5) À quelle heure est-ce que tu vas *à la bibliothèque*?

SERGE: Vers deux heures.

HAKIM: Oh là là, tu penses trop à tes notes.

SERGE: (6) Non, je ne pense pas trop *à mes notes*. (7) Il faut que je pense *à mes notes* si je veux devenir médecin.

HAKIM: D'accord. Étudie bien alors!

SERGE: Merci. Et toi, amuse-toi bien *(have fun)* au parc!

Structure 9.3

Comparing quantities and performance and singling out exceptional features *Le comparatif (suite) et le superlatif*

Comparing performance

When you compare how well, slowly, or quietly two actions take place, you are comparing adverbs. Adverb comparisons are patterned after those you learned for adjectives.

	plus			
verbe	moins	+	adverbe +	que
	aussi			

Les gorilles du Congo disparaissent **plus rapidement qu'**avant à cause des braconniers.	*The gorillas of the Congo are disappearing more rapidly now because of poachers.*
Ma sœur parle **moins vite que** moi.	*My sister speaks less quickly than I do.*
Céline Dion chante **aussi fort que** Barbra Streisand.	*Céline Dion sings as loudly as Barbra Streisand.*

Making comparisons with irregular adverbs

The adverb **bien** has the following irregular comparative forms.

+ bien → mieux
= bien → aussi bien
– bien → moins bien (pire)

Michel joue **moins bien** que les autres.	*Michel plays less well than the others.*
Il ne sait pas lire **aussi bien** que sa sœur.	*He can't read as well as his sister.*
Ce groupe chante **mieux** que l'autre.	*This group sings better than the other one.*

Comparing quantities

To compare quantities, use the following pattern:

$$\left.\begin{array}{l}\text{plus} \\ \text{moins} \\ \text{autant}\end{array}\right\} \text{de + nom + que}$$

Le Canada a **moins d'habitants que** les États-Unis.	*Canada has fewer inhabitants than the United States.*
Le Sénégal n'a pas **autant de flore et de faune que** dans le passé.	*Senegal doesn't have as much flora and fauna as in the past.*

Speaking in superlatives: the biggest, the most, the least . . .

The superlative is used for expressing extremes and for singling out an item in a group. Superlatives are formed using the following pattern:

$$\left.\begin{array}{l}\text{le} \\ \text{la} \\ \text{les}\end{array}\right\} + \left.\begin{array}{l}\text{plus} \\ \text{moins}\end{array}\right\} + \text{ adjectif } + \text{ (de)}$$

Le Congo est **le plus grand** fleuve **d**'Afrique.	*The Congo is the biggest river in Africa.*

Note that **de** after a superlative in French may be translated as *in* or *of* in English.

Using irregular superlatives

Bon and **mauvais** have irregular superlative forms similar to their forms in the comparative.

C'est une bonne idée. En fait, c'est **la meilleure** idée.	*It's a good idea. Actually, it's the best idea.*
Tu as choisi **le pire** moment pour me dire cela.	*You picked the worst moment to tell me that.*
C'est **son meilleur** album.	*It's his best album.*

Placing superlatives in sentences

Remember that a small group of adjectives precede the noun (**bon, mauvais, petit, grand...**) and all others follow. Adjectives in superlative sentences follow the same placement patterns.

- Adjectives that normally precede the noun require only one article in the superlative.

C'est **la plus longue route** pour aller à la capitale.	*It's the longest route to the capital.*
Le Kilimandjaro est **la plus grande** montagne **d**'Afrique.	*Kilimanjaro is the tallest mountain in Africa.*

- Adjectives that normally follow the noun maintain this position in the superlative. In this case, the definite article is repeated in the superlative construction.

C'est **la** décision **la plus importante de** ma vie.	*It's the most important decision of my life.*
Elle a choisi **la** solution **la moins difficile.**	*She chose the least difficult solution.*

- Before adverbs, the definite article **le** is invariable.

Parmi les membres de son groupe, Amina chante **le moins bien** mais elle joue **le mieux.**	*Among the members of her group, Amina sings the worst, but she plays the best.*

Exercice 7 Des étudiants étrangers à l'université de Montréal ont le mal du pays *(are homesick)*. Ils disent que tout est mieux chez eux. Complétez leurs phrases selon le modèle.

> **Modèle:** Chez moi, il y a *moins de* stress qu'ici.

1. Chez moi, au Maroc, il y a _____ jours froids qu'ici.
2. Chez nous en RDC, on a _____ bons musiciens.
3. En Guadeloupe, nous avons _____ temps pour nos amis.
4. Il n'y a pas _____ (=) bons clubs ici que chez nous.
5. Chez nous, on joue _____ au foot!
6. Les gens dansent _____ ici au Canada que chez nous au Sénégal.

Exercice 8

A. Ces étudiants étrangers au Canada se vantent *(brag)* au sujet de leurs pays d'origine. Reliez les éléments des deux colonnes pour former des phrases logiques au superlatif.

1. Chez nous en France, on a _____.   **a.** les plages les plus agréables du monde!

2. Chez nous en RDC, on a _____.   **b.** les gens les plus sympathiques du monde!

3. Chez nous en Algérie, on a _____.   **c.** les chanteurs de samba les plus talentueux de l'univers!

4. Chez nous au Brésil, on a _____.

5. Chez nous en Guadeloupe, on a _____.   **d.** la plus grande quantité de diamants commerciaux du monde.

6. Chez nous au Texas, on a _____.   **e.** les meilleurs chanteurs de raï du monde.

    f. la meilleure cuisine du monde.

B. Sébastien, un étudiant canadien, veut défendre le Canada, son propre pays. Créez ses phrases au superlatif à l'aide des éléments donnés.

1. Chez nous au Canada, on a _____. (joueurs de hockey / bon)
2. Ici au Québec, on a Céline Dion. C'est _____. (chanteuse francophone / connue)
3. Et nous avons _____. (le sirop d'érable *[maple syrup]* / délicieux) J'adore ça.

Exercice 9 Testez votre connaissance des pays francophones en complétant les phrases suivantes. Utilisez le comparatif et le superlatif.

1. Les Belges mangent _____ pommes de terre que les Algériens, mais les Français en mangent _____ que les Belges.
2. Un Marocain typique parle _____ bien le français que l'arabe.
3. Dans beaucoup de pays africains, la famille étendue *(extended)* est très importante. En effet, c'est la valeur _____ importante de toutes. Dans les pays industrialisés, il y a _____ familles nucléaires et de familles recomposées.
4. Le Mont Kenya, à 5 200 mètres, est moins élevé que le Kilimandjaro, qui est la montagne _____ élevée d'Afrique.
5. Un Québécois typique aime _____ parler le français que l'anglais.
6. Il y a _____ musulmans que de catholiques au Sénégal.
7. Les Québécois aiment les cafés _____ que les Français.

Structure 9.4

Making recommendations *Il faut, il vaut mieux + infinitif*

The impersonal expression **il faut** followed by the infinitive expresses necessity or obligation, and is generally interchangeable with the expression **il est nécessaire de. Il vaut mieux,** which expresses what one should do, is frequently used for giving advice.

Il faut acheter les billets d'avion à l'avance pour avoir un bon prix.	*You have to buy airplane tickets in advance to get a good price.*
Il vaut mieux réserver une chambre d'hôtel.	*It's better (a good idea) to reserve a hotel room.*

To express what one shouldn't or mustn't do, use **il ne faut pas.**

Il ne faut pas fumer dans l'avion.	*You mustn't smoke on the plane.*

Exercice 10 Complétez les phrases avec **il faut, il ne faut pas** ou **il vaut mieux** et un des verbes de la liste. Attention, quelques phrases sont négatives.

> aller   apporter   faire   parler   porter   prendre

1. Pour aller de Paris à Marseille en train, _____ le TGV (train à grande vitesse).
2. Si vous voulez trouver les meilleurs prix pour les billets d'avion ou de train, _____ votre réservation en ligne.
3. Si vous n'aimez pas les foules *(crowds)*, _____ en France en août.
4. Pour bien connaître un pays ct scs habitants, _____ leur langue.
5. Si vous allez au Canada, _____ votre passeport.
6. _____ un casque *(helmet)* quand on roule en motocyclette.

Structure 9.5

Talking about what you know or what you know how to do as opposed to your familiarity with places and people *Savoir et connaître*

In French, *to know* is expressed by either the verb **savoir** or the verb **connaître,** depending on the context.

Using *savoir* and *connaître*

The verb **savoir** is used for knowing information, facts, or how to do something.

savoir *(to know facts, to know how to)*	
je **sais**	nous **savons**
tu **sais**	vous **savez**
il/elle/on **sait**	ils/elles **savent**

passé composé: j'**ai su**

connaître *(to know/be familiar with)*	
je **connais**	nous **connaissons**
tu **connais**	vous **connaissez**
il/elle/on **connaît**	ils/elles **connaissent**

passé composé: j'**ai connu**

Nous savons que le Sénégal est un pays francophone.	*We know that Senegal is a francophone country.*
Il sait faire du ski.	*He knows how to ski.*
Elle savait la réponse.	*She knew the answer.*

The **tu** and **vous** forms of **savoir** can be used as conversational fillers similar to *you (ya) know* in English.

Il aime voyager, vous savez.	*He likes to travel, you know.*
Mais, tu sais, il déteste prendre l'avion.	*But, you know, he hates to take planes.*

Connaître means *to know,* in the sense of being acquainted or familiar with something or someone.

Nous connaissons Montréal.	*We're familiar with Montreal.*
Vous connaissez les Dubois.	*You're acquainted with the Dubois family.*
Je ne connaissais pas ce parc.	*I wasn't familiar with that park.*

J'ai connu means *I met* or *I made the acquaintance of.*

Il a connu sa femme en 1999.	*He met his wife in 1999.*

Structural hint for determining whether to use *connaître* or *savoir*

Savoir can be followed by a clause introduced by **si, que, quel(le), comment,** and so forth. **Connaître** cannot. It can only be followed by a noun or a pronoun.

Je sais que tu m'attends.	*I know that you're waiting for me.*
Tu connais cette chanson?	*Do you know (Are you familiar with) this song?*

Exercice 11 Écrivez trois phrases logiques pour chaque situation en combinant les éléments donnés.

Modèle: Le Club Med a un village superbe à la Martinique!

Tu sais	s'il fait beau à la Martinique en hiver?
Tu connais	où ça se trouve, non?
	la Martinique?

Tu sais où ça se trouve, non?
Tu connais la Martinique?
Tu sais s'il fait beau à la Martinique en hiver?

1. Je viens de recevoir une carte postale de mon cousin Paul.

Tu sais	Paul, n'est-ce pas?
Tu connais	que Paul est en Égypte, n'est-ce pas?
	quand il pense revenir?

2. L'agent de voyages va téléphoner.

Elle sait	que nous préférons un billet moins cher.
Elle connaît	bien la Suisse.
	trouver les meilleurs prix.

3. Les vacances arrivent bientôt.

Vous savez	que moi, je suis très impatiente.
Vous connaissez	les meilleurs centres de vacances.
	la date de mon départ?

4. Nous cherchons un bon hôtel pas cher.

Nous savons	le numéro de téléphone de l'Hôtel d'Or.
Nous connaissons	où se trouve l'Hôtel Roc.
	tous les hôtels de la région.

5. Rome. Quelle ville magnifique!

Sais-tu   les catacombes?

Connais-tu   parler italien?

                            une bonne pizzeria?

Exercice 12   Tout le monde aime parler des vacances. Complétez ces bribes de conversation avec les formes appropriées de **savoir** ou de **connaître**.

1. Je _____ bien ma tante. Elle ne va pas passer ses vacances à la plage parce qu'elle (ne... pas) _____ nager.

2. — _____-vous le Louvre?

— Oui, c'est un musée d'art.

— _____-vous exactement comment y aller?

— Pas exactement, mais je _____ que vous pouvez vous renseigner en consultant un guide.

3. Pendant les vacances, nous allons en Suisse. _____-tu Neuchâtel?

C'est une petite ville adorable sur un lac magnifique. Tu _____, nous préférons les petites villes... Nos amis y _____ un hôtel qui est extraordinaire. Et c'est là que nous allons passer deux semaines.

4. Tu _____ Brian? Je l'_____ quand j'étais au lycée.

À cette époque-là, il ne _____ pas jouer de la guitare. Maintenant il est dans un groupe de rock que tout le monde *(everyone)* _____.

Tout ensemble!

Complétez le passage suivant sur les projets de voyage de Rémi. Choisissez des mots de la liste. Conjuguez les verbes si nécessaire.

à	climat	francophone	projets
agence de voyages	connaître	frontières	savoir
au	de	il faut	sèche
aussi	désert	océan	tour
classe touriste	en	plus	vol

Cet hiver, il fait très froid _____ (1) Montréal et Rémi rêve de soleil. En effet, il fait des _____ (2) pour un voyage d'été, un _____ (3) du monde! Ce week-end, il va à l'_____ (4) appelée «À l'aventure» pour se renseigner *(to get information)*. D'abord, il veut réserver un _____ (5) Montréal–Paris. Il préfère voyager en _____ (6), car il n'a pas beaucoup d'argent. _____ (7) Paris, il va aller en Land Rover _____ (8) Maroc où il veut visiter Fès et Marrakech. Rémi a déjà visité l'Europe plusieurs fois, mais il ne _____ (9) pas l'Afrique et il ne _____ (10) pas parler arabe. Mais il peut toujours utiliser son français parce que c'est un pays _____ (11). Il doit acheter beaucoup de provisions car il va traverser le Sahara. C'est le _____ (12) grand _____ (13) du monde!

Le _____ (14) du Sahara est si chaud qu'il faut prendre beaucoup de précautions. Ce n'est pas _____ (15) facile d'aller d'un pays à un autre en Afrique qu(e) _____ (16) Europe. _____ (17) avoir des visas pour traverser les _____ (18). Rémi espère arriver en Afrique équatoriale avant la fin de la saison _____ (19) car les routes deviennent impraticables sous la pluie. D'Afrique du Sud, Rémi va traverser l'_____ (20) en bateau pour aller au Brésil. Quel voyage!

Vocabulaire fondamental

CD2,
Tracks
48–52

Noms

La géographie | *Geography*

une côte | *a coast*
un désert | *a desert*
un endroit | *a place*
l'est (*m*) | *east*
un état | *a state*
un fleuve | *a river (major)*
une forêt (vierge) | *a (virgin) forest*
une frontière | *a border*
une île | *an island*
un lac | *a lake*
une mer | *a sea*
le nord | *north*
un océan | *an ocean*
un oiseau (des oiseaux) | *a bird*
l'ouest (*m*) | *west*
un pays | *a country*
une plage | *a beach*
le sud | *south*

Mots apparentés: une capitale, un centre, un continent, un port, une région, un village

Les moyens de transport | *Modes of transportation*

un autobus, un autocar | *a bus*
un avion | *an airplane*
un bateau | *a boat*
une gare | *a train station*
un métro | *a subway*
une motocyclette (une moto, *fam*) | *a motorcycle*
un TGV (train à grande vitesse) | *a high-speed train*
les transports en commun (*m pl*) | *public transportation*

Mots apparentés: un taxi, un train

Le tourisme | *Tourism*

une agence de voyages | *a travel agency*
un agent de voyages | *a travel agent*
un bagage | *a suitcase*
un billet | *a ticket*
un (billet) aller-retour | *a round-trip ticket*
un (billet) aller simple | *a one-way ticket*
une carte postale | *a postcard*
les (grandes) vacances (*f pl*) | *(summer) vacation*
des renseignements (*m pl*) | *information*
une réservation | *a reservation*
un vol | *a flight*

Verbes

connaître | *to know, to be acquainted (familiar) with*
continuer | *to continue*

faire des projets | *to make plans*
faire le tour du monde | *to travel around the world*
faire ses bagages | *to pack one's suitcases*
penser à | *to think about*
renseigner | *to give information to*
savoir | *to know (information); to know how*
se trouver | *to be located*
visiter | *to visit (a place)*

Adjectifs

ancien(ne) | *former, old*
autre | *other*

Mots apparentés: exceptionnel(le), extraordinaire, idéal(e), magnifique, rapide, tropical(e)

Mots divers

autant | *as many*
grosses bises | *hugs and kisses (in a letter)*
il faut | *it is necessary, one must*
il vaut mieux | *it is better to, you should*
mieux | *better*
les musiques du monde (*f pl*) | *world music*
pire | *worse*

Expressions utiles

Comment comparer | *How to compare*

(*See page 266 for additional expressions.*)

Ça n'a rien à voir. (*expression idiomatique*) | *It's a completely different thing.*
Est-ce que Paris a autant de diversité ethnique que New York? | *Does Paris have as much ethnic diversity as New York?*
Le Canada a plus d'écoles bilingues que la Belgique. | *Canada has more bilingual schools than Belgium.*
Tu aimes quel chanteur le mieux? | *What singer do you like the best?*

Comment organiser un voyage | *How to organize a trip*

(*See page 274 for additional expressions.*)

Je voudrais réserver une place sur un vol pour Grenoble. | *I would like to reserve a seat on a flight to Grenoble.*
Préférez-vous voyager en classe touriste (classe affaires, première classe)? | *Do you prefer to travel in coach (business class, first class)?*
Voulez-vous un billet aller-retour ou un aller simple? | *Do you want a round-trip ticket or a one-way ticket?*

Vocabulaire supplémentaire

Noms

La géographie — *Geography*

une chute d'eau	*a waterfall*
un département (d'outre mer)	*a(n) (overseas) political unit within the French republic*
un(e) habitant(e)	*an inhabitant*
un(e) Maghrébin(e)	*North African or individual of North African heritage*
la savane	*the savannah*

Mots apparentés: une colonie, une destination, la diversité, l'équateur *(m)*, une province, un volcan

Les activités de vacances — *Vacation activities*

une balade	*a stroll, casual walk*
la détente	*relaxation*
l'équitation *(f)*	*horseback riding*
la plongée libre	*snorkeling*
la plongée sous-marine	*scuba diving*
le ski nautique	*water skiing*
le tir à l'arc	*archery*
la voile	*sailing*

Mots apparentés: l'aérobic *(f)*, le canoë, le golf, le rafting, le surf

Verbes

faire un tour	*to go on a ride*
se dépayser	*to have a change of scenery*

Mots divers

une croisière	*a cruise*
le dépaysement	*change of scenery*
le goût	*taste*
un rêve	*a dream*
si	*if*
un singe	*a monkey*
une tortue	*a tortoise*
y	*there, about it*

Mots apparentés: une brochure, un casino, un éléphant, une girafe, un gorille, un lion, la population, la religion

Les musiques du monde et la Francophonie — *World music and the francophone world*

un(e) fana *(fam)*	*a fan*
le mélange	*mixing*
le métissage (culturel)	*(cultural) mixing*
le raï	*raï music (popular musical genre from North Africa)*
un tube *(fam)*	*a hit (popular song)*
le zouk	*zouk (popular musical genre from the French West Indies)*

Adjectifs

élevé(e)	*high*
francophone	*French-speaking*

Mots apparentés: authentique, commercial(e), compatible, officiel(le), vaste

Est-ce que ce couple prépare un repas pour deux?

La maison et la routine quotidienne

In this chapter, you will focus on everyday life within the context of the home: your house, daily routine, and household chores. You will see how concerns about the environment are affecting people's daily lives and how some families share household chores. You will also learn some common expressions for congratulating, wishing people well, making requests of others, and complaining.

La vie de tous les jours

Describing your daily routine *Les verbes pronominaux (suite)*

As a follow up to the brief introduction to reflexive verbs in **Module 4**, this **thème** allows you to describe your daily routine in greater detail. See pages 311–312 for more information on **verbes pronominaux.**

Describing what you did yesterday *Les verbes pronominaux au passé composé*

To talk about what you did yesterday, you will use the **passé composé** of pronominal verbs. See page 312 for an explanation.

À Paris, l'expression «métro, boulot (travail, *fam*), dodo (*sleep, fam*)» décrit la nature parfois monotone de la routine de tous les jours. Est-ce que cette expression décrit la réalité de nombreuses personnes là où vous habitez? Et votre vie quotidienne? Connaissez-vous une expression similaire en anglais?

Activité 1 **Une journée typique**

A. Votre professeur va décrire la journée typique de Chantal. Suivez la description en regardant les images de la présentation à la page 293. Ensuite, indiquez si la phrase est vraie ou fausse. Corrigez les phrases fausses.

1. Chantal se réveille à six heures du matin.
2. Elle prend une douche.
3. Elle s'habille avant de se brosser les dents.
4. Après les cours, elle étudie à la bibliothèque.
5. Elle rentre chez elle vers 6h30.
6. Elle dîne au restaurant universitaire.
7. Avant de se coucher, elle se lave les cheveux.
8. Elle s'endort vers 1h.

Notez et analysez

The boldfaced forms on page 293 are examples of pronominal verbs, similar to those you saw in **Module 4.** What is the French equivalent for *I wash my hair* and *I wash my face*? What takes the place of *my* in French?

La routine quotidienne en images: une journée typique de Chantal

Eh ben, d'habitude le matin, **je me réveille** à huit heures et j'écoute la radio pendant quelques minutes.

Ensuite, **je me lève** et je fais du café.

Je me douche—je me lave toujours **les cheveux**—...

et **je m'habille.**

Après le petit déjeuner, **je me brosse les dents** et **je me maquille.**

Je pars pour la fac.

J'ai cours et j'étudie toute la journée.

L'après-midi, je retrouve souvent mes amis au café et nous bavardons en général jusqu'à six heures.

Je rentre chez moi vers six heures et demie.

Le soir, je prépare quelque chose à manger et je regarde les informations à la télé. Après je vais sur le Net ou je lis un magazine.

Avant de **me coucher, je me lave la figure.**

Je m'endors vers minuit. Quelle vie tranquille, n'est-ce pas?

Répondez aux questions suivantes posées par votre professeur en regardant la page 293.

1. À quelle heure est-ce que Chantal se réveille?
2. Est-ce qu'elle se lève immédiatement?
3. Qu'est-ce qu'elle fait avant de prendre le petit déjeuner?
4. Qu'est-ce qu'elle fait avant de partir?
5. Où va-t-elle l'après-midi?
6. Comment est-ce qu'elle passe ses soirées?

Activité **3** **Les moments de la vie**

Dites si vous faites les activités suivantes le matin, l'après-midi ou le soir.

Modèle: préparer quelque chose à manger
Je prépare quelque chose à manger le soir.

1. préparer du café
2. se maquiller ou se raser
3. se doucher
4. s'endormir
5. se brosser les dents
6. faire du jogging ou du sport
7. se laver les cheveux
8. aller à la gym

Une journée pas comme les autres pour Chantal

Dimanche dernier, je suis allée chez des amis et **nous nous sommes** bien **amusés.**

Je suis rentrée chez moi à trois heures du matin.

Alors, **je me suis couchée** très tard et j'ai fait la grasse matinée jusqu'à une heure de l'après-midi!

Quand **je me suis** finalement **levée,** je n'ai pas eu le temps de **me doucher.** J'ai dû **me dépêcher** car j'avais rendez-vous chez le dentiste.

J'y suis arrivée une demi-heure en retard et, malheureusement, c'était trop tard pour mon rendez-vous.

Très énervée, j'ai pris le métro pour rentrer chez moi.

En route, **je me suis endormie** et j'ai manqué ma station.

Quelle journée difficile!

Notez et analysez

Locate all the verbs in the **passé composé** and note the auxiliary verb. Which auxiliary is used with the boldfaced pronominal verbs, **avoir** or **être**? In these examples, what does the past participle agree with?

A. Votre professeur va décrire la journée difficile que Chantal a eue lundi dernier. Suivez la description en regardant les images de la présentation à la page 294. Ensuite, indiquez si chaque phrase est vraie ou fausse. Corrigez les phrases fausses.

1. Chantal a travaillé jusqu'à deux heures du matin.
2. Elle s'est réveillée tôt le matin.
3. Elle a pris sa douche.
4. Elle s'est dépêchée pour aller chez le dentiste.
5. Elle a manqué son rendez-vous.
6. Elle s'est endormie chez le dentiste.

B. Répondez aux questions suivantes.

1. Avec qui est-ce que Chantal s'est amusée dimanche dernier?
2. À quelle heure est-elle rentrée chez elle?
3. Est-ce qu'elle s'est réveillée de bonne heure?
4. Qu'est-ce qu'elle n'a pas eu le temps de faire?
5. Elle s'est dépêchée pour aller où?
6. Pourquoi a-t-elle manqué sa station de métro?

Activité **5** **Ma journée d'hier**

Parlez de vos activités d'hier.

1. Je me suis réveillé(e) à...
2. Je me suis levé(e) à...
3. Avant de partir de chez moi, j'ai / je me suis...
4. Hier après-midi, j(e)...
5. Hier soir, j(e)...
6. Je me suis couché(e) à...

Activité **6** **Comparez vos routines!**

Mettez-vous avec deux ou trois autres étudiant(e)s et posez-vous des questions pour identifier la personne qui…

a. se réveille le plus tôt.
b. passe le plus de temps à faire sa toilette: se raser, se maquiller, se coiffer, etc.
c. se couche le plus tard.
d. va à la gym.
e. travaille le plus.
f. s'endort parfois en classe.

> **Modèle:** *À quelle heure est-ce que tu te réveilles? Tu te sèches les cheveux?*
> *Combien de temps est-ce que tu passes à te sécher les cheveux?*

Activité **7** **Les objets de tous les jours**

Se servir de *(to use)* est une expression utile. On se sert de ces choses pour faire quelles activités?

> **Modèle:** un sèche-cheveux
> *On se sert d'un sèche-cheveux pour se sécher les cheveux.*

1. une brosse à dents
2. un rasoir électrique
3. du rouge à lèvres
4. du shampooing
5. un réveil
6. une serviette *(towel)*
7. des vêtements
8. une brosse

La maison, les pièces et les meubles

le troisième étage
le deuxième étage
le premier étage
le rez-de-chaussée
le sous-sol
le balcon
la porte d'entrée

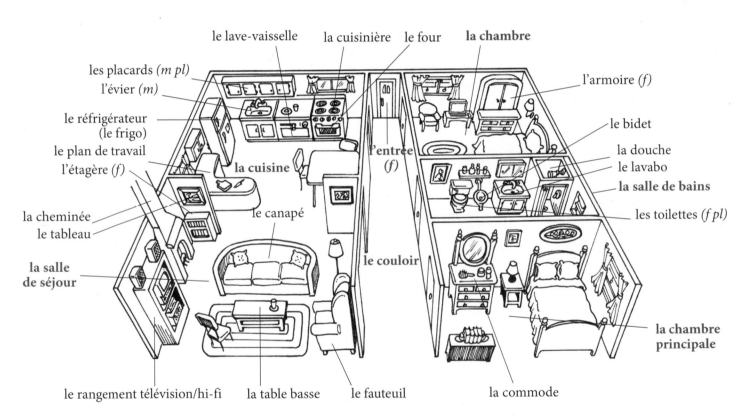

le lave-vaisselle · la cuisinière · le four · **la chambre**

les placards (*m pl*)
l'évier (*m*)
le réfrigérateur (le frigo)
le plan de travail
l'étagère (*f*)
la cuisine
la cheminée
le tableau
la salle de séjour
le canapé
le rangement télévision/hi-fi · la table basse · le fauteuil

l'entrée (*f*)
le couloir

l'armoire (*f*)
le bidet
la douche
le lavabo
la salle de bains
les toilettes (*f pl*)
la chambre principale
la commode

Réfléchissez et considérez

In France, the first floor of a building is called **le rez-de-chaussée** while the second floor is **le premier étage.** Following that system of numbering floors, what would be the equivalent of the 5th floor?

Apartments and houses are often referred to by the number of rooms they have. The kitchen and bath are normally not counted. Would the apartment floor plan pictured here be **un deux-pièces (T-2)** or **un trois-pièces (T-3)?** Other typical living arrangements include **un studio / une studette** (one room) or **un loft.** How would you describe your living space in French?

Activité 8 Dans quelle pièce?

Où est-ce que…

1. vous faites vos devoirs?
2. vous faites la cuisine?
3. vous regardez la télé?
4. vous dormez?
5. vous écoutez votre iPod?

6. vous lisez vos courriels?
7. vous vous lavez les cheveux?
8. vous parlez au téléphone?
9. vous vous brossez les dents?
10. vous vous reposez?

Où…

11. se trouve l'évier?
12. se trouve la cheminée?

13. se trouve le lave-vaisselle?
14. se trouve le lavabo?

Activité 9 «Aux Lilas» ou «Les Colombiers»?

Les Français aiment parfois donner des noms à leurs maisons. Votre professeur va décrire une des maisons dessinées ici. Indiquez quelle maison est décrite: «Aux Lilas» ou «Les Colombiers».

Aux Lilas

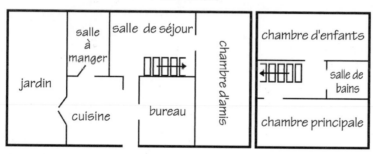

Les Colombiers

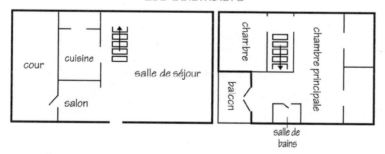

 ## Activité 10 Où mettre… ?

Les déménageurs *(movers)* ne savent pas où ils devraient *(should)* mettre vos meubles. Avec un(e) autre étudiant(e), répondez aux questions des déménageurs en suivant le modèle.

Modèle: la lampe
— *Où est-ce qu'on met la lampe?*
— *On la met dans la chambre, sur la table de nuit.*

1. le canapé
2. la table basse
3. les fauteuils
4. la commode
5. la table de nuit
6. le four à micro-ondes

7. le téléviseur
8. le lecteur DVD
9. l'armoire
10. les serviettes de bain
11. le grand lit
12. le vélo

Activité 11 **Un appartement à louer**

Vous consultez le web pour trouver un appartement à Nantes où vous allez passer un semestre. Avec un(e) partenaire, utilisez le tableau pour comparer les qualités des trois appartements que vous avez trouvés. Ensuite, choisissez l'appartement que vous préférez et dites pourquoi.

	Le 2-pièces à 540€	Le 2-pièces à 620€	Le studio à 360€
1. a un balcon	☐	☑	☐
2. est meublé	☑	☐	☐
3. a une toute petite cuisine	☐	☐	☑
4. est le plus grand	☐	☐	☐
5. a le loyer le moins cher	☐	☐	☑
6. est le plus petit	☐	☐	☑
7. est le plus pratique pour quelqu'un qui a une voiture	☐	☑	☐
8. semble le plus confortable	☐	☑	☐
9. est problablement le plus lumineux	☐	☑	☐
10. va être disponible (available) le 10 septembre, la date de mon arrivée	☐	☑	☑

---

2 pièces, 49m²   540€ cc

Place Graslin, le charme de l'ancien en plein cœur[1] de ville. Au rez-de-chaussée, entrée avec placard, séjour avec armoire, chambre avec lit et armoire, cuisine aménagée et équipée[2], salle de bains et WC. Très bon état, chauffage au gaz.
Loyer: 540€ cc[3].
Disponible le: 15/9/2011
Contact: Alain Paquet
Téléphone: 02.12.39.74.55

[1]heart [2]equipped [3]utilities included

---

2 pièces, 43m²   620€

Place Paridis. Agréable T2 au 2ème étage. Entrée avec placard, salon donnant sur balcon, cheminée (non-fonctionnelle), cuisine américaine aménagée équipée, 1 chambre, salle de bains avec WC. Cave[4] et garage. À proximité des commerces et écoles. Loyer: 620€.
Charges: 40€
Disponible le: 30/8/2011
Contact: Dominique Blanchet
Téléphone: 02.27.82.43.15

[4]Cellar storage

Studio, 18m²   360€ cc

Place Royale. Proche du tramway et des facultés. Au 1er étage, donnant sur cour calme, studio de 18m² comprenant une pièce de vie[5] avec coin cuisine[6] équipée (cuisinière + réfrigérateur), petite salle d'eau[7] avec WC. Rénové récemment. Loyer: 360€ cc[8].
Disponible le: 1/9/2011
Contact: Jacques Houbin
Téléphone: 02.40.93.25.08

[5]family room [6]kitchen area [7]shower room
[8]utilities included

 Explorez en ligne

France is known for the charm of many beautiful residences. To get acquainted with these French **demeures de charme,** go to www.demeures-de-charme.com. Write down, in French, 5 to 6 different types of properties that you find on this website. Click on **maisons,** choose a region of France, and click **Rechercher** to see the homes for sale in that region. Choose a house you like and write a 4- to 5-sentence description of it in French.

Parlez-vous écolo?

Réchauffement climatique°... énergie renouvelable°... développement durable°... recyclage... écotourisme: on voit ces mots un peu partout dans les médias d'aujourd'hui. Le mouvement écologiste a débuté dans les années 70 en France comme aux États-Unis et au Canada. En politique, des partis verts° se sont vite établis afin de sauvegarder° l'environnement. Mais récemment, la plupart des Français ont indiqué leur point de vue: l'écologie ne doit pas être monopolisée par un parti politique. Alors, en 2007, le gouvernement français a créé un nouveau ministère chargé de s'occuper de ces domaines: le Ministère de l'Écologie, de l'Énergie, du Développement durable et de l'Aménagement du Territoire°. M. Jean-Louis Borloo, ministre, explique la nouvelle attitude envers l'écologie: «Dans la compétition économique mondiale actuelle°, il n'y a plus de place pour les modes de production et de consommation qui ne répondent pas aux exigences° du développement durable.»

global warming / renewable energy
sustainable growth

green parties / to save, protect

land management

current

demands

L'éco-label européen indique au consommateur que ce qu'il/elle achète est un produit durable.

Les Français d'aujourd'hui prennent conscience de leur impact sur l'environnement, sur la planète, et se posent les questions: «Qu'est-ce que je peux faire, moi, pour être plus écolo? Comment changer ma consommation, mes habitudes?» Oui, l'écologie, c'est s'occuper des risques nucléaires et de la couche d'ozone°, mais c'est aussi changer les habitudes au quotidien, faire des gestes écolos dans la vie de tous les jours. Un sondage récent (Sofres, 2008) a demandé aux femmes françaises ce qu'elles faisaient systématiquement pour protéger l'environnement. Les résultats: 93% utilisent un caddy° ou des sacs réutilisables pour faire leurs courses, 89% trient° leurs déchets° et 84% réduisent leur consommation d'eau.

ozone layer

a cart
separate / waste, garbage

Les jeunes dans les photos qui suivent parlent de leurs gestes écolos.

«Je bois l'eau du robinet°; cela évite° le transport de l'eau minérale et les déchets plastiques. Naturellement je recycle le verre°, les papiers-cartons, le métal et le plastique.»

tap water
avoids

glass

«Je marche à pied° au lieu de° prendre la voiture.»

walk, go on foot
rather than

turn off
greengrocer

instead of

«J'éteins° la lumière quand je sors d'une pièce.»

«J'achète les fruits et légumes de saison, de préférence chez le primeur° (pas au supermarché).»

«Je prends des douches plutôt que° des bains car cela consomme 5 fois moins d'eau!»

Avez-vous compris?

1. Le mouvement écologiste date des années _____.
   a. 2000
   b. 1950
   c. 1970

2. Les partis _____ sont connus pour leurs agendas politiques écologistes.
   a. socialistes
   b. verts
   c. conservateurs

3. La France a un nouveau _____ pour s'occuper des projets écologistes.
   a. parti politique
   b. ministère
   c. président

4. Selon le ministre M. Borloo, la consommation et la production en France doivent devenir plus _____.
   a. durables
   b. compétitives
   c. économiques

5. _____ n'est pas un exemple de geste écolo quotidien.
   a. Boire de l'eau du robinet
   b. Recycler le papier
   c. Prendre sa voiture si c'est possible

Et vous?

Qu'est-ce que vous faites systématiquement pour protéger l'environnement? Quel a été votre dernier geste écolo?

Les tâches domestiques et les gestes écolos

Making requests *L'impératif (suite)*

In the activities that follow, you will learn several ways to direct people's activities, including the imperative (direct command) form of pronominal verbs. Note that the verb **vouloir** is frequently used to soften commands. See pages 314–315.

Notez et analysez

In a household, there is always a lot of work to be done. In the situations above, find an example of (1) a direct command, (2) the equivalent of *Let's,* (3) a negative command, (4) an indirect, "coaxing" way of asking someone to do something.

Activité 12 **À vous**

A. Classez les tâches domestiques et les gestes écolos dans les catégories suivantes.

Tâches ménagères	Ce que je fais souvent	Ce que je fais rarement	Ce que je déteste faire
mettre la table	☑	☐	☐
laver la vaisselle	☐	☐	☑
passer l'aspirateur	☑	☐	☐
passer la tondeuse	☑	☐	☐
ranger la chambre	☑	☐	☐
faire le lit	☑	☐	☐
vider la poubelle	☑	☐	☐
faire la lessive	☑	☐	☐
Gestes écolos			
trier les déchets	☑	☐	☐
boire l'eau du robinet	☑	☐	☐
éteindre la lumière quand on sort d'une pièce	☑	☐	☐
recycler	☑	☐	☐
marcher ou faire du vélo au lieu de prendre la voiture	☐	☑	☐
faire les courses avec un sac réutilisable	☐	☑	☐

B. Maintenant, en groupes de 4, comparez vos réponses et faites un résumé des réponses du groupe. Quelles sont les tâches ménagères et les gestes écolos que vous et les membres de votre groupe faites souvent / rarement? Qu'est-ce que vous détestez faire?

Activité 13 **Un matin fou en famille**

Ce matin, rien ne va *(nothing is going right)* chez vous et c'est à vous de prendre la situation en main. On ne vous écoute pas; donc il faut répéter vos demandes de plusieurs façons. Élaborez!

Modèle: Les enfants dorment encore.
Réveillez-vous, les enfants! Vous êtes en retard pour l'école!
Voulez-vous bien vous réveiller? L'école va commencer!
Il faut vous réveiller!

1. Il est tard mais votre mari/femme veut rester au lit.
2. Vous ne réussissez pas à ouvrir le pot de confiture.
3. Votre fille met trop de temps à s'habiller.
4. Votre mari/femme annonce qu'il faut vider la poubelle.
5. Les enfants ont oublié de se brosser les dents.
6. Votre mari/femme laisse la chambre en désordre.
7. Votre fils se met à table avec les mains sales *(dirty)*.
8. Vous avez besoin *(need)* d'une serviette.

Le travail de la maison

En France, comme ailleurs, ce sont les femmes qui s'occupent principalement des tâches ménagères. Selon un sondage récent (Ifop 2005), les femmes consacrent 16 heures par semaine aux tâches domestiques, contre 6 pour les hommes. Et les enfants, qu'est-ce qu'ils font à la maison pour aider leurs parents? On a demandé à plusieurs francophones de nous raconter leurs souvenirs en décrivant leur rôle dans la famille. Voici ce qu'ils en disent.

CD2, Track 57

Voix en direct
À la maison, quelles étaient vos tâches ménagères?

Gaétan, quand vous étiez petit, quelles étaient vos tâches ménagères?
On ne me demandait pas de [d'en] faire—hormis[1] de faire de temps en temps ma chambre. C'est tout à peu près ce qu'on me demandait dans la maison. Mais comme mon père était très manuel et faisait beaucoup de choses, [et qu'il] construisait des murs dans la maison, il construisait des piscines à l'extérieur, je l'ai beaucoup aidé par rapport à ça, quoi, par rapport à tondre le jardin[2], par exemple, je l'ai aidé à faire des—oui, à construire des murs, à poser du carrelage[3]...

Gaétan Pralong
28 ans
acteur, Paris

[1]*except* [2]*to cut the grass* [3]*to lay tiles*

Et vous, mademoiselle?
Quand j'étais jeune, j'avais et j'ai toujours d'ailleurs, des parents extrêmement gentils. Par conséquent, ils me demandaient rarement de participer à la maison, chose qu'aujourd'hui je fais volontiers[4] parce que je suis un peu plus adulte. Mais c'est vrai qu'on ne participait pas énormément aux tâches ménagères de la maison si ce n'est[5] ranger la chambre, débarrasser la table[6], des choses que tout le monde[7] fait. Mais... Mais, rien de plus. Du moins, pas dans mes souvenirs.

Gwenaëlle Maciel
29 ans
enseignante au collège,
région de Paris

Votre père partageait[8] les tâches domestiques avec votre mère?
Question très pertinente. Eh bien, non, mon père ne participait pas beaucoup non plus aux tâches ménagères et, par contre, pour ce qui est de son cas, ça dure toujours[9]. [rire]

[4]*willingly* [5]*except* [6]*clear the table* [7]*everyone* [8]*shared* [9]*it is still the case today*

Et vous, monsieur, quand vous étiez enfant, est-ce que vous deviez aider vos parents dans la maison?
Alors, oui, quand j'étais enfant, il fallait qu'on mette la table[10] et qu'on la débarrasse. On allait également chercher le pain, puisqu'en France, on a beaucoup de pain. Donc, tous les jours, on allait au pain. Qu'est ce qu'on faisait d'autre? Moi, quand j'étais petit, on habitait dans une ferme[11], donc il y avait des grilles[12] à ouvrir pour sortir la voiture.

Pierre-Louis Fort
35 ans
professeur à l'université
de Créteil

[10]*set the table* [11]*farm* [12]*gates*

Réfléchissez aux réponses

1. Quelles tâches ménagères est-ce que ces personnes faisaient quand elles étaient petites? Est-ce que vous faisiez les mêmes?

2. Quelles autres tâches est-ce que vous faisiez?

3. Pourquoi Gwenaëlle n'avait-elle pas beaucoup de tâches ménagères?

4. Est-ce que le père de Gwenaëlle participait aux tâches domestiques? Et votre père?

5. Comment est-ce qu'on divisait les tâches domestiques chez vous?

Comment trouver le mot juste

CD2, Track 58

Expressions utiles

Pour féliciter

Félicitations!
Bravo!
Chapeau!
Super!

Pour souhaiter quelque chose

à quelqu'un qui fête son anniversaire	Bon anniversaire!
à quelqu'un avant de manger	Bon appétit!
à quelqu'un qui a une tâche difficile à faire	Bon courage!
	Bonne chance!
à quelqu'un qui sort	Amuse-toi bien!
à quelqu'un qui va au travail ou à l'école	Travaille bien.
à quelqu'un qui est fatigué	Repose-toi bien.
à quelqu'un qui part en vacances	Bonnes vacances!
	Bon voyage!
à quelqu'un qui va dormir	Bonne nuit!
	Fais de beaux rêves.
à quelqu'un qui est malade	Remets-toi vite.
à quelqu'un avec qui on veut rester en contact	Écris-moi un courriel.
	Téléphone-moi.
à quelqu'un qu'on n'a pas vu depuis longtemps	Tu m'as manqué.
	Tu me manques.

Réfléchissez et considérez

Does someone you know have a birthday today? a hard test in a class? a job interview? What if someone is tired or sick? What are some of the everyday expressions you use in these situations? Which of the French expressions above fit the contexts or expressions mentioned? Do you typically say something before eating? What is said in French?

CD2, Track 59

CD2, Track 60

Écoutons ensemble! Qu'est-ce qu'on dit?

A. Écoutez les mini-conversations suivantes et choisissez l'expression appropriée pour les compléter.

1. **a.** Remets-toi vite.
   b. Fais de beaux rêves.
   c. Travaille bien.

2. **a.** Bonne chance!
   b. Tu me manques.
   c. Chapeau!

3. **a.** Écris-moi.
   b. Amuse-toi bien!
   c. Félicitations!

4. **a.** Tu vas me manquer.
   b. Repose-toi bien.
   c. Bonne nuit.

B. Maintenant écoutez de nouveau pour vérifier vos réponses.

Activité 14 L'anniversaire de Sophie

La voisine des Martin parle à Mme Martin et à sa fille Sophie. Complétez la conversation avec l'expression de la liste qui convient.

amusez-vous bien   bon anniversaire   dépêche-toi
téléphone-moi   travaille bien

MME MARTIN: C'est l'anniversaire de Sophie aujourd'hui.

LA VOISINE: _____ (1), Sophie. Quel âge as-tu maintenant?

SOPHIE: J'ai neuf ans. Nous allons au cinéma pour fêter mon anniversaire. Il faut partir, maman.

MME MARTIN: Oui, c'est vrai. Pierre, _____ (2)! On part.

LA VOISINE: Eh bien, _____ (3) au cinéma. Moi, je dois aller travailler. À plus tard. _____ (4) demain, d'accord?

MME MARTIN: D'accord. Et _____ (5).

Activité 15 Que dit-on... ?

Qu'est-ce que vous dites dans les situations suivantes? Travaillez avec un(e) partenaire pour trouver les réactions appropriées.

1. Vos parents partent pour deux semaines en Europe.
2. Votre camarade de chambre a un exposé à faire en cours de français.
3. Vous n'avez pas reçu de message de votre correspondant depuis longtemps.
4. Vous n'avez pas vu votre petite sœur depuis le début du semestre.
5. Vous avez préparé un grand dîner pour la famille. On se met à table.
6. Un copain est malade. Il va au centre médical pour consulter un médecin.
7. Votre meilleure amie annonce qu'elle vient d'obtenir un nouveau travail.

Pour son interprétation d'Édith Piaf, Marion Cotillard a gagné l'Oscar de la Meilleure Actrice. Félicitations, Marion!

Comment se plaindre

Structure 10.4

Using negative expressions *Les expressions négatives*

Complaining well can be elevated to an art! In this **Pratique de conversation,** you will learn several negative expressions that are particularly useful when complaining. **Les expressions négatives** are fully explained on page 316.

CD2, Track 61

Expressions utiles

Pour se plaindre

Ça m'énerve.	
Ça m'ennuie.	*That gets on my nerves.*
Ça m'embête.	
C'est **toujours** moi qui fais la vaisselle.	*It's always me who does the dishes.*
Mon copain **ne** passe **jamais** l'aspirateur.	*My boyfriend never does the vacuuming.*
Ma copine **ne** m'aime **plus.**	*My girlfriend doesn't love me anymore.*
Personne ne me comprend.	*Nobody understands me.*
Mon ami(e) **ne** fait **que** regarder la télé.	*My friend does nothing but watch TV.*
Rien ne va.	*Nothing's going right.*
Je suis débordé(e) de travail.	*I'm totally overwhelmed.*
Ça suffit! J'en ai assez.	*That's it! I've had enough.*
C'est assez! J'en ai marre!	*That's enough! I'm fed up!*
Je n'en peux **plus.**	*I can't take it any longer.*
Je n'ai **ni** le temps **ni** l'argent.	*I have neither the time nor the money.*

Pour réagir

Mon/Ma pauvre!	Mon Dieu!
Oh là là!	Tu n'as vraiment pas de chance.

Pour rassurer

Tout va s'arranger.	*Everything will work out.*
Ça arrive à tout le monde.	*That happens to everyone.*
Allez, du courage!	*Come on, hang in there.*
Ne t'inquiète pas.	
Ne t'en fais pas.	*Don't worry.*
Ce n'est pas grave.	*It's not so bad. / It's nothing.*

Réfléchissez et considérez

Even if you never complain, you are bound to know someone who does! What sorts of complaints do you hear? What gets on your nerves? When someone complains to you, how do you react? Look at the French expressions below to see how they correspond to your responses.

CD2, Track 62

▮▮ Écoutons ensemble! Opinions opposées

Vous n'êtes jamais d'accord avec votre colocataire. Écoutez ce qu'il dit et choisissez l'opinion opposée.

1. **a.** Mais non, personne ne me téléphone.   **b.** Non, c'est Jacques qui me téléphone.
2. **a.** Non. Du courage!   **b.** Non, c'est pas grave.
3. **a.** Non, je ne sors plus avec lui.   **b.** Non, je ne sors jamais.
4. **a.** Mais si, j'y vais souvent.   **b.** Non, je n'y suis pas encore allé(e).
5. **a.** Non, il n'a rien pris.   **b.** Non, il ne boit rien.
6. **a.** Moi, j'en ai marre.   **b.** Voyons, tout va s'arranger.

Activité 16 Pauvre Marc!

Rien ne va pour Marc à l'université. Son meilleur ami Julien lui parle. Avec un(e) partenaire, ajoutez les expressions négatives qui manquent au dialogue.

JULIEN: Est-ce que tu as beaucoup d'amis?

MARC: Non, je ne connais ___personne___ (1).

JULIEN: Tu vois (see) souvent nos amis du lycée?

MARC: Non, je ne les vois ___jamais___ (2).

JULIEN: Tu es toujours dans l'équipe de foot?

MARC: Non, je ne fais ___ne plus___ (3) partie de l'équipe depuis une semaine.

JULIEN: Mais pourquoi?

MARC: Mes cours sont difficiles et je ne fais ___que___ (4) travailler.

JULIEN: Ah, mon pauvre vieux! Tu ne t'amuses même pas le week-end?

MARC: Tu sais, le week-end, je ne fais ___rien___ (5).
Je suis débordé de travail. Je n'en peux ___plus___ (6).

JULIEN: Et est-ce que tu as déjà acheté ton billet pour rentrer chez tes parents?

MARC: Non, je n'ai ___pas encore___ (7) acheté de billet.

JULIEN: Allez, courage! Tu vas voir, tout va s'arranger.

Situations à jouer!

1 A friend invites you to spend the weekend at his/her parents' house. You would really like to go but you're planning to move into a new apartment. Explain why you can't go and tell your friend about your new apartment.

2 You want to exchange your apartment or your house during the summer with someone who lives in a French-speaking country. Write an ad like those pictured on page 298 that you could post on the Internet. Include a picture if you have one.

3 You and your roommate have had a very busy month full of exams and you did not have any time to do housework. Discuss what needs to be done and in what order, and then decide who will do what.

4 After your math exam, you see a classmate who is terribly upset and looks awful. Your classmate complains about the exam, his/her teachers, his/her social life, and so on. React to what is said and give some advice.

5 Based on what you know about your partner, can you guess what his/her ideal housing situation would be? Use the information below to make your prediction. Your partner will tell you if you are right or not.

Qualités possibles pour une maison idéale:

Habitat: maison individuelle, appartement, loft, chalet

Lieu: grande ville, petite ville, banlieue, village, campagne

Style des meubles: classique, traditionnel, sophistiqué, contemporain, fonctionnel, ethnique, minimaliste, élégant, rustique (country)

Atmosphère: chaleureuse (warm), calme, sophistiquée, sobre (austere), reposante, familiale, intime, conviviale

Qualités importantes: facile à vivre, facile à entretenir (easy to maintain), spacieux (spacieuse), lumineux (lumineuse), plein(e) de gadgets électroniques—système audio, téléviseur à grand écran (big screen), lecteur DVD…

Modèle: PARTENAIRE A: *Je t'imagine dans un loft dans une grande ville. Le style des meubles est contemporain et l'atmosphère est sophistiquée. Tu as beaucoup de gadgets électroniques.*
PARTENAIRE B: *Non, tu as tort. Moi, j'aimerais habiter dans une petite maison à la campagne.*

Lecture

Anticipation

1. Quelles sortes de contes est-ce que les parents racontent à leurs enfants? Pourquoi est-ce qu'on raconte des histoires aux enfants?
2. Quand les parents sont occupés, qu'est-ce qu'ils disent aux enfants de faire?

Activités de lecture

Lisez le titre et la première phrase du texte et répondez aux questions suivantes.

1. Quand est-ce que l'histoire a lieu?
2. Où se passe l'histoire?
3. Qui est Josette?
4. Quel âge a-t-elle?

Premier conte pour enfants de moins de trois ans

Eugène Ionesco

knocks

pork
won't allow
health / has indigestion

Grandma

somewhere else

child's pronunciation of
pantoufles *(slippers)*
fists / cries

nude

runs

again

Ce matin, comme d'habitude, Josette frappe° à la porte de la chambre à coucher de ses parents. Papa n'a pas très bien dormi. Maman est partie à la campagne pour quelques jours. Alors papa a profité de cette absence pour manger beaucoup de saucisson, pour boire de la bière, pour manger du pâté de cochon°, et
5   beaucoup d'autres choses que maman l'empêche° de manger parce que c'est pas bon pour la santé°. Alors, voilà, papa a mal au foie°, il a mal à l'estomac, il a mal à la tête, et ne voudrait pas se réveiller. Mais Josette frappe toujours à la porte. Alors papa lui dit d'entrer. Elle entre, elle va chez son papa. Il n'y a pas maman.
     Josette demande: —Où elle est maman?
10   Papa répond: Ta maman est allée se reposer à la campagne chez sa maman à elle.
     Josette répond: Chez Mémée°?
     Papa répond: Oui, chez Mémée.
     —Écris à maman, dit Josette. Téléphone à maman, dit Josette.
15   Papa dit: Faut pas téléphoner. Et puis papa dit pour lui-même: parce qu'elle est peut-être autre part°…
     Josette dit: Raconte une histoire avec maman et toi, et moi.
     —Non, dit papa, je vais aller au travail. Je me lève, je vais m'habiller.
     Et papa se lève. Il met sa robe de chambre rouge, par-dessus son pyjama,
20   il met les pieds dans ses «poutoufles°». Il va dans la salle de bains. Il ferme la porte de la salle de bains. Josette est à la porte de la salle de bains. Elle frappe avec ses petits poings°, elle pleure°.
     Josette dit: Ouvre-moi la porte.
     Papa répond: Je ne peux pas. Je suis tout nu°, je me lave, après je me rase.
25   —Tu rases ta barbe avec du savon, dit Josette. Je veux entrer. Je veux voir.
     Papa dit: Tu ne peux pas me voir, parce que je ne suis plus dans la salle de bains.
     Josette dit (derrière la porte): Alors, où tu es?
     Papa répond: Je ne sais pas, va voir. Je suis peut-être dans la salle à manger,
30   va me chercher.
     Josette court° dans la salle à manger, et papa commence sa toilette.
Josette court avec ses petites jambes, elle va dans la salle à manger. Papa est tranquille, mais pas longtemps. Josette arrive de nouveau° devant la porte de la salle de bains, elle crie à travers la porte:

35   Josette: Je t'ai cherché. Tu n'es pas dans la salle à manger.

Papa dit: Tu n'as pas bien cherché. Regarde sous la table.

Josette retourne dans la salle à manger. Elle revient.

Elle dit: Tu n'es pas sous la table.

Papa dit: Alors va voir dans le salon. Regarde bien si je suis sur le
40   fauteuil, sur le canapé, derrière les livres, à la fenêtre.

Josette s'en va. Papa est tranquille, mais pas pour longtemps.

Josette revient.

Elle dit: Non, tu n'es pas dans le fauteuil, tu n'es pas à la fenêtre, tu
n'es pas sur le canapé, tu n'es pas derrière les livres, tu n'es pas dans la
45   télévision, tu n'es pas dans le salon.

Papa dit: Alors, va voir si je suis dans la cuisine.

Josette court à la cuisine. Papa est tranquille, mais pas pour longtemps.

Josette revient.

Elle dit: Tu n'es pas dans la cuisine.
50   Papa dit: Regarde bien, sous la table de la cuisine, regarde bien si je suis
dans le buffet, regarde bien si je suis dans les casseroles, regarde bien si je
suis dans le four avec le poulet.

Josette va et vient. Papa n'est pas dans le four, papa n'est pas dans les
casseroles, papa n'est pas dans le buffet, papa n'est pas sous le paillasson°,   doormat
55   papa n'est pas dans la poche° de son pantalon, dans la poche du pantalon, il   pocket
y a seulement le mouchoir°.   handkerchief

Josette revient devant la porte de la salle de bains.

Josette dit: J'ai cherché partout. Je ne t'ai pas trouvé. Où tu es?

Papa dit: Je suis là. Et papa, qui a eu le temps de faire sa toilette, qui s'est
60   rasé, qui s'est habillé, ouvre la porte.

Il dit: Je suis là. Il prend Josette dans ses bras°, et voilà aussi la porte de   arms
la maison qui s'ouvre, au fond du couloir, et c'est maman qui arrive. Josette
saute des° bras de son papa, elle se jette° dans les bras de sa maman, elle   leaps from / throws herself
l'embrasse, elle dit:
65   —Maman, j'ai cherché papa sous la table, dans l'armoire, sous le tapis,
derrière la glace, dans la cuisine, dans la poubelle, il n'était pas là.

Papa dit à maman: Je suis content que tu sois revenue. Il faisait beau à la
campagne? Comment va ta mère?

Josette dit: Et Mémée, elle va bien? On va chez elle?

Expansion de vocabulaire

1. Faites une liste des mots associés à la maison.
2. Faites une liste des ordres (a) que le père donne à Josette et (b) que
   Josette donne à son père.

Compréhension et intégration

1. Que fait la petite Josette tous les matins?
2. Où est sa mère?
3. Pourquoi est-ce que papa a mal?
4. Pourquoi est-ce que papa ne veut pas téléphoner à maman?
5. Où est-ce que papa va pour faire sa toilette?
6. Comment Josette s'occupe-t-elle pendant que son père fait sa toilette?
7. Pourquoi est-ce que papa est content que maman soit revenue?
8. Ionesco écrit cette histoire dans un style d'enfant, avec des répétitions
   et des expressions enfantines. Trouvez-en quelques exemples.

1. Écrivez un résumé de la routine quotidienne de papa.
2. Avec un(e) camarade, écrivez un résumé de cette histoire.
3. Maintenant que maman est revenue, imaginez la suite de l'histoire. Qu'est-ce qui va se passer?

Voix en direct (suite)

Go to **iLrn** to view video clips of a little girl and a college student talking about their daily routines.

Expression écrite

🌐 À vos marques, prêts, bloguez!

Parlez de vos efforts pour protéger l'environnement. Quels sont vos gestes écolos quotidiens? Qu'est-ce que vous pensez faire pour être plus «vert(e)» à l'avenir? Écrivez 4 à 5 phrases en français dans notre blog et répondez à 2 autres camarades de classe.

Candidats pour une émission de télé-réalité

Loft story was the first popular reality TV show in France. As in MTV's *The Real World,* several strangers were put together in the same house and were filmed as they interacted with each other. The TV audience watched the resulting human drama and candidates were voted off the show until two finalists were chosen. In this writing assignment, you are going to audition to be a candidate for a reality TV show to live in one of France's **demeures de charme.**

■ **Première étape:** In groups of 5, decide where you will live. Select from among those you chose when doing **Explorez en ligne** (page 298) or go to www.demeures-de-charme.com.

■ **Deuxième étape:** Work as a team to write a brief opener for the show, describing the house where the candidates who are selected are going to live.

■ **Troisième étape:** Write a self-introduction in which you describe yourself and make the case for why you should be selected for the show. Explain why you want to live in the house that your group chose. Tell why you would be the ideal candidate. Reveal your "true" self including a couple of weaknesses. Do you sometimes forget to make your bed? Do you hate to do the dishes? Refer to the **Expressions utiles** on page 306 for ideas.

■ **Quatrième étape:** Assemble your script: introduction followed by all the candidates' self-introductions.

■ **Cinquième étape:** Present your audition to the class. The class will discuss who should stay in the house and why. Take a vote to determine the finalists.

SYSTÈME-D

Phrases: advising; describing people; expressing opinion or preference; talking about daily routines; talking about habitual actions

Grammar: adjective agreement; negation with **ne... pas**; negation with **ne... plus, ne... jamais**; prepositions of location

Vocabulary: bathroom; bedroom; kitchen, housing; house; garden; furniture; people; personality

Describing your daily routine *Les verbes pronominaux (suite)*

As you learned in **Module 4,** verbs that are accompanied by a reflexive pronoun are called pronominal verbs, **verbes pronominaux.**

Tu **te** lèves.	*You get (yourself) up.*
Ils **s'**habillent.	*They are getting dressed (dressing themselves).*

The pronominal verbs you learned in **Module 4** are **se coucher, se dépêcher, s'habiller, se lever, se préparer, se relaxer,** and **se retrouver.** Here are some more pronominal verbs that are useful when talking about your daily routine. Additional pronominal verbs will be presented in **Module 14.**

s'amuser	*to have fun; to enjoy oneself*
se baigner	*to go swimming*
se brosser (les dents, les cheveux)	*to brush (one's teeth, hair)*
se disputer (avec)	*to argue, quarrel (with)*
se doucher	*to shower*
s'endormir	*to fall asleep*
se laver (les mains, la figure)	*to wash up (to wash your hands, face)*
se maquiller	*to put on makeup*
se promener	*to go for a walk*
se raser	*to shave*
se réveiller	*to wake up*
se sécher (les cheveux)	*to dry (one's hair)*
se servir de	*to use*

Specifying a part of the body

Note that when parts of the body are mentioned with pronominal verbs, the definite article is used instead of the possessive adjective.

Il se lave **les** mains.	*He washes **his** hands.*

Using the infinitive

When using the infinitive form of reflexives, the reflexive pronoun must agree with the subject.

J'aime **me** lever tard.	*I like to get up late.*
Nous n'allons pas **nous** promener.	*We are not going to go for a walk.*

Comparing reflexive and non-reflexive verbs

Many pronominal verbs can be used without the reflexive pronouns when the action is directed to someone or something else. Compare the following reflexive and non-reflexive pairs.

Je me réveille à 8h00. Ensuite je réveille mon camarade de chambre.	*I wake up at 8 o'clock. Then I wake up my roommate.*
Daniel lave la voiture. Ensuite il se lave.	*Daniel washes the car. Then he washes up.*

Structures utiles

Forming questions

For questions, use intonation or the **est-ce que** form.

Est-ce qu'il se réveille avant 7h?   *Does he wake up before 7 o'clock?*

Exercice 1   Complétez ce paragraphe sur la vie d'étudiant en utilisant la forme appropriée du verbe donné entre parenthèses.

Tous les matins, le réveil sonne à 6h45 mais je _____ (1) (ne pas se lever) avant 7h. Puis Paul, mon camarade de chambre, _____ (2) (se lever) et _____ (3) (se doucher). Je _____ (4) (se raser) et je _____ (5) (se brosser) les dents. À 7h30, nous _____ (6) (s'habiller) vite parce que nos amis nous attendent pour aller manger à 8h. La journée est très longue à l'université, mais le soir nous _____ (7) (s'amuser) beaucoup au centre de sport. À 22h, je fais mes devoirs et une heure après, fatigué, je vais _____ (8) (se coucher). Oh là là, heureusement, dans deux mois, c'est les vacances.

Exercice 2   Est-ce que vous avez vu le film *Amélie,* sorti en 2001? Complétez l'histoire d'Amélie Poulain, le personnage principal *(main character),* en choisissant la réponse correcte parmi les options données entre parenthèses.

Amélie (se, te, le) _____ (1) lève tous les jours assez tôt pour aller travailler. D'abord, elle (regarde, se regarde) _____ (2) dans le miroir et elle se brosse (ses, les, des) _____ (3) cheveux. Ensuite, elle va au café des Deux Moulins où elle travaille comme serveuse. Un jour, Amélie (regarde, se regarde) _____ (4) la télé. Elle (lève, se lève) _____ (5) pour aller à la salle de bains. Elle est devant le lavabo lorsqu'elle entend un bulletin d'informations *(news flash)* sur la mort de la princesse Diana. Elle fait tomber *(drops)* la bouteille de parfum qu'elle a dans les mains et, quand elle ramasse *(picks up)* les morceaux, elle découvre une petite boîte cachée. Elle (lave, se lave) _____ (6) la boîte et elle décide de retrouver son propriétaire. Est-ce que vous (vous, se, nous) _____ (7) levez souvent en pensant à rendre les gens heureux? Amélie décide de changer la vie des autres. Elle ne peut plus (t', m', s') _____ (8) endormir sans penser à tout le bonheur *(happiness)* qu'elle va apporter autour d'elle.

Structure 10.2

Describing what you did yesterday *Les verbes pronominaux au passé composé*

In the **passé composé,** pronominal verbs require the auxiliary verb **être.** In most cases, the past participle agrees with the subject. However when the past participle is followed by a direct object, such as a part of the body, there is no agreement.

Marie-Thérèse s'est lav**ée.**   ⟵   with agreement
Marie-Thérèse s'est lavé la figure.   ⟵   no agreement due to direct object **la figure**

Les enfants se sont séch**és.**   ⟵   with agreement
Les enfants se sont séché   ⟵   no agreement due to direct object **les**
  les cheveux.   **cheveux**

Exercice 3   Soline parle de ce qu'elle a fait samedi dernier. Mettez les mots dans l'ordre logique.

1. Je... levée / neuf heures / suis / à / me

2. Je... me / douchée / suis

3. Je... ne / pas / suis / les cheveux / me / lavé

4. Ensuite je... [ai / du café / bu] et [je / chez ma copine Anaïs / suis / me / d'aller / dépêchée]

5. Nous... au parc / nous / promenées / jusqu'à midi / sommes

6. Et toi... est-ce que / samedi matin / es / tu / t(e) / amusé(e)?

Exercice 4   Voici ce que Rachid a fait avant d'aller en classe ce matin. Sa coloc, Carole, ne fait jamais ce que fait Rachid. Complétez les phrases pour dire ce que Carole, elle, n'a pas fait.

1. Rachid s'est réveillé tôt pour faire du jogging. Carole, elle, _____ tôt pour faire du jogging.

2. Il s'est lavé les cheveux. Carole, elle, _____ les cheveux.

3. Rachid s'est rasé. Carole, elle, _____.

4. Rachid s'est brossé les dents. Carole, elle, _____ les dents.

5. Rachid s'est promené au parc. Carole, elle, _____ au parc.

Exercice 5   Votre frère passe deux semaines dans un camp d'ados *(teen camp)*. Voici la lettre qu'il vous écrit. Complétez-la en utilisant le passé composé des verbes de la liste.

avoir	déjeuner	écouter
jouer	prendre	se reposer
se coucher	se dépêcher	
se lever	se promener	

Cher David,

Un grand bonjour de Passy. Ici, tout va bien et il fait un temps magnifique. Je vais te raconter ce qu'on a fait hier puisque tu m'avais demandé de te l'expliquer.

Hier matin, on _____ (1) vers 7h et on _____ (2) le petit déjeuner. Ensuite, nous _____ (3) un cours d'informatique et après nous _____ (4) d'aller au lac pour faire de la natation. À midi, on _____ (5): du poulet et du riz avec une salade et du yaourt, et comme d'habitude, toujours aussi mauvais! Ensuite, nous _____ (6) dans nos tentes pendant une demi-heure. L'après-midi, nous _____ (7) en ville (4 km). Le soir, après le dîner, nous _____ (8) de la musique et moi, j(e) _____ (9) au ping-pong avec mes copains. Vers 22h, tous fatigués, nous _____ (10)!

Et voilà comment je passe mon temps!

Grosses bises,

Gérard

Making requests *L'impératif (suite)*

In **Module 7,** you learned how to form the **impératif,** or the command form.

Achète du pain.	*Buy some bread.*
Prenez le bus.	*Take the bus.*

When pronouns are used with commands, follow these guidelines.

Affirmative commands

In affirmative commands, the pronoun follows the verb and is connected to it in writing by a hyphen.

Passe-moi le journal, s'il te plaît.	*Pass me the newspaper, please.*
Ton père veut te parler.	*Your father wants to talk to you.*
Téléphone-lui ce soir.	*Call him tonight.*
Prêtez-nous vos sacs réutilisables	*Lend us your disposable bags to do the*
pour faire les courses.	*shopping.*
Donne-moi ton adresse de courriel.	*Give me your e-mail address.*

When the pronoun is **y** or **en,** the affirmative **tu** command form always ends in an **s** and is pronounced with a liaison. Compare the following pairs of commands.

Va en cours.	*Go to class.*
Vas-y.	*Go ahead.*
Prends des fruits.	*Have some fruit.*
Prends-en.	*Eat some.*

In commands with pronominal verbs, the pronouns follow the same word order. Note that **me** and **te** become **moi** and **toi** after verbs in affirmative commands.

Brossez-vous les dents avant de vous	*Children, brush your teeth before*
coucher, les enfants.	*going to bed.*
Dépêche-toi! Tu es en retard.	*Hurry-up! You're late.*
Amusez-vous bien!	*Have fun!*

Negative commands

In negative commands, place the pronoun before the verb.

Ne me téléphonez pas avant sept heures.	*Don't call me before seven o'clock.*
Ne vous endormez pas en classe.	*Don't fall asleep in class.*
— Je peux avoir des biscuits?	*— Can I have some cookies?*
— **Non, n'en mange pas** avant le dîner.	*— No, don't eat any before dinner.*
Ne nous disputons pas!	*Let's not argue!*

Softening commands by making requests

Because a direct command has strong connotations, it is often more appropriate to soften your request. You have already learned how to communicate a need with **il faut** + *infinitif* and to make a suggestion using **on.**

Il faut arriver à l'heure.	*You have to arrive on time.*
On part maintenant?	*Shall we leave now?*

Here are two strategies to "soften" requests.

- Use the **nous** form of the imperative to say *Let's*.

Allons-y! Nous sommes en retard.	*Let's go! We're late.*
Recyclons ces bouteilles en plastique.	*Let's recycle these plastic bottles.*
Faisons le lit.	*Let's make the bed.*

- Use the verb **vouloir** to make the request indirectly.

Tu veux bien m'aider à vider les poubelles?	*Do you want to help me empty the wastebaskets?*
Vous voulez faire la vaisselle aujourd'hui?	*Would you do the dishes today?*

Exercice 6 Vous et vos colocataires allez faire les courses. Reformulez les phrases en utilisant l'impératif.

1. Veux-tu te dépêcher? On t'attend.
2. Il faut fermer la porte à clé.
3. On prend le bus.
4. On achète les provisions à l'épicerie Dupont.
5. Tu veux aller chercher le jus d'orange? Moi, je m'occupe du pain.
6. Il ne faut pas acheter d'eau dans de petites bouteilles en plastique.
7. Il ne faut pas se disputer. Cette marque *(brand)* est aussi bonne que l'autre.
8. Il faut payer avec ton argent. J'ai payé la dernière fois.
9. On n'utilise pas de sacs en plastique!

Exercice 7 Vos copains vous parlent de leurs problèmes personnels.

A. Donnez-leur des instructions logiques et directes en utilisant l'impératif des verbes pronominaux entre parenthèses.

> **Modèle:** Nous sommes très fatigués après cette longue promenade. (se reposer)
> *Reposez-vous.*

1. Nous arrivons toujours en retard à notre cours de 9h. (se lever)
2. Ma copine me trouve beau avec cette barbe. (se raser)
3. J'ai réparé ma voiture et j'ai les mains très sales. (se laver les mains)
4. Je suis toujours très fatigué le matin. (se coucher)
5. Il pleut et nous sommes tout mouillés *(wet)*. (se sécher)
6. Nous avons rendez-vous chez le dentiste dans une heure. (se brosser les dents)

B. Maintenant, dites la même chose à vos amis mais cette fois-ci, utilisez des stratégies pour atténuer *(lessen)* l'intensité de ces ordres.

> **Modèle:** Nous sommes très fatigués après cette longue promenade. (se reposer)
> *Il faut se reposer un peu.*
> OU *Reposons-nous!*
> OU *Vous voulez vous reposer?*

Structure 10.4

Using negative expressions *Les expressions négatives*

In addition to **ne... pas,** French has several negative expressions. The following chart shows these negatives paired with the corresponding affirmative terms.

affirmatives		négatives	
toujours	*always*	**ne... jamais**	*never*
toujours, encore	*still*	**ne... plus**	*no longer, no more*
déjà	*already*	**ne... pas encore**	*not yet*
quelque chose	*something*	**ne... rien**	*nothing*
quelqu'un	*someone*	**ne... personne**	*no one*
... et / ou...	*... and / or...*	**ni... ni**	*neither... nor*

Elle est **toujours** à l'heure mais son mari **n'**est **jamais** à l'heure.
*She is **always** on time but her husband is **never** on time.*

Il habite **toujours** à Montréal mais ses parents **n'**y habitent **plus.**
*He **still** lives in Montreal but his parents do not live there **any longer.***

Tu as **encore** de l'argent mais tu **n'**as **plus** de chèques de voyage.
*You **still** have some money but you don't have **any more** traveler's checks.*

— As-tu **déjà** vu ce film?
*— Have you **already** seen this movie?*

— Non, je **ne** l'ai **pas encore** vu.
*— No, I haven't seen it **yet**.*

Je voulais dire **quelque chose,** mais je **n'**ai **rien** dit.
*I wanted to say **something,** but I didn't say **anything**.*

— Vous connaissez **quelqu'un** ici?
*— Do you know **anyone** here?*

— Non, je **ne** connais **personne.**
*— No, I don't know **anybody**.*

Je **n'**ai **ni** crayon **ni** stylo.
*I don't have **a** pencil **or a** pen.*

Note that the placement of these elements in the **passé composé** is similar to **ne... pas. Personne,** however, follows the complete verb.

Il **n'**a **rien** acheté.
He didn't buy anything.

Il **n'**a vu **personne.**
He didn't see anybody.

Rien and **personne** can also be used as the subject of a verb.

Rien ne va.
Nothing is going right.

Personne n'est à la maison.
Nobody is home.

The expression **ne... que** expresses a limitation rather than negating the verb; the English equivalent is *only* or *nothing but*. Notice that the **que** precedes whatever *only* refers to.

Il **n'**a **qu'**une sœur.
He has only one sister.

Elle **ne** fait **que** se plaindre.
She does nothing but complain.

The negative form of the common expression **Moi aussi** is **Moi non plus.**

— J'aime me promener.
— I like to go for walks.

— **Moi aussi.**
— Me too.

— Je n'aime pas me dépêcher.
— I don't like to hurry.

— **Moi non plus.**
— Me neither.

To contradict a negative statement or question, use **si.**

— Tu n'aimes pas faire la cuisine?
— You don't like to cook?

— **Si,** j'aime ça!
— Yes, I do.

Exercice 8 Emmanuelle et sa sœur Émilie ne se ressemblent pas du tout. Complétez les phrases suivantes en remplaçant l'expression en italique par l'expression négative correspondante, ou bien utilisez **non plus** ou **mais si.**

1. Emmanuelle est très ordonnée et sa chambre est *toujours* bien rangée. La chambre d'Émilie par contre...

2. *Tout le monde* téléphone à Émilie pour l'inviter à sortir. Mais,...

3. Émilie habite *toujours* chez ses parents, mais Emmanuelle...

4. Emmanuelle travaille pour une entreprise internationale et gagne *beaucoup d'argent.* Émilie ne travaille pas et elle...

5. Émilie a *déjà* un rendez-vous pour le week-end. Sa sœur...

6. Je ne peux pas imaginer deux sœurs plus différentes. Et toi?

7. Les deux sœurs ne s'entendent pas *(do not get along)* bien? ... elles s'entendent bien!

Exercice 9 Remplacez l'adverbe **seulement** par l'expression **ne... que.**

1. J'ai seulement une sœur.

2. Vous êtes seulement arrivé hier?

3. Tu veux seulement te reposer en regardant la télé?

4. Il y a seulement toi que j'aime.

5. Ils vont seulement au supermarché.

Tout ensemble!

Claudine Dubois est une mère divorcée avec deux enfants. Elle travaille comme agent immobilier à Lyon. Voici une journée typique de Claudine. Complétez le passage avec les éléments suivants.

chambre	qu(e)	se lever
cuisine	réveiller	se maquiller
four à micro-ondes	salle de bains	se réveiller
frigo	se dépêcher	se sécher
jamais	se doucher	
leur	s'habiller	

Claudine _____ (1) à 6h30 du matin et elle écoute la radio pendant quelques minutes allongée au lit. Puis, elle _____ (2) et elle va à la _____ (3) où elle _____ (4). (Elle aime l'eau très chaude.) Après ça, elle _____ (5) les cheveux. Elle passe beaucoup de temps à faire sa toilette, pour avoir l'air chic et professionnel pour ses clients. Elle _____ (6) devant le miroir: du rouge à lèvres et un peu d'eye-liner. Elle _____ (7), généralement en tailleur, et ensuite elle va dans la _____ (8) où dorment ses enfants et elle les _____ (9). Une fois les enfants debout *(up)*, elle va dans la _____ (10) pour préparer le petit déjeuner. Il y a toujours du jus d'orange et du lait dans le _____ (11). Parfois, elle réchauffe *(reheats)* du café dans le _____ (12) car ça ne prend _____ (13) une minute. Les enfants n'ont _____ (14) assez de temps pour se préparer avant de partir pour l'école. Tout le monde est pressé. Claudine _____ (15) dit de _____ (16) car le bus est à 7h30. Enfin, Claudine part pour son bureau.

Vocabulaire

Vocabulaire fondamental

Noms

La maison	**The house**
un balcon	a balcony
un couloir	a hallway
une cour	a courtyard, patio
une cuisine	a kitchen
une entrée	an entryway
un escalier	a staircase
un garage	a garage
une pièce	a room
le premier étage	the first floor (American second floor)
le rez-de-chaussée	the ground floor (American first floor)
une salle à manger	a dining room
une salle de bains	a bathroom
une salle de séjour	a living room
une terrasse	a patio
des toilettes (f pl)	toilet, lavatory
les W.-C. (m pl)	a half-bath

Les meubles et les appareils ménagers	**Furniture and appliances**
une armoire	a freestanding closet
un buffet	a buffet
un canapé	a couch, sofa
une commode	a chest of drawers
un fauteuil	an armchair
un four (à micro-ondes)	a(n) (microwave) oven
un lavabo	a (bathroom) sink
une poubelle	a garbage can
un réfrigérateur (un frigo, fam)	a refrigerator
une table basse	a coffee table

Les parties du corps	**Parts of the body**
les dents (f pl)	teeth
la figure	face
la main	hand

Verbes

La routine quotidienne	**Daily routine**
s'amuser	to have fun; to enjoy oneself
se brosser (les dents)	to brush (one's teeth)
se disputer (avec)	to argue, quarrel (with)
se doucher	to shower
s'endormir	to fall asleep
se laver	to wash up
se maquiller	to put on makeup
promener (le chien)	to walk (the dog)

se promener	to go for a walk
se raser	to shave
se reposer	to rest
se réveiller	to wake up
se servir de	to use

Les tâches ménagères	**Household chores**
faire la lessive	to do the laundry
faire la vaisselle	to do the dishes
faire le lit	to make the bed
ranger	to straighten up; to organize

Les gestes écolos	**Things to do for the environment**
boire l'eau du robinet	to drink tap water
éteindre la lumière	to turn out the light
fermer le robinet	to turn off the water
marcher	to walk
recycler	to recycle
trier les déchets	to separate the trash

Verbes divers	
déménager	to move (out) (change living quarters)
manquer	to miss

Adjectifs	
chaque	each
énervé(e)	irritated
sale	dirty

Mots divers	
le matin, l'après-midi, le soir	in the morning / afternoon / evening
même	even
une fois	one time, once
une journée	a day

Mots apparentés: une lettre, un ordre, un problème

Les expressions affirmatives	**Affirmative expressions**
encore	still
toujours	always; still

Les expressions avec ne	**Expressions with ne**
ne... jamais	never
ne... ni... ni	neither ... nor
ne... pas encore	not yet
ne... personne	no one
ne... plus	not any longer
ne... que	only
ne... rien	nothing

Expressions utiles

Comment trouver le mot juste — *How to say the right thing*
(See additional expressions on page 304.)

Bonne chance!	*Good luck!*
Félicitations!	*Congratulations!*
Repose-toi.	*Rest up.*

Comment se plaindre — *How to complain*
(See additional expressions on page 306.)

Ça m'énerve.	*That gets on my nerves.*
Il ne fait jamais son travail.	*He never does his work.*
Je n'en peux plus.	*I can't take it any longer.*
Personne ne me comprend.	*Nobody understands me.*
Rien ne va.	*Nothing is going right.*

CD2, Tracks 69–72

Vocabulaire supplémentaire

Noms

une barbe	*a beard*
un bidet	*a bidet*
une brosse (à dents)	*a (tooth) brush*
une cheminée	*a fireplace*
une cuisinière	*a stove*
un évier	*a (kitchen) sink*
des qualités *(f pl)*	*advantages; qualities*
un rasoir (électrique)	*a(n) (electric) razor*
un réveil	*an alarm clock*
le rouge à lèvres	*lipstick*
un sèche-cheveux	*a hairdryer*
une serviette de bain	*a towel*
le shampooing	*shampoo*
le sous-sol	*the basement*
une station (de métro)	*a (metro) stop*

Verbes

s'arranger	*to work out*
arriver	*to happen*
débarrasser la table	*to clear the table*
faire sa toilette	*to wash up; to get dressed*
s'installer	*to settle down; to move in*
passer l'aspirateur	*to vacuum*
passer la tondeuse	*to mow the grass*
se remettre	*to get well*
se sécher (les cheveux)	*to dry (one's hair)*

Adjectifs

disponible	*available*
prêt(e)	*ready*
quotidien(ne)	*daily*
rangé(e)	*organized*
tout confort	*luxury*

Mot divers

en désordre	*untidy, disorderly*

La magie de la tour Eiffel illuminée la nuit.

Voyager en France

This chapter will provide you with an insider's view of France, its distinctive regions and its world-renowned capital, Paris. You will learn tips for travel on a student budget, and expressions for asking for directions and for reserving a room in a hotel. You will also explore the question of national identity.

Paris, j'aime!

Depuis des siècles, la France et Paris, sa capitale prestigieuse, exercent une attraction mythique dans le monde entier. Grâce à une longue tradition de centralisation, la capitale domine tous les aspects de la vie française: culturel, économique et politique. Pour le touriste qui y arrive pour la première fois, Paris est une ville-musée, pleine de monuments et de bâtiments anciens, une ville imaginée à travers les livres, les publicités *(ads)* et les cartes postales. Mais c'est aussi une ville tournée vers l'avenir. Sa perspective moderne est évidente dans son architecture contemporaine qui apparaît à côté de vieux bâtiments *(buildings)* dans ses quartiers historiques. Paris, c'est le parfait équilibre entre la tradition et le modernisme.

Quelles sont vos impressions de Paris? Êtes-vous d'accord avec la phrase «Paris, c'est le parfait équilibre entre la tradition et le modernisme»? Pourquoi ou pourquoi pas?

Structure 11.1

Talking about the future *Le futur*

You have already learned to use the **futur proche.** This **thème** introduces the **futur,** another future tense. See pages 344–345 for further information on this tense and its forms.

Notez et analysez

First study the captions beneath the photos of Paris on the next two pages for suggestions about places to visit. Then read them over again, focusing on the verbs in boldface. What is the base form of the future tense of the verbs **voir, observer, trouver, avoir, pouvoir,** and **amuser**? Which verbs have irregular base forms? Jot them down.

Quand vous serez à Paris...

Le musée d'Orsay possède des œuvres de la seconde moitié du 19e siècle, de 1848 à 1914. Vous y **verrez** la plus grande collection d'art impressionniste du monde.

N'oubliez pas de visiter le musée du Louvre, l'ancien palais des rois, où vous **trouverez** la Joconde *(Mona Lisa)*. Il y **aura**, sans doute, une foule de gens *(crowd of people)* assemblée devant ce petit tableau.

Passez un moment agréable sur la place devant le centre culturel Pompidou, appelé Beaubourg. Vous y **verrez** des mimes, des musiciens, des acrobates et des cracheurs de feu *(fire eaters)* qui vous **amuseront**.

Le Quartier latin, avec ses cafés, ses librairies et ses universités, est le centre des étudiants de Paris. Si vous vous asseyez à la terrasse d'un café, vous **observerez** toutes sortes de gens intéressants qui passent dans la rue.

Si vous désirez visiter un quartier riche en diversité ethnique qui vous **offrira** un beau panorama de Paris, montez au Sacré-Cœur.

Avant de descendre dans les petites rues animées de Montmartre, promenez-vous sur la place du Tertre où des «artistes» **offriront** de peindre *(paint)* votre portrait.

Faites une balade sur l'avenue des Champs-Élysées. Au bout de cette grande avenue avec ses cafés, ses salles de cinéma et ses magasins célèbres tels que Louis Vuitton et Sephora, vous **aurez** une vue de l'Arc de Triomphe jusqu'à la pyramide du Louvre.

Flânez le long des quais de la Seine, le nez dans les «boîtes» des bouquinistes *(antiquarian booksellers)*. Ici, vous **pourrez** feuilleter *(to leaf through)* des éditions rares.

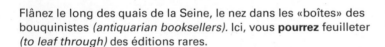

Le Marais offre des plaisirs multiples au promeneur. Vous **découvrirez** des petites boutiques ouvertes le dimanche, chose rare à Paris! Vous **pourrez** visiter le musée Picasso ou le musée d'Art et d'Histoire du judaïsme avant de vous reposer dans le parc au centre de la place des Vosges.

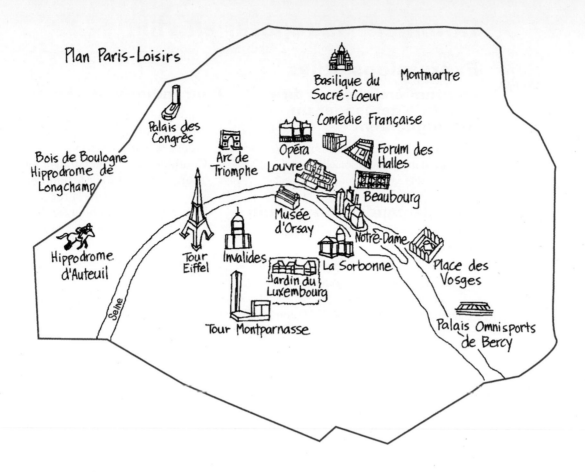

Plan Paris-Loisirs

Basilique du Sacré-Coeur
Montmartre
Palais des Congrès
Comédie Française
Bois de Boulogne
Hippodrome de Longchamp
Arc de Triomphe
Opéra
Forum des Halles
Louvre
Beaubourg
Musée d'Orsay
Hippodrome d'Auteuil
Notre-Dame
Tour Eiffel
Invalides
La Sorbonne
Place des Vosges
Jardin du Luxembourg
Seine
Tour Montparnasse
Palais Omnisports de Bercy

En vous servant des photos des monuments de Paris aux pages 323–324 et du plan Paris-Loisirs ci-dessus, indiquez où iront les touristes suivants en employant le futur des verbes donnés.

> **Modèle:** M. Tognozzi aime les courses de chevaux *(horse racing)*. Il (aller)...
> *Il ira à l'Hippodrome d'Auteuil.*

1. M. et Mme Schmitz veulent visiter la tour qui est devenue le symbole de Paris. Ils (monter)...

2. Mme Tanaka adore les peintres impressionnistes. Elle (visiter)...

3. Ses enfants, Yuki et Noriko, préfèrent jouer au parc. Ils (aller)...

4. Vous voulez prendre un goûter dans un café élégant, tout en regardant *(while looking at)* l'Arc de Triomphe. Vous (prendre) un café...

5. Je n'aime pas tellement les musées ni les monuments. Je préfère me détendre dans le quartier des étudiants. Je (passer) la journée...

6. Geraldo aime le théâtre de rue. Il (regarder) les mimes et les musiciens...

7. Ma mère veut trouver des vieux livres. Elle (passer) la journée...

8. Nous ne voulons pas quitter Paris sans voir la Joconde. Cet après-midi, nous (visiter)...

Comment se repérer en ville

CD3, Track 2

Expressions utiles

La première chose à dire avant de demander un renseignement

Pardon / Excusez-moi, monsieur/
madame/mademoiselle...
Est-ce que je peux vous déranger?

Pour demander son chemin

Vous pouvez me dire où se trouve
le Louvre?
S'il vous plaît, où se trouve le Louvre?
Pardon, monsieur, le Louvre,
s'il vous plaît?
Dans quelle direction est le Louvre?
C'est loin / près d'ici?

Pour indiquer le chemin

Vous quittez la gare et vous allez vers le
centre-ville.
Prenez le boulevard...
Continuez tout droit (*straight ahead*).
Tournez à gauche sur le boulevard...
à droite dans la rue...
Vous allez jusqu'au bout (*end*) de la rue.
jusqu'à la rue...
Vous allez traverser la place et l'opéra
Bastille est en face de vous.

Réfléchissez et considérez

How do you approach someone for directions? In French, **Est-ce que je peux vous déranger?** is effective for approaching a stranger for help.

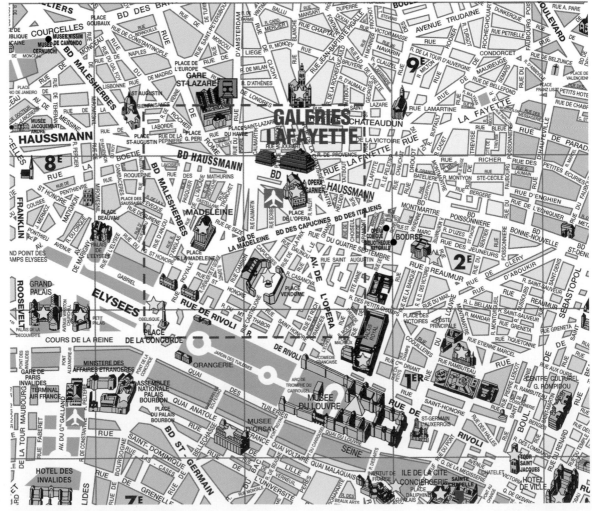

Plan de Paris, Galeries Lafayette

CD3, Track 3

 Écoutons ensemble! Pardon monsieur, je cherche...

Un touriste vient de faire ses achats aux Galeries Lafayette. Maintenant, on lui explique comment aller à sa prochaine destination. Où veut-il aller? (Regardez la carte à la page 326.) Écoutez les explications et choisissez parmi les destinations suivantes:

la gare Saint-Lazare   l'Hôtel de Ville   le Palais de l'Élysée
le musée du Louvre   le musée d'Orsay   l'opéra Bastille

Activité 2   **Quelle destination?**

Vous êtes aux Galeries Lafayette (voir page 326). Suivez les instructions et donnez la destination finale.

1. Mais il est tout près! Vous sortez du magasin et vous traversez le boulevard Haussmann. Il est juste en face. L'entrée du bâtiment se trouve sur la place de l'Opéra.

2. Vous quittez le magasin et vous traversez le boulevard Haussmann. Continuez jusqu'à la place de l'Opéra. Vous traversez le boulevard des Capucines et vous suivez l'avenue de l'Opéra jusqu'à la rue de Rivoli. Il sera devant vous.

3. Ce n'est pas loin. Vous sortez du magasin et vous prenez le boulevard Haussmann à droite. À la rue de Rome, vous tournez à droite à nouveau *(again)*. Vous la verrez devant vous.

 Activité 3   **Jouez la scène!**

Demandez à l'agent de police devant le musée d'Orsay comment aller aux endroits indiqués. Suivez le modèle avec un(e) partenaire.

Modèle: le Jardin des Tuileries
— *Vous pouvez me dire où se trouve le Jardin des Tuileries?*
— *Bien sûr, mademoiselle. Vous prenez le quai Anatole France jusqu'au pont Solferino. Tournez à droite et traversez le pont. Continuez tout droit et le jardin sera juste devant vous.*

1. l'Hôtel de Ville
2. le Grand Palais
3. le Centre Pompidou
4. le Louvre
5. la place Vendôme

Activité 4   **Soyez prêt(e) à tout!**

Complétez les phrases suivantes en disant ce que vous ferez pendant votre voyage dans les situations données.

Modèle: Si tous les musées sont fermés le mardi...
Si tous les musées sont fermés le mardi, je passerai la journée dans les cafés du Quartier latin.

1. S'il pleut...
2. Si les restaurants sont trop chers...
3. Si je suis invité(e) chez une famille française...
4. S'il fait très chaud...
5. S'il y a beaucoup de touristes...
6. Si je perds ma carte bancaire...
7. Si nous ne pouvons pas trouver l'hôtel...

La maison de Monet à Giverny

 Activité 5 **Une semaine dans la région parisienne**

Avec un(e) camarade, choisissez votre itinéraire dans la région parisienne. Où irez-vous chaque jour de votre visite?

Suggestions: acheter, admirer, assister à, faire, regarder, rester, visiter

Modèle: — *Où est-ce que tu iras le premier (deuxième, troisième) jour?*
Qu'est-ce que tu y feras?
— *Je visiterai la maison de Monet. J'admirerai les beaux jardins.*

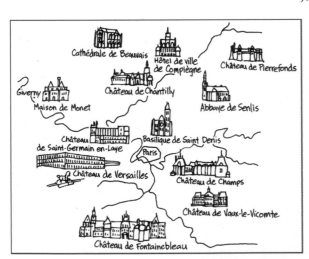

Paris	le musée du Louvre	la Joconde
	le Quartier latin	une promenade
	le musée d'Orsay	l'art impressionniste
	Roland-Garros	un match de tennis
	le Marais	un pique-nique sur la place des Vosges
Giverny	la maison de Monet	ses beaux jardins
Versailles	le château	la galerie des Glaces

Sites touristiques dans la région parisienne

 Activité 6 **Votre prochain voyage**

Interviewez votre camarade sur son prochain voyage.

1. Où est-ce que tu iras?
2. Avec qui voyageras-tu? Comment?
3. Tu voyageras pendant quelle saison? Pourquoi?
4. Qu'est-ce que tu y feras?
5. Pendant combien de temps y resteras-tu?
6. Est-ce que tu logeras à l'hôtel? dans une auberge de jeunesse? Tu feras du camping?

Voyager pas cher

Structure 11.2

Finding out what you need and asking for information *Avoir besoin de et les mots interrogatifs (suite)*

The expression **avoir besoin de** is introduced here in the context of travel needs. See pages 346–347 for an explanation of this structure and a presentation of interrogative pronouns.

Notez et analysez

Look over the mini-dialogue. What follows **avoir besoin de** before nouns you can count, before nouns you can't count, and before an infinitive? Find the other French expression that is roughly equivalent to **avoir besoin de**.

— **De quoi** a-t-on **besoin** pour voyager en France?
— On **a besoin d'**un passeport, et, bien sûr, on **a** toujours **besoin d'**argent. Si vous logez dans un hôtel à Paris en été, vous **aurez besoin d'**une réservation.
— Est-ce qu'il est nécessaire de savoir parler français?
— On n'**a** pas **besoin de** parler français, mais c'est un gros avantage.

Les transports

Le métro

Avec la formule **Paris Visite,** vous pouvez voyager un, deux, trois ou cinq jours en métro et en bus. Si vous comptez rester une semaine ou un mois à Paris, achetez un passe Navigo Découverte. Cette carte vous permet d'utiliser tous les transports en commun sans limites sur le nombre des voyages.

Le train

Profitez de votre jeunesse! Achetez un **Eurail Pass étudiant** à votre agence de voyages aux États-Unis pour obtenir des tarifs réduits dans les trains. Il y a aussi **la carte Jeune** et **la carte Inter-Rail,** mais elles sont réservées aux Européens.

Le vélo

Le vélo est un excellent moyen de transport pour le touriste sportif qui ne veut pas consommer d'essence. À Paris, il y a maintenant **Vélib'.** On loue un vélo dans une station et on le dépose dans une autre. Et c'est gratuit pour la première demi-heure!

L'hébergement

Les auberges de jeunesse

La carte de la Fédération unie des auberges de jeunesse vous donne accès aux auberges dans plus de cinquante pays! Rencontrez d'autres voyageurs venant du monde entier. Vous trouverez souvent un accès wi-fi, une cuisine équipée et des activités sportives et culturelles.
Le prix? 10€ à 22,50€ par nuit.
Réservez en ligne!

Le camping

La France vous offre un grand nombre de terrains de camping aménagés *(full-service campgrounds)*. Ils se trouvent près des centres urbains aussi bien qu'à la campagne. Venez en caravane ou apportez votre tente et votre sac de couchage *(sleeping bag)*.

Les repas

Les restos-U

Si vous êtes inscrit(e) dans une université française, vous pouvez profiter des restaurants universitaires. Le **ticket repas** coûte environ 2,90€. Renseignez-vous au CROUS (Centre régional des œuvres universitaires et scolaires).

Les boulangeries-pâtisseries

Pour un sandwich, c'est pratique d'aller dans une boulangerie-pâtisserie. Certaines d'entre elles préparent de bons sandwiches à emporter *(take out)*.

Les activités

Les musées

Une carte d'étudiant internationale vous donne droit à des réductions dans beaucoup de musées.

Le cinéma

Le tarif est réduit pour les étudiants tous les jours sauf le vendredi, le samedi et les jours fériés.

Les boîtes de nuit

Hélas pour les clubs, pas de réduction, et les prix sont élevés dans les clubs branchés *(trendy)*. Dansez toute la nuit au son de la musique techno, salsa, groove, hip hop ou house. Tenue chic de rigueur *(fashionable attire required)*!

Les promenades en roller

Pour les sportifs qui savent bien faire du roller, il y a des promenades toute l'année, sauf en cas de pluie. On part le vendredi soir à 22h00 pour 3 heures de balade parisienne en roller.

Paris-Plage

Aux mois de juillet et d'août, c'est Paris-Plage. Oui! Les bords de la Seine se transforment miraculeusement en plage. Palmiers, pétanque *(a game similar to bocce ball)*, pistes de danse *(dance floors)*: tout est gratuit!

Activité 7 **Pour voyager pas cher, on a besoin de...**

Complétez les phrases suivantes avec les informations nécessaires.

1. Pour voyager en train à tarif réduit, on a besoin d'un _____.

2. Pour voyager en métro pendant un mois, on a besoin d'un _____.

3. Pour rouler en toute tranquillité dans la nature et en ville, les touristes peuvent voyager _____.

4. Pour faire du camping en France, on a besoin d'une _____ ou d'une caravane.

5. Pour loger dans une auberge de jeunesse, on a besoin d(e) _____.

6. Les repas dans les restos-U ne sont pas chers, mais on a besoin d'_____ inscrit(e) dans une université française et d'acheter un _____ à 2,90 euros.

7. Hélas! Pour aller dans les clubs, on a besoin de _____ des vêtements assez chics.

Activité 8 **À discuter**

Répondez aux questions suivantes.

1. Quels sont les avantages du vélo?

2. Quelles sont les options pour le voyageur qui ne veut pas payer cher pour une chambre d'hôtel?

3. Loger dans une auberge de jeunesse offre quels avantages?

4. Quels sont les tarifs spéciaux offerts aux étudiants ou aux jeunes?

5. Où est-ce qu'on peut acheter un sandwich à emporter *(take out)*?

Activité 9 **Des renseignements**

Un ami qui part en vacances vous pose des questions sur le voyage que vous venez de faire. Trouvez la bonne réponse pour chaque question.

1. Avec qui est-ce que tu as voyagé?

2. Où est-ce que tu as obtenu ta carte pour les auberges de jeunesse?

3. De quoi a-t-on besoin pour payer moins cher l'entrée dans les musées?

4. Tu as parlé à qui quand tu as perdu ton portefeuille *(wallet)*?

5. Pendant toute la période de ton voyage, tu n'as jamais eu le mal du pays *(homesickness)*?

6. Tu restes sur place *(stay put)* maintenant ou tu penses repartir bientôt?

a. À mon père. Il m'a envoyé de l'argent à Londres. Et j'ai dû annuler *(cancel)* ma carte bancaire.

b. Euh, j'aimerais bien repartir, mais pour le moment je suis fauché(e) *(broke)*.

c. Avec personne. Je préfère voyager seul(e). On rencontre plus facilement des gens en route.

d. On a besoin d'une carte d'étudiant internationale.

e. À la Fédération unie des auberges de jeunesse à Paris.

f. Pas du tout! Voyager, c'est ma passion!

Comment réserver une chambre d'hôtel

Expressions utiles

CD3, Track 4

Pour le touriste

Je voudrais une chambre (pas trop chère)
  (pour deux personnes) avec   un grand lit°.
double bed

salle de bains.
douche.
W.-C.

C'est combien, la nuit?
Avez-vous   une chambre qui coûte moins cher?
      une chambre qui donne sur la cour°?

facing the courtyard

      quelque chose d'autre?
Est-ce que vous avez une connexion wi-fi (*pronounced **weefee***) pour Internet?
Est-ce que le petit déjeuner est compris?
Bon (Cela me convient très bien). Je la prends.
Y a-t-il un autre hôtel près d'ici?

Pour le/la réceptionniste

Vous êtes combien?
Je vous propose une chambre au deuxième étage avec salle de bains et câble.

full

Je suis désolé(e). L'hôtel est complet°.
Le petit déjeuner est compris.

extra charge

Il y a un supplément° de huit euros pour le petit déjeuner.

Take the elevator

Prenez l'ascenseur° jusqu'au troisième étage.

CD3, Track 5

Écoutons ensemble! À l'hôtel

Écoutez le dialogue et choisissez les mots qui manquent pour le compléter.

RÉCEPTIONNISTE: Bonjour, monsieur. Je peux vous ___?
a. renseigner
b. écouter
c. renvoyer

TOURISTE: Oui, madame. Je cherche une chambre ___.
a. avec salle de bains
b. pour une personne avec salle de bains
c. pour une personne avec douche

RÉCEPTIONNISTE: Voyons... Nous avons une chambre ___.
a. au quatrième avec télévision
b. au quatrième avec câble
c. au quatrième qui donne sur la rue

TOURISTE: Elle fait combien?
RÉCEPTIONNISTE: C'est ___.
a. cent vingt-cinq euros la nuit
b. cent trente euros la nuit
c. quatre-vingts euros la nuit

TOURISTE: Est-ce que ___?
a. vous avez quelque chose de moins cher
b. le petit déjeuner est compris
c. vous avez quelque chose qui donne sur la cour

RÉCEPTIONNISTE: Oui.

TOURISTE: Alors, je la prends.

Activité 10 **Au Vieux Manoir**

CD3, Track 6

A. Une touriste arrive à l'hôtel du Vieux Manoir. Écoutez et complétez la conversation.

RÉCEPTIONNISTE: Bonjour, monsieur. Est-ce que je peux vous aider?

TOURISTE: _Oui madame une personne avec salle de bains_

RÉCEPTIONNISTE: Il reste la chambre 23 qui donne sur la rue. Combien de nuits comptez-vous rester?

TOURISTE: _2 nuits c'est combien_

RÉCEPTIONNISTE: 65 euros la nuit.

TOURISTE: _est ce que le pd est compris_

RÉCEPTIONNISTE: Oui, le petit déjeuner est compris.

TOURISTE: _bon je la prend_

RÉCEPTIONNISTE: Voici la clé. Prenez l'ascenseur jusqu'au deuxième étage.

TOURISTE: _____

B. Maintenant, jouez le dialogue devant la classe avec un(e) partenaire.

Activité 11 **À l'auberge de jeunesse**

Créez un dialogue entre le voyageur (la voyageuse) et le/la réceptionniste à l'auberge de jeunesse de Dinan en utilisant les éléments de la brochure à droite.

Si vous êtes le voyageur (la voyageuse), vous voulez savoir...

- s'il y a encore de la place
- le tarif pour une nuit
- l'heure où on ferme les portes de la réception
- si l'auberge est près du centre-ville
- quels sont les lieux touristiques intéressants près de Dinan

Si vous êtes le/la réceptionniste, vous voulez savoir...

- le nombre de personnes qui veulent loger à l'auberge
- si les voyageurs veulent prendre le petit déjeuner
- s'ils sont membres de la Fédération unie des auberges de jeunesse
- l'heure de leur arrivée
- s'ils ont d'autres questions

Dinan

L'Auberge de Jeunesse est installée dans un ancien moulin à eau, niché dans une petite vallée boisée, à 2 km du centre ville et 600 m du port de plaisance. Dinan est une charmante cité médiévale, qui vous reposera après la visite de hauts lieux touristiques (Saint-Malo, Mont-Saint-Michel).

Hébergement
70 lits, répartis en chambre de 4,5,6 et 8 lits (majoritairement). Une chambre de 3 lits avec sanitaires.

Accueil
Individuels, familles adhérentes, groupes.

Ouverture
Du 01/02 au 31/12
Accueil de 9h00 à 12h00 et de 17h00 à 20h00 en semaine, horaires variables le week-end.

Réservations et informations
Tel : 02 96 39 10 83 - Fax : 02 96 39 10 62 - France Fax, Internet.

Hébergement en Auberge de Jeunesse/Accommodation expenses

4 sapins (petit déjeuner inclus) *4 fir trees (breakfast included)*	12,70 €
3 sapins (la nuit) *3 fir trees (bed only)*	8,85 €
3 sapins (forfait nuit + petit déjeuner) *3 fir trees (package bed and breakfast included)*	11,70 €
2 sapins (la nuit) *2 fir trees (bed only)*	8,40 €
1 sapin (la nuit) *1 fir tree (bed only)*	7,35 €

Hébergement en camping

Y compris l'utilisation des locaux de l'A.J. (licence camping FFCC requise)	5,00 €

Repas/Meals

Petit déjeuner *Breakfast*	3,25 €
Déjeuner ou dîner (boisson en plus) *Lunch or dinner (exclusive of drinks)*	8,40 €
Plat unique *Single course*	4,75 €

Draps ou draps sacs/Sheets

Location incluse dans le prix des stages d'activités d'été ou d'hiver. *Rental included if you book a winter/summer package.*	
Draps ou draps sacs - location pour une nuit ou un séjour de 1 à 7 nuits *Sheets or sleeping bag sheets - rental for a single night or the whole stay (1-7 nights)*	2,75 €

La France et ses régions

La France est connue pour la richesse de ses paysages *(scenery)* et la diversité de ses régions, chacune d'elles avec son identité unique. La topographie, l'architecture, le climat, la gastronomie et même les dialectes se transforment d'une région à une autre. Alors, quittons la ville de Paris et visitons la France profonde!

Maisons sur la côte en Bretagne

CD3, Track 7

Voix en direct
Quelle région de la France vous tient le plus à cœur[1]?

En France, on parle souvent de Paris et des provinces—tout ce qui n'est pas Paris. Parlez-nous de cette distinction.

Je trouve que c'est très, très, très important de…, si on veut aller en France et découvrir la France—je pense que c'est très important de voir quelque chose d'autre que Paris. Parce que Paris est très particulier, mais je pense que ça—ce n'est pas représentatif de la France. Et on peut se déplacer sur de[s] très courtes distances[2] et voir des choses très, très, très différentes. Ah, souvent les Parisiens—les gens qui habitent à Paris—pensent qu'il y a deux… deux catégories en France—il y a Paris et la province, et là, pour eux, la province, c'est tout ce qui (n')est pas Paris—tout ce qui est autour de Paris, en France. Mais quand on connaît un peu la France, on s'aperçoit[3] que la province, c'est beaucoup, beaucoup de, de régions qui sont très, très différentes l'une de l'autre.

Delphin Ruché
27 ans
Ornithologue français,
en séjour à
Los Angeles

Parlez-nous d'une région qui vous tient à cœur.

[Pourtant,] je suis quelqu'un qui aime beaucoup la nature sauvage[4], donc les endroits sauvages. Et euh… j'ai eu beaucoup de plaisir à voyager dans les montagnes, et les Pyrénées en fait. Et j'aime beaucoup, beaucoup… parce qu'il y a beaucoup de contrastes. Les Pyrénées forment la frontière entre la France et l'Espagne. Parce que le versant[5] français est très vert, très…, [avec] beaucoup de forêts, beaucoup de…, beaucoup d'eau et le versant espagnol est très sec; le versant espagnol est presque désertique.

[1]*is special to you* [2]*travel short distances* [3]*notices* [4]*wilderness* [5]côté

Et vous, vous venez des provinces, non? Vous préférez la ville ou la campagne?

La ville, sans..., oui, oui, oui, sans question. J'aime bien la campagne, j'aime bien ma ville de Bergerac, ma ville natale de Bergerac[6] parce que j'y suis né, et j'ai beaucoup de souvenirs là-bas, j'ai beaucoup d'amis, de... j'ai toute ma famille qui habite là-bas, mais euh, en ce qui concerne le mode de vie et moi, enfin, ce que je..., ce que j'ai envie de vivre et, ..., avec... les relations que je veux avoir avec les gens, la ville est beaucoup plus... pour moi... est beaucoup plus facile[7].

Gaétan Pralong
Acteur, 28 ans
Paris, France

[6]*a small town in Périgord in southwestern France* [7]*easier to live in*

D'où est-ce que vous venez?

Je viens du sud de la Bretagne, une petite région qui s'appelle la Presqu'île Guérandaise, c'est à côté de la ville de Nantes. Elle est assez grande, mais pas trop grande, comme Paris, et il y a beaucoup d'activités culturelles. Il y a une grande université.

Laurence Denié Higney
32 ans
Professeur de français

Est-ce que c'est la région de la France qui vous tient le plus à cœur?

Oui, j'adore cette région. J'adore cette région. C'est—euh, comment dirais-je—c'est très beau, très différent, c'est une petite ville très ancienne, c'est une ville médiévale au bord de la mer, et euh, il y a le meilleur sel au monde. Le sel de Guérande.

■ Réfléchissez aux réponses

1. Selon Delphin, est-ce que les régions de la France sont très différentes les unes des autres? Pourquoi aime-t-il les Pyrénées?

2. D'où vient Gaétan?
   Qu'est-ce que vous avez appris à propos de cette région?
   Où est-ce qu'il préfère vivre? Pourquoi?

3. Laurence vient d'une région connue pour un produit qu'on utilise tous les jours. Qu'est-ce que c'est?

4. Quelle région des États-Unis vous tient le plus à cœur? Pourquoi?

5. Vous préférez les grandes villes comme Gaétan? Pourquoi ou pourquoi pas?

Explorons la France

Structure 11.3

Making past participles agree with the helping verb *avoir* *L'accord du participe passé avec l'auxiliaire* **avoir**

You have already learned how to make the past participle agree with the subject when you're using the **passé composé** with the auxiliary **être.** Here you will learn agreement rules for past participles of verbs conjugated with **avoir.** For additional practice, see page 348.

Notez et analysez

First look at the dialogue between the host and his visitors. Then read over the dialogue again, paying attention to the words and letters in boldface. Write down the noun that each direct object pronoun is replacing. What effect do these pronouns have on the following past participle?

Des touristes blasés

HÔTE:	Il faut visiter les grottes *(caves)* du Périgord.
TOURISTES:	Nous **les** avons déjà visit**ées.**
HÔTE:	Je recommande les châteaux de la Loire.
TOURISTES:	Nous **les** avons déjà vu**s.**
HÔTE:	Et le Mont-Saint-Michel?
TOURISTE:	Je **l'**ai visité pendant mon dernier voyage.
HÔTE:	Et l'Alsace... à la frontière avec l'Allemagne?
TOURISTE:	Nous **l'**avons explor**ée** l'année dernière.
HÔTE:	Et les plages **que** vous avez vu**es** sur la Côte d'Azur. Elles sont belles, n'est-ce pas?
TOURISTES:	Oui, mais pas plus belles que les plages de Californie.

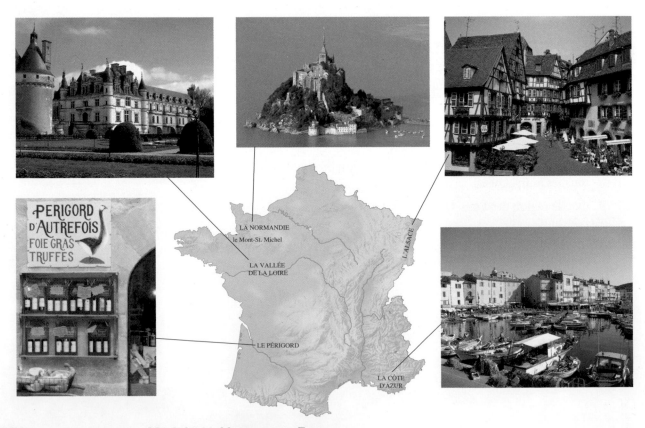

PÉRIGORD D'AUTREFOIS FOIE GRAS TRUFFES

LA NORMANDIE
le Mont-St. Michel

LA VALLÉE DE LA LOIRE

L'ALSACE

LE PÉRIGORD

LA CÔTE D'AZUR

Activité 12 Testez votre esprit d'analyse

Lisez le dialogue «Des touristes blasés» avec un(e) partenaire. Puis complétez ensemble l'analyse grammaticale suivante.

1. Nous **les** avons déjà visit**ées**.

   Le pronom **les** remplace le mot _____. Il faut ajouter les lettres _____ au participe passé **visité** parce que le pronom antécédent (*preceding*) est _____. (Donnez le genre et le nombre.)

2. Nous **les** avons déjà vu**s**.

   Le pronom **les** remplace le mot _____. Il faut ajouter la lettre _____ au participe passé **vu** parce que le pronom antécédent est _____.

3. Je **l'**ai visité pendant mon dernier voyage.

   Le pronom **l'** remplace le mot _____. Il n'est pas nécessaire de changer le participe passé parce que le pronom antécédent est _____.

4. Nous **l'**avons explor**ée**...

   Le pronom **l'** remplace le mot _____. Il faut ajouter la lettre _____ au participe passé **exploré** parce que le pronom antécédent est _____.

5. Et les plages **que** vous avez vu**es**...

   Le pronom relatif **que** remplace le mot _____. Il faut ajouter les lettres _____ au participe passé parce que le pronom antécédent est _____.

Activité 13 Un(e) touriste difficile

Un agent de voyages aide un(e) client(e) difficile à préparer son itinéraire pour un voyage en France. Trouvez la réponse qu'il/elle donne à chaque suggestion.

L'agent de voyages

1. Il faut visiter les grottes *(caves)* dans le Périgord.

2. Alors, je vous recommande de visiter les châteaux de Chenonceau et de Chambord dans la vallée de la Loire. Ils sont magnifiques!

3. Eh bien, vous avez vu les beaux villages alsaciens à la frontière de l'Allemagne?

4. Vous adorez la mer, n'est-ce pas? Alors, visitez la Bretagne près de l'océan Atlantique et de la Manche.

5. Alors, sur la Côte d'Azur, il faut aller à Nice et à Saint-Tropez!

Le/La client(e)

a. Nice et Saint-Tropez? Je les ai déjà visit**ées**. J'aimerais voir quelque chose de différent.

b. Les châteaux? Je ne les ai pas visit**és**. Mais je n'ai pas envie d'y aller. Il y a trop de touristes.

c. Les grottes préhistoriques? Je les ai déjà vu**es**. Une visite, c'est assez.

d. La Bretagne, je ne l'ai pas visit**ée**. Mais, je préfère les plages de la Méditerranée.

e. Les villages d'Alsace? C'est vrai, je ne les ai pas vu**s**. C'est peut-être une bonne idée d'y aller.

Des randonneurs veulent vérifier qu'ils ont bien toutes leurs affaires *(supplies)*. Chacun porte quelque chose pour l'excursion dans son sac à dos. Lemuel, un peu nerveux, veut être sûr qu'on n'a rien oublié de la liste. Suivez le modèle.

Liste

1. la boussole
2. la crème solaire
3. l'eau
4. les sandwiches
5. les lampes électriques
6. les cartes topographiques
7. les allumettes
8. le couteau suisse
9. les jumelles

Modèle: la boussole *(compass)*
— *Qui a pris la boussole?*
— *Lila l'a prise.*

a. Harmut / cartes topographiques
b. Renate / sandwiches
c. Dagmar / crème solaire *(f)*
d. Kristen / lampes électriques
e. Stéphane / allumettes *(f pl)*

f. Jean / couteau suisse
g. Rainer / jumelles *(f pl)* *(binoculars)*
h. Sheila / eau *(f)*

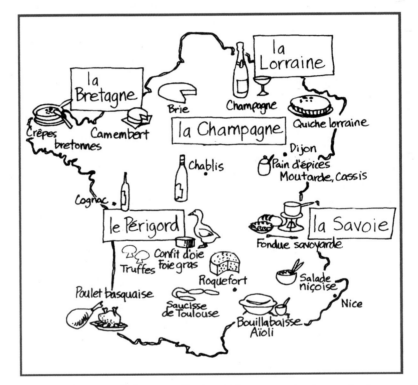

La France produit une variété extraordinaire de fromages, de vins et d'autres produits agricoles de renommée *(renown)* mondiale. Chaque produit est identifié à la région ou à la ville d'où il vient. Les Français sont très fiers de ces produits «du terroir» *(regional)*. Le vrai champagne, par exemple, est fabriqué en Champagne. Ce qu'on appelle le champagne aux États-Unis est souvent du vin mousseux *(sparkling wine)*.

Activité **15** La France gastronomique

Utilisez la carte gastronomique et créez des phrases avec les produits suivants. Utilisez les verbes **manger, acheter** et **boire** et les adjectifs **délicieux, authentique, bon** et **excellent**.

Modèle: les crêpes
Les crêpes qu'on a mangées en Bretagne étaient délicieuses.

1. le champagne
2. la quiche
3. le foie gras

4. la salade niçoise
5. les truffes *(f pl)* *(truffles)*
6. le roquefort

Les symboles de la France et l'identité nationale

Le drapeau français, le tricolore

Talking about what you see and what you believe *Les verbes voir et croire*

The irregular verbs **voir** and **croire** are introduced here in the context of cultural beliefs. See pages 349–350 for their forms.

Lisez cette discussion adaptée d'une conversation en ligne publiée par le magazine *Phosphore*, un mensuel pour les 15–25 ans, puis, répondez aux questions.

JOURNALISTE:	Est-ce qu'il faut accrocher *(hang)* le tricolore à la fenêtre le 14 juillet?
CHLOË:	**Je crois que non.** Je n'ai pas besoin d'exhiber le bleu, blanc, rouge à la maison pour être française. Cette identité fait partie de moi.
JOURNALISTE:	Et la Marseillaise, il faut en apprendre les paroles *(lyrics)*?
CHLOË:	Non. **Vous voyez, je crois** que les paroles de notre hymne national sont guerrières *(warlike)*.
JÉRÔME:	**Tu crois?** C'est vrai qu'il y a des gens qui **se voient** exclus *(excluded)* par ces symboles. Les immigrés, les autres Européens. **Je crois** que la nation, c'est le désir de vivre ensemble.
MANU:	Moi, **je crois** que connaître les paroles de l'hymne national, c'est un minimum pour être citoyen *(citizen)*. On peut être français et européen à la fois. Il n'y a rien d'incompatible.

Marianne, symbole de la France républicaine

Notez et analysez

Find one example of the verb **voir** used metaphorically. How would you say I *don't think so* and *You think so?* in French?

Allons enfants de la patrie...

La Marseillaise, l'hymne national français

 Activité 16 **Attitudes—Qu'est-ce qu'on croit?**

Avec un(e) partenaire, posez-vous des questions et répondez-y à tour de rôle. Utilisez les expressions du modèle.

Modèle: Est-ce que les jeunes Français admirent le patriotisme traditionnel?
Je crois que oui. ou
Je crois que non. ou
Je ne sais pas.

1. Est-ce que Chloë veut exhiber le drapeau français?
2. Est-ce que Jérôme est d'accord avec elle?
3. Est-ce que Chloë veut apprendre les paroles de la Marseillaise?
4. Pour elle, est-ce que l'identité française est plus personnelle?
5. Est-ce que Manu est d'accord avec les deux autres?
6. Est-ce qu'il trouve l'identité française incompatible avec l'identité européenne?

liberté, égalité, fraternité

La devise *(motto)* de la République française

La culture française face à l'Amérique

Western

flooded

troubling

Pendant des siècles, la France a dominé la culture occidentale° dans les arts, la littérature, la philosophie, les sciences, la diplomatie, la gastronomie et la mode. Aujourd'hui, la France se trouve débordée° de MacDos, Coca-Cola et iPods. Peut-être l'aspect le plus gênant° de cette invasion américaine est la «corruption» de la langue par le «franglais». On parle du «look», des «livings», du «Coca lite», des «rollers» et du «hit-parade des stars».

L'ouverture, en 1992, de Disneyland-Paris a fait trembler certains prophètes culturels. Une Amérique conquérante prête à coloniser l'Europe? Mais aujourd'hui, ce parc d'attractions est la première destination touristique en Europe. Et il s'est adapté à la culture française. Une jeune mère écrit dans un blog: «Un véritable enchantement pour les grands comme pour les petits! Il faut de la patience car il y a tellement de monde, mais j'ai trouvé ce parc extraordinaire! De très bons souvenirs!» Pour ceux qui cherchent un parc d'attractions avec une identité française, il y a le Parc Astérix qui transporte les visiteurs dans l'univers des Gaulois avec beaucoup d'imagination et d'humour.

Avez-vous compris?

1. Dans quels domaines est-ce que la culture française a influencé le monde pendant des siècles?

2. Quels éléments de la culture américaine dominent la culture populaire du monde?

3. Est-ce que les attitudes envers Disneyland-Paris ont changé depuis son ouverture *(opening)*?

4. Selon la jeune mère qui écrit sur Disneyland-Paris, est-ce que ce parc est seulement pour les petits?

5. D'après elle, pourquoi est-ce qu'on a besoin de patience pour visiter le parc?

🌐 Explorez en ligne

Use a French search engine such as google.fr or yahoo.fr to look up the two most popular French theme parks: Disneyland-Paris and Parc Astérix. Explain in French what kinds of attractions they have, how much it costs to enter, and compare the two destinations.

Activité **17** Interaction

Interviewez votre camarade sur ses croyances. Demandez-lui d'élaborer sur quelques réponses.

Modèle: OVNI (objets volants non identifiés) *(UFOs)*
— *Crois-tu aux OVNI?*
— *Oui, j'y crois.* ou
— *Non, je n'y crois pas.* ou
— *Je ne sais pas.*

1. le destin *(fate)*
2. l'astrologie
3. le grand amour
4. le paradis
5. le karma

6. l'amitié *(friendship)*
7. les miracles
8. les voyants *(fortune-tellers)*
9. les extra-terrestres
10. le pouvoir transformateur de l'art

Situation à jouer!

Vous voulez passer quelques jours dans les Alpes. Téléphonez à l'hôtel Le Grand Cœur à Méribel pour vous renseigner et faire des réservations. Le/La réceptionniste répondra à vos questions. Travaillez avec un(e) partenaire. Utilisez la brochure pour guider votre conversation.

	Français	English	Deutsch	Español	Italiano
	prix des repas	menu price	Preis einer Mahlzeit	precio de las comidas	prezzo dei pasti
	nombre de chambres	number of rooms	Anzahl der Zimmer	número de habitaciones	numero di camere
	prix pour deux personnes	price for two people	Preis für jwei Personen	precio para dos personas	prezzo per due persone
	nombre d'appartements	number of suites	Anzahl der Appartements	número de apartamentos	numero di appartamenti
	prix pour deux personnes	price for two people	Preis für jwei Personen	precio para dos personas	prezzo per due persone
	prix du petit déjeuner	price of breakfast	Frühstückspreis	precio del desayuno	prezzo della colazione
S.C.	service compris	service included	Bedienung inbegriffen	servicio incluido	servizio compreso
	chiens autorisés?	are dogs allowed?	Hunde erlaubt?	¿se autorizan los perros?	i cani sono ammessi?
	ascenseur	lift	Fahrstuhl	ascensor	ascensore
*	chambres de plain-pied	ground floor rooms	Zimmer im Erdgeschoß	habitaciones en planta baja	camere al pianterreno
	aéroport de ligne	nearest commercial airport	Flugplatz für Linienverkehr	aeropuerto de línea	aeroporto di linea
	piscine privée ou à proximité	hotel swimming-pool or nearest available	Hoteleigenes oder nahegelegenes Schwimmbad	piscina privada o en las cercanías	piscina privatao nelle vicinanze
	tennis privé ou à proximité	hotel tennis court or nearest available	Hoteleigener oder nahegelegener Tennisplatz	tenis privado o en las cercanías	tennis privato o nelle vicinanze
	golf	golf	Golf	golf	golf
	garage	garage	Garage	garaje	garage
P	parking	car park	Parkplatz	aparcamiento	parcheggio
	possibilités de séminaire	seminar facilities	Tagungsmöglichkeiten	posibilidad de seminarios	possibilità di seminari
	visite de la cave	visit the cellar	Kellerbesichtigung	visita de la bodega	visita della cantina
	visite de la cuisine	visit the kitchen	Küchenbesichtigung	visita de la cocina	visita della cucina
F.H.	fermeture hebdomadaire	weekday closing	Wöchentlicher Ruhetag	cerrado semanalmente	chiusura settimanale
F.A.	fermeture annuelle	annual closing	Jahresurlaub	cerrado annualmente	chiusura annuale
CC	Cartes de crédit Credit cards	AE American Express	VISA Carte Visa	D Diner's Club	E Eurocard Mastercard

Centre d'information: Relais & Châteaux
9, avenue Marceau - 75116 Paris - Tél.: (01) 47.23.41.42
Télex: 651 213 ou 651 214 RCG - Fax: (01) 47.23.38.99

Le Grand Cœur

72 *Relais de montagne Altitude 1650 m*

Menu 20/42 s.c.
Carte 40/60 s.c.
36 chambres
H.S. 120/160 s.c.
1/2 pension/pers.
12 appartements
à partir 180 s.c.
1/2 pension/pers.
10 s.c.
oui avec supplément
oui
Chambéry 110 km
Genève-Lyon 150 km
Privée
500 m
3 km

*Déjeuner en terrasse, Ski, Vidéo, Sauna, Gym-room
Lunch on terrace, Skiing, Video, Sauna, Jacuzzi*

Chalet de montagne raffiné et élégant situé au cœur de Méribel et des 3 Vallées. Plein sud, au calme et en bordure des pistes

Elegant, refined mountain chalet situated in the heart of Meribel and 3 Valleys alongside ski-slopes. South-facing.

73550 MÉRIBEL
(Savoie)
Tél. 79.08.60.03
Télex 309 623
Fax. 79.08.58.38
Prop. Evelyne et Jean Buchert
F.H. non
F.A. 23-04/17-12

CC AE VISA D E

Lecture

Anticipation

Dans l'histoire *Boucle d'or (Goldilocks and the Three Bears)*, les ours° rentrent de leur promenade dans la forêt et trouvent leurs affaires en désordre. C'est la preuve *(evidence)* que quelqu'un est entré dans la maison. Mettez leurs observations dans le bon ordre.

bears

Ils observent: _____ un lit où quelqu'un dort encore

_____ un lit où quelqu'un s'est couché

_____ une porte que quelqu'un a ouverte

_____ une chaise que quelqu'un a cassée *(broke)*

_____ un bol de céréales que quelqu'un a mangé

Dans le poème que vous allez lire, les objets sont aussi les témoins *(witnesses)* de l'histoire.

Le Message

CD3, Track 8

Jacques Prévert

1   La porte que quelqu'un a ouverte
La porte que quelqu'un a refermée
La chaise où quelqu'un s'est assis
Le chat que quelqu'un a caressé
5   Le fruit que quelqu'un a mordu°
La lettre que quelqu'un a lue
La chaise que quelqu'un a renversée°
La porte que quelqu'un a ouverte
La route où quelqu'un court encore
10 Le bois° que quelqu'un traverse
La rivière où quelqu'un se jette
L'hôpital où quelqu'un est mort.

took a bite of

knocked over

woods

Compréhension et intégration

1. Imaginez ce mystérieux «quelqu'un». Est-ce un homme ou une femme?

2. Comment est-ce que vous l'imaginez?

3. Est-ce que cette personne était agitée *(upset)* quand elle est entrée dans la maison? Expliquez.

4. Quel est le message dans la lettre, d'après vous?

5. Comment cette personne y réagit-elle?

Maintenant à vous!

Développez l'histoire suggérée par le poème.

Voix en direct (suite)

Go to **iLrn** to view video clips of French speakers talking about their impressions of the United States.

Expression écrite

🌐 À vos marques, prêts, bloguez!

Pour vous, quels sont les symboles américains les plus importants? Pourquoi? Y a-t-il une chanson qui symbolise votre nation que vous aimez particulièrement? Pourquoi? Écrivez vos réponses en français sur le blog et répondez à deux billets d'autres étudiants.

Composez votre propre poème!

Dans cette rédaction, vous allez développer un poème en suivant la structure du poème *Le Message* de Prévert. L'intrigue *(The plot)* doit se passer dans le passé.

■ **Première étape:** L'intrigue

Utilisez votre imagination pour inventer une intrigue.
a. Qui sont les personnages principaux?
b. Qu'est-ce qui se passe?
c. Où se passe la scène?
d. Quels sont les objets qui joueront un rôle dans le poème?

■ **Deuxième étape:** Commencez le poème

a. Faites une liste d'objets qui vont raconter l'histoire du poème.
b. Écrivez la première strophe *(verse)* en suivant le modèle de Prévert: objet—agent—action. Par exemple: La femme **(objet)** que quelqu'un **(agent)** a admirée **(verbe)**.
c. Quand vous serez satisfait(e) de votre idée, composez un brouillon *(rough draft)* de votre poème.

■ **Troisième étape:** Travail en groupe

Distribuez des copies de votre brouillon aux membres de votre groupe, puis lisez le poème à haute voix. Demandez aux autres de deviner *(guess)* le sujet du poème. Ils vous donneront leurs suggestions pour améliorer *(to improve)* votre poème.

■ **Quatrième étape:** Écrivez la version finale!

SYSTÈME-D

Grammar:	past participle agreement; agreement after the relative pronoun **que**
Phrases:	simple phrases beginning with objects that will tell a story visually
Vocabulary:	simple everyday vocabulary

Structure 11.1 Use the **iLrn** platform for more grammar and vocabulary practice.

Talking about the future *Le futur*

You have already learned to use the **futur proche** (**aller** + *infinitif*) for talking about the future. In this chapter you will learn another future tense, **le futur.** As its English equivalent, it is used more frequently in written than in casual speech and involves the notion of intent.

Ce week-end, je **vais voyager** à Marseille.	*This weekend I'm going to travel to Marseille.*
Je **voyagerai** en France cet été.	*I will travel to France this summer.*

The future stem of regular **-er** and **-ir** verbs is the infinitive. For **-re** verbs, drop the final **e** from the infinitive. The future endings are always regular. They are similar to the present tense forms of the verb **avoir.**

parler *(to speak)*	
je parler**ai**	nous parler**ons**
tu parler**as**	vous parler**ez**
il/elle/on parler**a**	ils/elles parler**ont**

partir *(to leave)*	
je partir**ai**	nous partir**ons**
tu partir**as**	vous partir**ez**
il/elle/on partir**a**	ils/elles partir**ont**

rendre *(to return, to give back)*	
je rendr**ai**	nous rendr**ons**
tu rendr**as**	vous rendr**ez**
il/elle/on rendr**a**	ils/elles rendr**ont**

Tu **partiras** pour Calais à 9h.	*You will leave for Calais at 9 o'clock.*
À l'hôtel, **parlera**-t-on anglais?	*Will they speak English at the hotel?*
Nous **rendrons** la voiture à la gare.	*We will return the car at the train station.*

The following verbs have irregular future stems:

infinitive	stem	future		infinitive	stem	future
être	ser-	je serai		venir	viend-	je viendrai
avoir	aur-	j'aurai		voir	verr-	je verrai
aller	ir-	j'irai		vouloir	voudr-	je voudrai
faire	fer-	je ferai		savoir	saur-	je saurai
pouvoir	pourr-	je pourrai				

Vous **serez** président un jour!	*You will be president one day!*
Il y **aura** un concert dans la cathédrale ce soir.	*There will be a concert in the cathedral this evening.*

Stem-changing -er verbs such as **acheter, appeler,** and **essayer** use the third person form (**il/elle/on**) plus an **r,** rather than the infinitive as the future stem.

infinitive	stem	future
acheter	il/elle/on achète	j'achèterai
appeler	il/elle/on appelle	j'appellerai
essayer	il/elle/on essaie	j'essaierai

However, verbs like **préférer** (with **é** in the next-to-last syllable) are regular in the future (based on the infinitive).

Je crois qu'il **préférera** une visite guidée.   *I think he'll prefer a guided visit.*

Using the future in hypothetical clauses

Sentences with an *if* clause and a *results* clause use the present in the *if* clause and the future in the *results* clause.

S'il neige ce week-end, nous   *If it snows this weekend,*
   irons faire du ski.   *we'll go skiing.*

The order of the two clauses can be reversed.

Nous **nous promènerons** s'il fait beau.   *We'll go for a walk if the weather's nice.*

Using the future in clauses following *when*

Unlike English, French uses the future after **quand, lorsque** *(when),* and **aussitôt que** *(as soon as)* when the main verb is in the future.

	quand	
future clause	aussitôt que	future clause
	lorsque	

Je **ferai** de longues promenades   *I'll take long walks when I'm in Paris.*
   quand je **serai** à Paris.
Lorsqu'il **arrivera,** nous **mangerons.**   *When he arrives, we'll eat.*
Je vous **téléphonerai** aussitôt que   *I'll call you as soon as I get some news.*
   j'**aurai** des nouvelles.

Exercice 1   Comment sera l'an 2025? Complétez les phrases avec les verbes indiqués au futur.

1. J(e) ___aurai___ (avoir) quarante-cinq ans.
2. Le président des États-Unis ___sera___ (être) une femme.
3. Nous ___trouverons___ (trouver) des solutions à nos problèmes écologiques.
4. Tout le monde ___parlera___ (parler) deux langues.
5. Nous ___ferons___ (faire) des voyages interplanétaires.
6. Les États-Unis ___fabriqueront___ (fabriquer) des voitures électriques.
7. On ___pourra___ (pouvoir) communiquer par télépathie.
8. Washington D.C. ___sera___ (être) un état.

Exercice 2 De nombreuses villes françaises sont connues pour une caractéristique unique à chacune d'elles. Complétez les phrases suivantes pour expliquer ce que les touristes feront pendant leur voyage en France. Utilisez **être** dans la première partie de chaque phrase.

> **Modèle:** Quand mes parents _____ à Paris, ils _____ (voir) la tour Eiffel.
> *Quand mes parents **seront** à Paris, ils **verront** la tour Eiffel.*

1. Quand le président des États-Unis et sa femme __seront__ à Paris, ils __visiteront__ (visiter) l'Élysée, la résidence du président de la République française.

2. Lorsque Matt Damon __sera__ à Cannes, il __ira__ (aller) au célèbre festival.

3. Quand nous __serons__ à Strasbourg, nous __prendrons__ (prendre) un bon vin blanc.

4. Quand tu __seras__ à Versailles, tu __feras__ (faire) le tour du palais et de ses jardins.

5. Quand je __serai__ à Évian, je __me baignerai__ (se baigner) dans le lac.

Exercice 3 Il y a toujours des conditions à considérer. Finissez les phrases suivantes en utilisant un élément approprié de la liste de droite. Utilisez le présent ou le futur selon le cas.

1. Tu auras de bonnes notes si...   tomber malade

2. Si vous ne mangez pas mieux...   vouloir, pouvoir

3. Ma mère viendra au campus quand...   étudier, faire ses devoirs

4. Je resterai chez moi ce soir si...   ne pas se dépêcher

5. Nous serons en retard si...   se reposer

6. Mes parents ne seront pas contents si...   avoir besoin d'étudier

7. Quand vous serez fatigué(e), vous...   rater *(to fail)* mes examens

Structure 11.2

Finding out what you need and asking for information *Avoir besoin de et les mots interrogatifs (suite)*

The structure **avoir besoin de** is useful for talking about what one needs. It can be followed by an infinitive, a count noun preceded by an article or a non-count noun.

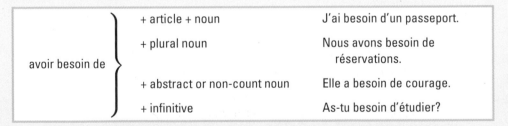

avoir besoin de	+ article + noun	J'ai besoin d'un passeport.
	+ plural noun	Nous avons besoin de réservations.
	+ abstract or non-count noun	Elle a besoin de courage.
	+ infinitive	As-tu besoin d'étudier?

To ask a general question with **avoir besoin de,** move **de** to the front of the question followed by **qui** for people and **quoi** for things.

— **De qui** as-tu besoin?   — *Whom do you need?*
— J'ai besoin de mes amis.   — *I need my friends.*

— **De quoi** avez-vous besoin?   — *What do you need?*
— J'ai besoin de l'addition, s'il vous plaît.   — *I need the check, please.*

To make a question with any verb that is followed by a preposition in its declarative form, begin your question with the preposition, followed by the question word. Remember that questions may be formed using **est-ce que** or by inverting the subject and the verb.

— **À qui** est-ce qu'ils parlent?	— *Whom are they speaking to?*
— Ils parlent **au** guide.	— *They're speaking to the guide.*
— **Avec qui** voyages-tu?	— *Whom are you traveling with?*
— Je voyage **avec** Sara.	— *I'm traveling with Sara.*
— **À quoi** réfléchissez-vous?	— *What are you thinking about?*
— Je réfléchis **à** mes vacances.	— *I'm thinking about my vacation.*
— **À quoi** est-ce qu'ils jouent?	— *What are they playing?*
— Ils jouent **au** football.	— *They're playing soccer.*
— **De qui** est-ce que tu parles?	— *Whom are you talking about?*
— Je parle **de** mon mari.	— *I'm talking about my husband.*

In informal, spoken French the preposition and the question word can go at the end.

— Tu parles de qui?	— *You're speaking to whom?*
— Tu as besoin de quoi?	— *What do you need?*
— Elle partira avec qui?	— *She'll leave with whom?*

Exercice 4   Quand on voyage, certaines nécessités se présentent. Complétez les commentaires de ces touristes avec **de, d', d'un** ou **d'une**.

1. Ma mère n'aime pas voyager en groupe; elle a besoin ____de____ solitude.
2. Quel beau paysage! J'ai besoin ____d'un____ appareil photo.
3. J'ai faim; nous avons besoin ____de____ trouver un bon restaurant.
4. On a besoin ____de____ courage pour voyager seul.
5. Si tu as besoin ____de____ cartes postales, tu peux aller à la librairie.
6. Je suis perdu. J'ai besoin ____d'une____ carte.

Exercice 5   Un touriste un peu sourd *(deaf)* n'entend pas bien ce qu'on lui dit. Formulez ses questions basées sur les éléments en italique.

Modèles: Nous avons besoin *d'une banque.*
De quoi avez-vous besoin?

Elle paie *avec sa carte de crédit.*
Avec quoi est-ce qu'elle paie?

1. Je voyage *avec mon meilleur ami.*
2. Vous pouvez demander des renseignements *à la réceptionniste.*
3. Le guide parle *à un groupe de touristes italiens.*
4. Nous avons besoin *de trouver un camping.*
5. Elle a besoin *de ses parents.*
6. Elle pense *à un jeune homme qu'elle a rencontré en Grèce.*
7. Demain, nous assistons *à un spectacle son et lumière* (sound and light show).
8. Tu apportes des fleurs *à tes hôtes.*

Structure 11.3

Making past participles agree with the helping verb *avoir*

*L'accord du participe passé avec l'auxiliaire **avoir***

You have learned that the past participles of verbs conjugated with **être** in the **passé composé** agree with the subject.

Fatima est retournée en Algérie après ses études en France.	*Fatima returned to Algeria after her studies in France.*
Ma mère et moi, nous sommes parties hier.	*My mother and I left yesterday.*

The past participle of verbs conjugated with **avoir** in the **passé composé** agrees with the direct object when it *precedes* the verb. This occurs in three instances.

1. When a direct object pronoun precedes the verb:

   Les CD? Je **les** ai déjà écouté**s**.
   Il y a deux nouvelles filles dans ma classe. Je **les** ai vue**s** ce matin.

2. In sentences with the relative pronoun **que:** the past participle agrees with the noun that **que** has replaced, its antecedent.

   Les **touristes que** nous avons rencontré**s** étaient sympathiques.
   Je n'aime pas **les robes qu'**elle a acheté**es**.

3. In sentences with the interrogative adjective **quel:**

   Quelles régions ont-ils visité**es**?
   Quelle route as-tu suivi**e**?

Note de prononciation

Past participle agreement with **avoir** is primarily a written phenomenon. It changes pronunciation only with past participles ending in a consonant.

— Où sont mes chaussures?	— *Where are my shoes?*
— Je les ai mis**es** dans ta chambre.	— *I put them in your room.*
— As-tu déjà écrit ta composition?	— *Have you already written your composition?*
— Oui, je l'ai écri**te** pendant le week-end.	— *Yes, I wrote it over the weekend.*

Exercice 6   Avez-vous fait les choses suivantes le week-end dernier?

> **Modèle:** regarder la télé
> — *Oui, je l'ai regardée.* ou
> — *Non, je ne l'ai pas regardée.*

1. regarder les informations à la télé   *je ne les ai pas regardées*
2. faire vos devoirs   *je les ai faits*
3. écouter la radio   *je l'ai écoutée*
4. voir vos amis   *non, je ne les ai pas vues*
5. prendre le petit déjeuner   *non, je ne l'ai pas pris*
6. arroser *(to water)* vos plantes   *je les ai arrosées*
7. faire votre lit   *je l'ai fait*
8. lire des bandes dessinées *(cartoons)*   *je ne les ai pas lives*

Exercice 7 Un groupe de touristes parlent de leurs expériences. Complétez leurs observations en utilisant la forme correcte du participe passé des verbes entre parenthèses. Attention à l'accord!

1. J'ai bien aimé les escargots que nous avons ___mangés___ (manger) au restaurant de l'hôtel.

2. Quelles œuvres (f pl) de Renoir as-tu ___vues___ (voir) au musée d'Orsay?

3. Nous voulons revoir les touristes allemands que nous avons ___recontrés___ (rencontrer).

4. As-tu trouvé les clés de la chambre que j'ai ___laissés___ (laisser) sur la table?

5. Où se trouvent les billets de train que vous avez ___achetés___ (acheter)?

6. Acceptera-t-on ces réservations qu'on a ___faites___ (faire) de Rome?

7. As-tu vu les souvenirs que j'ai ___achetés___ (acheter) pour mes parents?

Structure 11.4

Talking about what you see and what you believe
Les verbes *voir* et *croire*

Here you'll learn to conjugate the verb **voir** that you have already learned in its infinitive form. The verb **croire** (*to believe*) follows the same pattern.

voir (to see)	
je vois	nous voyons
tu vois	vous voyez
il/elle/on voit	ils/elles voient

passé composé: j'ai **vu**   futur: je **verrai**

Tu **vois** la tour Eiffel?	*Do you see the Eiffel Tower?*
Nous **avons vu** un beau tableau de Monet.	*We saw a beautiful painting by Monet.*
Ils **verront** la Jaconde cet été.	*They will see the Mona Lisa this summer.*

Voir can also be used figuratively as a synonym for **comprendre**.

Il ne **voit** pas pourquoi il doit arriver si tôt.	*He doesn't see why he has to arrive so early.*
— Tu comprends?	— *Do you understand?*
— Oui, je **vois**.	— *Yes, I see.*
Voyons...	*Let's see . . .* (This can be used as a hesitation device.)

Revoir (*to see again*) is conjugated like **voir**.

J'adore ce ballet. Je le **revois** chaque année.	*I adore this ballet. I see it again every year.*
Nous **avons revu** les Dubois pendant les vacances.	*We saw the Dubois again during our vacation.*

The verb **recevoir** has a different pattern from that of **voir**.

recevoir *(to receive)*	
je reçois	nous recevons
tu reçois	vous recevez
il/elle/on reçoit	ils/elles reçoivent

passé composé: j'ai **reçu**   futur: je **recevrai**

croire *(to believe)*	
je crois	nous croyons
tu crois	vous croyez
il/elle/on croit	ils/elles croient

passé composé: j'ai **cru**   futur: je **croirai**

Je ne **crois** pas cette histoire.	*I don't believe this story.*
Il **a cru** entendre un bruit étrange.	*He thought he heard a strange noise.*

The expression **croire à** means *to believe in.*

Je **crois au** Père Noël.	*I believe in Santa Claus.*
— Tu **crois aux** extra-terrestres?	*— Do you believe in extraterrestrials?*
— Oui, j'**y crois.**	*— Yes, I believe in them.*

However, **croire en** is used to express one's belief in God.

Je **crois en** Dieu.	*I believe in God.*

Common expressions with **croire** include the following:

— Est-ce qu'il va pleuvoir aujourd'hui?	*— Is it going to rain today?*
— Je **crois** que oui.	*— I think so.*
— Il y a un examen demain?	*— Is there a test tomorrow?*
— Non, je ne **crois** pas.	*— No, I don't think so.*
— Il va se marier.	*— He's going to get married.*
— Tu **crois?**	*— Really? (You think so?)*

Exercice 8   Takeisha veut travailler pour le Corps de la paix. Complétez sa conversation avec John en utilisant les verbes **croire** et **voir**.

JOHN: Où est-ce que tu penses travailler pour le Corps de la paix?

TAKEISHA: Je ___crois___ (1) que j'aimerais aller au Togo.

JOHN: Mais où est le Togo? Je ne le ___vois___ (2) pas sur la carte.

TAKEISHA: Regarde, en Afrique de l'Ouest. Est-ce que tu ___vois___ (3) le petit pays entre le Ghana et le Bénin? C'est le Togo.

JOHN: Ah oui, je le ___vois___ (4) maintenant. Moi, j'aimerais aussi aller en Afrique, mais mes parents ___croient___ (5) que ce n'est pas une bonne idée. Ils ne ___voient___ (6) pas pourquoi je veux partir si loin.

TAKEISHA: Je ___crois___ (7) que tes parents sont trop protecteurs. Moi, je suis jeune et je veux ___voir___ (8) le monde.

Tout ensemble!

Complétez cette lettre en utilisant les formes appropriées des verbes entre parenthèses ou d'autres mots qui conviennent. Utilisez le temps approprié et faites l'accord du participe passé.

Chers Maman et Papa,

Je (croire) _____ (1) que quand vous (recevoir) _____ (2) cette lettre, je (être) _____ (3) déjà de retour. Jean-Michel et moi, nous nous retrouvons en Bretagne. Les gens que nous (rencontrer) _____ (4) à l'auberge de jeunesse de Dinan sont super sympas! Ils nous ont parlé d'une plage exquise qu'ils (trouver) _____ (5) près de Toulon dans le sud. Nous y (aller) _____ (6) demain. La Bretagne est pittoresque, c'est vrai, mais j'ai besoin _____ (7) un peu de soleil!

Jean-Michel (ne pas voir) _____ (8) ce que je (faire) _____ (9) avec tous les souvenirs que j(e) (acheter) _____ (10) le long de notre route. Je suis trop chargée (loaded down)—impossible de faire du stop! Nous (prendre) _____ (11) le TGV pour aller à Marseille. Lorsque nous (arriver) _____ (12), je (pouvoir) _____ (13) aller à la poste et expédier tous ces cadeaux chez vous à Dijon.

Et vous, comment ça va? Est-ce que Tante Maude se porte mieux? _____ (14) qui allez-vous passer le 14 juillet? Dites bonjour de notre part à tout le monde.

Nous vous (revoir) _____ (15) très bientôt.

Grosses bises,

Sandrine

Vocabulaire

Vocabulaire fondamental

Noms

La ville — *The city*

une place	a (town) square
un plan	a map
un quartier	a neighborhood
un renseignement	information (a piece of)
une rue	a street

Mots apparentés: une avenue, un boulevard, un monument

Les voyages — *Travels*

un ascenseur	the elevator
une auberge	an inn
une auberge de jeunesse	a youth hostel
la Côte d'Azur	the Riviera
une gare	a train station
un itinéraire	an itinerary
un palais	a palace
un parc d'attractions	an amusement park
un passeport	a passport
un supplément	an extra charge
un terrain de camping	a campground
un(e) voyageur(-euse)	a traveler

Mots apparentés: l'atmosphère (f), une attraction, un avantage, le câble, le camping, le confort, une excursion, la nature, un(e) réceptionniste, une tente, la tradition

Verbes

apporter	to carry; to bring
assister à	to attend
avoir besoin de	to need
compter	to intend to
croire	to believe
découvrir	to discover
donner sur (la cour)	to overlook (the courtyard)
fabriquer	to produce, make
faire du camping	to go camping
loger	to lodge, stay (at a hotel, pension, etc.)
recevoir	to receive
tourner	to turn
traverser	to cross
voir	to see

Mots apparentés: admirer, apprécier, influencer

Adjectifs

animé(e)	animated, lively
contemporain(e)	contemporary
réduit(e)	reduced

Mots apparentés: essentiel(le), impressionniste, touristique

Mots divers

à droite	to the right
à gauche	to the left
au bout de	at the end of
aussitôt que	as soon as
l'avenir (m)	the future
un drapeau	the flag
un hymne national	the national anthem
jusqu'à	until
lorsque	when
sauf	except
si	if
le symbole	the symbol
tout droit	straight ahead

Expressions utiles

Comment se repérer en ville — *How to find one's way in town*

(See page 326 for additional expressions.)

Allez jusqu'au bout de la rue.	Go to the end of the street.
Allez tout droit et puis tournez à gauche.	Go straight ahead, and then turn left.
De quoi avez-vous besoin?	What do you need?
Est-ce que je peux vous déranger?	I'm sorry to bother you.
L'opéra Bastille, s'il vous plaît?	The Bastille Opera, please?
Pourriez-vous me dire où se trouve la gare?	Could you tell me where the train station is?

Comment réserver une chambre d'hôtel — *How to reserve a hotel room*

(See page 332 for additional expressions.)

Désolé(e), madame, l'hôtel est complet.	Sorry, ma'am, the hotel is full.
Il y a un supplément pour le petit déjeuner.	There's an extra charge for breakfast.
Je voudrais une chambre pour deux personnes avec douche.	I would like a room for two with a shower.
Le petit déjeuner est compris.	Breakfast is included.
Prenez l'ascenseur jusqu'au quatrième étage.	Take the elevator to the fifth floor.
Vous pouvez avoir un prix / tarif réduit.	You can get a reduced price.

Vocabulaire supplémentaire

Noms

une allumette	*a match*
une balade	*a stroll*
le bonheur	*happiness*
un(e) bouquiniste	*a bookseller*
une boussole	*a compass*
le droit	*right, permission*
l'équilibre *(m)*	*balance*
l'essence *(f)*	*gasoline*
une formule (de vacances)	*a (vacation) package*
une foule	*a crowd*
les jumelles *(f pl)*	*binoculars*
une lampe électrique	*a flashlight*
le mal du pays	*homesickness*
une œuvre	*a work of art*
un peintre	*a painter*
une réduction	*a reduction (in price)*
un sac de couchage	*a sleeping bag*
un tarif	*a rate*

Adjectifs

aménagé(e)	*with all the amenities*
choqué(e)	*shocked*
entier (entière)	*entire, whole*
fauché(e) *(fam)*	*broke, out of money*
gastronomique	*gourmet*
mythique	*mythical, legendary*
plein(e)	*full*

Verbes

accueillir	*to greet*
(se) balader	*to stroll*
se détendre	*to relax*
dominer	*to dominate*
faire une balade	*to take a stroll*
feuilleter	*to leaf through (pages)*
flâner	*to stroll*
profiter (de)	*to take advantage (of)*
se repérer	*to find one's way*
revoir	*to see again*

Une vue de l'université de Strasbourg. Ces jeunes rassemblés à la fac, de quoi discutent-ils?

Les jeunes face à l'avenir

This chapter focuses on youth in contemporary French society. We will discuss education and both personal and social concerns. You will learn what to say when you are shopping for clothing, how to give and accept compliments, and useful expressions used in casual conversation.

Thème: Le système éducatif français

Structure 12.1: Using pronouns for emphasis
*Les pronoms relatifs **ce qui** et **ce que***

Perspectives culturelles: La sélection et la chasse aux concours

Voix en direct: La vie sociale au lycée

Pratique de conversation: Comment «parler jeune»

Thème: La mode – tendances

Structure 12.2: Pointing things out *Lequel et les adjectifs démonstratifs **ce, cet, cette** et **ces***

Structure 12.3: Talking about offering and borrowing *L'ordre des pronoms*

Pratique de conversation: Comment faire des achats

Structure 12.4: Talking about paying for things
*Les verbes comme **payer***

Pratique de conversation: Comment faire et accepter des compliments

Perspectives culturelles: Les jeunes: Que veut dire «réussir dans la vie»?

À lire, à découvrir et à écrire

Lecture: Dossier génération: La vie sur Internet

iLrn Voix en direct (suite)

Expression écrite
À vos marques, prêts, bloguez!
L'objet qui représente ma génération

Le système éducatif français

Structure 12.1

Using pronouns for emphasis *Les pronoms relatifs* **ce qui** *et* **ce que**

Ce qui and **ce que** are indefinite relative pronouns that mean *what*. In spoken French, they are commonly used with **c'est** for adding emphasis and for focusing attention. See page 380 for further explanation.

Grâce à *(Thanks to)* Erasmus, les étudiants de la Communauté européenne ont la possibilité d'aller dans un autre pays européen pour faire leurs études. Avec Erasmus, le transfert des unités de valeur *(credits)* est assez facile et les étudiants sont donc plus mobiles. Voici quelques remarques d'étudiants étrangers en France.

Erasmus, un programme d'échanges entre universités européennes, porte le nom latin du philosophe et humaniste Érasme (1465–1536).

Notez et analysez

Read over the comments made by university exchange students for comprehension. Then look at the words in boldface. What follows **ce qui**? What follows **ce que**? Which of these forms do you think replaces the subject of the sentence? Which replaces the object?

Steven, 22 ans, Cameroun: Ce que j'aime dans ce pays, **c'est** le savoir-vivre. Ici on peut passer des heures autour de la table à discuter de tout et de rien. C'est très convivial. Mais, **ce qui m'énerve** *(annoys me)*, en France, **c'est** la paperasse *(paperwork)*, tous les documents à remplir!

Katie, 21 ans, Autriche: Ce que j'aime, c'est la langue. J'adore les mots «sublime» et «magnifique»! Avec le français, je peux mieux exprimer mes sentiments. **Ce qui m'intéresse, c'est** apprendre les mots d'argot *(slang)*. J'aimerais parler comme les autres jeunes.

Bjorn, 17 ans, Norvège: Moi, je suis venu ici pour le lycée. **Ce qui m'énerve** en France, **c'est** que les profs sont parfois cruels. Un de mes profs a dit qu'un élève était bête. Ça n'arriverait jamais en Norvège! **Ce que j'apprécie, c'est** le bon niveau *(high academic level)*. Mais il y a beaucoup de travail.

Francesca, 22 ans, Italie: Ce que je trouve vachement bien ici, **c'est** la liberté. Les filles et les garçons sont originaux. On peut avoir les cheveux rouges! **Ce qui m'ennuie, c'est** la difficulté du contact avec les étudiants français. Je suis souvent avec des étrangers.

Activité 1 Ce que j'aime et ce qui m'ennuie

Donnez vos impressions de votre université et de la vie universitaire en trouvant une proposition appropriée dans la liste.

1. Ce que j'aime faire, c'est...
2. Ce qui m'intéresse, c'est...
3. Ce que j'apprécie, c'est...
4. Ce qui m'impressionne, c'est...
5. Ce qui m'ennuie *(bothers me)*, c'est...

a. sortir avec des amis
b. la qualité des cours
c. la salle de sport
d. tout le travail
e. apprendre et réussir dans mes cours
f. la beauté du campus
g. les frais d'inscription *(tuition)* qui augmentent

Activité 2 Que disent les étudiants en programme d'échange?

Relisez les remarques des étudiants en programme d'échange et répondez aux questions suivantes en utilisant la structure **ce qui** ou **ce que**.

> **Modèle:** Qu'est-ce que Steven aime en France?
> *Ce qu'il aime, c'est le savoir-vivre.*

1. Qu'est-ce qui énerve Steven?
2. Katie, qu'est-ce qu'elle aime?
3. Qu'est-ce qui l'intéresse?
4. Bjorn, qu'est-ce qui l'énerve?
5. Qu'est-ce qu'il apprécie?
6. Francesca, qu'est-ce qu'elle aime?

 ## Activité 3 À vous!

Depuis votre arrivée sur ce campus, quelles en sont vos impressions? Avec un(e) partenaire, terminez les phrases suivantes.

1. Ce que j'ai remarqué tout de suite quand je suis arrivé(e) sur ce campus, c'était...
2. Ce que j'aime le plus ici, c'est...
3. Ce qui m'ennuie ici, c'est...
4. Ce que je trouve amusant, c'est...
5. ... voilà ce que je trouve insupportable *(what I can't stand)*.

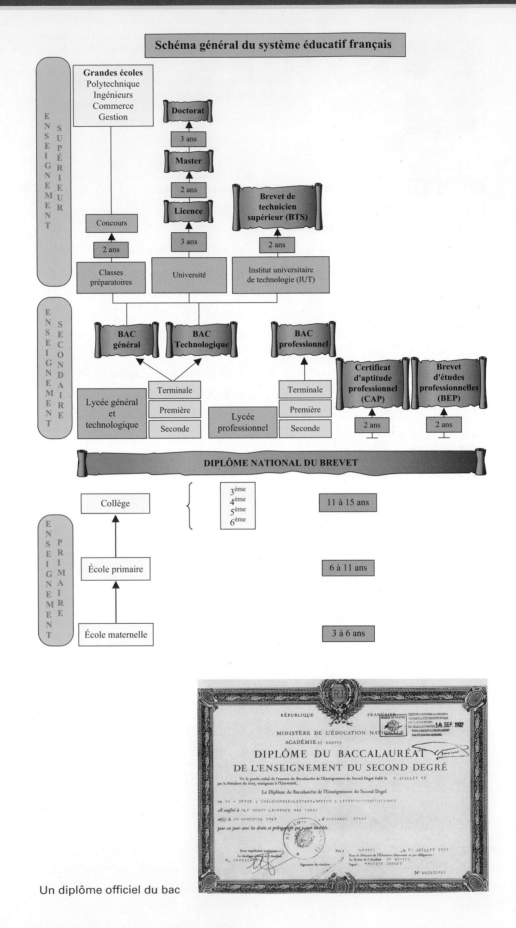

Schéma général du système éducatif français

ENSEIGNEMENT SUPÉRIEUR

Grandes écoles
Polytechnique
Ingénieurs
Commerce
Gestion

Doctorat
3 ans

Master
2 ans

Licence
3 ans

Brevet de technicien supérieur (BTS)
2 ans

Concours
2 ans

Classes préparatoires

Université

Institut universitaire de technologie (IUT)

ENSEIGNEMENT SECONDAIRE

BAC général

BAC Technologique

BAC professionnel

Certificat d'aptitude professionnel (CAP)
2 ans

Brevet d'études professionnelles (BEP)
2 ans

Lycée général et technologique

Terminale
Première
Seconde

Lycée professionnel

Terminale
Première
Seconde

DIPLÔME NATIONAL DU BREVET

Collège

3ème
4ème
5ème
6ème

11 à 15 ans

ENSEIGNEMENT PRIMAIRE

École primaire

6 à 11 ans

École maternelle

3 à 6 ans

Un diplôme officiel du bac

En France comme dans le monde entier, l'école et les études jouent un rôle central dans la vie des jeunes. Les professeurs français, comme leurs homologues° américains, se plaignent de° leurs élèves et de leur manque de° culture classique. Ils disent que la plupart des élèves connaissent mieux les noms des chanteurs ou des champions sportifs que les dates des grandes batailles de l'histoire de France.

peers
complain about
lack

Mais comme vous verrez dans ce module, le système éducatif français reste très traditionnel. Gérées° par le Ministère de l'éducation nationale, les écoles sont centralisées et uniformes.

Managed

Activité 4 La vie scolaire

Consultez le diagramme à la page 358 pour compléter les phrases suivantes.

1. En France, les enfants commencent _____ à l'âge de 3 ans. Là, ils apprennent à jouer ensemble.

2. À la fin du collège, les étudiants reçoivent le Diplôme _____.

3. Après _____, à 11 ans, l'enfant commence le collège en 6ème et le termine en _____.

4. Après le collège, l'élève qui préfère faire des études plus pratiques va souvent dans un _____. Il y suit des cours techniques et il y fait un apprentissage de mécanicien, de charpentier *(carpenter)* ou de boulanger, par exemple.

5. Les élèves qui continuent leurs études scolaires générales vont au _____ après le collège. Ils commencent cette école à l'âge de _____ ans.

6. La dernière année de lycée s'appelle la _____. C'est une année consacrée à la préparation du _____, un examen long et difficile.

7. Tout élève possédant le bac peut s'inscrire *(enroll)* dans une _____.

8. Après le bac, les meilleurs élèves peuvent suivre des cours préparatoires pendant une ou plusieurs années pour préparer un concours extrêmement difficile qui donne accès aux _____, les établissements publics d'enseignement supérieur les plus prestigieux de France.

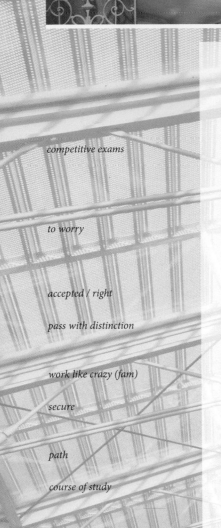

La sélection et la chasse aux concours

competitive exams

Les concours° et la sélection jouent un grand rôle dans la vie scolaire de l'élève français.

Jusqu'à la fin du collège, tous les jeunes suivent des cours ensemble, le fils du boulanger avec la fille du médecin.

to worry

Mais bien avant la fin du collège, les élèves et leurs parents commencent à s'inquiéter° de la sélection pour le lycée. Les meilleurs élèves poursuivront des études académiques au lycée; les autres seront orientés vers un lycée d'enseignement professionnel (LEP) pour suivre des études pratiques.

accepted / right

pass with distinction

À la fin du lycée, le bac constitue une deuxième sélection. Seuls les élèves qui y sont reçus° ont le droit° de poursuivre des études supérieures à l'université; entre 77% et 83% des candidats réussissent. Pour les élèves qui sont reçus au bac avec mention°, il y a la possibilité d'entrer dans une grande école. Ces grandes écoles sont réservées à une petite élite; elles représentent l'éducation française à son plus haut niveau.

work like crazy (fam)

secure

Pour y être admis, il faut «bosser comme un fou°» pendant deux ans dans une classe préparatoire avant de passer un concours d'entrée. Une fois reçu au concours, l'étudiant peut se reposer un peu. Son avenir professionnel est assez sûr°.

path

course of study

Le système éducatif français est assez rigide. Une fois qu'un étudiant est orienté dans une filière°, choisie vers l'âge de 14 ans, il lui est difficile de changer de voie°. Par conséquent, les parents poussent leurs enfants dans leurs études et les encouragent à choisir une direction à un jeune âge. Le parent français sait que le diplôme ouvre de nombreuses portes dans la vie.

■■ Avez-vous compris?

Lisez les phrases suivantes et dites si elles sont vraies ou fausses.

1. Jusqu'à la fin du collège, les élèves français suivent tous le même programme d'études.

2. Si on veut faire des études universitaires, il faut réussir au bac.

3. Les grandes écoles sont très prestigieuses.

4. Pour entrer dans une grande école, on doit simplement suivre des cours préparatoires pendant deux ans; il n'y a pas de concours après.

5. Comme aux États-Unis, l'étudiant français peut facilement changer la direction de ses études.

■■ Et vous?

1. Est-ce que les parents américains s'inquiètent aussi de la réussite scolaire de leurs enfants?

2. Qu'est-ce qu'on peut faire pour avoir les meilleures chances d'être reçu *(accepted)* dans une bonne université aux États-Unis?

3. Est-ce que vous croyez que la pression *(pressure)* scolaire sur les jeunes est nécessaire? Expliquez.

CD3, Track 17

Voix en direct
La vie sociale au lycée

**Dans beaucoup de lycées aux États-Unis, les
étudiants se regroupent en cliques. Est-ce que
c'était vrai dans votre lycée?**

Célia Keren
Étudiante, 23 ans
Paris, France

En fait, à mon sens[1], il y a vraiment une sociologie,
quoi, de l'appartenance[2] dans les lycées selon[3] le style
musical. Moi, j'étais au lycée il y a dix ans[4], presque,
maintenant, donc, euh, c'était il y a longtemps[5]. Mais
à mon époque, à la fin des années 90, il y avait les
«grunges», qui écoutaient du rock, du grunge—les
Smashing Pumpkins. Ils étaient—on était habillé avec les cheveux colorés
ou des «locks», ou on avait des fringues[6] de toutes les couleurs, on était
mal habillé, on n'était pas maquillé[7]. Il y avait les «rappers». Ils écoutent du
rap et ils sont habillés en jogging[8] avec des grosses baskets, alors que nous
on avait des Doc Martens. Et il y a les gens qui n'ont pas de look. C'est
des gens normaux. Ils sont habillés normalement. Ils n'écoutent rien en
particulier. Ces gens, ils sont gentils, et tout le monde peut leur parler.

[1]*I think* [2]*belonging* [3]*according to* [4]*ten years ago* [5]*a long time ago* [6]*clothing* [7]*not made up*
[8]*jogging pants*

**Aux États-Unis, il y a aussi un groupe qu'on appelle les «nerds». Est-ce
que cela existe en France?**

Non... Ils existent, eux, comme individus[9], mais c'est pas un phénomène
culturel. Le mec[10], il aime jouer aux ordinateurs et à «*Dungeons and
Dragons*». Et il est mal habillé et il parle pas aux filles et il sort pas le soir.
Non, ça c'est—peut-être que ça existe mais c'est pas un cliché[11] qu'on a...
Mais on connaît parce qu'on regarde les séries de télé américaines.

[9]*individuals* [10]*the guy* [11]*stereotype*

Est-ce que c'est important d'être «in» en France?

J'ai quand même l'impression que..., c'est moins cruel en France. La
popularité, ça compte, à l'école aussi, c'est quelque chose qui existe, mais
c'est pas une institution sociale comme aux États-Unis. ...On vote pour la
«Queen of the prom». Ça existe mais c'est pas aussi rigide, quand même,
j'ai l'impression donc. Oui, il y a des gens qui sont moins populaires que
d'autres. Mais quand même ils vont toujours avoir au moins[12] un ami.

[12]*at least*

Réfléchissez aux réponses

1. Selon Célia, comment les étudiants de son lycée étaient-ils divisés?

2. Selon Célia, en France il n'y a pas d'équivalent du «nerd». Mais elle a découvert ce stéréotype en regardant des séries télévisées américaines. Quelle est sa conception du «nerd»?

3. Elle pense que la vie sociale au lycée est moins cruelle que dans un «high school». Pourquoi?

4. Est-ce que des groupes se formaient dans votre lycée selon le genre de musique qu'on écoutait? Selon autre chose? Expliquez.

Activité 5 Comparons nos deux systèmes

Le système éducatif français est assez différent du système américain. Donnez l'équivalent approximatif de chaque mot anglais en français. Puis, expliquez quelques différences entre les deux termes.

1. *middle school*
2. *university*
3. *Scholastic Aptitude Test*
4. *senior year (high school)*
5. *Ivy League schools*
6. *kindergarten*
7. *college prep high school*
8. *bachelor's degree*

a. l'école maternelle
b. le baccalauréat
c. les grandes écoles
d. l'université
e. le lycée
f. la terminale
g. le collège
h. la licence

Activité 6 Le système éducatif français comparé au système américain

Mettez-vous en groupes de trois ou quatre. Trouvez deux choses en commun et deux différences entre les deux systèmes.

Expressions possibles

Pour expliquer les différences et les similarités

Les deux systèmes ont des éléments semblables et différents.

Pour comparer

En France / Aux États-Unis, les lycées ont moins de / plus de / n'ont pas autant de...
En France on est généralement plus jeune quand on commence l'école.

Pour annoncer le point de comparaison

En ce qui concerne la vie sociale... *(In terms of social life...)*

Activité 7 Un micro-bac: Testez-vous!

Voici quelques questions qu'on a posées au bac:

Quiz histoire géo

1. En 1940, on appelle «blitz»...
   a. le bombardement intense des villes britanniques par la Luftwaffe.
   b. la guerre éclair *(blitzkrieg)* menée par Hitler contre la France.
   c. l'éclair aveuglant *(blinding light)* des bombes lancées *(dropped)* par avion.

2. Les accords de Bretton Woods ont établi...
   a. la parité du dollar avec l'or *(gold)*.
   b. le système des changes flottants.
   c. le système monétaire européen.

3. Un régime communiste subsiste...
   a. cn Ukraine.
   b. en Corée du Nord.
   c. en Corée du Sud.

4. Aux États-Unis, les Latinos représentent...
   a. 12,5% de la population.
   b. 9% de la population.
   c. 30% dc la population.

Quiz anglais

5. She's late again, _____ is hardly surprising.
   a. what
   b. which
   c. this

6. I advise you …
   a. not to say nothing.
   b. tell nothing.
   c. not to say anything.

Comment «parler jeune»

Réfléchissez et considérez

In groups of three or four, make a list of common expressions you use with friends when you think something is great, or when you think it's pretty awful. What words do you use to refer to a male or female your age? Do you abbreviate words when you're speaking casually? Give an example. Now compare your lists with the expressions below. These expressions are quite common and appropriate in casual conversation with people your age.

CD3, Track 18

Expressions utiles

Pour porter un jugement sur les choses

Évaluation positive

C'est hyper (super / vachement / trop) bien°.   *really great*
C'est passionnant. C'est chouette. C'est cool.
C'est top. C'est génial. C'est d'enfer.
C'est pas mal°. C'est plutôt bon°.   *not bad / pretty good*
C'est marrant° / rigolo° / amusant° / sympa.   *funny*

Évaluation négative

C'est super (hyper / vachement) mauvais°.   *really bad*
C'est nul° / débile°.   *useless / idiotic*
C'est plutôt mauvais°. C'est lamentable / triste°.   *pretty bad / pathetic*
C'est pas terrible°. C'est pas très intéressant.   *mediocre*

Pour parler des gens

un mec° / type (un homme)   un pote° (un copain)   *guy / buddy*
une nana (une jeune fille)   un(e) gosse (un[e] enfant)

Pour raccourcir *(shorten)*

Les Français ont tendance à utiliser des abréviations pour simplifier le langage. Voici une petite liste de mots utiles considérés comme familiers.

le frigo   l'appart
le/la coloc   le resto
le dico (le dictionnaire)   le prof
le petit déj   le clip (le vidéo-clip)
le bac   la fac
la pub (la publicité)   un imper (un imperméable)
d'ac (d'accord)   à plus (à plus tard)
comme d'hab (comme d'habitude)

En français familier, le négatif se forme uniquement avec **pas**. Le **ne** est omis.

J'veux pas venir.
T'es là? T'as faim?

On marque les questions par l'intonation.

T'es sûr?
Moi, j'sais pas.

Tu es et **tu as** sont remplacés par les contractions **t'as** et **t'es**.

On utilise les pronoms toniques (**moi, toi, lui**, etc.) pour accentuer.

Pour parler des objets de tous les jours

les fringues (vêtements)   le fric (l'argent)
la bagnole (la voiture)   le bouquin (le livre)
la bouffe (la nourriture)   un machin (*a thingy*)
un truc (une chose)

CD3, Track 19

■■■ **Écoutons ensemble! Les jeunes parlent entre eux.**

Répondez aux questions ou déclarations que vous entendez en choisissant le mot familier de la liste qui convient. Puis, vérifiez vos réponses.

bouffe   mec   apart   la fac   clip   bouquins   frigo   bagnole   resto   dico

1. Dans un _____ à Paris.
2. Non, je n'ai pas besoin d'une ____.
3. Je vais à ____ en métro.
4. Oui, j'ai pas mal de _____ à apporter.
5. Tu peux regarder dans le _____.
6. Oui, on fait de la bonne ____ ici!
7. Non, je suis fatigué. Mangeons au _____.

> **T'as vu le film? C'était marrant, non?**
>
> **Oui, c'était trop bien!**

Comme dans la plupart des pays, les jeunes Français utilisent un langage familier pour parler entre eux.

Activité 8 **De quoi est-ce qu'on parle?**

Vos copains français vous parlent. Que veulent dire les mots d'argot qu'ils utilisent?

1. Ce **bouquin**, c'est passionnant. Tu l'as lu?
2. J'adore la bonne **bouffe**!
3. Dis donc, ce **clip** est marrant. J'adore YouTube.
4. Toi et tes **potes**, vous allez au concert?
5. Zut! Il pleut. Où est mon **imper**?
6. Il faut chercher ce mot dans le **dico**.
7. Je ne peux pas aller au ciné. J'ai pas de **fric**.
8. Donne-moi ce **truc**-là, le **machin** bleu et vert.

   a. un vidéo-clip
   b. argent
   c. un livre
   d. une chose
   e. la cuisine
   f. un imperméable
   g. les copains
   h. le dictionnaire

Activité 9 **Qu'est-ce que tu en penses?**

Demandez à votre partenaire ce qu'il/elle pense des éléments suivants.

> **Modèle:** San Francisco
> — *Dis, qu'est-ce que tu penses de San Francisco?*
> — *San Francisco? C'est super!*

1. Hugh Jackman
2. *Dancing with the Stars*
3. les grosses voitures
4. Twitter
5. Las Vegas
6. Paris Hilton
7. les iPods touch

> **T'aimes pas ce pull?**
>
> **Moi, j'sais pas.**

CD3, Track 20

Activité 10 **Lui, il est marrant!**

Parfois en français, on souligne une réponse avec un pronom accentué. Trouvez la meilleure réponse pour chaque question. Puis écoutez l'enregistrement audio pour vérifier vos réponses. Faites attention à l'intonation.

1. Ta mère, elle est bien?
2. Ton voisin Frédo, qu'est-ce qu'il a?
3. Tes potes ici sont cool?
4. Tu connais Claire?
5. Qu'est-ce que tu penses de Chris Rock?
6. T'aimes ce mec-là?

   a. Lui, il est marrant!
   b. Ah, oui. Eux, ils sont super sympas!
   c. Ah oui! Ma mère, elle est trop bien.
   d. Mais non. Il est débile!
   e. J'sais pas, moi. Pourquoi?
   f. Oui, oui. Elle est super bien!

La mode – tendances *(trends)*

Les adolescents représentent un marché gigantesque pour les fringues et les gadgets électroniques, comme le portable et la musique. Ils sont tout simplement devenus accros *(addicted [fam])* à la consommation.

Adapté de «J'économise», no. 35, juin/juillet 2002

Structure 12.2

Pointing things out *Lequel et les adjectifs démonstratifs* **ce, cet, cette** *et* **ces**

Lequel *(Which one)* and demonstrative adjectives (**ce, cet, cette** and **ces**) are used for asking about choices and referring to specific people and things. They are introduced here in the context of shopping. See page 381 for a full explanation of these forms.

Notez et analysez

Imagine where these conversations about clothing might take place. In the first exchange, what words does **lesquelles** replace? In the second, **lequel** replaces what words?

— Tu aimes **ces** chaussures-**là**?
— **Lesquelles**?
— **Ces** baskets-**ci** en solde à 41 euros.
— Oui, elles sont pas mal. Et c'est un bon prix.

— Que pensez-vous de ce pull?
— **Lequel**?
— **Ce** pull-**là** à col roulé en solde à 26 euros.
— Je le trouve moche.

Activité 11 Un magasin de mode

Vous regardez les vêtements en solde (page 366) avec un copain (une copine). Demandez ce qu'il/elle pense des éléments suivants.

> **Modèle:** les baskets
> — *Qu'est-ce que tu penses de ces baskets?*
> — *Lesquelles?*
> — *Ces baskets-là en solde à 41 euros.*

1. le pull
2. les sandales
3. le débardeur
4. les tennis
5. les mules
6. le pantalon cargo

pull col roulé · *coiffure sage* · *ensemble coordonné* · *pull déstructuré* · *jupe au niveau du genou* · *mocassins* · *collants foncés* · *pantalon à pinces*

Activité 12 La mode des jeunes dépend de la situation.

Adrienne et Pierre doivent s'habiller pour des situations différentes.

A. **Chez Adrienne.** Ce week-end, elle rencontre les parents de son copain. Que porter? Lisez les recommandations et indiquez si les phrases qui suivent sont vraies ou fausses.

L'image à afficher° est celle d'une gentille jeune fille, propre et rangée°. Toujours en robe ou en jupe au niveau du genou°. Ensembles° coordonnés, collants foncés°. Jamais de moulant°. Jeans basiques avec un pull ou un chemisier customisé. Coiffure sage° et maquillage naturel. L'exemple à imiter: Audrey Tautou dans *Le fabuleux destin d'Amélie Poulain.*

Adapté de *Jeune et jolie,* avril 2002.

to project / clean and neat
knee length / Outfits
dark stockings / close-fitting
demure

1. Adrienne porte cette tenue (*outfit*) pour impressionner son petit ami.
2. Elle porte une mini-jupe.
3. Porter une robe moulante ne correspond pas à l'image d'une jeune fille sage.
4. Le maquillage naturel, c'est assez réservé.
5. Adrienne cherche un look qui va lui permettre de se faire remarquer (*make her stand out*).

B. **Chez Pierre.** Ce soir, il veut sortir en boîte. Que porter? Lisez les recommandations et répondez aux questions.

L'image à afficher° est celle d'un jeune homme BCBG°. Pour ce soir: un pantalon à pinces° gris, un pull col roulé° sous une veste BCBG et des chaussures classiques. Il faut une tenue° qui ouvre les portes des boîtes de nuit. Premier objectif? Ne pas être refoulé° par les videurs°. Il a donc une sorte «d'uniforme», mais style.

to project / bon chic bon genre (clean-cut)
pleated slacks / turtle neck
outfit
turned away / bouncers

1. Qu'est-ce que Pierre va faire ce soir?
2. Est-ce qu'on porte une cravate avec un pull col roulé?
3. Pourquoi Pierre doit-il s'habiller de façon classique?
4. Est-ce qu'un pantalon à pinces est habillé (*formal*)?

C. **À vous!** Imaginez que Pierre et Adrienne sont américains. Est-ce que vous leur faites les mêmes recommandations? Faites les changements que vous trouvez nécessaires.

En groupes de trois, regardez les vêtements sur la photo et répondez aux questions suivantes.

1. Qu'est-ce qu'on porte sur la photo?
2. À quelle époque est-ce qu'on s'habillait comme ça?
3. Qu'est-ce que vous portez pour sortir en boîte?
4. Qu'est-ce que vous mettez pour aller en cours?
5. Quelles sont les tendances-mode qui caractérisent votre génération?

La mode des années 60. On porte des pantalons taille basse *(low waisted)* à pattes d'eph *(flared)*. Les couleurs sont vives et gaies.

Structure 12.3

Talking about offering and borrowing *L'ordre des pronoms*

When talking about offering gifts, borrowing, or lending, two object pronouns are sometimes used in succession. One represents the object being offered, the other represents the recipient. See pages 382–383 for an explanation of pronoun order.

— Dis, j'ai besoin d'une veste pour ce soir. Je peux emprunter ta veste, Stéphane?
— D'accord. Je **te la** prête. Mais tu dois **me la** rendre demain.

— Ah, ta fille aime ces fleurs?
— Ah oui! Elle les adore!
— Tiens, je **les lui** offre! Voilà, ma petite!

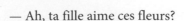

Activité 14 Alors, je te le prête!

À jouer avec toute la classe.

■ **Première étape:**

Prenez un objet et demandez à votre voisin(e) s'il/elle veut le/la/les emprunter. Suivez le modèle. *(This is a chain sequence activity).*

> **Modèle:** — *Kerry, tu veux emprunter* (borrow) *mon portable?*
> — *Oui, je veux l'emprunter.*
> — *Alors, je te le prête.* (Passez l'objet à votre partenaire.)

■ **Deuxième étape:**

À la fin de l'activité, suivez les directives du professeur. (Aidez votre instructeur à se rappeler à qui sont ces objets.)

> **Modèle:** — *Kerry, rendez le portable à Jane.*
> — *D'accord. Je le lui rends.*

Activité 15 Dis-moi la vérité.

Jean veut acheter un vêtement pour sa petite amie. Il demande l'opinion de son copain (sa copine). Travaillez avec un(e) partenaire et jouez les rôles de Jean et de son copain (sa copine).

> **Modèles:** pantalon / trop court (non)
> Étudiant(e) 1: *Dis, je lui achète ce pantalon?*
> Étudiant(e) 2: *Mais non, ne le lui achète pas. Il est trop court!*
>
> manteau / confortable (oui)
> Étudiant(e) 1: *Alors, je lui achète ce manteau?*
> Étudiant(e) 2: *Oui, achète-le-lui. Il a l'air très confortable.*

1. cette veste / épaules *(shoulders)* trop étroites *(tight)* (non)

2. ce pantalon / trop large (non)

3. cette chemise / élégante (oui)

4. ce débardeur / trop moulant (non)

5. ces chaussures / talons *(heels)* trop hauts (non)

6. cette écharpe *(scarf)* / pratique (oui)

Comment faire des achats

Structure 12.4

Talking about paying for things *Les verbes comme* **payer**

In French, to ask how much someone paid for an item, you say: **Vous l'avez payé combien?** For the forms of **payer** and a list of verbs that follow this pattern, see pages 384–385.

Les Galeries Lafayette près de l'Opéra à Paris

CD3, Track 21

Expressions utiles

Pour faire le premier contact

Vendeur (Vendeuse)	**Client(e)**
help you — Je peux vous renseigner°?	Oui, je cherche un pantalon.
Vous désirez, madame / monsieur?	Je cherche ce modèle en bleu.
	Euh, je regarde (tout simplement).
	Rien, merci.

Pour donner et demander des renseignements

Vendeur (Vendeuse)	**Client(e)**
size — Quelle taille° faites-vous?	Je fais du 40.
shoe size — Quelle est votre pointure°?	Je chausse (Je fais) du 39.

Pour demander le prix

Client(e)	**Vendeur (Vendeuse)**
C'est combien, cette chemise?	Elle est en solde à 48 euros.
Combien coûtent ces bottes?	C'est une très bonne affaire. Elles coûtent 89 euros.
C'est très cher!	Mais regardez un peu, la qualité est superbe!

CD3, Track 22

Expressions utiles (Suite)

Pour demander un avis et prendre une décision

Client(e)
Je peux l'essayer?
Est-ce que ça me va?

Vendeur (Vendeuse)
Bien sûr. Voilà la cabine.
Ça vous va très bien / comme un gant.
C'est peut-être un peu serré / large.
Essayez une taille plus grande / petite.

Vendeur (Vendeuse)
Qu'est-ce que vous en pensez?

Client(e)
Je ne sais pas. C'est un peu trop cher /
　grand / juste. Je dois réfléchir.
Je le prends.

Vendeur (Vendeuse)
Vous payez par carte de crédit ou en
　liquide°?

Client(e)
Vous acceptez les cartes de débit?
Je vais utiliser ma carte Visa.　　*cash*

Pour ceux qui aiment chiner *(shopping for secondhand goods)*, le marché aux puces de Saint-Ouen vous propose une grande diversité de marchandises: vêtements neufs et d'occasion, antiquités, bibelots et objets d'art et de décoration.

CD3, Track 23

Écoutons ensemble! Dans une boutique de prêt-à-porter

Écoutez le dialogue et écrivez les mots qui manquent.

VENDEUR: Bonjour, mademoiselle. Je peux _____? *renseigner*

CLIENTE: Oui, j'ai vu ce *pull* dans la vitrine. Est-ce que vous avez ce *modèle* en *vert*?

VENDEUR: Je vais voir. Quelle *taille faites*-vous?

CLIENTE: Je fais *42*.

VENDEUR: Le voilà. Vous voulez _____? La cabine est là-bas.

(plus tard, devant le miroir)

VENDEUR: Il vous va très bien. Et il est en *solde*. Qu'est-ce que vous en pensez?

CLIENTE: Je *le prends*. Vous acceptez les cartes de crédit?

Activité 16　À la boutique de prêt-à-porter

Vous entrez dans une boutique pour chercher un vêtement. Suivez les directives pour inventer un jeu de rôle. Puis, jouez la scène pour la classe. Pour le vocabulaire, voir pages 370–371.

VENDEUR/VENDEUSE: Greets customer and asks if he/she needs help.

CLIENT(E): Says what he/she is looking for (a top, a shirt, a pair of pants, a skirt, a sports coat, etc. with specific characteristics).

VENDEUR/VENDEUSE: Asks the client for his/her size.

CLIENT(E): Gives the salesperson his/her size.

VENDEUR/VENDEUSE: Points out an item and describes it.

CLIENT(E): Gives a reason why he/she doesn't like it, or why it won't work.

VENDEUR/VENDEUSE: Suggests another item.

CLIENT(E): Thinks it might work. Asks if he/she can try it on and where the dressing room is.

VENDEUR/VENDEUSE: Says how nice it looks on the customer. Asks if he/she wants to buy it.

CLIENT(E): Says yes with some hesitation.

VENDEUR/VENDEUSE: Finds out how he/she is going to pay for it and completes the transaction.

Comment faire et accepter des compliments

Réfléchissez et considérez

Ways of offering and receiving compliments vary from culture to culture. In small groups, write down several typical compliments Americans might give and predictable responses. Then look over the French compliments and responses below and answer the following questions.

1. What do you notice about the French responses to compliments shown here that is different from a typical American response?

2. Look at the following suggestions and select the most plausible explanation for the French responses.

   a. On ne veut pas paraître (*One is afraid to seem*) vaniteux (vaniteuse).

   b. On pense que le compliment est offert pour vous influencer ou parce qu'on veut quelque chose.

   c. On veut paraître humble.

   d. Toutes les réponses données sont possibles.

Expressions utiles

CD3, Track 24

Pour faire un compliment

Cette veste te va très bien.
Cette bagnole est chouette!
C'était une excellente présentation.
J'aime bien cette coupe de cheveux°. Ça te va super bien.   *haircut*
Ton écharpe / chapeau / haut° est très chouette!   *top*
J'adore cette couleur. Ça met vos yeux en valeur.°   *It brings out your eyes.*
Ça te va super bien, même si tu ne veux pas l'admettre.
Ça te va comme un gant°.   *fits you like a glove*

Pour accepter un compliment

Arrête donc, c'est pas vrai!
Vous croyez? Mais elle est vieille / il est vieux.
Ah, je ne sais pas. Cette coupe est très ordinaire.
C'est / C'était rien.
C'est une vieille chose que j'ai trouvée au
    fond de mon placard.
Tu trouves ça vraiment beau? Moi, je ne
    l'aime pas beaucoup. Je le trouve trop
    large / trop serré...
Merci. (C'est gentil.) Je l'ai trouvé en solde.

Dans *Le corbeau et le renard,* un renard complimente un corbeau qui tient un morceau de fromage dans son bec *(beak):* «Et bonjour, Monsieur du Corbeau. Que vous êtes joli! Que vous me semblez beau!» Quand le corbeau ouvre son bec pour exhiber *(show off)* sa belle voix, le fromage tombe et le renard le saisit.

CD3, Track 25

Écoutons ensemble! Répondons aux compliments

Pour chaque compliment, donnez une réponse. Puis écoutez la réponse. (Parfois, il y a plus d'une réponse possible.)

1. Ta jupe est très élégante.
2. Tu es exquise dans cette robe!
3. Ce pantalon te va très bien.
4. C'est une très jolie montre!
5. J'aime bien ton chapeau.
6. Cette coupe te va si bien!

   a. Tu trouves? Moi, je crois que c'est très ordinaire.
   b. Merci. C'est gentil. Je l'ai trouvé(e) en solde.
   c. Ah! Jean-Phi, arrête, tu es trop flatteur!
   d. Oh, c'est un vieux truc que j'ai trouvé au fond de mon placard.
   e. Oh, c'est rien de spécial.
   f. Ah, je crois que ça me grossit.

 Activité 17 À une soirée avec des flatteurs!

Donnez et répondez aux compliments de façon appropriée en choisissant la réponse qui convient.

1. Salut, Anne. Tu es très jolie dans cette robe! Elle est neuve?
2. Marc, félicitations pour votre promotion!
3. Jeanine, j'ai vu ton match de tennis aujourd'hui. Bien joué!
4. J'aime ce pull! Il te va si bien!
5. J'aime bien cette coupe de cheveux.
6. Ta nouvelle moto est chouette!

   a. Arrête donc! J'ai eu de la chance, c'est tout !
   b. Merci, c'est gentil.
   c. Ah, c'est rien. Juste un nouveau titre (*job title*).
   d. Tu trouves? Moi, je trouve qu'elle est un peu courte.
   e. Non, je l'ai trouvée au fond du placard.
   f. Tu sais, elle n'a pas beaucoup de puissance (*power*).

 Activité 18 Les compliments à la française: Testez-vous!

Faites un compliment à votre partenaire et il/elle répondra à la française. Parlez d'un des sujets suivants:

les vêtements (la couleur, le style, etc.)
les chaussures (le style, la couleur, etc.)
les cheveux (la coupe, la couleur, la longueur, etc.)
comment vous parlez français

Les jeunes: Que veut dire «réussir dans la vie»?

«Il n'y a pas de réussite facile, ni d'échec° définitif.»
Marcel Proust (auteur français, 1871–1922)

failure

«Réussir, c'est être en accord avec soi-même°, faire des choses avec passion et pas avec raison.»
Hélène Darroze (grand chef cuisinier, 1967–présent)

oneself

«Un homme qui a réussi est un homme qui se lève le matin et se couche le soir et qui, entre les deux, a fait ce qu'il aimait.»
Bob Dylan (chanteur américain, 1941–présent)

Depuis longtemps on s'interroge° sur la définition de la réussite dans la vie. Selon le dictionnaire *Larousse*, une réussite c'est «un succès, un résultat favorable». Dans un climat de difficultés économiques et d'incertitude mondiale, comment est-ce que les jeunes Français perçoivent la réussite? Est-ce qu'ils perdent confiance dans leur avenir? Est-ce que les jeunes et les adultes partagent les mêmes perceptions? C'est en considérant ces questions que la Fondation Wyeth et Ipsos Santé ont fait une enquête chez des jeunes (de 15 à 18 ans) et chez des adultes sur la réussite dans la vie (2009). Voici leurs résultats.

asks oneself

Adapté d'Ipsos Santé.

Qualités nécessaires à la réussite

Question 1: Pour vous, pour réussir, il faut avant tout... (deux réponses maximum):

	Jeunes	Adultes	Adultes pour les jeunes*
Être motivé	54%	41%	25%
Croire en soi°	43%	48%	12%
Travailler dur	40%	36%	16%
Se faire plaisir°	15%	12%	16%
Aller de l'avant°	12%	22%	7%
Avoir de la chance	11%	13%	44%

to believe in yourself

to do what makes you happy

to get ahead

*****Ce que les adultes pensent être l'opinion des jeunes.**

Interprétons les statistiques

1. Quelles sont les trois qualités nécessaires pour réussir selon les adultes et les jeunes?

2. Quelles réponses montrent que les adultes comprennent mal les jeunes?

Les croyances

Question 2: Voici certains principes. Nous vous demandons de nous indiquer si vous y croyez personnellement tout à fait°, plutôt°, plutôt pas° ou pas du tout.

completely
mostly / mostly not

	J'y crois tout à fait	J'y crois plutôt	Je n'y crois plutôt pas	Je n'y crois pas du tout	Ne sait pas
Je vais réussir mieux que mes parents	12	48	17	3	20
L'éducation proposée à l'école est la base de la réussite	10	41	32	15	2
Tout le monde a les mêmes chances de réussite	11	16	37	35	1
La réussite est liée° au travail fourni°	36	51	10	2	1

connected
exerted

Interprétons les statistiques

1. Quels sont les principes les plus acceptés par les jeunes?

2. Est-ce que les jeunes ont confiance dans l'avenir? Comment le savez-vous?

3. Est-ce que les jeunes croient à l'égalité des chances?

La vie future

Question 3: À partir de cette liste, nous vous demandons de choisir les éléments que vous rechercherez pour votre vie future (pas de maximum).

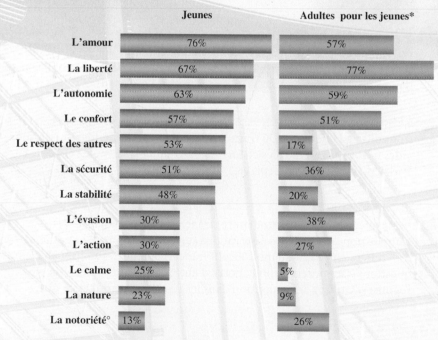

	Jeunes	Adultes pour les jeunes*
L'amour	76%	57%
La liberté	67%	77%
L'autonomie	63%	59%
Le confort	57%	51%
Le respect des autres	53%	17%
La sécurité	51%	36%
La stabilité	48%	20%
L'évasion	30%	38%
L'action	30%	27%
Le calme	25%	5%
La nature	23%	9%
La notoriété°	13%	26%

fame

*Ce que les adultes pensent être l'opinion des jeunes.

Interprétons les statistiques

1. Quand les jeunes pensent à leur vie future, quels sont les éléments les plus recherchés?

2. Les adultes n'ont pas toujours raison quand ils donnent leur opinion sur les valeurs des jeunes. Ils sousestiment (*underestimate*) l'importance de quels éléments? À quels éléments donnent-ils trop d'importance?

▮▮ À vous!

1. Avec quelle citation êtes-vous le plus d'accord? Pourquoi?

2. Quels points communs est-ce que vous avez avec les jeunes Français questionnés dans le sondage? Trouvez au moins deux exemples.

3. Complétez les phrases suivantes en regardant les statistiques.

   Ce qui me surprend, c'est...

   Ce qui ne me surprend pas, c'est...

   Ce que je trouve intéressant, c'est...

Pour les jeunes Français, l'amour est l'élément le plus important pour l'avenir.

▮▮ Situations à jouer!

1 Vous venez d'acheter de nouveaux vêtements pour aller à une fête avec un(e) ami(e). Montrez les vêtements à votre ami(e). (Vous pouvez utiliser une photo de mode.) Demandez-lui ce qu'il/elle en pense. N'oubliez pas d'employer les mots familiers que vous venez d'apprendre.

2 Vous allez à la boutique où travaille votre ami(e). Demandez-lui de vous aider à trouver la tenue, les chaussures, etc., que vous voulez acheter. Parlez du prix, de la couleur, etc.

3 Vous interviewez un(e) étudiant(e) français(e) qui étudie sur votre campus pour obtenir ses observations sur votre université et parler des différences entre le système éducatif français et américain. Préparez cinq questions à lui poser. Ensuite, posez d'autres questions basées sur ses réponses. Utilisez la focalisation dans les réponses: **ce qui** et **ce que.**

Lecture

Anticipation

1. Lesquels de ces moyens de communication virtuelle est-ce que vous utilisez?

_____ les textos (SMS)   _____ MySpace

_____ la messagerie instantanée   _____ Second Life

_____ l'e-mail   _____ Twitter

_____ Facebook   _____ autre: _____

2. Lequel est-ce que vous préférez? Pourquoi?

Expansion de vocabulaire

1. Une page sur Facebook est souvent appelée «une page perso» Comme dans le cas de «dico» pour dictionnaire, «perso», est probablement l'abréviation de...

   a. personnelle.   **b.** permission.   **c.** persistent.

2. On dit que les Français sont «accros» à Facebook. «Être accro» veut probablement dire...

   a. être fana de.   **b.** détester.   **c.** ne pas utiliser.

Dossier génération: La vie sur Internet

En 2008, Facebook lance sa version française, et en un an, ce réseau social° se place parmi les top 10 des sites les plus consultés par les internautes° français. Plusieurs jeunes Français nous parlent de leurs expériences avec Facebook et avec d'autres moyens de communication sur Internet.

social network

Internet users

Vous avez tous plusieurs moyens de communication virtuelle. Lequel est-ce que vous privilégiez°?

value the most

JULIEN: Alors moi, je préfère les SMS° car ils sont toujours à portée de mains°.

ANAÏS: Moi aussi, je suis accro° aux e-mails et aux SMS car je déteste parler de vive voix° au téléphone! Mais je préfère clairement la messagerie instantanée comme MSN Messenger. C'est non seulement gratuit° mais en plus c'est très rapide.

text messaging / within reach

addicted to

directly [person to person]

free

NICOLAS: Moi, je privilégie Facebook parce qu'il y a des photos, on peut parler en live, et on peut aussi s'envoyer des e-mails personnels.

Julien: 22 ans, en 1ère année de master en économie et gestion

Il a une adresse MSN, un blog et un profil Facebook.

De manière générale, qu'est-ce que vous postez sur votre espace perso?

ANAÏS: Avant, j'avais un blog sur lequel je parlais notamment de mes projets d'écriture ou de lecture. Je parlais aussi des voyages que je faisais, mais je ne mettais jamais de photo ou de vidéo. Puis ce blog a fini par m'ennuyer et je l'ai désactivé°.

JULIEN: Pour moi, c'est le contraire. J'utilise Facebook comme blog, page perso. Je poste souvent des photos et je discute de tout et de rien avec des amis, des connaissances.

MICHELINE: Moi, j'utilise Facebook de la même façon, pour partager° des moments de ma vie. Et sur MySpace j'aime surtout voir les pages musicales.

NICOLAS: Pour moi, c'est un peu différent. Naturellement, je publie quelques photos personnelles mais pas plus. J'essaie d'être le moins exhaustif possible, car les amis Facebook peuvent être des amis proches° mais aussi de lointains° collègues de travail ou des gens rencontrés une fois° seulement, et je n'ai pas envie d'afficher° toute ma vie privée à des gens que je connais finalement peu.

Est-ce que vous pensez que les réseaux sociaux servent à rapprocher° les gens ou est-ce qu'ils finissent par dépersonnaliser la communication?

ANAÏS: Beaucoup pensent que c'est formidable de pouvoir publier ses dernières photos, montrer les vidéos de sa dernière fête ou dire ce qu'on vient de faire il y a 2 minutes (et ça peut vraiment être ridicule!). À mon avis, c'est une façon d'encourager des relations superficielles. Sur Facebook on voit «J'ai 100 amis!» Mais est-ce que ça montre qu'on est populaire? Est-ce qu'on a de vraies relations...?

Anaïs: 17 ans, en terminale au lycée

Elle a une adresse MSN et un blog désactivé.

Micheline: 18 ans; en terminale au lycée

Elle a une adresse MSN, un blog, un profil Facebook et un profil MySpace.

Nicolas: 27 ans; ingénieur financier, papa d'Albane (9 mois)

Il a une adresse e-mail et un profil Facebook.

JULIEN: Tu marques un point, mais je pense que même si° les réseaux sociaux dépersonnalisent la communication, ils la rendent néanmoins° possible...

MICHELINE: C'est vrai. Pour ma part, ça me permet de rester en contact avec mes amis et de me rapprocher d'eux quand je suis chez moi. C'est plus facile pour moi de me confier° derrière un ordinateur plutôt que face à face!

NICOLAS: Oui, ces réseaux sociaux permettent finalement un nouveau genre de communication. Et, après tout, ce n'est pas parce qu'on est sur Facebook qu'on ne voit pas un ami.

▬ Compréhension et intégration

1. Pourquoi est-ce que Julien préfère les SMS?
2. Quel moyen de communication est-ce qu'Anaïs préfère? Pour quelles raisons?
3. Nicolas et Micheline privilégient Facebook. Pourquoi?
4. Anaïs parlait de quoi dans son blog?
5. Pourquoi est-ce que Nicolas ne poste pas beaucoup sur Facebook?
6. Quel est le côté négatif de la communication virtuelle selon Anaïs et le côté positif selon Micheline?

Maintenant à vous!

1. Qu'est-ce que vous faites en ligne? Est-ce que vous affichez beaucoup ou êtes-vous plutôt prudent(e)?

2. À quel âge est-ce que vous avez commencé à utiliser des réseaux sociaux? Est-ce que vos habitudes en ligne ont changé depuis? Expliquez.

3. Est-ce que vous vous confiez plus facilement par l'intermédiaire d'un ordinateur que face à face?

4. À votre avis, est-ce que les réseaux sociaux encouragent ou empêchent (hinder) la communication?

Voix en direct (suite)

Go to **iLrn** to view video clips of French university students discussing their observations of American universities and of students their age.

Expression écrite

🌐 À vos marques, prêts, bloguez!

Aimez-vous faire des achats? Qu'est-ce que vous avez acheté récemment? Où avez-vous fait cet achat et combien avez-vous payé l'article acheté? C'était en solde? Où allez-vous pour trouver les meilleurs prix? Est-ce que vous faites des achats en ligne parfois? Où? Écrivez 4 à 5 phrases en français sur notre blog et ensuite répondez aux billets de deux autres camarades de classe.

L'objet qui représente ma génération

Quel est l'objet qui représente votre génération? Qu'est-ce que vous allez choisir? Préfère-t-on souligner (underline, stress) l'explosion de la communication? On parlera du portable ou d'Internet. La musique? Peut-être que vous choisirez un iPod. La mode? Peut-être que vous préférerez une robe J. Crew. L'écologie? Alors, une voiture hybride ou électrique?

■ **Première étape:** En groupes, faites une liste des caractéristiques qui représentent les jeunes de votre génération: Comment sont-ils? Qu'est-ce qu'ils aiment faire? De quoi ont-ils envie? Qu'est-ce qu'ils cherchent dans la vie? Quelles sortes d'objets est-ce qu'ils aiment? Pourquoi?

■ **Deuxième étape:** Maintenant, choisissez un objet et expliquez en quoi il représente votre génération. Combien est-ce qu'il coûte? Est-il souvent en solde? Est-ce que son design est important? Est-ce que la marque est importante? Qu'est-ce qu'on fait avec cet objet? Est-il vraiment nécessaire? Pourquoi? Est-ce que c'est quelque chose qu'on partage avec les autres? Est-ce qu'on l'utilise en public ou de façon privée? Est-ce qu'il est solide ou jetable (disposable)? En quelle matière est-il fabriqué? Il est de quelle taille? Votre composition doit avoir une introduction et une conclusion. On vous aide avec l'introduction.

■ **Introduction:** *À mon avis, l'objet qui marque / représente ma génération, c'est le/la _____.*

SYSTÈME-D

Phrases:	describing objects, expressing hopes and aspirations, expressing opinions or preferences, expressing time relationships, hypothesizing, linking ideas, talking about past events
Grammar:	adjective agreement, conditional, conjunction **que**, demonstrative adjectives, **faire** expressions, nouns after **c'est** and **il est**, prepositions + relative pronouns **lequel** and **laquelle**, prepositions with times and dates, relative pronouns **ce qui** and **ce que**
Vocabulary:	arts, automobile, clothing, computer, historical periods, cultural movements, electronic products, entertainment, means of transportation, money, print journalism, telephone, working conditions

Structure 12.1

Use the **iLrn** platform for more grammar and vocabulary practice.

Structures utiles

Using pronouns for emphasis *Les pronoms relatifs* ce qui *et* ce que

Ce qui and **ce que** are indefinite relative pronouns that mean *what* in English. **Ce que** replaces an object and is followed by a subject + verb. **Ce qui** replaces a subject and is followed by a verb (the verb may be preceded by a pronoun but not a subject pronoun).

Je ne ne sais pas **ce que** je vais faire.   *I don't know what I'm going to do.*

ce que + sujet + verbe

Ce qui m'ennuie, c'est le cours de maths.   *What bores me is math class.*

ce qui + (objet) verbe

A small number of French verbs are used with **ce qui,** including: **arriver, se passer** *(to happen),* **intéresser, impressionner,** and **ennuyer.**

Ma mère veut savoir **ce qui** se passe ici.   *My mother wants to know what's going on here.*
Dis-moi **ce qui** est arrivé à ta sœur.   *Tell me what happened to your sister.*
Ce qui m'intéresse, c'est l'histoire.   *What interests me is history.*

Using *ce qui* and *ce que:* Focalization

In spoken French, speakers frequently begin a sentence with **ce qui** and **ce que** to highlight or emphasize the topic they are discussing. Compare the sentences with standard word order in the left-hand column with the focalized sentences.

Subject-verb-object	Focalized sentences
Ce cours ennuie les étudiants.	**Ce qui** ennuie les étudiants, **c'est** ce cours.
J'aime le chocolat.	**Ce que** j'aime, **c'est** le chocolat.
Il étudie les sciences.	**Ce qu**'il étudie, **c'est** les sciences.
La musique m'intéresse.	**Ce qui** m'intéresse, **c'est** la musique.

Exercice 1   Des amis parlent de ce qu'ils aiment et de ce qu'ils n'aiment pas. Mettez en valeur *(Emphasize)* les éléments en italique en utilisant **ce qui** ou **ce que.**

> **Modèle:**   Je n'aime pas *travailler sans arrêt.*
> *Ce que je n'aime pas, c'est travailler sans arrêt.*

1. *Le conformisme* m'ennuie.
2. J'apprécie *mes copains et ma famille.*
3. Je n'aime pas *être malade.*
4. Je désire trouver *quelqu'un de bien qui me comprend.*
5. *Les gens qui parlent toujours d'eux-mêmes* m'ennuient.
6. *La cuisine marocaine* m'impressionne.
7. *L'hypocrisie* m'énerve.

Exercice 2   Complétez avec **ce qui** ou **ce que** ces bribes de conversations entendues à une manifestation *(demonstration).*

1. Nos copains ne sont pas encore arrivés. Je ne comprends pas _____ arrive.
   Est-ce que tu sais _____ se passe?
2. As-tu décidé _____ tu vas faire si la police nous arrête?
3. Regarde ces skins *(skinheads).* Il est difficile d'imaginer _____ ils vont faire!
4. _____ est important, c'est lutter *(fight)* pour la justice!
5. Je ne sais pas _____ tu veux dire par justice.
6. _____ m'ennuie, c'est le manque *(lack)* d'attention par des médias.

Using pronouns for pointing things out *Lequel* et *les adjectifs démonstratifs* **ce, cet, cette** *et* **ces**

Lequel

Lequel *(Which one)* is frequently used to ask about a choice between people or objects. It replaces the adjective **quel** *(which, what)* and the noun it modifies. Here are its forms:

	singulier	**pluriel**
masculin	lequel	lesquels
féminin	laquelle	lesquelles

— Serge, regarde ces chemises.
   Laquelle préfères-tu?

— *Serge, look at these shirts.*
   Which one do you prefer?

— Je vois plusieurs téléviseurs ici.
   Lesquels sont en solde?

— *I see several TVs here.*
   Which ones are on sale?

Demonstrative adjectives

The demonstrative adjectives (**ce, cet, cette,** and **ces**) are equivalent to *this (that)* and *these (those)* and are used to refer to specific objects or people.

Ce magasin est ouvert.   *This store is open.*
Ces CD coûtent cher.   *These CDs are expensive.*

Like all other adjectives, they agree with the noun they modify.

ce magasin   *this store or that store*
ces hommes   *these men or those men*
cette robe   *this dress or that dress*
ces femmes   *these women or those women*

Cet is used before masculine singular nouns beginning with a vowel or a mute **h.**

Je ne comprendrai jamais **cet** homme!   *I'll never understand that man!*

To emphasize the distinction between *this* and *that,* attach the suffixes **-ci** *(here)* and **-là** *(there)* to the noun.

— Regarde ce portable.   — *Look at that cell phone.*
— Lequel?   — *Which one?*
— **Ce** portable-**là,** en solde.   — *That cell phone, on sale.*

Exercice 3   Votre copain (copine) n'arrive pas à se décider! Il/Elle vous demande votre avis. Complétez ses questions avec la forme correcte de l'adjectif démonstratif **ce, cet, cette** ou **ces.**

1. J'achète _____ces_____ bottes ou _____ces_____ sandales?

2. Tu préfères _____ce_____ chemisier en coton ou _____ce_____ chemisier en soie *(silk)*?

3. Est-ce que tu préfères _____cette_____ veste ou _____ce___ blouson en cuir *(leather)*?

4. J'aime beaucoup _____ce_____ pull-là, mais je trouve _____cette_____ chemise trop chère.

5. Est-ce que tu aimes mieux _____cette_____ cravate ou _____ce_____ nœud papillon *(m, bow tie)*?

Exercice 4 Le vendeur vous encourage à acheter tout ce que vous regardez. Complétez les phrases en utilisant l'adjectif démonstratif qui convient.

1. _____Cette_____ jupe courte vous va à la perfection.
2. _____Ces_____ sandales vous vont à merveille.
3. _____Ce_____ débardeur est en solde.
4. _____Ces_____ pulls sont en promotion.
5. _____Ce_____ pantalon à pinces vous va comme un gant.
6. _____Cet_____ anorak *(parka)* est fabriqué ici en France.

Exercice 5 Marc part en voyage. Sa coloc l'aide à décider ce qu'il devrait mettre dans sa valise. Écrivez les questions de Marc en suivant le modèle.

> **Modèle:** — Apporte des chaussettes en coton.
> — *Lesquelles? Ces chaussettes-ci ou ces chaussettes-là?*

1. Prends un jean.
2. Il te faut une chemise.
3. Prends un pull-over.
4. N'oublie pas d'emporter un bon livre.
5. Il te faut des baskets.

Structure 12.3

Talking about offering and borrowing *L'ordre des pronoms*

You have already learned how to use direct and indirect object pronouns individually. Occasionally, two object pronouns are used in the same sentence. For example, you offer a gift (direct object) to a friend (indirect object) or you borrow money (object) from your parents (indirect object). The chart that follows summarizes the required order when more than one pronoun is used.

Order of object pronouns				
me (m')	le/l'			
te (t')	la/l'	lui	y	en + verbe
nous	les	leur		
vous				

- As the chart shows, the third person indirect object pronouns (**lui** and **leur**) always follow the direct object pronouns (**le, la,** and **les**).

— Est-ce que tu offres <u>ce cadeau</u> <u>à Jean</u>?
direct object   indirect object

— Oui, je **le lui** offre.
    d.o. i.o.

— Il a reçu le message?
— Oui, le réceptionniste **le lui** a donné.
    d.o. i.o.

- In every other case, the indirect object pronoun (**me, te, nous, vous**) precedes the direct object pronoun (**le, la, les**).

— Peux-tu me prêter ta voiture?	— *Can you lend me your car?*
— Non, je ne peux pas **te la** prêter.	— *No, I can't lend it to you.*
— J'en ai besoin cet après-midi.	— *I need it this afternoon. (I have need of it.)*
— J'adore ce pull!	— *I love that top!*
— Tiens, je **te le** donne.	— *Here, I'm giving it to you.*
— Tu **me le** donnes?	— *You're giving it to me?*

- The pronouns **y** and **en** always come last.

Je vais lui **en** offrir.	*I'm going to offer him some.*
Il **y en** a deux.	*There are two (of them).*

Pronoun order in imperative sentences

		Pronoun order for affirmative commands					
		-le		-moi (m')			
				-toi (t')			
verbe	+	-la	*before*	-lui	*before*	-y/-en	
		-les		-leur			
		-nous					

- In *affirmative commands,* the direct object pronoun always precedes the indirect, as shown in the chart. **Y** and **en** always come last.

Achète-**le-moi**.	*Buy it for me.*
Donnez-**les-lui**.	*Give them to him.*
Achète-**m'en**.	*Buy me some.*

- In *negative commands,* the pronouns follow the same order as in declarative sentences.

Ne **le lui** achète pas.	*Don't buy it for him.*
Ne **m'en** parlez pas.	*Don't talk to me about it.*

Exercice 6   Les copains de Dylan veulent fêter son anniversaire en lui organisant une surprise-partie. Sa copine Marianne demande nerveusement si tout est préparé. Trouvez la réponse appropriée à ses questions.

1. Tu vas me donner la liste des invités? c
2. Est-ce que Feza t'a parlé du disc-jockey qu'on a embauché *(hired)*? e
3. Nous avons assez de temps pour mettre quelques décorations? f
4. Tu as vu les autres invités à la fac? B
5. Tu vas aller chercher le gâteau? A
6. Personne n'a rien dit à Dylan, c'est sûr? d
7. Donc, il ne s'attend pas à la fête. g

a. Je suis déjà allé le chercher.
b. Oui, je les y ai vus.
c. Mais, je te l'ai déjà donnée! La voici!
d. Écoute, Marianne. Personne ne lui en a parlé!
e. Non, elle ne m'en a rien dit. Mais c'est une excellente idée.
f. Oui, nous en avons assez.
g. Je te le promets; il n'en sait rien.

Exercice 7 C'est la veille de Noël *(Christmas Eve)* et la famille Poitier essaie de finir les préparatifs pour la fête. Complétez les réponses en choisissant le pronom approprié pour remplacer chaque élément souligné.

> **Modèle:** — *Donne-moi la bûche de Noël.*
> — *D'accord, chérie. Je (me / **te**) (le / **la** / les) donne.*

1. — Est-ce que tu as envoyé <u>la carte de Noël</u> <u>à nos amis les Poulain</u>?
   — Je (le / la / les) (lui / leur) ai déjà envoyée.
2. — Chérie, nous offrons <u>ces cadeaux</u> *(gifts)* <u>aux Martin</u>?
   — Oui, offrons-(le / la / les)-(lui / leur).
3. — Est-ce que je peux offrir <u>cette écharpe rose</u> <u>à Tante Émilie</u>?
   — Oui, tu peux (le / la / l') (lui / leur) offrir.
4. — Est-ce qu'il <u>y</u> a encore <u>du papier-cadeau</u>?
   — Non, il n(e)(y en / l'en / leur y) a plus.
5. — Est-ce que je peux raconter <u>l'histoire du père Noël</u> <u>aux enfants</u>?
   — Oui, vas-y, raconte-(le / la / l') (les / lui / leur)!

Exercice 8 Lorenzo, Cyprien, Walid et Saïd sont colocataires. Lisez les questions qu'ils se posent et mettez les mots des réponses dans le bon ordre.

1. Saïd: Demain j'ai une interview pour un nouveau job et je n'ai pas de cravate. Walid, t'as une belle cravate à rayures *(striped)*, non?
   Walid: Ouais. Ah, tu la veux? te / la / prête / je
2. Saïd: T'as vu Farah et Amine en classe?
   Walid: Non... pas / ne / je / y / les / ai / vues
3. Cyprien: Hé, Lorenzo, n'oublie pas ton sac à dos... Il est sur le canapé.
   Lorenzo: Ah, c'est vrai. moi / donne- / le / -
4. Walid: Il n'y a plus de lait.
   Saïd: Bon alors. en / achètes / -
5. Lorenzo: Walid, pour le dîner, ce soir, tu vas nous préparer du couscous?
   Walid: en / aimerais bien / vous / préparer / je /moi
   Cyprien: Je ne vais pas dîner à la maison. en / me / ne / pas / préparer

Structure 12.4

Talking about paying for things *Les verbes comme payer*

Verbs with the infinitive ending in **-yer** change **y** to **i** in all but the **nous** and **vous** forms.

payer *(to pay, to pay for)*	
je paie	nous payons
tu paies	vous payez
il/elle/on paie	ils/elles paient

passé composé: **j'ai payé**   imparfait: **je payais**

Elle paie son loyer.   *She pays her rent.*
Combien as-tu payé cette voiture?   *How much did you pay for that car?*

Some common **-yer** verbs are **nettoyer** *(to clean)*, **employer** *(to use)*, **essayer** *(to try)*, **envoyer** *(to send)*, **ennuyer** *(to bore; to annoy)*, and **s'ennuyer** *(to be bored)*.

Il **essaie** le pantalon avant de l'acheter.   *He's trying on the pants before buying them.*
Silence. J'**essaie** de me concentrer!   *Quiet. I'm trying to concentrate!*
Ils **envoient** la carte postale.   *They're sending the postcard.*
Ce film m'**a ennuyé.**   *That film bored me.*

The verb **dépenser** (*to spend*) is frequently used as a synonym for **payer.** The opposite, *to save money,* is **épargner** (the cognate **sauver** generally refers to saving a person).

Combien as-tu **payé** ce jeu?	*How much did you pay for this game?*
Combien as-tu **dépensé** pour ce jeu?	*How much did you spend for this game?*
Ali **a épargné** assez pour s'acheter un nouvel iPod.	*Ali saved enough to buy himself a new iPod.*

Exercice 9 Complétez ces bribes de conversation que vous entendez en faisant vos courses.

1. Je _m'ennuie_ (s'ennuyer)! Je n'aime pas faire des achats!
2. Paul, tu _paies_ (payer) toujours trop. Il faut attendre les soldes!
3. J'_essaie_ (essayer) de trouver un cadeau pour la fête des mères.
4. Ma grand-mère m'_a envoyé_ (envoyer) de l'argent pour mon anniversaire.
5. — Où est Claire?
   — Elle _essaie_ (essayer) une robe.
6. Nous _payons_ (payer) un peu plus, mais nous préférons acheter chez les petits commerçants du coin.
7. Charles, tu _dépenses_ (dépenser) tout ton argent!

Exercice 10 Un jeune homme parle des difficultés qu'il a à faire des économies *(to save)*. Complétez le paragraphe en utilisant **essayer, payer, dépenser, envoyer, ennuyer, épargner, gagner.**

Mes copains et moi, nous avons du mal à faire des économies. Nous _gagnons_ (1) un peu d'argent en faisant des petits boulots, mais nous _payons_ (2) trop de fric en bêtises. Moi, j(e) _essaie_ (3) d'être prudent, mais j(e) _payer_ (4) trop pour mon portable et mes fringues. J(e) _____ (5) aussi l'essence et l'assurance *(insurance)* de ma voiture. Mes parents sont très économes. Ils _____ (6) une partie de leur salaire tous les mois. En plus ils _____ (7) de l'argent à des organisations humanitaires comme la Croix-Rouge. Ils n'aiment pas trop _____ (8) pour les produits de consommation. Nos parents nous demandent toujours: «Et votre bas de laine *(nest egg)*?» Cela nous _____ (9)! Nous sommes incapables de faire des économies!

Tout ensemble!

Complétez le paragraphe avec les mots de la liste et conjuguez les verbes.

ce que	le lui	leur	portable	consommation
ce qui	leur en	dépenser	fringues	ciné
c'est	y	payer		

Ce que (1) est intéressant chez les jeunes en France et aux États-Unis, _c'est_ (2) les attitudes et les activités qu'ils ont en commun. Commençons d'abord avec la _consommation_ (3) qui joue un grand rôle dans leur vie. Ils aiment acheter et ils _dépensent_ (4) beaucoup pour le plaisir. Sorties entre copains, _fringues_ (5) à la mode et _ciné_ (6) arrivent en tête. Et leurs parents sont complices *(complicit)*.

Prenons, par exemple, Ayméric. Hier, il a vu un téléphone _portable_ (7) qu'il a voulu et sa mère _le lui_ (8) a acheté pour rester en contact. Quant à son look, ses parents ne _____ (9) plus son coiffeur *(hairstylist)*, car il se fait des coupes excentriques. Ayméric aime aussi faire plaisir à ses amis et à sa famille en _____ (10) offrant des cadeaux. Il va donc dans les magasins et il _____ (11) dépense une grande partie de son argent de poche. Et pourquoi les parents donnent-ils tant d'argent à leurs enfants? Ils _____ (12) donnent pour leur apprendre à gérer *(to manage)* leurs affaires. «C'est une question d'autonomie», explique le père d'Ayméric. «Voilà _____ (13) je pense.»

Vocabulaire fondamental

CD3, Tracks 26–30

Noms

Les vêtements et la consommation	*Clothing and consumerism*
des baskets (*f pl*)	*high-tops, tennis shoes*
une cabine (d'essayage)	*dressing room*
un cadeau	*a gift*
un complet	*a suit*
une cravate	*a tie*
un débardeur	*a tank top*
une écharpe	*a scarf*
un ensemble	*an outfit*
un look	*a look, a style*
la mode	*fashion*
un prix	*a price*
un produit	*a product*
une solde	*a sale*
la taille	*size*
un tailleur	*a woman's suit*
des tongs (*f pl*)	*flip-flops*
une veste	*a sports jacket*

Le système éducatif	*The educational system*
le baccalauréat (le bac [*fam*])	*exam required for university admissions; diploma*
le collège	*middle school*
un concours	*a competitive exam*
un diplôme	*a diploma*
l'école maternelle / primaire	*kindergarten / primary school*
une école préparatoire (une prépa)	*intensive post-bac instruction to prepare for the competitive exam for entry into a* **grande école**
une grande école	*an elite university requiring a rigorous entrance exam*
un programme d'études	*a program of study*
la terminale	*senior year of high school*

Verbes

apprécier	*to appreciate*
dépenser	*to spend*
emprunter	*to borrow*
énerver	*to annoy, to get on one's nerves*
ennuyer	*to annoy, to bore*
s'ennuyer	*to be bored*
envoyer	*to send*
épargner	*to save*
essayer	*to try (on)*

impressionner	*to impress*
intéresser	*to interest*
montrer	*to show*
nettoyer	*to clean*
offrir	*to offer; to give (as with a gift)*
payer en liquide	*to pay in cash*
par chèque	*by check*
par carte de crédit (de débit)	*by credit (debit) card*
prêter	*to lend*

Adjectifs

BCBG (bon chic bon genre)	*clean-cut*
en solde	*on sale*
insupportable	*unbearable*

Mots apparentés: classique, naturel(le)

Mots divers

ce / cet, cette / ces	*this / that, these / those*
ce qui, ce que	*what*
lequel, laquelle, lesquels, lesquelles	*which (ones)*
plusieurs	*some, several*

Expressions utiles

Comment faire des achats	*How to make purchases*

(For additional expressions, see pages 370–371.)

Ça vous va très bien.	*That looks very good on you.*
Il est en solde.	*It's on sale.*
Il est trop serré / large / juste.	*It's too tight / big / close a fit.*
Je chausse du 38.	*I wear a size 38 shoe.*
Je fais du 40.	*I'm size 40.*
Je peux l'essayer?	*Can I try it on?*
Quelle est votre pointure?	*What is your (shoe) size?*
Tu aimes ce modèle-ci ou ce modèle-là?	*Do you like this style or that style?*

Comment «parler jeune»	*How to speak like young people*

(For additional expressions, see page 364.)
(Your instructor will let you know which of these "slang" words are part of your **Vocabulaire fondamental.***)*

une bagnole	*a car*
la bouffe	*food*
un bouquin	*a book*
c'est cool / chouette	*it's great*
c'est extra (hyper / super / vachement) bien	*it's really great*

c'est marrant / rigolo	*it's funny*	un(e) gosse	*a kid*
c'est nul / lamentable / débile	*it's awful / pitiful / idiotic*	un mec	*a guy*
		un pote	*buddy*
c'est passionnant	*it's great / wonderful*	tendance	*trendy*
c'est pas terrible	*it's not great*	un truc	*a thing*
le fric	*money*	un type	*a guy*
les fringues (*f pl*)	*clothing*		

(For additional expressions, see page 364.)

CD3, Tracks 31–32

Vocabulaire supplémentaire

Noms

des chaussures (*f pl*) à talons	*high-heeled shoes*	taille basse	*low-waisted*
une coiffure	*hairstyle*	un pull-over à col roulé / à col en V	*a turtleneck / a V-neck sweater*
des collants (*m pl*)	*tights, pantyhose*		
une coupe (de cheveux)	*(hair)cut*		
un défilé de mode	*fashion show*		
une garde-robe	*a wardrobe*		
une marque	*a brand*		
un pantalon à pinces	*pleated slacks*		
un pantalon pattes d'éléphant (d'eph)	*bell-bottoms*		

Mots divers

en cuir	*made of leather*
étroit(e)	*tight; straight*
habillé(e)	*dressy*
moulant(e)	*close-fitting*
propre	*clean*
sage	*demure*

Le jogging en plein air réduit le stress. Qu'est-ce que vous faites pour rester en forme?

La santé et le bonheur

In this chapter we discuss health, fitness, and well-being. You will learn how to ask for and give advice on these topics. **Perspectives culturelles** includes a discussion of the French healthcare system as well as individual perspectives on well-being.

Les parties du corps

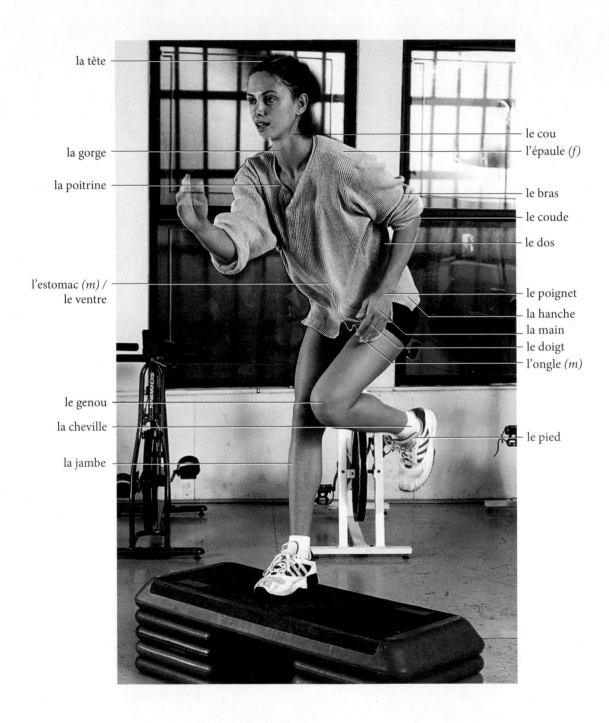

la tête

le cou

la gorge

l'épaule (f)

la poitrine

le bras

le coude

le dos

l'estomac (m) /
le ventre

le poignet

la hanche

la main

le doigt

l'ongle (m)

le genou

la cheville

le pied

la jambe

Trouvez l'intrus. Quelle action n'est pas associée aux parties du corps suivantes?

1. la main
   a. gesticuler   **d.** caresser
   b. écrire   **e.** respirer
   c. tenir

2. les yeux
   a. voir   **d.** toucher
   b. lire   **e.** regarder
   c. fermer

3. la gorge
   a. avaler   **d.** respirer
   b. parler   **e.** manger
   c. écrire

4. les genoux
   a. plier   **d.** s'agenouiller
   b. courir   **e.** écouter
   c. marcher

5. la bouche
   a. parler   **d.** courir
   b. manger   **e.** chanter
   c. avaler

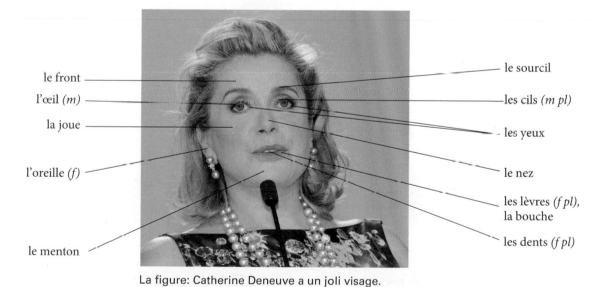

le front — l'œil *(m)* — la joue — l'oreille *(f)* — le menton

le sourcil — les cils *(m pl)* — les yeux — le nez — les lèvres *(f pl)*, la bouche — les dents *(f pl)*

La figure: Catherine Deneuve a un joli visage.

Trouvez les autres parties du corps associées à la partie du corps donnée.

   Modèle: la bouche
            les lèvres, les dents, la langue

1. la tête   **4.** la main

2. les jambes   **5.** les yeux

3. le bras

Les maladies et les remèdes

Structure 13.1

Talking about health and feelings *Expressions idiomatiques avec* **avoir** *(récapitulation)*

You have already learned a number of idiomatic expressions with the verb **avoir,** for example, **avoir faim, avoir soif, avoir dix ans.** Here you will learn other **avoir** expressions used for talking about health and feelings. Turn to page 412 for a complete discussion of **avoir** expressions.

Qu'est-ce qu'ils ont?

Le côté physique

Ils se sentent malades.

Marc a mal à la tête.   M. Fabius a mal à l'estomac.   Armand a mal à la gorge.

Qu'est-ce qui s'est passé?

Stéphane et Amélie ont eu un accident de voiture. Ils se sont blessés.

Il s'est cassé un os / le bras.   Elle s'est coupé le doigt.   Elle s'est foulé la cheville.

Le côté psychologique et affectif

Jean-Guillaume **a peur** des animaux. Quand il voit un chien, il pleure et appelle sa mère.

Charlotte **a sommeil** ce matin. Elle **a envie de** dormir en classe. Elle **a hâte de** *(She can't wait to)* rentrer chez elle.

Nicolas **a honte** d'avoir triché (*cheated*) pendant l'examen. Il sait qu'il **a eu tort**.

Claudine **a l'air** triste et déprimée. Elle est isolée à l'école et ne sort jamais avec des amis. Elle **a du mal à** sourire ou à s'amuser.

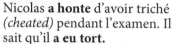 **Activité 3** **C'est vrai?**

Voici des commentaires qui vous concernent. Qui a raison et qui a tort?

> **Modèle:** Votre sœur dit que vous passez trop de temps sur Facebook.
> *Elle a tort. Je passe seulement une heure par jour sur Facebook.*

1. Votre meilleur(e) ami(e) dit que vous avez toujours sommeil en cours.
2. Votre professeur de français dit que vous avez l'air fatigué aujourd'hui.
3. Votre mère pense que vous avez peur des chiens.
4. Vos parents disent que vous passez trop de temps devant la télé.
5. Votre colocataire dit que vous ne faites rien pour aider à la maison.
6. Votre copain (copine) pense que vous avez du mal à parler en public.
7. Vos amis disent que vous avez de la patience.

Activité 4 **Interaction**

Posez les questions suivantes à un(e) camarade. Après chaque réponse, demandez «Et toi?». Votre camarade répondra à la question à son tour.

1. Qu'est-ce que tu fais quand tu veux dormir mais tu n'as pas sommeil?
2. Qu'est-ce que tu as envie de faire ce week-end?
3. Qui, dans la classe, a l'air content (sportif, fatigué) aujourd'hui?
4. Tu as peur des animaux?
5. Est-ce que tu as du mal à étudier quand la télévision est allumée (*is turned on*)? quand il y a de la musique?
6. Quand tu as tort, est-ce que tu l'admets facilement?
7. Est-ce que tu connais quelqu'un qui doit toujours avoir raison? Qui?
8. Est-ce que tu as besoin d'étudier ce soir? Quelles matières?

Activité 5 **Vos sentiments**

Mettez-vous par deux ou en petits groupes pour compléter les phrases suivantes. Puis partagez vos phrases avec la classe.

1. Nous avons envie de...
2. Nous avons tous besoin de...
3. Nous avons honte de...
4. Nous avons peur de...
5. Nous avons du mal à...
6. Nous avons hâte de...

Pourquoi ne sont-ils pas au travail?

Jean-Claude

Ce matin, Jean-Claude reste au lit avec la grippe. Il a de la température et il a la tête qui brûle. Un moment il a froid, et un autre moment il a chaud. Quand il a froid, il a souvent des frissons. Il a aussi mal à la gorge. Il n'a pas envie de manger. Tout son corps lui fait mal; il souffre de courbatures *(achiness)*. Ce matin, sa femme va téléphoner au médecin pour lui demander conseil.

une boîte de mouchoirs

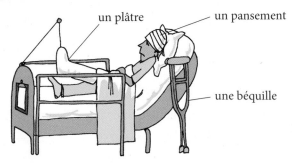

un plâtre — un pansement

une béquille

Nathalie

Nathalie n'est pas au travail non plus. Mais elle n'a pas de fièvre; elle n'a qu'un petit rhume. Elle tousse, elle éternue de temps en temps et elle a le nez qui coule. Elle se mouche constamment et sa boîte de mouchoirs (en papier) n'est jamais très loin d'elle. Elle n'aime pas aller au travail enrhumée.

Christophe

Ce matin, le pauvre Christophe a eu un accident de vélo et on l'a amené au service des urgences de l'hôpital parce qu'il ne pouvait plus marcher et parce qu'il avait quelques blessures à la tête. D'abord, une infirmière lui a mis un pansement *(bandage)* sur les blessures qui n'étaient pas graves, puis elle lui a fait une piqûre *(shot)*. Enfin, le médecin a fait une radio *(x-ray)* de sa jambe. Christophe a une fracture compliquée. Le médecin a mis sa jambe dans le plâtre. Christophe doit rester à l'hôpital quelques jours et marcher avec des béquilles pendant quelques semaines.

Défense de fumer

Laurent

Laurent reste chez lui. Il est un peu déprimé, de mauvaise humeur. Hier il s'est fâché contre son patron et aujourd'hui il n'a pas envie d'aller au travail.

Isabelle

Isabelle, enceinte de sept mois, est chez son gynécologue pour des tests. Son accouchement est dans deux mois, et elle est déjà un peu nerveuse parce que sa meilleure amie a eu un accouchement difficile. Ce matin, son médecin réserve la salle d'accouchement *(birthing room)* pour elle.

Activité 6 **Qu'est-ce qu'ils ont?**

A. Faites le diagnostic de chaque personne en choisissant dans la liste.

1. Isabelle a rendez-vous chez son gynécologue.

2. Christophe doit marcher avec des béquilles.

3. Laurent est resté chez lui. Il est de mauvaise humeur.

4. Jean-Claude a souvent des frissons et il souffre de courbatures.

5. Nathalie a le nez qui coule et elle éternue.

a. Il/Elle a un rhume.

b. Il/Elle s'est cassé la jambe.

c. Elle est enceinte.

d. Il/Elle est déprimé(e).

e. Il/Elle a la grippe.

 B. Maintenant avec un(e) partenaire, faites une liste des symptômes que vous associez à chaque condition médicale.

1. un rhume

2. un os cassé

3. être enceinte

4. être déprimé(e)

5. la grippe

Activité 7 **Les symptômes**

Trouvez l'intrus, c'est-à-dire la réponse qui n'est pas logique.

1. Quand on est enrhumé...
   a. on se mouche.
   b. on éternue.
   c. on tousse.
   d. on a des blessures.
   e. on a le nez qui coule.

2. Quand on a la grippe...
   a. on frissonne.
   b. on se foule la cheville.
   c. on a la tête qui brûle.
   d. on a des courbatures.
   e. on a mal à la tête.

3. Quand on est déprimé...
   a. on utilise des béquilles.
   b. on est de mauvaise humeur.
   c. on pleure facilement.
   d. on est mélancolique.
   e. on n'est pas content.

4. Quand on a une blessure grave...
   a. on perd du sang (blood).
   b. on est amené aux urgences.
   c. on a le nez bouché.
   d. on a mal.
   e. on perd conscience.

5. Quand on est enceinte...
   a. on accouche.
   b. on a des contractions.
   c. on grossit.
   d. on a souvent des nausées.
   e. on éternue.

Activité 8 **Les symptômes et les remèdes**

Qu'est-ce qu'il faut faire dans les situations suivantes? En groupes de deux, posez la question et répondez en utilisant les options données.

Modèle: se couper le doigt
— *Qu'est-ce qu'il faut faire si on se coupe le doigt?*
— *Il faut mettre un pansement.*

1. tousser
2. avoir mal à la gorge
3. avoir un rhume
4. avoir mal à la tête
5. avoir mal au dos
6. être de mauvaise humeur
7. vouloir maigrir
8. être gravement malade
9. avoir une carie *(cavity)*

a. appeler le médecin
b. sortir avec des amis
c. se faire masser *(to get a massage)*
d. manger moins de matières grasses *(fatty foods)* et faire plus d'exercice
e. prendre du sirop contre la toux *(cough)*
f. faire des gargarismes *(to gargle)*
g. aller chez le dentiste
h. prendre de la vitamine C
i. prendre de l'aspirine

Activité 9 **Où Paul a-t-il mal?**

Devinez où Paul a mal.

Modèle: Il a trop mangé.
Il a mal au ventre.

1. Il passe des heures devant l'écran de son ordinateur.
2. Il est tombé en faisant du ski.
3. Il a une migraine.
4. Il passe des heures à jouer au tennis.
5. C'est un lanceur *(pitcher)* de base-ball.
6. Il a mangé trop de bonbons et d'autres cochonneries *(junk food)*.
7. Il a travaillé toute la journée dans le jardin.

Activité 10 **L'Association Action Migraine**

Lisez cette annonce et répondez aux questions.

1. Qu'est-ce que c'est qu'une migraine?
2. Qu'est-ce qu'on peut faire quand on a une migraine?
3. Expliquez pourquoi on dit que «La migraine est une maladie, pas une fatalité.»

Ne restez plus en tête à tête avec votre migraine

Près de 7 millions de Français sont touchés par la migraine. Ils souffrent de douleurs insupportables qui affectent leur vie, ainsi que celle de leur entourage. La migraine est une maladie, pas une fatalité. Aujourd'hui des solutions existent.

Association Action Migraine

Appel gratuit

Comment parler au médecin

Structure 13.2

Saying when and how long *L'emploi de* **depuis**

A doctor will commonly ask patients how long they have had a particular complaint: **Depuis quand êtes-vous malade?** French uses **depuis** with the present tense to express conditions that began in the past and are still in effect. For additional information on the use of **depuis,** see page 413.

Réfléchissez et considérez

Look over the **Expressions utiles** and find (1) two ways to say something hurts; (2) two ways to say you're feeling fine; (3) two ways the doctor might ask you what is wrong; (4) a way to ask how long you've been sick.

CD3, Track 33

Expressions utiles

Quelqu'un qui est malade

Je ne me sens pas bien du tout.
J'ai mal à la tête.
J'ai du mal à avaler.
Je fais une dépression.

Quelqu'un qui est en bonne santé

Je me sens très bien.
Je me porte très bien.
Je suis en (pleine) forme.
Je suis ici pour faire un check-up.

Le médecin

Qu'est-ce qui ne va pas? ⎫
Qu'est-ce que vous avez? ⎭   *What is the matter?*

Vous avez bonne / mauvaise mine.   *You look good / You don't look so good.*

Où avez-vous mal?
Quels sont vos symptômes?
Depuis quand êtes-vous malade?
C'est grave. / Ce n'est pas grave.
Je vous fais une ordonnance° pour des   *prescription*
   médicaments contre la migraine.

CD3, Track 34

▮▮ Écoutons ensemble! Qu'est-ce qui ne va pas?

Identifiez l'image qui correspond à chaque mini-dialogue.

1. ___d___   2. ___b___   3. ___a___   4. ___c___

a.   b.   c.   d.

Posez des questions avec **depuis quand** à vos camarades de classe.

Modèle: savoir lire
— *Depuis quand sais-tu lire?*
— *Je sais lire depuis l'âge de cinq ans.*

1. être en cours aujourd'hui
2. habiter dans cette ville
3. être étudiant(e) à l'université
4. étudier le français
5. connaître ton (ta) meilleur(e) ami(e)
6. savoir conduire

CD3, Track 35

Activité **12** **Dialogue chez le médecin**

Monsieur Lefèvre est chez le médecin parce qu'il ne se sent pas bien et il pense avoir la grippe. Écoutez et complétez le dialogue suivant.

DOCTEUR: Bonjour, Monsieur Lefèvre. Comment allez-vous?
PATIENT: (1) _Pas_____ du tout.
DOCTEUR: Qu'est-ce qui ne va pas?
PATIENT: Je crois que j'ai (2) _la grippe____. Mais je ne sais pas.
DOCTEUR: Quels sont vos (3) _symptomes_?
PATIENT: J'ai mal à (4) _la gorge___, j'ai mal à (5) _____ et j'ai mal (6) _____.
DOCTEUR: Depuis quand êtes-vous (7) _____?
PATIENT: Depuis (8) _2 j_____.
DOCTEUR: Ouvrez la (9) _____ et dites «ah». Je voudrais examiner la gorge. Oui, vous avez les glandes enflées et votre gorge est rouge. Avez-vous (10) _friso_____?
PATIENT: Non, mais (11) _mal_____ à avaler.
DOCTEUR: Je veux prendre votre (12) _____. Ouvrez encore la bouche... Vous avez (13) _fievre____. Retroussez *(Pull back)* votre manche *(sleeve)* un peu, s'il vous plaît. Je vais prendre votre tension... Normale. Ce n'est pas (14) _grave____. Vous avez (15) _medecin___. Je vais vous donner (16) _ordinance___ pour des antibiotiques. Prenez ces pilules (17) _trois____ fois par jour, s'il vous plaît.

Depuis quand n'êtes-vous pas allé(e) chez le médecin?

Le rôle du gouvernement dans la santé

Aux États-Unis, 47 millions d'Américains n'ont pas d'assurance médicale°. Dans la plupart des pays développés, comme la France, le Canada et la Belgique, un système de sécurité sociale couvre une grande partie des dépenses médicales de leurs citoyens. En France, la Sécurité sociale, ou «Sécu», paie 76% de ces dépenses. De plus, 80% à 90% des Français disposent aussi d'une assurance maladie complémentaire°. Les Français battent le record° en Europe pour leurs visites chez le médecin, le psychiatre et le pharmacien. En fait, les dépenses médicales font exploser le déficit de la Sécurité sociale et pèsent° sur l'économie. Mais ces dépenses ont leurs bénéfices. En effet, l'Hexagone° a la plus longue espérance de vie° en Europe (81 ans). La France est au cinquième rang° dans le monde alors que les États-Unis sont au quarante-cinquième rang.

medical insurance

additional insurance
break the record

weigh
France
life expectancy / fifth place

Afin d'encourager la prévention des maladies, le Ministre de la santé essaie d'influencer le comportement des citoyens. Il est en guerre, par exemple, contre l'obésité. Toute publicité pour la «malbouffe»° doit inclure des messages qui font la promotion de la bonne santé. Le gouvernement lance aussi des campagnes contre le tabagisme°. Ces mesures contribuent à un changement dans les attitudes. Plus de 80% des Français se disent maintenant gênés par la fumée°. Récemment, pour combattre le «binge drinking», la consommation massive et rapide d'alcool, le gouvernement a augmenté l'âge où on peut acheter de l'alcool de 16 à 18 ans. La France, comme d'autres pays, essaie de promouvoir° la santé de ses citoyens sans faire exploser son budget, un vrai défi°.

junk food

tobacco addiction
smoke

promote
challenge

▪▪ Avez-vous compris?

Indiquez si les phrases suivantes sont vraies ou fausses. Corrigez les phrases fausses.

1. Beaucoup de Français n'ont pas d'assurances maladie.
2. L'espérance de vie est plus longue en France qu'aux États-Unis.
3. Le gouvernement français s'occupe de la santé de ses citoyens.
4. L'obésité n'est pas un problème en France.
5. Il est impossible de changer les attitudes des Français envers le tabagisme.

▪▪ Et vous?

1. Est-ce que vous pensez que tous les Américains devraient avoir une assurance maladie?
2. Est-ce qu'on doit limiter le nombre de visites chez le médecin ou les ordonnances?
3. Est-ce que c'est le rôle du gouvernement d'encourager des comportements sains *(healthy)*? Donnez deux exemples de campagnes publicitaires américaines pour promouvoir la santé.
4. Est-ce que le «binge-drinking» est un problème sur votre campus?

Du 16 au 22 septembre, c'est la Semaine européenne de la mobilité, qui a pour slogan «Bougez autrement: la meilleure énergie, c'est la vôtre!» Alors, adoptez un mode de transport 100% vert: vélo, skate, roller, trottinette *(scooter)*. Vous faites du bien à la planète et en plus, vous soignez votre santé.

🌐 Explorez en ligne

The website doctissimo.fr is filled with information and advice related to physical and mental health and well-being. Explore several of the categories listed that interest you such as **santé, psychologie, nutrition, beauté,** and **forme sport**. Write down three things that you learn and two new French expressions. Be prepared to discuss your findings with the class.

Pour se sentir bien dans sa peau

Structure 13.3

Making descriptions more vivid *Les adverbes*

To talk about what makes you happy, you can use adverbs to make your descriptions more vivid. Many adverbs that end in *-ly* in English end in **-ment** in French (*rapidly* = **rapidement**). Guidelines for forming and using adverbs are found on pages 414–415.

On dit **souvent** que pour être heureux il faut se sentir bien dans sa peau, c'est-à-dire bien dans son corps et dans sa tête. Des étudiants nous parlent de leur conception du bonheur.

Note de prononciation: Quand les verbes se terminent en **-ent**, on ne prononce pas la terminaison. Par contre, dans le cas des adverbes, on prononce la terminaison **-ent**. Exemple: Ils parl[ent] rapide**ment**.

STÉPHANE: Pour moi, le bonheur c'est tout **simplement** sortir avec mes amis, parler avec eux **librement.** J'aime ces moments de plaisir et de détente entre amis.

VIRGINIE: Moi, je pense que l'activité physique est liée à la santé et au bien-être. Je fais **régulièrement** du sport depuis que je suis toute petite. C'est bon pour le corps mais aussi pour l'esprit.

CHRISTOPHE: Ce que je cherche, c'est une vie sans stress. Même si la vie est difficile parfois, il est important de rester positif. **Heureusement,** je prends le temps de vivre et d'apprécier tout ce qu'il y a autour de moi.

KARINE: Être bien dans sa peau, c'est aussi s'accepter tel qu'on est. Je n'essaie pas de plaire aux autres. Je cherche **essentiellement** à avoir une attitude positive sur moi-même.

VINCENT: Le bonheur pour moi, c'est de profiter **pleinement** de la vie. J'aime **vachement** manger dans de bons restaurants. Comment résister à un bon steak! On dit **souvent** qu'il faut croquer la vie à belles dents et c'est ce que je fais.

Notez et analysez

Look at the boldfaced adverbs formed with **-ment.** What adjectives are they based on? Is the masculine or feminine form of the adjective used before adding **-ment**?

Activité 13 Conseils

Complétez les conseils en choisissant l'adverbe approprié.

1. Pour être heureux et rester en bonne forme il faut faire de l'exercice
   _____.
   a. régulièrement
   b. rapidement
   c. constamment

2. On peut devenir malade si on ne mange pas _____.
   a. vite
   b. toujours
   c. sainement

3. Parfois quand on est stressé c'est une bonne idée de se
   promener _____.
   a. traditionnellement
   b. lentement
   c. certainement

4. En classe, il vaut mieux participer _____.
   a. absolument
   b. mal
   c. activement

5. Il est difficile de supporter les gens qui parlent _____.
   a. constamment
   b. couramment
   c. bien

6. Si un de vos amis a des problèmes, il faut l'écouter _____.
   a. essentiellement
   b. joliment
   c. patiemment

7. Dans les espaces publics, comme dans un bus par exemple, parlez
   _____ avez vos amis.
   a. doucement
   b. activement
   c. essentiellement

Activité 14 Conseils d'un prof

Voulez-vous passer un semestre en France et en profiter au maximum? Voici ce qu'un professeur de français vous conseille. Ajoutez des adverbes à ce qu'il dit pour le rendre plus convaincant (convincing).

Mots utiles: bien, clair, constant, courant, facile, malheureux, rapide, simple, unique

On peut s'adapter _____ (1) à la vie française si on fait l'effort de parler français et de rencontrer le plus de gens possibles. Alors là, vous verrez _____ (2) une différence. Si vous restez _____ (3) avec des étudiants américains, vous n'apprendrez pas aussi _____ (4) la langue du pays et, _____ (5), vous gaspillerez (will waste) beaucoup de temps. On me demande _____ (6) la même chose: Est-ce que je vais parler _____ (7) après un semestre? J'explique _____ (8) que pour parler une langue, il faut s'immerger dans la culture du pays que vous visitez.

Activité 15 Leurs recettes de bonheur

Deux Français célèbres discutent de leur concept du bonheur. Lisez ce qu'ils disent puis complétez les phrases qui suivent.

Actrice **JULIETTE BINOCHE**

J.B.: Ce que j'ai appris, c'est que plus on travaille dans le bonheur, plus on arrive facilement à faire de beaux films et à être créatif. Je me souviens d'avoir fait appel à *(having called upon)* cette sorte de courage pendant le tournage *(making)* d'un film. À chaque interruption du film, j'ai fait le maximum pour continuer à créer, à être positive.
FIGARO MAGAZINE: Pour vous, c'est quoi le bonheur?
J.B.: C'est d'assumer ce qui m'arrive avec le sourire. C'est d'accomplir sa journée comme la première ou la dernière.

YANNICK NOAH *Champion de tennis*

Mon plus grand bonheur? Jouer devant mes enfants qui me crient: «Papa! Papa! Perds vite et rentrons à la maison!» Cela vous surprend, n'est-ce pas? Vous croyiez que j'allais vous répondre que c'était ma victoire à Roland-Garros! Cette victoire était un rêve de gosse, je ne savais pas ce qu'elle signifiait vraiment, mais en tout cas ce n'était pas le bonheur, c'était trop superficiel. Après, j'ai eu du mal à remettre tout en place: je n'avais plus de motivation, plus de but *(goal)*. Pour moi, le bonheur, c'était de devenir une star, de gagner des matches, des tournois... Et quand j'ai gagné ce truc-là, je me suis dit: «Merde, mais c'est rien»...

1. Pour Juliette Binoche, le bonheur, c'est rester positif, assumer ce qui lui arrive avec un _____. À son avis, le bonheur aide la créativité.
2. Pour Yannick Noah, ce qui est important, c'est _____. La victoire à Roland-Garros ne signifiait pas le bonheur pour ce joueur de tennis. C'était trop _____.

 ## Activité 16 Le bien-être de vos camarades de classe

Demandez à un(e) partenaire si les éléments de la liste suivante sont importants pour son bien-être mental et demandez-lui d'expliquer ses réponses. Incorporez des adverbes dans vos réponses. Puis, interviewez votre professeur.

Modèles: la télévision
    ÉTUDIANT(E) 1: *Est-ce que la télévision est importante pour ton bonheur?*
    ÉTUDIANT(E) 2: *Non, je peux me passer facilement de (do without) télévision.*
    ÉTUDIANT(E) 1: *Pourquoi?*
    ÉTUDIANT(E) 2: *Je trouve que la télé est une perte de temps. Je la regarde rarement.*

1. Facebook ou MySpace
2. l'activité physique
3. le silence ou la méditation
4. les jeux électroniques
5. le chocolat
6. une tasse de café le matin
7. la musique
8. un bon livre

Perspectives culturelles

Être heureux dans la vie

Le bonheur est-il devenu tendance en France? Une simple visite à la librairie illustre le fait qu'il existe une quantité de livres qui traitent de thèmes comme les secrets du bonheur, le Feng shui, la philosophie New Age. Il semble que l'on cherche à trouver un équilibre, un sens de l'harmonie dans la vie.

Est-ce qu'on réussit à atteindre cet état d'esprit si recherché? Selon un sondage récent, 94% des Français disent que oui; ils sont heureux. Les facteurs qui contribuent le plus à leur bonheur sont la famille, les enfants et la bonne santé. Voici quelques francophones qui parlent de leur recette du bonheur.

CD3, Track 36

Voix en direct
Pour vous, c'est quoi le bonheur?

Pour vous, c'est quoi le bonheur?
Sujet très difficile... Mais, je pense que la première des choses pour être heureux, c'est d'être bien dans sa peau, bien dans son corps, et puis... et essayer d'aimer la vie, apprécier toutes les petites choses qui font que la vie est belle et profiter[1] de chaque petit rayon de soleil, de chaque sourire[2], de chaque personne que l'on apprécie et que l'on voit régulièrement. Je sais pas s'il y a vraiment un secret. Être heureux, c'est dans la tête, il faut être bien dans sa tête et puis essayer de diffuser autour de soi ce bien-être.

[1]*take advantage of* [2]*smile*

Gwenaëlle Maciel
29 ans, enseignante au collège, région de Paris

Et pour vous, Delphin?
C'est beaucoup de choses, mais peut-être que le bonheur pour moi, c'est de faire ce qui me plaît dans la vie.

Delphin Ruché
27 ans, ornithologue français en séjour à Los Angeles

Il est clair que la santé fait partie du bonheur. Parlons un peu de la forme. Comment les Français restent-ils en forme?
Je pense que, d'abord, les Français mangent des quantités moins importantes. On n'a pas besoin de «doggy-bag» quand on va au restaurant. Euh... Les Français aiment encore cuisiner. Donc on achète moins de plats surgelés[3]. Et puis les Français marchent[4] beaucoup. On utilise beaucoup les transports en commun. On marche beaucoup dans la ville. On utilise moins la voiture qu'aux États-Unis. Et les Français, dans les grandes villes, ils commencent à devenir très américains. Ils mangent en marchant[5], ils mangent rapidement. Mais dans le reste de la France, on mange plus lentement. On prend le temps de vivre. Donc je pense que c'est pour ça.

[3]*frozen food* [4]*walk* [5]*while walking*

Laurence Denié-Higney
34 ans, professeur de français en Californie

Réfléchissez aux réponses

1. Selon Gwenaëlle, où est-ce qu'on trouve le bonheur? Est-ce que vous pensez que le bonheur est un état d'esprit?
2. Pour Delphin, qu'est-ce qui fait le bonheur?
3. Quelles raisons est-ce que Laurence cite pour expliquer comment les Français restent en forme? À son avis, dans quel sens est-ce que certains Français dans les grandes villes commencent à devenir «américains»?
4. Que faites-vous pour rester en forme?

Comment donner des conseils

Structure 13.4

Giving advice *Le subjonctif (introduction)*

In the following activities, you will learn several ways to give advice. French requires a special verb form called the subjunctive after expressions of obligation, desire, and necessity commonly used for influencing others. For information on how to form and use the subjunctive, see pages 415–417.

Réfléchissez et considérez

Do you ever read advice columns? Which ones draw your attention—advice on love, family life, health, fashion, travel, manners? If a friend asked you to share your secrets for having a healthy lifestyle, what would you say? After you list your advice, look over the expressions below to see how your recommendations would be phrased in French.

CD3, Track 37

Expressions utiles

Si vous voulez mener une vie saine,...

il faut
il vaut mieux
il est nécessaire de
je vous conseille de
} faire de l'exercice chaque jour et dormir suffisamment.
courir à votre rythme.

il ne faut pas } fumer.
boire d'alcool.

il faut que
il est essentiel que
je voudrais que
} vous buviez assez d'eau pour rester en bonne forme.
vous fassiez un régime.

Respirez profondément!
Prenez le temps de vous détendre.

Notez et analysez

Which expressions require the subjunctive? Which ones use the infinitive instead?

Lire des magazines féminins, prendre soin de sa peau, de son corps, utiliser des cosmétiques élaborés, boire de l'eau pure, s'appliquer des déodorants hypo-allergéniques, être élégante, suivre la mode, se brosser les dents et renforcer ses gencives°, avoir de beaux cheveux souples et soyeux... et puis tout gâcher°.
La vie sans tabac, vous commencez quand ?

° gums
° to ruin

Quelle contradiction est mise en évidence *(brought out)* par cette publicité contre le tabagisme?

Écoutons ensemble! C'est logique?

Indiquez si les conseils que vous entendez sont logiques ou pas.

	Logique	Pas logique
1.	☐	☐
2.	☐	☐
3.	☐	☐
4.	☐	☐
5.	☐	☐
6.	☐	☐

Activité 17 Des conseils

Donnez des conseils en choisissant parmi les options données.

1. Je prends des bains de soleil régulièrement. *e*

2. Je me mets en colère facilement. *g*

3. Je m'endors souvent pendant mon premier cours le matin. *d*

4. Je suis obsédé(e) par le travail. J'ai besoin de réussir à tout prix. *c*

5. J'ai besoin de perdre 10 kilos. *f*

6. Je bois trop de bière le week-end. *A*

7. J'ai une mauvaise toux, mais je ne peux pas m'empêcher de fumer. *B*

a. Il faut que vous buviez avec modération.

b. Il faut que vous vous arrêtiez de fumer tout de suite.

c. Il est nécessaire que vous vous détendiez plus souvent avec vos amis.

d. Il vaudrait mieux que vous vous couchiez à une heure raisonnable!

e. Il est nécessaire que vous mettiez de la crème solaire.

f. Il est essentiel que vous suiviez votre régime.

g. Il vaut mieux que vous comptiez jusqu'à dix avant de répondre.

Activité 18 C'est embêtant!

On est très exigeant (*demanding*) envers vous. Formez des phrases en utilisant un élément de chaque colonne. Suivez les modèles.

> **Modèles:** *Ma mère veut que j'aie de bons résultats à mes cours.*
> *Mes copains souhaitent que je sorte plus souvent.*

mes copains	vouloir	dépenser moins d'argent pour...
ma mère	désirer	lui écrire plus souvent des
mon père	souhaiter	e-mails
mon patron	exiger	être plus ponctuel(le)
mon/ma meilleur(e) ami(e)	préférer	sortir plus souvent
mes parents		leur confier mes secrets
		partir en vacances
		me détendre davantage
		devenir expert(e) à l'ordinateur

Vos parents étaient exigeants?

Est-ce que vos parents vous ennuyaient beaucoup avec leurs ordres quand vous
étiez plus jeune? Dites s'ils vous disaient les phrases suivantes... jamais, rarement,
souvent ou toujours.

> **Modèle:** — Brosse-toi les dents!
> — *Ma mère (Mon père) me disait toujours de me brosser les dents.*

1. Couvre-toi la tête!
2. Va prendre l'air.
3. Couche-toi de bonne heure!
4. Finis ton repas!
5. Tiens-toi droit(e)! *(Stand up straight!)*

6. Prends soin de toi.
7. Ne rentre pas trop tard.
8. Tire des leçons de tes erreurs.
   (Learn from your mistakes.)

Activité **20** **Consommer avec modération!**

Votre ami(e) boit trop d'alcool. Donnez-lui trois conseils pour l'encourager à
consommer avec modération. Utilisez **il faut que, je te conseille de** et **il vaut
mieux.**

L'âge légal pour boire de l'alcool varie; au Québec, c'est
18 ans. Le «binge-drinking», ou ivresses régulières, chez les
jeunes est moins grave au Canada et en France que dans les
pays anglo-saxons et scandinaves.

Activité **21** **Au secours!**

Lisez la lettre qui suit, puis répondez aux questions suivantes.

1. Quel est le problème d'Évelyne?
2. Qu'est-ce qu'elle a essayé de faire pour surmonter son problème?
3. Qu'est-ce que vous lui conseillez de faire?

Vous pouvez les aider

Ces lectrices ont un problème et demandent du réconfort.

Si vous pensez pouvoir les aider, écrivez-leur par notre intermédiaire. Nous leur ferons parvenir vos lettres.

«Une très grande timidité m'empêche d'être heureuse»

Bientôt, j'aurai 26 ans et je suis d'une timidité telle que cela m'empêche° d'être heureuse et d'évoluer normalement dans la vie. Ce handicap me rend parfois agressive et je peux être très méchante. Parce que j'ai l'impression que tout le monde se moque de moi, et je me sens rabaissée°. Pourtant, je fais beaucoup d'efforts. J'essaie de sortir, de rencontrer des gens. Je fais du rock acrobatique, de la gym, je vais à la piscine, mes semaines sont bien remplies. Il est rare que je n'aie rien de prévu le samedi.

Mais je manque de conversation, je ne parviens pas à parler devant plusieurs personnes. Mes yeux regardent partout, sauf les gens devant moi, et il m'arrive de bégayer°, de rougir. Je suis allée voir des psychologues, ils ne m'ont rien apporté. J'habite avec ma sœur, qui a quatre ans de plus que moi. Cette année, j'avais décidé de prendre un appartement, mais mon père n'a pas voulu. Je ne gagne que le Smic°.

J'ai eu un copain avec qui je m'entendais bien. J'avais tout pour être heureuse, mais au fond ça n'allait pas, comme si je n'avais pas droit au bonheur. Il me disait: «Parle, je t'écoute», mais rien à faire... Parfois, je me demande si je n'ai pas peur d'aimer et d'être aimée. Dites-moi si l'on peut guérir de la timidité. Je voudrais pouvoir me dire un jour que la vie est belle et qu'elle ne sera plus un calvaire... Merci à vous. Ça m'a fait du bien de communiquer.

Évelyne
Réf. 509. 02

prevents

minimum wage

put down

to stutter

Situations à jouer!

1 Beaucoup de Français pensent qu'il est important de prendre le temps de se réjouir *(to enjoy)* des petits moments intimes de la vie: un long repas partagé en famille, une conversation entre amis, une promenade dans la nature, un après-midi passé tranquillement à la terrasse d'un café. Est-ce que vous aimez le rythme rapide de la vie américaine? Aimeriez-vous ralentir *(to slow down)* et goûter aux petits plaisirs de la vie? Qu'est-ce que vous faites pour vous détendre ou pour mener une vie moins stressante?

2 Depuis quelques jours, vous avez un problème qui vous inquiète. Vous êtes silencieux (silencieuse) et vous avez l'air déprimé(e). Votre ami(e) veut savoir ce que vous avez et pourquoi vous faites une dépression. D'abord, vous lui dites qu'il n'y a rien, mais finalement, votre ami(e) réussit à vous convaincre de lui faire confiance. Il/Elle essaiera de vous conseiller.

Mots utiles: fainéanter *(to be lazy)*, se détendre, le manque de temps, le rythme de la vie, prendre le temps de..., vivre à son rythme

Lecture

Anticipation

1. Quand vous étiez petit(e) et que vous restiez à la maison à cause d'une maladie, qu'est-ce que vous faisiez pour vous amuser?
2. Qui restait avec vous? Est-ce que vous l'ennuyiez parfois? Comment? (Par exemple, vous ne restiez pas au lit, vous étiez très exigeant[e], vous refusiez de prendre vos médicaments, vous gâchiez l'atmosphère à la maison, vous étiez désobéissant[e].)
3. Est-ce que vous aviez un médecin de famille? Si oui, comment était-il/ elle? Aviez-vous peur du médecin? Pourquoi?

Activité de lecture

Dans le **Module 8,** vous avez lu une histoire à propos d'un enfant, Alceste, qui est renvoyé de l'école. Ici, vous allez lire une histoire de la même série à propos d'un copain d'Alceste, Nicolas. En lisant le texte, soulignez les phrases qui expriment la logique d'un petit enfant.

«Je suis malade»

Sempé et Goscinny

1   Je me sentais très bien hier, la preuve°, j'ai mangé des tas° de caramels, de bonbons, de gâteaux, de frites et de glaces, et, dans la nuit, je me demande pourquoi, comme ça, j'ai été très malade.

Le docteur est venu ce matin. Quand il est entré dans ma chambre, j'ai
5   pleuré, mais plus par habitude que pour autre chose, parce que je le connais bien, le docteur, et il est rudement gentil. Et puis ça me plaît quand il met la tête sur ma poitrine, parce qu'il est tout chauve° et je vois son crâne° qui brille juste sous mon nez et c'est amusant. Le docteur n'est pas resté longtemps, il m'a donné une petite tape sur la joue° et il a dit à maman: «Mettez-le à la
10   diète et, surtout, qu'il reste couché, qu'il se repose.» Et il est parti.

Maman m'a dit: «Tu as entendu ce qu'a dit le docteur. J'espère que tu vas être très sage et très obéissant.» Moi, j'ai dit à maman qu'elle pouvait être tranquille. C'est vrai, j'aime beaucoup ma maman et je lui obéis toujours. Il vaut mieux, parce que, sinon, ça fait des histoires.

15   J'ai pris un livre et j'ai commencé à lire, c'était chouette avec des images partout et ça parlait d'un petit ours° qui se perdait dans la forêt où il y avait des chasseurs°. Moi j'aime mieux les histoires de cow-boys, mais tante Pulchérie, à tous mes anniversaires, me donne des livres pleins de petits ours, de petits lapins°, de petits chats, de toutes sortes de petites bêtes°. Elle doit
20   aimer ça, tante Pulchérie.

J'étais en train de lire°, là où le méchant loup° allait manger le petit ours, quand maman est entrée suivie d'Alceste. Alceste c'est mon copain, celui qui est très gros et qui mange tout le temps. «Regarde, Nicolas, m'a dit maman, ton petit ami Alceste est venu te rendre visite, n'est-ce pas gentil? —Bonjour,
25   Alceste, j'ai dit, c'est chouette d'être venu.» Maman a commencé à me dire qu'il ne fallait pas dire «chouette» tout le temps. Quand elle a vu la boîte qu'Alceste avait sous le bras, «Que portes-tu là, Alceste?» elle a demandé. «Des chocolats», a répondu Alceste. Maman, alors, a dit à Alceste qu'il était très gentil, mais qu'elle ne voulait pas qu'il me donne les chocolats, parce
30   que j'étais à la diète. Alceste a dit à maman qu'il ne pensait pas me donner les chocolats, qu'il les avait apportés pour les manger lui-même° et que si

Glossary (left margin):
proof / a lot
bald / skull
he patted my cheek
bear
hunters
rabbits / animals
I was reading / mean wolf
all by himself

je voulais des chocolats, je n'avais qu'à aller m'en acheter, non mais sans blague°. Maman a regardé Alceste, un peu étonnée°, elle a soupiré° et puis elle est sortie en nous disant d'être sages. Alceste s'est assis à côté de mon

35 lit et il me regardait sans rien dire, en mangeant ses chocolats. Ça me faisait drôlement envie. «Alceste, j'ai dit, tu m'en donnes de tes chocolats? —T'es pas malade?» m'a répondu Alceste. «Alceste, t'es pas chouette», je lui ai dit. Alceste m'a dit qu'il ne fallait pas dire «chouette» et il s'est mis deux chocolats dans la bouche, alors on s'est battus°.

40   Maman est arrivée en courant° et elle n'était pas contente. Elle a dit à Alceste de partir. Moi, ça m'embêtait de voir partir Alceste, on s'amusait bien, tous les deux, mais j'ai compris qu'il valait mieux ne pas discuter avec maman, elle n'avait vraiment pas l'air de rigoler°. Alceste m'a serré la main°, il m'a dit à bientôt et il est parti. Je l'aime bien, Alceste, c'est

45 un copain.

    Maman, quand elle a regardé mon lit, elle s'est mise à crier. Il faut dire qu'en nous battant, Alceste et moi, on a écrasé° quelques chocolats sur les draps, il y en avait aussi sur mon pyjama et dans mes cheveux. Maman m'a dit que j'étais insupportable et elle a changé les draps, elle m'a emmené à

50 la salle de bains, où elle m'a frotté° avec une éponge et de l'eau de Cologne et elle m'a mis un pyjama propre, le bleu à rayures°. Après, maman m'a couché et elle m'a dit de ne plus la déranger°. Je suis resté seul et je me suis remis à mon livre, celui avec le petit ours [...] c'était un lion qui voulait manger le petit ours et le petit ours, il ne voyait pas le lion, parce qu'il était

55 en train de manger du miel. Tout ça, ça me donnait de plus en plus faim. ... J'ai pensé à appeler maman, mais je n'ai pas voulu me faire gronder°, elle m'avait dit de ne pas la déranger, alors je me suis levé pour aller voir s'il n'y aurait pas quelque chose de bon dans la glacière°.

    Il y avait des tas de bonnes choses dans la glacière. On mange très bien

60 à la maison. J'ai pris dans mes bras une cuisse de poulet, c'est bon froid, du gâteau à la crème et une bouteille de lait. «Nicolas!» j'ai entendu crier derrière moi. J'ai eu très peur et j'ai tout lâché°. C'était maman qui était entrée dans la cuisine et qui ne s'attendait° sans doute pas à me trouver là. J'ai pleuré à tout hasard, parce que maman avait l'air fâchée° comme tout.

65 Alors, maman n'a rien dit, elle m'a emmené dans la salle de bains, elle m'a frotté avec l'éponge et l'eau de Cologne et elle m'a changé de pyjama, parce que, sur celui que je portais, le lait et le gâteau à la crème avaient fait des éclaboussures°. Maman m'a mis le pyjama rouge à carreaux° et elle m'a envoyé coucher en vitesse, parce qu'il fallait qu'elle nettoie la cuisine.

70   De retour dans mon lit, je n'ai pas voulu reprendre le livre avec le petit ours que tout le monde voulait manger. [...] Mais il ne m'amusait pas de rester comme ça, sans rien faire, alors j'ai décidé de dessiner°. Je suis allé chercher tout ce qu'il me fallait dans le bureau de papa. [...] j'ai préféré prendre des papiers où il y avait des choses écrites d'un côté et qui ne

75 servaient sûrement plus. J'ai pris aussi le vieux stylo de papa, celui qui ne risque plus rien.

    Vite, vite, vite, je suis rentré dans ma chambre et je me suis couché. J'ai commencé à dessiner des trucs formidables: des bateaux de guerre [...] Comme je ne faisais pas de bruit depuis un moment, maman est venue voir

80 ce qui se passait. Elle s'est mise à crier° de nouveau. Il faut dire que le stylo de papa perd un peu d'encre, c'est pour ça d'ailleurs que papa ne s'en sert plus. C'est très pratique pour dessiner les explosions, mais je me suis mis de l'encre partout et aussi sur les draps et le couvre-lit°. Maman était fâchée et ça ne lui a pas plu les papiers sur lesquels je dessinais, parce qu'il paraît

85 que ce qui était écrit de l'autre côté du dessin, c'était des choses importantes pour papa.

no kidding / surprised / sighed

fought
came running

to be joking
shook hands

crushed

rubbed
striped
bother her

get into trouble

icebox

I dropped everything
didn't expect
angry

stains / checked

draw

started to yell

bedspread

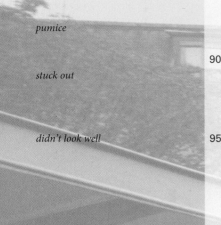

pumice

stuck out

didn't look well

90 Maman m'a fait lever, elle a changé les draps du lit, elle m'a emmené dans la salle de bains, elle m'a frotté avec une pierre ponce°, l'éponge et ce qui restait au fond de la bouteille d'eau de Cologne et elle m'a mis une vieille chemise de papa à la place de mon pyjama, parce que, de pyjama propre, je n'en avais plus.

Le soir, le docteur est venu mettre sa tête sur ma poitrine, je lui ai tiré° la langue, il m'a donné une petite tape sur la joue et il m'a dit que j'étais guéri et que je pouvais me lever.

95 Mais on n'a vraiment pas de chance avec les maladies, à la maison, aujourd'hui. Le docteur a trouvé que maman avait mauvaise mine° et il lui a dit de se coucher et de se mettre à la diète.

Adapté de Sempé et Goscinny: *Le Petit Nicolas,* ©Éditions Denoël

Expansion de vocabulaire

Utilisez le contexte pour interpréter les expressions soulignées, qui sont surtout utilisées par des enfants ou dans le langage parlé.

1. J'ai mangé <u>des tas de</u> caramels, de bonbons, de gâteaux, de frites...
   a. un peu de
   b. beaucoup de
   c. quelques
   d. assez de
2. Je le connais bien le docteur, et il est <u>rudement</u> gentil.
   a. vulgaire
   b. probablement
   c. jamais
   d. très
3. Ça me plaît quand il met la tête sur ma poitrine, parce qu'il est <u>tout</u> chauve.
   a. complètement
   b. un peu
   c. très
   d. toujours
4. Il a dit à maman: «Mettez-le <u>à la diète</u> et, surtout, qu'il reste couché... »
   a. au lit
   b. à la maison
   c. au régime
   d. à l'hôpital
5. J'ai pris un livre et j'ai commencé à lire, c'était <u>chouette</u> avec des images partout...
   a. stupide
   b. amusant
   c. triste
   d. difficile
6. Maman, <u>elle n'avait pas l'air de rigoler</u>.
   a. elle était contente
   b. elle était malade
   c. elle toussait
   d. elle n'était pas contente
7. Après, maman m'a couché et elle m'a dit de ne plus la <u>déranger</u>.
   a. interrompre
   b. parler
   c. pleurer
   d. battre
8. J'en avais assez de cette espèce d'ours qui me faisait <u>faire des bêtises</u>.
   a. dessiner des animaux
   b. manger
   c. rigoler
   d. faire quelque chose de stupide

Compréhension et intégration

Répondez aux questions suivantes.

1. Pourquoi est-ce que Nicolas est tombé malade?
2. Quelles sortes de livres est-ce qu'il préfère?
3. Est-ce qu'Alceste est très poli? Expliquez.
4. Quand Alceste est parti, qu'est-ce que la maman a trouvé sur les draps de Nicolas?
5. Pourquoi Nicolas a-t-il eu peur quand sa mère a crié «Nicolas!»?
6. Qu'est-ce que Nicolas a pris du bureau de son père? Pourquoi le stylo était-il très pratique pour dessiner des explosions?
7. Pourquoi la maman de Nicolas a-t-elle mauvaise mine à la fin de l'histoire?

Maintenant à vous!

1. (Un débat en équipe.) En équipes de quatre à cinq étudiants, préparez quatre arguments pour débattre *(to debate)* l'assertion suivante: Nicolas est vraiment innocent, il ne comprend pas ce qu'il fait.
2. (Jeu de rôle: Personnages: le papa et la maman de Nicolas.) Papa rentre du travail. Il demande à maman pourquoi elle a mauvaise mine. Elle lui raconte les ennuis de sa journée et il lui pose des questions.

Voix en direct (suite)

Go to **iLrn** to view video clips of several French speakers talking about how they handle the stress in their lives.

Expression écrite

🌐 À vos marques, prêts, bloguez!

Sur notre blog, donnez trois conseils pour la santé ou le bonheur, en français, à vos camarades de classe. Utilisez il **faut que, il vaut mieux, je vous conseille de.** Répondez à deux conseils de vos camarades de classe. Dites si vous êtes d'accord ou non. Est-ce que vous pensez la même chose?

Une campagne d'éducation: La santé pour tous! (Présentation multimédia)

■ **Introduction:** En groupes de 4 ou 5, vous allez faire une campagne d'éducation pour la santé et le bien-être des autres. Votre production finale sera une présentation PowerPoint ou PhotoStory.

■ **Première étape:** Avec votre groupe, choisissez le sujet qui vous intéresse le plus: **le tabagisme, le «binge drinking», l'obésité, le SIDA** *(AIDS),* **le stress,** etc. Décidez aussi quel sera votre public; par exemple, les enfants à l'école, les professionnels de la santé, les adolescents, les étudiants, les parents.

■ **Deuxième étape:** Mettez-vous d'accord sur un slogan et écrivez un texte qui va persuader votre public. Il faut utiliser des expressions pour donner des conseils ainsi que l'impératif (voir **Module 10**). Trouvez des images en ligne pour illustrer votre texte.

■ **Troisième étape:** Sélectionnez une ou deux personnes pour éditer *(edit)* la version finale de votre texte. Puis rendez votre texte au professeur pour une dernière correction.

■ **Quatrième étape:** Transférez votre travail sur PowerPoint ou PhotoStory et présentez votre campagne à la classe.

SYSTÈME-D

Grammar: **avoir** expressions; impersonal **Il**; imperative; relative pronouns **ce qui** and **ce que**; subjunctive; imperative

Phrases: giving advice; asserting and insisting; describing health; disapproving; expressing an opinion or preference; making a judgment; persuading; writing an essay

Vocabulary: body; health; sickness; sports; food

Structure 13.1

Use the **iLrn™** platform for more grammar and vocabulary practice.

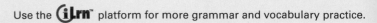

Talking about health and feelings *Expressions idiomatiques avec **avoir** (récapitulation)*

The verb **avoir** is used in many idiomatic expressions describing physical states and emotions. You are already familiar with several of them.

avoir cinq ans	*to be five years old*
avoir besoin de	*to need*
avoir faim	*to be hungry*
avoir soif	*to be thirsty*

Here are some additional expressions with **avoir.**

avoir sommeil	*to be sleepy*	Elle va se coucher. Elle a sommeil.
avoir peur (de)	*to be afraid (of)*	Il a peur de voyager seul.
avoir honte (de)	*to be ashamed (of)*	Il a honte de ses actions.
avoir raison (de)	*to be right (to)*	Ma mère dit qu'elle a toujours raison.
avoir tort (de)	*to be wrong (to)*	Tu as tort de ne pas dire la vérité.
avoir mal à	*to have an ache in*	J'ai mal à la tête.
avoir du mal à	*to have difficulty (in)*	Nous avons du mal à parler français.
avoir envie de	*to want to, feel like*	J'ai envie d'aller en Europe.
avoir l'occasion de	*to have the opportunity to*	Il a l'occasion d'aller à Paris.
avoir de la patience	*to be patient*	L'institutrice doit avoir de la patience.
avoir de la chance	*to be lucky*	Marie a gagné à la loterie; elle a de la chance!
avoir lieu	*to take place*	Le concert a lieu à l'église Saint-Paul.
avoir froid	*to be cold*	J'ai toujours froid en hiver.
avoir chaud	*to be hot*	Tu n'as pas chaud avec ce manteau?
avoir hâte de	*to look forward to, can't wait to*	J'ai hâte de te voir.

Avoir l'air is used to describe how people and things appear. The adjective can agree either with the subject or with **l'air** (masculine). **Avoir l'air + de** is used with an infinitive.

Elle a l'air heureuse. ⎫
Elle a l'air heureux. ⎬   *She looks happy.*
Il a l'air de pleurer.   *He looks like he's crying.*

Exercice 1   Où les gens suivants ont-ils mal?

1. Rachid vient d'avoir une piqûre contre la grippe.
2. Nous venons de faire un marathon.
3. Vous êtes à la plage mais vous avez oublié vos lunettes de soleil.
4. Les petits Sacha et Karina n'aiment pas le bruit des feux d'artifice *(fireworks)*.
5. Vanessa est tombée en faisant du patin à glace *(ice skating)*.
6. Il y a beaucoup de gros livres dans son sac à dos.

Exercice 2 Décrivez les sentiments des personnes suivantes. Complétez les phrases en utilisant une expression avec **avoir.**

   Modèle: Kavimbi pense que New York est la capitale des États-Unis, mais il *a tort.*

1. L'enfant _____, mais il refuse de dormir.
2. Elle prend de l'aspirine quand elle _____.
3. Qu'est-ce que tu as? Tu _____ malade!
4. Je n'aimerais pas être avocate; j(e) _____ être agressive.
5. J'adore les musiques du monde. J(e) _____ aller au concert de Tiken Jah Fakoly.
6. Julie _____ d'aller en France avec sa meilleure amie.
7. Moustafa, qui ne boit pas d'alcool, n'a pas _____ d'aller au bar.
8. Lucille _____ de gros animaux.
9. Il faut _____ pour gagner à la loterie.
10. Camille _____ de montrer ses mauvaises notes à ses parents.
11. Vous travaillez bien avec les enfants parce que vous _____.
12. Je pensais que tu étais sincère, mais j'avais _____.

Exercice 3 Vous observez les gens dans le parc avec un copain (une copine). Suivez le modèle.

   Modèle: cet homme / nerveux
   Cet homme a l'air nerveux.

1. ces femmes / très jeune
2. ces garçons / bien s'amuser
3. cet homme / attendre quelqu'un
4. la mère sur le banc / très ennuyé
5. la petite blonde / malheureux
6. l'homme au chapeau / chercher quelque chose

Structure 13.2

Saying when and how long *L'emploi de depuis*

French does not have a special verb tense to describe actions that began in the past and are still in effect; it relies on the preposition **depuis,** followed by an expression that specifies a moment in the past or a duration, combined with the present tense to express this concept. Compare the following French and English sentences.

Merrick **est** au lit **depuis** deux jours.	*Merrick **has been** in bed **for** two days.*
Jean **est** au travail **depuis** ce matin.	*Jean **has been** at work **since** this morning.*

This contrast is a frequent source of errors for both French and English speakers as illustrated by a typical French speaker's error: "I am studying English for two years."

Depuis quand (*Since when*) is used to find out when a condition or activity began.

— **Depuis quand** est-il malade?	*— Since when has he been sick?*
— Il est malade **depuis** hier.	*— He's been sick since yesterday.*
— **Depuis quand** sont-ils ensemble?	*— How long have they been together?*
— Ils sont ensemble **depuis** deux mois.	*— They have been together for two months.*

Depuis que is followed by a clause containing a subject and a verb.

Georges est absent **depuis qu'il est tombé malade.**	*George has been absent since he got sick.*
Il te regarde **depuis que tu es arrivé.**	*He has been watching you since you arrived.*

In negative sentences, use the **passé composé** with **depuis.**

Je **n'ai pas vu** Jules **depuis** longtemps.	*I haven't seen Jules for a long time.*
Il **n'a pas plu depuis** cinq mois.	*It hasn't rained for five months.*

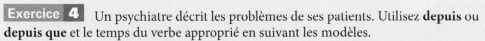

Exercice 4 Un psychiatre décrit les problèmes de ses patients. Utilisez **depuis** ou **depuis que** et le temps du verbe approprié en suivant les modèles.

Modèles: Monsieur Hamed (se parler à lui-même / cinq mois)
Monsieur Hamed se parle à lui même depuis cinq mois.

Raoul (refuser de manger / il a perdu sa sœur)
Raoul refuse de manger depuis qu'il a perdu sa sœur.

Serge (ne pas manger / hier)
Serge n'a pas mangé depuis hier.

1. Anne (avoir de terribles migraines / l'âge de dix ans)
2. Simone (répéter la même phrase / dix ans)
3. Agnès (avoir peur de l'eau / elle a eu un accident de bateau)
4. Sophie (avoir horreur des hôpitaux / son enfance)
5. Monsieur Monneau (avoir peur de monter dans un avion / son parachute ne s'est pas ouvert)
6. Jeanne (faire une dépression / son chien est mort)
7. Madame Leclerc (ne pas conduire / son accident il y a cinq ans)
8. Guy (ne pas sortir / sa rupture avec Alice)

Structure 13.3

Making descriptions more vivid *Les adverbes*

Some common adverbs you have already learned are:

bien	mal	souvent	rarement	assez	beaucoup

Many adverbs end in -**ment,** the equivalent of *-ly* in English.

Elle est gravement malade.　　　　　*She is seriously ill.*

Most of these adverbs are formed by adding -**ment** to the feminine form of the adjective.

lent → lente → lentement	*slow → slowly*
actif → active → activement	*active → actively*
sérieux → sérieuse → sérieusement	*serious → seriously*

If the masculine form of the adjective ends in a vowel, add -**ment** to the masculine adjective.

probable → probablement	*probable → probably*
vrai → vraiment	*true, real → truly, really*

Except for the case of **lent → lentement,** if the masculine adjective ends in -**ent** or -**ant,** drop the -**nt** and add -**mment.**

constant → constamment	*constant → constantly*
évident → évidemment	*evident → evidently*

Adverbs in -**ment** usually follow the verb. Note that the adverb **couramment** (formed from the adjective **courant**) means *fluently.*

Il parle couramment le chinois.　　　　　*He speaks Chinese fluently.*

The adverb **doucement** has several meanings. Depending on its context, it can mean *slowly, sweetly,* or *softly*.

Il faut parler plus doucement. *You should speak more softly / slowly.*

When the adverb modifies the entire sentence, it may be placed at the beginning or the end.

Heureusement, l'avion est arrivé à l'heure. *Fortunately, the plane arrived on time.*
Il n'en était pas content, apparemment. *He wasn't happy about it, apparently.*

Note de prononciation

The **-ent** ending on nouns, adjectives, and adverbs is pronounced /ã/ as in **dent**. The ending **-amment** or **-emment** is pronounced /a-mã/. However, as you recall, the verb ending **-ent** is not pronounced. You will get more practice with these sounds in the lab manual **Exercices de prononciation**.

Malheureusement ils prennent constamment des médicaments.

Exercice 5 Écrivez l'adjectif qui correspond aux adverbes suivants. Utilisez la forme masculine.

1. franchement	**3.** différemment	**5.** naturellement	**7.** activement
2. absolument	**4.** évidemment	**6.** vaguement	**8.** suffisamment

Exercice 6 Écrivez l'adverbe qui correspond aux adjectifs suivants.

1. silencieux	**5.** apparent	**9.** courant
2. naturel	**6.** régulier	**10.** doux
3. constant	**7.** vrai	
4. heureux	**8.** récent	

Exercice 7 Patricia décrit sa chatte. Complétez la description avec la forme adverbiale de chaque adjectif entre parenthèses.

Ma chatte Milou me fascine. Dans la maison, elle se promène (lent) _____ (1). Elle s'assoit sur mes genoux et s'endort (tranquille) _____ (2). Quand elle se réveille, elle regarde (fixe) _____ (3) par la fenêtre et décide de sortir. Une fois à l'extérieur, elle se cache *(hides)* (silencieux) _____ (4) derrière un arbre puis soudain, elle chasse (énergique) _____ (5) un oiseau *(bird)* ou un écureuil *(squirrel)*. Toute cette activité l'ennuie au bout de quelques minutes et elle reprend sa place sur l'escalier. Là, elle attend (patient) _____ (6) que je lui ouvre la porte.

Structure 13.4

Giving advice *Le subjonctif (introduction)*

French uses several structures for giving advice and expressing obligation. You have already seen the impersonal expression **il faut** combined with an infinitive used for this purpose.

Monique, **il faut faire** tes devoirs avant de sortir. *Monica, you have to do your homework before going out.*

French commonly uses a special set of verb forms called the subjunctive for expressing obligation and giving strong advice. The subjunctive is required in clauses following **il faut que.**

Monique, **il faut que** tu **fasses** tes devoirs avant de sortir.
Il faut que Jean **finisse** l'examen.

The subjunctive is also used following other expressions of obligation and necessity shown here.

il est essentiel que	*it's essential that*
il est nécessaire que	*it's necessary that*
il est important que	*it's important that*
il vaut mieux que	*it's preferable / better that*
je préfère que	*I prefer that*
je veux que	*I want*
je souhaite que	*I wish that*
elle exige que	*she demands that*

Notre professeur veut que nous
parlions français en classe.
Il est important que vous **répondiez**
à la question.
Il est essentiel que vous **fassiez** attention.
Il vaut mieux que tu **prennes** tes
médicaments régulièrement.

*Our professor wants us to speak
French in class.*
*It's important that you answer the
question.*
It's essential that you pay attention.
*It's better that you take your
medicine regularly.*

Regular subjunctive forms

To form the subjunctive of most verbs, start with the third-person plural verb stem (**ils/elles**)
of the present tense and add the endings **-e, -es, -e, -ions, -iez, -ent,** as shown in the chart.

third-person plural	subjunctive stem	subjunctive
vendent	vend-	que je vende
disent	dis-	que tu dises
finissent	finiss-	que vous finissiez
sortent	sort-	que nous sortions
étudient	étudi-	que nous étudiions

Irregular subjunctive forms

The verbs **être** and **avoir** have irregular stems and endings.

être		avoir	
que je sois	que nous soyons	que j'aie	que nous ayons
que tu sois	que vous soyez	que tu aies	que vous ayez
qu'il soit	qu'ils soient	qu'il ait	qu'ils aient

Several verbs have a second subjunctive stem for the **nous** and **vous** forms derived from the
nous and **vous** form of the present tense. This is also true for verbs with spelling changes.

boire		prendre		venir		payer	
boive	buvions	prenne	prenions	vienne	venions	paie	payions
boives	buviez	prennes	preniez	viennes	veniez	paies	payiez
boive	boivent	prenne	prennent	vienne	viennent	paie	paient

Other verbs that follow this pattern are **croire, devoir,** and **voir.**

The following five verbs have an irregular subjunctive stem. Note that **aller** and **vouloir** have a different stem in the **nous** and **vous** forms.

pouvoir	savoir	faire
puisse	sache	fasse
puisses	saches	fasses
puisse	sache	fasse
puissions	sachions	fassions
puissiez	sachiez	fassiez
puissent	sachent	fassent

aller	vouloir
aille	veuille
ailles	veuilles
aille	veuille
allions	voulions
alliez	vouliez
aillent	veuillent

Note de prononciation

Regular **-er** verbs in the subjunctive sound the same as in the present indicative except for the **nous** and **vous** forms.

que je chante   que nous chantions
que tu chantes   que vous chantiez
qu'il chante   qu'ils chantent

Avoiding the subjunctive

It is possible to avoid the subjunctive by using the infinitive after certain expressions:

- **il faut / il vaut mieux** (see 9.4, page 285)
- **devoir**
- expressions with **de**

Il faut faire de l'exercice.	*It is necessary to exercise.*
Vous devez sortir avec vos amis.	*You should go out with your friends.*
Il est important de manger des légumes.	*It is important to eat vegetables.*
Ma mère me conseille de me lever plus tôt.	*My mother tells me to wake up earlier.*
Son professeur lui a dit de parler plus en classe.	*His professor told him to speak more in class.*

For negative sentences, use the negative infinitive after **de: ne pas** + infinitive.

Mon entraîneur **me recommande de ne pas fumer.**   *My coach tells me not to smoke.*

Exercice 8   Complétez les phrases suivantes en utilisant le subjonctif des verbes donnés entre parenthèses.

Il faut...

1. que vous ne _____ (manger) pas beaucoup de matières grasses.
2. que je me _____ (mettre) au régime.
3. que nous _____ (être) prudents au soleil.
4. que vous _____ (prendre) de la vitamine C tous les jours.
5. que la patiente _____ (faire) de l'aérobic.
6. que tu _____ (avoir) de la patience.

Exercice 9 Complétez les conseils suivants avec la forme appropriée du verbe entre parenthèses. Choisissez entre le subjonctif et l'infinitif.

1. Il faut que Jean _____ (sortir) plus souvent avec ses amis.

2. Je vous conseille d(e) _____ (aller) régulièrement à la gym.

3. Il est essentiel que tu _____ (être) à l'heure pour votre rendez-vous.

4. Je vous recommande de _____ (boire) plus d'eau.

5. Il est essentiel qu'ils _____ (prendre) leurs médicaments.

6. Il est important de _____ (dormir) huit heures par jour.

7. Il est nécessaire que nous _____ (pouvoir) arriver avant les autres.

8. Il vaut mieux que nous _____ (faire) un régime.

Exercice 10 On exige beaucoup de vous. Choisissez parmi les verbes de la liste suivante pour compléter les phrases en utilisant le subjonctif ou l'infinitif.

répondre	étudier	faire	aller
écrire	inviter	être	finir

1. Ma mère veut que je lui _____ une fois par semaine pendant mon voyage de deux mois en Turquie cet été.

2. Le patron veut que vous _____ le projet avant la fin du mois.

3. Mon copain souhaite que nous _____ dans le même cours d'anglais.

4. Tes parents te disent d(e) _____ sérieusement.

5. Notre professeur exige que les étudiants _____ aux questions en classe.

6. Ma mère veut que j(e) _____ avec elle chez mes grands-parents.

7. Mon camarade de chambre me suggère d(e) _____ des amis chez nous ce week-end.

8. Le médecin conseille que nous _____ de l'exercice régulièrement.

Exercice 11 Vos amis vous demandent conseil. Répondez avec les éléments donnés entre parenthèses et les expressions utiles. Pour parler à une personne, utilisez la forme **tu.**

Expressions utiles:

faire du yoga
faire de la musculation
mettre de la crème solaire pour protéger sa peau
faire un régime et brûler des calories en faisant de l'exercice chaque jour
se laver le visage régulièrement avec du savon
étudier plus souvent
se brosser les dents après chaque repas
dormir davantage

1. Je ne veux pas attraper de coup de soleil (sunburn). (Il faut que...)

2. Nous voulons maigrir. (Il est nécessaire que...)

3. Je manque d'énergie. (Il vaut mieux que...)

4. Je veux me développer les muscles. (Je vous recommande de...)

5. Nous sommes très stressés. (Je vous conseille de...)

6. J'ai des caries (cavities). (Il est essentiel que...)

7. Je veux avoir une belle peau. (Tu dois...)

8. Nous voulons avoir de meilleures notes en français. (Il faut...)

Tout ensemble!

Françoise, qui travaille maintenant à Londres, n'est pas contente depuis plusieurs semaines. Elle écrit finalement à sa mère et sa mère lui répond. Complétez les deux lettres en utilisant des expressions avec **avoir, depuis,** l'adverbe qui correspond à l'adjectif entre parenthèses ou la forme correcte du verbe entre parenthèses.

Chère Maman,

J'ai _____ (1) de te parler _____ (2) (franc) de ma situation depuis mon arrivée à Londres, mais je ne veux pas te décevoir *(to disappoint)*. D'abord, à la banque, ça ne va pas. J'ai _____ (3) de plaire *(to please)* à mon patron, mais il est très exigeant *(demanding),* voire impossible. Il ne sourit jamais et il a souvent l'_____ (4) d'être fâché contre moi. Dans mon angoisse, j'ai du _____ (5) à dormir et donc j'ai toujours _____ (6). _____ (7) (évident) je ne comprends pas ce qu'il veut de moi. Je _____ (8) (travailler) _____ (9) (vache) dur depuis un mois sur le même projet et je ne sais pas quand ça va _____ (10) (final) se terminer.

Tu sais que je suis venue ici pour pratiquer mon anglais et me faire de nouveaux amis. _____ (11) (malheureux), dans notre bureau, on ne parle que français et je n'ai pas le temps de sortir. Chère maman, est-ce que j'ai pris une mauvaise décision? Qu'est-ce que je dois faire? J'ai _____ (12) de tomber malade.

Grosses bises,
Françoise

Ma chère Françoise,

Pourquoi as-tu mis si longtemps à me dire la vérité? Tu ne dois _____ (13) (absolu) pas avoir _____ (14) d'être mécontente. D'abord, tu es _____ (15) (vrai) trop perfectionniste. Tu penses trop à ton patron. Je te suggère de _____ (16) (faire) de ton mieux et puis de l'oublier. Je t'assure que ces problèmes sont dans ta tête. Il faut que tu _____ (17) (sortir) un peu pour profiter de ton séjour à Londres. Je te suggère de _____ (18) (téléphoner) à tes cousins qui habitent tout près. Il faut aussi que tu _____ (19) (faire) _____ (20) (régulier) de l'exercice—ta vie n'est pas assez équilibrée. Une promenade dans Hyde Park te ferait du bien.

Tu dois tout d'abord penser à ton propre bonheur. Je te téléphonerai ce week-end.

Grosses bises,
Maman

Vocabulaire

Vocabulaire fondamental

Noms

Les parties du corps	**Parts of the body**
la bouche	mouth
le bras	arm
le cœur	heart
le cou	neck
le doigt	finger
le dos	back
l'épaule (f)	shoulder
l'estomac (m)	stomach
le genou	knee
la gorge	throat
la jambe	leg
la langue	tongue
les lèvres (f pl)	lips
le nez	nose
le pied	foot
la tête	head
le ventre	stomach
le visage	face
les yeux (m pl), un œil	eyes, an eye

Les blessures, les maladies et les remèdes	**Injuries, illnesses, and cures**
une blessure	an injury
le bonheur	happiness
un conseil	piece of advice
la grippe	flu
un médicament	a medicine
un mouchoir	a handkerchief
une ordonnance	a prescription
un remède	a cure
un rhume	a cold
le sang	blood
la santé	health

Mots apparentés: une aspirine, un check-up, une opération, un symptôme, une vitamine

Verbes

arrêter	to stop
blesser	to hurt, injure
se casser (la jambe)	to break (one's leg)
conseiller	to give advice
se détendre	to relax
exiger	to demand
marcher	to walk
pleurer	to cry
se sentir	to feel
soigner	to take care of; to nurse

souffrir (je souffre)	to suffer
souhaiter	to wish
tousser	to cough

Adjectifs

déprimé(e)	depressed
élevé(e)	high
enceinte	pregnant
enrhumé(e)	congested
malade	sick
sain(e)	healthful (food, habits)

Adverbes

couramment	fluently
doucement	slowly; softly; sweetly
facilement	easily
franchement	frankly
gravement	seriously
heureusement	happily, fortunately
malheureusement	unhappily, unfortunately
régulièrement	regularly
suffisamment	sufficiently
vachement (fam)	very, a lot
vraiment	really

Mots apparentés: absolument, activement, essentiellement, finalement, naturellement, rapidement, simplement

Expressions avec *avoir*

avoir chaud	to be hot
avoir de la chance	to be lucky
avoir de la patience	to be patient
avoir du mal à	to have difficulty
avoir envie de	to desire, feel like
avoir froid	to be cold
avoir hâte de	to look forward to, can't wait to
avoir honte	to be ashamed
avoir l'air	to seem, look
avoir lieu	to take place
avoir l'occasion	to have the opportunity
avoir mal à (la tête)	to have a (head)ache
avoir peur de	to be afraid of
avoir raison	to be right
avoir sommeil	to be sleepy
avoir tort	to be wrong

Mots divers

davantage	more
depuis	for; since

Expressions utiles

Comment parler au médecin	How to speak to the doctor
(See other expressions on page 397.)	
Elle s'est cassé la jambe.	*She broke her leg.*
Il est de très mauvaise / bonne humeur.	*He's in a very bad / good mood.*
Il est en pleine forme.	*He's in top shape.*
Je me sens très bien.	*I feel very well.*
Je ne me sens pas bien (du tout).	*I (really) don't feel well.*
Je suis bien dans ma peau.	*I feel comfortable with myself.*

Quels sont vos symptômes?	*What are your symptoms?*
Qu'est-ce qui ne va pas?	*What's wrong?*

Comment donner des conseils	How to give advice
(See other expressions on page 404.)	
Il faut faire de l'exercice.	*You must exercise.*
Il ne faut pas fumer.	*You mustn't smoke.*
Il est essentiel que vous fassiez un régime.	*It is necessary for you to go on a diet.*
Je voudrais que vous buviez assez d'eau.	*I would like you to drink enough water.*
Respirez profondément!	*Breathe deeply!*

Vocabulaire supplémentaire

CD3, Tracks 46–48

Noms

un accouchement	*a delivery (of a baby)*
une allergie	*an allergy*
l'assurance médicale (f)	*medical insurance*
les béquilles (f pl)	*crutches*
le bien-être	*well-being*
le binge-drinking	*binge drinking*
un bleu	*a bruise*
une boîte de mouchoirs	*a box of tissues*
un cancer	*a cancer*
une carie	*a cavity*
la cheville	*ankle*
une cicatrice	*a scar*
le cil	*eyelash*
le coude	*elbow*
la crème solaire	*sunscreen*
un frisson	*a shiver, chill*
le front	*forehead*
la hanche	*hip*
le menton	*chin*
le muscle	*muscle*
l'ongle (m)	*fingernail*
l'orteil (m)	*toe*
l'os (m)	*bone*
un pansement	*a bandage*
le physique	*physical appearance*
une pilule	*a pill*
une piqûre	*a shot*
un plâtre	*a cast*
le poignet	*wrist*
une radio(graphie)	*an X-ray*
le service des urgences	*emergency room*
le sourcil	*eyebrow*
un sourire	*a smile*
une toux	*a cough*

Verbes

s'agenouiller	*to kneel*
apprécier	*to appreciate*
avaler	*to swallow*
avoir bonne / mauvaise mine	*to look good / to not look good*
avoir le nez qui coule	*to have a runny nose*
bouger	*to move (one's body)*
brûler	*to burn*
caresser	*to caress*
confier	*to confide*
se couper	*to cut oneself*
éternuer	*to sneeze*
faire de la musculation	*to lift weights*
faire des gargarismes	*to gargle*
se faire mal	*to hurt oneself*
se faire masser	*to get a massage*
se fouler la cheville	*to twist one's ankle*
gesticuler	*to gesture*
guérir	*to heal*
se moucher	*to blow one's nose*
paraître	*to seem*
se passer de	*to do without*
perdre conscience	*to lose consciousness, faint*
plaire	*to please*
prendre la tension	*to take (someone's) blood pressure*
respirer	*to breathe*

Adjectifs

bouché(e)	*stopped up*
exigeant(e)	*demanding*
franc (franche)	*frank*
obéissant(e)	*obedient*

Rendez-vous romantique sur le bord de la Seine, à Paris.
Connaissez-vous d'autres lieux romantiques célèbres?

La vie sentimentale

In this chapter you will learn how to talk about friendship and the many facets of relationships: first encounters, dating, falling in love, and marriage. Some of these issues will be explored against the backdrop of changing social conventions. You will also learn how to talk about personal and social values. In the **Voix en direct** section, several French speakers will explain their views on friendship.

Thème

L'amour

Structure 14.1

Talking about relationships *Les verbes pronominaux (suite)*

To talk about how people relate to each other, you will need to use pronominal verbs. In **Modules 4** and **10,** you were introduced to the reflexive use of pronominal verbs. The verbs presented in this theme are used reciprocally (i.e., "each other") and idiomatically. For further discussion of these verbs, see pages 445–446.

La gare du Nord, Paris, 1955, de Henri Cartier-Bresson

Un feuilleton d'amour en quatre épisodes
Une rencontre amoureuse

Emmanuelle, coiffeuse *(hairstylist)* à Poitiers, en vacances à Saint-Tropez, **se bronze** sur la plage lorsqu'elle aperçoit *(notices)* un jeune homme brun qui est venu **s'asseoir** *(to sit down)* près d'elle. Ils **se regardent** discrètement, mais ils ne **se parlent** pas. «Vous allez attraper un coup de soleil», lui dit-il finalement. Elle **se méfie** de lui *(is wary of him),* mais ne peut pas **s'empêcher** *(prevent herself)* de regarder dans ses yeux verts fixés sur elle. C'est le coup de foudre! Ils **se parlent,** ils **s'embrassent.** Le jeune homme, Alain, lui propose une promenade à Saint-Raphaël. Elle accepte. Restaurant, boîte de nuit, et trois jours plus tard, il lui offre une bague de fiançailles et ils **se fiancent.** Trois mois plus tard, ils achètent des alliances et ils **se marient.**

La vie conjugale

Après un mariage traditionnel suivi d'une nuit de noces et d'une lune de miel splendides passées en Grèce, les nouveaux époux **s'installent** dans un appartement à Paris. Au début, tout va bien pour le jeune ménage; ils **s'aiment**. Alain **se dépêche** après son travail pour retrouver sa femme; ils rentrent ensemble.

Les problèmes

Mais au bout de quelques mois, ils **se voient** de moins en moins. Elle **s'ennuie** *bored* à la maison le soir pendant qu'il retrouve ses vieux amis au bar. Les amoureux **se disputent** toujours. Ils ne **s'entendent** plus. Elle **se demande** si son mari la trompe avec une autre femme.

La rupture

Une nuit, Alain ne rentre pas. Le lendemain, il rentre pour voir qu'Emmanuelle n'est plus là. Il **se rend compte** qu'elle l'a quitté. Elle lui dit deux jours plus tard qu'elle veut **se séparer** de lui, divorcer. Mais il ne veut pas rompre avec elle; il l'aime toujours et **se décide à** lui faire la cour comme avant...

Notez et analysez

All of the pronominal verbs in the story are boldfaced. Find three examples of these verbs used reflexively and three examples that are reciprocal. **Se rendre compte** is the equivalent of *to realize*. How would you say *he realized*? *I realized*? Caution: the **faux ami** *réaliser* in French means *to make real*, such as **Il a réalisé son rêve de faire le tour du monde.**

Activité 1 Avez-vous compris?

Regardez le feuilleton à la page 424–425 et répondez aux questions suivantes.

Une rencontre amoureuse

1. Où Emmanuelle et Alain se rencontrent-ils?
2. Comment se regardent-ils? Pourquoi?
3. Qui parle le premier?
4. Pourquoi se méfie-t-elle de lui? A-t-elle raison?
5. Où sortent-ils ensemble?
6. Quand se fiancent-ils et quand se marient-ils?

La vie conjugale

1. Où passent-ils leur lune de miel?
2. Est-ce qu'ils se voient souvent pendant les premiers mois de leur mariage? Expliquez.

Les problèmes

1. Pourquoi Emmanuelle n'est-elle pas heureuse?
2. Qu'est-ce qu'elle se demande?

La rupture

1. Pourquoi Emmanuelle quitte-t-elle son mari? A-t-elle raison?
2. Alain est-il content de la rupture?
3. Qu'est-ce qu'il pense faire pour regagner l'amour de sa femme?

Activité 2 Trouvez l'intrus!

Encerclez le mot qui ne correspond pas au mot clé.

1. divorcer
   a. s'entendre
   b. se disputer
   c. se séparer
   d. rompre

2. se rencontrer
   a. se connaître
   b. se demander
   c. faire la cour
   d. faire connaissance

3. bien s'entendre
   a. se disputer
   b. s'aimer
   c. se voir
   d. se comprendre

4. se marier
   a. participer à une cérémonie religieuse
   b. s'installer ensemble
   c. se méfier de
   d. acheter une alliance
   e. partir en lune de miel

5. se rendre compte
   a. s'apercevoir
   b. comprendre
   c. remarquer
   d. ignorer

 ### Activité 3 Terminez le feuilleton!

Travaillez en groupes pour terminer cette histoire. Écrivez un paragraphe au présent.

ṫṫṫ **Activité 4** **Où aller pour rencontrer quelqu'un? Les quatre meilleurs lieux**

En groupes de trois, mettez les quatre meilleurs lieux de rencontres dans votre ordre de préférence. Ensuite, indiquez le lieu où les chances de rencontres sont les moins bonnes et dites pourquoi.

Modèle: ÉTUDIANT(E) 1: *Moi, je crois qu'une fête est numéro un. Et vous autres?*

ÉTUDIANT(E) 2: *Oui, c'est possible parce qu'on va souvent à une fête pour rencontrer des gens.*

ÉTUDIANT(E) 1: *Alors, qu'est-ce qu'on met en numéro deux?*

les concerts de rock
les vacances
l'église
les transports en commun
le lieu de travail
un lavomatic *(laundromat)*
un match de sport
un club ou une association

un centre commercial
un café
un dîner entre amis
une fête
un site de rencontres en ligne
un travail bénévole
la cafétéria de l'université

Activité 5 **Les grands classiques**

Résumez ces films et cette pièce classiques en mettant les phrases dans l'ordre correct.

Dans le film *Casablanca*

1. Ils se séparent finalement sur une piste d'atterrissage *(on an airstrip).*
2. Ils se retrouvent à Casablanca.
3. La première fois, ils se quittent sur le quai d'une gare.
4. Bogart et Bergman se rencontrent à Paris.

Dans le film *Autant en emporte le vent (Gone with the Wind)*

1. Ils s'installent dans une grande maison somptueuse.
2. Rhett Butler et Scarlett O'Hara se rencontrent pendant un bal juste avant la guerre de Sécession.
3. Ils se séparent à la fin, mais est-ce pour toujours?
4. Ils se retrouvent à Atlanta pendant la guerre.
5. Ils se marient.

Dans la pièce *Roméo et Juliette*

1. Juliette se tue *(kills herself)* en voyant Roméo mort.
2. Ils tombent tout de suite amoureux.
3. Les deux amoureux se marient en secret.
4. Leurs familles s'opposent au mariage.
5. Juliette prend du poison pour faire semblant *(to pretend)* de mourir.
6. Roméo et Juliette se rencontrent à un bal.
7. En voyant Juliette qu'il croit morte, Roméo se suicide.

Le couple en transition

overthrow
birth control pill
led to

La révolution culturelle des années 70 a beaucoup changé la vie de couple en France. D'abord, le bouleversement° des anciens tabous et la disponibilité de la pilule° ont abouti à° l'euphorie de l'amour physique et de la sexualité. Mais aujourd'hui on observe un retour aux qualités affectives de l'amour: la tendresse, la séduction, le romantisme et la fidélité. Ce n'est pas, cependant, un retour aux mœurs° des années 50. Pourquoi?

social customs
growing
pressure

D'abord, un nombre croissant° de couples préfère vivre en union libre sans les contraintes des papiers officiels. Les pressions° sociales en faveur du mariage ont peu à peu disparu. Aujourd'hui, environ neuf couples sur dix commencent leur vie commune sans se marier. Et l'arrivée d'un enfant n'est pas automatiquement vue comme une raison de légaliser le couple. Plus de la moitié° des couples ont leur premier enfant hors° mariage.

half
outside
recognized

rights

inheritance rights / insurance
unemployment / Designed

Pour les couples qui veulent être reconnus° par la loi mais qui ne peuvent pas ou ne veulent pas se marier, il y a le pacte social de solidarité (PACS) qui date de 1999. Le PACS offre la plupart des droits° et obligations traditionnellement associés au mariage aux adultes de même sexe ou de sexe différent: droits de succession°, l'assurance° du partenaire et l'obligation de l'aide mutuelle envers un partenaire en cas de maladie ou de chômage°. Envisagée° principalement pour les couples gay, un bon nombre de couples hétérosexuels préfère le PACS au mariage.

shepherdess

Pour les rencontres, cependant, la tradition dure. Ceux qui viennent de la même classe sociale se marient. Le prince se marie rarement avec la bergère°.

Avez-vous compris?

Indiquez si les phrases suivantes sont vraies ou fausses. Corrigez les phrases fausses.

1. Pour le couple du vingt-et-unième siècle, la fidélité est une valeur démodée *(out of fashion)*.
2. L'union libre, ou mariage à l'essai *(trial)*, est rarement pratiquée en France.
3. En France, peu d'enfants naissent hors mariage.
4. Il y a des droits et des obligations associés au PACS.
5. Les Français se marient souvent avec quelqu'un d'une classe sociale différente.

Et vous?

Discutez de l'idée du PACS en groupes. C'est comme quelle institution aux États-Unis? Quels en sont les avantages et les inconvénients? Communiquez vos idées à la classe.

Valeurs et espoirs

Structure 14.2

Making comparisons without repeating nouns *Les pronoms démonstratifs:* **celui,** *celle(s),* **ceux**

Demonstrative pronouns are used to avoid repetition by replacing a previously specified noun. They are often used in comparisons, as in the examples that follow. For further explanation of **celui, celle(s),** and **ceux,** see page 447.

Nom: Zidane
Prénom: Zinédine («Zizou»)
Date de naissance: 1972
Lieu de naissance: Marseille, France
Profession: joueur de football retraité en 2006; meilleur joueur de la Coupe du monde 2006
Acteur: *Astérix aux jeux Olympiques* (2008)

Activités caritatives/humanitaires:

• Capitaine, avec Ronaldo, d'une des deux équipes qui jouent dans le Match contre la Pauvreté *(Poverty)* 2002–2008, organisé par l'ONU

• Ambassadeur de bonne volonté pour le Programme des Nations Unies pour le Développement

• Représentant de Danone pour promouvoir *(promote)* leurs projets humanitaires tels qu'une résidence au Caire pour les enfants de la rue handicapés

• Parrain *(Supporter)* de l'association européenne contre les leucodystrophies, une maladie génétique

Même s'il a pris sa retraite en 2006, Zinédine Zidane reste toujours en tête du Top 50 des personnalités préférées des Français (sondage Ifop 2008). Parmi ses qualités, **celles** qui sont les plus souvent mentionnées dans le sondage sont son charisme, son humilité et sa gentillesse. L'ancienne légende du football est toujours sur la pelouse *(soccer field)*, mais uniquement pour des causes humanitaires. Pour lui, son rôle de parrain *(celebrity spokesperson)* d'associations caritatives est plus important que **celui** de joueur de foot. Symbole depuis plusieurs années de l'intégration de la France, Zidane pense que les enfants des familles défavorisées doivent avoir autant d'espoir que **ceux** qui viennent des familles aisées. Sa participation au Match contre la Pauvreté était aussi importante que **celle** de Ronaldo, champion brésilien célèbre. Beaucoup de vedettes font des actions bénévoles comme **celles** de Zidane.

Notez et analysez

The boldfaced words are demonstrative pronouns. Look at each one and decide if it is masculine or feminine, singular or plural.

Et vous?

Donnez un exemple d'une vedette que vous connaissez qui s'engagent dans des causes humanitaires. Qui est-ce que vous admirez le plus en raison des causes qu'ils (elles) ont adoptées? Et vous, que faites-vous autour de vous pour aider les autres?

Activité 6 Un footballeur pas comme les autres

Relisez la description de Zidane à la page précédente et identifiez l'antécédent de chaque pronom démonstratif.

1. celles
   - **a.** ses qualités
   - **b.** son humilité
   - **c.** des personnalités

2. celui
   - **a.** lui
   - **b.** son rôle
   - **c.** un joueur de foot

3. ceux
   - **a.** les enfants
   - **b.** les cités
   - **c.** les milieux favorisés

4. celle
   - **a.** Ronaldo
   - **b.** la participation
   - **c.** la pauvreté

5. celles
   - **a.** les vedettes
   - **b.** les associations caritatives
   - **c.** les actions bénévoles

Activité 7 Les valeurs à travers *(throughout)* les générations

Avec un(e) partenaire, lisez les remarques suivantes sur les valeurs.

A. Dites si vous êtes d'accord ou pas d'accord et expliquez pourquoi.

1. Les jeunes d'aujourd'hui s'intéressent moins à la politique que **ceux** d'autrefois.
2. Les familles sont plus égalitaires et ouvertes que **celles** d'autrefois.
3. Chez les jeunes, le désir de réussir dans sa carrière est souvent plus important que **celui** de fonder une famille.
4. Dans la société américaine, le bien-être de l'individu devient plus important que **celui** du groupe.
5. Parmi les valeurs partagées par les Français, **celles** qui sont les plus respectées sont l'égalité, la politesse, la liberté et l'esprit de famille.

B. Maintenant relisez les phrases. Pour chaque pronom relatif en caractères gras, trouvez l'antécédent et donnez son nombre et son genre.

> **Modèle:** Les jeunes d'aujourd'hui s'intéressent moins à la politique que **ceux** d'autrefois.
> *L'antécédent de **ceux** est les jeunes. Ce mot est masculin pluriel.*

Activité 8 Les valeurs d'aujourd'hui

Comparez la vie d'aujourd'hui à celle d'autrefois. Utilisez **celui, celle(s)** ou **ceux.**

> **Modèle:** les femmes / indépendantes
> *Les femmes d'aujourd'hui sont plus indépendantes que **celles** d'autrefois.*

1. les jeunes / conservateurs
2. les mariages / durables
3. les problèmes / complexes
4. les rôles sexuels / distincts
5. les femmes / ambitieuses
6. le style de vie / actif
7. les rencontres / difficiles
8. la famille / stable

Regardez ce document sur Médecins Sans Frontières et répondez aux questions suivantes.

Médecins Sans Frontièrs, ou MSF, est une association non-gouvernementale internationale. Depuis sa fondation en France en 1971, elle répond aux besoins médicaux des populations en crise comme dans les cas de famine, d'épidémies, de catastrophes naturelles ou de conflits armés. MSF a reçu le prix Nobel de la paix en 1999.

Sri Lanka image: © REUTERS/Stringer—courtesy www.alertnet.org.

1. Est-ce que vous connaissez une organisation semblable aux États-Unis?

2. Nommez une personne célèbre qui est engagée dans ce même genre de travail.

3. Est-ce que vous avez déjà fait du travail bénévole? Expliquez.

4. Est-ce que vous pensez que les jeunes d'aujourd'hui sont plus engagés dans le travail bénévole que ceux d'il y a vingt ans? Expliquez.

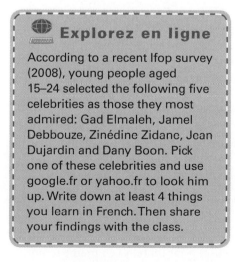

Explorez en ligne

According to a recent Ifop survey (2008), young people aged 15–24 selected the following five celebrities as those they most admired: Gad Elmaleh, Jamel Debbouze, Zinédine Zidane, Jean Dujardin and Dany Boon. Pick one of these celebrities and use google.fr or yahoo.fr to look him up. Write down at least 4 things you learn in French. Then share your findings with the class.

Jamel Debbouze, célèbre humoriste et acteur, sur scène pendant un spectacle de stand-up

C'est ça, l'amitié!

Expressing hypotheses *Le conditionnel*

When giving advice and imagining what one might do in a hypothetical situation ("if"), the conditional verb form is often used. You've already used this structure in a few polite forms such as **je voudrais un café.** For further discussion of the conditional and its forms, see page 448.

Si mes parents **critiquaient** constamment mon (ma) meilleur(e) ami(e)...

... je leur **dirais** qu'ils ne le/la connaissent pas.

... je **serais** fâché(e) contre eux.

... je le/la **défendrais**.

... je leur **expliquerais**.

... je leur **montrerais** pourquoi nous sommes ami(e)s.

Notez et analysez

Which verb tense is used after the word **si**? What tense is used in the clause that follows?

Activité 10 Testez-vous!

A. Que feriez-vous dans les situations suivantes?

1. Si j'**avais** un gros problème personnel,...
   a. je le **confierais** à mes parents; après tout, ils m'aiment de façon inconditionnelle.
   b. j'en **parlerais** avec mon (ma) meilleur(e) ami(e); il/elle m'accepte tel(le) que je suis.
   c. je **préférerais** en discuter avec quelqu'un d'objectif, un conseiller religieux, un psychologue.
   d. je le **garderais** pour moi car j'ai l'habitude de faire tout tout(e) seul(e).

2. Si mon (ma) meilleur(e) ami(e) **déménageait** dans une autre ville pour son nouveau job,...
   a. notre amitié ne **serait** plus la même; la proximité est essentielle à l'amitié.
   b. je **serais** triste mais heureux (heureuse) pour lui (elle) en même temps.
   c. je l'**aiderais** à s'installer.
   d. nous **resterions** en contact grâce à Internet et à nos portables.

3. Si mon (ma) meilleur(e) ami(e) et moi **voulions** sortir avec la même personne,...

    a. nous nous **disputerions**.

    b. nous en **parlerions** pour trouver une solution.

    c. ça **serait** la fin de notre amitié.

4. Si je **voyais** le copain (la copine) de mon (ma) meilleur(e) ami(e) sortir avec quelqu'un(e) d'autre,...

    a. je lui en **parlerais**.

    b. je ne lui **dirais** rien.

    c. je **dirais** quelque chose à son copain (sa copine) infidèle.

5. Si je n'**aimais** pas le nouveau copain (la nouvelle copine) de mon ami(e),...

    a. j'**attendrais** patiemment leur rupture.

    b. je lui **demanderais** ce qu'il/elle aime chez elle/lui.

    c. je **ferais** de mon mieux pour l'accepter.

6. Si je **tombais** amoureux (amoureuse) de mon (ma) meilleur(e) ami(e),...

    a. je lui **dirais** la vérité même s'il/si elle ne ressentait pas les mêmes sentiments.

    b. je **ferais** de mon mieux pour cacher mes sentiments; il ne faut jamais mélanger l'amitié et l'amour.

    c. j'**arrêterais** de le/la voir pendant un moment pour voir si j'ai réellement des sentiments pour lui/elle.

 B. Maintenant, travaillez en groupe pour créer votre propre situation avec trois solutions possibles.

Activité 11   **Si j'étais une couleur, je serais le rouge**

A. **Le portrait chinois.** D'abord, travaillez individuellement en utilisant votre imagination pour compléter les phrases suivantes. Choisissez trois des phrases que vous avez complétées et récrivez-les *(rewrite them)* sur trois bouts *(scraps)* de papier que vous allez mettre dans un chapeau.

1. Si j'étais une couleur, je serais...

2. Si j'étais une saison, je serais...

3. Si j'étais une chanson, je serais...

4. Si j'étais une marque de voiture, je serais une...

5. Si j'étais un animal, je serais...

6. Si j'étais un(e) acteur (actrice), je serais...

7. Si j'étais une ville, je serais...

8. Si j'étais un film, je serais...

9. Si j'étais un(e) ???, je serais...

Si j'étais une marque de voiture, je serais une Prius.

 B. **Qui est-ce?** Mettez-vous en groupes de cinq et placez tous vos trois phrases dans un chapeau. À tour de rôle, tirez *(pull out)* un bout de papier du chapeau, lisez la phrase et devinez qui elle décrit *(whom it describes)*.

Activité 12 Imaginez votre réaction!

Que feriez-vous dans les situations suivantes?

1. Si je gagnais un million à la loterie, je...

2. Si je pouvais aller n'importe où, je...

3. Si je pouvais manger n'importe quoi sans grossir, je...

4. Si je pouvais exercer le métier de mes rêves, je...

5. Si je pouvais parler trois langues couramment, je choisirais...

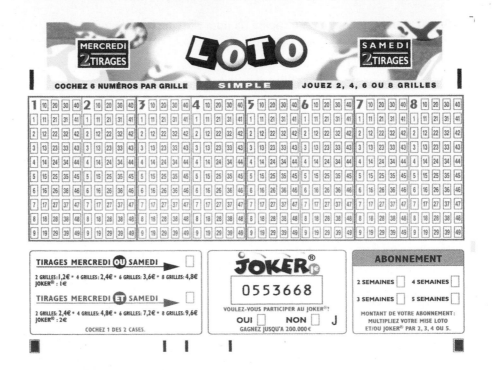

Activité 13 Interaction

Posez les questions suivantes sur l'amitié à votre partenaire.

1. Pour toi, est-ce que l'amitié est une valeur importante? Quelles sont les qualités de ton (ta) meilleur(e) ami(e): un bon sens de l'humour, la fidélité, l'honnêteté, un esprit ouvert, la gentillesse, l'intelligence, etc.?

2. Est-ce que tes parents connaissent ton (ta) meilleur(e) ami(e)? Est-il/elle comme un membre de ta famille? Est-ce que tes parents critiquent tes ami(e)s?

3. Dans quelles situations est-ce que tu critiques tes amis?

4. Est-ce qu'entre amis, vous vous prêtez facilement de l'argent?

5. Est-ce que vous vous confiez vos secrets? Pourquoi ou pourquoi pas?

6. Qu'est-ce qui détruit une amitié: la jalousie des autres, l'opinion des parents, le manque de temps, les déménagements?

Perspectives sur l'amitié

Pour les Français comme pour les Américains, l'amitié est essentielle au bonheur. Cependant°, les Français et les Américains n'expriment pas toujours ce sentiment de la même manière et ceci cause parfois des malentendus°. Les Américains en France ont souvent l'impression que les Français sont fermés, qu'ils ne répondent pas à leurs efforts pour les connaître. Les Français, pour leur part, trouvent que les Américains donnent l'impression de ne pas prendre l'amitié au sérieux: ils sourient° beaucoup et font des remarques comme «*We'll have to get together*», qui sont tout simplement des formules de politesse. Cette différence vient en partie du fait que les Français sont traditionnellement moins nomades; ils restent souvent dans la même région pendant toute leur vie. Ainsi, il est commun d'avoir le même meilleur ami depuis l'enfance. Les Américains, par contre, ont tendance à se déplacer° et ont donc besoin de former plus spontanément des amitiés.

However

misunderstandings

smile

to move around

Pour illustrer ce thème, quelques francophones vous expliquent leurs propres perspectives sur l'amitié.

■■■ Avez-vous compris?

Indiquez si les phrases suivantes sont vraies ou fausses et trouvez, dans le texte, les phrases qui justifient vos réponses.

1. Le concept de l'amitié est le même dans les cultures française et américaine.
2. Les Français ont l'impression que l'amitié à l'américaine est plutôt superficielle.
3. Les Américains en France trouvent parfois difficile de se faire des amis.
4. Un Français a tendance à garder les mêmes amis pendant toute sa vie.

Voix en direct
C'est quoi pour vous l'amitié?

C'est quoi pour vous l'amitié?

L'amitié pour moi, c'est très précieux. J'ai beaucoup d'amis un peu partout dans le monde et chaque personne a sa propre personnalité. Et j'aime les gens différents, variés, mais surtout sincères, avec qui on peut discuter de plein de choses[1], échanger des expériences, apprendre à se connaître, partager[2] des moments de joie et évoluer ensemble. Quand j'aime une personne que je considère comme une amie, c'est pour la vie.

Gwenaëlle Maciel
29 ans, enseignante au collège, région de Paris

[1] a lot of things [2] share

C'est quoi pour vous l'amitié?

L'amitié, euh..., c'est quelqu'un sur qui on peut toujours compter[3], quelqu'un avec qui on peut discuter de tout... sans, sans être jugé... Euh, si on a besoin d'un service, c'est quelqu'un à qui on peut demander quelque chose. Oui,... pour moi, l'amitié c'est aussi ne pas se donner de nouvelles[4] pendant quelques temps et puis... et puis reprendre[5]... c'est ça aussi.

Olivia Rodes
26 ans, professeur d'anglais dans un institut privé, Cholet, France

Et vous avez combien d'amis?

De très bons amis, je dirais deux. D'amis, après, euh, de manière générale, peut-être quinze, dix, quinze? Mais de bonnes amies, deux. On se connaît depuis qu'on a quatorze ans. Donc, ça fait dix ans, un peu plus.

[3] count on [4] not to keep in touch [5] pick up again

C'est quoi pour vous l'amitié?

Euh, l'amitié c'est, disons, vivre avec des gens, être en contact avec des gens avec lesquels vous avez quelque chose en commun. Euh, je crois que ça, c'est fondamental. Il y a un proverbe français qui dit que «Tout ce qui se ressemble s'assemble» et souvent, on est toujours plus à l'aise en parlant, en faisant des choses en commun avec quelqu'un qui a quelque chose de similaire avec vous.

Bienvenu Akpakla
30 ans, professeur de français à Washington, DC; origine: Bénin

▉ Réfléchissez aux réponses

1. Est-ce que vous avez des amis partout dans le monde comme Gwenaëlle? Comment est-ce que vous restez en contact?
2. Pour vous, est-ce que l'amitié c'est pour la vie ou est-ce que vous changez d'amis avec les changements de la vie?
3. Olivia dit qu'elle n'a que deux bonnes amies. Est-ce le cas pour vous? Quelle est la différence entre l'amitié que vous partagez avec vos bons amis et la relation que vous avez avec vos autres amis?
4. Est-ce que vos amis vous ressemblent? Qu'est-ce que vous avez en commun?

Comment dire qu'on est d'accord ou qu'on n'est pas d'accord

Réfléchissez et considérez

When getting to know people or having conversations with friends, many subjects come up. How do you let others know when you agree with them? What do you say if you're not sure or if you disagree? Identify some equivalent expressions in French from the list below. Which do you express more often, agreement, neutrality, or disagreement? Lively discussion of controversial topics is an accepted part of daily life in France.

CD3, Track 50

Expressions utiles

oui	**non**	**l'incertitude**
Ah, ça oui!	Ah, non alors!	C'est bien possible.
C'est vrai, ça!	Absolument pas.	Ça se peut.
Absolument!	Pas du tout!	Peut-être.
Tout à fait.	Je suis pas d'accord.	Tu crois? / Vous croyez?
Je suis tout à fait	*(fam)*	Bof! J'sais pas. *(fam)*
d'accord!	C'est pas vrai! *(fam)*	

ÉTUDIANT(E) 1:   Pour toi, est-ce que les amis sont essentiels?
ÉTUDIANT(E) 2:   Absolument!
ÉTUDIANT(E) 1:   Tu confies tout à ton (ta) meilleur(e) ami(e)?
ÉTUDIANT(E) 2:   Pas du tout! À mon avis, les amis, c'est pas fait pour ça.
ÉTUDIANT(E) 1:   Tu crois que tu es un(e) bon(ne) ami(e)?
ÉTUDIANT(E) 2:   Bof! J'sais pas.

CD3, Track 51

▮ Écoutons ensemble! Entretenir l'amitié

Écoutez les mini-échanges sur l'amitié. Dites si (a) on est d'accord, (b) pas d'accord ou (c) indécis. Notez, en anglais, le sujet général de chaque mini-conversation.

1. a. oui   **b.** non   **c.** incertitude
   Sujet: _____

2. a. oui   **b.** non   **c.** incertitude
   Sujet: _____

3. a. oui   **b.** non   **c.** incertitude
   Sujet: _____

4. a. oui   **b.** non   **c.** incertitude
   Sujet: _____

5. a. oui   **b.** non   **c.** incertitude
   Sujet: _____

Activité 14 Êtes-vous d'accord?

Réagissez à ces propos sur l'amitié en utilisant les expressions utiles à la page 437.

1. Respecter votre ami(e), c'est accepter vos différences.

2. Les amis d'enfance, c'est pour la vie. Même si on n'a plus rien en commun, il est bien de garder contact avec ses vieux amis.

3. On ne doit jamais mélanger le travail et la vie privée.

4. Si on était de vrais amis, on se dirait tout.

Activité 15 Quelques proverbes sur l'amour

Que pensez-vous de ces proverbes sur l'amour? Dites si vous êtes d'accord ou pas en utilisant une des expressions utiles à la page 437. Expliquez votre réponse.

1. **Qui se ressemble s'assemble.**
Il faut se marier avec quelqu'un de sa classe sociale.

2. **L'amour est éternellement jeune.** La différence d'âge n'est pas importante.

3. **L'amour n'a pas de frontières.**
Les mariages mixtes ne posent pas de problèmes.

4. **L'amour n'a pas de prix.**
L'amour a plus de valeur que toute autre chose.

 Activité 16 Brad et Angelina

Imaginez une conversation entre Brad Pitt et Angelina Jolie. Brad ou Angelina propose une idée et l'autre répond qu'il/elle est d'accord ou pas d'accord. Utilisez une expression de la liste à la page 437.

1. Angelina: Moi, je crois que nous devons adopter un autre enfant.
2. Angelina: Nos enfants devraient être multilingues.
3. Brad: Je crois qu'il serait mieux de nous installer à New York.
4. Brad: J'aimerais aller en Inde et étudier la méditation.

Brad Pitt et Angelina Jolie au Festival de Cannes

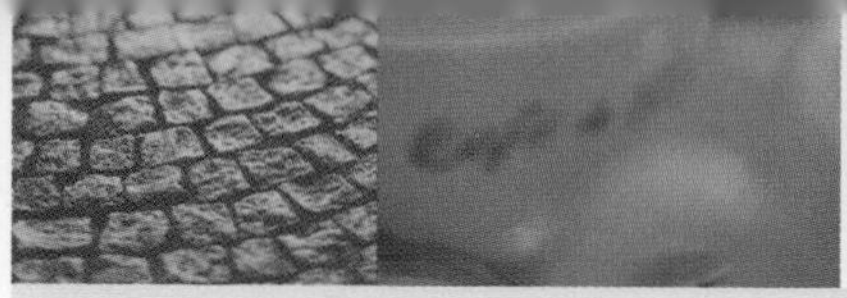

Pratique de conversation

Comment exprimer ses sentiments

Structure 14.4

Expressing emotions *Le subjonctif (suite)*

You have already learned to use the subjunctive following expressions of necessity and obligation. It is also used with expressions of feeling and doubt, as in the examples shown here. For further information, see pages 449–450.

Expressions utiles

CD3, Track 52

Je suis triste content(e) ravi(e) furieux (furieuse) désolé(e) surpris(e)	que vous vous **sépariez.**
J'ai peur	qu'elle ne **soit** pas honnête.
Je ne crois pas Je ne pense pas Je doute	que vous **fassiez** un gros effort.
Il est incroyable étonnant triste excellent bon / mauvais	que vous lui **donniez** de l'argent.

MAIS

Je crois Il est clair	que vous **avez** raison.

aie "a"
aille "pie"

Notez et analysez

Which expressions state emotions? Which ones communicate doubt? Are these expressions followed by the subjunctive or the indicative? Which expressions do not use the subjunctive? Why?

CD3, Track 53

◢◣ Écoutons ensemble! Comment exprimer ses sentiments

Écoutez les remarques suivantes et identifiez ce qu'elles expriment: le doute, la certitude ou un sentiment négatif / positif.

1. a. ___ doute   b. _✓_ certitude   c. ___ sentiment négatif / positif

2. a. ___ doute   b. _✓_ certitude   c. ___ sentiment négatif / positif

3. a. ___ doute   b. ___ certitude   c. _✓_ sentiment négatif / positif

4. a. ___ doute   b. ___ certitude   c. _✓_ sentiment négatif / positif

5. a. ___ doute   b. _✓_ certitude   c. ___ sentiment négatif / positif

6. a. _✓_ doute   b. ___ certitude   c. ___ sentiment négatif / positif

Activité **17** Réagissez!

Que pensez-vous des opinions et faits suivants? Réagissez en utilisant une expression qui indique un sentiment.

> **Modèle:** Les femmes d'aujourd'hui sont plus indépendantes.
> *Je suis content(e) que les femmes d'aujourd'hui soient plus indépendantes.*

1. Les pères d'aujourd'hui s'occupent davantage *(more)* de leurs enfants.
2. Beaucoup de mariages se terminent par un divorce.
3. Les hommes se marient souvent avec des femmes beaucoup plus jeunes.
4. Beaucoup d'enfants habitent avec un seul parent.
5. Avant 1910, les amoureux, en France, ne pouvaient pas s'embrasser dans la rue.
6. Une famille française reçoit une allocation familiale (de l'argent du gouvernement) pour chaque enfant.

Activité **18** Vos sentiments, vos certitudes, vos doutes

D'abord, décidez avec un(e) partenaire si les phrases doivent être terminées par le subjonctif ou l'indicatif. Puis complétez les phrases ensemble.

> **Modèle:** Mes parents sont contents...
> Mes parents sont contents *que je sois à l'université.*

1. Ma mère a peur que je...
2. Mon (Ma) copain (copine) croit que...
3. Je pense que...
4. Je suis sûr(e) que...
5. Mes amis doutent que...
6. Je suis étonné(e) que...
7. Je suis content(e) que...

Lisez cette lettre. Ensuite, utilisez les notes ci-dessous pour y répondre.

Prince charmant recherche Cendrillon désespérément

Ma vie ne rime à rien *(seems meaningless)*. Je me suis marié trop jeune avec un amour de vacances. Après cinq années d'incompréhension totale est venu le divorce: dépression, séparation avec les enfants, tentative de suicide. Depuis un an, je suis tout seul. Pourtant, j'essaie de remonter la pente *(to get back on my feet)*. J'ai un physique plutôt plaisant, genre Brad Pitt, et je ne suis pas un reclus. Je fais du sport, j'ai des loisirs. Je suis sensible, pas trop timide. Seulement je suis trop sérieux, trop romantique,

peut-être. Je crois encore au coup de foudre, mais il faut croire que c'est démodé *(old-fashioned)*. Je pense que la fidélité est essentielle pour un couple, alors qu'autour de moi, je ne vois que l'adultère.

N'existe-t-il plus de jeunes filles sérieuses? Le romantisme est-il mort? Je suis la preuve qu'il reste encore des hommes fidèles, sérieux et voulant vivre une grande passion. Que pensez-vous de ma conception de la vie? Suis-je démodé et ridicule? Merci de tout cœur pour vos lettres.

Patrick

Adapté de *Femme Actuelle*

Répondez à Patrick en vous servant des éléments suivants.

- Il est dommage / vous / être / si seul
- Je suis choqué(e) / vous / vouloir / vous suicider
- Ce n'est pas juste / vous / ne pas pouvoir / vivre avec vos enfants
- Je suis étonné(e) / vous / ne pas trouver / de femme sérieuse comme vous
- Je suis content(e) / il y avoir encore / des hommes romantiques
- Il est bon / vous / faire du sport
- Il est possible / vous / être / un peu rigide
- Je suis sûr(e) que / le grand amour / exister toujours

Situations à jouer!

1 Vous avez des valeurs très traditionnelles, tandis que votre camarade est beaucoup moins conservateur (conservatrice). Vous aimeriez mieux vous connaître, mais quand vous essayez d'avoir une conversation sérieuse sur vos conceptions de la vie, de l'amitié, du rôle du couple, du partage des tâches ménagères, de la condition féminine, etc., vous vous disputez. Pour vous aider, consultez **Comment dire qu'on est d'accord ou qu'on n'est pas d'accord,** page 437.

2 Un copain (Une copine) vous confie qu'il/elle va se marier avec une femme (un homme) riche qu'il/elle n'est pas sûr(e) d'aimer. Donnez-lui des conseils.

3 Avec toute la classe, en vous inspirant du sondage Ifop sur les personnalités admirées des Français (mentionné à la page 431), nommez vos meilleur(e)s candidat(e)s. Ensuite, en groupes de 4 ou 5, mettez vous d'accord sur les trois personnalités les plus admirées. Finalement, donnez vos résultats à la classe et expliquez vos choix.

Lecture

Anticipation

Vous allez lire une histoire à propos d'une des femmes du prophète Mohammed.

1. Marquez d'un cercle la religion dont Mohammed est le prophète.

   le christianisme　　　le judaïsme　　　l'islam　　　le bouddhisme

2. Parmi les adjectifs qui suivent, quels sont ceux que vous associez à une femme islamique du septième siècle?

   timide　　　fière　　　obéissante　　　chaste　　　forte

   faible　　　courageuse　　　religieuse　　　indépendante

Expansion de vocabulaire

Utilisez votre connaissance des familles de mots pour trouver la définition des mots de la première colonne dans la deuxième colonne.

1. affectionner
2. la perte
3. la froideur
4. un remerciement
5. innocenter
6. reprendre
7. une légende dorée
8. patiemment
9. les proches parents
10. ramener

a. fait de dire merci
b. prouver l'innocence
c. les membres intimes de la famille
d. une légende célèbre
e. avoir de l'affection pour, aimer
f. qualité froide
g. reconduire
h. recommencer
i. avec patience
j. fait de perdre

«L'affaire du collier»

Extrait des *Femmes du Prophète*, Magali Morsi

necklace

loss

frail
enclosed chair carried on the back of an animal or by men

golden / recognizing

C'est en 627 qu'il faut situer l'affaire du collier°. Aïcha, qui était la deuxième femme du prophète Mohammed, accompagnait son mari dans une de ses expéditions, lorsque, au campement, elle s'est aperçue de la perte° de son collier précieux qu'elle affectionnait. Elle est partie le chercher et pendant ce temps-là, la caravane a repris la route sans s'apercevoir que la frêle° Aïcha n'était plus dans la litière° qui la transportait. Retrouvant le campement désert quand elle y est retournée, Aïcha s'est assise et a attendu patiemment.

　　Un beau jeune homme est passé et ici l'histoire prend l'aspect d'une légende dorée°. C'était Safwan ibn al-Muattal qui, apercevant° l'épouse du prophète, est descendu de son chameau° sur lequel il a placé Aïcha, et, conduisant le chameau par la bride°, a ramené la jeune femme auprès de sa famille.

L'affaire a fait du bruit°. Aïcha a tout de suite remarqué la froideur de son mari. La rumeur est vite devenue scandale. Le prophète a interrogé Aïcha et ses proches parents° qui, pour la plupart, n'ont pas pris la défense de la jeune épouse. Il y avait même la menace du divorce.

N'oublions pas qu'Aïcha n'avait que 13 ans à cette époque mais la bien-aimée° avait un esprit extrêmement fort. Elle a refusé de se justifier devant son mari ou devant sa famille, disant qu'elle ne devait demander qu'à Dieu de l'innocenter. Et, en effet, peu après, elle a vu son mari revenir à elle avec le sourire: «Dieu», a-t-il dit, «l'avait lavée de tout soupçon°.» Une fois de plus, Aïcha a montré son caractère fier. À sa mère qui lui disait de remercier le prophète de son indulgence, Aïcha a répondu qu'elle n'avait de remerciements à rendre qu'à Dieu.

Et Aïcha est redevenue la bien-aimée de Mohammed.

camel
bridle

caused rumors

relatives

beloved

suspicion

▮▮ Compréhension et intégration

1. Pourquoi Aïcha n'est-elle pas rentrée chez elle avec la caravane?
2. Quel était le scandale?
3. À votre avis, pourquoi est-ce que la famille d'Aïcha n'a pas pris sa défense?
4. Aïcha a-t-elle demandé pardon à son mari? Pourquoi ou pourquoi pas?
5. Qu'est-ce que vous avez appris sur cette culture en lisant cette histoire?
6. Quelle serait l'importance de cette légende pour le peuple qui vivait à cette époque-là?

▮▮ Maintenant à vous!

1. Imaginez la conversation entre Aïcha et sa mère ou son père à son retour au campement. Utilisez les expressions suivantes:

   il faut que   ce n'est pas vrai que

   je ne crois pas que   tu devrais

   je ne veux pas que   c'est un scandale que

2. La chanson «Aïcha» par Jean-Jacques Goldman est à propos d'une belle femme admirable et fière. Écoutez cette chanson sur YouTube. (Khaled chante la version la plus célèbre). Écrivez le refrain.

Voix en direct (suite)

What words are used in French to differentiate between friends and boyfriends (girlfriends)? Go to **iLrn** to view video clips of several people commenting on this topic.

Expression écrite

Des conseils

Vous avez sûrement lu *Miss Manners* ou *Dear Amy* dans la presse pour vous amuser ou peut-être que vous écoutez des conseils psychologiques diffusés à la radio ou à la télévision. Dans cette activité, vous allez écrire votre propre lettre de 2 à 3 paragraphes et recevoir une réponse d'un ou deux paragraphe(s). Utilisez **tu**.

■ **Première étape:** Prenez quelques notes.

1. Pensez à la personne qui écrit cette lettre (vous-même ou un personnage fictif). En fonction des caractéristiques personnelles de cette personne, choisissez le ton que vous allez adopter. Par exemple, il peut être dramatique, hautain *(haughty)*, furieux, timide ou obsédé.

2. Choisissez le problème que cette personne veut résoudre.

3. Écrivez les premières phrases qui décrivent le problème et qui montrent la gravité de la situation tout en révélant *(revealing)* le caractère de l'auteur. Si vous voulez un exemple, relisez la lettre du «prince charmant» à la page 441.

4. Donnez votre lettre à un(e) camarade de classe pour lui demander s'il (si elle) peut deviner les caractéristiques de la personne qui l'a écrite. (C'est une sorte de *peer-editing*.) Si ce n'est pas clair, révisez la lettre pour qu'elle soit plus claire.

■ **Deuxième étape:** Écrivez la version finale de votre lettre en utilisant le subjonctif, le conditionnel et des pronoms démonstratifs.

■ **Troisième étape:** Échangez votre lettre avec celle d'un(e) camarade de classe. Écrivez une réponse à sa lettre dans laquelle vous donnez des conseils. Variez entre des expressions qui utilisent le subjonctif et d'autres qui utilisent l'indicatif.

> **Modèle:** *Il faut que tu sortes davantage. Il est important de s'amuser de temps en temps. Il est clair que tu passes trop de temps chez toi.*

SYSTÈME-D

Phrases:	advising, asserting and insisting, describing people, disapproving, encouraging, expressing a need, expressing an opinion, expressing hopes and aspirations, expressing indecision, making a judgment, persuading, reassuring, talking about habitual actions, weighing alternatives, writing a letter (informal), writing a letter—introduction, writing a letter
Grammar:	conditional, infinitive, interrogative **est-ce que,** subjunctive
Vocabulary:	body, dreams and aspirations, people, personality, sickness, upbringing

Structure 14.1

Use the (iLrn™) platform for more grammar and vocabulary practice.

Talking about relationships *Les verbes pronominaux (suite)*

Reflexive verbs

In **Modules 4** and **10,** you learned a number of pronominal verbs used reflexively, such as **se laver, s'habiller,** and **se coucher.** The verbs **se fiancer** and **se marier** are additional examples of reflexive verbs.

Je **me suis fiancée** avec Alex pendant l'été; nous **nous marierons** dans un an.
I got engaged to Alex during the summer; we will get married in a year.

Est-ce qu'Angelina Jolie **s'est mariée** avec Brad Pitt?
Did Angelina Jolie marry Brad Pitt?

Reciprocal verbs

Many common French verbs can be used pronominally to express reciprocal actions between two or more people.

Jules et moi, nous **nous disputons** rarement.   *Jules and I rarely argue (with each other).*
Nous **nous comprenons** très bien.   *We understand each other very well.*

In some cases, only the context indicates whether a verb is used reciprocally or reflexively.

Elles **se parlent.**   { *They're talking to each other.*
   They're talking among themselves.

These verbs are commonly used with a reciprocal meaning:

s'admirer	s'aimer	se détester	s'écouter	se téléphoner
s'adorer	se comprendre	se disputer	se parler	se voir

Pronominal verbs with idiomatic meanings

A large number of pronominal verbs are neither reflexive nor reciprocal. The following verbs have special idiomatic meanings in the pronominal form, and therefore do not translate word for word.

s'amuser	*to enjoy oneself; to have fun*
se demander	*to wonder*
se dépêcher (de)	*to hurry*
s'ennuyer	*to be bored*
s'entendre bien (mal)	*to get along well (badly)*
se fâcher contre	*to get angry with*
s'intéresser à	*to be interested in*
se méfier de	*to be suspicious of*
se mettre à	*to begin*
s'occuper de	*to look after, take care of*
se rendre compte de / que	*to realize*
se servir de	*to use*
se souvenir de	*to remember*

Louis et Anne **se demandent** s'ils   *Louis and Anne wonder if they'll*
   se reverront un jour.   *see each other again one day.*
Je **me suis rendu compte** qu'elle   *I realized she loved me.*
   m'aimait.

Structures utiles

Agreement of pronominal verbs in the *passé composé*

In general, pronominal verbs in the passé composé agree with their subjects since they are conjugated with the auxiliary **être**.

Nous nous sommes vus au cinéma.   *We saw each other at the movies.*

However, when the reflexive pronoun represents an indirect object is there no past participle agreement. Most communication verbs, such as **se dire, se téléphoner, se parler, se répondre, se demander,** and **s'écrire** take indirect objects and thus no agreement.

Nous ne nous sommes pas **dit** la vérité.   *We didn't tell each other the truth.*
Elles se sont **écrit** tous les mois.   *They wrote each other every month.*

Exercice 1 Complétez les phrases suivantes au présent. Choisissez entre la forme pronominale ou non-pronominale du verbe entre parenthèses.

1. Jeanne et sa sœur n(e) _____ (s'écrire / écrire) pas souvent, mais elles _____ (se téléphoner / téléphoner) chaque samedi.

2. Ils travaillent dans le même bureau, mais ils ne _____ (se voir / voir) pas souvent.

3. Je suis végétarienne, mais mon frère _____ (se détester / détester) les légumes.

4. Au début, le jeune couple _____ (s'entendre / entendre) très bien mais au bout de cinq années de mariage, ils ont commencé à _____ (se disputer / disputer).

5. Le roi voulait _____ (se marier / marier) sa fille à un homme riche.

6. Nous _____ (se revoir / revoir) tous les ans à une grande réunion de famille.

7. Les étudiants _____ (se demander / demander) des renseignements sur la France à leur professeur.

Exercice 2 Choisissez un des verbes pour chaque phrase. Utilisez la forme correcte du présent.

se fâcher   s'occuper   se rendre compte
se demander   se dépêcher

1. Mme Bernaud _____ de ses petits-enfants pendant que sa fille est au travail.

2. Est-ce que vous _____ que l'examen est dans deux jours?

3. Marchez vite! Il faut _____ pour arriver à l'heure.

4. Qu'est-ce que j'ai fait? Pourquoi est-ce que vous _____ contre moi?

5. Je _____ pourquoi elle s'est mariée avec lui.

Exercice 3 Ajoutez les terminaisons appropriées pour accorder les participes passés si c'est nécessaire.

1. Jacqueline, Aïcha, Nathalie et moi, nous nous sommes bien amusé_____ ensemble.

2. Valérie s'est brossé _____ les cheveux avant de partir.

3. Jacques, Paul et moi, nous nous sommes parlé _____ au café pendant des heures.

4. Mon mari et moi, nous nous sommes rencontré _____ dans une soirée à Londres; je suis partie pour la France, mais nous nous sommes écrit _____. L'année suivante, nous nous sommes retrouvé _____ à Paris.

5. Elle s'est dépêché _____ d'aller à l'aéroport.

6. Elles se sont vu _____ mais elles ne se sont pas parlé _____.

Making comparisons without repeating nouns *Les pronoms démonstratifs: celui, celle(s), ceux*

Demonstrative pronouns are used to refer to a previously mentioned person or object without repeating the noun.

	masculin	féminin
singulier	celui	celle
pluriel	ceux	celles

Ce dernier crime est plus violent que **celui** qui a été commis à Seattle.
This last crime is more violent than the one that was committed in Seattle.

Préférez-vous les tableaux de Van Gogh à **ceux** de Renoir?
Do you prefer the paintings of Van Gogh to those of Renoir?

Les plages de Californie sont moins encombrées que **celles** de la Côte d'Azur.
California beaches are less crowded than those on the Riviera.

You have already learned to use demonstrative adjectives to point things out; demonstrative pronouns serve the same purpose.

— Préférez-vous ces chaussures-ci ou ces chaussures-là?
— Do you prefer these shoes or those shoes?

— Je préfère **celles-ci.**
— I prefer these.

Exercice 4 Complétez les phrases suivantes avec un pronom démonstratif (**celui, celle[s], ceux**).

1. Je m'entends assez bien avec mes professeurs, surtout avec _____ qui sont patients, vifs et compréhensifs.

2. Je préfère mon emploi du temps ce semestre à _____ du semestre dernier.

3. Je n'apprécie pas les égoïstes, _____ qui pensent toujours à eux-mêmes.

4. Il aimerait revoir la jeune femme qu'il a rencontrée au concert, _____ qui portait un drôle de *(weird)* chapeau.

5. Dînerons-nous dans ce restaurant-ci ou dans _____-là?

6. De tous les livres de Victor Hugo, *Les Misérables* est _____ que je préfère.

7. Vos idées sont si différentes de _____ de vos parents!

8. Mes notes dans ce cours sont meilleures que _____ que j'ai eues le trimestre dernier.

Structure 14.3

Expressing hypotheses *Le conditionnel*

You have already used **le conditionnel de politesse,** or polite conditional, for softening demands or requests. The polite conditional is most often used with the verbs **aimer, vouloir,** and **pouvoir.**

Je **voudrais** un café.	*I would like a coffee.*
Pourriez-vous m'aider?	*Could you help me?*

The conditional of **devoir** is often used to give advice.

Tu **devrais** sortir plus souvent.	*You should go out more often.*
Vous **devriez** écouter vos parents.	*You should listen to your parents.*

The conditional is also used to express the consequences of a hypothetical situation using the structure:

> **si** + imparfait + conditionnel

Si vous **étiez** moins égoïste, vous **auriez** plus d'amis.	*If you weren't so selfish, you'd have more friends.*

Note that the imperfect is always used in the **si** clause when the conditional is used in the consequence clause. The order of these clauses, however, can be switched without changing the meaning of the sentence.

Si j'**étais** moins timide, je lui **demanderais** de sortir avec moi.	*If I were less shy, I would ask him/her to go out with me.*
Nous **serions** contents si vous **veniez** nous voir.	*We'd be happy if you came to see us.*
S'il **faisait** plus chaud, elle **irait** à la plage.	*If it were hotter, she'd go to the beach.*

The conditional is formed by adding the **imparfait** endings to the future stem.

parler	
je parler**ais**	nous parler**ions**
tu parler**ais**	vous parler**iez**
il/elle/on parler**ait**	ils/elles parler**aient**

Je **prendrais** l'avion s'il ne coûtait pas plus cher que le train.	*I would take a plane if it weren't more expensive than the train.*

Verbs that have an irregular stem in the future tense have the same irregular stem in the conditional.

infinitif	conditionnel	infinitif	conditionnel
avoir	j'aurais	faire	nous ferions
être	tu serais	pouvoir	vous pourriez
aller	il irait	venir	ils viendraient
devoir	elles devraient	voir	elles verraient
savoir	on saurait	vouloir	ils voudraient

Exercice 5 Utilisez le conditionnel pour rendre les phrases plus polies.

1. Tu dois m'aider à faire les courses.
2. Nous préférons regarder la télé.
3. Nous voulons aller au cinéma.
4. Pouvez-vous m'amener au match de football?
5. Est-il possible de partir tout de suite?
6. Vous devez faire vos devoirs.

Exercice 6 Vous rêvez... Complétez ces hypothèses en mettant les verbes entre parenthèses au conditionnel.

1. Si je pouvais aller au cinéma ce soir, je _____ (voir) le nouveau James Bond.
2. S'il y avait moins de voitures à Los Angeles, il y _____ (avoir) moins de pollution.
3. Si je pouvais recommencer mes études, j(e) _____ (étudier) la microbiologie.
4. Nous _____ (avoir) un meilleur travail si nous avions notre diplôme.
5. Si j'étais riche, j(e) _____ (offrir) une maison à mes parents.
6. Elle _____ (passer) les vacances chez nous si elle avait le temps.
7. Si les universités américaines étaient gratuites, les étudiants ne _____ (devoir) pas travailler autant.
8. Tu _____ (répondre) si tu savais la réponse.

Structure 14.4

Expressing emotions *Le subjonctif (suite)*

You have already learned to use the subjunctive after expressions of obligation and necessity.

Il faut que vous **restiez** ici ce soir.   *You have to stay here tonight.*

The subjunctive is also used following expressions of feeling and emotion.

Je suis contente qu'il **vienne** ce soir.   *I'm happy he's coming this evening.*

Here are some common expressions of sentiment that are followed by the subjunctive.

Je suis	content(e) heureux (heureuse) ravi(e) *(delighted)* étonné(e) *(astonished)* surpris(e) désolé(e) triste malheureux (malheureuse)	que vous partiez aujourd'hui.
J'ai peur Je regrette Il est surprenant		que vous n'ayez pas d'argent.

The subjunctive is also used after expressions of doubt and uncertainty. Some of these expressions are shown here.

Je **doute** qu'il pleuve aujourd'hui.	*I doubt it will rain today.*
Elle **n'est pas certaine** que sa mère comprenne la situation.	*She isn't sure that her mother understands the situation.*
Il est **possible** qu'elle ne vienne pas.	*It's possible she won't come.*
Il **se peut** que le train soit en retard.	*It might be that the train is late.*
Il est **douteux** qu'elle ait assez d'argent.	*It's doubtful she has enough money.*

The verbs **penser** and **croire** are used with the indicative in affirmative sentences, but with the subjunctive in negative sentences.

Je **crois** que tu **comprends** ce chapitre.	*I think you understand this chapter.*
Vous **pensez** qu'il **est** gentil.	*You think he is nice.*
Je **ne pense pas** qu'il **soit** à l'heure.	*I don't think he'll be on time.*

Positive assertions (**il est certain que, il est clair que, il est sûr que, il est évident que, je suis sûr[e] que**) are also followed by the indicative mood.

Il est évident qu'il **peut** bien jouer.	*It's obvious he can play well.*

If the subject of the main clause and the subordinate clause is the same, an infinitive is used rather than the subjunctive.

Marc est content que Marie revienne.	*Marc is happy that Marie is coming back.*
BUT	
Marc est content de revenir.	*Marc is happy to come back.*

Exercice 7 Emma et Océane ont un examen d'histoire demain, donc elles vont réviser ensemble. Pour chaque phrase, (1) indiquez si on exprime le doute (d), un sentiment (s) ou une certitude (c) et (2) indiquez si le verbe en caractère gras est à l'indicatif (I) ou au subjonctif (S).

1. Je suis contente que tu **viennes** étudier chez moi ce soir. _____ _____

2. Il est certain que nous **avons** besoin de réviser pour l'examen. _____ _____

3. Le prof a peur que nous ne **soyons** pas prêts! _____ _____

4. Je pense que nous **pouvons** nous organiser sans problème. _____ _____

5. Il est étonnant que nous **ayons** tant de pages à lire! _____ _____

6. Je doute que nous **finissions** avant minuit. _____ _____

Exercice 8 Écrivez des phrases complètes au subjonctif avec les éléments donnés.

1. Je / regretter / tu / ne pas faire / de sport.

2. Nous / être / contents / vous / arriver / demain.

3. François / être / triste / Jeanne / ne pas vouloir / le revoir.

4. Nous / avoir / peur / elle / perdre / son argent.

5. Ma mère / être / furieuse / je / sortir / avec Pierre.

6. Je suis heureux / tu / pouvoir / venir / tout de suite.

7. Anne-Marie / être / désolée / son ami / être malade.

8. Nous sommes surpris / vous / aimer / ce film.

Exercice 9 Complétez les phrases suivantes en utilisant la forme correcte du verbe entre parenthèses.

1. Il est évident qu'elle ne (sache / sait) pas la réponse.
2. Je crois que les autres (soient / sont) perdus.
3. Elle ne pense pas que son frère (vienne / vient).
4. Il est clair que votre mère (a / ait) raison.
5. Il n'est pas sûr qu'elle (dise / dit) la vérité.
6. Nous ne pensons pas que vous (fassiez / faites) de votre mieux.

Tout ensemble!

Complétez le passage en utilisant les pronoms démonstratifs de la liste ou la forme correcte des verbes entre parenthèses.

celui   celle   ceux

Dans le couple, on ne _____ (1) (devoir) pas laisser la plus grosse personnalité dominer. Si on va, par exemple, toujours chez la famille du mari et on ignore _____ (2) de la femme, il est important d'_____ (3) (équilibrer) la situation. Il est essentiel que le couple _____ (4) (prendre) le temps de discuter des problèmes sans _____ (5) (se disputer).

Il faut aussi faire des concessions. Si Estelle, par exemple, prenait toutes les décisions de son couple, ils _____ (6) (aller) souvent au théâtre et à l'opéra. Elle aimerait aussi que son mari, Luc, _____ (7) (faire) de la natation avec elle. Mais elle comprend qu'il _____ (8) (avoir) peur de l'eau. Luc, pour sa part, n'insiste plus pour qu'Estelle _____ (9) (aller) avec lui aux matchs de foot. Elle lui laisse aussi le contrôle de la télécommande *(remote control)*. Il n'est pas clair, pourtant *(however)*, qu'il _____ (10) (comprendre) l'importance de ce sacrifice. Mais il est certain que leur mariage _____ (11) (être) plus stable que _____ (12) où le mari et la femme _____ (13) (se méfier) de la perte de tout contrôle.

CD3,
Tracks
54–58

Vocabulaire fondamental

Noms

L'amour et l'amitié / *Love and friendship*

le coup de foudre	*love at first sight*
un époux (une épouse)	*a spouse*
un(e) fiancé(e)	*a fiancé(e)*
la fidélité	*fidelity*
une lune de miel	*a honeymoon*
le romantisme	*romanticism*
un sentiment	*a feeling*
la tendresse	*tenderness*
une valeur	*a value*
la vie sentimentale	*love life*

Mots apparentés: un couple, un divorce, un mariage, la passion, une rupture, un scandale, une séparation

Verbes

s'amuser (à + *verb*)	*to have fun (doing something)*
compter	*to count (on)*
confier	*to confide*
critiquer	*to criticize*
se décider (à + *verb*)	*to come to a decision (to do something)*
se demander	*to wonder*
divorcer	*to divorce*
douter	*to doubt*
embrasser	*to kiss*
s'embrasser	*to kiss each other*
s'entendre (bien)	*to get along (well)*
se fâcher (contre)	*to get angry (with)*
se fiancer (avec)	*to get engaged (to)*
s'installer	*to set up residence, move in*
s'intéresser (à)	*to be interested in*
se marier (avec)	*to marry*
s'occuper (de)	*to take care of, watch out for*
penser (à + *verb*)	*to think about*
regretter	*to regret*
se rendre compte	*to realize*
se séparer	*to separate*
tomber amoureux (amoureuse) (de)	*to fall in love (with)*

Adjectifs

bénévole	*volunteer*
clair(e)	*clear*
douteux (douteuse)	*doubtful*
engagé(e)	*active*
étonnant(e)	*astonishing*
étonné(e)	*astonished*
évident(e)	*obvious*
incroyable	*incredible*
ravi(e)	*delighted*
romantique	*romantic*
sûr(e)	*sure, confident*
surprenant(e)	*surprising*
surpris(e)	*surprised*

Mots divers

une cause humanitaire	*a humanitarian cause*
celui, celle	*this (one), that (one)*
ceux, celles	*these, those*

Expressions utiles

Comment dire qu'on est d'accord ou qu'on n'est pas d'accord / *How to say that you agree or you don't agree*

(See page 437 for additional expressions.)

Absolument pas.	*Absolutely not.*
Ça se peut.	*Maybe.*
C'est vrai ça.	*That's true.*
Je suis tout à fait d'accord.	*I agree completely.*

Comment exprimer ses sentiments / *How to express your feelings*

(See page 439 for additional expressions.)

Il est clair que vous avez raison.	*It is clear that you're right.*
J'ai peur qu'elle ne soit pas honnête.	*I'm afraid she isn't honest.*
Je doute que vous fassiez un gros effort.	*I doubt you're making a big effort.*
Je suis triste que vous vous sépariez.	*I'm sad you are separating.*

CD3,
Tracks
59–61

Vocabulaire supplémentaire

Noms

l'adultère *(m)*	*adultery*
une alliance	*a wedding ring*
une bague de fiançailles	*an engagement ring*
un coiffeur (une coiffeuse)	*a hairstylist*
un coup de soleil	*a sunburn*
un espoir	*a hope*
l'incompréhension *(f)*	*misunderstanding*
la jalousie	*jealousy*
le lendemain	*the following day*
les noces *(f pl)*	*wedding*
un(e) reclus(e)	*a recluse*
la vérité	*truth*
la vie conjugale	*married life*

Verbes

apercevoir	*to see*
s'apercevoir	*to notice*
s'asseoir	*to sit down*
se bronzer	*to sunbathe, get a tan*
s'empêcher	*to stop oneself*
s'en aller	*to leave; to go away*

s'ennuyer	*to get bored*
faire la cour (à)	*to court*
faire semblant (de)	*to pretend (to)*
fonder une famille	*to start a family*
se méfier de	*to be wary of*
se rejoindre	*to meet again*
rompre (avec)	*to break up (with)*
se suicider	*to commit suicide*
tromper	*to be unfaithful to*

Mots divers

ambitieux (ambitieuse)	*ambitious*
une association caritative	*a charity, non-profit organization*
autrefois	*in the past*
démodé(e)	*old-fashioned*
égalitaire	*egalitarian*
honnête	*honest*

Des clients à la FNAC de NICE. Aimez-vous passer du temps à la librairie? Qu'est-ce que vous aimez regarder ou acheter?

Fictions

This chapter recycles a number of important grammatical structures within the context of French fiction. Fairy tales, cartoons, and film critiques serve as vehicles to help you review and synthesize material. In addition, the final short story includes grammar review activities.

Pratique de conversation: Comment raconter une histoire (suite)
Révision du passé
Révision du conditionnel

Perspectives culturelles: Charles Perrault, père de *La mère l'Oie*

Thème: La bande dessinée
Révision du présent

Thème: Le septième art: l'art de raconter à travers le film
Révision du comparatif et du superlatif

Pratique de conversation: Comment parler de la littérature

Thème: Personnages célèbres de la littérature
Révision des pronoms d'objet direct et indirect, *y* et *en*

À lire
Lecture: «Ô voleur, voleur, quelle vie est la tienne?» adapté de J.-M. G. Le Clézio
In the course of reading this text you will be reviewing the following structures: **le passé, l'interrogatif, le conditionnel, les expressions négatives,** and **le subjonctif.**

Comment raconter une histoire (suite)

Révision du passé

The **passé composé** and the **imparfait** are used to narrate events. In telling a story, the **passé composé** is primarily used to move the plot forward, to recount the unfolding of a series of events, referred to in French as **le déroulement**. The **imparfait** is used primarily for descriptive background information, or **le décor.** It describes what was going on, how people felt and what things were like. To review the **passé composé**, see **Structures 6.1, 6.2,** and **10.2.** For the formation of the **imparfait**, see **Structure 8.1.** For the combined use of the **passé composé** and the **imparfait**, see **Structure 8.5.**

IL ÉTAIT UNE FOIS...

ONCE UPON A TIME . . .

La Belle au bois dormant

Blanche Neige et les sept nains

La Belle et la Bête

Le Petit Chaperon rouge

Cendrillon

Les Chevaliers de la table ronde

Barbe-bleue

Le Magicien d'Oz

Alice au pays des merveilles

Jacques et le haricot magique

Peter Pan

Activité 1 Quel conte?

Quel conte dans les illustrations ci-dessus *(above)* associez-vous aux éléments suivants?

1. une méchante sorcière qui vole sur un balai *(broom)*
2. un beau prince qui réveille une belle princesse quand il l'embrasse
3. un géant qui compte ses pièces d'or *(gold coins)*
4. une fée qui transforme une citrouille *(pumpkin)* en carrosse avec sa baguette *(wand)* magique
5. un chevalier courageux avec une épée *(sword)*
6. un panier *(basket)* plein de bonnes choses à manger
7. un pirate qui a un crochet *(hook)* à la place de la main

CD3, Track 62

Expressions utiles

Pour commencer une histoire traditionnelle
(le commencement)

Il était une fois...
Once upon a time . . .

Pour marquer la succession des événements
importants (le déroulement ou le développement)

D'abord... Ensuite... Puis... Alors...

Pour conclure (la conclusion ou le dénouement)

Enfin (Finalement, En somme, Par conséquent)...
Ils **vécurent** heureux et **eurent** beaucoup d'enfants.
They lived happily ever after . . .

Activité 2 **Quelle partie de quel conte?**

Voici des extraits de contes. D'abord, identifiez le conte. Ensuite, indiquez si c'est le commencement, le déroulement ou le dénouement de l'histoire.

1. Il était une fois un gentilhomme qui avait épousé, en secondes noces *(marriage)*, une femme hautaine *(haughty)*. Elle avait deux filles qui lui ressemblaient en toutes choses.

2. — Ma grand-mère, que vous avez de grands yeux!

   — C'est pour mieux te voir, mon enfant!

3. Il était une fois un homme qui avait de belles maisons, de la vaisselle d'or et des carrosses dorés *(golden carriages)*. Mais, par malheur, cet homme avait la barbe *(beard)* bleue.

4. Enfin, quand son méchant mari est mort, elle a invité ses deux sœurs au palais et les a mariées à deux grands seigneurs de la cour où elles ont vécu heureuses.

5. Et, en disant ces mots, le méchant loup s'est jeté sur la jeune fille et l'a mangée.

6. Ensuite, la fée lui a dit: «Va dans le jardin, tu y trouveras six lézards; apporte-les-moi.»

Vous rappelez-vous des événements dans des contes enfantins? Complétez les phrases suivantes en mettant les verbes au temps du passé qui convient.

Modèles: Dorothée est fatiguée.
Dorothée **était** fatiguée.

Elle se décide à se reposer avec Toto près d'un champ de maïs (*cornfield*).
Elle **s'est décidée** *à se reposer avec Toto près d'un champ de maïs.*

Elle y voit un épouvantail (*scarecrow*).
Elle y **a vu** *un épouvantail.*

1. Boucle d'Or **entre** dans la maison. Dans la cuisine, elle **voit** trois assiettes de soupe. La jeune fille **a** faim. Elle **prend** une grande assiette de soupe. Trop chaude!

2. La belle-mère de Blanche Neige **est** jalouse de la beauté de la jeune fille. Elle **demande** au bûcheron (*woodcutter*) d'emmener Blanche Neige dans la forêt et de la tuer. Le bûcheron **tue** un cerf (*deer*) à sa place.

3. Pendant que le Petit Chaperon rouge **se promène** dans la forêt pour aller chez sa grand-mère, elle **rencontre** un loup qui lui **parle.** La petite fille **est** très naïve. Elle ne **sait** pas que le loup **est** méchant.

4. Pendant que Cendrillon **danse** avec le prince, l'horloge **sonne** minuit. Elle **part** en courant (*running*) chez elle. Dans sa hâte (*haste*), la jeune fille **perd** une pantoufle de verre (*glass slipper*) au bal.

Activité **4** **Boucle d'Or et les trois ours**

A. D'abord, avec un(e) partenaire, récrivez le passage au passé, en mettant les verbes en italique au passé composé ou à l'imparfait selon le contexte.

Un beau matin une petite fille (1) *se promène* dans une forêt. Elle (2) *arrive* devant une petite maison charmante. Elle y (3) *entre*. La fille (4) *voit* une table où il y (5) *a* trois assiettes de soupe. Elle en (6) *mange*. Comme elle (7) *a* sommeil, elle (8) *a* envie de se reposer. Elle (9) *monte* au premier étage où il y (10) *a* trois lits; le premier (11) *est* trop dur, le deuxième (12) *est* trop mou (*soft*), mais le troisième (13) *est* très confortable. Elle s'y (14) *couche* et (15) *s'endort* tout de suite.

Plus tard, les trois ours qui (16) *habitent* cette maison (17) *rentrent* chez eux. D'abord ils (18) *remarquent* que leurs assiettes de soupe (19) *sont* vides (*empty*). Ils (20) *sont* étonnés! Quand ils (21) *entrent* dans la chambre, ils (22) *voient* la petite fille qui (23) *dort*. Surpris, le petit ours (24) *crie*. Ce bruit (25) *réveille* la petite fille, qui (26) *saute* du lit terrifiée et (27) *quitte* la maison à toute vitesse pour rentrer chez elle.

B. Maintenant, lisez ce passage au passé à haute voix en alternant les phrases. Puis lisez-le avec la classe.

Révision du conditionnel

The conditional is used in hypothetical sentences in which one imagines how things might be under different conditions. For example, in imagining what details one might change to modernize a classic tale, the conditional would be a useful tool. The formula for the conditional is **si + imparfait + conditionnel.** For a complete review of the conditional, see **Structure 14.3.**

Activité 5 *Le Petit Chaperon rouge* **transformé**

Parfois un conte traditionnel est transformé en histoire contemporaine. Il faut souvent changer l'époque, le lieu et certains aspects des personnages. Avec un(e) partenaire, choisissez parmi les possibilités données. Il n'y a pas de réponses «correctes» ou «incorrectes», mais il faut créer une histoire cohérente.

Si je voulais situer *Le Petit Chaperon rouge* dans un contexte contemporain...

1. Le «Petit Chaperon rouge» serait...
   a. une petite fille de huit ans.
   b. une jeune fille innocente de dix-sept ans.
   c. une femme de trente ans.
   d. ???

2. Le «loup» serait...
   a. un loup ou un autre animal sauvage *(wild)*.
   b. un chien.
   c. un homme qui suit furtivement *(stalks)* les jeunes filles innocentes.
   d. ???

3. Le «Petit Chaperon rouge» irait...
   a. chez sa grand-mère.
   b. chez sa meilleure amie.
   c. au bureau pour travailler.
   d. ???

4. La rencontre entre «le loup» et le «Petit Chaperon rouge» aurait lieu...
   a. dans une forêt.
   b. dans un centre-ville dangereux.
   c. à la plage.
   d. ???

5. La «grand-mère» habiterait...
   a. un chalet dans la forêt.
   b. une petite maison à la mer.
   c. un grand immeuble au centre-ville.
   d. ???

6. À la fin de l'histoire,...
   a. un héros tuerait «le loup» et sauverait le «Petit Chaperon rouge» et sa «grand-mère».
   b. un héros arriverait trop tard pour sauver la vie de la «grand-mère», mais il sauverait la vie du «Petit Chaperon rouge» et ils tomberaient amoureux.
   c. le «loup» tuerait tout le monde et serait victorieux.
   d. ???

Charles Perrault, père de *La mère l'Oie (Mother Goose)*

Le Petit Chaperon rouge

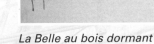

La Belle au bois dormant

«Il était une fois...°». Cette formule magique introduite par Charles Perrault, nous emporte° tout de suite dans un monde merveilleux habité par des jeunes filles innocentes, des princes vaillants, des animaux capables de communiquer avec les êtres humains et des belles-mères cruelles. Qui ne connaît pas *Cendrillon, La Belle au bois dormant* ou *Le Petit Chaperon rouge*?

C'est Perrault, ministre culturel du roi Louis XIV au 17ᵉ siècle, qui a immortalisé ces histoires anciennes. Son rôle dans leur création originale n'est pas clair, car ces contes font partie de la tradition orale. Cependant, Perrault prend sa plume et les préserve pour la postérité. Son style simple et naïf fait penser au langage des enfants.

En 1729, ces contes sont traduits en anglais. *Les contes de ma mère l'Oie°* deviennent un grand classique de la littérature pour enfants dans les pays anglophones.

Ces histoires, écrites pour divertir les dames de Versailles, amusent toujours la société contemporaine, mais en version «aseptisée» pour les jeunes. Le dénouement, surtout, est souvent récrit°. Qui aimerait dire aux enfants que le Petit Chaperon rouge a été mangé par le loup ou que le Prince, une fois marié avec la Belle au bois dormant, hésite à aller chez sa mère, une ogresse, de peur qu'elle ne mange ses enfants? Qu'il s'agisse° du château de la Belle au bois dormant à Disneyland ou du film *Pretty Woman* avec Julia Roberts dans le rôle d'une Cendrillon moderne, les contes de Perrault continuent à influencer l'imaginaire du monde entier.

Once upon a time . . . carries us away

Tales of Mother Goose

rewritten

Whether talking about

Avez-vous compris?

1. Par quelle formule est-ce que les contes de fées débutent souvent?
2. Charles Perrault a travaillé à la cour *(court)* de quel roi?
3. Pourquoi est-ce qu'on ne peut pas dire que Perrault est le créateur de ces contes?
4. Perrault a écrit ses contes pour quels lecteurs?
5. Pourquoi est-ce qu'on a dû modifier ces contes pour les enfants?

Et vous?

1. Quel conte traditionnel est-ce que vous préférez?
2. Est-ce que vous connaissez plus d'une version de ce conte?
3. Est-ce qu'il y a un film ou un opéra basé sur ce conte?

La bande dessinée

Révision du présent

As you have learned, the present tense in French serves a variety of purposes. It can state a fact: **Paris est la capitale de la France;** describe what is going on: **Les enfants font leurs devoirs maintenant;** or state what one does in general: **D'habitude, je regarde la télévision après le dîner.** Frequently, when telling a story, the present is used to make it more lively and immediate to the reader or listener. This use of the present is called **le présent de narration.** See **Appendix A** for a complete list of verb forms.

Activité 6 L'histoire de Gaston et du bureau brisé

Dans une bande dessinée (BD), on raconte une histoire à travers des images. Voici une BD de *Gaston Lagaffe*. L'histoire commence avec la première case, mais les autres cases sont dans le désordre. Regardez-les attentivement et essayez de les mettre en ordre, de 2 à 6. Ensuite racontez l'histoire. (Vérifiez l'ordre correct à la page 462.)

Mots utiles: un rocking chair, la réglette fluorescente *(neon light tube),* vaciller *(to sway),* maladroit *(clumsy),* tomber la tête la première, briser *(to break into pieces)*

1a

b

c

d

e

f

Gaston Lagaffe, Éditions Dupuis

Voici l'ordre correct:

g

🔊
CD3, Track 63

▬▬ Écoutons ensemble! On raconte la BD

Vous allez écouter ce qui se passe dans la BD. Complétez l'histoire avec les verbes que vous entendez. Le narrateur emploie le **présent de narration.**

1. Gaston, assis dans un rocking chair, _____ tranquillement à son bureau. Fantasio, son collègue de bureau, _____ et _____ en passant qu'il _____ remplacer la réglette fluorescente.

2. Fantasio _____ à Gaston de ne pas s'en occuper mais Gaston ne l'_____ pas. Il _____ sur son rocking chair pour installer la réglette.

3. La chaise _____ à vaciller.

4. Fantasio _____ que Gaston _____ trop maladroit pour faire ce genre de travail. Gaston _____ de le croire. Malgré le danger, il _____ les bras pour installer la réglette.

5. Il y _____ un grand bruit: Crâc!

6. Gaston _____ la tête la première et brise le bureau. Maintenant, c'_____ le bureau qu'il _____ remplacer!

Le septième art: l'art de raconter à travers le film

Entre les murs *est l'adaptation d'un roman de François Bégaudeau paru° en 2006. Dans ce roman, l'auteur parle de sa propre expérience comme professeur dans un collège difficile à Paris. Le film a décroché° la Palme d'or au 61ᵉ Festival de Cannes. Le jury, qui a pris cette décision à l'unanimité, était présidé par Sean Penn. Aux États-Unis, le film a été distribué sous le titre* The class.

published
got, received

Entre les murs

Film français (2008). Comédie dramatique. Durée 2 h 08 min.

Date de sortie: 24 septembre 2008

Réalisé par Laurent Cantet

Avec François Bégaudeau, Nassim Amrabt, Laura Baquela

Presse✳ ✳ ✳ Spectateurs✳ ✳ ✳

SYNOPSIS

François est un jeune professeur de français dans un collège difficile. Il n'hésite pas à affronter° ses étudiants Esmeralda, Souleymane, Khoumba et les autres dans de stimulantes joutes verbales°, comme si la langue elle-même était un véritable enjeu°. Mais l'apprentissage° de la démocratie peut parfois comporter de vrais risques.

confront

verbal jousts
challenge / learning

Activité 7 Un synopsis de film

Répondez aux questions suivantes sur le film *Entre les murs.*

1. Quel est le genre de ce film?

2. Qui joue le rôle principal?

3. Qui est le réalisateur?

4. Où le film a-t-il lieu?

5. Sur quoi est-ce que ce film est basé?

6. Est-ce qu'il a été bien reçu par les spectateurs? Et par la presse?

Révision du comparatif et du superlatif

To discuss similarities and differences between French and American cinema, you will need to use comparative structures. Remember that when comparing qualities (adjectives) one uses slightly different forms from those used to compare things (nouns). You'll see examples of both in **Activité 8** below. To review the comparative/superlative, see **Structures 8.4** and **9.3**.

Activité 8 Box-office

Voici le box-office du 13 au 19 mai 2009, indiquant les films les plus vus aux cinémas en France et aux États-Unis. Étudiez les deux listes pour faire quelques comparaisons. Ensuite, répondez aux questions suivantes en utilisant une forme de comparaison.

	FRANCE	ÉTATS-UNIS
1	*Anges et Démons* (thriller, fantastique; tous publics; américain)	*Anges et Démons* (thriller, fantastique; PG13; américain)
2	*Millénium, le film* (thriller; film danois, suédois; interdit aux moins de 12 ans)	*Star Trek* (science-fiction, aventure, action; PG13; film américain)
3	*X-men origins: Wolverine* (fantastique, science-fiction, action; tous publics; américain)	*X-men origins: Wolverine* (fantastique, science-fiction, action; PG13; américain)
4	*Incognito* (comédie; tous publics; français)	*Hanté par ses ex (Ghosts of Girlfriends Past)* (comédie, romance; PG13; film américain)
5	*Je l'aimais* (drame, romance; tous publics; film français, belge, italien)	*Obsessed* (drame, thriller; PG13; film américain)
6	*Star Trek* (science-fiction, aventure, action; tous publics; américain)	*17 ans encore (17 again)* (comédie; PG13; film américain)
7	*Good morning, England (The Boat that Rocked)* (comédie, musical, romance; tous publics; film britannique)	*Monstres contre aliens* (animation; PG; film américain)
8	*OSS 117: Rio ne répond plus* (comédie, espionnage; tous publics; film français)	*Le Soliste* (drame, biopic; PG13; film britannique-américain)
9	*Un mariage de rêve (Easy Virtue)* (romance; tous publics; britannique)	*Next Day Air* (action, policier, comédie; R; film américain)
10	*17 ans encore* (comédie; tous publics; américain)	*Un jour sur Terre (Earth)* (documentaire; film britannique-allemand; G)

http://www.allocine.fr/boxoffice/

Pendant la semaine du 13 au 19 mai 2009,...

1. quel film attire *le plus de* spectateurs en France? Et aux États-Unis?

2. est-ce que Star Trek est *plus populaire* en France ou aux États-Unis?

3. est-ce que c'est en France ou aux États-Unis qu'on trouve *plus de* comédies parmi le top ten?

4. est-ce que les films étrangers sont *aussi populaires* aux États-Unis qu'en France?

5. est-ce qu'il y a *autant de* films français que de films américains parmi le top ten en France?

6. À votre avis, quel est le *meilleur* film de la liste?

7. Quels films classés «tous publics» en France ont une différente classification aux États-Unis? Quel pays est *plus* strict dans la façon de classer les films?

8. Maintenant, faites vos propres observations sur les Français et les Américains en ce qui concerne le cinéma.

 Activité 9 **Interaction**

Posez les questions suivantes à un(e) autre étudiant(e).

1. Quel(s) film(s) est-ce que tu as vu(s) récemment? As-tu vu ce(s) film(s) au cinéma, à la télé ou en DVD / vidéo?

2. Quand il faut choisir un film, qu'est-ce qui compte pour toi? le scénario? les acteurs? le genre? le réalisateur? les critiques favorables ou les prix (Oscars, Césars, etc.)?

3. Tu aimes les films étrangers? Est-ce que tu préfères voir la version originale ou une version sous-titrée *(subtitled)* ou doublée *(dubbed)*? Pourquoi?

4. Quel est ton film préféré? Quand est-il sorti? Quels sont les acteurs principaux? Pourquoi est-ce que tu aimes ce film?

5. Est-ce que tu as déjà vu un film français? Lequel? Quelles différences as-tu remarquées entre les films français et les films américains?

6. Est-ce que tu crois que le cinéma est un art tout comme la littérature?

 Explorez en ligne

What films are showing in theaters in France this week? Go to allocine. com or premiere.fr and look for **Sorties cinéma** or **À l'affiche** to get the latest films. Pick one that interests you and jot down the following: **genre, acteurs principaux, réalisateur, pays de production, réaction des spectateurs et de la presse.** Read the synopsis and do a rough translation of one of the sentences. Would you like to see this film, or if you have seen it, would you recommend it? Be prepared to share your findings with the class.

Comment parler de la littérature

Réfléchissez et considérez

What do you like to read—novels, comics, nonfiction? Make a list of the English words you need to talk about a book. Now look for the equivalents of these expressions in the mini-interviews that follow. How do you say that a book or story is fascinating or exciting?

Notez et analysez

To tell what a story is about in French, you need to use the impersonal expression **il s'agit de.** You cannot precede the verb **s'agir** with a noun. For example, to translate the sentence "*Romeo and Juliet* is about tragic love," you would say: **Dans *Roméo et Juliette,* il s'agit d'un amour tragique.** Now, choose another book and tell what it is about.

* Que **lisez-vous, mademoiselle?**
  — Euh, c'est **un roman** d'Anna Gavalda.

* Quel **est le titre?**
  — *Ensemble, c'est tout.*

* Vous aimez?
  — Ah oui, c'est **un best-seller** et il est très bien écrit.

* **De quoi s'agit-t-il?**
  — **Il s'agit de** la vie d'une jeune femme, Camille. **La protagoniste** fait le ménage la nuit dans les bureaux et elle dessine pendant son temps libre. **Les personnages** du livre sont très originaux. C'est un livre **passionnant.**

* Et vous lisez aussi de **la non-fiction?**
  — Eh bien, oui. Surtout **des biographies.**

CD3, Track 64

■■ Écoutons ensemble! Goûts littéraires

Quelques Français parlent de leurs goûts littéraires. Ils veulent lire quelque chose en anglais pour pratiquer la langue. Conseillez quelque chose d'approprié pour chacun d'eux.

LES GENS	LES TEXTES
1. Soline, 16 ans	a. *The Lost Symbol*, Dan Brown
2. Enzo, 27 ans	b. *Batman*, DC Comics
3. Jean-Luc, 12 ans	c. *Pride and Prejudice*, Jane Austen
4. Marie-Jo, 40 ans	d. *The Chronicles of Narnia*, C. S. Lewis
5. Timothé, 19 ans	e. *Always Looking Up*, Michael J. Fox

 Activité 10 Interaction

Posez les questions suivantes à un(e) autre étudiant(e).

1. Est-ce que tu lis un bon livre maintenant? De quoi s'agit-il dans ce livre?

2. Quel genre de lecture est-ce que tu préfères?

3. As-tu un auteur préféré? Lequel? Quelles sortes de livres écrit-il/elle?

4. Quel est le dernier livre que tu as lu? Tu as aimé ce livre? Pourquoi ou pourquoi pas?

Personnages célèbres de la littérature

Révision des pronoms d'objet direct et indirect, *y* et *en*

When talking about a story, you will often want to refer to the same person or event a number of times. In order to avoid the repetitious use of the same proper or common nouns, you'll want to use pronouns. For a review of **en**, see **Structure 7.3**. For **pronoms d'objet direct**, see **Structures 6.4** and **7.4**. **Pronoms d'objet indirect** are presented in **Structure 8.3**. See **Structure 9.2** for the pronoun **y**. For pronoun order, see **Structure 12.3**.

Tristan et Iseut (Moyen Âge)

Tristan, chevalier courageux, et Iseut la Blonde, belle princesse d'Irlande, sont unis par un amour fatal et éternel. Après avoir vaincu un géant et un dragon en Irlande, Tristan amène Iseut avec lui afin qu'elle épouse son oncle, le roi de Cornouailles. Pendant le voyage, ils boivent par erreur un philtre magique° qui **les** unit en amour. Iseut épouse le roi mais les deux amants ne peuvent pas s'empêcher de se revoir en secret. Le roi découvre leur amour illicite et **les** bannit. Tristan s'exile et lors d'une bataille, il est blessé à mort°. Iseut essaie de **le** retrouver mais trop tard. Tristan est déjà mort. Iseut meurt, elle aussi, et le roi **les** fait enterrer° dans deux tombes voisines.

magic potion

mortally wounded

bury

Tartuffe (XVIIᵉ siècle)

Tartuffe est un faux dévot° qui arrive à gagner° la confiance du bourgeois Orgon. Aveuglé° par la fausse dévotion de Tartuffe, Orgon **l'**invite à vivre avec sa famille, **lui** confie le contrôle de sa fortune et **lui** offre la main de sa fille qui avait pourtant l'intention d'épouser un autre homme. Mais on découvre la vérité sur Tartuffe quand il entre dans la chambre de la femme d'Orgon pour **la** séduire. Orgon, déçu° et en colère, chasse son faux ami de la maison. Tartuffe se croit pourtant° maître de la situation à cause des documents compromettants qu'il a en sa possession. Mais grâce à l'intervention du roi, il est mis en prison.

religious hypocrite / manages to gain
Blinded

disappointed
however

peasant / raised in a convent

lives
To escape
lies

witness

Madame Bovary (XIXᵉ siècle)

Emma, fille d'un riche paysan° et élevée dans un couvent°, accepte d'épouser Charles Bovary, un homme simple qui est médecin dans un petit village normand. Il l'adore mais ne **la** comprend pas. C'est une femme romantique qui rêve de bals luxueux, d'hommes aristocratiques et d'amour idéal. Elle vit° à travers sa lecture. Pour échapper° à son existence banale et à son ennui, elle tombe dans le mensonge°, l'adultère et les dettes. Elle finit par se suicider.

Maigret (XXᵉ siècle)

Le commissaire Maigret, de la Police judiciaire, est souvent appelé sur la scène du crime. Il **y** arrive rapidement. Il **l'**examine de près, interroge le témoin° en fumant sa pipe et fait une analyse psychologique de l'assassin. Ce héros français a son côté humain: il aime prendre un bon dîner chez lui préparé par sa femme. Chez lui, il n'arrête pas de réfléchir aux crimes, bien qu'il ne **lui en** parle pas. Il trouve la solution avec patience, intuition et une très bonne mémoire pour les détails.

Notez et analysez

What are the antecedents for the boldfaced pronouns in the summaries of the stories on page 467 and above?

Activité 11 Qui est-ce?

Identifiez les personnages suivants. Ensuite, nommez un personnage semblable d'une autre œuvre littéraire.

1. un héros de roman policier
2. une héroïne qui meurt aux côtés de son bien-aimé
3. le personnage principal d'une légende
4. une héroïne qui rêve d'une vie luxueuse
5. un personnage qui trompe son ami

Activité 12 Quiz de compréhension

Est-ce que vous avez compris ces histoires? Complétez les réponses avec le pronom approprié: **le, la, l', les, lui, leur, en, y.** N'oubliez pas d'ajouter **ne** ou **n'** dans les réponses négatives.

1. Est-ce que Tristan a tué *le géant et le dragon* qu'il a combattus en Irlande?
   a. Oui, il _____ a tués.
   b. Non, il ne _____ a pas tués.

2. Est-ce que Tristan et Iseut ont bu *du philtre magique* dans le bateau?
   a. Oui, ils _____ ont bu.
   b. Non, ils n(e) _____ ont pas bu.

3. Est-ce qu'Iseut épouse *Tristan*?
   a. Oui, elle _____ épouse.
   b. Non, elle n(e) _____ épouse pas; elle se marie avec le roi.

4. Est-ce que le roi découvre *leur amour illicite*?
   a. Oui, il _____ découvre.
   b. Non, il n(e) _____ découvre pas.

5. Est-ce qu'Orgon offre *à Tartuffe* la main de sa fille?
   a. Oui, il _____ offre sa main.
   b. Non, il n(e) _____ offre pas sa main.

6. Est-ce que Tartuffe entre *dans la chambre de la femme d'Orgon*?
   a. Oui, il _____ entre.
   b. Non, il n(e) _____ entre pas.

7. Est-ce que *Tartuffe* s'échappe *(escapes)* de chez Orgon?
   a. Oui, il s(e) _____ échappe.
   b. Non, on _____ met en prison.

8. Est-ce qu'Emma a habité *dans un couvent* quand elle était jeune?
   a. Oui, elle _____ a habité.
   b. Non, elle n(c) _____ a pas habité.

9. Est-ce que Charles comprend *sa femme*?
   a. Oui, il _____ comprend.
   b. Non, il n(e) _____ comprend pas.

10. Comment Maigret traite-t-il *les criminels*?
    a. Il _____ traite de façon professionnelle et il _____ pose beaucoup de questions.
    b. Il _____ traite pas bien. Il _____ ignore.

Situations à jouer!

1 Think of a common tale that will most likely be familiar to the students in your class. Make notes for yourself on the main character(s), the setting, the introduction, and the main plot. Then begin to tell your story to the class and see who is the first to guess the title.

Modèle: *Dans mon histoire, il s'agit d'un jeune garçon qui ne veut pas grandir. Il veut toujours rester jeune. Sa meilleure amie est une petite fée. Les deux amis arrivent chez une famille britannique et le jeune homme invite les enfants sur une île magique qui s'appelle «Neverland».*

2 In small groups, select and watch a French movie. Using the model on page 463 as a guide, prepare a synopsis for the class.

3 Interview several students about their reading habits and a book they've read recently. You might videotape the interview to make your own **Voix en direct.**

Lecture

Anticipation

Vous allez lire une histoire écrite par un écrivain français célèbre, J.-M. G. Le Clézio. Dans les exercices qui suivent, vous allez analyser le texte et vous allez aussi faire une révision de plusieurs structures grammaticales.

Expansion de vocabulaire

Testez votre aptitude verbale. D'après le contexte, trouvez le sens des mots en italique tirés du texte.

1. «C'était un village de *pêcheurs*,... tout blanc au-dessus de la mer.» Un *pêcheur* gagne sa vie en attrapant des...
    a. criminels.
    b. poissons.
    c. prisonniers.
    d. arbres.

2. «Ce qui est terrible, c'est que ça s'est passé *d'un seul coup*, quand j'ai perdu mon travail.» Quelque chose qui se passe *d'un seul coup* se passe...
    a. lentement.
    b. soudainement.
    c. difficilement.
    d. jamais.

3. «J'ai perdu mon travail parce que l'entreprise *avait fait faillite*.» Une entreprise *qui fait faillite*...
    a. gagne beaucoup d'argent.
    b. ne peut plus payer ses dettes.
    c. a de gros revenus.
    d. embauche *(hires)* de nouveaux employés.

4. «Ma femme ne pouvait pas travailler, elle avait *des ennuis* de santé.» Quand on a *des ennuis*, on a des...
    a. problèmes.
    b. médicaments.
    c. traitements.
    d. qualités.

5. «Je fais ça pour eux, pour que ma femme et *mes gosses* aient de quoi manger.» En français familier, le mot *gosses* veut dire...
    a. amis.
    b. parents.
    c. collègues.
    d. enfants.

6. «Qu'est-ce que ça te fait, quand tu penses que tu es devenu un voleur?» [...] «ça me fait quelque chose, ça *me serre la gorge* et ça m'accable.» Quand quelque chose *vous serre la gorge*, vous vous sentez...
    a. tranquille.
    b. neutre.
    c. heureux (heureuse).
    d. plein(e) d'émotions.

Activités de lecture

1. Ce texte commence par une question indirecte: «Dis-moi comment tout a commencé», puis le protagoniste commence à parler. Est-ce qu'il parlera du futur, du présent ou du passé?
2. Regardez brièvement le texte ci-dessous et à la page 472. Quel est le format du texte? Est-ce qu'il est écrit dans la langue écrite formelle ou dans la langue parlée, la langue familière?
3. Regardez le titre. Ce texte est à propos de qui?

À noter: This text is longer than many you have read. The side notes provide questions to help you focus on its meaning.

«Ô voleur°, voleur, quelle vie est la tienne?»

adapté de J.-M. G. Le Clézio

1 *Dis-moi, comment tout a commencé?*

Je ne sais pas, je ne sais plus, il y a si longtemps, je n'ai plus souvenir du temps maintenant, c'est la vie que je mène. Je suis né au Portugal, à Ericeira, c'était en ce temps-là un petit village de pêcheurs pas loin de Lisbonne, tout
5 blanc au-dessus de la mer. Ensuite mon père a dû partir pour des raisons politiques, et avec ma mère et ma tante on s'est installé en France, et je n'ai jamais revu mon grand-père. C'était juste après la guerre°, je crois qu'il est mort à cette époque-là. Mais je me souviens bien de lui, c'était un pêcheur, il me racontait des histoires, mais maintenant je ne parle presque plus le
10 portugais. Après cela, j'ai travaillé comme apprenti maçon° avec mon père, et puis il est mort, et ma mère a dû travailler aussi, et moi je suis entré dans une entreprise, une affaire de rénovation de vieilles maisons, ça marchait bien°. En ce temps-là, j'étais content avec le monde, j'avais un travail, j'étais marié, j'avais des amis, je ne pensais pas au lendemain, je ne pensais pas à la
15 maladie, ni aux accidents, je travaillais beaucoup et l'argent était rare, mais je ne savais pas que j'avais de la chance.

Après ça je me suis spécialisé dans l'électricité, c'est moi qui refaisais les circuits électriques, j'installais les appareils ménagers, l'éclairage°, je faisais les branchements°. Ça me plaisait bien, c'était un bon travail. [...] Je ne
20 savais pas que j'avais de la chance.

Et maintenant?

Ah, maintenant, tout a changé. Ce qui est terrible, c'est que ça s'est passé d'un seul coup°, quand j'ai perdu mon travail, parce que l'entreprise avait fait faillite°. [...] Au début j'ai cru que tout allait s'arranger, j'ai cru que
25 j'allais retrouver du travail facilement, mais il n'y avait rien, parce que les entrepreneurs engagent° des gens qui n'ont pas de famille, des étrangers, c'est plus facile quand ils veulent s'en débarrasser°. Et pour l'électricité, je n'avais pas de C.A.P.°, personne ne m'aurait confié un travail comme ça. Alors les mois sont passés et je n'avais toujours rien, et c'était difficile
30 de manger, de payer l'éducation de mes fils, ma femme ne pouvait pas travailler, elle avait des ennuis de santé, on n'avait même pas d'argent pour acheter les médicaments. [...] On allait mourir de faim, ma femme, mes enfants. C'est comme ça que je me suis décidé. Au début, je me suis dit que

thief

war

mason's apprentice

that worked well

lighting
connections

all at once
had gone bankrupt

hire
get rid of them
certificate

Pourquoi a-t-on l'impression que le texte commence au milieu de *(in the middle of)* l'histoire? Est-ce qu'on connaît l'identité de celui qui pose les questions et celle de celui qui répond?

Pourquoi le protagoniste était-il content de sa vie? Est-ce que vous avez le pressentiment que les choses vont mal tourner? Pourquoi?

Est-ce que vous pouvez deviner *(to guess)* ce qu'il s'est décidé à faire?

c'était provisoire°, le temps de trouver un peu d'argent, le temps d'attendre.
35 Maintenant ça fait trois ans que ça dure, je sais que ça ne changera plus. [...]

Est-ce qu'ils savent?

Mes enfants? Non, non, eux ne savent rien, on ne peut pas leur dire, ils sont trop jeunes, ils ne comprendraient pas que leur père est devenu un voleur. [...] Non, je ne voudrais pas que mes enfants apprennent cela, ils sont trop
40 jeunes. Ils croient que je travaille comme avant.

   Maintenant je leur dis que je travaille la nuit, et que c'est pour ça que je dois partir la nuit, et que je dors une partie de la journée.

Tu aimes cette vie?

Non, au début je n'aimais pas ça du tout, mais maintenant, qu'est-ce que je
45 peux faire?

Tu sors toutes les nuits?

Ça dépend. Ça dépend des endroits. [...]
   En général, je ne veux pas faire ça le jour, j'attends la nuit, même le petit matin, tu sais, vers trois-quatre heures, c'est le meilleur moment, parce qu'il
50 n'y a plus personne dans les rues, même les flics° dorment à cette heure-là. Mais je n'entre jamais dans une maison quand il y a quelqu'un.
   [...] moi, je fais ça pour vivre, pour que ma femme et mes gosses aient de quoi manger, des vêtements, pour que mes gosses aient une éducation, un vrai métier. Si je retrouvais demain du travail, je m'arrêterais tout de suite
55 de voler, je pourrais de nouveau rentrer chez moi tranquillement, le soir, je m'allongerais° sur le lit avant de dîner [...]

Qu'est-ce que ça te fait, quand tu penses que tu es devenu un voleur?

Si, ça me fait quelque chose, ça me serre la gorge et ça m'accable°, tu sais, quelquefois, le soir, je rentre à la maison à l'heure du dîner, et ce n'est plus
60 du tout comme autrefois, il y a juste des sandwichs froids, et je mange en regardant la télévision, avec les gosses qui ne disent rien. Alors je vois que ma femme me regarde, elle ne dit rien elle non plus, mais elle a l'air si fatigué, elle a les yeux gris et tristes, et je me souviens de ce qu'elle m'a dit, la première fois, quand elle m'a demandé s'il n'y avait pas de danger. Moi, je lui ai dit non,
65 mais ça n'était pas vrai, parce que je sais bien qu'un jour, c'est fatal, il y aura un problème. [...] Peut-être que les flics m'attraperont, et je ferai des années en prison, ou bien peut-être que je ne pourrai pas courir assez vite quand on me tirera dessus°, et je serai mort, mort. C'est à elle que je pense, à ma femme, pas à moi, moi je ne vaux rien, je n'ai pas d'importance. C'est à elle que je pense,
70 et à mes enfants aussi, que deviendront-ils, qui pensera à eux, sur cette terre?

Adapté de J.-M. G. Le Clézio: «Ô voleur, voleur, quelle vie est la tienne?», *La ronde et autres faits divers.* Éditions Gallimard.

Compréhension et intégration

A. Compréhension

Répondez aux questions suivantes.

1. Où le voleur est-il né? Pourquoi est-il venu en France?

2. Comment est-ce qu'il a gagné sa vie?

3. Pourquoi a-t-il perdu son travail?

4. Quelle est la nouvelle occupation de cet homme?

Margin notes:

Pourquoi est-ce qu'il utilise le conditionnel ici?

Que fait-il quand il sort? Pourquoi sort-il la nuit?

cops

would stretch out

overwhelms me

shoot me

5. Pourquoi ne dit-il rien à ses enfants?

6. Quand est-ce qu'il entre dans les maisons? Pourquoi?

7. Avec qui parle-t-il dans ce texte?

B. Analyse de l'emploi du passé

Structure à réviser: Le passé

Regardez les pages 181–183, 247–248 et 253–254.

Donnez une explication pour l'emploi du passé composé et de l'imparfait dans les lignes indiquées. Choisissez parmi les explications suivantes.

■ **Passé composé:** un verbe qui fait avancer le récit

■ **Imparfait:** a. une action habituelle ou répétée, b. un verbe qui décrit un état mental, ou **être** et **avoir,** c. la description au passé

1. ligne 7: ... on s'est installé en France...

2. ligne 9: ... c'était un pêcheur, il me racontait des histoires...

3. lignes 10–12: Après cela, j'ai travaillé comme apprenti maçon avec mon père, et puis il est mort,... et moi je suis entré dans une entreprise...

4. lignes 13–17: ... ça marchait bien. En ce temps-là, j'étais content avec le monde, j'avais un travail, j'étais marié, j'avais des amis... je ne savais pas que j'avais de la chance.

5. ligne 23: Ah, maintenant, tout a changé.

6. lignes 30–33: ... c'était difficile de manger... ma femme ne pouvait pas travailler, elle avait des ennuis de santé... On allait mourir de faim...

7. ligne 34: C'est comme ça que je me suis décidé.

C. Un interrogatoire (Interrogation)

Structure à réviser: L'interrogatif

Regardez les pages 25, 150–151 et 346–347.

■ **Première étape:** Dans cette histoire, les questions sont posées de façon indirecte ou énigmatique. Rendez-les plus directes et complètes.

1. Dis-moi, comment tout a commencé?

2. Et maintenant?

3. Est-ce qu'ils savent?

4. Tu aimes cette vie?

■ **Deuxième étape:** Vous êtes journaliste à *Paris-Match* et vous interrogez le voleur (qui est devenu une célébrité). Posez-lui quatre questions avec les mots interrogatifs suivants: **pourquoi, comment, quand / à quelle heure, où.** Un(e) autre camarade de classe jouera le rôle du voleur.

D. Si seulement!

Structures à réviser: Les propositions avec *si* + imparfait + conditionnel

Regardez les pages 247–248 et 448.

Jouez le rôle du voleur pour terminer les phrases suivantes.

1. Si j(e) (avoir) mon CAP, je pourrais trouver du travail plus facilement.

2. Je n(e) (entrer) jamais dans une maison s'il y (avoir) quelqu'un.

3. Si je (dire) la vérité à mes enfants, ils (ne pas comprendre).

4. Si je (ne pas voler), ma femme et mes enfants (ne rien avoir) à manger.

5. Si je (retrouver) du travail, je (s'arrêter) tout de suite de voler.

Regardez les pages 247–248 et 448.

E. Que feriez-vous à sa place?

Structures à réviser: Les propositions avec *si* + imparfait + conditionnel

Avec un(e) partenaire, dites ce que vous feriez si vous étiez à la place du voleur. Donnez au moins quatre idées.

F. Une attitude négative ou une victime du destin *(fate)*?

Structure à réviser: Les expressions négatives

Regardez la page 316.

Jouez le rôle du voleur en répondant à ces questions avec une expression négative.

1. Je sais que tu as travaillé dans l'électricité. Est-ce que tu travailles toujours dans ce domaine?
2. Qu'est-ce que tu fais pour t'amuser?
3. Est-ce qu'il y a quelqu'un à qui tu peux te confier *(to confide in)*?
4. Mais tu as déjà parlé de ta situation à ta femme, je suppose.
5. Alors, quand est-ce que tu penses que ta situation va changer?

G. Réactions différentes

Structure à réviser: Le subjonctif

Regardez les pages 415–417 et 449–450.

On réagit différemment à ce voleur et à sa situation. Complétez les réflexions suivantes en utilisant le subjonctif ou l'indicatif, selon le cas.

1. Moi, je pense que le voleur (avoir) bon cœur, mais qu'il (se trouver) dans une situation impossible.
2. Moi aussi! Je trouve impardonnable qu'il (ne pas y avoir) de programme social pour l'aider.
3. À mon avis, il est essentiel qu'il (dire) la vérité à sa femme.
4. Est-il possible qu'elle (ne pas savoir) la vérité?
5. Tu sais, c'est triste que les immigrés clandestins *(illegal aliens)* (ne pas pouvoir) demander d'aide sociale.
6. Il faut que nous (faire) un effort pour créer un monde plus juste.
7. Moi, je crois que les gens (être) responsables de leurs propres actes. Je n'ai pas de pitié pour lui.

Maintenant à vous!

Décrivez le protagoniste dans «Ô voleur, voleur, quelle vie est la tienne?».

1. Quels sont ses qualités et ses défauts?
2. Est-ce un criminel, une victime ou les deux?
3. Est-ce qu'il a raison de voler?
4. À votre avis, le voleur pourrait-il changer sa vie?
5. En considérant tout ce qu'il nous a dit, suggérez ce qu'il devrait faire maintenant.

Vocabulaire

CD3, Tracks 65–68

Vocabulaire fondamental

Noms

Les contes	Stories, tales
une barbe	a beard
un conte de fées	a fairy tale
un événement	an event
un loup	a wolf
un prince (une princesse)	a prince (princess)
un roi (une reine)	a king (a queen)

La littérature	Literature
un auteur	an author
un écrivain	a writer
la fiction	fiction
un genre	a literary / film genre
une héroïne	a heroine, main female character
le héros	the hero, main male character
la non-fiction	nonfiction
un personnage (principal)	a (main) character
un roman	a novel

Verbes

épouser	to marry
sauver	to save
tuer	to kill
voler	to steal

Adjectifs

courageux (courageuse)	courageous
jaloux (jalouse)	jealous
magique	magic
méchant(e)	mean
passionnant(e)	fascinating, exciting

Expressions utiles

Comment raconter une histoire	How to tell a story
Il était une fois...	Once upon a time . . .
Par conséquent...	As a result . . .

Comment parler de la littérature	How to talk about literature
Il s'agit d'(une princesse).	It's about (a princess).
J'aime (les romans, la non-fiction, les biographies, les bandes dessinées, etc.).	I like (novels, non-fiction, biographies, cartoons, etc.).
Quel est le titre?	What is the title?

CD3, Tracks 69–70

Vocabulaire supplémentaire

Noms

Les contes	Stories, tales
un bal	a dance
un carrosse	a carriage
un chevalier	a knight
une fée	a fairy
un géant	a giant
un nain	a dwarf
un palais	a palace
un pirate	a pirate
un sorcier (une sorcière)	a witch

Le cinéma	Film
le box-office	the top movies
une comédie	a comedy
un dessin animé	an animated film
un drame	a drama
la durée	the length
un film fantastique	a fantasy film
un prix	an award
un réalisateur (une réalisatrice)	a director
un scénario	a script
un spectateur (une spectatrice)	a spectator, member of the audience
un synopsis	a synopsis
une version doublée	a dubbed version
la version originale	the original version
une version sous-titrée	a subtitled version

La littérature	Literature
un(e) amant(e)	a lover
un avis	an opinion
une bataille	a battle
un couvent	a convent
un critique	a critic (art)
une critique	a critique
un dénouement	an ending
un déroulement	a plot, development
une intrigue	the plot, story line
un(e) protagoniste	a protagonist, main character

Mots apparentés: une dette, un dragon, une fortune, une prison, une tombe

Verbes

attirer	to attract
banir	to banish
échapper	to escape
transformer	to transform
tromper	to trick
vaincre	to vanquish, beat

Vocabulaire tiré de «Ô voleur, voleur, quelle vie est la tienne?»

faire faillite	to go bankrupt
la vérité	the truth
un voleur	a thief

VERBES AUXILIAIRES: AVOIR et ÊTRE

Infinitif Participe passé	Présent	Passé composé	Imparfait	Passé simple
avoir	ai	ai eu	avais	
	as	as eu	avais	
eu	a	a eu	avait	eut
	avons	avons eu	avions	
	avez	avez eu	aviez	
	ont	ont eu	avaient	eurent
être	suis	ai été	étais	
	es	as été	étais	
été	est	a été	était	fut
	sommes	avons été	étions	
	êtes	avez été	étiez	
	sont	ont été	étaient	furent

Indicatif			Présent du conditionnel	Présent du subjonctif	Impératif
Plus-que-parfait	**Futur**	**Futur antérieur**			
avais eu	aurai	aurai eu	aurais	aie	
avais eu	auras	auras eu	aurais	aies	aie
avait eu	aura	aura eu	aurait	ait	
avions eu	aurons	aurons eu	aurions	ayons	ayons
aviez eu	aurez	aurez eu	auriez	ayez	ayez
avaient eu	auront	auront eu	auraient	aient	
avais été	serai	aurai été	serais	sois	
avais été	seras	auras été	serais	sois	sois
avait été	sera	aura été	serait	soit	
avions été	serons	aurons été	serions	soyons	soyons
aviez été	serez	aurez été	seriez	soyez	soyez
avaient été	seront	auront été	seraient	soient	

Verbes conjugués avec **être** au passé composé			
aller	entrer	partir	revenir
arriver	monter	rentrer	sortir
descendre	mourir	rester	tomber
devenir	naître	retourner	venir

VERBES RÉGULIERS

Infinitif Participe passé	Présent	Passé composé	Imparfait	Passé simple
parler	parle	ai parlé	parlais	
	parles	as parlé	parlais	
parlé	parle	a parlé	parlait	parla
	parlons	avons parlé	parlions	
	parlez	avez parlé	parliez	
	parlent	ont parlé	parlaient	parlèrent
dormir	dors	ai dormi	dormais	
(partir, sortir)	dors	as dormi	dormais	
	dort	a dormi	dormait	dormit
dormi	dormons	avons dormi	dormions	
	dormez	avez dormi	dormiez	
	dorment	ont dormi	dormaient	dormirent
finir (choisir, grossir,	finis	ai fini	finissais	
réfléchir, réussir)	finis	as fini	finissais	
	finit	a fini	finissait	finit
	finissons	avons fini	finissions	
	finissez	avez fini	finissiez	finirent
fini	finissent	ont fini	finissaient	
vendre (attendre,	vends	ai vendu	vendais	
rendre, répondre)	vends	as vendu	vendais	
	vend	a vendu	vendait	vendit
	vendons	avons vendu	vendions	
vendu	vendez	avez vendu	vendiez	
	vendent	ont vendu	vendaient	vendirent

VERBES PRONOMINAUX

Infinitif Participe passé	Présent	Passé composé	Imparfait	Passé simple
se laver	me lave	me suis lavé(e)	me lavais	
	te laves	t'es lavé(e)	te lavais	
lavé	se lave	s'est lavé(e)	se lavait	
	nous lavons	nous sommes lavé(e)s	nous lavions	se lava
	vous lavez	vous êtes lavé(e)(s)	vous laviez	
	se lavent	se sont lavé(e)s	se lavaient	se lavèrent

Indicatif			Présent du conditionnel	Présent du subjonctif	Impératif
Plus-que-parfait	**Futur**	**Futur antérieur**			
avais parlé	parlerai	aurai parlé	parlerais	parle	
avais parlé	parleras	auras parlé	parlerais	parles	parle
avait parlé	parlera	aura parlé	parlerait	parle	
avions parlé	parlerons	aurons parlé	parlerions	parlions	parlons
aviez parlé	parlerez	aurez parlé	parleriez	parliez	parlez
avaient parlé	parleront	auront parlé	parleraient	parlent	
avais dormi	dormirai	aurai dormi	dormirais	dorme	
avais dormi	dormiras	auras dormi	dormirais	dormes	dors
avait dormi	dormira	aura dormi	dormirait	dorme	
avions dormi	dormirons	aurons dormi	dormirions	dormions	dormons
aviez dormi	dormirez	aurez dormi	dormiriez	dormiez	dormez
avaient dormi	dormiront	auront dormi	dormiraient	dorment	
avais fini	finirai	aurai fini	finirais	finisse	
avais fini	finiras	auras fini	finirais	finisses	finis
avait fini	finira	aura fini	finirait	finisse	
avions fini	finirons	aurons fini	finirions	finissions	finissons
aviez fini	finirez	aurez fini	finiriez	finissiez	finissez
avaient fini	finiront	auront fini	finiraient	finissent	
avais vendu	vendrai	aurai vendu	vendrais	vende	
avais vendu	vendras	auras vendu	vendrais	vendes	vends
avait vendu	vendra	aura vendu	vendrait	vende	
avions vendu	vendrons	aurons vendu	vendrions	vendions	vendons
aviez vendu	vendrez	aurez vendu	vendriez	vendiez	vendez
avaient vendu	vendront	auront vendu	vendraient	vendent	

Indicatif			Présent du conditionnel	Présent du subjonctif	Impératif
Plus-que-parfait	**Futur**	**Futur antérieur**			
m'étais lavé(e)	me laverai	me serai lavé(e)	me laverais	me lave	
t'étais lavé(e)	te laveras	te seras lavé(e)	te laverais	te laves	lave-toi
s'était lavé(e)	se lavera	se sera lavé(e)	se laverait	se lave	
nous étions lavé(e)s	nous laverons	nous serons lavé(e)s	nous laverions	nous lavions	lavons-nous
vous étiez lavé(e)(s)	vous laverez	vous serez lavé(e)(s)	vous laveriez	vous laviez	lavez-vous
s'étaient lavé(e)s	se laveront	se seront lavé(e)s	se laveraient	se lavent	

VERBES AVEC CHANGEMENTS ORTHOGRAPHIQUES

Infinitif Participe passé	Présent	Passé composé	Imparfait	Passé simple
acheter (se lever, **se promener)** acheté	achète achètes achète achetons achetez achètent	ai acheté as acheté a acheté avons acheté avez acheté ont acheté	achetais achetais achetait achetions achetiez achetaient	 acheta achetèrent
appeler (jeter) appelé	appelle appelles appelle appelons appelez appellent	ai appelé as appelé a appelé avons appelé avez appelé ont appelé	appelais appelais appelait appelions appeliez appelaient	 appela appelèrent
commencer **(prononcer)** commencé	commence commences commence commençons commencez commencent	ai commencé as commencé a commencé avons commencé avez commencé ont commencé	commençais commençais commençait commencions commenciez commençaient	 commença commencèrent
manger (changer, **nager, voyager)** mangé	mange manges mange mangeons mangez mangent	ai mangé as mangé a mangé avons mangé avez mangé ont mangé	mangeais mangeais mangeait mangions mangiez mangeaient	 mangea mangèrent
payer (essayer, **employer)** payé	paie paies paie payons payez paient	ai payé as payé a payé avons payé avez payé ont payé	payais payais payait payions payiez payaient	 paya payèrent
préférer (espérer, **répéter)** préféré	préfère préfères préfère préférons préférez préfèrent	ai préféré as préféré a préféré avons préféré avez préféré ont préféré	préférais préférais préférait préférions préfériez préféraient	 préféra préférèrent

Indicatif			Présent du conditionnel	Présent du subjonctif	Impératif
Plus-que-parfait	Futur	Futur antérieur			
avais acheté	achèterai	aurai acheté	achèterais	achète	
avais acheté	achèteras	auras acheté	achèterais	achètes	achète
avait acheté	achètera	aura acheté	achèterait	achète	
avions acheté	achèterons	aurons acheté	achèterions	achetions	achetons
aviez acheté	achèterez	aurez acheté	achèteriez	achetiez	achetez
avaient acheté	achèteront	auront acheté	achèteraient	achètent	
avais appelé	appellerai	aurai appelé	appellerais	appelle	
avais appelé	appelleras	auras appelé	appellerais	appelles	appelle
avait appelé	appellera	aura appelé	appellerait	appelle	
avions appelé	appellerons	aurons appelé	appellerions	appelions	appelons
aviez appelé	appellerez	aurez appelé	appelleriez	appeliez	appelez
avaient appelé	appelleront	auront appelé	appelleraient	appellent	
avais commencé	commencerai	aurai commencé	commencerais	commence	
avais commencé	commenceras	auras commencé	commencerais	commences	commence
avait commencé	commencera	aura commencé	commencerait	commence	
avions commencé	commencerons	aurons commencé	commencerions	commencions	commençons
aviez commencé	commencerez	aurez commencé	commenceriez	commenciez	commencez
avaient commencé	commenceront	auront commencé	commenceraient	commencent	
avais mangé	mangerai	aurai mangé	mangerais	mange	
avais mangé	mangeras	auras mangé	mangerais	manges	mange
avait mangé	mangera	aura mangé	mangerait	mange	
avions mangé	mangerons	aurons mangé	mangerions	mangions	mangeons
aviez mangé	mangerez	aurez mangé	mangeriez	mangiez	mangez
avaient mangé	mangeront	auront mangé	mangeraient	mangent	
avais payé	paierai	aurai payé	paierais	paie	
avais payé	paieras	auras payé	paierais	paies	paie
avait payé	paiera	aura payé	paierait	paie	
avions payé	paierons	aurons payé	paierions	payions	payons
aviez payé	paierez	aurez payé	paieriez	payiez	payez
avaient payé	paieront	auront payé	paieraient	paient	
avais préféré	préférerai	aurai préféré	préférerais	préfère	
avais préféré	préféreras	auras préféré	préférerais	préfères	préfère
avait préféré	préférera	aura préféré	préférerait	préfère	
avions préféré	préférerons	aurons préféré	préférerions	préférions	préférons
aviez préféré	préférerez	aurez préféré	préféreriez	préfériez	préférez
avaient préféré	préféreront	auront préféré	préféreraient	préfèrent	

VERBES IRRÉGULIERS

Infinitif Participe passé	Présent	Passé composé	Imparfait	Passé simple
aller	vais	suis allé(e)	allais	
	vas	es allé(e)	allais	
allé	va	est allé(e)	allait	alla
	allons	sommes allé(e)s	allions	
	allez	êtes allé(e)(s)	alliez	
	vont	sont allé(e)s	allaient	allèrent
boire	bois	ai bu	buvais	
	bois	as bu	buvais	
bu	boit	a bu	buvait	but
	buvons	avons bu	buvions	
	buvez	avez bu	buviez	
	boivent	ont bu	buvaient	burent
conduire	conduis	ai conduit	conduisais	
	conduis	as conduit	conduisais	
conduit	conduit	a conduit	conduisait	conduisit
	conduisons	avons conduit	conduisions	
	conduisez	avez conduit	conduisiez	
	conduisent	ont conduit	conduisaient	conduisirent
connaître **(paraître)**	connais	ai connu	connaissais	
	connais	as connu	connaissais	
	connaît	a connu	connaissait	connut
connu	connaissons	avons connu	connaissions	
	connaissez	avez connu	connaissiez	
	connaissent	ont connu	connaissaient	connurent
courir	cours	ai couru	courais	
	cours	as couru	courais	
couru	court	a couru	courait	courut
	courons	avons couru	courions	
	courez	avez couru	couriez	
	courent	ont couru	couraient	coururent
croire	crois	ai cru	croyais	
	crois	as cru	croyais	
cru	croit	a cru	croyait	crut
	croyons	avons cru	croyions	
	croyez	avez cru	croyiez	
	croient	ont cru	croyaient	crurent
devoir	dois	ai dû	devais	
	dois	as dû	devais	
dû	doit	a dû	devait	dut
	devons	avons dû	devions	
	devez	avez dû	deviez	
	doivent	ont dû	devaient	durent

Indicatif			Présent du conditionnel	Présent du subjonctif	Impératif
Plus-que-parfait	Futur	Futur antérieur			
étais allé(e)	irai	serai allé(e)	irais	aille	
étais allé(e)	iras	seras allé(e)	irais	ailles	va
était allé(e)	ira	sera allé(e)	irait	aille	
étions allé(e)s	irons	serons allé(e)s	irions	allions	allons
étiez allé(e)(s)	irez	serez allé(e)(s)	iriez	alliez	allez
étaient allé(e)s	iront	seront allé(e)s	iraient	aillent	
avais bu	boirai	aurai bu	boirais	boive	
avais bu	boiras	auras bu	boirais	boives	bois
avait bu	boira	aura bu	boirait	boive	
avions bu	boirons	aurons bu	boirions	buvions	buvons
aviez bu	boirez	aurez bu	boiriez	buviez	buvez
avaient bu	boiront	auront bu	boiraient	boivent	
avais conduit	conduirai	aurai conduit	conduirais	conduise	conduis
avais conduit	conduiras	auras conduit	conduirais	conduises	
avait conduit	conduira	aura conduit	conduirait	conduise	conduisons
avions conduit	conduirons	aurons conduit	conduirions	conduisions	conduisez
aviez conduit	conduirez	aurez conduit	conduiriez	conduisiez	
avaient conduit	conduiront	auront conduit	conduiraient	conduisent	
avais connu	connaîtrai	aurai connu	connaîtrais	connaisse	
avais connu	connaîtras	auras connu	connaîtrais	connaisses	connais
avait connu	connaîtra	aura connu	connaîtrait	connaisse	
avions connu	connaîtrons	aurons connu	connaîtrions	connaissions	connaissons
aviez connu	connaîtrez	aurez connu	connaîtriez	connaissiez	connaissez
avaient connu	connaîtront	auront connu	connaîtraient	connaissent	
avais couru	courrai	aurai couru	courrais	coure	
avais couru	courras	auras couru	courrais	coures	cours
avait couru	courra	aura couru	courrait	coure	
avions couru	courrons	aurons couru	courrions	courions	courons
aviez couru	courrez	aurez couru	courriez	couriez	courez
avaient couru	courront	auront couru	courraient	courent	
avais cru	croirai	aurai cru	croirais	croie	
avais cru	croiras	auras cru	croirais	croies	crois
avait cru	croira	aura cru	croirait	croie	
avions cru	croirons	aurons cru	croirions	croyions	croyons
aviez cru	croirez	aurez cru	croiriez	croyiez	croyez
avaient cru	croiront	auront cru	croiraient	croient	
avais dû	devrai	aurai dû	devrais	doive	
avais dû	devras	auras dû	devrais	doives	dois
avait dû	devra	aura dû	devrait	doive	
avions dû	devrons	aurons dû	devrions	devions	devons
aviez dû	devrez	aurez dû	devriez	deviez	devez
avaient dû	devront	auront dû	devraient	doivent	

Infinitif Participe passé	Présent	Passé composé	Imparfait	Passé simple
dire	dis	ai dit	disais	
	dis	as dit	disais	
dit	dit	a dit	disait	dit
	disons	avons dit	disions	
	dites	avez dit	disiez	
	disent	ont dit	disaient	dirent
écrire (décrire)	écris	ai écrit	écrivais	
	écris	as écrit	écrivais	
écrit	écrit	a écrit	écrivait	écrivit
	écrivons	avons écrit	écrivions	
	écrivez	avez écrit	écriviez	
	écrivent	ont écrit	écrivaient	écrivirent
envoyer	envoie	ai envoyé	envoyais	
	envoies	as envoyé	envoyais	
envoyé	envoie	a envoyé	envoyait	envoya
	envoyons	avons envoyé	envoyions	
	envoyez	avez envoyé	envoyiez	
	envoient	ont envoyé	envoyaient	envoyèrent
faire	fais	ai fait	faisais	
	fais	as fait	faisais	
fait	fait	a fait	faisait	fit
	faisons	avons fait	faisions	
	faites	avez fait	faisiez	
	font	ont fait	faisaient	firent
falloir				
fallu	faut	a fallu	fallait	fallut
lire	lis	ai lu	lisais	
	lis	as lu	lisais	
lu	lit	a lu	lisait	lut
	lisons	avons lu	lisions	
	lisez	avez lu	lisiez	
	lisent	ont lu	lisaient	lurent
mettre (permettre,	mets	ai mis	mettais	
promettre,	mets	as mis	mettais	
remettre)	met	a mis	mettait	mit
	mettons	avons mis	mettions	
	mettez	avez mis	mettiez	
mis	mettent	ont mis	mettaient	mirent
mourir	meurs	suis mort(e)	mourais	
	meurs	es mort(e)	mourais	
mort	meurt	est mort(e)	mourait	mourut
	mourons	sommes mort(e)s	mourions	
	mourez	êtes mort(e)(s)	mouriez	
	meurent	sont mort(e)s	mouraient	mouruent

Indicatif			Présent du conditionnel	Présent du subjonctif	Impératif
Plus-que-parfait	Futur	Futur antérieur			
avais dit	dirai	aurai dit	dirais	dise	
avais dit	diras	auras dit	dirais	dises	dis
avait dit	dira	aura dit	dirait	dise	
avions dit	dirons	aurons dit	dirions	disions	disons
aviez dit	direz	aurez dit	diriez	disiez	dites
avaient dit	diront	auront dit	diraient	disent	
avais écrit	écrirai	aurai écrit	écrirais	écrive	
avais écrit	écriras	auras écrit	écrirais	écrives	écris
avait écrit	écrira	aura écrit	écrirait	écrive	
avions écrit	écrirons	aurons écrit	écririons	écrivions	écrivons
aviez écrit	écrirez	aurez écrit	écririez	écriviez	écrivez
avaient écrit	écriront	auront écrit	écriraient	écrivent	
avais envoyé	enverrai	aurai envoyé	enverrais	envoie	
avais envoyé	enverras	auras envoyé	enverrais	envoies	envoie
avait envoyé	enverra	aura envoyé	enverrait	envoie	
avions envoyé	enverrons	aurons envoyé	enverrions	envoyions	envoyons
aviez envoyé	enverrez	aurez envoyé	enverriez	envoyiez	envoyez
avaient envoyé	enverront	auront envoyé	enverraient	envoient	
avais fait	ferai	aurai fait	ferais	fasse	
avais fait	feras	auras fait	ferais	fasses	fais
avait fait	fera	aura fait	ferait	fasse	
avions fait	ferons	aurons fait	ferions	fassions	faisons
aviez fait	ferez	aurez fait	feriez	fassiez	faites
avaient fait	feront	auront fait	feraient	fassent	
avait fallu	faudra	aura fallu	faudrait	faille	
avais lu	lirai	aurai lu	lirais	lise	
avais lu	liras	auras lu	lirais	lises	lis
avait lu	lira	aura lu	lirait	lise	
avions lu	lirons	aurons lu	lirions	lisions	lisons
aviez lu	lirez	aurez lu	liriez	lisiez	lisez
avaient lu	liront	auront lu	liraient	lisent	
avais mis	mettrai	aurai mis	mettrais	mette	
avais mis	mettras	auras mis	mettrais	mettes	mets
avait mis	mettra	aura mis	mettrait	mette	
avions mis	mettrons	aurons mis	mettrions	mettions	mettons
aviez mis	mettrez	aurez mis	mettriez	mettiez	mettez
avaient mis	mettront	auront mis	mettraient	mettent	
étais mort(e)	mourrai	serai mort(e)	mourrais	meure	
étais mort(e)	mourras	seras mort(e)	mourrais	meures	meurs
était mort(e)	mourra	sera mort(e)	mourrait	meure	
étions mort(e)s	mourrons	serons mort(e)s	mourrions	mourions	mourons
étiez mort(e)(s)	mourrez	serez mort(e)(s)	mourriez	mouriez	mourez
étaient mort(e)s	mourront	seront mort(e)s	mourraient	meurent	

Infinitif Participe passé	Présent	Passé composé	Imparfait	Passé simple
naître né	nais nais naît naissons naissez naissent	suis né(e) es né(e) est né(e) sommes né(e)s êtes né(e)(s) sont né(e)s	naissais naissais naissait naissions naissiez naissaient	 naquit naquirent
offrir (souffrir) offert	offre offres offre offrons offrez offrent	ai offert as offert a offert avons offert avez offert ont offert	offrais offrais offrait offrions offriez offraient	 offrit offrirent
ouvrir (couvrir, découvrir) ouvert	ouvre ouvres ouvre ouvrons ouvrez ouvrent	ai ouvert as ouvert a ouvert avons ouvert avez ouvert ont ouvert	ouvrais ouvrais ouvrait ouvrions ouvriez ouvraient	 ouvrit ouvrirent
pleuvoir plu	pleut	a plu	pleuvait	plut
pouvoir pu	peux peux peut pouvons pouvez peuvent	ai pu as pu a pu avons pu avez pu ont pu	pouvais pouvais pouvait pouvions pouviez pouvaient	 put purent
prendre (apprendre, comprendre) pris	prends prends prend prenons prenez prennent	ai pris as pris a pris avons pris avez pris ont pris	prenais prenais prenait prenions preniez prenaient	 prit prirent
recevoir reçu	reçois reçois reçoit recevons recevez reçoivent	ai reçu as reçu a reçu avons reçu avez reçu ont reçu	recevais recevais recevait recevions receviez recevaient	 reçut reçurent
savoir su	sais sais sait savons savez savent	ai su as su a su avons su avez su ont su	savais savais savait savions saviez savaient	 sut surent

| Indicatif | | | Présent du conditionnel | Présent du subjonctif | Impératif |
Plus-que-parfait	Futur	Futur antérieur			
étais né(e)	naîtrai	serai né(e)	naîtrais	naisse	
étais né(e)	naîtras	seras né(e)	naîtrais	naisses	nais
était né(e)	naîtra	sera né(e)	naîtrait	naisse	
étions né(e)s	naîtrons	serons né(e)s	naîtrions	naissions	naissons
étiez né(e)(s)	naîtrez	serez né(e)(s)	naîtriez	naissiez	naissez
étaient né(e)s	naîtront	seront né(e)s	naîtraient	naissent	
avais offert	offrirai	aurai offert	offrirais	offre	
avais offert	offriras	auras offert	offrirais	offres	offre
avait offert	offrira	aura offert	offrirait	offre	
avions offert	offrirons	aurons offert	offririons	offrions	offrons
aviez offert	offrirez	aurez offert	offririez	offriez	offrez
avaient offert	offriront	auront offert	offriraient	offrent	
avais ouvert	ouvrirai	aurai ouvert	ouvrirais	ouvre	
avais ouvert	ouvriras	auras ouvert	ouvrirais	ouvres	ouvre
avait ouvert	ouvrira	aura ouvert	ouvrirait	ouvre	
avions ouvert	ouvrirons	aurons ouvert	ouvririons	ouvrions	ouvrons
aviez ouvert	ouvrirez	aurez ouvert	ouvririez	ouvriez	ouvrez
avaient ouvert	ouvriront	auront ouvert	ouvriraient	ouvrent	
avait plu	pleuvra	aura plu	pleuvrait	pleuve	
avais pu	pourrai	aurai pu	pourrais	puisse	
avais pu	pourras	auras pu	pourrais	puisses	
avait pu	pourra	aura pu	pourrait	puisse	
avions pu	pourrons	aurons pu	pourrions	puissions	
aviez pu	pourrez	aurez pu	pourriez	puissiez	
avaient pu	pourront	auront pu	pourraient	puissent	
avais pris	prendrai	aurai pris	prendrais	prenne	
avais pris	prendras	auras pris	prendrais	prennes	prends
avait pris	prendra	aura pris	prendrait	prenne	
avions pris	prendrons	aurons pris	prendrions	prenions	prenons
aviez pris	prendrez	aurez pris	prendriez	preniez	prenez
avaient pris	prendront	auront pris	prendraient	prennent	
avais reçu	recevrai	aurai reçu	recevrais	reçoive	
avais reçu	recevras	auras reçu	recevrais	reçoives	reçois
avait reçu	recevra	aura reçu	recevrait	reçoive	
avions reçu	recevrons	aurons reçu	recevrions	recevions	recevons
aviez reçu	recevrez	aurez reçu	recevriez	receviez	recevez
avaient reçu	recevront	auront reçu	recevraient	reçoivent	
avais su	saurai	aurai su	saurais	sache	
avais su	sauras	auras su	saurais	saches	sache
avait su	saura	aura su	saurait	sache	
avions su	saurons	aurons su	saurions	sachions	sachons
aviez su	saurez	aurez su	sauriez	sachiez	sachez
avaient su	sauront	auront su	sauraient	sachent	

Infinitif Participe passé	Présent	Passé composé	Imparfait	Passé simple
suivre suivi	suis suis suit suivons suivez suivent	ai suivi as suivi a suivi avons suivi avez suivi ont suivi	suivais suivais suivait suivions suiviez suivaient	suivit suivirent
venir (devenir, revenir, tenir) venu	viens viens vient venons venez viennent	suis venu(e) es venu(e) est venu(e) sommes venu(e)s êtes venu(e)(s) sont venu(e)s	venais venais venait venions veniez venaient	vint vinrent
vivre vécu	vis vis vit vivons vivez vivent	ai vécu as vécu a vécu avons vécu avez vécu ont vécu	vivais vivais vivait vivions viviez vivaient	vécut vécurent
voir vu	vois vois voit voyons voyez voient	ai vu as vu a vu avons vu avez vu ont vu	voyais voyais voyait voyions voyiez voyaient	vit virent
vouloir voulu	veux veux veut voulons voulez veulent	ai voulu as voulu a voulu avons voulu avez voulu ont voulu	voulais voulais voulait voulions vouliez voulaient	voulut voulurent

Indicatif			Présent du conditionnel	Présent du subjonctif	Impératif
Plus-que-parfait	Futur	Futur antérieur			
avais suivi	suivrai	aurai suivi	suivrais	suive	
avais suivi	suivras	auras suivi	suivrais	suives	suis
avait suivi	suivra	aura suivi	suivrait	suive	
avions suivi	suivrons	aurons suivi	suivrions	suivions	suivons
aviez suivi	suivrez	aurez suivi	suivriez	suiviez	suivez
avaient suivi	suivront	auront suivi	suivraient	suivent	
étais venu(e)	viendrai	serai venu(e)	viendrais	vienne	
étais venu(e)	viendras	seras venu(e)	viendrais	viennes	viens
était venu(e)	viendra	sera venu(e)	viendrait	vienne	
étions venu(e)s	viendrons	serons venu(e)s	viendrions	venions	venons
étiez venu(e)(s)	viendrez	serez venu(e)(s)	viendriez	veniez	venez
étaient venu(e)s	viendront	seront venu(e)s	viendraient	viennent	
avais vécu	vivrai	aurai vécu	vivrais	vive	
avais vécu	vivras	auras vécu	vivrais	vives	vis
avait vécu	vivra	aura vécu	vivrait	vive	
avions vécu	vivrons	aurons vécu	vivrions	vivions	vivons
aviez vécu	vivrez	aurez vécu	vivriez	viviez	vivez
avaient vécu	vivront	auront vécu	vivraient	vivent	
avais vu	verrai	aurai vu	verrais	voie	
avais vu	verras	auras vu	verrais	voies	vois
avait vu	verra	aura vu	verrait	voie	
avions vu	verrons	aurons vu	verrions	voyions	voyons
aviez vu	verrez	aurez vu	verriez	voyiez	voyez
avaient vu	verront	auront vu	verraient	voient	
avais voulu	voudrai	aurai voulu	voudrais	veuille	
avais voulu	voudras	auras voulu	voudrais	veuilles	veuille
avait voulu	voudra	aura voulu	voudrait	veuille	
avions voulu	voudrons	aurons voulu	voudrions	voulions	veuillons
aviez voulu	voudrez	aurez voulu	voudriez	vouliez	veuillez
avaient voulu	voudront	auront voulu	voudraient	veuillent	

Réponses aux exercices

Module 1

Exercice 1
1. vous 2. tu 3. vous 4. tu 5. tu
6. vous 7. vous

Exercice 2
1. e 2. d 3. a 4. c 5. b

Exercice 3
1. f 2. g 3. c 4. a 5. d 6. b 7. f

Exercice 4
1. Est-ce que c'est une table?
2. Est-ce qu'il s'appelle Patrick?
3. Qu'est-ce que c'est?
4. Qui est-ce?
5. Est-ce que c'est une chaise?

Exercice 5
1. des professeurs 2. des
étudiants 3. des pupitres
4. des portes 5. des cahiers
6. des bureaux

Exercice 6
1. un 2. des 3. un 4. une 5. des
6. une 7. un 8. des

Exercice 7
1. tu 2. elle 3. ils 4. nous 5. elles
6. vous

Exercice 8
1. êtes 2. suis 3. est 4. sommes
5. est 6. est 7. sont 8. sont 9. es

Exercice 9
1. blonde 2. intelligente
3. vieille, verte 4. beau 5. gentille

Exercice 10
1. belle 2. intelligente 3. blonds
4. courts 5. bruns 6. fort
7. contents

Tout ensemble!
1. allez-vous 2. Ça va 3. Et toi
4. merci 5. une question
6. grande 7. Qui est-ce 8. une
9. bleue 10. un 11. s'appelle
12. de 13. est 14. sommes

Module 2

Exercice 1
1. aimes 2. préfères 3. chante
4. cherchent, préfèrent
5. regardez 6. habitons

Exercice 2
1. écoutez, e 2. joue, d 3. parle, f
4. manges, c 5. portons, a
6. voyagent, b

Exercice 3
1. Il aime bien danser.
2. J'aime beaucoup les films...
3. Elle n'aime pas du tout la
musique classique.
4. J'aime assez la musique
brésilienne...
5. Marc aime bien le cinéma...

Exercice 4
1. danser 2. jouons 3. écoutez
4. adorer

Exercice 5
1. Vous ne regardez pas la
télévision.
2. Joëlle et Martine aiment le
cinéma.
3. Tu n'habites pas à Boston.
4. Nous fermons la porte.
5. Marc et moi, nous
n'écoutons pas la radio.
6. Tu n'étudies pas l'anglais.
7. J'écoute le professeur.

Exercice 6
1. la 2. les 3. la 4. l' 5. le
6. l' 7. la 8. le 9. les 10. le
11. le 12. le

Exercice 7
1. le 2. la 3. la 4. les 5. le
6. le 7. le 8. la 9. le 10. le
11. Les 12. le

Exercice 8
1. un 2. de 3. un 4. de 5. une
6. de 7. des 8. de

Exercice 9
1. le 2. le 3. le 4. le 5. le 6. de
7. des 8. un 9. les 10. les 11. l'
12. un 13. des 14. un (le)

Exercice 10
1. ai 2. a 3. avez 4. avons 5. as
6. ai 7. ont 8. a 9. ont

Exercice 11
1. Gérard a des livres.
2. Le directeur n'a pas de lampe.
3. Le professeur d'anglais a un
dictionnaire.
4. Le professeur de maths n'a
pas d'ordinateur.
5. Les étudiants n'ont pas d'iPods.
6. Les enfants ont des crayons.
7. Vous n'avez pas de télévision.
8. Les profs n'ont pas de vidéos.

Tout ensemble!
1. a 2. cours 3. maths 4. préfère
5. est 6. résidence 7. est 8. de
9. piscine 10. stade 11. sont
12. aiment 13. travaillent
14. s'amuser (parler) 15. rester
16. parlent (s'amusent)
17. dansent 18. une
19. dimanche 20. jouent

Module 3

Exercice 1
1. mes 2. sa 3. Mon 4. Ta 5. Ma,
mon, leur 6. nos

Exercice 2
1. ta 2. mes 3. ma 4. mon 5. mon
6. tes 7. Mes 8. Leur 9. tes 10. mes

Exercice 3
1. venons 2. viens 3. viennent
4. viens 5. venez 6. vient

Exercice 4
1. de la 2. des 3. du 4. de la
5. de l' 6. du

Exercice 5
1. pessimiste 2. ennuyeuse
3. compréhensive 4. enthousiastes
5. paresseuses 6. gâtées
7. méchantes 8. désagréable
9. mignonnes

Exercice 6
1. optimiste 2. active
3. compréhensif 4. optimiste
5. travailleuse 6. intelligente
7. bien élevée 8. gentille
9. indépendantes
10. indifférentes

Exercice 7
1. C'est une petite chambre
lumineuse.
2. Je préfère la jolie robe
blanche.
3. Voilà un jeune étudiant
individualiste.
4. J'aime les vieux films
américains.
5. Le sénateur est un vieil
homme ennuyeux.
6. Marc est un bel homme
riche et charmant.
7. Le Havre est un vieux port
important.

8. Paris est une grande ville magnifique.
9. J'écoute de la belle musique douce.

Exercice 8
1. vieille photo 2. petite plante
3. tennis sales 4. vieilles cassettes 5. jolie fille blonde
6. chemise bleue 7. gros sandwich 8. mauvaise odeur
9. chambre agréable

Exercice 9
1. sur 2. à côté de 3. devant
4. entre 5. au-dessus du

Exercice 10
1. à côté de la 2. Devant
3. derrière la 4. en face de la
5. loin du 6. entre

Exercice 11
1. La télé est en face du lit.
2. Il y a un couvre-lit sur le lit.
3. La table de nuit est près du lit.
4. Il y a des livres sur l'étagère.
5. Le tapis est devant le lit.
6. Il y a un miroir au-dessus du lavabo.

Tout ensemble!
1. vient 2. de 3. loue 4. de la
5. petit 6. meublé 7. son
8. belle 9. grand 10. française
11. nouveau 12. bons
13. récents 14. ses 15. viennent
16. leurs 17. sa 18. jeune
19. travailleuse

Module 4
Exercice 1
1. musicienne 2. employée
3. cuisinière 4. vendeuse
5. canadienne 6. serveuse
7. femme d'affaires 8. artiste italienne

Exercice 2
1. C'est 2. Elle est 3. Ils sont
4. C'est 5. Elle est 6. Ce sont
7. Il est

Exercice 3
1. à l' 2. à l' 3. à la 4. à la 5. au
6. aux 7. au 8. à l'

Exercice 4
1. Vous allez à la montagne.
2. Ils vont aux courts de tennis.
3. Nous allons à la bibliothèque.
4. Il va à l'église.
5. Elle va à la pharmacie.
6. Tu vas à la librairie.
7. Je vais au café.

Exercice 5
1. me 2. se 3. nous 4. s' 5. se
6. nous 7. se 8. te 9. te

Exerice 6
1. me lève 2. m'habille 3. me dépêche 4. se lève 5. se couche
6. nous relaxons

Exercice 7
1. nous levons 2. m'habille
3. nous dépêchons 4. nous retrouvons 5. nous relaxons
6. me couche

Exercice 8
1. c 2. b 3. a 4. c 5. c

Exercice 9
1. Vous faites la grasse matinée ce matin.
2. Évelyne fait le ménage quand sa camarade de chambre est au bureau.
3. Philippe et moi faisons de la (une) randonnée à la campagne.
4. Les frères Thibaut jouent au football.
5. Tu joues au basket-ball.
6. Je fais de la guitare après mes cours.
7. Anne et toi jouez du piano ensemble.

Exercice 10
Answers will vary. Sample answers:
1. Martine, qu'est-ce qu'elle fait? Elle fait une promenade.
2. Jean-Claude et moi, qu'est-ce que nous faisons? Nous jouons aux cartes.
3. Philippe, qu'est-ce qu'il fait? Il joue au football.
4. Les gosses, qu'est-ce qu'ils font? Ils font leurs devoirs.
5. Tante Hélène, qu'est-ce qu'elle fait? Elle fait le ménage.
6. Papa, qu'est-ce qu'il fait? Il fait de la natation.

Exercice 11
1. vont aller 2. allons faire
3. ne va pas sortir 4. ne vas pas aller 5. allez danser 6. ne vais pas être

Exercice 12
1. ne vais pas aller 2. vais rester
3. vais retrouver 4. allons faire
5. va prendre 6. allons faire
7. allons écouter 8. allons jouer
9. allez faire 10. allez rester

Tout ensemble!
1. C'est 2. ans 3. va 4. travail
5. médecin 6. à l' 7. cadre
8. métier 9. banque 10. est
11. du 12. de la 13. sportif
14. faire 15. au tennis
16. se lève 17. bénévole
18. se relaxer 19. informatique
20. langues 21. voyager
22. institutrice 23. fait un stage

Module 5
Exercice 1
1. veux 2. veux 3. peux 4. dois
5. voulez 6. pouvons 7. fait
8. peut 9. doit 10. veux

Exercice 2
1. aimerais 2. voudrais
3. aimerait 4. voudrais
5. aimerait 6. voudrais

Exercice 3
1. partez 2. sort 3. servons
4. dorment 5. pars 6. sors

Exercice 4
1. dormons 2. sortez 3. part
4. partent 5. sers 6. sortons

Exercice 5
1. Marie-Josée 2. Luc et Jean
3. Hélène et Monique 4. Max
5. Mohammed et moi

Exercice 6
1. lui 2. Nous 3. toi 4. moi
5. vous 6. Moi 7. toi 8. eux
9. elles 10. elles 11. lui 12. lui
13. lui 14 moi

Exercice 7
1. prenez 2. prends 3. prends
4. prenons 5. prend

Exercice 8
1. attends 2. perd 3. buvons
4. réponds 5. rendent 6. attendons 7. vend 8. apprenez

Exercice 9
1. attends 2. attends 3. entends
4. prenez 5. prends 6. est
7. comprenons

Exercice 10
1. Tu aimes danser, n'est-ce pas?
2. Est-ce que tu es nerveux (nerveuse) quand tu es avec mes parents?
3. Tes parents sont compréhensifs?
4. Est-ce que tu aimes lire, passer du temps sur ton ordinateur ou regarder la télévision le soir?
5. Il joue bien, hein?

6. Il est important d'être romantique et affectueux (affectueuse), n'est-ce pas?

Exercice 11
1. D'où êtes-vous?
2. Enseignez-vous les sciences politiques?
3. Est-ce votre première visite aux États-Unis?
4. Votre famille est-elle ici avec vous?
5. Avez-vous des enfants?
6. Votre mari est-il professeur aussi?
7. Parle-t-il anglais?
8. Pensez-vous rester aux États-Unis?

Exercice 12
1. Comment 2. Où 3. Qui
4. Pourquoi 5. Qu'est-ce que
6. comment 7. D'où
8. Combien de 9. Quels 10. Quel

Tout ensemble!
1. voulez 2. voudrais 3. pour
4. sortent 5. Où 6. est-ce que
7. moi 8. Pourquoi 9. prenez
10. À quelle 11. dois
12. Qu'est-ce que 13. devons
14. toi 15. sors 16. Quelle

Module 6
Exercice 1
1. parlé 2. voyagé 3. fait 4. vu
5. joué 6. eu 7. pris 8. dormi
9. reçu 10. choisi 11. fini 12. été

Exercice 2
1. vu 2. perdu, trouvé 3. fait
4. reçu, répondu 5. téléphoné, parlé

Exercice 3
1. ont salué 2. ont voyagé
3. a regardé, a écouté, a dormi
4. a appelé 5. a pris
6. ont bu, ont regardé

Exercice 4
il y a, L'été dernier, hier soir, ce matin, Ce soir

Exercice 5
1. est allé 2. sommes arrivés
3. sommes entrés
4. sont venus 5. est monté
6. est restée 7. est tombé
8. est descendue 9. sont morts
10. est remontée 11. sommes ressortis 12. sommes remontés
13. suis reparti

Exercice 6
1. sommes allés 2. a pris

3. a emprunté 4. avons quitté
5. sommes passés 6. est sorti
7. avons roulé 8. sommes arrivés 9. avons installé
10. a dormi 11. sommes partis

Exercice 7
1. maigrissez, grossissez
2. réfléchis 3. choisissez
4. finissons 5. grandissent
6. rougissons 7. obéis 8. réussit

Exercice 8
1. a choisi 2. réussit 3. agit
4. obéissent 5. finissent
6. réussissent 7. rougit

Exercice 9
1. Oui, je les aime. (Non, je ne les aime pas.)
2. Oui, je la regarde avec mes amis. (Non, je ne la regarde pas avec mes amis.)
3. Je l'écoute à la radio. (Je l'écoute avec mon iPod.)
4. Oui, je vais la voir. (Non, je ne vais pas la voir.)
5. Oui, je les ai achetés en ligne. (Non, je ne les ai pas achetés en ligne.)
6. Oui, je la cherche. (Non, je ne la cherche pas.)

Exercice 10
1. M. et Mme Montaud viennent de jouer aux cartes.
2. Yvette vient de travailler à l'ordinateur.
3. Mme Ladoucette vient de faire une promenade dans le parc avec son chien.
4. Véronique vient de prendre des photos du coucher de soleil.
5. Stéphane vient de perdre ses lunettes.

Exercice 11
1. vient 2. a obtenu 3. est venue
4. tient 5. devient

Tout ensemble!
1. viens d' 2. il y a 3. dernière
4. suis partie 5. suis tombée
6. a été 7. ai eu 8. suis arrivée
9. n'ai pas pu 10. suis entrée
11. est devenu 12. a commencé
13. ai appris 14. suis rentrée

Module 7
Exercice 1
1. préférez, préfère, préfère, préfèrent
2. achetez, achètent, achetons, achète

3. mangez, mangeons, manger, mange, mange
4. commencer, commençons, espère

Exercice 2
1. préfère 2. ai commencé
3. ai appelé 4. espère 5. ai acheté
6. avons mangé 7. ont acheté (achètent) 8. a acheté (achète)

Exercice 3
1. du, du, de la, du (un), du (un), de 2. de la (une), du, des, de l' (une) 3. de, de la (une), de la (une), des, des, du, du, de, de la

Exercice 4
1. de l' 2. du (un) 3. le
4. du (un) 5. de 6. du 7. des
8. la 9. du 10. de la
11. de la (une) 12. de

Exercice 5
1. assez de 2. d' 3. des 4. de la
5. du 6. de la 7. 100 g de 8. une douzaine d' 9. du 10. de

Exercice 6
1. M. Laurent achète un paquet de beurre, une douzaine d'œufs et 200 g de fromage (une omelette au fromage).
2. Paulette achète un litre d'huile d'olive, une bouteille de vinaigre, 500 g de tomates et une salade (une salade de tomates).
3. Jacques achète trois tranches de pâté, un morceau de fromage, une baguette et une bouteille de vin (des sandwichs au fromage et au pâté).
4. Mme Pelletier achète un peu d'ail, 250 g de beurre et une douzaine d'escargots (des escargots à l'ail).
5. Nathalie achète un melon, un ananas, trois bananes et une barquette de fraises (une salade de fruits).

Exercice 7
1. Tu veux un coca? (d)
2. Vous avez combien de riz? (c)
3. Tu as acheté du vin? (c)
4. Tu as du lait? (d)
5. Marthe a un mari? (c)

Exercice 8
1. Oui, j'en veux.
2. Non, je ne vais pas en prendre.

3. Oui, ils en prennent.
4. Non, je n'en prends pas.
5. Oui, j'en prends.
6. Oui, j'en mange souvent.

Exercice 9
1. mettez 2. mets, met
3. mettons 4. se met
5. permettons

Exercice 10
1. b, d 2. b, c 3. a, c, d 4. b
5. b, d 6. b, c 7. a, b, d 8. c, d

Exercice 11
1. les 2. la 3. l' 4. les 5. l'
6. nous (m') 7. t'

Exercice 12
1. Ils te trouvent très gentille aussi.
2. Oui, tu peux les voir.
3. Oui, j'en voudrais une.
4. Oui, nous allons les inviter à dîner bientôt.
5. Oui, je les aime beaucoup.
6. Oui, ma famille en mange toujours aussi.

Exercice 13
1. Attendez 2. Passe
3. ne mange pas 4. prends
5. Va 6. Sois 7. aidez 8. Bois

Exercice 14
1. Oui, invitons Jérôme.
2. Non, ne faisons pas de pique-nique.
3. Oui, allons dîner dans un restaurant.
4. Oui, rentrons chez nous après.
5. Oui, achetons un gros gâteau au chocolat.
6. Non, n'achetons pas de glace.
7. Oui, prenons du champagne.

Tout ensemble!
1. La 2. Commençons 3. belles
4. en 5. de 6. des 7. choisis
8. côtelettes 9. du 10. préfères
11. d' 12. de l' 13. Prenons
14. mangeons 15. Achetons
16. mets 17. de la 18. pain
19. Va 20. boucherie
21. N'achète pas 22. espère 23. te

Module 8
Exercice 1
1. habitait 2. était 3. vivait
4. travaillait 5. portait
6. restais 7. enlevais
8. arrivaient 9. aidaient
10. jouions 11. mangeait
12. devions

Exercice 2
1. où 2. qui 3. qui 4. qu' 5. où
6. où 7. où 8. qui 9. que

Exercice 3
1. dit 2. écrivons 3. lire 4. lit
5. écris 6. lisons 7. écrivent
8. Écrivez 9. dis

Exercice 4
1. D 2. I 3. I 4. D 5. I 6. D 7. I
8. D 9. D 10. I

Exercice 5
1. d 2. c 3. e 4. b 5. a

Exercice 6
1. Oui, elle lui offre un cadeau d'anniversaire.
2. Non, elle ne leur prête pas ses vêtements.
3. Oui, elle lui téléphone régulièrement.
4. Non, elle ne lui dit pas de nettoyer sa chambre.
5. Non, elle ne lui a pas emprunté d'argent.
6. Oui, elle va leur envoyer une carte de Noël.
7. Oui, elle va lui demander des conseils.
8. Oui, elle leur a expliqué pourquoi elle a eu une mauvaise note en chimie.

Exercice 7
1. Mon frère aîné est plus fort que mon frère cadet.
2. Brad Pitt est aussi populaire en France qu'aux États-Unis.
3. Le rap français est moins violent que le rap américain.
4. Les robes des couturiers comme Christian Lacroix sont plus chères que les robes de prêt-à-porter.
5. Le casino de Monte Carlo est plus classique que les casinos de Las Vegas.
6. Une Porsche est aussi rapide qu'une Ferrari.

Exercice 8
1. Le pain au supermarché est moins bon que le pain à la boulangerie.
2. La bière allemande est meilleure que la bière américaine.
3. L'hiver à Paris est moins bon que l'hiver à Nice.
4. Les pâtisseries françaises sont meilleures que les beignets au supermarché.
5. Le vin anglais est moins bon que le vin français.
6. La circulation à Paris est moins bonne que la circulation hors de la ville.
7. Le chocolat belge est aussi bon que le chocolat suisse.

Exercice 9
1. It was a winter night in Grenoble; it was very cold and snow was falling with huge snowflakes. (imparfait)
2. In the house, the narrator was listening to Beethoven and was writing a letter to Maurice, her friend who was studying at Cambridge. (imparfait)
3. Suddenly, she heard some noise. It was as if something was thumping against the wall of the house. (passé composé, imparfait)
4. She opened the door but there wasn't anything. (passé composé, imparfait)
5. She started writing her letter again. (passé composé)
6. A few minutes later, a snowball exploded against the window. She looked through the curtains and there, in the yard, she saw a man. (passé composé)
7. She was going to call the police. (imparfait)
8. But, when he turned himself towards her, she recognized Maurice's face. He was back. (passé composé, imparfait)

Exercice 10
Partie A
1. I 2. I 3. I 4. I 5. PC 6. PC
7. I 8. PC 9. PC 10. PC
Partie B
2. Le temps était doux et ensoleillé.
5. Soudain, j'ai entendu quelqu'un.
7. C'était mon ami Michel.
8. Michel m'a invité à aller manger de la pizza avec lui.

Tout ensemble!
1. que 2. où 3. allions 4. étais
5. pouvais 6. voulais 7. plus
8. étais 9. était 10. qui
11. mangeait 12. que
13. envoyait 14. moins 15. ai

trouvé 16. espionnions 17. me
18. moins 19. aussi 20. t' 21. écrit

Module 9

Exercice 1
1. Ottawa 2. Les États-Unis
3. le Québec 4. St-Pierre-et-Miquelon 5. Le Manitoba
6. au nord-ouest du 7. Le Maine

Exercice 2
1. de, en 2. d', à 3. du, au
4. du, aux 5. d', à 6. d', au

Exercice 3
1. à, au, d', les 2. du, en, à, au, au 3. de, du, de la, la, la, Au

Exercice 4
1. a, b, d 2. a, b, d 3. c, e 4. b, d

Exercice 5
1. Oui, il y en a. 2. Oui, il y en a.
3. Oui, il y en a. 4. Oui, il y en a quatre. 5. Non, il y en a deux.
6. Non, il n'y en a pas.

Exercice 6
1. Tu veux y aller avec moi?
2. Euh, je ne peux pas y aller parce que je dois aller à l'université.
3. À l'université? Pourquoi est-ce que tu y vas aujourd'hui?
4. Eh bien, normalement, je n'y vais pas le samedi après-midi, mais j'ai un examen important lundi.
5. À quelle heure est-ce que tu y vas?
6. Non, je n'y pense pas trop.
7. Il faut que j'y pense si je veux devenir médecin.

Exercicc 7
1. moins de 2. plus de 3. plus de 4. d'aussi 5. mieux 6. mieux

Exercice 8
Partie A
1. f 2. d 3. e 4. c 5. a 6. b
Partie B
1. les meilleurs joueurs de hockey
2. la chanteuse francophone la plus connue
3. le sirop d'érable le plus délicieux

Exercice 9
1. plus de, plus 2. moins bien
3. la plus, plus de 4. la plus
5. mieux 6. plus de 7. aussi bien

Exercice 10
1. il vaut mieux prendre

2. il vaut mieux faire
3. il ne faut pas réserver
4. il vaut mieux parler
5. il faut montrer
6. Il faut porter

Exercice 11
1. Tu connais Paul, n'est-ce pas? / Tu sais que Paul est en Égypte, n'est-ce pas? / Tu sais quand il pense revenir?
2. Elle sait que nous préférons un billet moins cher. / Elle sait trouver les meilleurs prix. / Elle connaît bien la Suisse.
3. Vous savez que moi, je suis très impatiente. / Vous savez la date de mon départ? / Vous connaissez les meilleurs centres de vacances?
4. Nous savons le numéro de téléphone de l'Hôtel d'Or. / Nous savons où se trouve l'Hôtel Roc. / Nous connaissons tous les hôtels de la région.
5. Sais-tu parler italien? / Connais-tu les catacombes? / Connais-tu une bonne pizzeria?

Exercice 12
1. connais, sait 2. Connaissez, Savez, sais 3. Connais, sais, connaissent 4. connais, ai connu, savait, connaît

Tout ensemble!
1. à 2. projets 3. tour 4. agence de voyages 5. vol 6. classe touriste 7. De 8. au 9. connaît 10. sait 11. francophone 12. plus 13. désert 14. climat 15. aussi 16. en 17. Il faut 18. frontières 19. sèche 20. océan

Module 10

Exercice 1
1. ne me lève pas 2. se lève
3. se douche 4. me rase
5. me brosse 6. nous habillons
7. nous amusons 8. me coucher

Exercice 2
1. se 2. se regarde 3. les
4. regarde 5. se lève 6. lave
7. vous 8. s'

Exercice 3
1. Je me suis levée à neuf heures.
2. Je me suis douchée.
3. Je ne me suis pas lavé les cheveux.

4. Ensuite, j'ai bu du café et je me suis dépêchée d'aller chez ma copine Anaïs.
5. Nous nous sommes promenées au parc jusqu'à midi.
6. Et toi, est-ce que tu t'es amusé(e) samedi matin?

Exercice 4
1. s'est réveillée 2. s'est lavé
3. ne s'est pas rasée 4. s'est brossé les dents 5. s'est promenée

Exercice 5
1. s'est levé 2. a pris 3. avons eu 4. nous sommes dépêchés
5. a déjeuné 6. nous sommes reposés 7. nous sommes promenés 8. avons écouté 9. ai joué 10. nous sommes couchés

Exercice 6
1. Dépêche-toi! On t'attend.
2. Ferme (Fermez) la porte à clé.
3. Prenons le bus.
4. Achetons les provisions à l'épicerie Dupont.
5. Va chercher le jus d'orange. Moi, je m'occupe du pain.
6. Ne vous disputez pas. Cette marque est aussi bonne que l'autre.
7. Paie avec ton argent. J'ai payé la dernière fois.
8. N'utilisons pas de sacs en plastique!

Exercice 7
Partie A
1. Levez-vous plus tôt.
2. Ne te rase pas alors.
3. Lave-toi les mains.
4. Couche-toi moins tard.
5. Séchez-vous.
6. Brossez-vous les dents.
Partie B
1. Il faut se lever plus tôt.
2. Il ne faut pas se raser alors.
3. Il faut se laver les mains. / Tu veux bien te laver les mains?
4. Il faut se coucher moins tard.
5. Il faut se sécher.
6. Il faut se brosser les dents.

Exercice 8
1. La chambre d'Émilie par contre n'est jamais bien rangée.
2. Mais, personne ne téléphone à Emmanuelle.
3. ...mais Emmanuelle n'habite plus chez ses parents.
4. Émilie ne travaille pas et elle ne gagne rien.

5. Sa sœur, elle, n'a pas encore de rendez-vous.
6. Moi non plus.
7. Mais si, elles s'entendent bien!

Exercice 9
1. Je n'ai qu'une sœur.
2. Vous n'êtes arrivé qu'hier?
3. Tu ne veux te reposer qu'en regardant la télé?
4. Je n'aime que toi.
5. Ils ne vont qu'au supermarché.

Tout ensemble!
1. se réveille 2. se lève
3. salle de bains 4. se douche
5. se sèche 6. se maquille
7. s'habille 8. chambre
9. réveille 10. cuisine 11. frigo
12. four à micro-ondes
13. qu' 14. jamais 15. leur
16. se dépêcher

Module 11

Exercice 1
1. aurai 2. sera 3. trouverons
4. parlera 5. ferons 6. fabriqueront
7. pourra 8. sera

Exercice 2
1. seront, visiteront 2. sera, ira
3. serons, prendrons 4. seras, feras 5. serai, me baignerai

Exercice 3
Answers may vary. Possible answers:
1. Tu auras de bonnes notes si tu étudies.
2. Si vous ne mangez pas mieux, vous tomberez malade.
3. Ma mère viendra au campus quand elle pourra.
4. Je resterai chez moi ce soir si j'ai besoin d'étudier.
5. Nous serons en retard si nous ne nous dépêchons pas.
6. Mes parents ne seront pas contents si je rate mes examens.
7. Si mon copain (ma copine) oublie mon anniversaire, je me mettrai en colère.

Exercice 4
1. de 2. d'un 3. de 4. de
5. de 6. d'une

Exercice 5
1. Avec qui est-ce que tu voyages?
2. À qui est-ce nous pouvons demander des renseignements?

3. À qui est-ce que le guide parle?
4. De quoi est-ce que vous avez besoin?
5. De qui est-ce qu'elle a besoin?
6. À qui est-ce qu'elle pense?
7. À quoi est-ce que vous assistez?
8. À qui est-ce que tu apportes des fleurs?

Exercice 6
Answers may vary. Possible answers:
1. Non, je ne les ai pas regardées.
2. Oui, je les ai faits.
3. Oui, je l'ai écoutée.
4. Non, je ne les ai pas vus.
5. Oui, je l'ai pris.
6. Non, je ne les ai pas arrosées.
7. Oui, je l'ai fait.
8. Non, je ne les ai pas lues.

Exercice 7
1. mangés 2. vues 3. rencontrés
4. laissées 5. achetés 6. faites
7. achetés

Exercice 8
1. crois 2. vois 3. vois 4. vois
5. croient 6. voient 7. crois 8. voir

Tout ensemble!
1. crois 2. recevrez 3. serai
4. avons rencontrés 5. ont trouvée 6. irons 7. d' 8. ne voit pas 9. ferai (vais faire)
10. ai achetés 11. prendrons
12. arriverons 13. pourrai
14. Avec 15. reverrons

Module 12

Exercice 1
1. Ce qui m'ennuie, c'est le conformisme.
2. Ce que j'apprécie, ce sont mes copains et ma famille.
3. Ce que je n'aime pas, c'est être malade.
4. Ce que je désire, c'est trouver quelqu'un de bien qui me comprend.
5. Ce qui m'ennuie, ce sont les gens qui parlent toujours d'eux-mêmes.
6. Ce qui m'impressionne, c'est la cuisine marocaine.
7. Ce qui m'énerve, c'est l'hypocrisie.

Exercice 2
1. ce qui, ce qui 2. ce que 3. ce qu' 4. Ce qui 5. ce que 6. Ce qui

Exercice 3
1. ces, ces 2. ce, ce 3. cette, ce
4. ce, cette 5. cette, ce

Exercice 4
1. Cette 2. Ces 3. Ce 4. Ces
5. Ce 6. Cet

Exercice 5
1. Lequel? Ce jean-ci ou ce jean-là?
2. Laquelle? Cette chemise-ci ou cette chemise-là?
3. Lequel? Ce pull-over-ci ou ce pull-over-là?
4. Lequel? Ce livre-ci ou ce livre-là?
5. Lesquelles? Ces baskets-ci ou ces basket-là?

Exercice 6
1. c 2. e 3. f 4. b 5. a 6. g 7. d

Exercice 7
1. la lui 2. les leur 3. la lui
4. y en 5. la leur

Exercice 8
1. Je te la prête. 2. Non, je ne les y ai pas vues. 3. Donne-le moi.
4. Achètes-en. 5. Moi, j'aimerais bien vous en préparer. / Ne m'en prépare pas.

Exercice 9
1. m'ennuie 2. paies 3. essaie
4. envoie 5. essaie 6. payons
7. dépenses

Exercice 10
1. gagnons 2. dépensons
3. essaie 4. dépense 5. paie
6. épargnent 7. envoient
8. payer (dépenser) 9. ennuie

Tout ensemble!
1. Ce qui 2. ce sont
3. consommation 4. dépensent
5. fringues 6. ciné 7. portable
8. le lui 9. paient 10. leur 11. y
12. leur en 13. ce que

Module 13

Exercice 1
1. Rachid a mal à la gorge.
2. Nous avons mal aux jambes.
3. Vous avez mal aux yeux.
4. Sacha et Karina ont mal aux oreilles.
5. Vanessa a mal à la cheville.
6. Il a mal au dos.

Exercice 2
1. a sommeil 2. a mal à la tête
3. as l'air 4. ai du mal à 5. ai hâte d' 6. a l'occasion 7. envie
8. a peur 9. avoir de la chance

10. a honte 11. avez de la patience 12. tort

Exercice 3
1. Ces femmes ont l'air très jeunes.
2. Ces garçons ont l'air de bien s'amuser.
3. Cet homme a l'air d'attendre quelqu'un.
4. La mère sur le banc a l'air très ennuyée.
5. La petite blonde a l'air malheureuse.
6. L'homme au chapeau a l'air de chercher quelque chose.

Exercice 4
1. Anne a de terribles migraines depuis l'âge de dix ans.
2. Simone répète la même phrase depuis dix ans.
3. Agnès a peur de l'eau depuis son accident de bateau.
4. Sophie a horreur des hôpitaux depuis son enfance.
5. Monsieur Monneau a peur de monter dans un avion depuis que son parachute ne s'est pas ouvert.
6. Jeanne fait une dépression depuis que son chien est mort.
7. Madame Leclerc n'a pas conduit depuis son accident il y a cinq ans.
8. Guy n'est pas sorti avec ses copains depuis sa rupture avec Alice.

Exercice 5
1. franc 2. absolu 3. différent 4. évident 5. naturel 6. vague 7. actif 8. suffisant

Exercice 6
1. silencieusement
2. naturellement 3. constamment
4. heureusement 5. apparemment
6. régulièrement 7. vraiment
8. récemment 9. couramment
10. doucement

Exercice 7
1. lentement 2. tranquillement
3. fixement 4. silencieusement
5. énergiquement 6. patiemment

Exercice 8
1. mangiez 2. mette 3. soyons
4. preniez 5. fasse 6. aies

Exercice 9
1. sorte 2. aller 3. sois 4. boire
5. prennent 6. dormir
7. puissiez 8. fassions

Exercice 10
1. écrive 2. finissions 3. soyons
4. étudier 5. répondent 6. aille
7. inviter 8. fassions

Exercice 11
1. Il faut que tu mettes de la crème solaire pour protéger ta peau.
2. Il est nécessaire que vous fassiez un régime et brûliez des calories en faisant de l'exercice chaque jour.
3. Il vaut mieux que tu dormes davantage.
4. Je vous recommande de faire de la musculation.
5. Je vous conseille de faire du yoga.
6. Il est essentiel que tu te brosses les dents après chaque repas.
7. Tu dois te laver le visage régulièrement avec du savon.
8. Il faut étudier plus souvent.

Tout ensemble!
1. besoin 2. franchement
3. envie 4. air 5. mal 6. sommeil
7. Évidemment 8. travaille
9. vachement 10. finalement
11. Malheureusement
12. peur 13. absolument
14. honte 15. vraiment
16. faire 17. sortes
18. téléphoner 19. fasses
20. régulièrement

Module 14
Exercice 1
1. s'écrivent, se téléphonent
2. se voient 3. déteste
4. s'entendait, se disputer
5. marier 6. nous revoyons
7. demandent

Exercice 2
1. s'occupe 2. vous rendez compte 3. se dépêcher 4. vous fâchez 5. me demande

Exercice 3
1. amusé(e)s 2. brossé 3. parlé
4. rencontrés, écrit, retrouvés
5. dépêchée 6. vues, parlé

Exercice 4
1. ceux 2. celui 3. ceux 4. celle
5. celui 6. celui 7. celles 8. celles

Exercice 5
1. Tu devrais... 2. Nous préférerions... 3. Nous voudrions... 4. Pourriez-vous...
5. Serait-il... 6. Vous devriez...

Exercice 6
1. verrais 2. aurait 3. étudierais
4. aurions 5. offrirais
6. passerait 7. devraient
8. répondrais

Exercice 7
1. s, S 2. c, I 3. s, S 4. c, I 5. s, S
6. d, S

Exercice 8
1. Je regrette que tu ne fasses pas de sport.
2. Nous sommes contents que vous arriviez demain.
3. François est triste que Jeanne ne veule pas le revoir.
4. Nous avons peur qu'elle perde son argent.
5. Ma mère est furieuse que je sorte avec Pierre.
6. Je suis heureux que tu puisses venir tout de suite.
7. Anne-Marie est désolée que son ami soit malade.
8. Nous sommes surpris que vous aimiez ce film.

Exercice 9
1. sait 2. sont 3. vienne 4. a
5. dise 6. fassiez

Tout ensemble!
1. doit 2. celle 3. équilibrer
4. prenne 5. se disputer
6. iraient 7. fasse 8. a 9. aille
10. comprenne 11. est 12. celui
13. se méfient

This list contains the words and expressions actively taught in *Motifs,* including the **Vocabulaire fondamental** and other frequently used supplemental words. The number references indicate the chapter where the words are introduced; s following the number indicates that the word appears within the **Vocabulaire supplémentaire.** To facilitate study at home, words used in exercise directions are also listed. In subentries, the symbol — indicates the repetition of the key word.

Nouns are presented with their gender, irregular plural forms, and familiar forms. Adjectives are listed in the masculine form with regular feminine endings and irregular feminine forms following in parentheses. Verb irregularities such as spelling changes and irregular past participles are also included. Words marked with * begin with an **h aspiré.**

The following abbreviations are used.

adv. adverb	*m.* masculine
conj. conjunction	*pl.* plural
f. feminine	*p.p.* past participle

A

à to, at, in; — **côté (de)** next to, by 3; — **droite (de)** to the right (of) 11; — **gauche (de)** to the left (of) 11; — **pied** on foot 4; **au bout de** at the end of 11 s; **au-dessous (de)** underneath 3; **au-dessus (de)** above 3; **au printemps** in spring 7 **au revoir** good-bye 1

absolument absolutely 13

accident *m.* accident 4 s

accompagner to accompany

accord *m.* agreement; **d'**— OK, all right 5

accorder to grant

accouchement *m.* delivery (of a baby) 13 s

accrocher to hook, hitch on 6 s

accueillir to welcome, greet 11 s

achat *m.* purchase 12

acheter (j'achète) to buy 7

acteur/trice *m., f.* actor 1 s, 4

actif(-ive) active 3

activement actively 13

activité *f.* activity 1

actualités (les actus, *fam*) *f. pl.* news 6

addition *f.* check, tab (at a restaurant) 5

admirer to admire 11

adorer to love, adore 2

adresse *f.* address 2; — **courriel** *f* e-mail address 1

adulte *m., f.* adult 6

adultère *m.* adultery 14 s

aérobic *f.* aerobics; **faire de l'** — to do aerobics 9 s

aéroport *m.* airport 4

affaire *f.* affair, business; **une bonne** — a bargain 12 s; **homme (femme) d'affaires** *m., f.* businessman (businesswoman) 4

affiche *f.* poster 3

africain(e) African

Afrique *f.* Africa

âge *m.* age 2; **quel** — **avez-vous?** how old are you? 2; **d'un certain** — middle aged 1

âgé(e) old, elderly (person) 1

agence *f.* agency; — **de voyages** travel agency 9

agenda *m.* personal datebook 4

s'agenouiller to kneel 13 s

agent *m.* agent 4; — **de police** *m., f.* policeman/woman 4; — **de voyages** *m., f.* travel agent 9; — **immobilier** real estate agent

agir to act 6; **il s'agit de…** it's about… Récap

agneau *m.* lamb 7 s, 15 s

agréable likeable 3

agriculteur(-trice) *m., f.* agriculturalist, farmer 4 s

aider to help 4

ail *m.* garlic 7 s

ailleurs elsewhere

aimer to like, love 2; — **bien** to like 2; — **mieux** to prefer 2

aîné(e) older (brother/sister) 3 s

ainsi thus

air *m.* air; **avoir l'** — **de** to seem, look 13; **en plein** — outdoors 7

ajouter to add 7 s

album de photos *m.* photo album 8

alcoolisé(e) containing alcohol

alimentation *f.* food, diet 7 s

allégé(e) reduced fat/calories 7 s

allemand(e) German 4; *m.* German language 2

aller to go 4; — **voir** to go see 5; **comment allez-vous?** how are you? 1; **s'en** — to go away 14 s

allergie *f.* allergy 13 s

allergique allergic 7 s

alliance *f.* wedding ring 14 s

allô hello (on the telephone) 5

allumette *f.* match 11 s

alors then, therefore; **et** —**?** and then? 6

alphabétisme *m.* literacy rate 9

amant(e) *m., f.* lover 15 s

ambitieux(-ieuse) ambitious 14 s

aménagé(e) with all the amenities 11 s

aménagement *m.* amenities, layout of a room 3 s

amener (j'amène) to bring, take along (a person) 6

américain(e) American

Amérique *f.* America, the Americas; — **du Nord** North America; — **du Sud** South America

ami(e) *m., f.* friend 1; **petit(e)** — boyfriend/girlfriend

amitié *f.* friendship 14

amour *m.* love 14

amoureux(-euse) in love; **tomber** — **de** to fall in love with 14

amphithéâtre *m.* amphitheater, lecture hall 2 s

amusant(e) funny 1

amuser to amuse; **s'** — to have fun, enjoy oneself 2, 10

an *m.* year 2; **avoir (dix-huit) ans** to be (18) years old 2

ananas *m.* pineapple 7 s

ancêtre *m., f.* ancestor 6 s

anchois *m.* anchovies 7 s

ancien(ne) former, old 9

anglais(e) English 4; *m.* English language 2

animal *m.*(*pl.* **animaux**) animal 3; — **familier,** — **domestique** house pet 8

animé(e) lively 9 s, 11

année *f.* year 2 s

anniversaire *m.* birthday 2

annoncer to announce

anthropologie *f.* anthropology 2

antilope *f.* antilope 9 s

août August 2

apercevoir to see 14 s; **s'** — to notice 14 s

appareil *m.* device; — **ménager** appliance 10; — **photo** camera 12

appartement *m.* (*fam.* **appart**) apartment 3

appartenir à to belong to 6 s

appeler (j'appelle) to call 5 s, 7; **Comment vous appelez-vous?** What is your name?; **je m'appelle** my name is 1; **s'** — to be named 7

appétit: bon — enjoy your meal 10

apporter to bring, carry 11

apprécier to appreciate 12

apprendre (*p.p.* **appris**) to learn 5

apprentissage *m.* apprenticeship 16

approprié(e) appropriate

après after 4; then 6

après-midi *m.* afternoon 4

aquarium *m.* aquarium 3 s

association caritative *f.* charity, non-profit organization 14 s

arabe *m.* Arabic 2

arbre *m.* tree 2 s

architecte *m., f.* architect 4 s

ardoise *f.* writing slate 8 s

argent *m.* money 4

armoire *f.* armoire, closet 10

s'arranger to resolve itself, work out 10 s

arrête! stop it! 8

arrêter to stop; to arrest; — (de) to stop (doing something) 10 s, 13

arriver to arrive 4; to happen 10 s

art dramatique *m* drama 2

article *m.* article 6

artiste *m., f.* artist 4 s

ascenseur *m.* elevator 11

Asie *f.* Asia

asperges *f. pl.* asparagus 7

aspirateur *m.* vacuum cleaner 10; passer l' — to vacuum 10

aspirine *f.* aspirin 13

asseoir *(p.p.* assis) to seat; asseyez-vous sit down 1; s'— to sit down

assez somewhat, sort of 1; — bien fairly well 2; — de enough of 7

assiette *f.* plate 7

assister (à) to attend 11

assurance *f.* insurance 13 s

athlète *m., f.* athlete 4 s

atmosphère *f.* atmosphere 11

attaquer to attack Récap

attendre to wait (for) 5; s'— à to expect to 14

attention *f.* attention

attirer to attract Récap

attraction *f.* attraction 11

attraper to catch

auberge *f.* inn 11; — de jeunesse youth hostel 11

augmenter to increase 16

aujourd'hui today 2

auparavant previously

aussi also 1; —... que as ... as 8; moi — me too 1

aussitôt que as soon as 11

austère austere, simple 11 s

Australie *f.* Australia

autant as much, as many 9; — de (travail) que... as much (work) as . . . 9

auteur *m.* author Récap

autobus *m.* bus 9

autocar *m.* bus 9

automne *m.* autumn 2; en — in autumn 9

autoroute *f.* highway 6 s

autre other, another 9

autrefois formerly, in the past 14 s

avaler to swallow 13 s

avance: en — early 4

avancé(e) advanced 4 s, 16

avant before 4

avantage *m.* advantage 11

avec with 5

avenir *m.* future 11

avenue *f.* avenue 11

averse *f.* rain shower 5 s, 9

avion *m.* airplane 6 s, 9

avis *m.* opinion Récap; à mon — in my opinion

avocat(e) *m., f.* lawyer 2

avoir *(p.p.* eu) to have 2; — besoin de to need 11; — chaud to be hot 13; — de la chance to be lucky 13; — de la patience

to be patient 13; — du mal à to have difficulty 13; — envie de to desire, feel like 13; — faim to be hungry 7; — froid to be cold 13; — hâte de to look forward to 13; — honte to be ashamed 13; — l'air to seem, look 13; — l'occasion de to have the opportunity 13; — lieu to take place 13; — mal à la tête to have a headache 13; — bonne/mauvaise mine to look good/to not look good 13 s; — peur (de) to be afraid 8 s, 13; — raison to be right 13; — soif to be thirsty 7; — sommeil to be sleepy 13; — tort to be wrong 13

avril April 2

B

baby-sitter *m., f.* babysitter 4 s

baccalauréat *m.* (*fam.* bac) French secondary school program of study; examination required for university admission; diploma 12

bagage *m.* suitcase 9; faire ses —s to pack one's suitcases 9

bagnole *f. fam.* car 12

bague (de fiançailles) *f.* (engagement) ring 14 s

baguette *f.* loaf of French bread 7

bain *m.* bath; salle de bains *f.* bathroom 10

bal *m.* dance, ball Récap s

(se) balader to stroll 11 s

baladeur *m.* Walkman, personal stereo 3 s

balai *m.* broom 10; passer le — to sweep 10

balcon *m.* balcony 10

balle *f.* small ball 2 s, 3

ballon *m.* (inflatable) ball 3, 8

banane *f.* banana 7

banc *m.* bench 2 s

bande dessinée *f.* (*fam.* BD) cartoon strip 8

banlieue *f.* suburb 6 s, 10

bannir to banish 15 s

banque *f.* bank 4

barbe *f.* beard Récap

bas(se) low; table basse coffee table 10

basket-ball *m.* (*fam.* basket) basketball 4; jouer au basket to play basketball 4

baskets *f pl* basketball shoes, sneakers

basketteur *m* basketball player 1 s

bateau *m.* boat 9

bâtiment *m.* building 2 s, 8

battre to beat, hit

bavard(e) talkative 3 s

bavarder to chat 4 s

beau (bel, belle) (*pl.* beaux, belles) handsome, beautiful 1; il fait — it's nice weather 5; le — temps nice weather 2 s

beaucoup a lot 2; — de a lot of 7

bébé *m.* baby 3

beige beige 1

belge Belgian 4

bénéficier to benefit

bénévole voluntary, unpaid; faire du travail — to do volunteer work 4

béquilles *f. pl.* crutches 13 s

besoin *m.* need; avoir — de to need 11

bête (*fam.*) stupid 3

beurre *m.* butter 7

bibliothèque *f.* library 2

bicyclette *f.* bicycle 3

bidet *m.* bidet 10 s

bien well 2; — des a good many 12; — élevé(e) well-mannered 3 s; —-être well-being 13 s; — que although; — sûr of course

bientôt soon; à — see you soon 1

bienvenue *f.* welcome

bière *f.* beer 5

bilingue bilingual 9

billet *m.* ticket 5 s, 9; — aller simple oneway ticket 9; — aller-retour roundtrip ticket 9

binge-drinking *m.* binge drinking 13 s

biologie *f.* biology 2

biologique (bio, *fam*) organic 7

bise *f.* (*fam.*) kiss; grosses bises hugs and kisses (in a letter)

blague *f.* joke 10; sans — no kidding 10

blanc(he) white 1

blesser to hurt, injure 13

blessure *f.* injury 13

bleu(e) blue 1; *m.* bruise 13 s

blog *m.* blog 6

blond(e) blond 1

blouson *m.* jacket 1

blue-jean *m.* (*fam.* jean) jeans 1

bœuf *m.* beef 7

boire (*p.p.* bu) to drink 5; — l'eau du robinet to drink tap water 10

bois *m.* wood 10 s

boisson *f.* drink 5

boîte *f.* box, can 7; — de mouchoirs box of tissues 13 s, — de nuit *f.* nightclub 5, aller en — to go to a club 5

bol *m.* bowl 7 s

bon(ne) good, correct 2

bonbon *m.* candy 7

bonheur *m.* happiness 11 s, 13

bonjour hello 1

bon marché inexpensive 3

bonsoir good evening 1

botte *f.* boot 12

bouche *f.* mouth 13

bouché(e) stopped up 13 s

boucherie *f.* butcher shop 7

bouffe *f.* (*fam.*) food 12

bouger to move (one's body) 13 s

boulangerie *f.* bakery (for bread) 7; —-pâtisserie *f.* bread and pastry shop 7

boulevard *m.* boulevard 11

boulot *m.* (*fam.*) job (10)

bouquin *m.* (*fam.*) book 12

bouquiniste *m., f.* bookseller 11 s

bourgeois(e) middle class (6)

boussole *f.* compass 11 s

bout: au — de at the end of 11

bouteille *f.* bottle 7

boutique *f.* boutique, small shop 4

box-office *m.* the top movies 15 s

bras *m.* arm 13

bref (brève) brief

briller to shine 9 s

brochure *f.* brochure 9 s

brocoli *m.* broccoli 7 s

se bronzer to sunbathe, tan 14 s

brosse *f.* brush 10 s; chalkboard eraser 1 s; — à dents toothbrush 10 s

brosser to brush; se — les cheveux (les dents) to brush one's hair (teeth) 10

brouillard *m.* fog 5 s; **il y a du —** it's foggy 5 s

bruit *m.* sound, noise 6

brûler to burn 13 s

brun(e) brown, brunette 1

brunir to tan, get brown 6

buffet *m.* buffet 10

bulletin *m.* bulletin; **— météorologique** (*fam. f.* **météo**) weather report 9; **— scolaire** report card 8 s

bureau *m.* desk 1; office 4; **— de poste** post office 4; **— de tourisme** tourist office 11

but *m.* goal

C

ça that; **— va?** how's it going? 1

cabine *f.* booth;**— d'essayage** dressing room 12 s

câble *m.* cable 11

cadeau *m.* gift 12

cadet(te) younger brother/sister 3 s

cadre *m.* executive 4

café *m.* coffee, coffee shop 5; **— au lait** coffee with milk 5; **— crème** (*fam.* **un crème**) coffee with cream 5

cafétéria *f.* cafeteria 2

cahier *m.* notebook 1

calculatrice *f.* calculator 3

calendrier *m.* calendar 2

calme calm 3

camarade *m., f.* friend; **— de chambre** roommate 2; **— de classe** classmate 1

camping *m.* camping 11; **faire du —** to go camping 11

campus *m.* campus 2

canadien(ne) Canadian 4

canapé *m.* couch, sofa 10

cancer *m.* cancer 13 s

canoë *m.* canoe, canoeing 9 s

capitale *f.* capital 9

car because

caravane *f.* trailer, caravan 6 s

carie *f.* cavity 10 s; 13 s

caresser to caress 13 s

carosse *f.* carriage Récap s

carrière *f.* career

carotte *f.* carrot 7

carte *f.* card 4; map 8; menu 5; **— postale** postcard 9; **jouer aux cartes** to play cards 4; **payer par — bancaire (de débit)/de crédit** to pay by debit/credit card 12

casquette *f.* baseball cap 1

casser to break; **se — (la jambe)** to break (one's leg) 13

cause humanitaire *f.* humanitarian cause 14

causer to cause 6 s

caution *f.* deposit 3 s

CD *m. s./pl.* compact disc(s)

ce(t) (cette) (*pl.* **ces**) this/that; these/those 12

ceinture *f.* belt 12

célèbre famous 1

célibataire unmarried 3

celui (celle) (*pl.* **ceux, celles**) this one; that one; (these) 14

cent one hundred 3; **deux cents** two hundred 3

centre *m.* center 9; **— commercial** *m.* shopping mall 12

cependant however

céréales *f. pl.* cereal, grain 7

cerise *f.* cherry 7 s

certain(e)s certain ones, some 12

chaîne hi fi *f.* stereo system 3; **mini-—** bookshelf stereo 3

chaise *f.* chair 1

chambre *f.* bedroom 3

champ *m.* field 4 s

champagne *m.* champagne (11)

champignon *m.* mushroom 7 s

champion(ne) *m., f.* champion 4 s

chance *f.* luck; **avoir de la —** to be lucky 13; **bonne —** good luck 10

changement *m.* change

chanson *f.* song 8

chanter to sing 2

chanteur(-euse) *m., f.* singer 1 s, 4

chapeau *m.* hat 1

chaque each 10

charcuterie *f.* delicatessen, cold cuts 7

chargé(e) busy 4 s, 10 s

charges *f. pl.* utility bills 3 s

chasser to hunt, chase 8

chat(te) *m./f.* cat 3

château *m.* chateau, castle, palace 6

châtiment corporel *m.* corporal punishment 8 s

chaud(e) hot 5; **il fait —** it's hot 5

chaussettes *f. pl.* socks (12)

chaussures *f. pl.* shoes 1; **— à talons** high heels 12

check-up *m.* checkup (medical) 13

chef *m.* leader, head person 4

chef d'entreprise *m.* company president 4 s

cheminée *f.* fireplace 10 s

chemise *f.* shirt 1

chemisier *m.* blouse 1

chèque *m.* check; **payer par —** pay by check 12

cher (chère) expensive 3

chercher to look for 3; **— à** to try to 14

chercheur(-euse) *m., f.* researcher, scientist 6 s

chevalier *m.* knight Récap s

cheveux *m. pl.* hair 1; **— blonds (bruns, gris, roux)** blond (brown, gray, red) hair 1; **— courts (longs)** short (long) hair 1; **coupe de — f.** haircut 12 s

cheville *f.* ankle 13 s

chez at the house or place of 3; **— moi** at my place 5

chic stylish 10

chimie *f.* chemistry 2

chinois(e) Chinese 4

chocolat chaud *m.* hot chocolate 5

choisir to choose 6

chômage *m* unemployment 4; **au — unemployed** 4

choqué(e) shocked 11 s

chose *f.* thing 1 s, 3; **quelque —** something 5

chouette cool 12

chute (d'eau) *f.* (water)fall 9 s

ciao bye (*fam*) 1

cicatrice *f.* scar 13 s

ciel *m.* sky 9

cil *m.* eyelash 13 s

cinéma *m.* movies, movie theater 2

cinq five 1

cinquante fifty 1

citron pressé *m.* lemonade 5 s

clair(e) sunny, light 3 s; clear 14

classe *f.* class 1; **en —** in class; **en première —** in first class 9; **en — touriste** in tourist class 9

classer to classify, categorize

classeur *m.* binder 1 s

client(e) *m., f.* client 4

climat *m.* climate 9

climatisation *f.* air conditioning 3

clip *m.* video clip 12

coca (light) *m.* (diet) Coca-Cola 5

cœur *m.* heart 13

coffre *m.* car trunk 6 s

coiffure *f.* hairstyle 12 s

coin *m.* corner 11

col *m.* collar; **à — roulé** turtleneck 12 s; **à — en V** V-neck 12 s

colère *f.* anger; **se mettre en —** to get angry 10

collants *m. pl.* hosiery; tights 12

collège *m.* middle school (in France) 8 s, 12

collègue *m., f.* colleague (12)

colocataire *m., f.* apartment, house mate

colonie *f.* colony 9 s

combien how much 5; **c'est —** how much is it? 3; **— de** how many 5

comédie *f.* comedy 2

comédien(ne) *m., f.* actor Récap s

comique funny 1

commander to order (in a café, restaurant) 5

comme like, as 8

commencer (nous commençons) to begin 4, 7

comment how (what) 5; **— allez-vous?** how are you? 1

commerce *m.* business 2

commissariat *m.* police station 4 s

commode *f.* chest of drawers 10

communiquer to communicate

comparer to compare 8

complet (complète) filled, booked 11

complet *m.* man's suit 12

compléter (je complète) to complete

complex sportif *m.* sports center

se comporter to behave 8 s

compositeur(-trice) *m., f.* composer (4)

compréhensif(-ive) understanding 3 s

comprendre (*p.p.* **compris**) to understand 5

compris(e) included 11; **service —** tip included 7

compromettant(e) compromising (15)

comptabilité *f.* accounting 2

compter to count 1 s; to intend to 11; **— sur** to count on 14

concert *m.* concert 2, 5

concombre *m.* cucumber 7 s

concours *m.* competitive exam 12

conduire (*p.p.* **conduit**) to drive 8 s

confier to confide 13, 14

confiture *f.* jam 7

conformiste conformist 3 s

confort *m.* comfort 11; **tout —** luxury 10 s

congés payés *m. pl.* paid vacation 6

congolais(e) Congolese 4

congrès *m.* convention 11 s

connaissance *f.* knowledge; **faire la — de** to make the acquaintance of 5

connaître (*p.p.* **connu**) to know, be acquainted or familiar with 2, 9

consacrer to devote to

constater to note, notice

conseil *m.* advice 13

conseiller to recommend, advise 7 s, 13

conservateur(-trice) conservative 4 s

considérer (je considère) to consider 9

consommation *f.* consumption 12
constamment constantly 13
construire to construct
consulter to consult
conte *m.* story Récap; **— de fées** fairy
    tale Récap
contemporain(e) contemporary 11
content(e) happy 3
continent *m.* continent 9
continuer to continue 5 s, 9
contraire *m.* opposite
contre against
contribuer to contribute 6
convenable appropriate, proper
coordonnées *f pl* contact information 1
copain (copine) *m., f.* friend 2
copier to copy 8
corbeille à papier *f.* wastebasket 3 s
corps *m.* body 13
corriger to correct
côte *f.* coast 9; **— d'Azur** Riviera 11
côté: à — de next to 3
côtelette *f.* meat cutlet 7 s
coton *m.* cotton; **en —** made of cotton (12)
cou *m.* neck 13
coucher to put to bed; **se —** to go to bed 4;
    — de soleil *m.* sunset 6 s
coude *m.* elbow 13 s
couleur *f.* color 1; **de quelle —?** what color?
couloir *m.* hallway 10
coup *m.* blow, hit; **— de foudre** love at first
    sight 14; **— de soleil** sunburn 14 s;
    — de téléphone telephone call 6
coupe (de cheveux) *f.* haircut 12 s
couper to cut 7 s; **se — le doigt** to cut one's
    finger 13 s
couple *m.* couple 14
cour *f.* courtyard 8 s
courage: bon — hang in there 10
courageux(-euse) brave 3 s, Récap
couramment fluently 8, 13
courir (*p.p.* **couru**) to run 11
courriel *m.* e-mail 1; **adresse —** *f.*
    e-mail address 1
courrier électronique *m.* e-mail 8
cours *m.* course 2
course *f.* errand; **faire les courses** to go
    shopping 4
court(e) short 1
court de tennis *m.* tennis court 2 s
cousin(e) *m., f.* cousin 3
couteau *m.* knife 7
coûter to cost 3
couturier(-ière) *m., f.* fashion designer 1 s
couvert(e) covered; **le ciel est —** it's cloudy 9 s
couverture *f.* cover 6
couvre-lit *m.* bedspread 3
craie *f.* chalk 1
cravate *f.* tie 1 s, 12
crayon *m.* pencil 1
créer to create
crème solaire *f.* sunscreen
crémerie *f.* shop selling dairy products 7 s
crêpe *f.* crepe (thin pancake) 7 s
crevette *f.* shrimp 7
crier to shout
crise *f.* crisis 6 s
critique *m.* critique Récap
critiquer to criticize 8

croire (*p.p.* **cru**) to believe 11
croisière *f.* cruise 9 s
croissance *f.* growth
croissant *m.* croissant (roll) 5
cuillère *f.* spoon 7; **— à café** teaspoon 7 s;
    — à soupe soup spoon, tablespoon 7 s
cuir *m.* leather; **en —** made of leather 12 s
cuisine *f.* food, cooking 7; kitchen 10;
    faire la — to cook 4
cuisinier(-ère) *m., f.* cook 4 s
cuisinière *f.* stove 10 s
cuit(e) cooked; **bien —** well done 7
culinaire culinary 7 s
cultiver to cultivate 4 s

D

d'abord first 6
d'accord OK, all right 5, 14
dans in 3
danse *f.* dance 2
danser to dance 2
danseur(-euse) *m., f.* dancer 1 s, 4 s
date *f.* date 2
davantage more 13
de of, from, about 3
débardeur *m.* tank top 12
débarquer to disembark, get off (plane, boat)
débarrasser to clear, remove 11 s
débordé(e) overwhelmed; **— de travail**
    overworked 10 s
se débrouiller to get along, manage 7 s
début *m.* beginning; **au —** in/at the beginning
décembre December 2
déchets *m. pl.* trash; **trier les —** to separate the
    trash 10
décider to decide; **se — à** to decide to 14
décontracté(e) relaxed 3 s,
découvrir (*p.p.* **découvert**) to discover 6 s, 11
décrire (*p.p.* **décrit**) to describe 8
déçu(e) disappointed 11, 14
défendre to defend 4 s
défilé *m.* parade; **— de mode** fashion
    show 12 s
déjà already 4
déjeuner *m.* lunch 7; to eat lunch 4 s
délicieux(-ieuse) delicious 7
demain tomorrow 4
demander to ask (for) 4; **se —** to wonder 14
démarrer to start 6 s
déménager (nous déménageons) to move
    (house) 10
demi(e) half; **il est une heure et demie** it's
    one-thirty 4; **un —** *m.* glass of draft
    beer 5
démissionner to resign 8 s
démodé(e) old-fashioned 14 s
dénouement *m.* ending Récap
dent *f.* tooth 10
dépaysé(e) homesick 11
se dépêcher to hurry 4
dépense *f.* expense 12
dépenser to spend (money) 12
déposer to leave, drop off 4 s
déprimé(e) depressed 13
depuis for, since 13; **— combien de temps?**
    how long (for how much time)? 13;
    — longtemps for a long time 13;
    — quand? how long (since when)? 13
déraisonnable unreasonable 3 s

dernier(-ière) last, past 6; **la semaine dernière**
    last week 6; **la dernière fois** last time 6
déroulement *m.* plot Récap
derrière behind 3
désagréable unpleasant 3
descendre (*p.p.* **descendu**) to go down,
    downstairs; get off (a bus, a plane)
description *f.* description 1
désert *m.* desert 9
désirer to want, desire 5
désolé(e) sorry 5
désordonné(e) messy 3
désordre: en — messy, untidy, disorderly 10 s
dessert *m.* dessert 7
dessin *m.* drawing
dessiner to draw, design 4 s
destination *f.* destination 9 s
détail *m.* detail
se détendre to relax 11 s, 13
détenir le record to hold the record
deux two 1
deuxième second 2 s
devant in front of 3
développer to develop
devenir (*p.p.* **devenu**) to become 6
deviner to guess
devoir (*p.p.* **dû**) must, to have to, to owe 5
devoirs *m. pl.* homework assignment 1;
    faire les — to do homework 4
d'habitude usually 5
diable *m.* devil 11 s
dictionnaire *m.* (*fam.* **dico**) dictionary 1
dieu *m.* god; **Dieu** God 11 s
différence *f.* difference 8
différent(e) different 8
difficile difficult 3
dimanche Sunday 2
diminuer to diminish 5 s
dîner *m.* dinner 6; to eat dinner 4
diplôme *m.* diploma 12
dire (*p.p.* **dit**) to say, tell 8
directeur(-trice) *m., f.* director 4 s; school
    principal 8
discipline *f.* discipline 8
discours *m.* speech; **faire un —** to make a
    speech 4 s
discuter (de) to discuss 5
disponible available
se disputer (avec) to argue, quarrel (with) 10
disque compact *m.* (*fam.* **CD**) compact disc 2
distraction *f.* entertainment 2
diversité *f.* diversity 9 s
divorce *m.* divorce 14
divorcé(e) divorced 3
divorcer to divorce 14
dix ten 1
doctorat *m.* doctorate (12)
doigt *m.* finger 13
dominer to dominate 11 s
dommage *m.* damage, pity; **quel —** what a
    shame; **il est —** it's too bad
donc then, therefore
donner to give 8; **— sur** to open onto,
    overlook 11
dormir to sleep 5
dos *m.* back 13
doucement slowly, softly, sweetly 13
se doucher to shower 10
douter to doubt 14

douteux(-euse) doubtful 14

doux (douce) sweet, gentle 3 s; **il fait —** it's mild weather 5

douze twelve 1

douzaine f. dozen 7

drame m. drama 2

drapeau m. flag 11

draps m. pl. bedsheets 11 s

droit m. law 2; right, permission 6

droit(e) right, straight 11; **à droite** to the right 11; **tout droit** straight ahead 11

dur(e) tough 2 s, 7; **dur** adv. hard

durable durable Récap

durée f. length (of time) Récap

E

eau f. water 5; **— minérale** mineral water 5; **— du robinet** tap water 10

échanger to exchange

échapper (à) to escape (from) Récap s

écharpe f. scarf 12

éclaircie f. sunny spell; **il y a des éclaircies** it's partly cloudy 9 s

école f. school 4; **grande —** elite university 12; **— maternelle** nursery school, kindergarten 8, 12; **— primaire** elementary school 8, 16

économie f. economics 2

écouter to listen (to) 2

écrire (p.p. **écrit**) to write 8

écriture f. writing, penmanship 8

écrivain(e) m., f. writer 4 s

éditorial m. editorial 6

égalitaire egalitarian 14 s

église f. church 4

élaborer to elaborate, develop

élégant(e) elegant 8

élément m. element

éléphant m. elephant 9 s

élève m., f. pupil (pre-university) 8

élevé(e) high, raised 9 s, 13; **bien/mal —** well/bad mannered 3 s

elle she, it 1; **elles** they 1

embrasser to kiss 14; **s'—** to kiss each other 14

émission f. program 6 s

emménager to move in 10 s

emmener (j'**emmène**) to take (someone) along 4 s, 8 s

s'empêcher to stop oneself 14 s

emploi m. job; **recherche d'un —** job hunting 4 s

emploi du temps m. schedule 4 s, 5

employé(e) m., f. employee 4

employer (j'**emploie**) to employ, use 4 s, 12

emporter to take along; **pizza à —** f. take-out pizza 4 s

emprunter to borrow 8, 12

en at, in, on, to; **— face (de)** facing 3; **— avance** early 4; **— retard** late 4; **— solde** on sale 12 s

enceinte pregnant 13

encore still, yet, even more 10; **pas —** not yet 6

endormir to put to sleep 13; **s'—** to fall asleep 10

endroit m. place 9

énerver to annoy, get on one's nerves 12

enfance f. childhood 8

enfant m., f. child 1; **petits-enfants** grandchildren 3 s

enfer m. hell 11 s

enfin finally 6

enflé(e) swollen 13 s

élection f. election 4 s, 6

engagé(e) active 14

ennuyer (j'**ennuie**) to annoy, bother 8 s; **s'—** to get bored, be bored 12

ennuyeux(-euse) boring 2

enrhumé(e) congested 13

enrichir to enrich

enseigner to teach 4 s

ensemble together 5; m. outfit 12

ensoleillé(e) sunny 9 s

ensuite then 6

entendre to hear 5; **s'— bien** to get along well 14

enthousiaste enthusiastic 3 s

entier(-ière) entire, whole 11 s

entre between 3

entrée f. entryway 10; first course (meal) 7

entreprise f. company, business 4

entrer (dans) to enter, go in 6

envers towards 8

environ about, around

envoyer (j'**envoie**) to send 6

épargner to save 12

épaule f. shoulder 13

épeler to spell 1 s

épice f. spice 7 s

épicerie f. grocery store 7

époque f. era 8; **à l'—** at that time 8

épouser to marry Récap

époux (épouse) m., f. spouse 14

équateur m. equator 9 s

équilibre m. balance 11 s

équipe f. team 4

équitation f. horseback riding 9 s

erreur f. error 7

escalier m. staircase 10

espace m. space 2 s

espagnol(e) Spanish 4; m. Spanish language 2

espérer (j'**espère**) to hope for 7

espoir m. hope 14 s

esprit m. mind

essayer (j'**essaie**) to try (on) 12

essence f. gasoline 8 s

essentiel(le) essential 3 s, 11

essentiellement essentially 13

est east 9; **à l'— (de)** to/in the east (of) 9

estomac m. stomach 13

et and 1

établir to establish

étage m. floor (of a building); **premier —** first floor (American second floor) 10

étagère f. bookshelf 3

étape f. stage, step

état m. state 9

États-Unis m. pl. United States; **aux —** in, to the United States

été m. summer 2; **en —** in summer 9

éteindre to turn off 10; **— la lumière** to turn off the light 10

éternuer to sneeze 13 s

étonnant(e) astonishing 14

étonné(e) astonished 14

étranger(-ère) foreign; **à l'étranger** abroad

être (p.p. **été**) to be 1; **— à la mode** to be in fashion 8 s; **— au régime** to be on a diet 7; **— bien dans sa peau** to be comfortable with oneself 13; **— de mauvaise humeur** to be in a bad mood 13; **— en terminale** to be a senior (in high school) 12

études f. pl. studies 12

étudiant(e) m., f. student 1

étroit(e) tight, narrow 12 s

étudier to study 2

euh um

Europe f. Europe

européen(ne) European

eux them 5

événement m. event, happening 6

évidemment evidently 13

évident(e) obvious 14

évier m. kitchen sink 10 s

éviter to avoid 7 s

examen m. exam 2

excellent(e) excellent 2

exceptionnel(le) exceptional 9

excursion f. excursion 11

s'excuser to excuse oneself; **excusez-moi** excuse me, pardon me 4

exemple m. example; **par —** for example

exigeant(e) demanding 13 s

exiger to demand, insist on 13

expliquer to explain 6

exploser to explode 6 s

exposition f. exhibit 2 s

expresso m. espresso 5

exprimer to express

extérieur m. exterior; **à l'—** outside 8

extrait(e) excerpted; m. excerpt

extraordinaire extraordinary 9

F

fabriquer to produce, make 11

face: en — de facing 3

facile easy 2

facilement easily 13

façon f. way 15

faculté f. (fam. la fac) school of a university 2

faim: avoir — to be hungry 7

faire (p.p. **fait**) to do, make 4; **— attention** to pay attention 4 s; **— de l'aérobic** to do aerobics 9 s; **— de la musculation** to lift weights 13 s; **— de la natation** to swim 4, **— des économies** to save money 12; **— des gargarismes** to gargle 13 s; **— des projets** to make plans 9; **— du camping** to go camping 11; **— du français** to study French 4; **— du jogging** to jog 4; **— du piano** to play the piano 4; **— du ski** to go skiing 4; **— du sport** to play a sport 4; **— du vélo** to go bikeriding 4; **— du travail bénévole** to do volunteer work 4; **— faillite** to go bankrupt Récap s; **— fortune** to get rich 12 s; **— la connaissance (de)** to meet 5; **— la cour** to court 14 s; **— la cuisine** to cook 4; **— la grasse matinée** to sleep late 4 s; **— la lessive** to do the laundry 10; **— la vaisselle** to do the dishes 10; **— le lit** to make the bed 10; **— le ménage** to do housework 4; **— les courses** to go shopping, to do errands 4; **— les devoirs** to do homework 4; **— le tour du monde** to travel around the world 9; **— mal** to hurt 13; **— sa toilette** to get dressed 10 s; **— semblant** to pretend 14 s; **— ses bagages** to pack one's suitcases 9; **— une promenade en voiture** to go for a drive 4; **— une promenade** to take a walk 4; **— une randonnée** to take a hike 4; **— un**

pique-nique to go on a picnic 4; **— un stage** to do an internship 4; **— un voyage** to take a trip 4; **se — mal** to hurt oneself 13 s

fameux(-euse) famous

famille *f.* family 3; **— recomposée** blended family 3 s

fana *m./f.* fan 9 s

fatigué(e) tired 1

fauché(e) *(fam.)* broke, out of money 11 s

fauteuil *m.* armchair 10

faux (fausse) false

fée *f.* fairy Récap

félicitations *f. pl.* congratulations 10

féminin(e) feminine

femme *f.* woman 1; wife 3; **— au foyer** homemaker 4; **— d'affaires** business-woman 4

fenêtre *f.* window 1

ferme *f.* farm 4 s

fermer to close 4; **— le robinet** to turn off the water 10

fête *f.* holiday, party 2

feuille (de papier) *f.* leaf, sheet (of paper) 1 s

feuilleter to leaf through 11 s

feutre *m.* marking pen 1 s

février February 2

fiancé(e) *m., f.* fiancé(e) 3 s; 14

se fiancer to get engaged 14

fiction *f.* fiction Récap

fidèle faithful 3 s

fidélité *f.* fidelity 14

fièvre *f.* fever 13

figure *f.* face 10

fille *f.* girl 1; daughter 3; **— unique** only child 3 s; **petite-** granddaughter 3 s

film *m.* movie, film 2; **— d'amour** romantic film 2 s; **— d'horreur** horror movie 2 s; **— de science-fiction** sci-fi movie 2 s; **— d'aventure** adventure movie 2 s

fils *m.* son 3; **— unique** only child 3 s; **petit-** grandson 3 s

finalement finally 13

finance *f.* finance 2

finir to finish 6

flâner to stroll 11 s

fleur *f.* flower 2 s, 3

fleuve *m.* river (major) 9

fois *f.* time 10; **deux —** two times; **la dernière — the** last time 6

fonder to found, start 14 s

fondu(e) melted 7 s

football *m. (fam. foot)* soccer 2 s, 4; **— américain** football 4

footballeur *m.* soccer player 4 s

forêt *f.* forest 9

forme shape; **être en pleine —** to be in top shape 13

formule de vacances *f.* vacation package 11 s

fort(e) heavy, stocky 1

foule *f.* crowd 11 s

se fouler to twist 13 s

four *m.* oven 10; **— à micro-ondes** microwave oven 10

fourchette *f.* fork 7

foyer: homme (femme) au — homemaker 4

frais (fraîche) cool 5; fresh 7; **il fait frais** it's cool (weather) 5

fraise *f.* strawberry 7; **barquette de —s** *f.* basket of strawberries 7 s

français(e) French; *m.* French language 2

franc(he) frank 13 s

franchement frankly, honestly 13

francophone French-speaking 1 s, 7, 9 s

frapper to knock

fréquent(e) frequent 9 s

frère *m.* brother 3; **beau-—** brother-inlaw, step brother 3 s; **demi-—** half brother 3 s

fric *m. (fam.)* money 12

frigo *m. (fam.)* fridge 3; **petit —** small refrigerator 3

fringues *f., pl. (fam.)* clothes 12

frisson *m.* shiver, chill 13 s

froid *m.* cold 2 s; **avoir —** to be cold 13; **il fait —** it's cold 5

froid(e) cold 5

fromage *m.* cheese 7

fromagerie *m.* cheese shop 7 s

front *m.* forehead 13 s

frontière *f.* border 9

fruit *m.* fruit 7; **fruits de mer** *m. pl.* seafood 7 s

G

gagner to earn, to win 4

gant *m.* glove 12

garage *m.* garage 10

garçon *m.* boy 1

garde-robe *f.* wardrobe 12 s

gare *f.* train station 9, 11

garni(e) garnished with vegetables 7 s

gastronomique gourmet 11 s

gâté(e) spoiled 3

gâteau *m.* cake 7 s

gauche left; **à —** to the left 11

géant *m.* giant Récap s

geler to freeze; **il gèle** it's freezing 9 s

généreux(-euse) generous

génie civil *m.* civil engineering 2

genou (pl. genoux) *m.* knee 13

genre *m.* type; literary genre Récap

gens *m. pl.* people 3; **— sans abri** homeless people 14 s

gentil(le) nice 3

géographie *f.* geography 9

gesticuler to gesture 13 s

girafe *f.* giraffe 9 s

glace *f.* ice cream 7; **faire du patin à —** to go ice skating 9 s

golf *m.* golf 2

gorge *f.* throat 13

gorille *m.* gorilla 9 s

gosse *m., f. (fam.)* kid 12

goût *m.* taste 9 s

goûter *m.* snack 7 s

goûter to taste 7 s

grâce: grâce à thanks to

graisse *f.* fat, grease 7 s

gramme *m.* gram 7; **cinq cents —s** 500 grams, ½ kilo, approx. 1 lb. 7

grand(e) big, tall 1

grand-mère *f.* grandmother 3

grand-père *m.* grandfather 3

grandir to grow, grow up 6

grands-parents *m. pl.* grandparents 3

gratiné(e) with melted cheese 7 s

grave serious 5 s, 13

gravement seriously 13

grignoter to snack 7 s

grillé(e) grilled 7 s

grippe *f.* flu 13

gris(e) gray 1

gros(se) large 3

grossir to gain weight 6

grotte *f.* cave, grotto 11

groupe *m.* group

guérir to heal 13 s

guerre *f.* war 6

guitare *f.* guitar 3 s; 4

gymnase *m.* gym 4 s

H

habillé(e) dressed up 12 s

habiller to dress; **s'—** to get dressed 4

habitant *m.* inhabitant 9 s

*****hanche** *f.* hip 13 s

*****haricots (verts, secs)** *m. pl.* (green, dry) beans 7

*****hâte: avoir — de** to look forward to 13

hebdomadaire *m.* weekly 6 s

*****héros (héroïne)** *m., f.* hero, heroine Récap

hésiter (à) to hesitate (to) (14)

heure *f.* hour, o'clock 4; **à tout à l'—** see you in a bit 1; **dans une —** in an hour 4; **à l'—** on time 4; **de bonne —** early 10

heureusement fortunately 13

heureux(-euse) happy 3

hier yesterday 6; **— matin** yesterday morning 6; **— soir** last night 6

histoire *f.* history 2; story 6

hiver *m.* winter 2; **en —** in winter 9

*****hockey** *m.* hockey

homme *m.* man 1; **— au foyer** homemaker 4; **— d'affaires** businessman 4

honnête honest 14 s

*****honte** *f.* shame 13; **avoir —** to be ashamed 13

hôpital *m.* hospital 4

horaire *m.* time schedule 4

horloge *f.* clock 1 s

*****hors-d'œuvre** *m.* appetizer 7

huile *f.* oil 7 s; **— d'olive** olive oil 7 s

huit eight 1

humeur *f.* mood; **être de mauvaise (bonne) —** to be in a bad (good) mood 13

hymne *m.* anthem 11; **— national** national anthem 11

I

ici here 3

idéal(e) ideal 9

idéaliste idealistic 1

idée *f.* idea 5

identifier to identify

il he, it 1; **— faut** it is necessary 9; **— vaut mieux** it is better 9; **— y a** there is, there are 2; **— y a** (+ time) ago 6

île *f.* island 9

ils they 1

image *f.* image, picture

immeuble *m.* apartment or office building 3 s

important(e) important 3, 4

impossible impossible 5

impressionner to impress 12

impressionniste impressionist 11

incertain(e) uncertain, variable (weather) 9 s

incompréhension *f.* misunderstanding 14 s

incroyable incredible 2 s; 14

indépendant(e) independent 3 s

indifférent(e) indifferent 3

indiquer to indicate

individualiste individualistic 3 s

infirmier(-ière) *m., f.* nurse 4

influencer to influence 11
informaticien(ne) *m., f.* computer specialist 4 s
informations *f. pl.* (*fam.* les infos) news 2 s; 6;
— en ligne online news 6
informatique *f.* computer science 2; salle
— *f.* computer room 2 s
informer to inform 6
infusion *f.* herbal tea 5 s
ingénieur *m.* engineer 4 s
ingrédient *m.* ingredient 7
inquiet(-iète) worried 8 s
s'inscrire to sign up
s'inquiéter (je m'inquiète) to worry (12)
s'installer to settle in, move in, set up
residence 10 s, 14
instant *m.* moment 5
instituteur(-trice) *m., f.* elementary school
teacher 4
instrument de musique *m.* musical
instrument 3
insupportable unbearable 12
intelligent(e) (*fam.* intello) intelligent 1
interdit(e) prohibited 3
intéressant(e) interesting 2
intéresser to interest 12; s'— à to be interested
in 14
intérieur *m.* interior; à l'— inside 10 s
intrigue *f.* story line Récap
inviter to invite 5
irriter to irritate 8
italien(ne) Italian 4; *m.* Italian language 2
italique: en — in italics
itinéraire *m.* itinerary 11

J

jalousie *f.* jealousy 14 s
jaloux(-se) jealous 3 s
jamais never 10; ne . . . — never 10
jambe *f.* leg 13
jambon *m.* ham 7
janvier January 2
japonais(e) Japanese; *m.* Japanese language 2
jardin *m.* garden, yard 3 s
jaune yellow 1
jazz *m.* jazz 2
je I
jean *m.* blue jeans 1
jeu *m.* game; —x Olympiques *m. pl.* Olympic
games 6 s; — vidéo, électronique video
game 2, 12
jeudi Thursday 2
jeune young 1
jeunesse *f.* youth 8
jogging *m.* jogging 4; faire du — to go
jogging 4
joli(e) pretty 1
joue *f.* cheek 13
jouer to play 2; — à to play a game or sport 4;
— au(x) football (tennis, volleyball,
cartes) to play soccer (tennis, volleyball,
cards) 4; — à la poupée to play with
dolls 8 s; — aux boules to play boules 8 s;
— de to play a musical instrument 4;
— de la guitare to play guitar; — du
piano to play piano 4
joueur (joueuse) *m., f.* player 1 s
jour *m.* day 2, par — per day 7
journal *m.* (*pl.* journaux) newspaper 6;
— intime diary 12 s

journalisme *m.* journalism, media studies 2
journaliste *m., f.* journalist 4
journée *f.* day 4 s; 10
juge *m.* judge 4
juillet July 2
juin June 2
jumeau (jumelle) twin 3 s; jumelles *f. pl.*
binoculars 11 s
jupe *f.* skirt 1
jus *m.* juice 5; — d'orange orange juice 5;
— de pomme apple juice 5 s
jusqu'à *prep.* until 6, 11
juste just, fair; (clothes) tight 12

K

kilo *m.* kilogram 7
kiosque à journaux *m.* newsstand 6 s

L

là there 2; là-bas over there 12
laboratoire *m.* (*fam.* labo) laboratory 2
lac *m.* lake 9
laid(e) ugly 1
laisser to leave 5
lait *m.* milk 7; café au — coffee with milk 5
laitier: produit — *m.* milk product 7
lampe *f.* lamp, light 1; — électrique *f.*
flashlight 11 s
lancer to launch (8)
langue *f.* language 2; tongue 13
large wide, big 12
latin(e) Latin 2 s; *m.* Latin language 2
lavabo *m.* sink 3 s, 10
laver to wash; se — to wash, to wash up 10
leçon *f.* lesson
lecteur (laser de CD/DVD) *m.* CD/DVD
player 3 s; — MP3 *m.* MP3 player 3
lecture *f.* reading
légende *f.* legend 15
léger(-ère) light 7 s
légume *m.* vegetable 7
lendemain *m.* next day, day after 14 s
lequel (laquelle) (*pl.* lesquels, lesquelles)
which one(s) 12
lessive *f.* laundry 10; faire la — to do the
laundry 10
lettre *f.* letter 10; —s humanities 2 s
lever (je lève) to raise; se — to get up 4
lèvres *f. pl.* lips 13
lézard *m.* lizard (15)
librairie *f.* bookstore 2
libre free, available 5
licence *f.* university diploma Récap
lieu *m.* place; — de travail workplace 4;
avoir — to take place 13
limonade *f.* lemon-lime soda 5 s
linge *m.* laundry, linen 10; laver le — to do the
wash (10)
lion *m.* lion 9 s
liquide *m.* liquid; en — in cash 12
lire (*p.p.* lu) to read 8
liste *f.* list
lit *m.* bed 3; faire son — to make one's bed 10
litre *m.* liter 7; demi-litre half liter 7
littéraire literary Récap
littérature *f.* literature 2
livre *m.* book 1; *f.* pound 7
locataire *m., f.* tenant 3 s
location *f.* rental 3 s

logement *m.* lodging 3
loger to lodge, stay (at a hotel, pension, etc.) 11
logiciel *m.* computer software
loin (de) far (from) 3
loisirs *m. pl.* leisure activities 4
long(ue) long 1, 3
longtemps a long time 6
look *m. fam.* style, appearance 12
lorsque when 11
louer to rent 3
loup *m.* wolf Récap
loyer *m.* rent 3
lui him 5
lumière *f.* light 1 s
lumineux(-euse) sunny, bright (room) 3 s
lundi Monday 2
lune de miel *f.* honeymoon 14
lunettes *f. pl.* eyeglasses 1; — de soleil
sunglasses 1 s
luxe *m.* luxury 14 s
lycée *m.* high school 4, 8

M

machin *m.* (*fam.*) thingy 12
madame *f.* (Mme) (*pl.* Mesdames) ma'am,
Mrs. 1
mademoiselle *f.* (Mlle) (*pl.* Mesdemoiselles)
miss, Miss 1
magasin *m.* store 12
magazine *m.* magazine 6
magique magic Récap
magnétoscope *m.* VCR 3 s
magnifique magnificent 9
Maghrébin(e) *m., f.* North African or
individual of North African heritage 9 s
mai May 2
maigre thin; lowfat 7 s
maigrir to lose weight 6
maillot *m.* jersey, t-shirt; — de bain swimsuit 1
main *f.* hand 10
maintenant now 4
maintenir to maintain 6 s
maire *m.* mayor 4 s
mairie *f.* town hall 4 s
mais but 2
maïs *m.* corn
maison *f.* house 3
maîtrise *f.* master's degree 12
majorité *f.* majority; la — de the majority of 12
mal bad, badly 6; — élevé(e) bad mannered,
impolite 3 s; avoir — à la tête to have a
headache 13; avoir le — du pays to be
homesick 11 s
malade sick 13
maladie *f.* illness 13
malgré despite
malheureusement unfortunately 5, 13
management *m.* management 2
manche *f.* sleeve 12 s
manger (nous mangeons) to eat 2, 7
manière *f.* manner; les bonnes manières good
manners 6 s
manque *m.* lack 10 s
manquer to miss 6
manteau *m.* coat, overcoat 1
se maquiller to put on makeup 10
marâtre *f.* stepmother Récap
marché *m.* market 7; — en plein air open air
market 7; bon — inexpensive 3

marcher to walk 10; to function
mardi Tuesday 2
mari *m.* husband 3
mariage *m.* marriage 14
marié(e) married 3
se marier (avec) to marry 14
marketing *m.* marketing 2
marqueur *m.* felt-tip marker 1
marron brown 1
mars March 2
masculin(e) masculine
match *m.* game 2
maternelle *f.* kindergarten 12
mathématiques *f. pl.* (*fam.* **maths**) mathematics 2
matin *m.* morning, in the morning 4
mauvais(e) bad 3; **il fait —** it's bad weather 5
mayonnaise *f.* mayonnaise 7
mec *m.* (*fam.*) guy 12
mécanicien(ne) *m., f.* mechanic 4
méchant(e) mean, evil 3 s, Récap
médaille (d'or, d'argent) *f.* (gold, silver) medal
médecin *m.* doctor 4
médecine *f.* field of medicine 2
médicament *m.* medicine 13
se méfier de to be wary of 12 s, 14 s
meilleur(e) better 8
mélange *m.* mixing 9 s
mélanger to mix 7 s
même same, even 10
ménage *m.* housework; **faire le —** to do the housework 4
mener to lead
mentionner to mention
menton *m.* chin 13 s
menu *m.* fixed-price meal 7
mer *f.* sea 9; **fruits de —** *m. pl.* seafood 7; **département d'outre-mer (DOM)** overseas department 9
merci thank you 1
mercredi Wednesday 2
mère *f.* mother 3; **belle-—** stepmother, mother-in-law 3 s; **grand-—** grandmother 3
message *m.* message 5
métier *m.* occupation, profession 4
métissage culturel *m.* cultural mixing 9 s
métro *m.* subway 9
metteur en scène *m., f.* movie director 1 s
mettre (*p.p.* **mis**) to put, set 7; **— la table** to set the table 7; **se — à** to begin to (do something) 7
meublé furnished 3 s
meubles *m. pl.* furniture 3
mexicain(e) Mexican 4
micro-ondes *m.* microwave; **four à —** *m.* microwave oven 10
midi noon 4
miel *m.* honey; **lune de —** *f.* honeymoon 14
mieux *adv.* better 2, 9; **aimer —** to prefer 2
mille one thousand 3; **deux —** two thousand 3
million million
mince thin 1
minéral(e) mineral; **eau minérale** *f.* mineral water 5
minorité *f.* minority 12
minuit midnight 4
minute *f.* minute 4
miroir *m.* mirror 3

moche *fam.* ugly 1
mode *f.* fashion 12
modèle *m.* model; style 12
modéré(e) moderate 9 s
moderne modern (10)
mœurs *f. pl.* social customs (14)
moi me 5; **— aussi** me too 1; **— non** not me 1; **— non plus** me neither 10
moins less 2 s; **— ... que** less . . . than 9
mois *m.* month 2
moment *m.* moment 5
monde *m.* world 9; **tout le —** everyone
monnaie *f.* coins; change 12
monsieur *m.* (**M.**) (*pl.* **messieurs**) sir, Mr. 1
montagne *f.* mountain 2
montagneux(-euse) mountainous 9 s
monter to climb, go up 6
montre *f.* watch 3
montrer to show 12
monument *m.* monument 11
morceau *m.* piece 7
mort(e) dead 3 s
mot *m.* word; **— apparenté** related word, cognate
motocyclette *f.* (*fam.* **moto**) motorcycle 9
se moucher to blow one's nose 13 s
mouchoir: boîte de —s *f.* handkerchief box 13 s
moulant(e) close-fitting 12 s
mourir (*p.p.* **mort**) to die 6
moutarde *f.* mustard 7
moyen(ne) average, average size 3 s
moyen de transport *m.* means of transportation 9
mur *m.* wall 1
muscle *m.* muscle 13 s
musculation *f.* weight lifting 9 s; **salle de —** *f.* workout room 3 s
musée *m.* museum 4 s
musicien(ne) *m., f.* musician 4 s
musique *f.* music 2; **— classique** classical music 2; **— électronique** electronic music 2 s
mythe *m.* legend 8s
mythique mythical 11 s

N

naître (*p.p.* **né**) to be born 6
naissance *f.* birth
naïveté *f.* naivete 15 s
nana *f.* (*fam.*) girl 12
nappe *f.* tablecloth 7 s
narrateur(-trice) *m., f.* narrator 15
natation *f.* swimming 4
nature *f.* nature 11
naturellement naturally 13
négliger (de) to neglect 14
neige *f.* snow 2 s, 5; **il —** it's snowing 5
nerveux(-euse) nervous 1
nettoyer to clean 12
neuf nine 1
neveu *m.* nephew 3
nez *m.* nose 13
ni... ni... neither . . . nor 10; **ne... ni... ni** neither . . . nor 10
nièce *f.* niece 3
noces *f. pl.* wedding 14 s
noir(e) black 1
nom *m.* name 2; **— de famille** last name 2
nombre *m.* number 1, 3

nombreux(-euse) numerous; **une famille nombreuse** a big family 3 s
nommer to name
non-fiction *f.* nonfiction Récap
nord north 9; **au — (de)** to/in the north (of) 9
nourriture *f.* food 7
nous we 1
nouveau (nouvelle) new 3; **de —** again
novembre November 2
nuage *m.* cloud 5
numéro *m.* number 2; **— de téléphone** telephone number 2

O

obéir to obey 6
obéissant(e) obedient 13 s
objet *m.* object 3
obtenir (*p.p.* **obtenu**) to obtain 6 s
occidental(e) Western 11
occupé(e) busy 4 s
s'occuper de to take care of, watch out for 4 s, 14
océan *m.* ocean 9
octobre October 2
œil *m.* (*pl.* **yeux**) eye 13
œuf *m.* egg 7
œuvre *f.* work of art 11 s
officiel(le) official 9
offrir (*p.p.* **offert**) to give, to offer 8 s, 12
oignon *m.* onion 7 s
oiseau (des oiseaux) *m.* bird 9
on one, you, we 1
oncle *m.* uncle 3
ongle *m.* fingernail 13 s
opération *f.* operation 13
opossum *m.* opossum
optimiste optimistic 1
or *m.* gold (Récap)
orage *m.* storm 5 s, 9
orange orange 1; *f.* orange (fruit) 7
ordinateur *m.* computer 1; **— portable** laptop 1
ordonnance *f.* prescription 13
ordonné(e) tidy 3
ordre *m.* order; **en —** orderly, tidy 10 s
organiser to organize 4 s
orteil *m.* toe 13 s
où where 3; **d'où** from where 5
oublier (de) to forget 7
ouest west 9; **à l'— (de)** to/in the west (of) 9
ouragan *m.* hurricane 9 s
ours *m.* bear (Récap)
ouvert(e) open 3 s, 4
ouvrier(-ière) *m., f.* worker 4
ouvrir (*p.p.* **ouvert**) to open 4, 6 s

P

pain *m.* bread 7; **— complet** whole wheat bread 7 s
paix *f.* peace 6 s
palais *m.* palace 4 s; **— des congrès** convention center 11 s
pamplemousse *m.* grapefruit 7 s
panne: voiture en — broken-down car 4 s; **tomber en —** to have a (mechanical) breakdown 6 s
pansement *m.* bandage 13 s
pantalon *m.* pants 1; **— pattes d'éléphant** bell bottoms 12 s

papillon *m.* butterfly 8 s
paquet *m.* packet 7 s
par by, per; — **jour** per day 7
paragraphe *m.* paragraph
parapluie *m.* umbrella 1 s
paraître (*p.p.* paru) to seem 13 s
parc *m.* park 2; — **d'attractions** amusement park 11
parce que because 5
pardon pardon me 5
parenthèse: entre parenthèses in parentheses
paresseux(-euse) lazy 3
parfois sometimes 2 s, 4
parler to speak 2
parmi among
partager to share 8
partenaire *m., f.* partner
participer to participate
partir to leave 5
pas not 1;— **encore** not yet 6; — **mal** not bad 1
passeport *m.* passport 11
passer to spend (time) 3; — **l'aspirateur** to vacuum 10 s;— **la tondeuse** to mow 10 s; — **un examen** to take an exam 8; **se —** to happen 6; **se — de** to do without 13 s
passion *f.* passion 14
passionnant(e) exciting, wonderful 8, 12
passionné(e) enthusiastic, fanatic 3 s
pasteur *m.* preacher 4 s
pâte *f.* pastry dough 7; **pâtes** *f. pl.* pasta 7
pâté *m.* meat spread; — **de campagne** country-style meat spread 7
patient(e) patient 1; **un(e) —** patient 4
patiemment patiently 13
patin à glace *m.* ice skating 9 s
pâtisserie *f.* pastry; pastry shop 7
patron(ne) *m., f.* boss 4 s
pauvre poor 10
pavillon *m.* small house 10
payer (je paie) to pay 3, 12; — **en liquide** pay in cash 12; — **par chèque** pay by check 12
pays *m.* country 7
paysan(ne) *m., f.* peasant Récap
peau *f.* skin 13
peintre *m., f.* painter 11 s
peinture *f.* painting
pelouse *f.* grass 8
pendant during 6; — **que** while
penser to think; — **à** to think about 9; — **de** to think about (opinion) 14
perdre to lose 5
père *m.* father 3; **beau-—** stepfather, father-in-law 3 s
perfectionniste perfectionist 8 s
personnage *m.* character Récap; — **principal** main character Récap
personne *f.* person 1; nobody 10; — **sans emploi** unemployed person 4; **ne … —** not anyone 10
perte *f.* loss
pessimiste pessimistic 3
petit(e) little, small 1; — **déjeuner** *m.* breakfast 7
petit-fils *m.* grandson 3 s; **petite-fille** *f.* granddaughter 3 s; **petits-enfants** *m. pl.* grandchildren 3 s
petits pois *m. pl.* peas 7
peu (de) little 6, 7; **un —** a little 2
peur *f.* fear; **avoir — de** to be afraid 13

peut-être maybe 5
pharmacie *f.* pharmacy 4
philosophie *f.* philosophy 2
photo *f.* photograph 3, 6
phrase *f.* sentence
physique *f.* physics 2; *m.* physical appearance 13 s
piano *m.* piano 4
pièce *f.* room 10; — **de théâtre** play 15
pied *m.* foot 13; **à —** on foot 4
pierre *f.* stone
pilote *m., f.* pilot 4
pilule *f.* pill 13 s
à pinces pleated 12 s
pincée *f.* pinch 7 s
pique-nique *m.* picnic; **faire un —** to go on a picnic 4
piqûre *f.* shot 13 s
pirate *m.* pirate Récap s
pire worse 8
piscine *f.* swimming pool 3 s
pittoresque picturesque 9 s
placard *m.* closet, cupboard 3
place *f.* seat, position 5; town square 11
plage *f.* beach 2
se plaindre (*p.p.* plaint) to complain 10
plaire to please
plan *m.* map 11
planche à voile *f.* windsurfing 9 s
plante *f.* plant 3
plat *m.* course, dish 7; — **principal** main course 7
plat(e) flat 9 s
plâtre *m.* plaster, cast 13 s
plein(e) full
pleurer to cry 13
pleuvoir (*p.p.* plu) to rain; **il pleut** it's raining 5
plissé(e) pleated (12)
plongée libre *f.* snorkeling 9 s; **plongée sous marine** scuba diving 9 s
pluie *f.* rain 9
plupart *f.* **la — (de)** most (of) 12
plus more 2 s; **à —** see you later 1; — **…que** more…than 8; **ne… —** not any longer 10; **moi non —** me neither 10
plusieurs several 12
plutôt rather, somewhat 8
poêle *f.* frying pan 7 s
poème *m.* poem (11)
poète *m., f.* poet 4 s
poignet *m.* wrist 13 s
à point medium (meat) 7
pointure *f.* shoe size 12
poire *f.* pear 7 s
pois *m.* pea; **petits —** green peas 7
poisson *m.* fish 7
poivre *m.* pepper 7
poli(e) polite
politicien(ne) *m./f.* politician 4
pomme *f.* apple 7; — **de terre** potato 7; **pommes frites** *f. pl.* (*fam.* **frites**) French fries 7
pont *m.* bridge 6
population *f.* population 9 s
porc *m.* pork 7
port *m.* port 9
portable *m.* laptop computer 1; mobile phone 5
porte *f.* door 1
porter to wear 1
poser une question to ask a question 4

possible possible 3 s, 5
poste *f.* post office 4; *m.* job, position 4
pot *m.* ceramic or glass jar 7 s
pote *m.* (*fam.*) buddy
poubelle *f.* garbage can 10; **vider la —** to empty the garbage 10
poulet *m.* chicken 7
poupée *f.* doll 8 s; **jouer à la —** to play with dolls 8 s
pour for 5; — **moi** for me 5
pourboire *m.* tip 7
pourquoi why 5
poursuivre to pursue
pourtant however
pousser to push
pouvoir (*p.p.* **pu**) can, to be able to 5
prairie *f.* prairie 9 s
pratique practical, useful 2
pratiquer to practice 4
préférence *f.* preference 2 s
préférer (je préfère) to prefer 7
premier(-ière) first 2; **premier étage** *m.* first floor 10; **en première année,** first year (freshman)
prendre (*p.p.* **pris**) to take 3, 4, 5; — **la tension** to take blood pressure 13 s; — **soin** to take care
prénom *m.* first name 2
préparer to prepare; **se —** to prepare oneself, get ready 4
près (de) near 3
présenter to present, introduce; **se —** to introduce oneself 1 s
presque almost
presse *f.* press, news media 6; — **écrite** print press 6; — **en ligne** online press (media) 6
pressé(e) in a hurry
prestigieux(-euse) prestigious
prêt(e) ready 10 s
prêter to lend 8
prince (princesse) *m., f.* prince, princess Récap
printemps *m.* spring 2; **au —** in the spring 9
prison *m.* prison (15)
privé(e) private 8
prix *m.* price 3 s, 11, 12; award, prize 4 s, Récap s
probable probable 14
probablement probably
problème *m.* problem 10
prochain(e) next 4
proche near
producteur(-trice) *m., f.* (film) producer (4)
produit *m.* product 12; — **laitier** milk product 7 s
professeur *m.* (*fam.* **prof**) professor, instructor 1
profiter to take advantage of 11 s
profond(e) deep
programme *m.* program; — **d'échanges** exchange program 12; — **d'études** program of study 12
projets *m. pl.* plans 4; **faire des —** to make plans 9
promenade *f.* walk; **faire une —** to take a walk 4
promener to walk 10; **se —** to go for a walk 10
promotion *f.* promotion, special offer (12)
prononcer (nous prononçons) to pronounce
propre clean 12 s

propriétaire *m., f.* landlord/landlady 3
prospère prosperous 8
protagoniste *m., f.* main character Récap
province *f.* province 7 s
provisions *f. pl.* food 6
psychologie *f.* psychology 2
publicité *f.* (*fam.* **la pub**) advertising 12
puis then 6
pull-over *m.* (*fam.* **pull**) pullover sweater 1;
   — **à col en V** V neck sweater 12 s;
   — **à col roulé** turtleneck sweater 12 s
punition *f.* punishment 8 s

Q

qualité *f.* quality, advantage 10 s
quand when 5; — **même** anyway 5 s
quantité *f.* quantity 7
quarante forty 1
quartier *m.* neighborhood 3, 8 s
quatorze fourteen 1
quatre four 1
quatre-vingts eighty 3
quatre-vingt-dix ninety 3
que what 5; **qu'est-ce** — what 1; **qu'est-ce que**
   c'est? what is it? 1; **ne...** — only 10
quel(s), quelle(s) which or what 2 s, 5
quelque chose something 5; — **à boire**
   something to drink 5
quelques some (12)
quelqu'un someone 5
question *f.* question 1; **poser une** — to ask a
   question 4
qui who 1; — **est-ce?** Who is it? 1
quitter to leave 5
quoi what
quotidien(ne) daily 10 s; *m.* daily
   publication 6 s

R

raconter to tell (a story) 6
radio *f.* radio 2; —**-réveil** *m.* clock radio 3 s
radiocassette *f.* portable radio cassette player 3
radiographie *f.* X ray 13 s
rafting *m.* rafting 9 s
raï *m.* raï music (a popular musical genre from
   North Africa)
raisin *m.* grapes 7
raison *f.* reason; **avoir** — to be right 13
raisonnable sensible 3 s
randonnée *f.* hike, excursion 4
rangé(e) organized 10 s
rangement télévision/hi-fi *m.* entertainment
   center 10 s
ranger (nous rangeons) to arrange, straighten
   6 s, 10
rap *m.* rap music 2
rapide fast 9
rapidement quickly 13
rappeler to call back 5 s
se rappeler (je me rappelle) to remember 8
raquette de tennis *f.* tennis racket 3 s
rarement rarely 2 s, 4
raser to shave; **se** — to shave (oneself) 10
rasoir *m.* razor; — **électrique** electric razor 10 s
rater to miss (the bus); to fail 10 s
ravi(e) delighted 14
réagir (à) to react 6
réalisateur(-trice) *m., f.* movie director Récap
réaliste realistic 3

récemment recently 13
récent(e) recent 4 s, 5 s
réceptionniste *m., f.* receptionist 11
recevoir (*p.p.* **reçu**) to receive 6 s; 11
récipient *m.* container 7 s
récit *m.* story, narrative Récap; — **historique**
   historical fiction Récap
reclus(e) *m./f.* recluse 14 s
recommander to recommend
récréation *f.* (*fam.* **la récré**) recess 8
recycler to recycle 10
réduction *f.* (price) reduction 11 s
réduit(e) reduced 11
réfléchir à to think, reflect 6
réfrigérateur *m.* (*fam.* **frigo 3 s**) refrigerator 10
refuser to refuse 14
regarder to look (at), watch 2
région *f.* region 9
régime *m.* diet 7
règle *f.* ruler 8 s; a rule
régler to pay or settle a bill 7 s
regretter to regret 14
régulièrement regularly 2 s, 13
se rejoindre to meet up (again) 14 s
religion *f.* religion 9 s
remarquer to notice
remède *m.* cure 13
remettre (*p.p.* **remis**) to put back; **se** — to get
   well 10 s
remplacer (nous remplaçons) to replace
remplir to fill (in)
rencontrer to meet up (with someone you know)
rendez-vous *m.* appointment, meeting, date 5
rendre to return (something) 5; — **visite (à)**
   to visit (someone) 5; **se** — **compte** to
   realize 14
renseignements *m. pl.* information 9; **un**
   renseignement a piece of information 11
rentrée *f.* back to school/work 2 s
rentrer to return home 6
réparer to repair 6
repas *m.* meal 7
se repérer to find one's way 11 s
répéter (je répète) to repeat 1, 7; to rehearse 4 s
répondeur *m.* telephone answering machine 3 s
répondre to respond, answer 5
se reposer to rest 10
réservation *f.* reservation 9
réservé(e) reserved 3
réserver to reserve 7
résidence universitaire *f.* college dormitory 2
respirer to breathe 13 s
responsabilité *f.* responsibility
ressembler to resemble 8
restaurant *m.* (*fam.* **resto**) restaurant 4; 12 —
   universitaire (*fam.* **resto-u**)
   university cafeteria 2
rester to stay 2
résultat *m.* result
résumé *m.* summary; résumé
retard: en — late 4
retour *m.* return; **aller-retour** round-trip 9
retourner to return 4 s
retrouver to meet up with 4; **se** — to meet
   each other (by arrangement) 4; to meet
   again 14
réussir à to succeed 6
rêve *m.* dream 9 s
réveil *m.* alarm clock 3 s

réveiller to awaken (someone); **se** — to wake
   (oneself) up 10
revenir (*p.p.* **revenu**) to return, come back 6
revoir (*p.p.* **revu**) to see again 11 s;
   au — good-bye 1
rez-de-chaussée *m.* ground floor (of a
   building) (American first floor) 10
rhume *m.* cold 13
riche rich 1
rideaux *m. pl.* curtains 3
rien nothing 10; **ne...** — not anything 10
riz *m.* rice 7
robe *f.* dress 1
robinet *m.* faucet; **eau du** — *f.* tap water 10;
   fermer le — to turn off the water 10
rock *m.* rock music, rock 'n roll 2
rocker *m.* rock musician
roi (reine) *m., f.* king, queen Récap
rôle *m.* role; **jouer un** — to play a role
rollerblades *m. pl.* rollerblades 3 s; **faire du**
   roller to rollerblade 4
roman *m.* novel Récap; — **policier** detective
   novel Récap
romantique romantic 14
romantisme *m.* romaticism 14
rompre (avec) to break up with 14 s
rose pink 1
rouge red 1; — **à lèvres** *m.* lipstick 10 s;
   un verre de — *m.* a glass of red wine 5
rougir to blush, turn red 8
rouler to drive
routine *f.* routine 10; — **quotidienne** daily
   routine 10
roux (rousse) red haired 1
rubrique *f.* heading, news column 6 s
rue *f.* street 11
rupture *f.* split (of a couple) 14
russe Russian 4; *m.* Russian language

S

sac *m.* purse 1; sack, bag 7; — **à dos** backpack
   1; — **de couchage** *m.* sleeping bag 11
sage well behaved, demure 3 s, 8
sain(e) healthy 13
saison *f.* season 2; — **sèche** dry season 9;
   — **des pluies** rainy season 9
salade *f.* salad, lettuce 7
saladier *m.* large (mixing) bowl 7 s
salaire *m.* salary 4
sale dirty 10
salle *f.* room; — **à manger** dining room 10;
   — **de bains** bathroom 10; — **de classe**
   classroom 1; — **de musculation** workout
   room 3 s; — **de séjour** living room 10
saluer to greet; **se** — to greet each other 1 s
salut hi, bye 1
samedi Saturday 2
sandales *f. pl.* sandals 1
sandwich *m.* sandwich 4 s, 5; — **jambon**
   beurre ham sandwich with butter 5
sang *m.* blood 13
sans without; —**-abri** homeless people 14 s;
   — **blague** *fam.* no kidding 10 s
santé *f.* health 13
satisfait(e) satisfied 8 s
sauce *f.* sauce, gravy 7 s
saucisson *m.* dry sausage 7
sauf except 11
saumon *m.* salmon 7

sauver to save Récap
savane *f.* savannah 9 s
savoir (*p.p.* su) to know (information),
    to know how 9
scandale *m.* scandal 14
scénario *m.* script Récap s
science *f.* science 2; sciences politiques *f. pl.*
    political science 2
scooter *m.* scooter 3 s
sec (sèche) dry 9 s
sèche-cheveux *m.* hair dryer 10 s
sécher (je sèche) to dry; se — to dry (oneself)
    off 10 s
secrétaire *m., f.* secretary 4
secteur *m.* field of work 4 s; — agricole
    agricultural field 4 s; — commercial sales
    4 s; — enseignement education 4 s;
    — des services publics local services 4 s;
    — juridique legal field 4 s;
    — construction construction 4 s;
    — marketing marketing field 4 s;
    — mécanique auto automotive 4 s;
    — médical medical field 4 s
sédentaire sedentary 3 s
séjour *m.* trip
sel *m.* salt 7
sélectionner to select
selon according to
semaine *f.* week 2; la — prochaine next
    week 4
semblable similar 8
semestre *m.* semester 2
sénateur *m.* senator 4 s
sens *m.* meaning, sense
sentiment *m.* feeling 14
sentir to sense; to smell; se — to feel 13
séparation *f.* separation 14
se séparer to separate, break up 14
sept seven 1
septembre September 2
série *f.* series; TV series 2 s
sérieux(-euse) serious 1
serré(e) tight 12
serveur(-euse) *m., f.* waiter, waitress 4
service *m.* service 7; — compris tip included 7;
    — non-compris tip not included 7;
    — des urgences emergency room 13 s
serviette *f.* napkin 7; — de bain bath towel 10 s
servir to serve; se — de to use 10
seul(e) alone 8 s
shampooing *m.* shampoo 10 s
shopping *m.* shopping 4
short *m.* shorts 1
si if 9
s'il vous plaît please 1
siècle *m.* century
signer to sign
silencieux(-euse) quiet, silent 2 s
simplement 13
singe *m.* monkey 9 s
site Internet *m.* Internet site 6
six six 1
ski *m.* ski, skiing 4; faire du — to go skiing 4
skier to ski 4
snob snobby 3 s
sociable sociable 1
société *f.* society
sociologie *f.* sociology 2
sœur *f.* sister 3; belle-— sister-in-law,
    stepsister 3 s; demi-— half sister 3 s

soie *f.* silk
soif: avoir — to be thirsty 7
soigner to take care of, nurse 13
soir *m.* evening, in the evening 4; bon — good
    evening 1; ce — this evening 5
soirée *f.* evening 5 s
soixante sixty 1
soixante-dix seventy 3
solde *f.* sale 12; en solde on sale 12
sole *f.* sole (fish) 7 s
soleil *m.* sun 5; il fait du — it's sunny 5
solitaire solitary 1
sommeil: avoir — to be sleepy 13
sondage *m.* survey
sorcier(-ière) *m., f.* witch Récap s
sorte *f.* sort
sortir to go out 5
souffrir (je souffre; *p.p.* souffert) to suffer 13
souhaiter to wish 13
souligner to underline
soupçonner to suspect
soupe *f.* soup 7
sourcil *m.* eyebrow 13 s
sourire to smile 13 s
sous under, beneath 3
souvenir *m.* memory 8
se souvenir de (*p.p.* souvenu) to remember 8
souvent often 2 s
spécialisation *f.* academic major 2
sport *m.* sport 4
sportif(-ive) athletic, active in sports 3;
    complexe sportif *m.* sport center 2
stade *m.* stadium 2 s
station de métro *f.* metro stop 10 s
stressé(e) stressed 3 s, 4
stricte strict 3 s
studio *m.* studio apartment 2 s, 3
stupide stupid 3
stylo *m.* pen 1
sucré(e) sweetened 5 s, 7
sud south 9; au — (de) to/in the south (of) 9
suffire (*p.p.* suffi): ça suffit that's enough 10
suffisamment sufficiently 13
suggérer (je suggère) to suggest
se suicider to commit suicide 14 s
suisse Swiss 4
suivant(e) next, following 8 s
suivre (*p.p.* suivi) to follow; — un cours to
    take a course
supermarché *m.* supermarket 7
supplément *m.* extra charge 11
supporter to hold up, bear
superficie *f.* surface area (9)
sur on 3
sûr(e) sure, safe 14; bien sûr of course 2
surprenant(e) surprising 14
surpris(e) surprised 14
surtout most of all, especially 2 s
surveillant(e) *m., f.* person in charge of
    discipline 8 s
surveiller to watch, keep an eye on, supervise
sweat *m.* sweat shirt 1
symbole *m.* symbol 11
sympathique (*fam.* sympa) nice, friendly 1
symptôme *m.* symptom 13
synopsis *m.* synopsis Récap

T

T-shirt *m.* T-shirt 1
table *f.* table 1; — basse coffee table 10; —

de nuit nightstand 3; mettre la — set
    the table 7
tableau *m.* chalkboard 1; painting
tâche ménagère *f.* household chore 10
taille *f.* size 12; de — moyenne average size 1
tailleur *m.* woman's suit 12
talon *m.* heel; des chaussures à —s high
    heels 12 s
tante *f.* aunt 3
taper à l'ordinateur to type on a computer 4 s
tapis *m.* rug 3
tard late 4
tarif *m.* fare, price 11 s
tarte *f.* tart, pie
tartelette *f.* mini-tart 7
tartine *f.* bread with butter and jam, a typical
    after-school snack 7 s
tasse *f.* cup 7
taxi *m.* taxi 9
techno *f. fam.* techno music 2 s
télépathie *f.* telepathy 11 s
téléphone *m.* telephone 3; — mobile
    (portable) cell phone 5
télé-réalité *f.* reality TV show 2
télévision *f.* (*fam.* télé) television 2
tellement so, so much
témoin *m.* witness
température *f.* temperature 9
temps *m.* weather 5; à plein — full time 4;
    à — partiel part-time 4; quel — fait-il?
    what is the weather? 5; emploi du — *m.*
    schedule 4; le beau — good weather 2 s;
    — libre free time 2 s
tendre tender 7
tendresse *f.* tenderness 14
tenir (*p.p.* tenu) to hold 6 s; — à to be bent on
    doing something, to want to 6 s
tennis *m.* tennis 2; des — *m. pl.* tennis shoes 1;
    jouer au — to play tennis 4
tension *f.* blood pressure 13 s
tente *f.* tent 11
tenter to try
terminale *f.* senior year of high school 12
terrain *m.* land; — de camping campground 11;
    — de sport sports field 2 s, 8
terrasse *f.* terrace, patio 5 s, 10
tête *f.* head 13; avoir mal à la — to have a
    headache 13
thé *m.* tea 5; — nature plain tea 5 — au citron
    hot tea with lemon 5; — au lait hot tea
    with milk 5
théâtre *m.* theater
thème *m.* theme
thon *m.* tuna 7
timide timid 1
titre *m.* title Récap
toi you 5
toilettes *f. pl.* toilet 10
tomate *f.* tomato 7
tomber to fall 6; — amoureux(-euse) to
    fall in love 14; — en panne to have a
    (mechanical) breakdown 6
tondeuse *f.* lawnmower 10 s
tongs *f. pl.* flip flops 12
tort: avoir — to be wrong 13
tortue *f.* tortoise 9 s
tôt early 4
toujours all the time, always 5
tour *f.* tower (11); *m.* le Tour de France
    bicycle race 4

tourisme *m.* tourism 9
touriste *m., f.* tourist
touristique tourist, popular with tourists 11
tourner to turn 11
tousser to cough 13
tout(e) (*pl.* **tous, toutes**) all; — **confort** luxury 10 s; — **droit** straight ahead 11; — **de suite** immediately; — **le monde** everyone; **c'est** — that's all 5
tradition *f.* tradition 11
train *m.* train 9
tranche *f.* slice 7
tranquille calm 3 s
transformer to transform Récap
transport *m.* transportation 9; **transports en commun** *m. pl.* public transportation 9; **moyen de** — *m.* means of transportation 9
travail *m.* (*pl.* **travaux**) work 2; — **bénévole** volunteer work 4 s
travailler to work 2, — **à plein temps** to work full time 4 s, 12; — **à mi-temps** to work part time 12
travailleur(-euse) hardworking 3
traverser to cross 11
treize thirteen 1
trente thirty 1
très very 1
tribunal *m.* court 4 s
trier to separate 10; — **les déchets** to separate the trash 10
trimestre *m.* trimester 2
triste sad 3
trois three 1
troisième third 2; **être en** — **année** to be a college junior 3
tromper to be unfaithful 14 s; to trick Récap
trop (de) too much, too many (of) 7
tropical(e) tropical 9
trouver to find; **se** — to be located 9
truc *m.* (*fam.*) thing 12
tu you 1
tube *m.* hit 9 s
tuer to kill Récap
type *m.* (*fam.*) guy 12
typiquement typically 2 s

U

un(e) one 1; a
unir to unite Récap s

université *f.* university 2
usine *f.* factory 4
utiliser to utilize, use

V

vacances *f. pl.* vacation 2; **les grandes** — summer vacation 9
vaincre to vanquish Récap s
vaisselle *f.* dishes 10; **faire la** — to do the dishes 10
valeur *f.* value 14
valise *f.* suitcase 9; **faire sa** — to pack one's bag 9
vallée *f.* valley 9 s
vanille *f.* vanilla 7 s
vase *m.* vase 3
vaste vast, big 9 s
vedette *f.* star Récap s
végétarien(ne) *m., f.* vegetarian 7 s
vélo *m.* bicycle 3; **en/à** — by bike 9
vendeur(-euse) *m., f.* salesperson 4
vendre to sell 5
vendredi Friday 2
venir (*p.p.* **venu**) to come 3; — **de** to have just 6
vent *m.* wind 5; **il fait du** — it's windy 5
ventre *m.* stomach 13
vérifier to verify, check 4 s
verité *m.* truth 14 s, Récap s
verre *m.* glass 7
vers around (time); towards (direction)
version originale (doublée, sous-titrée) *f.* original (dubbed, subtitled) movie Récap s
vert(e) green 1
veste *f.* jacket, sport coat 12
vêtements *m. pl.* clothes, clothing 1
viande *f.* meat 7
vidéo *f.* video 2
vidéoclip *m.* videoclip 6
vider to empty; — **la poubelle** to empty the garbage 10
vie *f.* life; — **conjugale** *f.* married life 14 s; — **sentimentale** love life 14
vieux (vieil, vieille) old, elderly 1
village *m.* town 9
ville *f.* city 4
vin *m.* wine 5
vinaigrette *f.* salad dressing made with oil and vinegar 7 s

vingt twenty 1
violet(te) violet, purple 1
visage *m.* face 13
visiter to visit (a place) 9
vitamine *f.* vitamin 7 s, 13
vite fast, quickly 8
vivant(e) alive 3 s
vivre (*p.p.* **vécu**) to live 6
vocabulaire *m.* vocabulary
voici here is, here are 2
voilà there is, there are
voile *f.* sailing 9 s
voir (*p.p.* **vu**) to see 3, 11; **aller** — to go see, visit a person 4
voisin(e) *m., f.* neighbor 1 s, 6 s
voiture *f.* car 3; **en** — by car 9
vol *m.* flight 9
volcan *m.* volcano 9 s
voler to steal, to fly Récap
volets *m. pl.* shutters 3 s, 6 s, 9
voleur *m.* thief Récap
vouloir (*p.p.* **voulu**) to want 5
vous you 1
voyage *m.* trip 4; **faire un** — to take a trip 4
voyager (nous voyageons) to travel 2
vrai(e) true
vraiment really 6, 13

W

W.C. *m. pl.* half bath (abbreviation of water closet) 10
week-end *m.* weekend 2

Y

yaourt *m.* yogurt 7
yeux *m. pl.* eyes (**œil** *m.* eye) 13
yoga *m.* yoga 4

Z

zèbre *m.* zebra 7 s
zéro *m.* zero 1
zouk *m.* zouk (popular musical genre from the French West Indies) 9 s

A

a un(e)
able: to be — pouvoir
abortion avortement *m.*
about à propos de, au sujet de
above au-dessus (de)
abroad à l'étranger
absolute absolu(e)
absolutely absolument
about: (the book) is about: il s'agit de
accident accident *m.*
to accompany accompagner
to accomplish accomplir
according to selon
accounting comptabilité *f.*
to ache avoir mal (à)
across à travers
to act agir
active actif(-ive); engagé(e)
actively activement
activity activité *f.;* **leisure activities**
    loisirs *m. pl.*
actor acteur(-trice) *m., f.;* comédien(ne) *m., f.*
to adapt s'adapter
to add ajouter
address adresse *f.;* **e-mail address** adresse
    courriel
to admire admirer
to adore adorer
adult adulte *m., f.*
advanced avancé(e)
advantage avantage *m.;* qualité *f.* **to take — of**
    profiter
adventure aventure *f.;* **— movie** film
    d'aventure *m.*
advertisement réclame *f.;* publicité *f.*
    (*fam.* la pub)
advice conseil *m.*
to advise conseiller; **— against** déconseiller
aerobics aérobic *f.;* **to do —** faire de l'aérobic
affectionate affectueux(-euse)
afraid: to be — avoir peur (de)
Africa Afrique *f.*
African africain(e); **North —** Maghrébin(e) *m., f.*
after après
afternoon après-midi *m.*
again de nouveau
against contre
age âge *m.*
agency agence *f.;* **travel —** agence de voyages *f.*
agent agent *m., f.;* **travel —** agent de voyages *m.*
aggressive agressif(-ive)
ago il y a (+ time)
to agree être d'accord
agricultural agricole
air conditioning climatisation *f.*
airplane avion *m.*
airport aéroport *m.*
alarm clock réveil *m.*
alcoholic alcoolisé(e)
alive vivant(e)
all tout(e) (*pl.* tous, toutes)
allergic allergique
allergy allergie *f.*

to allow permettre
almost presque
alone seul(e)
already déjà
also aussi
although bien que
always toujours
ambitious ambitieux(-euse)
American américain(e)
among parmi
ancestor ancêtre *m., f.*
anchovies anchois *m.*
and et
angry: to get — se mettre en colère, se fâcher
    contre; **to make someone —** mettre en
    colère
animal animal *m.*
ankle cheville *f.*
to announce annoncer
announcement annonce *f.*
to annoy ennuyer; embêter; énerver
to answer répondre (à)
anthem hymne *m.*
anthropology anthropologie *f.*
anxious angoissé(e)
apartment appartement *m.*, studio *m.;*
    — building immeuble *m.*
appetite appétit *m.*
appetizer hors-d'œuvre *m.*
apple pomme *f.*
appliance appareil ménager *m.*
to apply (for a job) poser sa candidature
appointment rendez-vous *m.*
to appreciate apprécier
April avril
aquarium aquarium *m.*
Arabic arabe *m.*
architect architecte *m., f.*
to argue (with) se disputer (avec)
arid aride
arm bras *m.*
armchair fauteuil *m.*
armoire armoire *f.*
around (time) vers; autour; environ
to arrange arranger; ranger
to arrive arriver
article article *m.*
artisan artisan *m., f.*
artist artiste *m., f.*
as comme; **— . . . —** aussi... que; **— much,**
    — many autant; **— soon —** aussitôt que
Asia Asie *f.*
to ask (for) demander; **— a question** poser
    une question
asparagus asperges *f. pl.*
aspirin aspirine *f.*
assured assuré(e)
astonished étonné(e)
astonishing étonnant(e)
at à, en
athlete athlète *m., f.*
athletic sportif(-ive)
ATM (automatic teller machine) distributeur
    automatique *m.*

atmosphere atmosphère *f.*
to attack attaquer
attempt tentative *f.*
to attend assister à
attention attention *f.;* **to pay —** faire attention
to attract attirer
attraction attraction *f.*
August août
aunt tante *f.*
austere austère
Australia Australie *f.*
authentic authentique
author auteur *m.*
autumn automne *m.*
available disponible
avenue avenue *f.*
average moyen(ne)
to avoid éviter
to awaken (someone) réveiller

B

baby bébé *m.*
babysitter baby-sitter *m., f.;* **to babysit** faire du
    baby-sitting
back dos *m.*
backpack sac à dos *m.*
bad mauvais(e); **not —** pas mal
badly mal
bag sac *m.*
bakery boulangerie *f.;* pâtisserie *f.*
balance équilibre *m.*
balcony balcon *m.*
ball balle *f.;* (inflatable) ballon *m.;* (dance)
    bal *m.*
banal banal(e)
banana banane *f.*
bandage pansement *m.*
to banish bannir
bank banque *f.*
banker banquier(-ière) *m., f.*
bankrupt: to go — faire faillite
to baptize baptiser
bargain bonne affaire *f.;* **to —** marchander
basketball basketball *m.;* **— player** basketteur *m.;*
    — shoes baskets *f. pl.;* **to play —** jouer au
    basket
to bathe baigner; **to take a bath** se baigner
bathing suit maillot de bain *m.*
bathroom salle de bains *f.;* **half —** les
    W.C. *m. pl.*
battle bataille *f.*
to be être
beach plage *f.*
bean haricot *m.*
bear ours *m.*
to bear, hold up supporter
beard barbe *f.*
to beat battre
beautiful beau (bel, belle), (*pl.* beaux, belles)
because parce que, car
to become devenir
bed lit *m.;* **to make the —** faire le lit; **to put to**
    — coucher; **to go to —** se coucher
bedroom chambre *f.*

bedsheets draps *m. pl.*
bedspread couvre-lit *m.*
bee abeille *f.*
beef bœuf *m.*
beer bière *f.;* **glass of draft** — demi *m.*
before avant
to beg prier
to begin commencer; — **to** se mettre à
beginning début *m.;* **in the** — au début
to behave se comporter
behind derrière
beige beige
Belgian belge
to believe croire
bell pepper poivron *m.*
to belong to appartenir à
bench banc *m.*
to benefit bénéficier
better meilleur(e); *adv.* mieux; **it is** — il vaut
    mieux
between entre
bicycle bicyclette *f.,* vélo *m.*
big grand(e); vaste
bilingual bilingue
binder classeur *m.*
binoculars jumelles *f. pl.*
biology biologie *f.*
bird oiseau *m.*
birth naissance *f.*
birthday anniversaire *m.;* **happy** — bon
    anniversaire
black noir(e)
blackboard tableau *m.*
blazer blazer *m.*
blond blond(e)
blood sang *m.;* — **pressure** tension *f.*
blouse chemisier *m.*
blue bleu(e)
blue jeans jean *m.*
to blush rougir
boat bateau *m.*
body corps *m.*
to boil faire bouillir
book livre *m.*
bookseller bouquiniste *m., f.*
bookshelf étagère *f.*
bookstore librairie *f.*
boot botte *f.*
border frontière *f.*
boring ennuyeux(-euse)
born: to be — naître
to borrow emprunter
boss patron(ne) *m., f.*
to bother déranger
bottle bouteille *f.*
boulevard boulevard *m.*
boutique boutique *f.*
bowl bol *m.;* **mixing** — saladier *m.*
box boîte *f.;* — **of tissues** boîte *f.* de mouchoirs
boy garçon *m.;* —**friend** petit ami *m.*
brand marque *f.*
bread pain *m.;* **whole wheat** — pain
    complet *m.*
to break casser; — **(one's leg)** se casser
    (la jambe); — **up with** rompre (avec)
breakfast petit déjeuner *m.*
to breathe respirer
bridge pont *m.*
brief bref (brève)

broadcast émission *f.*
broccoli brocoli *m.*
brochure brochure *f.*
broke (out of money) fauché(e) *(fam)*
broken down en panne
broom balai *m.*
brother frère *m.;* **brother-in-law,** beau-frère
    m., **half-brother, stepbrother**
    demi-frère *m.*
brown marron; **to get** — brunir
bruise bleu *m.*
brunette brun(e)
brush brosse *f.;* **to** — brosser; **to** — **one's hair**
    se brosser les cheveux
buddy pote *m. fam.*
to build construire
building bâtiment *m.*
to burn brûler
bus autobus *m.,* autocar *m.*
business commerce *m.;* affaires *f. pl.;*
    e-business commerce électronique;
    businessman/woman homme (femme)
    d'affaires *m., f.*
busy occupé(e); chargé(e)
but mais
butcher shop boucherie *f.*
butter beurre *m.*
butterfly papillon *m.*
to buy acheter
by par

C

cafeteria cafétéria *f.*
café café *m.*
cake gâteau *m.*
calculator calculatrice *f.*
calendar calendrier *m.*
to call appeler; téléphoner (à); — **back**
    rappeler
calm calme, tranquille
camel chameau *m.*
camera appareil photo *m.*
campground terrain de camping *m.*
camping camping *m.;* **to go** — faire du
    camping
can boîte *f.*
can, to be able to pouvoir
cancer cancer *m.*
candy bonbon *m.*
canoe canoë *m.*
cap (baseball) casquette *f.*
capital capitale *f.*
car voiture *f.,* bagnole *f. fam.*
card carte *f.;* **debit** — carte bancaire, carte de
    débit; **credit** — carte de crédit; **postcard**
    carte postale; **to play cards** jouer aux
    cartes
care: to take — **of** s'occuper de; **to** — **for**
    se soucier de; **to take** — **of oneself** se
    soigner; **to take** — **of** prendre soin (de)
career carrière *f.*
careful: to be — **faire** attention
to carress caresser
carriage carosse *m.*
carrot carotte *f.*
cartoon bande dessinée *f.,* BD *f.*
cash en liquide; — **register** caisse *f.*
cassette cassette *f.*
cast plâtre *m.*
castle château *m.*

cat chat *m.*
to catch attraper
cause cause *f.;* **humanitarian** — cause
    humanitaire *f.*
cave grotte *f.*
cavity carie *f.*
CD disque compact *m.* CD *m. fam.;* — **player**
    lecteur (laser) de CD *m.*
cemetery cimetière *m.*
center centre *m.;* **cultural** — centre culturel *m.*
century siècle *m.*
cereal céréales *f. pl.*
certain certain(e)
chair chaise *f.*
chalk craie *f.*
challenge défi *m.*
champagne champagne *m.*
champion champion(ne) *m., f.*
change changement *m.;* (money) monnaie *f.*
to change changer
character personnage *m.;* **main** — personnage
    principal *m.;* protagoniste *m., f.*
charge: extra — supplément *m.*
charity association caritative *f.*
charming charmant(e)
to chase chasser
to chat bavarder
cheap bon marché, pas cher
check chèque *m.;* **restaurant** — addition *f.;*
checkered (fabric) à carreaux
cheek joue *f.*
cheese fromage *m.;* — **shop** fromagerie *f.;*
    with melted — gratiné(e)
chemistry chimie *f.*
cherry cerise *f.*
chest of drawers commode *f.*
chicken poulet *m.*
child enfant *m., f.;* gosse *m., f., fam.;*
    only — fils (fille) unique
childhood enfance *f.*
chill frisson *m.*
chin menton *m.*
chocolate chocolat *m.*
to choose choisir
church église *f.*
city ville *f.*
class classe *f.;* **classmate** camarade de classe
    m., f.; **classroom** salle de classe *f.*
classified ads petites annonces *f. pl.*
clean propre; **to** — nettoyer
clear clair(e)
client client (cliente) *m., f.*
climate climat *m.*
to climb monter
clock horloge *f.,* — **radio** radio-réveil *m.*
to close fermer
close (to) près (de)
closet placard *m.,* armoire *f.*
clothes vêtements *m. pl.*
cloud nuage *m.;* **it's cloudy** le ciel est couvert;
    it's partly cloudy il y a des éclaircies
coast côte *f.*
coat manteau *m.*
Coca-Cola coca *m.;* **diet Coke** coca light *m.*
coffee café *m.;* — **with cream** café crème
    (fam. un crème*);* — **table** table
    basse *f.*
coin(s) monnaie *f.*
cold froid(e); (illness) rhume *m.,* **it's** — il fait
    froid; **to be** — avoir froid

collar col *m.*

colleague collègue *m., f.*

colony colonie *f.*

color couleur *f.*

comb peigne *m.*

to come venir; to — back revenir

comedy comédie *f.*

comfort confort *m.*

commercial commercial(e)

commercialized commercialisé(e)

to communicate communiquer

compact disc disque compact *m.*, CD *m.*

company entreprise *f.*; — president chef d'entreprise *m.*

to compare comparer

compass boussole *f.*

competition concours *m.*

to complain se plaindre, râler

completely complètement, tout à fait

composer compositeur(-trice) *m., f.*

computer ordinateur *m.*; — science informatique *f.*; — room salle informatique *f.*; — software logiciel *m.*; — specialist informaticien(ne) *m., f.*

concert concert *m.*

Congolese congolais(e)

to confide confier

confident confiant(e)

conflict conflit *m.*

conformist conformiste *m., f.*

conformity conformisme *m.*

congested enrhumé(e)

consequently par conséquent

conservative conservateur(-trice)

to consider considérer

constantly constamment

to consult consulter

consumer consommateur(-trice) *m., f.*

consumption consommation *f.*

contact information coordonnées *f. pl.*

container récipient *m.*

contemporary contemporain(e)

continent continent *m.*

to continue continuer

contrary: on the — au contraire

to contribute contribuer

convention congrès *m.*

to convince convaincre

cook cuisinier(-ière) *m., f.*; to — faire la cuisine; to — (something) faire cuire (quelque chose)

cookie biscuit *m.*

cool frais (fraîche); cool, chouette *fam.*; it's — (weather) il fait frais

copy copier; copie *f.*

corduroy velours côtelé *m.*

corn maïs *m.*

corner coin *m.*

cosmopolitan cosmopolite

to cost coûter

cotton coton *m.*

couch canapé *m.*

to cough tousser

to count (on) compter (sur)

country campagne *f.*; pays *m.*

couple couple *m.*

courage courage *m.*

courageous courageux(-euse)

course cours *m.*; of — bien sûr

court (law) tribunal *m.*

to court faire la cour

courtyard cour *f.*, terrasse *f.*

cousin cousin(e) *m., f.*

cover couverture *f.*

to cram (for an exam) bachoter

crazy fou (folle)

cream crème *f.*

to create créer

credit card carte de crédit *f.*

crisis (economic) crise *f.*

to criticize critiquer

to cross traverser

crow corbeau *m.*

crowd foule *f.*

cruise croisière *f.*

crutches béquilles *f. pl.*

to cry pleurer

cucumber concombre *m.*

culinary culinaire

to cultivate cultiver

cup tasse *f.*

cure remède *m.*

curtains rideaux *m. pl.*

customer client(e) *m., f.*

to cut couper; — a class sécher un cour *fam.*; — one's finger se couper le doigt

cute mignon(ne)

D

daily quotidien(ne); — publication quotidien *m.*

dairy: shop selling dairy products crémerie *f.*

dance danse *f.*; bal *m.*; to — danser

dancer danseur (danseuse) *m., f.*

date date *f.*; rendez-vous *m.*

datebook agenda *m.*

daughter fille *f.*

day jour *m.*; journée *f.*; all — long toute la journée; — after lendemain *m.*

dead mort(e)

dear cher (chère)

death penalty peine de mort *f.*

debit card carte bancaire *f.*, carte de débit *f.*

December décembre

to decide décider; se décider à

to decrease diminuer

deep profond(e)

to defend défendre

degree degré *m.*; bachelor's — licence *f.* (equivalent); master's — master *m.*

delicatessen charcuterie *f.*

delicious délicieux(-ieuse)

delighted ravi(e)

delivery (of a baby) accouchement *m.*

to demand exiger

demanding exigeant(e)

demure sage

dental floss fil dentaire *m.*

dentist dentiste *m., f.*

department store grand magasin *m.*

to depend (on) dépendre (de); it depends ça dépend

deposit caution *f.*

depressed déprimé(e); to be — avoir le cafard, faire une dépression

to describe décrire

description description *f.*

desert désert *m.*

to desire désirer; avoir envie de

desk bureau *m.*; student — pupitre *m.*

despite malgré

dessert dessert *m.*

destination destination *f.*

destiny destin *m.*

to destroy détruire

to develop développer

developed developpé(e)

devil diable *m.*

to devote consacrer

to devour dévorer

dialog(ue) dialogue *m.*

diary journal intime *m.*

dictionary dictionnaire *m.*, dico *m. fam.*

to die mourir (*p.p.* mort)

diet régime *m.*; alimentation *f.*; to be on a — être au régime

difference différence *f.*

different différent(e)

difficult difficile

to diminish diminuer

to dine dîner

dinner dîner *m.*

diploma diplôme *m.*

direction direction *f.*

director directeur(-trice); réalisateur (-trice) *m., f.*; metteur en scène *m.*

dirty sale

disadvantage inconvénient *m.*

disappointed déçu(e)

discipline discipline *f.*

to discover découvrir

to discuss discuter (de)

disgusting dégoûtant(e)

dish assiette *f.*; (of food) plat *m.*; to wash dishes faire la vaisselle

diversity diversité *f.*

divorce divorce *m.*; to — divorcer

divorced divorcé(e)

to do faire

doctor médecin *m.*

doctorate doctorat *m.*

documentary documentaire *m.*

dog chien(ne) *m., f.*

doll poupée *f.*; to play dolls jouer à la poupée

to dominate dominer

door porte *f.*

dormitory résidence universitaire *f.*; dortoir *m.*

to doubt douter

doubtful douteux (douteuse)

down: to go downstairs, get off descendre

downtown centre-ville *m.*

dozen douzaine *f.*

dragon dragon *m.*

drama drame *m.*; art dramatique *m.*

drawing dessin *m.*, image *f.*

dream rêve *m.*; to — rêver

dress robe *f.*; to — habiller; to get dressed s'habiller; dressed up habillé(e)

drink boisson *f.*; binge-drinking binge-drinking *m.*; to — boire; something to — quelque chose à boire

to drive conduire, rouler; to go for a drive faire une promenade en voiture

drug drogue *f.*

dry sec (sèche); to — (oneself) off se sécher; — cleaners pressing *m.*

during pendant

DVD DVD *m.*

E

each chaque
eagle aigle *m.*
ear oreille *f.*
early tôt, de bonne heure; **to be** — être en
  avance
to earn gagner
earthquake tremblement de terre *m.*, séisme *m.*
east est; **to/in the** — **(of)** à l'est (de)
easy facile
to eat manger; — **lunch** déjeuner; — **dinner**
  dîner
ecology écologie *f.*
economics sciences économiques *f. pl.*
education formation *f.*; enseignement *m.*
egalitarian égalitaire
egg œuf *m.*
eight huit
eighty quatre-vingts
elbow coude *m.*
elegant élégant(e)
element élément *m.*
elephant éléphant *m.*
elevator ascenseur *m.*
elsewhere ailleurs
e-mail courrier électronique *m.*, courriel *m.*,
  e-mail *m.*, mèl *m.*; — **address** adresse
  courriel *f.*
to emphasize mettre en valeur
to employ employer
employee employé(e) *m., f.*
employer employeur(-euse) *m., f.*
to empty the garbage vider la poubelle
end fin *f.*; **at the** — **of** au bout de
ending dénouement *m.*
energetic énergique
engaged: to get — se fiancer
engineer ingénieur *m.*
English anglais(e); — **language** anglais *m.*
enough assez (de)
to enrich enrichir
to enter entrer
entertainment distraction *f.*; — **center**
  rangement télévision/hi-fi, *m.*
enthusiastic enthousiaste, passionné(e)
entry (hall) entrée *f.*
environment environnement *m.*
equator équateur *m.*
errand course *f.*; **to do errands** faire les courses
error erreur *f.*
especially surtout
espresso expresso *m.*
to establish établir
eternal éternel(le)
Europe Europe *f.*
evening soir *m.*; soirée *f.*; **good** — bonsoir;
  yesterday — hier soir; **this** — ce soir
event événement *m.*; **current events** actualités
  f. pl.
every: everyone tout le monde; **everywhere**
  partout
evidently évidemment
exactly exactement
exam examen *m.*; **competitive** — concours *m.*
example exemple *m.*; **for** — par exemple
excellent excellent
except sauf
exceptional exceptionnel(le)
to exchange échanger

excited animé(e)
exciting passionnant(e)
excursion excursion *f.*
excuse me excusez-moi
executive cadre *m.*
exercise exercice *m.*
exhibit exposition *f.*
exile: to go into exile s'exiler
to expect attendre; — **to** s'attendre à
to expel (from school) renvoyer
expense dépense *f.*
expensive cher (chère)
to explain expliquer
to explode exploser
to express exprimer
eyebrow sourcil *m.*
eyeglasses lunettes *f. pl.*; **sunglasses** lunettes
  de soleil
eyelash cil *m.*
eyes yeux *m. pl.* (œil *m. sing.*)

F

fable fable *f.*
face figure *f.*; visage *m.*
facing en face (de)
factory usine *f.*
to fail rater
to faint s'évanouir
fairy fée *f.*; — **tale** conte de fées *m.*
faithfulness fidélité *f.*
to fall tomber; — **asleep** s'endormir;
  — **in love (with)** tomber amoureux
  (-euse) (de)
false faux (fausse)
family famille *f.*; **blended family** famille
  recomposée *f.*
famous célèbre; fameux(-euse)
fan fana *m., f. (fam)*
far (from) loin (de)
fare tarif *m.*
farm ferme *f.*
farmer agriculteur(-trice) *m., f.*
fashion mode *f.*; — **designer** couturier(-ière)
  m., f.; — **show** défilé de mode *m.*, **to be**
  in — être à la mode
fat gros(se); graisse *f.*, **low** — maigre
father père *m.*; **father-in-law, stepfather**
  beau-père *m.*
faucet robinet *m*; **to turn off the** — fermer le
  robinet
favorite préféré(e)
fear peur *f.*; **to be afraid** avoir peur
February février
to feel se sentir; — **like** avoir envie de
fever fièvre *f.*
few peu (de); **a** — quelques
fiancé(e) fiancé(e) *m., f.*
field champ *m.*, secteur *m.*; **soccer** — terrain de
  football *m.*; **sports** — terrain de sport *m.*
fifty cinquante
to fight lutter
to fill (in) remplir
filled complet (complète)
film film *m.*; (for camera) pellicule *f.*
film maker cinéaste, *m., f.*; réalisateur(-trice)
  m., f.
finally enfin, finalement
to find one's way se repérer
finger doigt *m.*

fingernail ongle *m.*
to finish finir
fireplace cheminée *f.*
first premier(-ière); *adv.* d'abord
fish poisson *m.*
five cinq
flag drapeau *m.*
flashlight lampe électrique *f.*
flat plat(e)
to flatter flatter
flight vol *m.*
floor étage *m.*; **first** — **(American second**
  floor) premier étage
florist fleuriste *m., f.*
flower fleur *f.*; — **print** à fleurs
flu grippe *f.*
fluently couramment
to fly voler
fog brouillard *m.*; **it's foggy** il fait du brouillard
to follow suivre; **following** suivant(e)
food nourriture *f.*; provisions *f. pl.*; cuisine *f.*;
  alimentation *f.*; bouffe *f. fam.*
foot pied *m.*; **on** — à pied
football football américain *m.*
for pour
forehead front *m.*
foreign étranger(-ère)
foresight prévoyance *f.*
forest forêt *f.*
to forget oublier
fork fourchette *f.*
form formulaire *m.*
former ancien(ne)
formerly autrefois
fortunately heureusement
fortune teller voyant(e) *m., f.*
four quatre
fox renard *m.*
free libre; — **(of charge)** gratuit(e)
to freeze geler; **it's freezing** il gèle
French français(e); — **language** français *m.*
French-speaking francophone
frequent fréquent(e)
to frequent fréquenter
fresh frais (fraîche)
freshman (in school) en première année
Friday vendredi
friend ami(e) *m., f.*; copain (copine) *m., f.*;
  camarade *m., f.*; **boyfriend/girlfriend**
  petit(e) ami(e)
friendship amitié *f.*
from de
front: in — **of** devant
fruit fruit *m.*
full plein(e); — **time** à plein temps
fun: to have — s'amuser
funny amusant(e), drôle, comique, marrant(e)
  fam., rigolo(te) *fam.*
furnished meublé(e)
furniture meubles *m. pl*
future avenir *m.*

G

to gain weight grossir
game jeu *m.*; (sports) match *m.*
gang gang *m.*
garage garage *m.*
garbage can poubelle *f.*
garden jardin *m.*

to gargle faire des gargarismes
garlic ail *m.*
gasoline essence *f.*
general général(e); **in —** en général
generous généreux(-euse)
geography géographie *f.*
German allemand(e); **— language** allemand *m.*
to gesture gesticuler
to get obtenir; **— a job** décrocher; **— rich** faire fortune
to get along s'entendre (bien)
to get down descendre
to get dressed s'habiller
to get up se lever
to get used to s'habituer
to get well se remettre
giant géant *m.*
gift cadeau *m.*
giraffe girafe *f.*
girl fille *f.*, nana *f. fam.*
girlfriend petite amie *f.*
to give donner
glass verre *m.*
glove gant *m.*
to go aller; **— away** s'en aller; **— to bed** se coucher, **— see** aller voir
goal but *m.*
goblet verre à pied *m.*
god, God dieu *m.*, Dieu *m.*
gold or *m.*; **made of —** en or
golf golf *m.*
good bon(ne); **— evening** bonsoir
good-bye au revoir, salut, ciao *fam.*
gorilla gorille *m.*
gourmet gastronomique
gram gramme *m.*
grandchildren petits-enfants *m. pl.*
granddaughter petite-fille *f.*
grandfather grand-père *m.*
grandmother grand-mère *f.*
grandparents grands-parents *m. pl.*
grandson petit-fils *m.*
grape raisin *m.*
grapefruit pamplemousse *m.*
grass pelouse *f.*
gray gris(e)
great super *fam.*; chouette *fam.*
green vert(e)
green beans haricots verts *m. pl.*
to greet saluer; **— each other** se saluer
grilled grillé(e)
grocery store épicerie *f.*
ground floor (of a building) (American first floor) rez-de-chaussée *m.*
group groupe *m.*
to grow (up) grandir
growth croissance *f.*
to guess deviner
guitar guitare *f.*
guy mec *m.*, type *m. fam.*
gym gymnase *m.*

H

hair cheveux *m. pl.*; **— dryer** sèche-cheveux *m.*; **short (long) —** cheveux courts (longs); **blond (brown, gray, red) —** cheveux blonds (bruns, gris, roux)
haircut coupe de cheveux *f.*
hairstyle coiffure *f.*

half demi(e)
hallway couloir *m.*
ham jambon *m.*
hand main *f.*
handkerchief mouchoir *m.*
handsome beau (bel, belle) (*pl.* beaux, belles)
to happen se passer, arriver
happiness bonheur *m.*
happy heureux(-euse); content(e)
hard *adv.* dur
hardware store quincaillerie *f.*
hard-working travailleur(-euse)
hat chapeau *m.*
to hate détester
to have avoir; **— a great time** s'éclater *fam.*; **— difficulty** avoir du mal à; **— fun, enjoy oneself** s'amuser; **— to** devoir
he il
head tête *f.*; **to have a headache** avoir mal à la tête
to heal guérir
health santé *f.*
healthy sain(e)
to hear entendre
heart cœur *m.*
heavy lourd(e); **(stocky)** fort(e)
heel talon *m.*; **high heels** chaussures à talons hauts *f.*
hell enfer *m.*
hello bonjour; (telephone) allô
to help aider
here ici; **— is/are** voici
hero héros *m.*
heroine héroïne *f.*
to hesitate hésiter (à)
hi salut *fam.*
to hide se cacher
hide-and-seek cache-cache *m.*
high élevé(e)
high school lycée *m.*
highway autoroute *f.*
hike randonnée *f.*; **to go for a —** faire une randonnée
hiker (biker) randonneur(-euse) *m., f.*
hip hanche *f.*
to hire embaucher
historical historique
history histoire *f.*
hit tube *m.* (music)
to hit taper
to hitch together accrocher
to hitchhike faire de l'auto-stop
hockey hockey *m.*; **to play —** jouer au hockey
to hold (out) tenir; **— the record** détenir le record
holiday fête *f.*
home foyer *m.*
homeless people gens sans-abri *m. pl.*
homemaker homme (femme) au foyer *m., f.*
homesick dépaysé(e)
homesickness mal du pays *m.*
homework devoirs *m. pl.*; **to do —** faire les devoirs
honest honnête
honestly franchement
honeymoon lune de miel *f.*
to hook (hitch on) accrocher

hope espoir *m.*
to hope espérer
horrible horrible
horror movie film d'horreur *m.*
horse cheval *m.*
horseback riding équitation *f.*
hosiery (tights) collants *m. pl.*
hospital hôpital *m.*
hot chaud(e); **— chocolate** chocolat chaud *m.*; **— plate** réchaud *m.*; **it's —** il fait chaud; **to be —** avoir chaud
hotel hôtel *m.*
hour heure *f.*; **in an —** dans une heure
house maison *f.*; **at someone's —** chez; **—mate** colocataire *m., f.*
household chore tâche ménagère *f.*
housework ménage *m.*; **to do —** faire le ménage
how comment; **— are you?** comment allez-vous?; **— long** (for how much time) depuis combien de temps; **— long** (since when, since what point of time) depuis quand; **— many** combien de; **— much** combien; **— much is it?** c'est combien? **— 's it going?** ça va?
however cependant, pourtant
humanitarian humanitaire; **— cause** cause humanitaire *f.*
humiliating humiliant(e)
hundred cent; **two —** deux cents
hungry: to be — avoir faim
hurricane ouragan *m.*
to hurry se dépêcher
to hurt blesser
husband mari *m.*

I

I je
ice cream glace *f.*
ice skating patin à glace *m.*
ideal idéal(e)
identification identification *f.*
to identify identifier
if si
illness maladie *f.*
to imagine imaginer
immediately immédiatement, tout de suite
immigration immigration *f.*
important important(e)
in à, dans; **— class** en classe; **— first class** en première classe; **— front of** devant; **— tourist class** en classe touriste
included compris(e)
to increase augmenter
independence indépendance *f.*
independent indépendant(e)
indifferent indifférent(e)
individualistic individualiste
industrialized industrialisé(e)
inexpensive bon marché
to influence influencer
to inform informer
information renseignements *m. pl.*
ingredient ingrédient *m.*
inhabitant habitant *m.*
to injure blesser
injury blessure *f.*
inn auberge *f.*
inside à l'intérieur

insurance assurance *f.*
intellectual intellectuel(le)
intelligent intelligent(e)
interest: to be interested in s'intéresser à
interesting intéressant(e)
international international(e)
internship: to do an — faire un stage
interview interview *f.*, entretien *m.*
to introduce présenter; — oneself se présenter
to invite inviter
to iron clothes repasser le linge
to irritate irriter
island île *f.*
itinerary itinéraire *m.*

J

jacket blouson *m.*
jam confiture *f.*
January janvier
Japanese japonais(e); — language japonais *m.*
jar pot *m.*
jazz jazz *m.*
jealous jaloux(-se)
jealousy jalousie *f.*
jeans blue-jean *m.*
jewelry bijoux *m. pl*
job travail *m.*, job *m.*; boulot *m.* (*fam.*)
jogging jogging *m.*; to jog faire du jogging
joke blague *f.*; to — plaisanter; no kidding sans blague (*fam.*)
journalism journalisme *m.*
journalist journaliste *m., f.*
judge juge *m.*
juice jus *m.*; orange — jus d'orange; apple — jus de pomme
July juillet
June juin
junior (in school) en troisième année
just: to have — venir de

K

to keep garder
key clé *f.*
kid gosse *m., f. fam*
to kill tuer
kilogram kilo *m.*
kind (type) sorte *f.*; (nice) gentil(le)
kindergarten école maternelle *f.*
kindness gentillesse *f.*
king roi *m.*
kiss baiser *m.*, bise *f.* (*fam.*); to — embrasser; to — each other s'embrasser; hugs and kisses (letter closing) grosses bises
kitchen cuisine *f.*; — utensil ustensile de cuisine *m.*
knee genou *m.* (*pl.* genoux)
to kneel s'agenouiller
knife couteau *m.*
knight chevalier *m.*
to knock frapper
to know connaître, savoir
knowledge connaissance *f.*

L

laboratory laboratoire *m.*
lack manque *m.*
lake lac *m.*
lamb agneau *m.*
lamp lampe *f.*

landlord/landlady propriétaire *m., f.*
language langue *f.*
laptop portable *m.*
to last durer
last dernier/ière; — week la semaine dernière
late tard; to be — être en retard
later plus tard
Latin latin(e); — language latin *m.*
to laugh rire
to launch lancer
laundry lessive *f.*; to do the — faire la lessive
law droit *m.*
lawnmower tondeuse *f.*
lawyer avocat(e) *m., f.*
laziness paresse *f.*
lazy paresseux(-euse)
to lead (direct) diriger; mener
leaf feuille *f.*
to leaf feuilleter
to learn apprendre
leather cuir *m.*
to leave quitter, partir, sortir; to — behind laisser
lecture hall amphithéâtre *m.*
left gauche, à gauche
leg jambe *f.*
legal juridique
legend légende *f.*
lemonade citron pressé *m.*
lemon-lime soda limonade *f.*
to lend prêter
length (of time) durée *f.*
less moins; — than moins... que
lesson leçon *f.*
letter lettre *f.*
lettuce salade *f.*, laitue *f.*
library bibliothèque *f.*
life vie *f.*; married — vie conjugale *f.*
to lift weights faire de la musculation
light léger/ère; (color) clair(e); (lowfat) allégé(e), maigre
light lumière *f.*; to turn out the — éteindre la lumière
light bulb ampoule *f.*
like comme
to like aimer, aimer bien
line ligne *f.*; to stand in — faire la queue
lion lion *m.*
lips lèvres *f. pl.*
lipstick rouge à lèvres *m.*
list liste *f.*
to listen to écouter
liter litre *m.*
literacy alphabétisme *m.*
literature littérature *f.*
little petit(e); peu; a — un peu (de)
to live habiter, vivre
lively animé(e)
liver foie *m.*
living room salle de séjour *f.*
lizard lézard *m.*
loafers mocassins *m. pl.*
located situé(e); to be — se trouver
lodging logement *m.*
long long(ue)
to look (at) regarder; — for chercher; — ill avoir mauvaise mine; — like avoir l'air (de), ressembler
to lose perdre; — weight maigrir

loss perte *f.*
lot: a — (of) beaucoup (de)
love amour *m.*; at first sight coup de foudre *m.*; to — aimer, adorer; to be in — (with) être amoureux(-euse) (de)
lover amant(e) *m., f.*
low bas(se)
lowfat allégé(e)
luck chance *f.*; to be lucky avoir de la chance
lunch déjeuner *m.*; to eat — déjeuner
luxury tout confort, luxe *m.*

M

ma'am madame
magazine magazine *m.*; revue *f.*
mail courrier *m.*
main principal(e)
to maintain maintenir
major (academic) spécialisation *f.*
to major se spécialiser
majority majorité (de) *f.*
to make faire, fabriquer; — fun of se moquer de
makeup: to put on — se maquiller
man homme *m.*
management gestion *f.*
manager manager *m., f.*
manner manière *f.*; good manners bonnes manières; well/bad mannered bien/mal élevé(e)
many beaucoup (de)
map carte *f.*, plan *m.*
marble bille *f.*; to play marbles jouer aux billes
March mars
marker marqueur *m.*
market marché *m.*; open air — marché en plein air *m.*; —ing marketing *m.*
marriage mariage *m.*
married marié(e)
to marry épouser; to get married se marier (avec)
match allumette *f.*
mathematics mathématiques *f. pl.* (*fam.* maths)
May mai
maybe peut-être
mayonnaise mayonnaise *f.*
mayor maire *m.*
me moi; — too moi aussi; — neither moi non plus
meal repas *m.*; enjoy your — bon appétit
mean méchant(e)
meaning sens *m.*
meat viande *f.*; — cutlet côtelette *f.*; — spread pâté *m.*
mechanic mécanicien(ne) *m., f.*
medal (gold, silver) médaille (d'or, d'argent) *f.*
medicine médicament *m.*, field of — médecine *f.*
mediocre médiocre
to meet rencontrer; — again se retrouver, se rejoindre; to make someone's acquaintance faire la connaissance de
to melt faire fondre
melted fondu(e)
memory mémoire *f.*, souvenir *m.*
to mention mentionner
menu carte *f.*
message message *m.*
messy en désordre, désordonné(e)

microwave micro-ondes *f.;* — **oven** four à micro-ondes *m.*
midnight minuit *m.*
mild doux (douce); **it's** — (weather) il fait doux
milk lait *m.;* **coffee with** — café au lait *m.*
million million *m.*
mind esprit *m.*
mini-tart tartelette *f.*
minority minorité (de)
miracle *f.* miracle *m.*
mirror miroir *m.*
to miss manquer; rater (le bus)
miss, Miss mademoiselle (Mlle)
misunderstanding incompréhension *f.*
to mix mélanger
mixing mélange *m.;* **cultural mixing** métissage culturel *m.*
model mannequin *m.*
moderate modéré(e)
modern moderne
modest modeste
moment moment *m.*
Monday lundi
money argent *m*
monkey singe *m.*
month mois *m.*
monument monument *m.*
mood humeur *f.;* **to be in a bad (good)** — être de mauvaise (bonne) humeur
more plus, davantage; — **. . . than** plus... que
morning matin *m.*
most (of) la plupart (de), la majorité de
mother mère *f.;* **step-mother, mother-in-law** belle-mère *f.*
motorcycle motocyclette (*fam.* moto) *f.*
mountain montagne *f.*
mountainous montagneux(-euse)
mouth bouche *f.*
to move bouger; **(house)** déménager; — **in** s'installer, emménager
movie film *m.;* — **director** cinéaste, metteur en scène *m., f.;* — **star** vedette *f.;* — **theater** cinéma *m.*, salle de cinéma *f.*
to mow passer la tondeuse
MP3 player lecteur MP3 *m.*
Mr. Monsieur (M.)
Mrs. Madame (Mme)
murder meurtre *m.*
muscle muscle *m.*
museum musée *m.*
mushroom champignon *m.*
music musique *f.;* **classical** — musique classique; **rap** — rap *m.*
musician musicien(ne) *m., f.*
must, to have to devoir
mustard moutarde *f.*
my mon, ma, mes
mythical mythique

N

name nom *m.;* **first** — prénom *m.;* **last** — nom de famille *m.;* **to be named** s'appeler; **what is your** — ? comment vous appelez-vous?
napkin serviette *f.*
narrator narrateur(-trice) *m., f.*
nature nature *f.*
near près (de); proche
neat en ordre, ordonné(e)
necessary nécessaire; **it is** — il faut

neck cou *m.*
to need avoir besoin de
to neglect négliger
neighbor voisin(e) *m., f.;* **neighborhood** voisinage *m.*, quartier *m.*
neither non plus; . . . —**nor** ni... ni...
nephew neveu *m.*
nervous nerveux(-euse)
nest nid *m.*
never ne... jamais
new nouveau (nouvelle)
news informations *f. pl.*, actualités *f.p.l.;* — **column** rubrique *f.*
newspaper journal *m.*
newsstand bureau de tabac *m.*, kiosque à journaux *m.*
next prochain(e), suivant(e); — **to** à côté de; **the** — **day** le lendemain
nice gentil(le), sympathique; **it's** — **weather** il fait beau
niece nièce *f.*
nightclub boîte de nuit *f.*
nightstand table de nuit *f.*
nine neuf
ninety quatre-vingt-dix
no non
nobody ne... personne
noise bruit *m.*
nonsmoking section section non fumeurs *f.*
noon midi *m.*
north nord *m.;* — **America** Amérique du Nord *f.*
nose nez *m.;* **to have a runny** — avoir le nez qui coule
not: — any longer ne... plus
not pas; ne... pas; — **at all** pas du tout
to note constater
notebook cahier *m.*
notepad bloc-notes *m.*
nothing rien; ne... rien
to notice remarquer, s'apercevoir
novel roman *m.*
November novembre
now maintenant
nuclear energy énergie nucléaire *f.*
number nombre *m.;* numéro *m.;* **telephone** — numéro de téléphone *m.*
nurse infirmier(-ière) *m., f.*

O

obedient obéissant(e)
to obey obéir
object objet *m.*
to obtain obtenir
obvious évident(e)
occupation métier *m.*
ocean océan *m.*
o'clock heure *f.* **it's six** — il est six heures
October octobre
of de; — **course** bien sûr
to offer offrir
office bureau *m.* (*pl.* bureaux)
official officiel(le)
often souvent
oil huile *f.;* **olive** — huile d'olive *f.*
OK d'accord
old vieux (vieille), ancien; **elderly** (person) âgé(e); **how** — **are you?** quel âge avez-vous?; — **fashioned** démodé(e)

older brother (sister) aîné(e) *m., f.*
on sur
one un(e); on
onion oignon *m.*
online en ligne
only seulement; ne... que
open ouvert(e); **to** — ouvrir
operation opération *f.*
opinion opinion *f.*, avis *m.;* — **poll** sondage *m.*
opportunity occasion *f.;* **to have the** — avoir l'occasion de
opposite contraire *m.*
optimistic optimiste
or ou
orange orange *f.*
to order (in a café, restaurant) commander
ordinary ordinaire
organic biologique, bio (*fam*)
to organize organiser
other autre
outdoors en plein air
outfit ensemble *m.*
outside à l'extérieur
oven four *m.*
over sur, dessus; — **there** là-bas
to overlook donner sur
overpopulation surpopulation *f.*
overseas outre mer
overwhelmed débordé(e)
overworked débordé(e) de travail
to owe devoir
owner propriétaire *m., f.*

P

to pack faire sa valise
package paquet *m.*
painter peintre *m., f.*
painting tableau *m.*, peinture *f.*
palace palais *m.*
pale pâle
pan poêle *f.*
pants pantalon *m.;* **warm-up** — pantalon de jogging *m.;* **bell bottoms** pantalon pattes d'éléphant *m.*
paper papier *m.;* **sheet of paper** feuille de papier *f.*
paradise paradis *m.*
pardon me pardon
parents parents *m.pl.*
park parc *m.*
to participate participer
partner partenaire *m., f.*
party soirée *f.;* fête *f.;* boum *f.*
to pass (by) passer; — **an exam** être reçu(e) à un examen
passion passion *f.*
passive passif(-ive)
passport passeport *m.*
past; in the — autrefois
pasta pâtes *f. pl.*
pastry dough pâte *f.*
pastry, pastry shop pâtisserie *f.*
patient patient(e); **to be** — avoir de la patience
patio terrasse *f.*
to pay payer; — **a bill** régler
pea pois *m.;* **green peas** petits pois *m.pl.*
peace paix *f.*
pear poire *f.*
peasant paysan(ne) *m., f.*

pen stylo *m.*; **marking pen** feutre *m.*
pencil crayon *m.*
people gens *m. pl.*
pepper poivre *m.*; **bell pepper** poivron *m.*
per par; — **day** par jour
perfect parfait(e)
perfume parfum *m.*
to permit permettre
person personne *f.*
pessimistic pessimiste
pet animal familier, animal domestique *m.*
pharmacy pharmacie *f.*
philosophy philosophie *f.*
photograph photo *f.*; **photo album** album de photos *m.*
photographer photographe *m., f.*
physical appearance physique *m.*
physics physique *f.*
piano piano *m.*
to pick up, get back récupérer; — **(girls/guys)** draguer *(fam.)*
picnic pique-nique *m.*; **to go on a** — faire un pique-nique
picture image *f.*; photo *f.*
picturesque pittoresque
pie tarte *f.*
piece morceau *m.*, tranche *f.*
pig cochon *m.*
pill pilule *f.*
pilot pilote *m., f.*
pinch (of) pincée (de) *f.*
pineapple ananas *m.*
pink rose
pirate pirate *m.*
place lieu *m.*, endroit *m.*; **workplace** lieu de travail *m.*
plaid écossais(e)
to plan faire des projets
plans préparatifs *m.pl.*, projets *m.pl.*
plant plante *f.*
plastic plastique
plate assiette *f.*
to play jouer; — **a sport** jouer à; — **a musical instrument** jouer de; — **cards** jouer aux cartes; — **hide-and-seek** jouer à cache-cache; — **marbles** jouer aux billes; — **the piano** jouer du piano; — **tennis** faire du tennis; jouer au tennis; — **with dolls** jouer à la poupée; — **soccer** jouer au football
play pièce de théâtre *f.*
player joueur(-euse)
pleasant agréable
please s'il vous (te) plaît
to please plaire
pleated plissé(e)
plot déroulement *m.*
poem poème *m.*
poet poète *m.* (femme poète *f.*)
poisoned empoisonné(e)
policeman agent de police *m., f.*; **police station** commissariat *m.*
polite poli(e)
political science sciences politiques *f. pl.*
politician homme (femme) politique *m., f.*
polka dot à pois
pollution pollution *f.*
pool (swimming) piscine *f.*
poor pauvre

popular populaire
pork porc *m.*
port port *m.*
possession possession *f.*
possible possible
postage stamp timbre *m.*
postcard carte postale *f.*
poster affiche *f.*
post office bureau de poste *m.*; poste *f.*
potato pomme de terre *f.*
practical pratique
to practice pratiquer, — **a profession** exercer une profession
preacher pasteur *m.*
to prefer préférer, aimer mieux
preference préférence *f.*
pregnancy grossesse *f.*
pregnant enceinte
to prepare préparer; — **oneself, get ready** se préparer
prescription ordonnance *f.*
press, news media presse *f.*
prestige prestige *m.*
prestigious prestigieux(-euse)
pretty joli(e)
previously auparavant
price prix *m.*, tarif *m.*
priest prêtre *m.*
prince prince *m.*
princess princesse *f.*
principal directeur(-trice) *m., f.*
private privé(e)
prize prix *m.*
probable probable
probably probablement
problem problème *m.*
to produce produire, fabriquer
producer producteur(-trice) *m., f.*
product produit *m.*
professor, instructor professeur *m. (fam.* prof)
program programme *m.*; **(TV, radio)** émission *f.* — **of study** programme d'études *m.*; **exchange** — programme d'échanges *m.*
programmer programmeur(-euse) *m., f.*
prohibited interdit(e)
to promise promettre
prosperous prospère
to protect protéger
provided that pourvu que
province province *f.*
provincial provincial(e)
psychology psychologie *f.*
to pull tirer
pullover sweater pull-over *m. (fam.* pull)
punctual ponctuel(le)
punishment punition *f.*; **corporal** — châtiment corporel *m.*
purchase achat *m.*
purse sac *m.*
to pursue poursuivre
to put (on) mettre; — **back** remettre

Q

quality qualité *f.*
quantity quantité *f.*
queen reine *f.*
question question *f.*; **to ask a** — poser une question

quickly vite, rapidement
quiet silencieux(-euse)

R

rabbit lapin *m.*
radio radio *f.*; **portable** — **cassette player** radiocassette *f.*; — **alarm clock** radioréveil *m.*
rafting rafting *m.*
raï raï *m.* (popular musical genre from North Africa)
rain pluie *f.*; **to** — pleuvoir; **it's raining** il pleut
raincoat imperméable *m.*
raise augmentation de salaire *f.*
to raise lever
rare rare; **(meat)** saignant(e)
rarely rarement
rate tarif *m.*
rather plutôt, assez
razor rasoir *m.*; **electric** — rasoir électrique *m.*
to react réagir
to read lire; **to reread** relire
ready prêt(e)
realistic réaliste
reality TV show télé-réalité *f.*
to realize se rendre compte
really vraiment
reason raison *f.*
reasonable raisonnable
to receive recevoir
recent récent(e); **recently** récemment
receptionist réceptionniste *m., f.*
recess récréation *f. (fam.* la récré)
recipe recette *f.*
recluse reclus *m.*
to recommend recommander
record disque *m.*; — **store** magasin de disques *m.*
to recycle recycler
red rouge; **to turn** — rougir; **a glass of** — **wine** un verre de rouge; — **hair** cheveux roux *m.pl.*
to redo (a school lesson) repasser
to reduce réduire
reduced price tarif réduit *m.*
reduction réduction *f.*
refrigerator réfrigérateur *m.* (*fam.* frigo)
to refuse refuser (de)
region région *f.*
to regret regretter
regularly régulièrement
to rehearse répéter
to relax se détendre
relaxed décontracté(e); relaxe
to release lâcher
religion religion *f.*
to remain rester
to remember se rappeler; se souvenir de
to remodel rénover
rent loyer *m.*; **to** — louer
rental location *f.*
to repair réparer
to repeat répéter; — **(a class, a grade)** redoubler
report card bulletin scolaire *m.*
request demande *f.*
to resemble ressembler à
reservation réservation *f.*
to reserve réserver
reserved réservé(e)

to resign démissionner
responsibility responsabilité f.
to rest se reposer
restaurant restaurant m.
result résultat m.
retirement retraite f.
to return (home) rentrer; — (something) rendre; — (come back) revenir
rice riz m.
rich riche
right correct(e); to, on the — à droite (de); to be — avoir raison
ring; engagement — bague de fiançailles f.; wedding — alliance f.
risk risque m.; to — risquer de
river (major) fleuve m.
rock rocher m.; — music rock m.; — musician rocker m.
role rôle m.
rollerblades rollerblades m.; to go rollerblading faire du roller
romantic romantique; — film film d'amour m.
romanticism romantisme m.
room pièce f.; salle f.; dining — salle à manger f.; emergency — service des urgences m.; fitting — cabine d'essayage f.; living — salle de séjour f.
roommate camarade de chambre m., f., colocataire m., f.
routine routine f.
row rang m.; in a — en rang
rug tapis m.
ruler règle f.
to run courir
rural rural(e)
Russian russe; — language russe m.

S
sad triste
to sail faire de la voile
salad salade f.
salary salaire m.
sale solde f.; on — en solde; sales promotion promotion f.
salesperson vendeur(-euse) m., f.
salmon saumon m.
salt sel m.
same même
sandals sandales f. pl.
sandwich sandwich m.; ham — with butter sandwich jambon beurre m.
satisfied satisfait(e)
Saturday samedi
sauce sauce f.
sausage saucisson m.
to sauté faire revenir
savannah savane f.
to save sauver; (money) épargner, faire des économies
to savor déguster
to say dire
scandal scandale m.
scar cicatrice f.
scarf écharpe f.
schedule emploi du temps m.; horaire m.
scholarship bourse f.
school école f.; elementary — école primaire f.; middle — (in France) collège m.; — of a university faculté f. (fam. la fac)
science science f.; — fiction science-fiction f.

scientist chercheur m.
to scold gronder
to scuba dive faire de la plongée sous-marine
sculpture sculpture f.
sea mer f.; seafood fruits de mer m. pl.
search engine moteur de recherche m.
season saison f.; dry — saison sèche f.; rainy — saison des pluies f.
seat place f.
seated assis(e)
second deuxième
secretary secrétaire m., f.
security sécurité f.
to seduce séduire
to see voir, apercevoir; — again revoir
to seem paraître; avoir l'air (de)
to select sélectionner
selfish égoïste
to sell vendre
semester semestre m.
to send envoyer
senior (in high school) en terminale
sensible raisonnable
sentence phrase f.
sentimental sentimental(e)
to separate se séparer
separation séparation f.
September septembre
serious sérieux(-euse), grave
to serve servir; — yourself se servir
service service m.; local services secteur m. des services publics
to set mettre; — the table mettre la table
to settle (in) s'installer; — a bill régler
seven sept
seventy soixante-dix
several plusieurs
shame honte f.; to be ashamed avoir honte
shampoo shampooing m.
to share partager
shark requin m.
to shave (oneself) se raser
she elle
sheep mouton m.
to shine briller
shirt chemise f.
shock choc m.; —ed choqué(e)
shoes chaussures f. pl; high heels chaussures à talons; shoe size pointure f.
to shop (go shopping) faire les courses
shopkeeper commerçant(e) m., f.
shopping mall centre commercial m.
short court(e); (people) petit(e)
shorts short m.
shot piqûre f.
shoulder épaule f.
to shout crier; pousser un cri
to show montrer, indiquer
shower douche f.; — (weather) averse f.; to — se doucher
shrimp crevette f.
shutters volets m. pl.
shy timide
sick malade
to sign signer; — up s'inscrire
silk soie f.
since depuis
to sing chanter
singer chanteur(-euse) m., f.
single (not married) célibataire

sink lavabo m.; kitchen — évier m.
sir monsieur
sister sœur f.; sister-in-law, belle-sœur f., stepsister demi-sœur f.
to sit down s'asseoir; — back down se rasseoir; sit down asseyez-vous
size taille f.; shoe — pointure f.; average — de taille moyenne
sixty soixante
skater patineur (patineuse) m., f.; to (figure) skate faire du patinage (artistique)
to ski skier, faire du ski
skiing ski m.
skin peau f.
to skip class sécher un cours
skirt jupe f.
sky ciel m.
slate ardoise f.
to sleep dormir; — late faire la grasse matinée; to be sleepy avoir sommeil; to fall asleep s'endormir
sleeping bag sac de couchage m.
slice tranche f.
to slide glisser
slowly lentement
small petit(e)
to smile sourire; smile sourire m.
to smoke fumer; smoking section section fumeurs f.
snack goûter m.; to — grignoter
snake serpent m.
to sneeze éternuer
snobby snob
to snorkel faire de la plongée libre
snow neige f.; it's snowing il neige
so alors, si; — (much) tellement
soap savon m.
soccer football m.; — field terrain de football m.; — player footballeur m.
sociable sociable
social customs mœurs f. pl.
society société f.
sociology sociologie f.
sock chaussette f.
soft doux (douce)
sole sole f.
solitary solitaire
some des, quelques, certain(e)(s)
someone quelqu'un
something quelque chose
sometimes parfois
somewhat assez
son fils m.
song chanson f.
soon bientôt; see you — à bientôt
sophmore (in school) en deuxième année
sorry désolé(e)
sort sorte f.
sound bruit m.
soup soupe f.
south sud m.; — America Amérique du Sud f.
space espace m.
Spanish espagnol(e); — language espagnol m.
to speak parler
to specialize in se spécialiser en
to spell épeler
to spend (money) dépenser; — (time) passer
spice épice f.
to spoil gâter
spoiled gâté(e)

spoon cuillère *f.;* **soup** — cuillère à soupe *f.*
sport sport *m.;* **sports field** terrain de sport *m.*
sportcoat veste *f.*
spouse époux (épouse) *m., f.*
spring printemps *m.*
stadium stade *m.*
stairs escalier *m.*
to start (up) démarrer; — a family fonder une
    famille
state état *m.*
to stay rester; — at a hotel loger
to steal voler
step (stage) étape *f.*
stereo chaîne hi-fi *f.*
stitch suture *f.*
stomach estomac *m.,* ventre *m.*
stone pierre *f.*
stop arrêt *m.;* metro — arrêt de métro *m.;*
    to — arrêter, s'arrêter; to — oneself
    s'empêcher de
stopped up bouché(e)
store magasin *m.*
storm orage *m.*
story conte *m.;* histoire *f.;* — line intrigue *f.*
stove cuisinière *f.*
straight droit(e); — ahead tout droit
to straighten ranger
strawberry fraise *f.;* basket of strawberries
    barquette *f.* de fraises
street rue *f.*
stressed stressé(e)
strict sévère, strict(e)
strike grève *f.;* to go on — faire la grève
striped à rayures
to stroll se balader, flâner
strong fort(e)
stubborn têtu(e)
student étudiant(e) *m., f.;* (pre-college) élève *m., f.*
studies études *f. pl.*
to study étudier; — French faire du français
stupid bête, stupide
style style *m.;* modèle *m.*
stylish chic
subject sujet *m.;* school — matière *f.*
suburb banlieue *f.*
subway métro *m.;* — stop station de métro *f.*
to succeed réussir (à)
suddenly tout à coup, soudain
to suffer souffrir
sugar sucre *m.*
to suggest suggérer, conseiller
suicide suicide *m.;* to commit — se suicider
suit costume *m.;* man's — complet *m.;*
    woman's — tailleur *m.*
suitcase valise *f.,* bagage *m.;* to pack one's — s
    faire ses bagages *m.*
summer été *m.*
sun soleil *m.;* it's sunny il fait du soleil
to sunbathe se bronzer
sunburn coup de soleil *m.*
Sunday dimanche
sunglasses lunettes de soleil *f. pl.*
sunny clair(e), lumineux(-euse), ensoleillé(e)
sunscreen crème solaire *f.*
sunset coucher de soleil *m.*
supermarket supermarché *m.*
superstore hypermarché *m.*
sure sûr(e)
surface area superficie *f.*
surprised surpris(e), étonné(e)

surprising surprenant(e)
survey enquête *f.,* sondage *m.*
to suspect soupçonner
to swallow avaler
sweater pull-over *m.* (pull *fam.*)
to sweep passer le balai
sweetened sucré(e)
to swim nager, faire de la natation
swimming pool piscine *f.*
swimsuit maillot de bain *m.*
swollen enflé(e)
symptom symptôme *m.*

T
T-shirt T-shirt *m.,* maillot *m.*
table table *f.;* coffee — table basse *f.*
tablecloth nappe *f.*
tablespoon cuillère à soupe *f.;* tablespoonful
    cuillerée à soupe *f.*
to take prendre; — (someone) along
    emmener; — place avoir lieu; — a course
    suivre un cours; — an exam passer un
    examen; — a nap faire la sieste; — a trip
    faire un voyage
talkative bavard(e)
tall grand(e)
to tan brunir; se bronzer
tank top débardeur *m.*
tart tarte *f.,* tartelette *f.*
taste goût *m.;* to — goûter
taxi taxi *m.;* — driver chauffeur de taxi *m.*
tea thé (nature) *m.,* herbal — infusion *f.*
to teach enseigner
teacher professeur *m.;* elementary school
    — instituteur(-trice) *m., f.*
team équipe *f.*
teaspoon cuillère à café *f.;* teaspoonful
    cuillerée à café *f.*
telecommuting télétravail *m.*
telephone téléphone *m.;* — answering
    machine répondeur *m.;* — booth cabine
    téléphonique *f.;* — call coup de téléphone
    m.; — card télécarte *f.;* — number
    numéro de téléphone *m.;* cell phone
    téléphone mobile, portable *m.*
television télévision (*fam.* télé) *f.;* — series
    feuilleton *m.;* — show émission de
    télévision *f.;* TV game show jeu télévisé *m.*
to tell dire; — a story raconter
temperature température *f.*
ten dix
tenant locataire *m., f.*
tender tendre
tenderness tendresse *f.*
tennis tennis *m.;* — court court de tennis *m.;*
    — racket raquette de tennis *f.;* — shoes des
    tennis *m. pl.;* high tops des baskets *f. pl.*
test examen *m.*
thank you merci; thanks to grâce à
that ça, cela; — one celui, celle
the le, la, les
theater théâtre *m.*
theme thème *m.*
then ensuite, puis, alors; and — et alors
there là, y; over — là-bas; there is/are il y a;
    voilà
therefore donc, par conséquent
these (those) ces; — ones ceux, celles
they elles, ils
thief voleur *m.*

thin mince, maigre
thing chose *f.* (*fam.* truc *m.,* machin *m.*);
    something quelque chose
to think penser, croire; — about penser à,
    réfléchir à; — about (opinion) penser de
thirsty: to be — avoir soif
thirty trente
this (that) ce (cet), cette; — one celui, celle
thousand mille
three trois
throat gorge *f.;* — lozenge pastille pour la
    gorge *f.*
to throw jeter
Thursday jeudi
thus ainsi
ticket billet *m.;* oneway — billet aller simple
    m.; roundtrip — billet aller-retour
tidy ordonné(e), en ordre
tie cravate *f.*
tight serré(e); juste; moulant(e); étroit(e)
time fois *f.;* a long — longtemps; the last — la
    dernière fois; to be on — être à l'heure;
    what — is it? quelle heure est-il?
tip pourboire *m.;* — (not) included service
    (non-)compris
tired fatigué(e)
title titre *m.*
to à, en, jusqu'à
today aujourd'hui
toe orteil *m.*
together ensemble
toilet toilettes *f. pl.;* W.C. *m. pl.*
tomato tomate *f.*
tomorrow demain
tongue langue *f.*
too aussi; me — moi aussi; — much trop (de)
tooth dent *f.;* —brush brosse à dents *f.*
tortoise tortue *f.*
tough dur(e)
tourism tourisme *m.*
tourist touriste *m., f.;* touristique
toward vers
towel (bath) serviette de bain *f.*
tower tour *f.*
town village *m.,* ville *f.;* — square place *f.*
town hall mairie *f.*
tradition tradition *f.*
trailer caravane *f.*
train train *m.,* — station gare *f.*
training formation *f.*
tranquilizer tranquillisant *m.*
to transform transformer
transportation transport en commun *m.;*
    means of — moyen de transport *m.*
trash déchets *m. pl.;* to separate the — trier
    les déchets
to travel voyager; — around the world faire le
    tour du monde
traveler's check chèque de voyage *m.*
tree arbre *m.*
to trick tromper
trickiness ruse *f.*
trimester trimestre *m.*
trip voyage *m.,* séjour *m.;* to take a — faire un
    voyage
tropical tropical(e)
trouble: to have — doing something avoir
    du mal à
true vrai(e)
trunk coffre *m.*

truth vérité *f.*
to try (on) essayer; **(attempt)** tenter;
— **to** chercher à, essayer de
Tuesday mardi
tuna thon *m.*
to turn tourner; — **off** éteindre; — **on** allumer
turtle tortue *f.*
turtleneck à col roulé
twin jumeau (jumelle)
to twist one's ankle se fouler la cheville
two deux
to type taper
typically typiquement

U

ugly laid(e); moche *(fam.)*
umbrella parapluie *m.*
unbearable insupportable
unbelieveable incroyable
uncertain incertain(e)
uncle oncle *m.*
under sous; au-dessous (de)
to understand comprendre
understanding compréhensif(-ve)
unemployed: to be — être au chômage,
— **person** personne sans emploi *f.*;
chômeur(-euse) *m., f.*
unfaithful: to be — tromper
unfortunately malheureusement
unhappy malheureux(-euse)
to unite unir
university université *f.*; — **cafeteria** restaurant
universitaire *m. (fam.* resto-U)
unpleasant désagréable
unreasonable déraisonnable
unthinkable impensable
until jusqu'à; jusqu'à ce que
to use utiliser; se servir de, employer
useful utile
useless inutile
usually d'habitude, normalement
utilities (bills) charges *f. pl.*

V

vacation vacances *f. pl.*; **paid** — congés payés
m.pl.; — **package** formule de vacances *f.*;
summer — grandes vacances *f. pl.*
to vacuum passer l'aspirateur
vacuum cleaner aspirateur *m.*
valid valable
valley vallée *f.*
value valeur *f.*
vanilla vanille *f.*
various varié(e)s, divers
vase vase *m.*
vegetable légume *m.*
vegetarian végétarien(ne)
velvet velours *m.*
very très; extra, hyper, vachement *fam.*
video vidéo *f.*; **VCR** magnétoscope *m.*;
— **game** jeu vidéo/électronique *m.*
violet violet(te)
to visit (a person) rendre visite (à), aller voir;
— **(a place)** visiter

vitamin vitamine *f.*
volcano volcan *m.*

W

to wait for attendre
waiter, waitress serveur(-euse) *m., f.*
to wake (oneself) up se réveiller
walk promenade *f.*; **to** — promener; marcher;
to go for a — se promener; faire une
promenade (à pied)
Walkman baladeur *m.*
wall mur *m.*
to want vouloir, désirer, avoir envie de;
— **to** tenir à
war guerre *f.*
wardrobe garde-robe *f.*
wary; to be wary of se méfier de
to wash laver; **to do the wash** faire la lessive;
— **(up)** se laver
wastebasket corbeille à papier *f.*
watch montre *f.*
to watch regarder; **to keep an eye on**
surveiller
water eau *f.*; **to turn off the** — fermer le
robinet; **mineral** — eau minérale *f.*;
tap — eau du robinet *f.*
waterfall chute d'eau *f.*
way façon *f.*; manière *f.*
we nous
to wear porter
weather temps *m.*; — **report** bulletin
météorologique *m. (fam. f.* météo); **it's**
bad (good) — il fait mauvais (beau);
what is the —? quel temps fait-il?
good — beau temps *m.*
wedding noces *f. pl.*; — **ring** alliance *f.*
Wednesday mercredi
week semaine *f.*; **last** — la semaine dernière *f.*;
— **end** week-end *m.*
weekly (publication) hebdomadaire *m.*
weight lifting musculation *f.*
welcome bienvenue *f.*; **to** —, **greet** accueillir;
you're — je (te) vous en prie
well bien; **rather** — assez bien; **as** — **as** aussi
bien que; — **behaved** sage; — **mannered**
bien élevé(e); — **done (meat)** bien cuit(e)
west ouest
what que, qu'est-ce que, quoi, comment,
quel(le)
when quand, lorsque
where où; **from** — d'où
which quel(le) *(pl.* quels, quelles*);* — **ones**
lequel, laquelle *(pl.* lesquels, lesquelles*)*
while pendant que
white blanc(he)
who qui
whole entier(-ière)
why pourquoi
wide large
wife femme *f.*
to win gagner
wind vent *m.*; **it's windy** il fait du vent
window fenêtre *f.*
to windsurf faire de la planche à voile

wine vin *m.*
winter hiver *m.*
to wipe one's nose se moucher
wisdom sagesse *f.*
to wish souhaiter
witch sorcier(-ière) *m., f.*
with avec
without sans
witness témoin *m.*
wolf loup *m.*
woman femme *f.*
to wonder se demander
wonderful formidable, passionnant(e)
wood bois *m.*
wool laine *f.*
word mot *m.*
work travail *m.*; **to** — **full time (part time)**
travailler à plein temps (à temps partiel,
à mi-temps;) **to do volunteer** — faire du
travail bénévole; — **of art** œuvre *f.*
to work (function) marcher
worker ouvrier(-ière) *m., f.*
workout room salle de musculation *f.*
world monde *m.*
worried inquiet(-iète)
worry souci *m.*; **to** — s'inquiéter, avoir
des soucis
worse pire
wrist poignet *m.*
to write écrire
writer écrivain *m.*
writing (penmanship) écriture *f.*
wrong: to be — avoir tort

X

X ray radiographie *f.*

Y

yard jardin *m.*
year an *m.*; année *f.*; **to be (18) years old** avoir
(dix-huit) ans
yellow jaune
yes oui
yesterday hier; — **morning** hier matin
yet déjà; **not** — pas encore
yoga yoga *m.*
yogurt yaourt *m.*
you tu, vous, on, toi
young jeune
younger (brother, sister) cadet(te)
your ton, ta, tes; votre, vos
youth jeunesse *f.*; — **hostel** auberge de
jeunesse *f.*

Z

zebra zèbre *m.*
zero zéro *m.*
zouk zouk (popular musical genre from the
French West Indies) *m.*

Index

Credits

Text/Realia

Photos

All images not credited are the property of the authors or Cengage Learning Corporation.

Module 1
2: Thomas Craig/Index Stock Imagery/Photolibrary
4 **top**: Leslie Richard Jacobs/Corbis
4 **bottom left**: Spencer Grant/PhotoEdit
4 **bottom right**: Robert Fried/Alamy
5 **left**: KAROLY ARVAI/Reuters/Landov
5 **right**: Kurt Krieger/Corbis
7 **bottom**: Dan Porges/Peter Arnold Inc.
8: GreenShoots Communications
11 and 12 Tony Parker: Benoit Peverelli/Corbis
11 Rachida Dati: Charriau/WireImage/
Getty Images
11 and 12 Mathieu Kassovitz: Jean-Paul Pelissier/
Reuters/CORBIS
11 and 12 Carla Bruni-Sarkozy: AP Images/Sipa
11 and 12 Johnny Hallyday: Bernard Bisson/Sygma/
Corbis
11 and 12 Yannick Noah: MARC MEHRAN/
MAXPPP/Landov
11 Nicolas Sarkozy: HotNYCNews/Alamy
11 Vanessa Paradis: Jeff Vespa/WireImage/
Getty Images
11 and 12 Zinédine Zidane: Ben Radford/
Getty Images
11 and 12 Audrey Tautou: KAROLY ARVAI/Reuters/
Landov
11 and 12 Jean-Paul Gaultier: Arnaldo Magnani/
Getty Images
12 Jodie Foster: Jun Sato/ WireImage/Getty Images
14 **right**: Robert Llewellyn / SuperStock
14 **left**: Nathan Maxfield/istockphoto.com
22: VALLON FABRICE/CORBIS KIPA

Module 2
32: Bruno Barbey/Magnum Photos
35 **top**: Stephane Reix/For Picture/Corbis
36: Casey Flanigan/FilmMagic/Getty Images
37: Mat Jacob/The Image Works
39 **bottom**: DURAND FLORENCE/SIPA
42: KROD/SIPA
43: Robert Chiasson Photography
44 **top**: Tibor Bognar/Alamy
44 **bottom**: Robert Fried
49: Foc Kan/WireImage/Getty Images
50: Benoit Peverelli/Corbis

Module 3
60: Beryl Goldberg
64 **top**: Botanica/Jupiter Images
64 **bottom**: AP Photo/Paul Sakuma
65 **top**: camera lucida lifestyle/Alamy
65 **bottom**: Stephen Simpson/Getty Images
74: Eddyizm/Dreamstime LLC

79: Lawrence Manning/CORBIS
80: Musee d'Orsay, Paris, France/Erich Lessing/Art
Resource, NY

Module 4
90: Patrice Latron/Corbis
94 **top**: Lucas Schifres/Landov
94 **center left**: Ben Radford/Getty Images
94 **center right**: Martin Meissner/AP Photo
94 **bottom**: Eric Fougere/VIP Images/Corbis
96: Cephas Picture Library/Alamy
99 **center**: Ted Pink/Alamy
99 **center right**: Art Kowalsky/Alamy
99 **bottom right**: Tom Craig/Directphoto.org
102 **top**: Radius Images/Jupiter Images
102 **bottom**: Mat Jacob/The Image Works
105 **top**: Andrew Holt/Alamy
105 **bottom**: GUILLAUME CARIDADE
PHOTOGRAPHY
109 **center left**: CHRISTINNE MUSCHI/Reuters/
Landov

Module 5
122: Ludovic Maisant/Hemis/Corbis
125: AC Press
127 **left**: Jupiter Images
127 **center**: Karl Weatherly/Photodisc/Getty Images
128: Hahn/laif/Aurora Photos
130: Jacques Brinon/AP Photo
131: Movie Stills Archive
139 **top**: Yuri Arcurs, 2009/used under license from
shutterstock.com
139 **bottom**: Tim Pannell/Corbis
142: Tom Craig/Alamy

Module 6
156: ERIC GAILLARD/Reuters/Corbis
161: Catherine Ledner/Stone+ /Getty Images
162: Chad Ehlers / Alamy
167: RICLAFE/SIPA
171 **top left**: AP Photo/Chao Soi Cheong
171 **center right**: Alessandro Trovati/AP Photo
171 **bottom left**: AP Photo/Bullit Marquez
171 **bottom right**: AP Photo
172: HotNYCNews/Alamy
174 **bottom left**: NIKO/SIPA
175: Stock Montage/Index Stock Imagery/
Photo Library
176 **top left**: AP Photo/Remy de la Mauviniere, File
176 **center right**: Ewing Galloway/Index Stock
Imagery/PhotoLibrary
176 **center left and bottom right**: Bettmann/CORBIS
178: Giribaldi Gilbert/Gamma